Angela Dageförde-Reuter

Umweltschutz durch öffentliche Auftragsvergabe

Die rechtliche Zulässigkeit der Einbeziehung von Umweltschutzkriterien in das Vergabeverfahren, insbesondere der Bevorzugung von Unternehmen mit zertifiziertem Umweltmanagementsystem

Herausgegeben von

Prof. Dr. Martina Haedrich,
Friedrich-Schiller-Universität Jena

und

Prof. Dr. Michael Kotulla, Universität Bielefeld

Angela Dageförde-Reuter

Umweltschutz durch öffentliche Auftragsvergabe

Die rechtliche Zulässigkeit der Einbeziehung von Umweltschutzkriterien in das Vergabeverfahren, insbesondere der Bevorzugung von Unternehmen mit zertifiziertem Umweltmanagementsystem

Berliner Umweltrechtliche Schriften – Band 4
Herausgegeben von Haedrich/Kotulla

4

lexxionVerlag

Bibliografische Informationen Der Deutschen Bibliothek

Die Deutsche Bibliothek verzeichnet diese Publikation in der Deutschen Nationalbibliografie; detaillierte bibliografische Daten sind im Internet über <http://dnb.ddb.de> abrufbar.

ISBN 3-936232-23-7

www.lexxion.de
Satz: Yvonne Misun
Druck: Schaltungsdienst Lange, Berlin

Vorwort

Die vorliegende Untersuchung wurde im Wintersemester 2003/2004 von der rechtswissenschaftlichen Fakultät der Universität Hannover als Dissertation angenommen. Das Manuskript wurde im November 2003 abgeschlossen; Rechtsprechung und Literatur konnten vor Drucklegung noch bis März 2004 berücksichtigt werden. Auch der Abschluss des EU-Richtliniengebungsverfahrens konnte noch nachgetragen werden.

Zunächst möchte ich Herrn Prof. Dr. Ludger-Anselm Versteyl dafür meinen Dank aussprechen, dass er die Bearbeitung dieses Themas im Rahmen einer Promotion angeregt und mir die Erstellung der Dissertation neben meiner Tätigkeit als Rechtsanwältin in der Kanzlei Prof. Versteyl Rechtsanwälte ermöglicht hat.

Des Weiteren danke ich meinem Doktorvater, Herrn Prof. Dr. Dr. Peter Salje, für seine engagierte Betreuung und die zahlreichen konstruktiven Anregungen. Herrn Prof. Dr. Wolfgang Kilian danke ich sehr für die überaus zügige Erstellung des Zweitgutachtens.

Ferner bedanke ich mich herzlich bei Frau Miriam Dross, LL.M., vom Öko-Institut e.V., für ihre Hilfe bei der Informationsbeschaffung, Frau Rechtsanwältin lic. jur. Daniela Lutz, M.B.L.-HSG, von der Kanzlei Lindtlaw in Kreuzlingen (CH) und Herrn Beat von Felten von der Abteilung Umwelt- und Gesundheitsschutz der Stadt Zürich für ihre Unterstützung bei der Erstellung des Schweizer Kapitels, Frau Gabriella Rudolph aus Zürich für ihre außergewöhnliche Gastfreundschaft, dem Leiter des EU-Forschungsprojekts RELIEF, Herrn Christoph Erdmenger von ICLEI, Herrn Thomas Braun vom Abfallwirtschafts- und Stadtreinigungsbetrieb Nürnberg (ASN), Herrn Dr. Stefan Bauernfeind vom Bundesministerium für Umwelt, Naturschutz und Reaktorsicherheit sowie den Rechtsanwälten Birgit Kemming, Lars Heinsohn, Henning Schröder und Thomas Weißenborn.

Ein besonderer Dank gilt meinem geliebten Partner, Herrn Dipl.-Ing. Martin Gerber, der mich – wie stets – bei der Erstellung dieser Arbeit in vielfältigster Weise unterstützt hat, so unter anderem im Bereich EDV/Internet, wo er unschätzbar wertvolle Hilfe bei jeglicher Art von Computerproblemen geleistet hat. Hervorgehoben sei auch, dass er ganz erheblich zum Gelingen des dritten Kapitels beigetragen hat, indem er mir – nicht zuletzt aufgrund seiner Tätigkeit als Qualitätsmanager und DGQ-Auditor – in zahlreichen konstruktiven Diskussionen Wesen und Funktionieren von Qualitäts- und Umweltmanagementsystemen nahebringen konnte. Ihm ist diese Arbeit zugeeignet.

Sarstedt, im Juni 2004
Angela Dageförde-Reuter

Inhaltsübersicht

Abkürzungsverzeichnis

A.	Ausschuss
A. A., a. A.	anderer Ansicht
a. a. O.	am angegebenen Ort
abgedr.	abgedruckt
ABl.	Amtsblatt
ABl. EG	Amtsblatt der Europäischen Gemeinschaft
a. E.	am Ende
a. F.	alte Fassung
AGB	Allgemeine Geschäftsbedingungen
AGBG	Gesetz zur Regelung der Allgemeinen Geschäftsbedingungen
AGVwGO	Ausführungsgesetz zur Verwaltungsgerichtsordnung
allg.	allgemein, allgemeinen
Alt.	Alternative
Anh.	Anhang
Anm.	Anmerkung
Art.	Artikel
Aufl.	Auflage
Az.	Aktenzeichen
BAnz.	Bundesanzeiger
BauGB	Baugesetzbuch
BauNVO	Baunutzungsverordnung
Bay, bay	Bayern, bayerisch
BayObLG	Bayerisches Oberstes Landesgericht
BayVBl.	Bayerische Verwaltungsblätter
BayVGH	Bayerischer Verwaltungsgerichtshof
Bbg, bbg	Brandenburg, brandenburgisch
Bd.	Band
BE	Berichterstatter
Begr.	Begründung
Bek.	Bekanntmachung
Berl, berl	Berlin, berliner
Beschl.	Beschluss
BFH	Bundesfinanzhof
BGB	Bürgerliches Gesetzbuch
BGBM	Bundesgesetz über den Binnenmarkt, Binnenmarktgesetz (der Schweiz)
BGE	Bundesgerichtsentscheid, Entscheid des (schweizerischen) Bundesgerichts

BGBl.	Bundesgesetzblatt
BGH	Bundesgerichtshof
BGHZ	Entscheidungen des Bundesgerichtshofs in Zivilsachen
BHO	Bundeshaushaltsordnung
BKartA	Bundeskartellamt
BMU	Bundesministerium für Umwelt, Naturschutz und Reaktorsicherheit
BMVBW	Bundesministerium für Verkehr, Bau und Wohnungswirtschaft
BMWA	Bundesministerium für Wirtschaft und Arbeit
BoeB	Bundesgesetz über das öffentliche Beschaffungswesen (der Schweiz)
BRat	Bundesrat
BR-Drucks.	Bundesrats-Drucksache
BReg.	Bundesregierung
bspw.	beispielsweise
BT-Drucks.	Bundestags-Drucksache
BUWAL	Bundesamt für Umwelt, Wald und Landschaft (Schweiz)
BVerfG	Bundesverfassungsgericht
BVerfGE	Entscheidungen des Bundesverfassungsgerichts
BVerwG	Bundesverwaltungsgericht
BVerwGE	Entscheidungen des Bundesverwaltungsgerichts
BVwVG	Verwaltungsvollstreckungsgesetz des Bundes
BW, bw	Baden-Württemberg, baden-württembergisch
bzgl.	bezüglich
bzw.	beziehungsweise
ca.	circa
c. i. c.	culpa in contrahendo
CPV	Common Procurement Vocabulary
DB	Der Betrieb (Zeitschrift)
dergl.	dergleichen
ders.	derselbe
d.h.	das heißt
DIN	Norm des Deutschen Instituts für Normung e. V.
Dok.	Dokument
DÖV	Die Öffentliche Verwaltung (Zeitschrift)
Drucks.	Drucksache
DVA	Deutscher Verdingungsausschuss für Bauleistungen
DVAL	Deutscher Verdingungsausschuss für Leistungen
DVBL	Deutsches Verwaltungsblatt (Zeitschrift)
DZWir	Deutsche Zeitschrift für Wirtschaftsrecht

EG	Europäische Gemeinschaft
EGBGB	Einführungsgesetz zum Bürgerlichen Gesetzbuch
EG	Vertrag zur Gründung der Europäischen Gemeinschaft
Einf.	Einführung
Einl.	Einleitung
einschl.	einschließlich
endg.	endgültig
Entsch.	Entscheidung
entspr.	entsprechend, entsprechende
Entw.	Entwurf
EP	Europäisches Parlament
Erl.	Erläuterung(en)
Erwgr.	Erwägungsgrund
etc.	et cetera
EU	Europäische Union
EuG	Europäisches Gericht 1. Instanz
EuGH	Europäischer Gerichtshof
EUR	Euro
EUV	Vertrag zur Gründung der Europäischen Union
EuZW	Europäisches Wirtschaftsrecht (Zeitschrift)
evtl.	eventuell
EWiR	Entscheidungen zum Wirtschaftsrecht (Zeitschrift)
EWS	Europäisches Wirtschafts & Steuerrecht (Zeitschrift)
f.	folgende
ff.	fortfolgende
FGG	Gesetz über die Angelegenheiten der freiwilligen Gerichtsbarkeit
FGO	Finanzgerichtsordnung
Fn.	Fußnote
FS	Festschrift
GA	Generalanwalt
GATT	General Agreement on Tariffs and Trade
GbR	Gesellschaft bürgerlichen Rechts
gem.	gemäß
GemHVO	Gemeindehaushaltsverordnung
GewArch	Gewerbearchiv (Zeitschrift)
GG	Grundgesetz
ggf.	gegebenenfalls
GmbH	Gesellschaft mit beschränkter Haftung
GmbHG	Gesetz betreffend die Gesellschaft mit beschränkter Haftung
GMBl.	Gemeinsames Ministerialblatt

GO	Gemeindeordnung
GPA	Gouvernment Procurement Agreement
GRUR	Gewerblicher Rechtsschutz und Urheberrecht (Zeitschrift)
GVBl.	Gesetz- und Verordnungsblatt
GVG	Gerichtsverfassungsgesetz
GWB	Gesetz gegen Wettbewerbsbeschränkungen
Hamb., hamb.	Hamburg, hamburgisch
HGB	Handelsgesetzbuch
HGrG	Haushaltsgrundsätzegesetz
h. M.	herrschende Meinung
Hrsg.	Herausgeber
HS	Halbsatz
IBR	Immobilien- und Baurecht (Zeitschrift)
i. d. F.	in der Fassung
i. d. R.	in der Regel
i. d. S.	in dem Sinne
i. E.	im Ergebnis
i. e. S.	in engerem Sinne
insb.	insbesondere
Interpret.	Interpretierende (Mitteilung)
i. S. d.	im Sinne der/des
i. S. v.	im Sinne von
i. Ü.	im Übrigen
i. V. m.	in Verbindung mit
IVÖB	Interkantonale Vereinbarung über das öffentliche Beschaffungswesen (Schweiz)
i. w. S.	im weiteren Sinne
JuS	Juristische Schulung (Zeitschrift)
JZ	Juristen-Zeitung (Zeitschrift)
Kennz.	Kennzeichen
KG	Kammergericht, Kommanditgesellschaft
KMU	kleine und mittlere Unternehmen
Komm.	(EG-) Kommission
KO	Konkursordnung
krit.	kritisch
KrW-/AbfG	Kreislaufwirtschafts- und Abfallgesetz
LG	Landgericht
LHO	Landeshaushaltsordnung
lit.	Buchstabe
Lit.	Literatur

LKV	Landes- und Kommunalverwaltung, Verwaltungs-Zeitschrift für die Länder Berlin, Brandenburg, Mecklenburg-Vorpommern, Sachsen, Sachsen-Anhalt und Thüringen
m. a. W.	mit anderen Worten
MBl.	Ministerialblatt
MDR	Monatsschrift für Deutsches Recht (Zeitschrift)
MV	Mecklenburg-Vorpommern
m. w. N.	mit weiteren Nachweisen
Nds, nds	Niedersachsen, niedersächsisch
n. F.	neue Fassung
NJW	Neue Juristische Wochenschrift (Zeitschrift)
NJW-RR	Neue Juristische Wochenschrift – Rechtsprechungs-Report (Zeitschrift)
NpV	Nachprüfungsverordnung
Nr.	Nummer
NRW	Nordrhein-Westfalen
NVwZ	Neue Zeitschrift für Verwaltungsrecht (Zeitschrift)
o.	oben
o. ä.	oder ähnlich
o. g.	oben genannt
OFD	Oberfinanzdirektion
OHG	Offene Handelsgesellschaft
OLG	Oberlandesgericht
ÖPNV	Öffentlicher Personennahverkehr
OVG	Oberverwaltungsgericht
Pol.	politisch, politischen
Pressemitt.	Pressemitteilung
RegE.	Regierungsentwurf
RG	Reichsgericht
RGBl.	Reichsgesetzblatt
RL	Richtlinie, Richtlinien
Rn.	Randnummer
Rp, rp	Rheinland-Pfalz, rheinland-pfälzisch
Rs.	Rechtssache
Rspr.	Rechtsprechung
Rz.	Randzeichen
s.	siehe
S.	Satz, Seite
s. a.	siehe auch
SA, sa	Sachsen-Anhalt, sachsen-anhaltinisch

Saarl., saarl.	Saarland, saarländisch
Sachs., sächs.	Sachsen, sächsisch
SH, sh	Schleswig-Holstein, schleswig-holsteinisch
Slg.	Sammlung der Rechtsprechung des Europäischen Gerichtshofs
s. o.	siehe oben
sog.	sogenannt(e)
StGB	Strafgesetzbuch
StPO	Strafprozessordnung
str.	streitig
st. Rspr.	ständige Rechtsprechung
s. u.	siehe unten
SVO	Submissionsverordnung (Schweiz)
Thür., thür.	Thüringen, thüringisch
u.	und, unten
u. a.	unter anderem
u. ä.	und ähnlich
UBA	Umweltbundesamt
UGA	Umweltgutachterausschuss
Urt.	Urteil
usw.	und so weiter
u. U.	unter Umständen
UWG	Gesetz gegen den unlauteren Wettbewerb
v.	von, vom
VA	Verwaltungsakt
verb.	verbunden(e)
Verf.	Verfassung
VermA	Vermittlungsausschuss
veröffentl.	veröffentlicht, veröffentlichte
VerwArch	Verwaltungsrecht Archiv (Zeitschrift)
vgl.	vergleiche
VgR	Vergaberecht (Zeitschrift)
VgRÄG	Vergaberechtsänderungsgesetz
VgV	Vergabeverordnung
VHB	Vergabehandbuch für die Durchführung von Bauaufgaben des Bundes im Zuständigkeitsbereich der Finanzbauverwaltung
VK	Vergabekammer
VO	Verordnung
VOB	Verdingungsordnung für Bauleistungen
VoeB	Verordnung über das öffentliche Beschaffungswesen (der Schweiz)

VOF	Verdingungsordnung für freiberufliche Leistungen
VOL	Verdingungsordnung für Leistungen
Vorb.	Vorbemerkung
VÜA	Vergabeüberwachungsausschuss
VwGO	Verwaltungsgerichtsordnung
VwKostG	Verwaltungskostengesetz
VwVfG	Verwaltungsverfahrensgesetz
VwVG	Verwaltungsvollstreckungsgesetz
VwZG	Verwaltungszustellungsgesetz
WM	Zeitschrift für Wirtschafts- und Bankrecht, Wertpapiermitteilungen
WuW	Wirtschaft und Wettbewerb
z. B.	zum Beispiel
ZfBR	Zeitschrift für deutsches und internationales Baurecht
ZGR	Zeitschrift für Unternehmens- und Gesellschaftsrecht
ZHR	Zeitschrift für das gesamte Handelsrecht und Wirtschaftsrecht
Ziff.	Ziffer
ZIP	Zeitschrift für Wirtschaftsrecht
zit.	zitiert(e)
ZPO	Zivilprozessordnung
z. T.	zum Teil
zust.	zustimmend
z. Zt.	zur Zeit

Einleitung

Ebenso wie Otto Gandenberger 1961 in seinem mittlerweile zum Klassiker avancierten Werk „Die Ausschreibung" als Einführung verschiedene Ausschreibungen der Jahre 1956 bis 1959 schilderte[1], soll an den Anfang der vorliegenden Untersuchung folgende am 20.8.2003 im Supplement zum Amtsblatt der Europäischen Union veröffentlichte europaweite Ausschreibung gestellt werden:

D-Berlin: Elektrizität
2003/S 158-144668
Vergabebekanntmachung
Lieferauftrag

Abschnitt I: Öffentlicher Auftraggeber

1) Offizieller Name und Anschrift des öffentlichen Auftraggebers: Umweltbundesamt, Referat Z 1.4 BR, ..., Geschäftszeichen: Z 1.4 06706/41, Bismarckplatz 1, D-14193 Berlin.

Abschnitt II: Auftragsgegenstand

1.6) Beschreibung/Gegenstand des Auftrags: Lieferung von elektrischer Energie aus Erneuerbaren Energiequellen (Ökostrom) für Liegenschaften des Bundesministeriums für Umwelt, Naturschutz und Reaktorsicherheit, des Umweltbundesamtes, des Bundesamtes für Naturschutz und des Bundesamtes für Strahlenschutz;
Jährlich ca. 13.000.000 kWh;
Lieferung über 3 Jahre mit Möglichkeit zur Verlängerung;
Lieferbeginn: 1.1.2004

1 Gandenberger, Die Ausschreibung, Heidelberg 1961. Gandenberger schildert eine Ausschreibung v. Heizöl der Deutschen Bundesbahn im Bundesausschreibungsblatt vom 4.4.1959, den „Einkauf" v. fünf Kilometern Autobahn im Zuge der BAB Frankfurt-Nürnberg durch das Autobahnbauamt Nürnberg vom 4.6.1956, die Ausschreibungspraxis der Stadt San Francisco zur Deckung ihres gesamten Bedarfs an allem, was eine städtische Behörde benötigt u. die in der FAZ vom 8.5.1958 erschienene Internationale Ausschreibung eines Entwicklungsauftrages durch die Regierung des Iraks mit dem Inhalt „Elektrifizierung des Gebietes des mittleren Euphrat".

Abschnitt III: Rechtliche, wirtschaftliche, finanzielle und technische Informationen

III. 2) Bedingungen für die Teilnahme

2.1.3) Technische Leistungsfähigkeit – Geforderte Nachweise: Nachweis der Herkunft und der in der Leistungsbeschreibung genannten Anforderungen an die Erzeugungsart des Stroms aus Erneuerbaren Energiequellen sowie zur CO_2-Minderung im Lieferzeitraum. Nachweis über die Lieferung von Strom aus Erneuerbaren Energiequellen an vergleichbare Kunden (Referenzliste mit Ansprechpartnern).

Abschnitt IV: Verfahren

2) Zuschlagskriterien: Das wirtschaftlich günstigste Angebot bezüglich der nachstehenden Kriterien:

1. Preis
2. Höhe der CO_2-Minderung im Lieferzeitraum.

Abschnitt VI: Andere Informationen

4) Sonstige Informationen:
Zuständige Vergabekammer: Vergabekammer des Bundes beim Bundeskartellamt, Kaiser-Friedrich-Straße 16, D-53113 Bonn.
Vergabeprüfstelle: Bundesministerium für Umwelt, Naturschutz und Reaktorsicherheit: Vergabeprüfstelle, Postfach 12 06 29, D-53048 Bonn[2].

2 Der Bekanntmachungstext ist auszugsweise wiedergegeben. Nach der Ausschreibung musste der bereitgestellte Strom zu 100% aus erneuerbaren Energiequellen wie Wasser u. Windkraft, Solarstrahlung, Geothermie, Deponiegas, Klärgas sowie Biogas u. Biomasse stammen. Neben dem Preis war die Höhe der CO_2-Minderung im Lieferzeitraum für den Zuschlag maßgebend. Dadurch sollte sichergestellt werden, dass die Ausschreibung zu einer zusätzlichen Produktion v. Ökostrom u. damit einer tatsächlichen CO_2-Minderung führt. Die Ausschreibung erfasste etwa ein Drittel der Liegenschaften u. rund drei Viertel des gesamten Strombezugs im BMU-Geschäftsbereich (Vgl. Pressemitt. des BMU Nr. 146/03 – Erneuerbare Energien –). Der Zuschlag wurde einem Unternehmen erteilt, das den Strom aus Wasserkraftwerken in Österreich u. Italien bezieht. Die Kohlendioxid-Ersparnis des BMU u. seiner angeschlossenen Bundesbehörden wird auf nahezu 5.300 Tonnen jährlich beziffert. Ausschreibungskonzept u. Vergabeunterlagen sollen im Frühjahr 2004 als Broschüre veröffentl. werden (Vgl. Pressemitt. des BMU/UBA Nr. 001/04 vom 12.01.2004).

Die öffentlichen Haushalte Deutschlands geben pro Jahr cirka 250 Mrd. Euro für die Beschaffung von Gütern und Leistungen sowie Baumaßnahmen aus[3]. Dies entspricht 11 bis 12% des deutschen Bruttoinlandsprodukts[4]. Zu den öffentlichen Haushalten hinzuzurechnen sind in privatrechtlichen Rechtsformen geführte Unternehmen, die wegen ihrer besonderen Staatsnähe vom Vergaberecht ebenfalls zu öffentlichen Auftraggebern erklärt werden. Insgesamt erteilen cirka 30.000 öffentliche Auftraggeber – Bund, Länder, Kommunen und kommunale Unternehmen – jährlich mehr als eine Million Aufträge[5].

Innerhalb der Europäischen Union beträgt das Volumen öffentlicher Aufträge jährlich cirka 1.500 Mrd. Euro, was rund 16% des Bruttoinlandsprodukts der Europäischen Union ausmacht[6]. Die Organisation für wirtschaftliche Zusammenarbeit und Entwicklung (OECD) beziffert das Volumen staatlicher Aufträge in ihren Mitgliedstaaten auf zwischen 9 und 25% des jeweiligen Bruttoinlandsprodukts[7].

Diese Zahlen verdeutlichen eindrucksvoll, dass der Staat über eine nicht unerhebliche Nachfragemacht verfügt. Diese dürfte – zumindest in Deutschland – zwar in Wirklichkeit geringer sein, als die Zahlen auf den ersten Blick suggerieren, da die Nachfragemacht aufgrund des in Deutschland vorherrschenden Systems der dezentralisierten Beschaffung auf viele einzelne Auftraggeber verteilt ist[8]. Der

---

3 Zeitschrift Umwelt, Heft 3/2002, S. 187 f. Im Jahr 2002 haben sie für laufende Sachausgaben 217,9 Mrd. EUR u. für Baumaßnahmen 28,1 Mrd EUR (5,3% weniger als 2001) aufgewendet (lfd. Nr. 10 u. 39 der Ziff. 3.4 der Veröffentlichung der vierteljährlichen Kassenergebnisse der öffentlichen Haushalte, 1. – 4. Vierteljahr 2002, Statistisches Bundesamt, Fachserie 14/Reihe 2 vom Juni 2003).

4 Das Bruttoinlandsprodukt betrug 2002 2.110,4 Mrd. Euro; vgl. Statistisches Bundesamt, Wichtige gesamtwirtschaftliche Größen, Bruttoinlandsprodukt u. Bruttowertschöpfung, Stand: 21.8.2003, veröffentl. unter www.destatis.de/cgi-bin/printview.pl, 5.10.2003, 14.20 Uhr.

5 Tätigkeitsbericht 2000/2001 des Beschaffungsamtes des BMI, S. 7.

6 Diese (auf das Jahr 2002 bezogenen) Zahlen sind dem am 3.2.2004 veröffentl. Arbeitspapier der Komm. „A report on the functioning of public procurement markets in the EU: benefits from the application of EU directives and challenges for the future", S. 4, entnommen; vgl. auch Pressemitt. der Komm. vom 3.2.2004, IP/04/149. Leider sind – soweit ersichtlich – keine Daten über die Anzahl der öffentlichen Auftraggeber u. der v. diesen vergebenen Aufträge in der gesamten EU verfügbar.

7 OECD, Umweltorientierte öffentliche Beschaffung – Probleme u. praktische Lösungen, 2000/2001, S. 10.

8 Das Auftragswesen der öffentlichen Hand in Deutschland ist nach Aufgabenbereichen entspr. den gesetzlich geregelten Zuständigkeiten gegliedert. Innerhalb der eigenen Geschäftsbereiche handeln die einzelnen Gebietskörperschaften eigenverantwortlich. Aber auch die einzelnen Gebietskörperschaften sind keine homogenen Beschaffungseinheiten. So erfolgt die Beschaffung beim Bund durch die einzelnen Ressorts u. dort wiederum auch durch nachgeordnete Behörden oder die Bundeswehr (mit über 200 Beschaffungsstellen), die Zollverwaltung u. den Bundesgrenzschutz. In den 16 Bundesländern werden Aufträge durch die verschiedenen Ministerien mit zahlreichen nachgeordneten Landesbehörden, Körperschaften u. Anstalten vergeben. Noch weitaus zahlreicher sind die Beschaffungsstellen der Kommunen. Über 10.000 Städte u. Gemeinden, Landkreise u. Zweckverbände sind hier mit dem Beschaffungswesen befasst, wobei in den größeren Städten bis zu 35 einzelne Beschaffungsstellen jeweils spezielle Teile der öffentlichen Nachfrage abdecken. Diese organisatorische Zersplitterung der Beschaffungs- u. Auftragsstellen der öffentlichen Hand ist wettbewerbspol. gewollt, um den Gefahren einer Zentralisierung der öffentlichen Marktmacht zu begegnen. So das UBA, Umweltfreundliche Beschaffung, S. 13, 14. Vgl. in diesem Zusammenhang auch Pietzcker, Staatsauftrag, S. 313.

Anteil öffentlicher Aufträge am Gesamtauftragseingang der Unternehmen in den einzelnen Branchen ist zudem sehr unterschiedlich; die Spannbreite reicht von der quantité négligeable bis zur marktbeherrschenden Stellung öffentlicher Auftraggeber[9]; letztere besteht unzweifelhaft im Bauwesen, insbesondere im Tiefbau, im Verteidigungswesen, in den Bereichen Luft- und Raumfahrttechnik oder bei Kommunalfahrzeugen.

Das öffentliche Auftragswesen birgt gleichwohl auch in solchen Märkten, in denen die besondere Nachfragemacht des Staates nicht besteht, ein nicht unerhebliches Potential, politische Ziele zu fördern oder durchzusetzen. Das Einkaufsverhalten öffentlicher Auftraggeber kann nämlich vereinheitlicht werden, indem ihnen seitens des Gesetzgebers oder der jeweiligen obersten Behörde durch Gesetz oder Verwaltungsvorschrift auferlegt oder auch nur empfohlen wird, den Einkauf von Gütern und Leistungen an Bedingungen zu knüpfen, die nicht zwingend unmittelbar mit der eingekauften Ware, Bau- oder Dienstleistung zu tun haben und somit nicht nur der Bedarfsdeckung, sondern auch der Förderung bestimmter Politikziele dienen. Durch diese Harmonisierung der Beschaffungstätigkeit vieler einzelner öffentlicher Auftraggeber kann die Dezentralisierung und fehlende Nachfragemacht zumindest teilweise kompensiert werden.

Tatsächlich bevorzugt der deutsche Staat – wie auch alle übrigen Mitgliedstaaten der Europäischen Union und zahlreiche außereuropäische Länder[10] – auf diese Weise seit Jahrzehnten Unternehmen in benachteiligten Regionen sowie kleine und mittlere Unternehmen (KMU), bestimmte Personengruppen wie Frauen und Behinderte oder auch innovative Spitzentechnologien, etwa in den Bereichen Luft- und Raumfahrt oder Verteidigungswesen[11]. Diese Förderung bestimmter Regionen, Personengruppen oder Technologien beruht in der Regel auf Verwaltungsvorschriften des Bundes oder der Länder oder auch auf Landesgesetzen[12]. Als Beispiele seien genannt:

- „Richtlinie für die Berücksichtigung bevorzugter Bewerber bei der Vergabe öffentlicher Aufträge (Vertriebene, Sowjetzonenflüchtlinge, Verfolgte, Werk-

9 Meyer, S. 46; Wallerath, S. 47 ff.; Schäfer, Mehr Wettbewerb, S. 18 f.

10 Bsp. aus anderen Staaten bei Meyer, S. 37 Fn 3.

11 Vgl. hierzu die Darstellung bei Neßler, DÖV 2000, 145, 147 f. sowie die Übersicht über die verschiedenen Politiken bei Schäfer, Mehr Wettbewerb, S. 19 ff. u. bei Meyer, S. 38 ff. Hailbronner, in: Grabitz/Hilf B 1 Rn 4 meint sogar, das Vergaberecht habe das Ziel, den Mitgliedstaaten der EU ein konjunktur-, struktur- u. mittelstandspol. Instrument zur Verfügung zu stellen, um bei Nachfragerückgängen oder regionalen bzw. sektorialen Benachteiligungen eine wirtschaftliche Belebung hervorrufen zu können.

12 Ein entspr. Bundesgesetz liegt bisher nicht vor.

stätten für Behinderte und Blindenwerkstätten)" des Niedersächsischen Ministeriums für Wirtschaft, Technologie und Verkehr[13]

- „Richtlinien für die Gebäudereinigung in der niedersächsischen Landesverwaltung" des Niedersächsischen Ministeriums für Frauen, Arbeit und Soziales[14]
- „Richtlinien für die Berücksichtigung von Werkstätten für Behinderte und Blindenwerkstätten bei der Vergabe öffentlicher Aufträge" des Bundesministers für Wirtschaft und Technologie[15]
- Beschluss der Bundesregierung für die bevorzugte Berücksichtigung von Unternehmen, die Lehrlinge ausbilden, bei der Vergabe öffentlicher Aufträge des Bundes[16]
- Landesgleichstellungsgesetz Brandenburg, das in Verbindung mit der Frauenförderverordnung Brandenburg vorschreibt, dass bei gleichwertigen Angeboten derjenige Bieter bevorzugt werden soll, „der sich der Gleichstellung von Frauen im Erwerbsleben angenommen hat"[17].

In jüngster Zeit versucht die öffentliche Hand mit ihrer Auftragsvergabe die Gesellschaft vor einer Unterwanderung durch Sekten zu schützen oder das deutsche Tarifrecht zu bewahren. Die bayerische Staatsregierung hat 1996 „den kommunalen Auftraggebern und den sonstigen der Aufsicht des Freistaats Bayern unterliegenden juristischen Personen des öffentlichen Rechts" empfohlen, von Auftragnehmern bei der Vergabe öffentlicher Dienstleistungsaufträge eine Schutzerklärung zu verlangen, die bei Zuschlagserteilung Vertragsbestandteil wird. In dieser Schutzerklärung versichert der Bewerber bzw. Bieter vereinfacht ausgedrückt, dass er und die von ihm zur Vertragserfüllung eingesetzten Personen gegenwärtig sowie während der gesamten Vertragsdauer die Technologie von L. Ron Hubbard nicht erlernt, anwendet, lehrt oder in sonstiger Weise verbreitet. Die Abgabe einer wissentlich falschen Erklärung berechtigt den öffentlichen Auftraggeber zur fristlosen Kündigung aus wichtigem Grund. Weigert sich der Bewer-

13 Vom 15.3.1994, Nds. MBl. S. 389. Die RL besitzt noch Gültigkeit bis 15.4.2004. Die im Titel genannten Personen werden u. a. dergestalt bei der Vergabe öffentlicher Aufträge bevorzugt, dass sie den Zuschlag erhalten sollen, wenn ihr Angebot genauso wirtschaftlich wie das eines anderen Bewerbers ist oder wenn es nur geringfügig über dem wirtschaftlichsten Angebot liegt. Die Geringfügigkeitsschwelle beträgt in Abhängigkeit vom Angebotswert 0,5 bis 5%.

14 Vom 13.7.1993, Nds. MBl. S. 941. Die RL bestimmt in Nr 4.3, dass Reinigungsarbeiten grundsätzlich öffentlich auszuschreiben sind u. dass bei der Vergabe v. Reinigungsarbeiten zum Vertragsbestandteil zu machen ist, dass das Reinigungsunternehmen nur solche Reinigungskräfte in den Gebäuden einsetzt, die bei ihm mindestens 18 Stunden wöchenlich beschäftigt u. sozialversichert sind.

15 I. d. F. der Bek. der Neufassung vom 10.5.2001 – B 3 – 26 23 55,1. Nach dieser RL sollen anerkannte Behinderten- u. Blindenwerkstätten dergestalt bevorzugt werden, dass ihnen immer dann der Zuschlag zu erteilen ist, wenn ihr Angebotspreis den des wirtschaftlichsten Bieters um nicht mehr als 15% übersteigt (§ 3 Abs. 4 der RL).

16 Vom 9.9.1987, BAnz. Nr. 181 v. 26.9.1997, S. 12441.

17 § 14 Abs. 1 LandesgleichstellungsG Bbg. (LGG) v. 4.7.1994, GVBl. I S. 254 i. V. m. FrauenförderVO (FrauFöV) v. 25.4.1996, GVBl. II S. 354.

ber/Bieter, die Schutzerklärung abzugeben, wird er von dem Vergabeverfahren ausgeschlossen[18]. Eine ähnliche Empfehlung existiert seit 2001 für die Vergabe von öffentlichen Aufträgen über Beratungs- und Schulungsleistungen auch in Hessen[19] und auf Bundesebene[20].

Der Versuch, eine dem Schutz des deutschen Tarifsystems dienende Vergabepraxis bundesgesetzlich vorzuschreiben, ist in der vergangenen Legislaturperiode mangels Zustimmung des Bundesrats gescheitert. Nach dem von der Bundesregierung im Jahre 2002 vorgelegten Entwurf eines Tariftreuegesetzes[21] sollten staatliche Stellen Bauaufträge nur noch an Unternehmen vergeben dürfen, die ihren Arbeitnehmern den Tariflohn am Ort der Leistungserbringung, also den „Lohn der Baustelle“, zahlen. Das gleiche sollte im öffentlichen Personennahverkehr gelten. Die Einhaltung der Tariftreuepflicht auf den Baustellen sollte durch die Bundesanstalt für Arbeit und die Zollverwaltung kontrolliert werden. Für gegen das Gesetz verstoßende Unternehmen waren Vertragsstrafen vorgesehen. Auch sollte der Vertrag gekündigt oder das Unternehmen gänzlich von staatlichen Aufträgen ausgeschlossen werden können. Zusammen mit dem Tariftreuegesetz war die Schaffung eines beim Bundesamt für Wirtschaft und Ausfuhrkontrolle geführten Registers über unzuverlässige Unternehmen vorgesehen. Hier sollten solche Unternehmen registriert werden, die wegen schwerer Verfehlungen (illegaler Beschäftigung, Schwarzarbeit, Korruption, erheblicher Verstöße gegen die Tariftreuepflicht) von der Vergabe öffentlicher Aufträge auszuschließen waren. Nachdem der Bundesrat diesem Gesetzesvorhaben jedoch im Juli 2002 auch nach Anrufung des Vermittlungsausschusses seine Zustimmung verweigert hat[22], haben zahlreiche Bundesländer vergleichbare Tariftreuegesetze beschlossen. Dem nicht zustande gekommenen Bundestariftreuegesetz ähnliche Regelungen gibt es

18 Vgl. Bek. der Bay. Staatsregierung v. 29.10.1996 Nr. 476 – 2 – 151, die am 1.11.1996 in Kraft getreten ist.

19 Gemeinsamer Runderlass, Staatsanzeiger für das Land Hessen, 2001, S. 1413 ff.

20 Rundschreiben des BMWi v. 8.8.2001, BAnz. Nr. 155 v. 21.8.2001, S. 18174.

21 Gesetz zur tariflichen Entlohnung bei öffentlichen Aufträgen u. zur Einrichtung eines Registers über unzuverlässige Unternehmen, BR-Drucks. 1079/01.

22 Nachdem der GesE am 26.4.2002 vom BTag beschlossen worden war, stimmte ihm der BRat in seiner Sitzung vom 31.5.2002 zunächst nicht zu, sondern beschloss die Anrufung des VermA mit dem Ziel der grundlegenden Überarbeitung des Gesetzes (BR-Drucks. 367/02). Neben wirtschaftspol. Bedenken wurde insb. geltend gemacht, dass der Tarifanwendungszwang einen Eingriff in die Tarifautonomie u. die Dienstleistungsfreiheit des EG-Vertrages darstelle. Nach Vorlage des vom VermA erarbeiteten Einigungsvorschlags am 28.6.2002 (BR-Drucks. 608/02) beschloss der BRat am 12.7.2002, dem Gesetz endg. seine Zustimmung zu versagen (BT-Drucks. 14/9794).

in Bayern[23], Berlin[24], Bremen[25], Niedersachsen[26], Nordrhein-Westfalen[27], Saarland[28] und in Sachsen-Anhalt[29]. Sachsen hingegen fordert nicht die Einhaltung der Entgelttarife am Ort der Ausführung, sondern prüft im Rahmen der Angemessenheit des angebotenen Preises, ob das für allgemeinverbindlich erklärte tarifliche Mindestentgelt nach dem Arbeitnehmer-Entsendegesetz – AEntG – gezahlt wird[30].

Neben der Handhabung des Auftragswesens für politische Zwecke mittels die Vergabeentscheidung der einzelnen öffentlichen Auftraggeber beeinflussende und vereinheitlichende Rechtsvorschriften kann die Nachfragemacht der öffentlichen Hand durch Bildung von Einkaufsgemeinschaften bzw. Nachfragebündelung auch auf solchen Märkten erhöht werden, auf denen die öffentliche Hand nur einer unter vielen Marktteilnehmern ist[31]. Die eingangs dargestellte Ausschreibung von rund drei Viertel des Strombedarfs des Geschäftsbereichs des Bundesumweltministeriums ist ein aktuelles Beispiel hierfür.

Bereits zu Beginn der achtziger Jahre hat die öffentliche Hand in Deutschland ihre Beschaffungstätigkeit auch als Instrument des Umweltschutzes entdeckt. So gab etwa das Umweltbundesamt 1981 eine vom Institut für Stadtforschung erarbeitete Studie mit Anregungen zu umweltfreundlichem Einkauf für Verwaltungen in Bund, Ländern und Gemeinden heraus[32] und 1983 bestimmte das Bundes-

---

23 Gesetz über die Vergabe v. Bauaufträgen im Freistaat Bay. i. d. Bek. v. 28.6.2000, BayGVBl. 2000, S. 364, in Kraft seit 1.7.2000.

24 Berl. Vergabegesetz i. d. Bek. v. 9.7.1999, GVBl. Be 1999, S. 369, in Kraft seit 17.7.1999.

25 Vergabegesetz für das Land Bremen i. d. F. v. 17.12.2002, GBl. BR 2002, S. 594, in Kraft seit 20.12.2002.

26 Landesvergabegesetz, Nds. GVBl. 2002, S. 370, in Kraft seit 1.1.2003. Der Entw. eines Änderungsgesetzes, das im Wesentlichen die Herausnahme des ÖPNV aus dem Anwendungsbereich des Landesvergabeesetzes beinhaltet (vom 2.5.2003, LT-Drs. 15/135), befindet sich derzeit im Gesetzgebungsverfahren.

27 Gesetz zur tariflichen Entlohnung bei öffentlichen Aufträgen im Land NRW i. d. F. v. 17.12.2002, GVBl. NRW 2003, S. 8, in Kraft seit 1.3.2003.

28 Gesetz über die Vergabe v. Bauaufträgen im Saarl. i. d. Bek. v. 23.8.2000, ABl. SL 2000, S. 1846, in Kraft seit 1.9.2000.

29 Gesetz über die Vergabe öffentlicher Bauaufträge v. 29.6.2001, SachsAnhGVBl. 2001, S. 233, in Kraft seit 5.7.2001.

30 Gesetz über die Vergabe öffentlicher Aufträge im Freistaat Sachs. i. d. Bek. v. 8.7.2002, Sächs. GVBl. 2002, S. 218, in Kraft seit 27.7.2002 i. V. m. der Sächs. VergabedurchführungsVO v. 17.12.2002, Sächs. GVBl. 2002, S. 378 ff.

31 In Nds. gründete der Nds. Städtetag, in dem 80% der nds. Gemeinden organisiert sind, im Jahr 1995 die Kommunale Wirtschafts- u. Leistungsgesellschaft mbH, die Ausschreibungen bspw. zur Energie- oder Feuerwehrfahrzeugbeschaffung für die nds. Kommunen durchführt (www.kommunaleinkauf.de). In SH u. MV gibt es mit der KUBUS Kommunalberatung u. Service GmbH eine Einkaufs- u. Servicegesellschaft kommunaler Landesverbände, die insb. im Bereich der Investitionsgüterbeschaffung gemeinsame Ausschreibungen vornimmt (www.kubus-mv.de).

32 UBA, Umweltschutz in der öffentlichen Vergabepolitik, 1981. Aus ders. Zeit stammt das mittlerweile in vierter Aufl. vorliegende Handbuch „Umweltfreundliche Beschaffung“, in dem das UBA Empfehlungen zur Berücksichtigung des Umweltschutzes in der öffentlichen Verwaltung u. im Einkauf gibt.

ministerum des Innern für seinen Geschäftsbereich, dass der Umweltschutz in der öffentlichen Vergabepolitik stärker Berücksichtigung finden sollte[33].

Seit nahezu ebenso langer Zeit werden immer wieder politische Forderungen auf höchster Ebene laut, den Gedanken des Umweltschutzes in die öffentliche Beschaffung verstärkt einzubeziehen. Anlässlich der Konferenz der Vereinten Nationen für Umwelt und Entwicklung im Juni 1992 in Rio de Janeiro wurde in dem von über 170 Staats- und Regierungschefs beschlossenen Aktionsprogramm für das 21. Jahrhundert, der „Agenda 21", festgestellt, dass Hauptgrund für die kontinuierliche Verschlechterung des Zustands der Umwelt das Konsum- und Produktionsverhalten insbesondere der Industrieländer sei[34]. Die Regierungen, die eine erhebliche Rolle im Konsum spielten – insbesondere in den Staaten, in denen die öffentliche Hand ein bedeutender Wirtschaftsteilnehmer sei – sollten die Beschaffungspolitik ihrer Behörden überdenken und soweit wie möglich der Umwelt bei den öffentlichen Beschaffungspraktiken mehr Raum geben[35].

Die Prinzipien der Rio-Konferenz wurden auf dem Johannesburger Weltgipfel im August/September 2002 bekräftigt. Hier wurde ein Zehn-Jahres-Programm beschlossen, das nachhaltiges Konsumverhalten fördern und einen grundlegenden Wandel von Konsummustern – auch bei der öffentlichen Hand – herbeiführen soll. Zu diesem Zweck wurden die Teilnehmerstaaten aufgefordert, geeignete rechtliche und finanzielle Rahmenbedingungen zu schaffen[36]. Ebenfalls aus dem Jahre 2002 stammt eine Empfehlung der Organisation für wirtschaftliche Zusammenarbeit und Entwicklung (OECD) an ihre Mitgliedstaaten, bei der öffentlichen Beschaffung von Gütern und Dienstleistungen Umweltanliegen verstärkt zu berücksichtigen sowie eine umweltorientierte Beschaffungspolitik zu entwickeln[37].

Das für den Zeitraum 2002 bis 2012 geltende sechste Umweltaktionsprogramm der Europäischen Gemeinschaft benennt ein „nach ökologischen Kriterien ausgelegtes öffentliches Beschaffungswesen" ausdrücklich als ein Instrument zur Errei-

33 Runderlass des BMI über die stärkere Berücksichtigung des Umweltschutzes in der öffentlichen Vergabepolitik v. 25.11.1983, GMBl. 1984, S. 20.

34 Ziff. 4.3 der Agenda 21.

35 Ziff. 4.2.3 der Agenda 21. Die Konferenz v. Rio hat alle Kommunen der Erde aufgefordert, ein eigenes kommunales Aktionsprogramm, eine sog. „Kommunale Agenda 21", aufzustellen. Durch diese soll die Agenda 21 v. Rio auf die jeweiligen spezifischen Gegebenheiten vor Ort übertragen werden. Kommunale Planungen u. Programme aus allen Bereichen sollen auf das Leitbild der Zukunftsbeständigkeit neu ausgerichtet u. aufeinander abgestimmt werden (Kap. 18 der Agenda 21).

36 Vgl. hierzu die Zusammenfassung der Ergebnisse des Weltgipfels v. Wolff, NuR 2003, 137, 142.

37 Hierzu gab der OECD-Rat konkrete Handlungsempfehlungen angefangen v. der Schaffung angemessener pol. Rahmenbedingungen über die Einf. v. Budget- u. Rechnungslegungsmaßnahmen, um Umweltkosten berücksichtigen zu können, bis hin zu Informationen u. Ausbildungen für Bedienstete; Empfehlung des Rates zur Verbesserung der Umweltleistung im öffentlichen Beschaffungswesen v. 23.1.2002, OECD Act C(2002)3.

chung der Umweltziele der EG[38]. Um zu gewährleisten, dass öffentliche Stellen neben privaten Verbrauchern und Unternehmen in ihrer Rolle als Käufer besser über die Umweltauswirkungen von Verfahren und Produkten informiert würden, sei die Förderung eines Beschaffungswesens erforderlich, bei dem Umweltmerkmale berücksichtigt und möglicherweise Überlegungen bezüglich ökologischer Lebenszyklen einschließlich der Produktionsphase in die Beschaffungsverfahren einbezogen würden[39].

Zur Zeit wird insbesondere die Bevorzugung von Unternehmen mit Umweltmanagementsystem bei der öffentlichen Auftragsvergabe diskutiert[40]. Bei Umweltmanagementsystemen handelt es sich – vereinfacht ausgedrückt – um mit Qualitätsmanagementsystemen vergleichbare Verfahrenssystematiken, die auf die Verbesserung der Umweltauswirkungen insbesondere von Unternehmen ausgerichtet sind. Die sogenannte EG-Öko-Audit-Verordnung[41], die sich mit dem gemeinschaftsweiten System für das Umweltmanagement EMAS befasst, enthält im Hinblick auf die Vergabe öffentlicher Aufträge einen konkreten politischen Auftrag. In Art. 11 Abs. 2 dieser Verordnung heißt es:

> „Um die Beteiligung von Organisationen an EMAS zu fördern, sollte von der Kommission und anderen Institutionen der Gemeinschaft sowie von anderen öffentlichen Stellen auf einzelstaatlicher Ebene unbeschadet des Gemeinschaftsrechts geprüft werden, wie der EMAS-Eintragung bei der Festlegung von Kriterien für die Beschaffungspolitik Rechnung getragen werden kann."

Der Verordnungsgeber beauftragt hierdurch die Institutionen der Gemeinschaft und die Mitgliedstaaten zu prüfen, ob und wie Unternehmen mit Umweltmanagementsystem bei der öffentlichen Auftragsvergabe bevorzugt werden können, um so einen Anreiz für die Beteiligung an dem EMAS-System zu schaffen. Absatz 3 des Artikels 11 der EG-Öko-Audit-Verordnung verpflichtet die Mitgliedstaaten des Weiteren, die Kommission über die von ihnen vorgenommene Prüfung zu unterrichten. Die Kommission ihrerseits hat die von den Mitgliedstaaten erhaltenen Informationen dem Europäischen Parlament und dem Rat alle drei Jahre zu übermitteln.

---

38 Beschl. Nr. 1600/2002/EG des EP u. des Rates v. 22.7.2002 über das sechste Umweltaktionsprogramm der EG, ABl. EG Nr. L 242, S. 1 (Art. 3 Ziff. 6).

39 Art. 3 Ziff. 6, 3. Spiegelstr. des sechsten Umweltaktionsprogramms der EG, ABl. EG Nr. L 242, S. 5.

40 Das BMU veranstaltete am 19.6.2003 einen Fachdialog zum Thema „Berücksichtigung des Europäischen Umweltmanagementsystems EMAS im Rahmen des öffentlichen Vergabewesens", zu dem es verschiedene Experten aus den Bereichen Vergaberecht u. Umweltmanagement eingeladen hatte. Die Verf. hatte Gelegenheit, an diesem Fachdialog teilzunehmen. Auch der UGA, Beratungs- u. Lenkungsgremium für das Öko-Audit beim BMU thematisierte die Berücksichtigung v. EMAS bei der Vergabe öffentlicher Aufträge am 3.11.2003 in Berl.

41 VO (EG) Nr. 761/2001 des EP u. des Rates vom 19.3.2001 über die freiwillige Beteiligung v. Organisationen an einem Gemeinschaftssystem für das Umweltmanagementsystem u. die Umweltbetriebsprüfung (EMAS), ABl. EG Nr. L 114, S. 1 ff. vom 24.4.2001.

Welches Potential das öffentliche Auftragswesen hat, das politische Ziel des Umweltschutzes zu fördern, wurde von dem bereits unter dem fünften EG-Umweltaktionsprogramm gegründeten Forschungsprojekt RELIEF[42] ermittelt. Das Forschungsprojekt, an dem sechs europäische Städte[43] und sieben wissenschaftliche Partner[44] teilnahmen, hat unter anderem konkrete Zahlen zum Potential einer „grünen" öffentlichen Beschaffung vorgelegt. Sie wurden ermittelt, indem bestimmte Produktgruppen wie Computer, Elektrizität oder Nahrungsmittel auf ihre Einflussfaktoren auf die Umwelt hin untersucht und diesbezüglich bereits auf dem Markt erhältliche umweltfreundliche mit konventionellen Produkten verglichen wurden. RELIEF hat sodann ermittelt, wieviel dieser Produkte von öffentlichen Stellen jährlich gekauft werden und die mögliche Ersparnis bei den Umwelteinflussfaktoren (z.B. CO_2) in sogenannte „person equivalents" umgerechnet (ein person equivalent entspricht der Emission einer durchschnittlichen Person). Auf diese Weise konnten die Reduktionen durch grüne Beschaffung nachvollziehbar quantifiziert werden. RELIEF kommt unter anderem zu folgenden Ergebnissen:

- Die öffentliche Hand in Europa kauft jährlich über 2,8 Mio. Computer. Würde sie ausschließlich energiesparende Geräte kaufen (d.h. solche, die über dem EnergyStar-Standard liegen und TFT-Monitore haben), würden sich die Treibhausgas-Emissionen um 830.000 t CO_2-equivalents reduzieren. Dies entspräche den weltweit durchschnittlichen CO_2-Emissionen von 101.503 Menschen.[45]
- Würde die öffentliche Hand in Europa nur noch grünen Strom kaufen, würde die dadurch erzielte Umweltentlastung nahezu ein Viertel der Kyoto-Verpflichtungen der Europäischen Union erfüllen, vorausgesetzt, der Strom käme von neu erbauten Anlagen zur Erzeugung erneuerbarer Energien und würde in Kohlekraftwerken erzeugten Strom ersetzen[46].

42 Das RELIEF-Projekt trägt den vollständigen Titel „Environmental Relief Potential of Urban Action on Avoidance and Detoxification of Waste Streams Through Green Procurement". Das Projekt hatte eine Laufzeit v. Januar 2001 bis September 2003. Koordiniert wurde das Projekt durch das Eco-Procurement-Programme v. ICLEI, The International Council for Local Environmental Initiatives.

43 Hamb., Stuttgart, Malmö (S), Zürich (CH), Kolding (DK) u. Miskolc (HU).

44 Institut für Finanzwissenschaft u. Infrastrukturpolitik, Technische Universität Wien; Institute for Environmental Studies, Vrije Universiteit Amsterdam; dk-Teknik Energy & Environment, Copenhagen; Interuniversitäres Forschungszentrum für Technik, Arbeit u. Kultur, Graz; Centre for Environmental Studies, Budapest; Lehrstuhl für Betriebswirtschaftslehre, insb. betriebliche Umweltökonomie, Technische Universität Dresden.

45 ICLEI, Eco-Procurement The Path to a Greener Marketplace, 2002; Erdmenger, Kap. 7.6.3.

46 ICLEI, Eco-Procurement The Path to a Greener Marketplace, 2002; Erdmenger, Kap. 7.6.1. Die Garantie, dass der Käufer dann tatsächlich „grünen" Strom erhält, gibt es freilich nicht. Da es nur ein Stromnetz gibt, in den sämtliche Stromerzeuger ihren Strom einspeisen, ist es physikalisch unmöglich, bei der Bereitstellung zwischen „Öko-Strom" u. „konventionellem Strom" zu trennen.

- Die komplette Umstellung auf organisch erzeugtes Mehl, Fleisch und Milch in den Kantinen der Behörden würde den Überdüngungseffekt um 41.560 t PO4-equivalents senken: Dies entspräche dem Anteil, den 3.676.492 Europäer an dem Problem der Überdüngung haben[47].

Die Verknüpfung der öffentlichen Auftragsvergabe mit politischen Zielen wie dem des Umweltschutzes war und ist jedoch zum Teil vehementer Kritik ausgesetzt[48]. Immer wieder wird die Frage aufgeworfen, ob überhaupt die Vergabe öffentlicher Aufträge zur Durchsetzung respektive Förderung politischer Interessen genutzt werden darf. Generell wird gegen eine Einbeziehung politischer Ziele ins Feld geführt, dass dies das ohnehin komplizierte und daher fehleranfällige Vergaberecht überfrachte, unnötig weiter verkompliziere und die Anwendung des Vergaberechts, bei dem es sich um „Laienrecht" handele, erschwere[49]. Bei einer Reihe von politischen Zielen bestünden zudem Zielkonflikte[50]. Schließlich sei das Beschaffungswesen ein fragwürdiges Instrument zur Förderung diverser politischer Ziele, weil bei der Vermischung dieser Ziele mit der Beschaffung die Förderung nur noch schwer zu kontrollieren sei, da die Übersicht über Aufwand und Ertrag verloren gehe[51]. Als schlagkräftigstes Argument dient sicherlich der Einwand, das europäische Recht ließe eine Einbeziehung von politischen Zielen nicht zu[52]. Auf der anderen Seite gibt es aber auch Stimmen, die vor „übereilter Parteinahme"[53] gegen die Einbeziehung politischer Ziele und vor „Egalitarismen in die eine wie in die andere Richtung"[54] warnen und für eine differenzierte Betrachtungsweise werben. Diese Sichtweise kann sich – insbesondere im Hinblick auf

47 ICLEI, Eco-Procurement The Path to a Greener Marketplace, 2002; Erdmenger, Kap. 7.6.2.

48 Im Schrifttum findet sich die Bezeichnung „Puristen" für diese Kritiker; Benedict, Sekundärzwecke, S. 5. Hierzu zählen z. B. Rittner, Öffentliches Auftragswesen, S. 18 f.; ders., EuZW 1999, 677; Seidel, in: Dauses, Rn 142 ff.; Schauerte, Plenarprotokoll 13/230, 21120 B, C.

49 Rittner, EuZW 1999, 677; Dohmen, ArchivPF 1982, 365, 367; Seidel in: Dauses, Rn 155 meint, der bürokratische Aufwand eines in sich schlüssigen differenzierenden Systems kumulativer Berücksichtigung v. vergabefremden Kriterien stünde zu einem allenfalls geringfügigen Nutzen in keinem Verhältnis.

50 Schäfer, Mehr Wettbewerb, S. 176: „So kann etwa der Einsatz von Staatsaufträgen zu industriepolitischen Zwecken eine Monopolisierung der Angebotsseite bewirken. Das wirkt sich wiederum kontraproduktiv auf das Ziel aus, durch Förderung der kleinen u. mittleren Unternehmen eine möglichst breite Streuung u. damit eine Dezentralisierung der Anbieter zu gewährleisten."

51 Stolz, S. 99 f.

52 So im Hinblick auf die EG-VergabeRL: Brenner, in: Jahrbuch 1997, S. 156, 162; sowohl im Hinblick auf primäres als auch auf sekundäres EG-Recht: Seidel, in: Dauses, Rn 142 ff.

53 Burgi, NZBau 2001, 64.

54 Kling, S. 3.

die Einbeziehung von Umweltschutzaspekten – auf jüngst ergangene Äußerungen von EG-Kommission und Europäischem Gerichtshof stützen[55].

Die vorstehend angerissene Diskussion wird heutzutage üblicherweise unter dem Stichwort „beschaffungs-“ oder „vergabefremde Kriterien“ geführt. Sie hat zu großer Unsicherheit darüber geführt, ob die jahrzehntelang geübte Vergabepraxis der Förderung der verschiedensten Politikziele überhaupt noch haltbar ist, nachdem die Berechtigung der öffentlichen Hand zu diesem Vorgehen vor allem bei den kommunalen Auftraggebern, aber auch von Seiten der Politik zuvor nie in Frage gestellt worden war. Vielmehr war man jahrelang davon ausgegangen, man dürfe nicht nur den „mikroökonomischen Aspekt der günstigen Beschaffung“ beachten, sondern müsse auch eine „gesamtwirtschaftliche Verantwortung“ wahrnehmen[56], da es nicht um privates, sondern um öffentliches Geld ginge[57].

In erheblichem Maße angeheizt wurde die Diskussion durch den im Jahr 1999 mit Inkrafttreten des Vergaberechtsänderungsgesetzes[58] erfolgten Paradigmenwechsel im deutschen Vergaberecht. Dieser wurde mittels mehrerer von der EG-Kommission veranlasster Vertragsverletzungsverfahren, in denen Deutschland durch den Europäischen Gerichtshof wiederholt wegen unzureichender Umsetzung der EG-Vergaberichtlinien verurteilt worden war, regelrecht erzwungen[59]. Die seit Anfang der siebziger Jahre nach und nach für alle Arten öffentlicher Auf-

55 Nur kurz angesprochen seien an dieser Stelle die Interpretierende Mitteilung der Komm. v. 4.7.2001 über das auf das öffentliche Auftragswesen anwendbare Gemeinschaftsrecht u. die Möglichkeiten zur Berücksichtigung v. Umweltbelangen bei der Vergabe öffentlicher Aufträge, KOM (2001) 274 endg., veröffentl. in ABl. EG Nr. C 2001, 333, 12 ff. (hierzu Dageförde, NZBau 2002, 597) , das Urt. des EuGH v. 17.9.2002, Rs. C-513/99 in Sachen „Concordia Bus Finland", NVwZ 2002, 1356 = NJW 2002, 3458 L. = EuZW 2002, 628 sowie das Urt. des EuGH v. 4.12.2003, Rs. C-448/01 in Sachen „Wienstrom" (hierzu Dageförde, AbfallR 2004, 36).

56 Sterner, S. 31.

57 Deutlich etwa bei Däubler-Gmelin, EuZW 1997, 709, 713 oder auch bei der SPD-Fraktion zur 2. Beratung des RegE des VgRÄndG: „Im übrigen geht es bei öffentlichen Aufträgen nicht um privates, sondern um öffentliches Geld. Die öffentlichen Haushalte, wie z. B. der Bundeshaushalt, sind in der Tat keine neutralen Stellen des Rechnungswesens, sondern haben immer auch – im Rahmen des Möglichen – wirtschaftspol. Funktion. Dieses ist bspw. auf der Einnahmenseite des Bundeshaushalts, d. h. bei der Steuerpolitik, v. allen pol. u. gesellschaftlichen Kräften in Deutschland als selbstverständlich anerkannt. Es ist weder einsehbar noch irgendwie ökonomisch begründbar, weshalb die Ausgabenseite desselben Haushalts für wirtschaftspolitische Orientierungen außer acht bleiben sollte." (BT-Drucks. 13/10441).

58 Gesetz zur Änderung der Rechtsgrundlagen für die Vergabe öffentlicher Aufträge – VgRÄG – v. 26.8.1998, BGBl. I 1998, S. 2512, in Kraft seit 1.1.1999.

59 Urt. v. 11.8.1995, Rs. C-433/93 (Komm./Deutschland) Slg. 1995, I 2203, EuZW 1995, 635 ff. = NJW 1996, 1402 ff.; Urt. v. 2.5.1996, Rs. C-253/95 (Komm./Deutschland) Slg. 1996, I-02423, EuZW 1996, 575 ff.

träge erlassenen EG-Vergaberichtlinien[60] verfolgen einen anderen Zweck als das traditionelle deutsche Vergaberecht. Statt auf die sparsame Verwendung von Steuergeldern zielen sie auf einen diskriminierungsfreien Zugang von Unternehmen zu den öffentlichen Aufträgen in allen Mitgliedstaaten der Union und somit auf eine Vollendung des Binnenmarktes ab[61]. Die zur Ergänzung der Vergaberichtlinien erlassenen Rechtsmittelrichtlinien[62] sehen zur Durchsetzung dieses diskriminierungsfreien Zugangs gerichtlichen Rechtsschutz für unterlegene Bieter vor. Der Zwang zur Umsetzung dieser Richtlinien führte 1999 nach mehreren unzureichenden Umsetzungsversuchen dazu, dass der deutsche Gesetzgeber mit dem Vergaberechtsänderungsgesetz Bietern in den neu geschaffenen §§ 97 ff. GWB[63] nunmehr erstmals einen Anspruch im Sinne eines subjektiven Rechts auf Einhaltung der Regeln über das Vergabeverfahren eingeräumt hat, den sie erforderlichenfalls einklagen und so das vorangegangene Vergabeverfahren einer gerichtlichen Überprüfung unterziehen können. Die gängigen Vergabepraktiken – bislang als rein verwaltungsinternes Recht der gerichtlichen Nachprüfung entzogen – stehen nunmehr – zumindest oberhalb bestimmter Auftragsvolumina – auf dem Prüfstand und bei Verstößen drohen öffentlichen Auftraggebern Schadensersatzverpflichtungen bis hin zum Ersatz des positiven Interesses des Bieters, der bei Einhaltung der Vergabevorschriften den Zuschlag hätte erhalten müssen. Dies führt dazu, dass die öffentlichen Auftraggeber bei der Einbeziehung politischer Aspekte zurückhaltender geworden sind.

Die Beurteilung der rechtlichen Zulässigkeit der Einbeziehung von politischen Zielen wie das des Umweltschutzes in das Vergabeverfahren wird für alle mit dem öffentlichen Auftragswesen befassten Seiten erheblich dadurch erschwert, dass

---

60 Zur Zeit existieren folgende RL, die z. T. die Anfang der siebziger Jahre erlassenen RL ersetzt haben: RL 92/50/EWG v. 18.6.1992 zur Koordinierung der Verfahren zur Vergabe öffentlicher Dienstleistungsaufträge, ABl. EG Nr. L 209/1 v. 24.7.1992 (DienstleistungsRL); RL 93/36/EWG v. 14.6.1993 zur Koordinierung der Verfahren zur Vergabe öffentlicher Lieferaufträge, ABl. EG Nr. L 199/1 v. 9.8.1993 (LieferkoordinierungsRL); RL 93/37/EWG v. 14.6.1993 zur Koordinierung der Vergabe öffentlicher Bauaufträge, ABl. EG Nr. L 199/54 v. 9.8.1993, ber. durch ABl. EG Nr. L 111/115 v. 30.4.1994 (BaukoordinierungsRL); RL 93/38/EWG v. 14.6.1993 zur Koordinierung der Auftragsvergabe durch Auftraggeber im Bereich der Wasser-, Energie- u. Verkehrsversorgung sowie im Telekommunikationssektor, ABl. EG Nr. L 199/84 v. 9.8.1993, geändert durch RL 93/3/EG v. 16.2.1998, ABl. EG Nr. L 101/1 (SektorenRL).

61 So auch Hailbronner, in: Grabitz/Hilf B 1 Rn 3.

62 RL 89/665/EWG v. 21.12.1989 zur Koordinierung der Rechts- u. Verwaltungsvorschriften für die Anwendung der Nachprüfungsverfahren im Rahmen der Vergabe öffentlicher Liefer- u. Bauaufträge, ABl. EG Nr. L 395/33 v. 30.12.1989; RL 92/13/EWG v. 25.2.1992 zur Koordinierung der Rechts- u. Verwaltungsvorschriften für die Anwendung der Gemeinschaftsvorschriften über die Auftragsvergabe durch Auftraggeber im Bereich der Wasser-, Energie- u. Verkehrsversorgung sowie im Telekommunikationssektor, ABl. EG Nr. L 76/14 v. 23.3.1992 (SektorenüberwachungsRL).

63 Gesetz gegen Wettbewerbsbeschränkungen (GWB) i. d. F. der Bek. vom 26.8.1998 (BGBl. I S. 2546), zuletzt geänd. durch G v. 20.5.2003, BGBl. I S. 686. Die Regelungen zur Vergabe öffentlicher Aufträge wurden in das GWB aufgenommen, um die wettbewerbliche Bedeutung des heutigen Vergaberechts zu betonen (Begr. der BReg zum Entw. des VgRÄndG, BT-Drucks. 13/9340 S. 12). Ein eigenständiges Vergabegesetz existiert in Deutschland nicht.

der Staat bei seiner Beschaffungstätigkeit einer Vielzahl von Rechtsvorschriften der verschiedensten Rechtsgebiete und -ebenen unterworfen ist[64]. Unter dem Recht der öffentlichen Auftragsvergabe (Vergaberecht) ist nämlich die Gesamtheit der nationalen und internationalen Vorschriften zu verstehen, die ein Träger der öffentlichen Verwaltung und andere im weiteren Sinne hoheitliche Auftraggeber bei der Beschaffung von sachlichen Mitteln und Leistungen berücksichtigen müssen, sofern sie für die Aufgabenerfüllung erforderlich sind[65]. Zu denken ist hier zunächst an den 1999 in Kraft getretenen 4. Teil des GWB[66], der durch eine Vergabeverordnung[67] ergänzt wird, sowie an Wettbewerbs- und Kartellrecht[68]. Daneben unterliegt die öffentliche Hand den Vorschriften des EG-Vertrages[69] und den – in nationales Recht umgesetzten – Vergaberichtlinien[70] sowie internationalen Vereinbarungen[71]. Des Weiteren hat die öffentliche Hand die von nichtstaatlichen Fachgremien erarbeiteten Verdingungsordnungen VOB, VOL und VOF[72], die

---

64 Krohn befasst sich in seiner Arbeit mit der Bestimmung der rechtlichen Schranken, die Gemeinschaftsrecht u. deutsches Vergaberecht der Verfolgung v. Umweltschutzinteressen bei der Auftragsvergabe setzen; vgl. die Zielsetzung in der Einl. S. 4.

65 Hailbronner, in: Grabitz/Hilf B 1 Rn 1.

66 §§ 97 ff. GWB.

67 VO über die Vergabe öffentlicher Aufträge (VgV) v. 9.1.2001, BGBl. I S. 876, zuletzt geändert durch VO v. 11.2.2003, BGBl. I 2003, 168.

68 Die Nachfragemacht der öffentlichen Hand hat durchaus auch wettbewerbsrechtliche Relevanz. So hat bspw. das BKartA in seinem Tätigkeitsbericht 1999/2000 (BT-Drucks. 14/6300) das Thema der Tariftreueerklärungen aufgegriffen. Es hatte dem Berl. Senat bereits 1997 untersagt, die Vergabe v. Straßenbauarbeiten v. der Abgabe einer solchen Tariftreueerklärung abhängig zu machen. Das BKartA hat das Land Berl. als Nachfrager v. Straßenbauleistungen als marktbeherrschendes Unternehmen angesehen, das die Anbieter v. Bauleistungen, die nicht an die für Berl. geltenden Tarifverträge gebunden sind, durch die Forderung der Tariftreue in unbilliger Weise behindere; § 26 Abs. 2 GWB a. F. (Tätigkeitsbericht 1999/2000, BT-Drucks. 14/6300 S. 41, 42). In seinem Tätigkeitsbericht nimmt das BKartA auch zu der Bildung v. Einkaufskooperationen insb. durch kleine u. mittelgroße Gemeinden Stellung u. bejaht die Anwendbarkeit v. § 4 Abs. 2 GWB auf die öffentliche Hand. Das BKartA wirft weiter die Frage auf (ohne sie selbst zu beantworten), ob diese kommunalen Einkaufskooperationen zu einer Verbesserung der Wettbewerbsfähigkeit i.S.d. § 4 GWB führten, wenn sie zur Deckung des Eigenbedarfs gebildet würden (Tätigkeitsbericht 1999/2000, BT-Drucks. 14/6300 S. 45, 46). Neuere Gerichtsentsch. belegen bereits den objektiven Verstoß gegen Vergaberecht mit dem Sittenwidrigkeitsurteil i.S.v. § 1 UWG u. gelangen so zu Unterlassungsansprüchen (LG Hamb., WRP 1999, 441 ff.; LG Meiningen, Beschl. v. 7.7.2000, Az. HKO 104/00; LG Heilbronn, NZBau 2002, 239, n. rk.).

69 Insb. den Marktfreiheiten des Gemeinsamen Marktes in Art. 28 ff., Art. 43 ff., Art. 49 ff. EG, dem allg. Diskriminierungsverbot aus Gründen der Staatsangehörigkeit nach Art. 12 EG, aber auch u. U. den Wettbewerbsregeln, Art. 81 ff. sowie Art. 87 ff. EG.

70 Vgl. Fn 60 u. 62.

71 Übereinkommen über das öffentliche Beschaffungswesen (Government Procurement Agreement – GPA), ABl. EG Nr. C 256 S. 1 v. 3.9.1996. Das Übereinkommen ist Bestandteil des Gemeinschaftsrechts u. damit für die Gemeinschaftsorgane u. die Mitgliedstaaten verbindlich (Art. 300 Abs. 7 EG).

72 VOB – Vergabe- u. Vertragsordnung für Bauleistungen i. d. F. der Bek. v. 12.9.2002 (BAnz. Nr. 202 a v. 29.10.2002), VOL – Verdingungsordnung für Leistungen i.d.F. der Bek. v. 17.9.2002 (BAnz. Nr. 216 a v. 20.11.2002), VOF – Verdingungsordnung für freiberufliche Leistungen i.d.F. der Bek. v. 26.8.2002 (BAnz. Nr. 203 a v. 30.10.2002). Diese Regelwerke werden v. den Verdingungsausschüssen erarbeitet, die mit Vertretern v. Bund, Ländern, Gemeinden, Wirtschaftsverbänden u. Gewerkschaften besetzt sind. Den öffentlichen Auftraggebern wird durch Verwaltungsvorschrift oder VO vorgeschrieben, sie anzuwenden.

haushaltsrechtlichen Bestimmungen von Bund, Ländern und Kommunen[73], Bundes- oder Landesgesetze im Sinne von § 97 Abs. 4 HS. 2 GWB[74] sowie darüber hinaus zahlreiche Verwaltungsvorschriften des Bundes und der Länder, mit denen sie beispielsweise zur Bevorzugung bestimmter Personen oder Unternehmen verpflichtet werden[75], zu beachten. Neben dem Vergaberecht im engeren Sinne, das sich aus den §§ 97 ff. GWB, der Vergabeverordnung sowie den Verdingungsordnungen und damit aus Normen verschiedener Ebenen zusammensetzt[76], sind seitens der öffentlichen Auftraggeber mithin eine Reihe von Vorgaben aus anderen Rechtsgebieten zu befolgen. Ob die Vorschriften untereinander in jedem Fall miteinander korrespondieren, wird überdies bezweifelt[77].

Zur Verwirrung trägt weiterhin bei, dass die Umsetzung der europäischen Vergaberichtlinien in Deutschland – wie auch in anderen Mitgliedstaaten der europäischen Union – nur oberhalb bestimmter „Schwellenwerte" erfolgte und somit das europäisch geprägte Vergaberecht nur für Aufträge gilt, die bestimmte Auftragsvolumina überschreiten[78]. Diese liegen – stark vereinfacht – bei 200.000 Euro für Liefer- und Dienstleistungsaufträge und bei 5 Mio Euro für Bauaufträge. Unterhalb dieser Auftragswerte ist es bei der traditionellen Rechtslage geblieben. Das Vergaberecht ist in diesem Bereich weiterhin rein verwaltungsinternes Recht

73 Art. 104 a bis 115 GG (Abschnitt X „Das Finanzwesen); Gesetz über die Grundsätze des Haushaltsrechts des Bundes u. der Länder (Haushaltsgrundsätzegesetz – HGrG) v. 19.8.1969 (BGBl. I, 1273), zuletzt geändert durch Art. 3 des VgRÄG v. 26.8.1998 (BGBl. I, 2512); Gesetz zur Förderung der Stabilität u. des Wachstums der Wirtschaft v. 8.6.1967 (Stabilitätsgesetz – StabG) (BGBl. I, 582), zuletzt geändert durch Art. 12 Abs. 49 PostneuordnungsG v. 14.9.1994 (BGBl. I, 2325); Haushaltsordnungen des Bundes u. der Länder, bspw.: Bundeshaushaltsordnung (BHO) v. 19.8.1969 (BGBl. I, 1284), zuletzt geändert durch Art. 2 des Gesetzes zur Änderung verwaltungsverfahrensrechtlicher Vorschriften v. 2.5.1996 (BGBl. I, 656).

74 D. h. solche Gesetze, die „andere oder weitergehende Anforderungen" an Auftragnehmer stellen bzw. über die „klassischen" Kriterien Fachkunde, Leistungsfähigkeit u. Zuverlässigkeit hinausgehen. Die bereits genannten Landesvergabegesetze zum Thema Tariftreue stellen Gesetze i.S.v. § 97 Abs. 4 HS 2 GWB dar.

75 Bspw. die Verwaltungsvorschrift aller Ministerien des Landes BW zur Berücksichtigung umweltfreundlicher Produkte bei Ausschreibungen u. freihändigen Vergaben sowie Teilnahmewettbewerben über Leistungen, ausgenommen Bauleistungen v. 2.6.1986, GABl. S. 634, oder bundesweit der Runderlass des BMI über stärkere Berücksichtigung des Umweltschutzes in der öffentlichen Vergabepolitik v. 25.11.1983, GMBl. 1984, S. 20. Vgl. auch die Bsp. auf S. 4 f.

76 §§ 97 ff. GWB, VgV u. Verdingungsordnungen bilden eine sog. „Kaskade".

77 So wurde bspw. im Schrifttum die Vereinbarkeit des § 3 des geplanten Tariftreuegesetzes – das mit den Regelungen der mittlerweile in Kraft getretenen Landesvergabegesetze weitgehend vergleichbar ist – mit dem Gemeinschaftsrecht verneint; Lehne/Haak, ZfBR 2002, 656 nehmen Verstöße gegen Art. 49 EG, Art. 87 Abs. 1 EG, die RL 93/37/EWG u. die kürzlich beschlossene neue VergabeRL an.

78 Art. 6 Abs. 1 RL 93/37/EWG, Art. 5 Abs. 1 a) RL 93/36/EWG u. Art. 7 Abs. 1 RL 92/50/EWG. Die EG-VergabeRL definieren selbst ihren Anwendungsbereich oberhalb bestimmter Auftragsvolumina, weil man bei ihrer Schaffung davon ausging, dass die grenzüberschreitende Bewerbung um einen Auftrag mit geringerem Wert für die Unternehmen ohnehin uninteressant u. der mit einer europaweiten Ausschreibung verb. Aufwand für den öffentlichen Auftraggeber daher nicht zu rechtfertigen ist. Einige Mitgliedstaaten wie auch Deutschland haben sich bei der Umsetzung der EG-VergabeRL dann ebenfalls auf den Bereich oberhalb der in den RL bestimmten Auftragswerte, der sog. „Schwellenwerte", beschränkt (§ 100 Abs. 1 GWB i.V.m. § 127 Nr. 1 GWB u. § 2 VgV).

ohne Außenwirkung, d. h. es gewährt Bietern weder subjektive Rechte noch Rechtsschutzmöglichkeiten. Es ist mithin mit einem zweigeteilten Rechtssystem zu arbeiten.

Schließlich sind die das deutsche Vergaberecht oberhalb der Schwellenwerte prägenden EG-Vergaberichtlinien kürzlich in einem fast vier Jahre dauernden Richtliniengebungsverfahren einer umfassenden Novellierung unterzogen worden[79]. Gerade die Frage der Einbeziehung von Umwelt- und Sozialaspekten in das Vergabeverfahren hat sich im Rahmen des Richtliniengebungsverfahrens zu einem Streitpunkt von erheblicher Bedeutung zwischen Parlament und Kommission, aber auch zwischen den Fraktionen des Parlaments entwickelt und zu einer Verzögerung des gesamten Verfahrens geführt[80].

Die Fülle der einzuhaltenden Rechtsnormen und das „zweigleisige" Rechtssystem, die Diskussion um die „vergabefremden Kriterien", die Vielzahl der ungeklärten Fragen insbesondere im Hinblick auf den Einfluss des Gemeinschaftsrechts sowie die drohenden Konsequenzen einer fehlerhaften Vergabe führen zu erheblichen Unsicherheiten, ob und wie man den politischen Forderungen gerecht werden und Umweltaspekte in rechtlich zulässiger Weise in das Vergabeverfahren einbeziehen kann[81]. Eine Umfrage des Forschungsprojekts RELIEF unter den Mitgliedern des „Buy it Green"-Netzwerkes, einem Netzwerk von 53 europäischen Städten und kommunalen Einrichtungen, in dem diese ihr Know-How bezüglich umweltfreundlicher Beschaffung austauschen, ergab vier wesentliche Hürden für die sog. „grüne" öffentliche Beschaffung: Neben den Hürden Politik, Bürokratie und Mehrkosten wurde von den Städten die hohe Komplexität des anzuwendenden Rechts genannt. Zu dem gleichen Ergebnis kam eine von RELIEF bei den für den Einkauf zuständigen Mitarbeitern der Städte Hamburg, Stuttgart, Zürich, Malmö, Kolding und Miskolc. Auch von diesen wurden die unklare Rechtslage und die vorhandenen Rechtsstrukturen als Hürden von erheblicher Bedeutung für umweltfreundliche Beschaffung benannt[82].

79 Die Komm. hat bereits im Mai 2000 Vorschläge für zwei neue RL vorgelegt, die die bisherigen ersetzen sollen. Bereits in der ersten Lesung im EP im Januar 2002 wurden eine Vielzahl v. Änderungsanträgen beschlossen, was dazu führte, dass die Komm. im Mai 2002 geänderte Vorschläge vorgelegt hat, die der Rat im Gemeinsamen Standpunkt vom März 2003 im Wesentlichen übernommen hat. In zweiter Lesung lagen dem EP Anfang Juli 2003 erneut – eine in diesem Stadium des RL-Gebungsverfahrens ungewöhnliche – Vielzahl v. Änderungsanträgen vor. Die RL waren sodann Gegenstand eines Vermittlungsverfahrens zwischen EP u. Rat, das am 2.12.2003 beendet wurde. EP u. Rat haben sich auf einen gemeinsamen Text geeinigt, den das EP am 29.1.2004 verabschiedet hat. Die RL wurde am 30.4.2004 im ABl. der EG (Nr. L134, S. 114 ff.) veröffentlicht und trat damit in Kraft. Die geänderten RL müssen spätestens 21 Monate nach ihrer Veröffentlichung in die nationalen Rechtsordnungen überführt werden.

80 Vgl. hierzu den Bericht des Mitglieds der Fraktion der Europäischen Volkspartei im EP u. Mitglieds des A. für Recht u. Binnenmarkt Wuermeling „Wohin geht die Richtlinienreise?" in: Behörden Spiegel September 2003, S. 20.

81 So auch Barth/Fischer, in: Erdmenger, Kapitel 4.

82 Vgl. die Forschungsergebnisse bei Günther, in: Erdmenger, Kapitel 3.

Die von Europäischem Parlament und Rat in Artikel 11 Abs. 2 der EG-Öko-Audit-Verordnung aufgeworfene Frage, ob und wie öffentliche Auftraggeber der EMAS-Eintragung von Unternehmen bei der Beschaffung Rechnung tragen können, bleibt vor diesem Hintergrund erst recht unbeantwortet[83].

Die vorliegende Arbeit soll zur Klärung der Frage nach der rechtlichen Zulässigkeit der Einbeziehung von Umweltaspekten bei der öffentlichen Auftragsvergabe beitragen. Die Untersuchung befasst sich auch mit der Frage, ob es umgekehrt rechtlich sogar geboten ist, Umweltaspekte in das Vergabeverfahren einfließen zu lassen. Im Besonderen untersucht die Arbeit die bevorzugte Berücksichtigung von Unternehmen mit EMAS-Teilnahme oder vergleichbarem zertifizierten Umweltmanagementsystem. Der Frage der politischen oder ökonomischen Zweckmäßigkeit der Einbeziehung von Umweltaspekten in das öffentliche Beschaffungswesen wird hingegen nicht nachgegangen.

Die Arbeit beginnt in Kapitel 1 mit der Darstellung der rechtlichen Grundlagen einer Handhabung des öffentlichen Auftragswesens zum Zwecke des Umweltschutzes. Zunächst werden die Entwicklung des Vergaberechts in Deutschland bis hin zum 1999 in Kraft getretenen Vergaberechtsänderungsgesetz und die im Rahmen des Gesetzgebungsverfahrens gescheiterten Vorstöße, Umweltschutz im Vergaberecht gesetzlich zu verankern, geschildert (Teil A.). In Teil B. wird der Verlauf eines Vergabeverfahrens dargestellt, wobei nach den verschiedenen Verfahrensarten differenziert wird. Nachfolgend werden die seit 1999 geltenden Rechtsschutzmöglichkeiten vorgestellt (Teil C.). Schließlich werden die für die vorliegende Arbeit maßgeblichen Fachtermini und insbesondere der Begriff der „vergabefremden Kriterien" untersucht (Teil D.).

In Kapitel 2 wird die rechtliche Zulässigkeit der Berücksichtigung von Umweltaspekten bei der öffentlichen Auftragsvergabe geprüft. Die Untersuchung bezieht sich auf die Rechtslage in Deutschland. Da diese auch durch internationales und europäisches Recht geprägt ist, ist auf dessen Vorgaben ebenfalls einzugehen. Die für die rechtliche Beurteilung eines Vergabeverfahrens, das Umweltaspekte berücksichtigt, relevanten Rechtsnormen werden zusammengestellt und jeweils auf ihre Anwendbarkeit im Bereich der öffentlichen Auftragsvergabe sowie ihre Bedeutung für die Berücksichtigung von Umweltaspekten im Vergabeverfahren hin untersucht. Es wird hierbei differenziert zwischen den Anforderungen des internationalen, europäischen und nationalen Vergaberechts (Teil A.), den Bedingungen, die das europäische und nationale Wettbewerbsrecht an die öffentliche Auftragsvergabe stellt (Teil B.), den Anforderungen des EG-Primärrechts, insbesondere der Grundfreiheiten des EG-Vertrages (Teil C.), den verfassungsrecht-

83 Auch der v. dem BMU am 19.6.2003 veranstaltete Fachdialog (s. o. Fn 40) führte kaum zu konkreten, v. einer breiten Mehrheit der Teilnehmer getragenen Ergebnissen.

lichen Anforderungen des Grundgesetzes (Teil D.), und schließlich den in sonstigen Rechtsvorschriften enthaltenen Bedingungen, wie denen des Haushaltsrechts (Teil E.). Indem die Vielzahl der in Betracht kommenden Rechtsnormen auf ihre Relevanz für die Einbeziehung von Umweltaspekten in das Vergabeverfahren untersucht werden, wird die Grundlage für die rechtliche Überprüfung einer konkreten Umweltanforderung im Rahmen eines Vergabeverfahrens geschaffen, die in Kapitel 3 folgt.

Kapitel 3 befasst sich mit der in Artikel 11 Abs. 2 der EG-Öko-Audit-Verordnung aufgeworfenen Frage, ob bzw. wie in rechtlich zulässiger Weise im Vergabeverfahren der Tatsache Rechnung getragen werden kann, dass ein Bieter bzw. Bewerber an dem Gemeinschaftssystem EMAS teilnimmt. Die Untersuchung bezieht sich darüber hinaus auch auf das privatwirtschaftliche Umweltmanagementsystem ISO 14001, dem in der Praxis ebenso große Bedeutung zukommt wie EMAS. Zunächst werden die beiden Systeme ISO 14001 und EMAS dargestellt und verglichen (Teil A.). Anschließend werden in Teil B. die Möglichkeiten zur Berücksichtigung eines Umweltmanagementsystems im Vergabeverfahren herausgearbeitet und auf ihre rechtliche Zulässigkeit anhand des Vergaberechts geprüft. Hierbei wird differenziert zwischen den verschiedenen Phasen des Vergabeverfahrens, in denen ein Umweltmanagementsystem auf unterschiedliche Weise von der Vergabestelle berücksichtigt werden kann. Nach einer Zusammenfassung der Ergebnisse folgt in Teil C. die rechtliche Beurteilung der Berücksichtigung eines Umweltmanagementsystems im Vergabeverfahren anhand der übrigen in Betracht kommenden Rechtsvorschriften, beginnend mit den Marktfreiheiten des EG-Vertrages sowie den Anforderungen des Grundgesetzes und endend mit europäischem und nationalem Wettbewerbsrecht.

Sodann wird in Kapitel 4 ein Blick auf das Vergaberecht der Schweiz und die dort bestehenden Möglichkeiten, Umweltschutzaspekte in das Vergabeverfahren einzubeziehen, geworfen. Zunächst werden die Rechtsquellen des schweizerischen Vergaberechts dargestellt. Anschließend wird der typische Verlauf eines Vergabeverfahrens in der Schweiz sowie der im schweizerischen Vergaberecht vorgesehene Rechtsschutz für unterlegene Bieter untersucht und jeweils einer vergleichenden Betrachtung mit dem deutschen Vergaberecht unterzogen. Sodann wird insbesondere anhand der vorhandenen Rechtsprechung beleuchtet, ob und wie Umweltaspekte im schweizerischen Vergabeverfahren Berücksichtigung finden.

Den Schluss der Arbeit bildet eine Zusammenfassung der Ergebnisse in Thesen.

Kapitel 1. Rechtliche Grundlagen der Handhabung des Vergaberechts zum Zwecke des Umweltschutzes

Im Folgenden sollen zunächst die Grundlagen für die Untersuchung der rechtlichen Zulässigkeit der Einbeziehung von Umweltaspekten in das Vergabeverfahren geschaffen werden.

Um deutlich zu machen, wie es zu der bereits in der Einleitung angesprochenen „Zweiteilung" des Vergaberechts gekommen ist, wird zuvor die Entwicklung des Vergaberechts in Deutschland bis hin zu dem – den jetzigen Zustand maßgeblich prägenden Vergaberechtsänderungsgesetz[84] – geschildert. Auf den das Thema der vorliegenden Arbeit berührenden Streit um die sogenannten „weitergehenden Anforderungen" im Gesetzgebungsverfahren und auf die Vorstöße im Bundesrat, Umweltaspekte in das Vergaberechtsänderungsgesetz aufzunehmen, wird gesondert eingegangen. (Teil A)

Da im Rahmen der Prüfung der rechtlichen Zulässigkeit der Einbeziehung von Umweltaspekten auf verschiedene Phasen des Vergabeverfahrens einzugehen ist, wird sodann in Teil B. der Verlauf eines Vergabeverfahrens – differenziert nach den verschiedenen zur Verfügung stehenden Verfahrensarten – geschildert. Wegen ihrer besonderen Bedeutung wird auf die für unterlegene Bieter seit Inkrafttreten des Vergaberechtsänderungsgesetzes maßgeblich veränderten Rechtsschutzmöglichkeiten in Teil C. gesondert eingegangen.

Schließlich sind vor einer rechtlichen Untersuchung die für diese relevanten Fachtermini in den Blick zu nehmen (Teil D.). Insbesondere der in den letzten Jahren zum Schlagwort gewordene Begriff der „vergabefremden Kriterien", unter die üblicherweise auch der Umweltschutz gefasst wird, verdient besondere Beachtung.

A. Vergaberecht in Deutschland

Das deutsche Vergaberecht hat sich mit Inkrafttreten des Vergaberechtsänderungsgesetzes[85] am 1.1.1999 grundlegend verändert und einen Paradigmenwech-

84 Gesetz zur Änderung der Rechtsgrundlagen für die Vergabe öffentlicher Aufträge – VgRÄG – v. 26.8.1998, BGBl. I 1998, S. 2512, in Kraft seit 1.1.1999.

85 S. vorstehende Fn.

sel vollziehen müssen[86]. Die Entwicklung des deutschen Vergaberechts während des vergangenen Jahrzehnts soll nachfolgend dargestellt werden.

I. Entwicklung des Vergaberechts in Deutschland

Die für die Vergabe öffentlicher Aufträge geltenden Regeln waren in Deutschland traditionell dem Haushaltsrecht zugeordnet[87]. Bei diesen Normen handelte es sich lediglich um Verwaltungsvorschriften, die allein die korrekte und wirtschaftliche Verwendung öffentlicher Gelder sichern sollten. Adressat der Regeln war allein die öffentliche Hand. Unternehmen und andere Teilnehmer an Vergabeverfahren hatten weder einen Anspruch auf Einhaltung der Vergabevorschriften noch die Möglichkeit gerichtlichen Rechtsschutzes.

Die auf der europäischen Ebene seit den 70er Jahren erlassenen Richtlinien zur Koordinierung der Vergabeverfahren in den Mitgliedstaaten[88] verfolgen hingegen das Ziel, das öffentliche Auftragswesen für den gemeinschaftsweiten Wettbewerb zu öffnen. Zu diesem Zweck sehen die die Koordinierungsrichtlinien ergänzenden sogenannten Überwachungsrichtlinien[89] Rechtsschutz zugunsten der Bieter bei Verletzung der Vergaberegeln seitens der öffentlichen Auftraggeber durch sogenannte Nachprüfungsverfahren vor.

Die EG-Vergaberichtlinien waren von den Mitgliedstaaten in nationales Recht umzusetzen. In Deutschland gelang die vollständige Umsetzung erst nach mehreren Anläufen mit dem Vergaberechtsänderungsgesetz (VgRÄG)[90]. Dem ging folgendes voraus:

86 Einen Überblick über das „neue" Vergaberecht geben u. a. Byok, NJW 1998, 2774; Elbel, DÖV 1999, 235; Gröning, ZIP 1999, 52; Koenig/Haratsch, NJW 2003, 2637; Pietzcker, ZHR 162 (1998), 427; ders., ZVgR 1999, 24; Schenk, 2001; Thieme/Correll, DVBl. 1999, 884; Vetter, NVwZ 2001, 745. Die Entwicklung zeichnet zudem nach Pietzcker, in: Grabitz/Hilf B 19 Rn 1 ff.

87 Es handelte sich im Wesentlichen um die Verdingungsordnungen VOB/A u. VOL/A (vgl. Fn 72). Über das Haushaltsrecht, § 30 HGrG, §§ 55 BHO/LHO (vgl. Fn 73) sowie die Gemeindehaushaltsordnungen u. dazu ergangene Verwaltungsvorschriften wurde die öffentliche Ausschreibung u. die Anwendung der Verdingungsordnungen den Vergabestellen vorgeschrieben. Vgl. auch Hailbronner, in: Grabitz/Hilf B 1 Rn 2.

88 S. o. Fn 60.

89 S. o. Fn 62.

90 Ob die Umsetzung vollständig gelungen ist, wird v. Schenk monographisch hinterfragt. Er kommt abschließend zu der Bewertung, dass der deutsche Gesetzgeber in seinem dritten Anlauf zur Umsetzung des europäischen Vergaberechts den gemeinschaftsrechtlichen Vorgaben schon sehr nahe gekommen ist, die neue Rechtslage aber gleichwohl noch Defizite aufweist (Schenk, S. 237).

Die Vorgaben des Gemeinschaftsrechts wurden zunächst dergestalt in deutsches Recht umgesetzt, dass die geltenden Verdingungsordnungen VOB/A und VOL/A angepasst wurden[91]. Da dort zum Teil bereits dem europäischen Recht entsprechende Regelungen vorhanden waren, wurden diese als sogenannte „Basisparagraphen" beibehalten und weitergehende Vorschriften als sog. „a-" und „b-" sowie „SKR-Paragraphen" in die Verdingungsordnungen aufgenommen[92].
Die EG-Kommission kritisierte diese Form der Umsetzung der Vergaberichtlinien in Deutschland. Sie leitete zwischen 1993 und 1995 mehrere Vertragsverletzungsverfahren gegen Deutschland ein[93]. Anlass für diese Verfahren war nach Auffassung der Kommission, dass der deutsche Gesetzgeber den sich benachteiligt fühlenden Unternehmen zu Unrecht die Geltendmachung von Verstößen gegen Vergabevorschriften und der Verletzung ihnen zustehender Rechte vor Gericht verweigerte. Am 11.8.1995 und 2.5.1996 gab der Europäische Gerichtshof der Kommission recht und qualifizierte die Vorgehensweise des deutschen Gesetzgebers als europarechtswidrig[94]. Die entscheidende Aussage des EuGH lautet:

> „Sodann ist festzustellen, dass die in den Richtlinien über die Koordinierung der Verfahren zur Vergabe öffentlicher Aufträge enthaltenen Vorschriften über die Teilnahme und die Publizität den Bieter vor Willkür des öffentlichen Auftraggebers schützen sollen. Ein solcher Schutz kann nicht wirksam werden, wenn der Bieter sich nicht gegenüber dem Auftraggeber auf diese Vorschriften

91 Die Bestimmungen wurden als a-Paragraphen in die VOL/A u. die VOB/A integriert. Der geänderte Wortlaut wurde als „Neufassung der VOL/A, Ausgabe 1990" im BAnz. Nr. 45 a v. 6.3.1990 bekanngemacht. Der Wortlaut der VOB/A wurde im BAnz. Nr. 132 v. 19.7.1990 bekanntgemacht.

92 Um die Anwendung der Verdingungsordnungen zu vereinfachen, wurden diese in verschiedene Abschnitte eingeteilt. Der Vergabebeamte sollte sich nur des Abschnitts bedienen müssen, der bereits v. außen erkennbar seine Situation traf: Entweder die Vergabe nur nach den nationalen Regeln oder eine Vergabe nach den um die EG-rechtlichen Neuerungen ergänzten Vorschriften (Marx, in: Jestaedt/Kemper/Marx/Prieß, S. 5). Die das Vergabeverfahren regelnden Teile A der VOL u. VOB gliedern sich daher in folgende Abschnitte: Abschnitt 1 enthält das nationale Vergaberecht („Basisparagraphen"), Abschnitt 2 die Basisparagraphen u. die EG-Regeln aus RL 93/36/EWG, RL 93/37/EWG u. RL 92/50/EWG („a-Paragraphen"), Abschnitt 3 die Basisparagraphen u. die Regeln der RL 93/38/EWG („b-Paragraphen"), Abschnitt 4 nur die Regeln der RL 93/38/EWG.

93 Klage der Komm., eingegangen beim EuGH am 3.11.1993, auf Feststellung, dass die Bundesrepublik Deutschland dadurch gegen ihre Verpflichtungen aus dem EG-Vertrag verstoßen hat, dass sie nicht innerhalb der vorgeschriebenen Fristen alle erforderlichen Maßnahmen erlassen oder mitgeteilt hat, um den Anforderungen der RL 88/295/EWG des Rates v. 22.3.1988 zur Änderung der RL 77/62/EWG über die Koordinierung der Verfahren zur Vergabe öffentlicher Lieferaufträge u. zur Aufhebung einiger Bestimmungen der RL 80/767/EWG (ABl. L 127, S. 1) u. der RL 89/440/EWG des Rates v. 18.7.1989 zur Änderung der RL 71/305/EWG über die Koordinierung der Verfahren zur Vergabe öffentlicher Bauaufträge (ABl. EG Nr. L 210, S. 1) nachzukommen; Klage der Komm. gegen Deutschland, eingegangen beim EuGH am 20.7.1995, auf Feststellung, dass die Bundesrepublik Deutschland dadurch gegen ihre Verpflichtungen aus Art. 189 Abs. 3 EG-Vertrag i.V.m. Art. 44 Abs. 1 der RL 92/50/EWG des Rates v. 18.6.1992 über die Koordinierung der Verfahren zur Vergabe öffentlicher Dienstleistungsaufträge (ABl. EG Nr. L 209, S. 1) verstoßen hat, da sie nicht die erforderlichen Rechts- u. Verwaltungsvorschriften erlassen hat, um dieser RL nachzukommen (ZIP 1995, 1940).

94 Vgl. Einl. Fn 59.

berufen und ggf. deren Verletzung vor den nationalen Gerichten geltend machen kann."[95]

Die genannte Entscheidung des Europäischen Gerichtshofs befasste sich zwar ausdrücklich nur mit dem ersten Umsetzungsversuch aus dem Jahr 1990, hatte aber auch Bedeutung für den zweiten deutschen Ansatz aus den Jahren 1993/1994, der sogenannten „haushaltsrechtlichen Lösung"[96]. Mit jener versuchte der bundesdeutsche Gesetzgeber, die Mängel des ersten Umsetzungsversuchs zu beheben. Er konzentrierte sich hierbei im wesentlichen darauf, dem Vergaberecht eine formellgesetzliche Basis durch die §§ 57 a bis c Haushaltsgrundsätzegesetz (HGrG) zu geben. Die §§ 57 a bis c HGrG nannten die dem Vergaberecht unterworfenen Auftraggeber und verpflichteten diese prinzipiell zur Anwendung von Vergaberecht bei ihren Einkäufen. Zugleich wurde die Bundesregierung zu dem Erlass detaillierter Vergabevorschriften ermächtigt[97]. Daneben führte der Gesetzgeber zwar ein einheitliches Nachprüfungsverfahren für alle öffentlichen Auftraggeber und für alle Vergaben oberhalb der in den EG-Vergaberichtlinien bestimmten Auftragsvolumina, den sogenannten „EG-Schwellenwerten" ein[98]. Die §§ 57 b und c HGrG bildeten in Verbindung mit der Nachprüfungsverordnung[99] die Rechtsgrundlage für zwei Instanzen zur Überprüfung einzelner Vergabeverfahren: Vergabeprüfstellen und Vergabeüberwachungsausschüsse. Beide Instanzen waren aber nicht Gerichte, sondern Teile der Verwaltung[100]. Ihre Kompetenzen waren zudem begrenzt. In ein laufendes Vergabeverfahren eingreifen und den Zuschlag

---

95 Urt. v. 11.8.1995, Rs. C-433/93, Slg. 1995, I-2303 Rn 19. Später machte der EuGH außerdem deutlich, dass die Mitgliedstaaten verpflichtet sind, „... die dem Vertragsschluss vorangehende Entsch. des Auftraggebers darüber, mit welchem Bieter eines Vergabeverfahrens er den Vertrag schließt, in jedem Fall einem Nachprüfungsverfahren zugänglich zu machen, in dem der Antragsteller ... die Aufhebung der Entsch. erwirken kann, wenn die Voraussetzungen hierfür erfüllt sind." (EuGH, Urt. v. 28.10.1999, Rs. C-81/98). Aufgrund dieses Urteils wurde § 13 VgV geschaffen, der öffentliche Auftraggeber dazu verpflichtet, den beabsichtigten Zuschlag den unterlegenen Bietern vorab bekanntzugeben, um ihnen so die Einl. eines Nachprüfungsverfahrens zu ermöglichen.

96 Zweites Gesetz zur Änderung des HGrG v. 26.11.1993 (BGBl. I S. 1928), in Kraft seit 1.1.1994. Dieses Gesetz war zwar bereits in Kraft getreten, als das Vertragsverletzungsverfahren vor dem EuGH noch anhängig war; die an nationalen Rechtsvorschriften vorgenommenen Änderungen haben jedoch nach st. Rspr. des EuGH keinen Einfluss auf ein laufendes Vertragsverletzungsverfahren, wenn sie nicht vor Ablauf der seitens der Komm. vor Erhebung der Klage gesetzten Frist erfolgt sind (EuGH, Rs. C-80/92 (Komm./Belgien) Slg. 1994, I-1019, Rn 19; Rs. C-433/93 (Komm./Deutschland) Slg. 1995, I-2303 Rn 15). Aus diesem Grunde musste der EuGH die haushaltsrechtliche Lösung nicht prüfen.

97 Von dieser Ermächtigung hat die BReg durch den Erlass der VgV Gebrauch gemacht (VO über die Vergabebestimmungen für öffentliche Aufträge; BGBl. 1994 I, S. 321, in Kraft am 1.3.1994). Durch die VgV wurden die bestehenden Verdingungsordnungen in das System des Vergaberechts einbezogen.

98 Diese liegen – stark vereinfacht – bei 200.000 EUR für Dienstleistungs- u. Lieferaufträge u. bei 5 Mio EUR für Bauaufträge. S. o. S. 16 u. Fn 78.

99 VO über das Nachprüfungsverfahren für öffentliche Aufträge (NachprüfungsVO – NpV) v. 22.2.1994 (BGBl. I S. 324), in Kraft am 1.3.1994.

100 Bspw. war für Vergabeverfahren v. juristischen Personen des öffentl. Rechts zuständige Vergabeprüfstelle deren jeweilige Rechtsaufsichtsbehörde (§ 1 Abs. 1 NachprüfungsV), der VÜA war v. Bund u. Ländern für ihre jeweiligen Aufgabenbereiche selbst zu bilden (§ 57 c HGrG).

durch die Vergabestelle verhindern durfte nur die Vergabeprüfstelle, nicht jedoch der Vergabeüberwachungsausschuss. Zudem hatten weder Bieter noch öffentliche Auftraggeber irgendwelche Antrags-, Beweis- und sonstigen Beteiligungsrechte und damit keine Parteistellung[101]. Den Anforderungen des Europäischen Gerichtshofes konnte der deutsche Gesetzgeber selbst mit seiner „haushaltsrechtlichen Lösung“ nicht genügen, zumal er Bietern individuelle, einklagbare Rechtsansprüche ausdrücklich nicht einräumen wollte; an den gewachsenen Vergaberegeln sollte nichts geändert werden[102]. Hintergrund war die Befürchtung, dass ein Rechtsschutzsystem mit Einschaltung der Gerichte „flächendeckende und zeitraubende Investitionsblockaden bedeute[103]. Ein Festhalten am geltenden, gerade erst in Kraft getretenen Recht schien daher aussichtslos[104].

Die Vergabepraxis in Deutschland führte zudem zu einem Handelsstreit mit den USA. Die amerikanischen Unternehmen General Electric und Westinghouse hatten sich um Aufträge für die Lieferung von Kraftwerksanlagen in Deutschland beworben und waren nach ihrem Vorbringen in den Vergabeverfahren behindert worden. Da es an der Möglichkeit effektiven Rechtsschutzes mangelte, konnten beide Unternehmen die gleichberechtigte Teilnahme an dem Vergabeverfahren nicht erzwingen[105]. Der US-Handelsbeauftragte drohte der Bundesrepublik daraufhin auf der Grundlage des Omnibus Trade and Competitiveness Act 1988[106] Handelssanktionen an, wenn der Bieterschutz im deutschen Vergaberecht nicht verbessert werde[107].

Angesichts der Forderungen aus Brüssel und Washington und der drohenden Sanktionen entschied sich die Bundesregierung im Jahre 1996, das deutsche Ver-

---

101 Noch, S. 140.

102 Begr. zum GesetzE der BReg, BT-Drucks. 12/4636, S. 12.

103 Gröning, VgR 2003, 290.

104 Marx, in: Jestaedt/Kemper/Marx/Prieß, S. 7.

105 Der Antrag auf Erlass einer einstweiligen Anordnung scheiterte daran, dass zwischenzeitlich ein Vertrag mit dem Wettbewerber rechtswirksam zustande gekommen war. KG EuZW 1995, 645 ff.; VÜA Bund, WuW/E VergAB 27 ff. General Electrik/VEAG.

106 Der 1988 verabschiedete „Omnibus Trade and Competitiveness Act“ verschärfte den Trade Act v. 1974, um gegen Marktzugangsschranken auf den ausländischen Exportmärkten vorzugehen. Grundlage beider Handelsgesetze war die Annahme, dass der amerikanische Markt offener sei als die Märkte anderer Länder. Es wurde in den USA davon ausgegangen, dass andere Länder ihre Märkte durch eine Vielzahl v. nicht-tarifären Handelshemmnissen schützten, was sich in negativen Handelsbilanzen zeige. Durch die Androhung v. Sanktionen oder Protektionismus sollten andere Länder gezwungen werden, ihre Handelsbarrieren auf das Niveau der USA zu senken, um so die ausländischen Märkte für US-Unternehmen zu öffnen. Das Handelsgesetz „Omnibus Trade and Competitiveness Act 1988“ ist Ausdruck der v. den USA seit den 1980er Jahren verfolgten, als „agressiven Unilateralismus“ bezeichneten Handelspolitik. Innerhalb dieser Politik droht die US-amerikanische Regierung Ländern, die unfaire Handelspraktiken verfolgen, mit unilateralen Sanktionen, ohne vorher eine streitschlichtende Entsch. der WTO abzuwarten.

107 Vgl. Schenk, S. 26 f.

gaberecht mit dem Vergaberechtsänderungsgesetz (VgRÄG)[108] grundlegend zu überarbeiten[109]. Für die (nunmehr angestrebte vollständige) Umsetzung der EG-Vergaberichtlinien wurde eine Konzeption im Rahmen des Gesetzes gegen Wettbewerbsbeschränkungen (GWB) gewählt, um dem gewandelten Verständnis der Vergaberegeln zu entsprechen und die wettbewerbliche Bedeutung des Vergaberechts zu betonen[110]. Auf ein eigenständiges Vergabegesetz wurde verzichtet. Mit dem am 1.1.1999 in Kraft getretenen Vergaberechtsänderungsgesetz erhielten Bieter nunmehr im Einklang mit dem europäischen Recht einen Anspruch auf Einhaltung der ihren Schutz bezweckenden Vergabevorschriften durch die öffentlichen Auftraggeber[111]. Mit der Gewährung eines Anspruches im Sinne eines subjektiven Rechts musste notwendigerweise auch der lange verweigerte gerichtliche Rechtsschutz zugestanden werden, um Art. 19 Abs. 4 GG gerecht zu werden[112]. Allerdings ist im GWB die Vergabe lediglich derjenigen öffentlichen Aufträge geregelt, deren Auftragswerte die in den EG-Vergaberichtlinien vorgegebenen Schwellenwerte[113] erreichen bzw. überschreiten[114]. Diese Werte wurden in § 2 Vergabeverordnung (VgV) übernommen. Deutschland hat sich – wie andere Mitgliedstaaten der EU – damit auf eine strikte Umsetzung der EG-Vergaberichtlinien beschränkt und die EG-Schwellenwerte für die Gewährung subjektiver Rechte und gerichtlichen Rechtsschutzes „eins zu eins" übernommen[115].

II. Durch das Vergaberechtsänderungsgesetz bewirkte Zweiteilung des Vergaberechts

Die Umsetzung der gemeinschaftsrechtlichen Vergaberegelungen nur für solche Aufträge, die bestimmte Schwellenwerte erreichen, hat zu einer Zweiteilung des deutschen Vergaberechts geführt mit der Konsequenz, dass vergleichbare Sachverhalte, die sich allein aufgrund ihrer wirtschaftlichen Bedeutung voneinander

108 S. o. Fn 58 u. 84.

109 Kabinettsbeschl. v. 25.9.1996 (Pressemitt. BMWi v. 25.9.1996).

110 Begr. der BReg, BT-Drucks. 13/9340, S. 12.

111 § 97 Abs. 7 GWB.

112 Art. 19 Abs. 4 GG enthält einen wichtigen Teilbereich des allg. Justizgewährungsanspruchs, der Teil des Rechtsstaatsprinzips ist (Jarass in: Jarass/Pieroth Art. 19 Rn 19).

113 Art. 6 Abs. 1 RL 93/37/EWG, Art. 5 Abs. 1 a) RL 93/36/EWG u. Art. 7 Abs. 1 RL 92/50/EWG.

114 § 100 Abs. 1 GWB (i. V. m. § 127 Nr. 1 GWB u. § 2 VgV).

115 Die Schwellenwerte betragen derzeit i.d.R. 200.000 EUR für Liefer- u. Dienstleistungs- u. 5 Mio EUR für Bauaufträge. Ob sie im einzelnen erreicht sind, richtet sich nach dem Volumen des Auftrags ohne MwSt. Dieses hat der Auftraggeber bei Beginn des Vergabeverfahrens „vernünftig" zu schätzen (§ 3 VgV).

unterscheiden, unterschiedlichen Rechtssystemen unterworfen sind[116]. Jede beabsichtigte öffentliche Auftragsvergabe ist zunächst daraufhin zu untersuchen, ob sie allein nationalen Vorgaben standzuhalten hat oder ob sie dem in §§ 97 ff. GWB auf der Grundlage der EG-Vergaberichtlinien definierten Anwendungsbereich unterfällt mit der Folge, dass ein europaweites Vergabeverfahren i. S. d. §§ 97 Abs. 6, 127 GWB, § 4 VgV erfolgen muss[117].

Das deutsche Vergaberecht hat oberhalb der Schwellenwerte nunmehr folgende Struktur: Auf der Ebene des europäischen Rechts finden sich die genannten Vergaberichtlinien[118] und die Regelungen des EG-Vertrages, die einen Bezug zur öffentlichen Auftragsvergabe haben. National sind vergaberechtliche Bestimmungen auf der Gesetzesebene im 4. Teil des GWB, auf der Verordnungsebene in der Vergabeverordnung enthalten. Letztere verweist auf die Verdingungsordnungen VOB/A, VOL/A und VOF, die damit – allerdings nur für den Bereich der Aufträge oberhalb der in § 2 VgV genannten Schwellenwerte – Verordnungscharakter erhalten. Das System dieses gestuften Rechtsregimes wird allgemein plakativ „Kaskadenprinzip“ genannt[119].

Die Nachprüfung der Vergabeverfahren öffentlicher Auftraggeber für Aufträge oberhalb der Schwellenwerte erfolgt nunmehr in erster Instanz durch – wiederum – verwaltungsinterne Vergabekammern[120]. Gegen die Entscheidungen dieser Kammern (Verwaltungsakte in Form von Beschlüssen) kann jedoch nunmehr das Rechtsmittel der sofortigen Beschwerde zu den Vergabesenaten bei den Oberlandesgerichten eingelegt werden[121]. Sowohl Nachprüfungsantrag als auch sofortige Beschwerde bewirken grundsätzlich, dass der Zuschlag seitens der Vergabestelle zunächst nicht erteilt werden darf[122]. Der geschilderte spezielle Rechtsweg ent-

116 Boesen, Einl. Rn 157.

117 Koenig/Haratsch, NJW 2003, 2637.

118 Vgl. Fn 60 u. 62.

119 Bspw. v. Bechtold, GWB Vor § 97 Rn 17 oder Koenig/Haratsch, NJW 2003, 2637. Derzeit gibt es im zuständigen Ministerium, dem BMWA, Überlegungen, das Kaskadenprinzip aufzuheben u. das Vergaberecht dadurch zu verschlanken, dass die Verdingungsordnungen in einer GesamtvergabeVO oder gar einem Gesetz untergebracht werden (Behörden Spiegel, April 2003, S. 21 „Verschlanken durch Verschieben? Zwei Wege, das Vergaberecht zu ändern.“) Die BReg hat sich bereits im Februar 2003 grds. auf eine „Verschlankung des Vergaberechts geeinigt (so Beschl. der BReg v. 26.2.2003, http://www.bmi.bund.de/Downloads/Masterplan.pdf, 13.10.2003, 14.30 Uhr). Die Verschlankung ist ein Projekt der Initiative Bürokratieabbau der BReg. Bis Ende 2004 soll die Notwendigkeit jeder Vorschrift überprüft u. die verbleibenden Vorschriften in eine einheitliche Regelung aufgenommen werden. Der Gesamtumfang soll hierbei um ca. zwei Drittel reduziert werden. (http://www.bmi.bund.de, 13.10.2003, 14.30 Uhr).

120 Die VK des Bundes sind beim BKartA eingerichtet (§ 106 Abs. 1 S. 1 GWB). Die VK der Länder werden gem. § 106 Abs. 2 S. 1 GWB durch die nach Landesrecht zuständigen Stellen, mangels einer solchen Bestimmung durch die LandesReg bestimmt. In Nds. wurden gem. Beschl. der LandesReg v. 1.12.1998 insges. drei VK bei der Oberfinanzdirektion Hannover, beim Nds. Landesamt für Straßenbau u. bei der Bezirksregierung Lüneburg eingerichtet.

121 § 116 GWB.

spricht dem im Kartellrecht seit Jahren praktizierten System. Er macht es unter dem Gesichtspunkt der Beschleunigung möglich, nur eine gerichtliche Instanz mit dem Rechtsstreit zu befassen.

Weil die EG-Vergaberichtlinien, der vierte Teil des GWB (§§ 97 – 129), und die Vergabeverordnung nur für die Vergabe von Aufträgen gelten, deren Auftragswert oberhalb der EG-Schwellenwerte liegen, unterfallen Aufträge unterhalb der Schwellenwerte nicht dem geschilderten, durch das Vergaberechtsänderungsgesetz geschaffenen Rechtsregime[123]. Hier bleibt es bei der bisherigen deutschen Rechtslage. Damit bleiben öffentliche Auftraggeber über das Haushaltsrecht[124] und die dazu ergangenen Verwaltungsvorschriften gehalten, für Aufträge die Bestimmungen der VOB/A und VOL/A, jeweils Abschnitt 1, einzuhalten[125]. Bieter haben jedoch keinen Anspruch gegenüber den öffentlichen Auftraggebern auf Einhaltung der Vorschriften und keinen auf die Verhinderung des Zuschlags gerichteten Primärrechtsschutz.

Die Begründung des Regierungsentwurfs für das Vergaberechtsänderungsgesetz setzt sich an verschiedenen Stellen mit der Frage der Beschränkung des Anwendungsbereichs von §§ 97 ff. GWB auf Aufträge oberhalb der EG-Schwellenwerte auseinander. In der Begründung zu § 109 des Regierungsentwurfs – jetzt § 100 GWB – heißt es: „Die Vergaberegeln gelten nur für Vergaben oberhalb der in den EG-Richtlinien festgesetzten Auftragswerte (Schwellenwerte). Das auf dem EG-Richtlinienrecht beruhende Rechtsschutzverfahren kann wegen der Vielzahl der Fälle nicht auf die Aufträge unterhalb der Schwellen ausgedehnt werden"[126].

Die Zweiteilung des Rechtssystems unterliegt im Hinblick auf Art. 3 Abs. 1 GG sowie Art. 19 Abs. 4 GG weitverbreiteter Kritik seitens des Schrifttums[127], wird von der vergaberechtlichen Rechtsprechung bisher aber gutgeheißen[128]. Dort wird die Erwägung des deutschen Gesetzgebers, ein Ausufern der Zahl der Nach-

---

122 § 115 Abs. 1 GWB, § 118 Abs. 1 GWB.

123 Etwas anderes soll nach Auffassung des BayObLG dann gelten, wenn die Vergabestelle einen Auftrag mit einem Volumen unterhalb des Schwellenwertes gleichwohl EU-weit ausgeschrieben u. als Nachprüfungsbehörde die VK angegeben hat. In diesem Fall soll ein Anspruch auf Durchführung des Nachprüfungsverfahrens bestehen, weil die Vergabestelle durch die Angabe der Nachprüfungsbehörde den rechtlichen Rahmen für die Nachprüfung festgelegt habe (BayObLG , Verg 6/01, NZBau 2002, 584). Das BayObLG hat diese Rspr. fortgeführt in seinem Beschl. v. 13.8.2001, Verg 10/01, NZBau 2001, 643.

124 § 30 HGrG, § 55 BHO/LHO (s. o. Fn 70).

125 So zutreffend Freitag, NZBau 2002, 204, 205 li. Sp.

126 BT-Drucks. 13/9340, S. 15.

127 So etwa bei Brenner, S. 22, 43; ders., in: Jahrbuch 1997, S. 155; Dörr, DÖV 2001, 1014, 1023; Koenig/Haratsch, NJW 2003, 2637, 2642; Malmendier, DVBl 2000, 963, 966 ff.; Bultmann, BuW 2001, 244, 245 re. Sp.; Freitag, NZBau 2002, 204, 205 li. Sp.; Dreher, NZBau 2002, 419 ff.; ders., NVwZ 1997, 343, 344: „willkürlich unterschiedliches und unnötig komplexes Rechtsschutzsystem".

prüfungsanträge zu begrenzen, für einen die Ungleichbehandlung der Bieter rechtfertigenden sachlichen Grund im Sinne des Art. 3 Abs. 1 GG gehalten[129]. Gegen die Entscheidung des OLG Saarbrücken ist mittlerweile eine Verfassungsbeschwerde bei dem BVerfG anhängig[130].

Die Versagung des vergaberechtsspezifischen Rechtsschutzes unterhalb der Schwellenwerte ist nicht zuletzt deshalb völlig unbefriedigend, weil ein Großteil der Vergabeverfahren damit von dem effektiven speziellen Vergaberechtsschutz, mit dem es unterlegenen Bietern möglich ist, den Zuschlag zu verhindern, ausgenommen ist. Immerhin 87% aller Vergaben in Deutschland sollen unterhalb der Schwellenwerte liegen[131]. Die Zweiteilung des Rechtssystems ist keineswegs von den EG-Vergaberichtlinien vorgegeben. Der Gemeinschaftsgesetzgeber hat durch Aufstellung der Schwellenwerte einen Bereich geschaffen, auf den das EG-Vergaberecht Anwendung finden soll. Er ging dabei einerseits davon aus, dass europaweite Ausschreibungen für kleinere Aufträge für die Auftraggeber zu kosten- und zeitaufwändig sind und dass andererseits Unternehmen nicht bereit sind, sich über die Grenzen hinweg um einen relativ kleinen Auftrag zu bewerben. Aus Sicht des Gemeinschaftsgesetzgebers war es nicht erforderlich, diese Aufträge dem EG-Vergaberechtsregime zu unterwerfen, um das Ziel – Verwirklichung eines Vergabebinnenmarktes – zu erreichen. Den Mitgliedstaaten steht es gleichwohl frei, subjektive Rechte und Rechtsschutz auch unterhalb der Schwellenwerte vorzusehen[132], wie dies in Österreich jetzt der Fall ist (hierzu sogleich).

Der Österreichische Verfassungsgerichtshof hält den Verzicht auf jedwede außenwirksame Regelung des Vergabeverfahrens im Unterschwellenbereich und die damit verbundene Konsequenz für die Rechtstellung der Bewerber und Bieter für gleichheitswidrig. Seiner Auffassung nach widerspricht es dem Gleichheitsgrundsatz, dass es im „Unterschwellenbereich" einen vergabespezifischen Rechtsschutz überhaupt nicht gibt. Diese Unterscheidung sei sachlich nicht zu rechtfertigen. Er hat demgemäß die Regelung des Österreichischen Bundesvergabegesetzes, die dort zu der Zweiteilung des Rechtsschutzsystems führte, für verfassungswidrig erklärt[133]. Der österreichische Gesetzgeber hat daraufhin im Jahr 2002 ein neues Bundesvergabegesetz mit einheitlichen Regelungen für Bund,

128 OLG Stuttgart, IBR 2002, 266; OLG Saarbrücken, IBR 2003, 558: „Die §§ 100 Abs. 1, 127 Nr. 1 GWB, § 2 VgV verstoßen nicht gegen Art. 3 Abs. 1 GG".

129 OLG Saarbrücken, IBR 2003, 558: „nach Auffassung des Senats jedenfalls vertretbar und ... damit innerhalb des dem Gesetzgeber zustehenden Gestaltungsspielraums".

130 1 BVR 1160/03. Bundesverfassungsrichter Broß bejahte kürzlich das Recht auf Rechtsschutz unterhalb der Schwellenwerte ohne Bagatellgrenze mit den Worten „Auch gegen Bußgeldbescheide in Höhe v. 10 Mark gibt es Rechtsmittel"; Badenweiler Gespräche des forum vergabe e. V. v. 21. bis 23.5.2003.

131 Nachweise zu Vergabestatistiken bei Dreher, in: Immenga/Mestmäcker, Vor §§ 97 ff. Rn. 41 ff.

132 So auch OLG Saarbrücken, IBR 2003, 558.

Länder und Gemeinden sowohl für den Bereich oberhalb als auch für den Bereich unterhalb der Schwellenwerte geschaffen[134].

Art. 19 Abs. 4 GG gebietet die Zugänglichkeit wenigstens eines Rechtsweges, wenn subjektive Rechte des Einzelnen durch die öffentliche Gewalt verletzt sein können. Der Bieter, der an einem staatlichen Vergabeverfahren teilnimmt, hat wenigstens im Hinblick auf sein Grundrecht aus Art. 3 Abs. 1 GG Anspruch auf effektiven Zugang zu einem staatlichen Rechtsschutzverfahren[135]. Dabei könnte überlegt werden, ob man eine „de minimis-Schwelle" einführt[136] oder die Nachprüfung unterhalb bestimmter Schwellen – die deutlich niedriger als die EG-Schwellenwerte anzusetzen wären – auf eine Instanz beschränkt (ähnlich dem Zivilprozess). Zum Umfang der notwendigen Änderungen gibt es derzeit zwischen dem BMVBW und dem (federführenden) BMWA Meinungsunterschiede. Während das BMVBW das Gesamtsystem beibehalten und lediglich textliche Veränderungen vornehmen möchte, gibt es im BMWA Überlegungen, die „Kaskade" durch Übernahme der Verdingungsordnungen in eine Gesamtvergabeverordnung oder gar ein Gesetz abzubauen. Die Überlegungen beziehen sich jedoch wohl nicht auf eine Vereinheitlichung des Vergaberechts für Aufträge ober- und unterhalb der Schwellenwerte. Hierauf gerichtete Vorschläge kommen vielmehr von Seiten der Wirtschaft[137].

III. „Weitergehende Anforderungen" im Vergaberechtsänderungsgesetz

Die sogenannten „weitergehenden Anforderungen", die für die Frage der Einbeziehung von politisch motivierten Aspekten in das Vergabeverfahren und damit auch für die vorliegende Untersuchung von erheblicher Relevanz sind, waren im Gesetzgebungsverfahren des Vergaberechtsänderungsgesetzes[138] das am heftigsten umstrittene Thema und Anlass für die Anrufung des Vermittlungsausschusses durch den Bundesrat[139]. Der Gesetzentwurf der Bundesregierung[140] hatte in § 106 Abs. 3 GWB vorgesehen, dass weitergehende (d.h. über die der Fachkunde,

133 ÖstVerfGH, Urt. v. 30.11.2000 – G 110/99: Die Wortfolge, „dann, wenn der geschätzte Auftragswert ohne Umsatzsteuer mindestens fünf Millionen ECU beträgt", in § 3 I des österreichischen BVergG ist verfassungswidrig.

134 Öst. BGBl. I Nr. 99/2002 v. 28.6.2002.

135 Dörr, DÖV 2001, 1014, 1023.

136 Hierfür spricht sich Dreher, NZBau 2002, 419, 420 li. Sp. aus.

137 Vgl. Behörden Spiegel, April 2003, S. 21 „Verschlanken durch Verschieben? Zwei Wege, das Vergaberecht zu ändern.".

138 S. o. Fn 58 u. 84.

Leistungsfähigkeit und Zuverlässigkeit hinausgehende) Kriterien an Auftragnehmer nur gestellt werden dürften, „wenn dies durch Bundesgesetz vorgesehen ist". In der Begründung des Regierungsentwurfs hieß es dazu:

> „Die (Anm. d. Verf.: bundesgesetzliche) Festlegung der maßgeblichen Eignungskriterien bedeutet Rechts- und Planungssicherheit für potentielle Auftragnehmer. Müßten sich die Unternehmen auf regional unterschiedliche und aus verschiedenen politischen Vorstellungen fußende, raschem Wandel unterworfene Anforderungen an das Unternehmensprofil jeweils neu einstellen, führte dies zur Zersplitterung der Märkte und einer Verteuerung des Einkaufs. Um dies zu vermeiden, müssen öffentliche Aufträge anhand leistungsbezogener Kriterien vergeben werden.
>
> Abs. 3 Hs. 2 der Vorschrift stellt jedoch klar, dass weitergehende Kriterien, die in anderen Bundesgesetzen aufgeführt sind, nach Maßgabe der jeweiligen Regeln dieser Gesetze bei der Vergabe berücksichtigt werden."

Der Bundesrat wollte hingegen den von den Ländern durch Gesetz, Verordnung und Verwaltungsvorschrift in der Vergangenheit bereits erlassenen Regelungen, die den Vergabestellen vorschrieben, verschiedenste Aspekte wie beispielsweise auch den Umweltschutz[141] zu berücksichtigen, auf der Ebene oberhalb der Schwellenwerte nicht die Grundlage entziehen[142]. Er strebte daher folgenden Wortlaut an:

> „Weitergehende Kriterien dürfen an Auftragnehmer nur gestellt werden, wenn dies durch Rechts- und Verwaltungsvorschriften des Bundes und der Länder vorgesehen ist."

Dem widersprach die Bundesregierung und betonte in ihrer Gegenäußerung[143] das Gebot des diskriminierungsfreien Wettbewerbs im Vergaberecht:

> „§ 106 Abs. 3 ist die grundlegende und wichtigste Vorschrift des gesamten Entwurfs und enthält den materiellen Extrakt aller Bemühungen der EG und ihrer Mitgliedstaaten um einen diskriminierungsfreien Wettbewerb und um mehr Wirtschaftlichkeit bei der Vergabe öffentlicher Aufträge. Alle anderen Vorschriften einschließlich der umfangreichen Nachprüfungsregelungen dienen allein dem Zweck, eine Vergabe nach Fachkunde, Leistungsfähigkeit und Zuverlässigkeit der Bewerber zu verwirklichen. Keinesfalls darf die gesetzliche

---

139 BR-Drucks. 372/98.

140 BR-Drucks. 646/97.

141 Als Bsp. sei genannt: Runderlass des Nds. Ministeriums für Wirtschaft, Technologie u. Verkehr v. 5.5.1992 „Öffentliches Auftragswesen; Berücksichtigung des Umweltschutzes (UmweltRL öffentliches Auftragswesen)" – 34.2-33.28 –, Nds. MBl. Nr. 32/1992, S. 1286 ff. Vgl. auch die Bsp. in der Einl. S. 4 f.

142 Vgl. die Begr. des BRats zu seiner Stellungnahme zum RegE zu § 106 Abs. 3 GWB; BR-Drucks. 646/97.

143 BT-Drucks. 13/9340, Anlage 3.

Regelung durch bloße Verwaltungsvorschriften des Bundes oder jedes Landes außer Kraft gesetzt werden, weil sonst das zentrale Gebot unseres Vergaberechts faktisch unverbindlich wäre."

Nachdem der Bundestag am 23.4.1998 den Entwurf der Bundesregierung in 2. und 3. Lesung angenommen hatte[144], rief der Bundesrat am 8.5.1998 den Vermittlungsausschuss an[145]. Zentrales Anliegen des Bundesrates war die Änderung des § 106 Abs. 4 GWB in der von ihm favorisierten Fassung. In seiner Begründung hieß es dazu:

„Die Beschränkung auf Bundesgesetze hätte u. a. die Unzulässigkeit der von den Ländern teilweise durch Gesetz oder Verordnung, teilweise durch Verwaltungsvorschrift eingeführten Regelungen zur Folge. Eine gesetzliche Öffnungsklausel, die etwa eine angemessene Berücksichtigung von tarifvertragstreuen, ausbildenden und frauenfördernden Betrieben möglich macht, ist erforderlich.

Das vorgreifliche EG-Recht schließt solche besonderen Bedingungen nicht grundsätzlich aus. Auf die Ansätze im Grünbuch der Kommission der Europäischen Gemeinschaften: „Das öffentliche Auftragswesen in der Europäischen Union – Überlegungen für die Zukunft" (BR-Drs. 50/97) sowie auf die Ausführungen in Nummer 4.4 der Mitteilung der Kommission „Das öffentliche Auftragswesen in der Europäischen Union" (BR-Drs. 296/98) sei in diesem Zusammenhang hingewiesen."

Der vom Vermittlungsausschuss am 28.5.1999 vorgeschlagene Kompromiss, der vergabefremde Kriterien auch in Landesgesetzen zuließ (nicht jedoch in Verwaltungsvorschriften) sowie eine Übergangsvorschrift bis 30.6.2000 für die bestehenden untergesetzlichen Regelungen, die andere oder weitergehende Anforderungen an Auftragnehmer stellen, vorsah[146], wurde noch am darauffolgenden Tag unter dem Druck aus Brüssel und den USA sowohl vom Bundestag[147] als auch vom Bundesrat[148] angenommen. Das Vergaberechtsänderungsgesetz trat am 1.1.1999 in Kraft.

Im Hinblick auf die zahlreichen Verwaltungsvorschriften, die den Vergabestellen die Bevorzugung bestimmter Personengruppen und Unternehmen oder die Berücksichtigung des Umweltschutzes im öffentlichen Auftragswesen vorschreiben, hat das Vergaberechtsänderungsgesetz folgende Konsequenz: Gemäß § 97 Abs. 4, 2. HS GWB dürfen „andere" oder „weitergehende" Kriterien (also solche,

144 BT-Plenarprot. 13/230, S. 21127.

145 BR-Drucks. 372/98.

146 BT-Drucks. 13/10876.

147 BT-Plenarprot. 13/239, S. 22024, BR-Drucks. 519/98.

148 BR-Plenarprot. 726, S. 290 D, BR-Drucks. 519/98.

die über die Kriterien Fachkunde, Leistungsfähigkeit und Zuverlässigkeit hinausgehen) an Auftragnehmer nur gestellt werden, wenn dies durch Bundes- oder Landesgesetz vorgesehen ist. Die Verwaltungsvorschriften sind mithin schon aufgrund dieses formalen Erfordernisses nicht mehr anwendbar. Jedoch hat die Vorschrift des § 97 Abs. 4, 2. HS GWB nur Geltung für die Vergabe von Aufträgen oberhalb der Schwellenwerte (§§ 100 Abs. 1, 127 Nr. 1 GWB, § 2 VgV). Für den weit überwiegenden Teil der öffentlichen Aufträge unterhalb dieser Schwellenwerte gilt § 97 Abs. 4, 2. HS GWB nicht, so dass die Verwaltungsvorschriften weiterhin Anwendung finden. Sie unterliegen auch nicht der spezifischen vergaberechtlichen Überprüfung durch Vergabekammern und Vergabesenate.

IV. Umweltschutz im Vergaberechtsänderungsgesetz

In dem vorstehend dargestellten Gesetzgebungsverfahren finden sich diverse Vorstöße, die Berücksichtigung von Umweltaspekten gesetzlich zu verankern. Sie blieben zwar erfolglos, werden jedoch gleichwohl hier geschildert, um darauf später an gegebener Stelle zurückzukommen.

1. Empfehlungen des Umweltausschusses vom 27.10.1997

Der Umweltausschuss hatte dem Bundesrat empfohlen, in seine Stellungnahme zum Regierungsentwurf folgende Änderungsvorschläge aufzunehmen[149]:

§ 106 Abs. 4 GWB sollte lauten[150]:

„Der Zuschlag wird auf das wirtschaftlichste Angebot erteilt; Kriterien der Umweltverträglichkeit im Sinne einer nachhaltigen und umweltgerechten Wirtschaftsweise sind hierbei zu berücksichtigen."

Die Begründung zu dieser Empfehlung lautete:

„Die Berücksichtigung von Kriterien zur Sicherstellung einer dauerhaften, umweltgerechten Entwicklung sollen verpflichtender Teil der Wirtschaftlichkeitsbetrachtung im Rahmen der Auftragsvergabe werden. Die Umweltverträglichkeit zu beschaffender Leistungen oder Produkte ist daher als auftragsbezogenes Kriterium der Wirtschaftlichkeit im Rahmen der Zuschlagsentscheidung mit zu berücksichtigen. Die öffentliche Hand sollte hier Vorreiterfunktion übernehmen."

Diese Empfehlung wurde jedoch vom Bundesrat abgelehnt[151].

---

149 BR-Drucks. 646/2/97.

150 BR-Drucks. 646/2/97, S. 7.

Des Weiteren empfahl der Umweltausschuss dem Bundesrat, dem § 106 Abs. 5 GWB einen Satz 2 mit folgendem Wortlaut neu hinzuzufügen[152]:

„Die Vergabegrundsätze sind im Sinne einer nachhaltigen und umweltgerechten Wirtschaftsweise auszugestalten."

In seiner Begründung führte der Umweltausschuss hierzu aus:

„Das öffentliche Vergabewesen muss den politisch anerkannten Grundsätzen einer nachhaltigen und umweltgerechten Entwicklung entsprechen. Die nähere Ausgestaltung obliegt der Rechtsverordnung und den Verdingungsordnungen, denen dies durch Gesetz vorgegeben wird.

Zeitgemäße Grundlage eines öffentlichen Vergabewesens ist das Grünbuch der EU, das das öffentliche Vergabewesen auch in einen Zusammenhang mit einer nachhaltigen umweltgerechten Entwicklung gestellt hat, BR-Drucksache 50/97, Tz. 5.51. Das hieraus abzuleitende Regelungsniveau ist vom Bundestag gerade für das vorliegende Gesetzgebungsverfahren ausdrücklich bekräftigt und gefordert worden, BT-Drucksache 13/8366. Darüber hinaus läßt bereits geltendes EU-Recht die privilegierte Berücksichtigung von Umweltbelangen ausdrücklich zu."

Auch dieser Änderungsvorschlag wurde vom Bundesrat mehrheitlich abgelehnt[153]. Angenommen hat der Bundesrat[154] lediglich die Empfehlung des Umweltausschusses, die Bundesregierung zum Gesetzentwurf im ganzen zu bitten[155],

„beim Erlaß der Rechtsverordnung nach diesem Gesetz[156] sowie in den Verdingungsordnungen hinsichtlich der Ausgestaltung der Vergabegrundsätze die Teilnahme eines Unternehmens an dem Gemeinschaftssystem für das Umweltmanagement und die Umweltbetriebsprüfung nach der Verordnung (EWG) Nr. 1836/93 des Rates vom 29. Juni 1993 über die freiwillige Beteiligung gewerblicher Unternehmen an einem Gemeinschaftssystem für das Umweltmanagement und die Umweltbetriebsprüfung (ABl. EG Nr. L 168, S. 1) sowie dem Umweltauditgesetz vom 7. Dezember 1995 (BGBl. I S. 1591) angemessen zu berücksichtigen. Außerdem sollten eingeführte Umweltzeichen berücksichtigt werden."

---

151 Sitzung des BRats am 7.11.1997, BR-Plenarprot. 718, S. 524. Warum sich für diesen Änderungsantrag keine Mehrheit im BRat fand, geht aus dem Stenographischen Bericht der Sitzung nicht hervor. Es gab keine Wortmeldungen v. Vertretern der Länder zu dem VgRÄG.

152 BR-Drucks. 646/2/97, S. 8.

153 Sitzung des BRats am 7.11.1997, BR-Plenarprot. 718, S. 524.

154 Sitzung v. 7.11.1997, BR-Plenarprot. 718, S. 524.

155 BR-Drucks. 646/2/97, S. 39.

156 Gemeint ist die Vergabeverordnung.

Die Bitte des Bundesrates an die Bundesregierung hat jedoch nicht gefruchtet; weder Vergabeverordnung noch Verdingungsordnungen enthalten bis heute Regelungen zu Umweltmanagementsystemen oder Umweltzeichen.

2. Antrag des Landes Hessen im Bundesrat vom 6.11.1997

Einen weiteren – ebenfalls erfolglosen – Versuch, Umweltschutz im deutschen Vergaberecht zu normieren, hat das Land Hessen unternommen[157]. Es hat den Antrag im Bundesrat gestellt, dieser möge beschließen:

> „§ 106 Abs. 3 (S. 2) GWB:
> Mittelständische Interessen und Kriterien der Umweltverträglichkeit im Sinne einer nachhaltigen und umweltgerechten Wirtschaftsweise sind angemessen zu berücksichtigen."[158]

Auch diese Empfehlung wurde vom Bundesrat in seiner Sitzung am 7.11.1997 abgelehnt[159].

3. Stellungnahme

Offensichtlich bestanden große Hemmungen seitens des bundesdeutschen Gesetzgebers, Umweltschutz im Vergaberecht gesetzlich zu normieren. Dies könnte darauf zurückzuführen sein, dass entsprechende Bestimmungen in den EG-Vergaberichtlinien zur Zeit der Schaffung des Vergaberechtsänderungsgesetzes – immerhin des dritten Anlaufs zur Umsetzung der EG-Vergaberichtlinien – ebenfalls nicht enthalten waren. Die Weigerung könnte jedoch auch politisch motiviert gewesen sein. Auch in dem kürzlich abgeschlossenen Verfahren zur Novellierung der EG-Vergaberichtlinien[160] war zwischen Unionspolitikern einerseits sowie Sozialisten und Grünen andererseits eine heftige Grundsatzdebatte darüber entbrannt, ob das Beschaffungswesen von Sozial- und Umweltaspekten freizuhalten ist oder ob man es zu sozialen Zwecken und zum Zwecke des Umweltschutzes handhaben sollte[161].

---

157 BR-Drucks. 646/8/97.

158 Diese Änderung sollte anstelle der (v. WirtschaftsA. vorgeschlagenen) Änderungen zu § 106 Abs. 3 nach Satz 1 GWB („Mittelständische Interessen sind angemessen zu berücksichtigen.") u. der (v. UmweltA. vorgeschlagenen) Änderung zu § 106 Abs. 4 GWB erfolgen (Ziff. 7 u. 9 der BR-Drucks. 646/2/97).

159 BR-Plenarprot. 718 v. 7.11.1997, S. 524.

160 S. o. Fn 79.

B. Verlauf eines Vergabeverfahrens in Deutschland

Das deutsche Recht kennt traditionell drei Arten der Vergabe, nämlich die Öffentliche Ausschreibung, die Beschränkte Ausschreibung und die Freihändige Vergabe. Das europäische Recht ist dieser Systematik gefolgt und sieht das „Offene Verfahren“, „Nichtoffene Verfahren“ und das „Verhandlungsverfahren“ vor. Im Wesentlichen entspricht das Offene Verfahren der Öffentlichen Ausschreibung, das Nichtoffene Verfahren der Beschränkten Ausschreibung und das Verhandlungsverfahren der Freihändigen Vergabe[162]. Allgemein lässt sich die Ausschreibung bezeichnen als

> „ein den Vertragsschluss regelndes Vorbereitungs- und Abschlussverfahren, bei dem von den beteiligten Kreisen zu erwarten ist, dass sie die Regeln des Verfahrens kennen und sich auf sie als Grundlage der Vertragsverhandlungen einstellen.“[163]

Im folgenden soll kurz der typische Verlauf der Vergabeverfahren geschildert werden, wie ihn die Regeln der §§ 97 ff. GWB und der Verdingungsordnungen vorsehen.

I. Gemeinschaftsweite Vergabeverfahren

Da die Vorgaben der EG-Vergaberichtlinien, die eine europaweite Ausschreibung von Aufträgen vorsehen, nur oberhalb bestimmter Auftragsvolumina Geltung beanspruchen und der deutsche Gesetzgeber sie auch nur für diesen Bereich in §§ 97 – 129 GWB umgesetzt hat, ist infolge der dadurch herbeigeführten Zweiteilung des deutschen Vergaberechts bei den Verfahrensvorschriften zwischen solchen Ausschreibungen, die europaweit bekanntzumachen sind und den nationalen Ausschreibungen zu differenzieren. Im Folgenden werden zunächst die Verfahrensarten der EU-Ausschreibung dargestellt, um anschließend die zu diesen bestehenden Unterschiede der nationalen Vergabeverfahren zu skizzieren und auf die diesbezüglichen Konsequenzen der Zweiteilung hinzuweisen.

---

161 Vgl. den Bericht v. Wuermeling, o. Fn 80, u. FAZ v. 8.7.2003, S. 19: „Vermittlung für das Vergaberecht“, wo die beiden deutschen Rechtsexperten der EVP-Fraktion wie folgt zitiert werden: „Anstatt die Gelegenheit zu nutzen, ein leicht handhabbares und rechtlich klares Vergaberecht zu schaffen, haben ideologische Ideen v. Sozialisten und Grünen die Vergaberegeln 'gekapert'.“

162 Hertwig, Rn 59.

163 So der BGH in seinem Urt. v. 22.4.1993 zur Öffentlichen Ausschreibung (NJW-RR 1993, 1109, 1110).

1. Hierarchie der Vergabeverfahren

Gemäß § 101 Abs. 1 GWB erfolgt die Vergabe von öffentlichen Aufträgen im Wege von Offenen Verfahren, Nichtoffenen Verfahren oder Verhandlungsverfahren. Das Offene Verfahren ist grundsätzlich anzuwenden, es sei denn, etwas anderes ist ausdrücklich gestattet (§ 101 Abs. 5 GWB). Generell lässt sich sagen, dass von dem Offenen Verfahren zugunsten eines Nichtoffenen Verfahrens oder gar eines Verhandlungsverfahrens nur abgewichen – und so der Teilnehmerkreis verringert – werden darf, soweit die Natur des Geschäfts oder besondere Umstände dies rechtfertigen.

2. Offenes Verfahren

Offene Verfahren sind Vergabeverfahren, in denen eine unbeschränkte Anzahl von Unternehmen öffentlich zur Abgabe von Angeboten aufgefordert wird (§ 101 Abs. 2 GWB). Neben der Möglichkeit der Teilnahme für eine unbeschränkte Anzahl von Bietern wird dieses Verfahren dadurch charakterisiert, dass die Angebote bis zu dem Eröffnungstermin geheimgehalten werden müssen. Der Wettbewerb entsteht dadurch, dass keiner der Bieter die Angebote seines Konkurrenten kennt und damit gezwungen ist, so knapp als irgend möglich zu kalkulieren, um den Auftrag zu erhalten[164].

a. Bekanntgabe

Die Forderung nach Wettbewerb, Transparenz und diskriminierungsfreiem Verfahren setzt zunächst voraus, dass ein möglichst großer Kreis von in Betracht kommenden Bietern von der Absicht der öffentlichen Hand erfährt, einen Auftrag zu vergeben. Die Vergaberichtlinien schreiben daher eine Vorab-Bekanntmachung vor. Dazu muss der öffentliche Auftraggeber im Amtsblatt der EG und im Inland (z. B. in Tageszeitungen, amtlichen Veröffentlichungsblättern, Fachzeitschriften) baldmöglichst nach Beginn eines Haushaltsjahres eine Vorinformation mit den wesentlichen Merkmalen des Bauauftrags[165] bzw. den in einem Haushaltsjahr anstehenden Liefer- und Dienstleistungsaufträgen[166] bekanntgeben. Die Vorabinformation dient der Transparenz und soll interessierte Unternehmen in die Lage versetzen, sich frühzeitig auf die geplante Auftragsvergabe einzustellen[167]. Unabhängig davon ist ein konkreter Auftrag nach einem formalisierten Muster

164 Hertwig, Rn 63.

165 § 17 a Nr. 1 Abs. 1 VOB/A.

bekannt zu geben und zwar ebenfalls im Amtsblatt der EG[168] bzw. den genannten inländischen Medien. Die inländische Veröffentlichung darf erst erfolgen, nachdem der Text der Bekanntmachung an das Amt für amtliche Veröffentlichungen der EG versandt wurde[169]. Die Bekanntgabe einer Ausschreibung ist nur zulässig, wenn der öffentliche Auftraggeber den Auftrag auch tatsächlich erteilen möchte. Eine sogenannte Scheinausschreibung, etwa zur Markterkundung, ist unzulässig[170]. Inhalt und Umfang der Bekanntmachungen ist in den Verdingungsordnungen ausführlich geregelt[171].

Nach der Bekanntgabe eines bestimmten Ausschreibungsverfahrens fordert der interessierte Bieter die Vergabeunterlagen bei der Vergabestelle an. Diese bestehen aus dem Anschreiben als der eigentlichen Aufforderung zur Angebotsabgabe und den Verdingungsunterlagen. Letztere wiederum setzen sich zusammen aus der Leistungsbeschreibung, den Allgemeinen Vertragsbedingungen für die Ausführung von (Bau-) Leistungen (Teile B der VOL und VOB) sowie etwaigen zusätzlichen Vertragsbedingungen.

b. Angebotsphase

Auf der Grundlage dieser ihm von der Vergabestelle zur Verfügung gestellten Unterlagen erarbeitet der Bieter innerhalb einer Frist von mindestens 52 Kalendertagen sein Angebot. Die Angebotsfrist beginnt bei Ausschreibungen innerhalb der gesamten EU (Vergaben mit europaweiter Publizität) am Tag nach Absendung der Bekanntmachung an das Amt für amtliche Veröffentlichungen der EG.[172]

Von der Leistungsbeschreibung des Auftraggebers abweichende Angebote, sogenannte Nebenangebote oder Änderungsvorschläge, darf der Bieter nur abgeben, wenn dies vom Auftraggeber in der Bekanntmachung und/oder den Verdingungsunterlagen ausdrücklich zugelassen bzw. nicht ausdrücklich ausgeschlossen wurde[173].

166 § 17 a Nr. 2 VOL/A.

167 Stober, S. 13.

168 Im sog. Supplement zum Amtsblatt oder ABl. S.

169 § 17 a Nr. 2 Abs. 5 VOB/A u. § 17 a Nr. 1 Abs. 3 VOL/A.

170 § 16 Nr. 2 VOB/A, § 16 Nr. 2 VOL/A.

171 §§ 17 Nr. 1 Abs. 2, Nr. 2 Abs. 2, 17 a Nr. 3 Abs. 1 VOB/A, §§ 17 Nr. 1 Abs. 2, Nr. 2 Abs. 2, Nr. 3 Abs. 2, 17 a Nr. 1 Abs. 1 i. V. m. Anhänge A bis C VOL/A, § 9 Abs. 4 i. V. m. Anh. II VOF.

172 § 18 a Nr. 1 Abs. 1 VOB/A, § 18 a Nr. 1 Abs. 1 VOL/A.

c. *Eignungsprüfung und Angebotswertung*

aa. Überblick über die Prüfungs- und Wertungsphase

Im Anschluss an die 52-tägige Angebotsphase hat die öffentliche Vergabestelle die abgegebenen Angebote in durch die Verdingungsordnungen zwingend vorgeschriebener Weise zu prüfen und zu werten. Diese sogenannte Wertungsphase endet mit der Erteilung des Zuschlags. Innerhalb der Wertungsphase ist der Bieter an sein Angebot gebunden. Die Prüfung und Wertung der Gebote hat zwingend nach folgendem Raster zu erfolgen[174]:

- Ausschluss bestimmter Angebote wegen offensichtlicher formeller Mängel (Beispiel: nicht unterschriebenes Angebot)
- Prüfung der persönlichen und fachlichen Eignung der Bieter anhand der Kriterien Fachkunde, Leistungsfähigkeit und Zuverlässigkeit (Eignungsprüfung)
- Ausschluss von Angeboten mit einem unangemessen hohen oder unangemessen niedrigen Preis (nach Einholung einer Stellungnahme des Bieters, die das Zustandekommen des niedrigen/hohen Preises nicht aufklären konnte)
- Auswahl des wirtschaftlichsten Angebots anhand aller in Betracht kommender Gesichtspunkte[175] (Angebotswertung).

Die auf diesen Stufen vorzunehmende Prüfung hat jeweils mit einem eindeutigen Ergebnis im Sinne von „Ja oder Nein" zu enden[176]. Die Vergabestelle darf bei der Wertung der Angebote für einen zu vergebenden Bauauftrag nur solche Kriterien berücksichtigen, die in der Bekanntmachung oder in den Vergabeunterlagen ausdrücklich genannt waren[177]. In dem eingangs genannten Beispiel der Öko-Strom-Ausschreibung des Umweltbundesamtes darf dieses daher bei der Wertung der Angebote nur die in der Bekanntmachung genannten Zuschlagskriterien Preis und Höhe der CO_2-Minderung anwenden.

173 § 17 Nr. 3 Abs. 5 VOL/A, § 10 Nr. 5 Abs. 4 VOB/A.

174 Dieses Prüfungsraster ergibt sich aus § 25 VOB/A, § 25 VOL/A.

175 Als Gesichtspunkte zur Beurteilung der Wirtschaftlichkeit – sog. Wirtschaftlichkeitskriterien – kommen u. a. in Betracht: Preis, Ausführungsfrist, Betriebs- u. Folgekosten, Gestaltung, Rentabilität, technischer Wert (§ 25 Nr. 3 Abs. 4 S. 2 VOB/A).

176 Bspw. ist die Eignung des Bieters auf der 2. Stufe der Prüfung entweder zu bejahen oder zu verneinen, wenn er die aufgestellten Mindestanforderungen erfüllt; Abstufungen i. d. S., dass ein Bieter in höherem Maße geeignet ist als der andere, gibt es dann nicht mehr. So BGH, NJW 1998, 3644; VergübAusBay, Beschl. v. 30.9.1998, VÜA 27/97.

177 Für europaweite Vergaben ist dies ausdrücklich in § 25 a VOB/A geregelt, der nach BGH, NJW 2000, 137, 138 f. für die Wertung im Rahmen des Basisparagraphen § 25 VOL/A d. h. für nationale Vergaben entspr. gilt; BKartA, NZBau 2001, 228; OLG Hamb., NZBau 2002, 519, 521. Vgl. auch Byok, in: Grabitz/Hilf B 14 Rn 29 ff.

bb. Beurteilungsspielraum des öffentlichen Auftraggebers bei der Eignungsprüfung und Angebotswertung

In der Vergangenheit wurde den Vergabestellen in Literatur und Rechtsprechung sowohl bei der Eignungsprüfung als auch bei der Angebotswertung ein sogenannter „Beurteilungsspielraum" zugestanden, dessen gerichtliche Überprüfung nur bei Überschreitung möglich sein sollte[178]. Eine Überschreitung dieses Beurteilungsspielraums wurde in ausdrücklicher „Anlehnung an allgemeine verwaltungsrechtliche Grundsätze" angenommen, wenn

- nicht von einem vollständig ermittelten und zutreffenden Sachverhalt ausgegangen oder
- ein vorgeschriebenes Verfahren nicht eingehalten worden war,
- wenn einzelne Wertungsgesichtspunkte objektiv fehlgewichtet worden oder
- sachwidrige Erwägungen in die Bewertung eingeflossen waren.

Häufig findet sich statt des Begriffs „Beurteilungsspielraum" auch der des „Ermessens"[179]. Zum Teil heißt es, der Auftraggeber habe einen „Beurteilungs- bzw. Ermessensspielraum"[180].

In seiner nach Inkrafttreten des Vergaberechtsänderungsgesetzes ergangenen Rechtsprechung hat der 10. Zivilsenat des BGH dann jedoch einen solchen, von ihm „Bewertungsprärogative" genannten Spielraum zunächst verneint. Der BGH vertrat die Auffassung, es sei mit Sinn und Zweck des Vergaberechts nicht zu vereinbaren, wenn die Vergabestelle bei der Wertung der Angebote einen Spielraum habe, der der gerichtlichen Nachprüfung entzogen sei. Die Funktion des Vergaberechts, die Chancengleichheit aller Bewerber zu sichern, sei vielmehr nur zu erfüllen durch eine Vergabeentscheidung, die sich streng an die rechtlichen Vorgaben halte und frei von willkürlichen Ergebnissen sei[181]. Zumindest sei erforderlich, dass der Ausschreibende berücksichtigungsfähige Gründe darlege, die ihn zu der getroffenen Entscheidung geführt[182] bzw. ihn veranlasst hätten, den Zuschlag nicht auf das preislich günstigste, sondern auf ein anderes Angebot zu erteilen[183].

Die geschilderte Rechtsprechung des BGH wurde im Schrifttum durchaus kritisch gesehen[184]. Die vollumfängliche gerichtliche Kontrolle berge die Gefahr, dass die Gerichte die Wertungen der Vergabestellen durch eigene Wertungen ersetzen

178 Bsp.haft seien genannt: BGH, BauR 1985, 75, 76 u. BauR 1994, 98, 99; OLG Frankfurt, BauR 1990, 91, 93; VergÜbAusBay, Beschl. v. 12.5.1999, VÜA 15/98; Bechtold, GWB § 97 Rn 32; Daub/Eberstein, § 25 Rn 32.

179 U. a. bei Motzke, in: Motzke/Pietzcker/Prieß, Syst V Rn 270.

180 Z. B. Ax/Schneider/Nette, Kap. 21 Rn 22; Byok, in: Grabitz/Hilf B 14 Rn 13, 35 f. Auch das VK Bremen, IBR 2003, 376, trennt bei der Terminologie nicht.

181 BGH, Urt. v. 17.2.1999, NJW 2000, 137, 139 f. u. BGH , Urt. v. 26.10.1999, NJW 2000, 661, 663.

182 BGH, NJW 2000, 137, 140 li. Sp.

183 BGH, NJW 2000, 661, 663 re. Sp.

und damit die Letztentscheidungskompetenz der Vergabestellen verdrängen würden. Zudem würden „weiche" Wertungskriterien von dem „harten" Kriterium des Preises völlig verdrängt, weil sich die Vergabestelle bei Anwendung erstgenannter Kriterien dem Vorwurf ausgesetzt sähe, ihre Wertungsentscheidung sei inhaltlich nicht überprüfbar[185].

Auch das Bundeskartellamt (als Vergabekammer des Bundes), verschiedene Vergabekammern und Oberlandesgerichte haben sich über den BGH hinweggesetzt und einen Beurteilungsspielraum der Vergabestelle sowohl bei der Eignungsprüfung als auch bei der Angebotswertung bejaht[186]. Das BKartA hat – u. U. als Erwiderung auf die Feststellungen des BGH in den genannten Entscheidungen – ausgeführt: „Gerade weil aufgrund der Betonung der Wirtschaftlichkeit neben dem niedrigen Preis weitere Kriterien der Angebote relevant sind und dadurch der Preis nicht das allein ausschlaggebende Kriterium ist, sondern beispielsweise ein Mehr an Qualität einen höheren Preis rechtfertigen kann, muss auch unter Geltung des § 97 Abs. 5 GWB[187] dem Auftraggeber für seine Wertungsentscheidung ein gewisser seiner Autonomie unterliegender Beurteilungsspielraum eingeräumt werden"[188].

Ohne auf seine eigenen Ausführungen in den beiden Urteilen aus dem Jahre 1999 einzugehen, hat der 10. Zivilsenat des BGH in einer Entscheidung vom 16.10.2001 dem Auftraggeber bei der Angebotswertung dann wieder einen „Ermessens- bzw. Beurteilungsspielraum" zukommen lassen[189]. Diese Rechtsprechung befindet sich im Einklang mit der der europäischen Gerichte. Das Europäische Gericht erster Instanz hat in einem Urteil aus dem Jahre 1996 unter Bezugnahme auf den EuGH ausgeführt, dass die Gemeinschaftsorgane „über einen weiten Spielraum bei der Beurteilung der Gesichtspunkte, die bei einer Entscheidung über die Vergabe eines ausgeschriebenen Auftrags zu berücksichtigen sind" ver-

---

184 So bei Brinker/Ohler in: Motzke/Pietzcker/Prieß, § 25 Rn 124.

185 Brinker/Ohler, § 25 Rn 125, 126.

186 Für die Eignungsprüfung: OLG Hamb., Beschl. v. 21.1.2000, NVwZ 2001, 714, 715; OLG Düsseldorf, Beschl. v. 10.5.2000, NZBau 2000, 540, 542; VK Südbay., Beschl. v. 19.1.2001, IBR 2001, 446; VK Münster, Beschl. v. 4.12.2003, Az. VK 21/03; OLG Saarbrücken, Beschl. v. 8.7.2003, IBR 2003, 626. Anders LG Heilbronn, Urt. v. 19.11.2001, NZBau 2002, 239, aufgehoben durch OLG Stuttgart, Urt. v. 11.4.2002, NZBau 2002, 395 = IBR 2002, 266. Für die Angebotswertung: BKartA Beschl. v. 14.8.2000, VK 2-18/00; OLG Stuttgart, Beschl. v. 13.4.2000, Verg 3/00; OLG Düsseldorf, Beschl. v. 10.5.2000, Verg 5/00.

187 Dieser lautet: „Der Zuschlag wird auf das wirtschaftlichste Angebot erteilt."

188 BKartA, Beschl. v. 14.8.2000, VK 2-18/00, S. 18, NZBau 2001, 232 (nur LS.).

189 BGH, Urt. v. 16.10.2001, NZBau 2002, 107. Was den Senat zu seiner Meinungsänderung bewogen hat, bleibt unklar.

fügen, und die Kontrolle des Gerichts sich „auf die Nachprüfung der Frage beschränken [muss], ob kein schwerer und offenkundiger Fehler vorliegt[190].

Eine Stellungnahme zu der Frage, ob dem öffentlichen Auftraggeber bei der Prüfung bzw. Wertung der Bieter und ihrer Angebote ein Beurteilungsspielraum zukommt, kann nur auf einer zunächst vorzunehmenden Klärung der Fachtermini „Beurteilungsspielraum" und „Ermessen" aufbauen. Im Verwaltungsrecht findet man einen Beurteilungsspielraum lediglich auf der Tatbestandsseite einer Norm. Dort bildet er eine Ausnahme zu der Regel, dass der Vorgang der (wertenden) Erkenntnis durch die Behörde, ob bestimmte gesetzliche Voraussetzungen gegeben sind, stets voll gerichtlich überprüfbar ist. Ein Ermessensspielraum wird der Verwaltung hingegen auf der Rechtsfolgenseite einer Vorschrift, d.h. bei dem Vorgang der Willensentschließung eingeräumt. Die gerichtliche Kontrolle beschränkt sich hier auf die Einhaltung der Grenzen der Ermessensausübung (§ 40 VwVfG, § 114 VwGO). Die Beschreibung der Grenzen des Beurteilungsspielraums bedient sich hierbei zwar ganz ähnlicher Wendungen, wie sie bei der Begrenzung des Ermessens benutzt werden[191], und der Begriff des Ermessens wurde früher auch auf der „Tatbestandsseite" mit dem Ausdruck „wertendes Ermessen" oder „cognitives Ermessen" verwendet[192]. Für letztgenannten Vorgang wurde jedoch bereits 1955 der Ausdruck „Beurteilungsspielraum" eingeführt[193]. Die Trennung zwischen Beurteilungsspielraum auf der Tatbestandsseite und Ermessen auf der Rechtsfolgenseite ist zu befürworten, weil er zu einer größeren Klarheit in der Diskussion beiträgt.

Die Vorschriften der Verdingungsordnungen, die sich mit der Eignungsprüfung und der Angebotswertung befassen, lassen sich ohne weiteres in eine Tatbestands- und eine Rechtsfolgenseite aufteilen (insbesondere die Norm zur Eignungsprüfung, die von Fachkunde, Leistungsfähigkeit und Zuverlässigkeit spricht und damit dem Beamtenrecht, dem klassischen Verwaltungsrecht, ähnelt). Die Kriterien zur Eignungsprüfung bzw. zur Angebotswertung befinden sich auf der Tatbestandsseite, sie unterliegen dem Vorgang der (wertenden) Erkenntnis. Die Rechtsfolge der Vorschriften zur Eignungsprüfung, mithin der Willensentschluss, stellt sodann die Übernahme des Angebots in die nächste Phase des Vergabeverfahrens, die Wertungsstufe, bzw. die Erteilung des Zuschlags dar. Es ist daher zunächst festzuhalten, dass die Verwendung des Begriffs Ermessensspielraum im Zusammenhang mit den Kriterien für Eignungsprüfung und Angebotswertung

---

190 EuG, Urt. v. 8.5.1996, Rs. T-19/95, Slg. II-00321, Rn 49; Bezugnahme auf EuGH, Urt. v. 23.11.1978, Rs. 56/77, Slg. 1978, 2215 Rn 20.

191 So BVerwGE 8, 272, 275.

192 Bender, DVBl. 1953, 33, 37; Reuß, DVBl. 1953, 585.

193 Bachof, JZ 1955, 97, 98.

verwirrend und deshalb verfehlt ist. Lediglich bei der Festlegung der geforderten Eignungsnachweise und der anzuwendenden Kriterien für die Wertung der Gebote ist dem öffentlichen Auftraggeber ein Auswahlermessen zuzugestehen[194].

Es schließt sich die Frage an, ob der Vergabestelle diesbezüglich ein Beurteilungsspielraum eingeräumt werden sollte. Ein solcher war in der verwaltungsgerichtlichen Rechtsprechung früher anerkannt bei pädagogischen Wertentscheidungen, namentlich Prüfungsentscheidungen[195], dienstlichen Beurteilungen[196], Entscheidungen von Fachgremien[197], Prognoseentscheidungen[198] und Planungsentscheidungen[199]. Anfang der neunziger Jahre hat das BVerfG in drei Entscheidungen diese bisherige verwaltungsgerichtliche Rechtsprechung in besonders grundrechtsrelevanten Bereichen „zum Schwanken gebracht"[200]. In einem dieser Beschlüsse, der Prüfungsentscheidungen betraf, hat das BVerfG den prüfungsrechtlichen Bewertungsspielraum auf prüfungsspezifische Wertungen beschränkt und fachliche Fragen der vollen gerichtlichen Kontrolle unterworfen[201]. In einem weiteren Beschluss hatte sich das BVerfG aufgrund mehrerer Verfassungsbeschwerden wegen der Nichtzulassung von Studenten zu dem ausgewählten Studiengang mit verwaltungsgerichtlichen Entscheidungen zur Ausschöpfung der vorhandenen universitären Kapazitäten zu beschäftigen. Das Gericht hat betont, dass die Art und Weise der Kapazitätsermittlung von Wertungen abhängig und von diesen geprägt sei. Daraus könne allerdings für die Wissenschaftsverwaltung kein unbeschränkter Freiraum abgeleitet werden, vielmehr müsse eine diesbezügliche Entscheidung den Bedingungen rationaler Abwägung genügen, also auf objektivierten und nachprüfbaren Kriterien für die Kapazitätsermittlung beruhen, die in normativer Form zu entwickeln seien und für die der Wissenschaftsverwaltung zugleich auch eine Darlegungspflicht obliege[202]. Im Schrifttum wird diese neue Rechtsprechung des BVerfG deshalb für richtig gehalten, weil die Verwaltung in der Regel über keine besondere Fachkunde verfüge, die einen administrativen Beurteilungsspielraum rechtfertigen könne[203]. Im übrigen solle der

---

194 So auch Byok, in: Grabitz/Hilf B 14 Rn 27.

195 BVerwGE 8, 272; BVerwG, NVwZ 1991, 271.

196 BVerwGE 60, 245.

197 BVerwGE 59, 213.

198 BVerwGE 64, 238, 242; BVerwGE 79, 208, 213; BVerwGE 82, 295.

199 BVerwG, DVBl. 1979, 877, 879.

200 So auch Pietzner/Ronellenfitsch, S. 132. Reidt meint sogar, sie habe der als gefestigt angesehenen Rspr. „den Boden entzogen", „zumindest aber die vermeintlichen Grundlagen nachhaltig erschüttert" (Reidt, DÖV 1992, 916).

201 BVerfGE 84, 34, 50 ff.

202 BVerfG, NVwZ 1992, 361, 362.

nicht rekonstruierbare Hintergrund der Entscheidung maßgeblich sein, insbesondere der personale Kontakt. Bei Prüfungsentscheidungen, in begrenztem Umfang auch bei dienstlichen Beurteilungen und personalen Prognoseentscheidungen könne folglich auch weiterhin im Interesse einer materiellen Sachgerechtigkeit nicht auf administrative Beurteilungsspielräume verzichtet werden. Der Grund liege in der engeren Sachnähe.[204]

Bei Anwendung dieser verwaltungsrechtlichen Grundsätze ist dem BGH bei seiner Verneinung einer Bewertungsprärogative zuzustimmen, da es sich bei der Eignungsprüfung, die im wesentlichen anhand der von den Bietern vorgelegten Nachweise erfolgt, sowie bei der Angebotswertung, die allein auf der Vergabestelle vorliegenden Unterlagen beruht, keineswegs um nicht rekonstruierbare Entscheidungsfindungsprozesse handelt. Die Vergabekammern bzw. die Vergabesenate können die Entscheidungen der Auftraggeber anhand der Nachweise und Unterlagen der Bieter sowie den von den Vergabestellen im Rahmen der ihnen obliegenden Darlegungspflicht anzufertigenden Vergabevermerke[205], in denen sie die Gründe ihrer Entscheidung festzuhalten haben, in einer dem Zweck des Vergabeverfahrens entsprechenden Weise überprüfen und hierbei willkürliche bzw. diskriminierende Vergabeentscheidungen feststellen. Andererseits werden Verfahrensfehler und willkürliche Entscheidungen der Vergabestellen auch bei der eingeschränkten gerichtlichen Kontrolle, die einen Beurteilungsspielraum zugesteht, aufgedeckt, d. h. die eingeschränkte gerichtliche Kontrolle ist ausreichend, um dem Zweck des Vergaberechts zu entsprechen. Die gerichtliche Überprüfung beschränkt sich unter anderem auf die Einhaltung vorgeschriebener Verfahren und die Vornahme sachgerechter Erwägungen[206]. Damit aber sind bereits dem Zweck des Vergaberechts entsprechend willkür- und diskriminierungsfreie Vergabeentscheidungen sichergestellt. Vor diesem Hintergrund und im Hinblick darauf, dass eine Eignungsprüfung und eine Angebotswertung, die auf verschie-

203 Pietzner/Ronellenfitsch, S. 131. Der Beurteilungsspielraum komme allenfalls im technischen Sicherheitsrecht in Betracht (BVerwGE 72, 300, 316; BVerwGE 78, 177, 180). Hier habe sich das BVerfG eine Hintertür offengehalten (BVerfGE 84, 50).

204 Pietzner/Ronellenfitsch, S. 132.

205 Dem förmlichen Vergabevermerk nach § 30 VOB/A, VOL/A kommt gerade auch im gerichtlichen Prüfungsverfahren eine erhebliche Transparenz- u. Beweisfunktion zu. Es genügt daher nicht, dass er erst nach Abschluss des Verfahrens u. Zuschlagserteilung vorliegt. Vielmehr muss er aus Gründen der Transparenz u. der Überprüfbarkeit laufend fortgeschrieben werden. Fehlt der Vermerk, so kann in der unzureichenden Dokumentation auch eine Verletzung subjektiver Rechte v. Unternehmen gem. § 97 Abs. 7 GWB liegen. Vgl. hierzu BayObLG, Beschl. v. 1.10.2001, Verg 6/01, NZBau 2002, 584 (nur LS.).

206 VK bei der OFD Magdeburg, Beschl. v. 1.3.2001, Az. VK-OFD LSA-02/01: „Auf die Entsch. über die Zuschlagserteilung in einem Vergabeverfahren übertragen bedeutet dies, dass die Vergabekammer nur überprüfen kann, ob die Vergabestelle für die Wertung den Inhalt der eingereichten Angebote tatsachengetreu verwendet, den Gleichbehandlungsgrundsatz und die Bestimmungen der VOL/A umfassend eingehalten und für die Bieter erkennbare Kriterien zugrunde gelegt und damit die Transparenz des Vergabeverfahrens sichergestellt hat."

denen Kriterien beruht, immer eine Gesamtabwägung zwischen diesen Gesichtspunkten erfordert, sobald unterschiedliche Angebote vorliegen, und es bei dieser Abwägung nicht nur eine einzige „richtige" Entscheidung gibt, zumal wenn Kriterien mit subjektivem Einschlag, wie etwa das der Qualität oder der Ästhetik verwendet werden, kann der Vergabestelle ein autonomer Beurteilungsspielraum zugestanden werden. Der vollen gerichtlichen Kontrolle unterliegt dann lediglich dieser letzte Abwägungsvorgang nicht[207]. Die Vergabekammern beschränken sich vielmehr auf die Prüfung, ob bei der Abwägung die richtigen Kriterien angewandt wurden und ihnen jeweils ein sachlich angemessenes Gewicht beigemessen wurde. Beispielsweise wäre zu prüfen, ob bei der Entscheidung „ein Mehr an Qualität (oder Umweltschutz) rechtfertigt einen höheren Preis" die Gewichtung des Kriteriums Qualität bzw. Umweltschutz frei von Willkür erfolgt ist (dies wäre beispielsweise zu verneinen, wenn bei einem nur wenig umweltrelevanten Auftrag dem Kriterium Umweltschutz ein Gewicht von 90% beigemessen wurde, etwa um einen bestimmten Bieter zu bevorzugen). Um die Abwägung der öffentlichen Auftraggeber transparenter zu machen, ist zu fordern, dass diese die Gewichtung der von ihnen für den konkreten Fall formulierten Kriterien bereits in der Bekanntmachung und den Verdingungsunterlagen angeben.

d. Zuschlag/Vertragsschluss

Mit der vergaberechtlichen Erteilung des Zuschlags[208] ist gleichzeitig ein Vertrag zwischen Auftraggeber und Auftragnehmer zustandegekommen[209] und das Vergabeverfahren ist unwiderruflich beendet. Ein vergaberechtlicher Primärrechtsschutz, der auf die Verhinderung der anderweitigen Zuschlagserteilung abzielt, ist ab diesem Zeitpunkt ausgeschlossen. Die Vergabekammer kann nicht mehr angerufen werden; ein gleichwohl gestellter Nachprüfungsantrag wird als unzulässig abgewiesen[210]. Die wirksame Erteilung des Auftrags an einen Bieter wirkt folglich als Zäsur. Um den unterlegenen Bietern zuvor jedoch die Gelegenheit zu geben, die Zuschlagserteilung ggf. noch zu verhindern, verlangt § 13 VgV, dass die Auftraggeber die unterlegenen Bieter über den Namen des Bieters, dessen Angebot

207 Dies wird der Rspr. des EuGH gerecht, nach der es mit den VergabeRL nicht vereinbar wäre, wenn der Auftraggeber eine uneingeschränkte Freiheit bei der Auswahl des Bieters hätte, dem der Zuschlag für einen bestimmten Auftrag erteilt werden soll; EuGH, Urt. v. 20.9.1988, Rs. 31/87, Slg. 1988, 4635 „Beentjes"; EuGH, Urt. v. 17.9.2002, Rs. C-513/99, Slg. 2002, I-7213 „Concordia Bus"; EuGH, Urt. v. 4.12.2003, Rs. C-448/01 „Wienstrom".

208 Bei diesem handelt es sich zivilrechtlich um die Annahme des Angebots des Bestbietenden. Als solche stellt sie eine empfangsbedürftige Willenserklärung der Vergabestelle dar, die mit ihrem Zugang beim Bieter wirksam wird.

209 § 28 Nr. 2 Abs. 1 VOB/A, § 28 Nr. 2 Abs. 1 VOL/A: „Wird auf ein Angebot rechtzeitig und ohne Abänderungen der Zuschlag erteilt, so ist damit nach allg. Rechtsgrundsätzen der Vertrag abgeschlossen, auch wenn spätere urkundliche Festlegung vorgesehen ist." Voraussetzung ist selbstverständlich, dass das abgegebene Angebot annahmefähig war.

210 BGHZ 146, 202.

angenommen werden soll und über den Grund der vorgesehenen Nichtberücksichtigung ihres Angebots spätestens 14 Tage vor der Zuschlagserteilung schriftlich informieren müssen[211]. Vor Ablauf dieser 14-tägigen Frist darf der Zuschlag nicht erteilt werden[212]. Missachtet die Vergabestelle dieses Verbot, so ist ein dennoch geschlossener Vertrag mit dem Bieter unwirksam (§ 13 S. 6 VgV n. F.)[213].

Die Erteilung des Zuschlags ist binnen 48 Tagen wiederum im Amtsblatt der EG bekanntzugeben[214]. Auf Verlangen hat der Auftraggeber den nicht berücksichtigten Bietern innerhalb von 15 Tagen zudem die Gründe für die Nichtberücksichtigung ihres Angebots mitzuteilen[215].

---

211 § 13 VgV wurde geschaffen, um den Vorgaben des EuGH in der sog. Alcatel-Entsch. gerecht zu werden (EuGH, Urt. v. 28.10.1999, Rs. C-81/98, NZBau 2000, 33). In dieser hatte der EuGH deutlich gemacht, dass die dem Vertragsschluss vorangehende Entsch. des Auftraggebers darüber, mit welchem Bieter eines Vergabeverfahrens er den Vertrag schließt, in jedem Fall einem Nachprüfungsverfahren zugänglich zu machen ist, in dem der Antragsteller die Aufhebung der Entsch. erwirken kann, wenn die Voraussetzungen hierfür erfüllt sind.

212 OLG Bremen, Beschl. v. 17.11.2003, IBR 2004, 34. Bis vor kurzem war der Beginn der 14-tägigen Frist heftig umstritten. Nach dem Willen des VO-Gebers soll die Frist mit Absendung der Benachrichtigung bei der Vergabestelle beginnen. Für unterlegene Bieter ist der verbleibende Zeitraum vor Erteilung des Zuschlags, in dem sie – meist unter Zuhilfename anwaltlicher Beratung – prüfen müssen, ob sie die VK anrufen, sehr gering. Zahlreiche VK u. Vergabesenate haben daher § 13 VgV so ausgelegt, dass die 14-tägige Frist erst mit Zugang der Vorinformation bei dem bzw. den unterlegenen Bietern zu laufen beginnt (so bspw. KG Berl., NZBau 2002, 522). Der VO-Geber sah sich deshalb zu einer Änderung des § 13 VgV veranlasst. Mit der 2. VO zur Änderung der VgV (BGBl. I 2003, 168, in Kraft seit 15.2.2003) wurden in § 13 folgende Sätze eingefügt: „Die Frist beginnt am Tag nach der Absendung der Information durch den Auftraggeber. Auf den Tag des Zugangs der Information beim Bieter kommt es nicht an." Damit, so zeigte man sich im Vorfeld sicher, wurde der bisherigen Rspr. „jeder Nährboden entzogen" (NZBau 2003, S. IX, li. Sp.).

213 Das OLG Bbg. hatte Zweifel hinsichtlich der Vereinbarkeit dieser Nichtigkeitsfolge des § 13 S. 6 VgV n. F. (§ 13 S. 4 VgV i. d. F. v. 9.1.2001) für bereits abgeschlossene Verträge mit höherrangigem Recht. Es war der Auffassung, der die Nichtigkeit des Vertragsschlusses anordnende § 13 S. 4 VgV a. F. habe nach der allein in Betracht kommenden Ermächtigungsgrundlage in § 97 Abs. 6 GWB nicht zur Disposition des VO-Gebers gestanden. Aus § 114 Abs. 2 GWB ergebe sich, dass der Gesetzgeber davon ausgegangen sei, dass abgeschlossene Verträge, die vergaberechtlich als Zuschlag zu qualifizieren seien, erfüllt werden müssten. Die Ausnahmen hiervon habe er selbst in § 115 Abs. 2 GWB u. § 118 Abs. 3 GWB festgelegt. Der VO-Geber habe deshalb eine weitere Ausnahme v. dem das Vergaberecht behrrschenden Grundsatz der Wirksamkeit erteilter Aufträge nicht treffen dürfen (OLG Bbg., Beschl. v. 2.12.2003 – Verg W 6/03). Da das OLG Bbg. mit dieser Auffassung v. Entsch. des OLG Dresden (VgR 2002, 142), des OLG Düsseldorf (VgR 2003, 435) u. des KG Berl. (VgR 2002, 235) abwich, bei denen davon ausgegangen worden war, § 13 S. 4 VgV a. F. bzw. § 13 S. 6 VgV sei geltendes Recht, hat es die Sache dem BGH vorgelegt. Dieser entschied am 9.2.2004, die Bestimmung des § 13 S. 4 VgV a. F. bzw. § 13 S. 6 VgV n. F. sei durch die Ermächtigung in § 97 Abs. 6 GWB gedeckt.§ 97 Abs. 6 GWB erlaube der BReg mit Zustimmung des BRates, nähere Bestimmungen über das bei der Vergabe einzuhaltende Verfahren zu treffen. Der BGH hat auch die Regelung einer materiellrechtlichen Wirkung v. dieser Ermächtigung umfasst gesehen. Die v. dem OLG Bbg. in Bezug genommenen Verbote der §§ 115 Abs. 1, 118 Abs. 3 GWB wären schon deshalb keine abschließenden Entsch. des Gesetzgebers, weil sie nur greifen, wenn es zu einem Nachprüfungsverfahren kommt (BGH, Beschl. v. 9.2.2004, Az. X ZB 44/03).

214 § 28 a VOB/A, § 28 a VOL/A.

215 § 27 a VOB/A, § 27 a VOL/A. Die Frist für diese Mitteilung beträgt 15 Tage nach Stellung eines entspr. Antrags der nicht berücksichtigten Bieter.

3. Nichtoffenes Verfahren

Bei dem Nichtoffenen Verfahren ergeht zunächst eine öffentliche Bekanntmachung, in der Unternehmen aufgefordert werden, ihre Teilnahme am Wettbewerb zu beantragen. Aus dem Kreis der Bewerber wählt der Auftraggeber dann nach pflichtgemäßem Ermessen geeignete Unternehmen aus, denen er die Leistungsbeschreibung zukommen lässt und sie zur Angebotsabgabe auffordert. Der Sache nach wird also die Eignungsprüfung, die im Rahmen des offenen Verfahrens auf der zweiten Wertungsstufe stattfindet, vorgezogen. Obwohl beim Teilnahmewettbewerb zunächst volle Öffentlichkeit besteht und sich jeder Interessent melden kann, ist der Wettbewerb bei dem Nichtoffenen Verfahren letztlich doch eingeschränkt, denn den Unternehmen, die sich um die Teilnahme beworben haben, steht kein Anspruch darauf zu, an der dem Teilnahmewettbewerb nachfolgenden Ausschreibung beteiligt zu werden[216].

Ein Teilnahmewettbewerb bietet sich insbesondere dann an, wenn der in Betracht kommende Bewerberkreis dem Auftraggeber nur unzulänglich bekannt ist; in einem solchen Fall kann er durch einen öffentlichen Teilnahmewettbewerb überschaubar gemacht werden[217]. Da bei dem Nichtoffenen Verfahren zwingend ein öffentlicher Teilnahmewettbewerb durchgeführt werden muss, wird es von den Vergaberichtlinien gegenüber dem Offenen Verfahren als gleichwertig erachtet (z.B. Art. 7 Abs. 4 RL 93/37/EWG), obwohl – wie gesagt – der Wettbewerb letztlich doch eingeschränkt ist.

4. Verhandlungsverfahren

Den letzten Platz in der Hierarchie der Vergabeverfahrensarten belegt das Verhandlungsverfahren. Bei diesem wendet sich der Auftraggeber mit oder ohne vorherige öffentliche Aufforderung zur Teilnahme an von ihm ausgewählte Unternehmen, um mit einem oder mehreren über die Auftragsbedingungen zu verhandeln (§ 101 Abs. 4 GWB). Ein förmliches Vergabeverfahren wird hierbei nicht durchgeführt. Die Durchführung des Verhandlungsverfahrens kommt nur unter enumerativ aufgezählten engen Voraussetzungen in Betracht, z. B. bei Patentschutz, besonderer Dringlichkeit oder Geheimhaltungserfordernissen. Das Ver-

216 VHB, Ziff. 2.2 zu § 8 VOB/A: „Unternehmer, die einen Antrag auf Teilnahme am Wettbewerb gestellt haben, haben keinen Anspruch auf eine Aufforderung zur Angebotsabgabe.“ Dies ergibt sich auch aus dem Text der einschlägigen Vorschriften. So lässt es bspw. die RL 93/37/EWG zu, dass die öffentlichen Auftraggeber eine „Marge“ bestimmen, innerhalb derer die Zahl der zur Angebotsabgabe aufgeforderten Unternehmen liegen wird. Vgl. in diesem Zus.hang Hertwig, Rn 69.

217 Rusam, in: Heiermann/Riedl/Rusam, § 3 Rn 17.

handlungsverfahren ist nur zulässig, wenn besondere Umstände oder die Eigenart der Leistung es erfordern. In der Rechtsprechung des EuGH genießt das Offene Verfahren absolute Priorität. Nur in Ausnahmefällen sei die Durchführung des Verhandlungsverfahrens zu rechtfertigen[218]. Danach müssen drei Voraussetzungen kumulativ vorliegen:

- es muss sich um ein unvorhersehbares Ereignis handeln,
- es muss eine mit den Fristen anderer Vergabeverfahren unvereinbare zwingende Dringlichkeit der Auftragsvergabe vorliegen, und
- es muss ein Kausalzusammenhang zwischen den beiden vorgenannten Erfordernissen bestehen[219].

II. Nationale Vergabeverfahren

1. Unterschiede zu gemeinschaftsweiten Vergabeverfahren

Für die Vergabe von Aufträgen, deren Volumina die Schwellenwerte von 5 Mio Euro (Bauaufträge) bzw. 200.000 Euro (Lieferungen und Leistungen) nicht erreichen, kommen die Regeln der EG-Vergaberichtlinien, die in den sogenannten „a-", „b-" und „SKR-Paragraphen" der Verdingungsordnungen umgesetzt sind, die §§ 97 ff. GWB und die Vergabeverordnung nicht zur Anwendung (§ 100 GWB). Zwar gilt auch in diesem Bereich der Grundsatz, dass das übliche Verfahren die öffentliche Ausschreibung ist[220], und eine beschränkte Ausschreibung oder freihändige Vergabe ist ebenfalls nur unter bestimmten Voraussetzungen zulässig[221]. Gleichwohl ergeben sich einige Abweichungen gegenüber dem vorstehend geschilderten Verfahren für europaweite Ausschreibungen.

Die öffentliche Ausschreibung muss nicht im Amtsblatt der EG veröffentlicht werden; eine Bekanntmachung in (nationalen) Tageszeitungen, amtlichen Veröffentlichungsblättern oder Fachzeitschriften reicht aus[222]. Die Verdingungsordnungen regeln nicht, dass öffentliche Bekanntmachungen in überregional oder sogar national verbreiteten Veröffentlichungsorganen erfolgen müssen. Die Angebotsfrist beträgt nicht wie bei europaweiten Ausschreibungen mindestens 52 Tage; sie muss vielmehr lediglich „ausreichend" bemessen sein und mindestens

218 Z. B. EuGH, Rs. C-318/94, Slg. I-1949.

219 Prieß, S. 67.

220 § 3 Nr. 1 Abs. 1, Nr. 2 VOB/A: Die öffentliche Ausschreibung muss stattfinden, wenn nicht die Eigenart der Leistung oder besondere Umstände eine Abweichung rechtfertigen.

221 § 3 Nr. 3, 4 VOB/A.

222 § 17 Nr. 1 Abs. 1 VOB/A.

zehn Tage betragen[223]. Die Prüfung bzw. Wertung der Angebote durch die Vergabestelle hat nach demselben Raster zu erfolgen wie bei europaweiten Ausschreibungen. Es besteht jedoch bei Bauaufträgen nicht das Erfordernis, nur solche Kriterien zu berücksichtigen, die bereits in der Bekanntmachung oder den Vergabeunterlagen im Einzelnen genannt waren. Über die Absicht, einem bestimmten Angebot den Zuschlag zu erteilen, muss die Vergabestelle die übrigen, nicht berücksichtigten Bieter nicht vorab informieren; diese sind vielmehr zu verständigen, „sobald der Zuschlag erteilt worden ist“[224], der Vertrag mithin bereits wirksam zustande gekommen ist. Die Erteilung des Zuschlags muss nicht amtlich bekanntgemacht werden.

Die beschränkte Ausschreibung unterscheidet sich überdies von dem Nichtoffenen Verfahren insbesondere dadurch, dass eine vorherige öffentliche Teilnahmeaufforderung nicht erfolgen muss[225], die Vergabestelle also sich von vornherein auf einen von ihr ausgewählten Kreis von Unternehmen beschränken kann, ohne dass dies publik wird.

2. Konsequenzen

Die Verfahren zur Vergabe von Aufträgen mit Auftragswerten unterhalb der EG-Schwellenwerte sind insgesamt durch deutlich geringere Transparenz gekennzeichnet als die Vergabeverfahren oberhalb der Schwellenwerte[226]. Dies beginnt bereits bei der Bekanntmachung. Die Vergabestellen können wählen, in welchen Tageszeitungen, Fachzeitschriften oder amtlichen Veröffentlichungsblättern sie die Ausschreibung bekanntgeben. Sie haben dadurch die Möglichkeit, die Ausschreibung nur regional durchzuführen, um insbesondere vor Ort ansässige Unternehmen anzusprechen und so die heimische Wirtschaft zu fördern. Die eingegangenen Angebote dürfen die Vergabestellen nach Kriterien werten, die sie zuvor den Bietern nicht mitgeteilt hatten. Dadurch wissen die Bieter zum einen bei der Erstellung der Angebote nicht, nach welchen Kriterien ihre Angebote später gewertet werden. Zum anderen hat die Vergabestelle dadurch die Möglichkeit, bei Kenntnis des Inhalts der vorliegenden Angebote Kriterien aufzustellen, die es

223 § 18 Nr. 1 VOB/A.

224 § 27 Nr. 1 VOB/A. Die VOL/A sieht in § 27 Nr. 1 überdies eine Informationspflicht nur bei entspr. schriftlichen Antrag des erfolglosen Bieters vor.

225 § 3 Nr. 1 Abs. 2, Nr. 3 VOL/A, § 3 Nr. 2 Abs. 2, Nr. 3 Abs. 1 VOB/A. Der Vollständigkeit halber sei erwähnt, dass § 3 Nr. 3 Abs. 2 VOB/A einen vorangehenden öffentlichen Teilnahmewettbewerb in wenigen Fällen ebenfalls vorsieht.

226 Das europäische Recht hat vor allem die Aufforderung zur Vergabe im Wettbewerb im Blick u. stellt dabei strengere Anforderungen an die Bek. eines Vergabeverfahrens; Hertwig, Rn 59.

ermöglichen, einem bestimmten (erwünschten) Bieter den Zuschlag zu erteilen und diesen so zu bevorzugen. Schließlich erfahren die Bieter nicht vorab von der Zuschlagserteilung und können diesen auf keinen Fall verhindern. Erfolglose Bieter können in diesem Bereich nicht die Vergabekammern anrufen. Da die §§ 97 ff. GWB unterhalb der EG-Schwellenwerte nicht zur Anwendung kommen, gibt es keinen spezifischen vergaberechtlichen Primärrechtsschutz, der auf die Verhinderung des Zuschlags gerichtet ist. Gleichwohl kommen andere Rechtsvorschriften, wie beispielsweise das Wettbewerbsrecht, zur Anwendung. Sich benachteiligt fühlende Bieter hätten daher – bei entsprechender Vorabinformation – durchaus die Möglichkeit, die Zuschlagserteilung durch einen Antrag auf einstweilige Verfügung vor den Zivilgerichten oder den Kartellbehörden zu verhindern, indem sie einen Verstoß gegen Wettbewerbsrecht geltend machen[227]. Diese Möglichkeit wird ihnen dadurch genommen, dass sie über die Zuschlagserteilung nicht vorab informiert werden.

C. Rechtsschutz im deutschen Vergaberecht

Der im Vergaberecht existierende Rechtsschutz wird üblicherweise in Primär- und Sekundärrechtsschutz unterteilt[228]. Eine weitere Differenzierung ergibt sich aus der seit 1.1.1999 existierenden Zweiteilung des Vergaberechts[229] in die Bereiche oberhalb und unterhalb der Schwellenwerte des § 2 VgV, der die Schwellenwerte der EG-Vergaberichtlinien übernommen hat.

I. Primär- und Sekundärrechtsschutz

Den Teilnehmern an Verfahren zur Vergabe öffentlicher Aufträge können einerseits Ansprüche auf Vornahme oder Unterlassung bestimmter Handlungen im Verlaufe des Vergabeverfahrens sowie andererseits Schadensersatzansprüche wegen Verletzung dieser Pflichten zustehen. Die erstgenannte Gruppe der Primäransprüche kann sich auf die Beteiligung am Vergabeverfahren und auf die Gestaltung des Verfahrens, der Zuschlagskriterien oder der Vertragsbedingungen beziehen[230]. Wenn der Zuschlag unter Verletzung der Rechte eines Bieters an

227 § 13 UWG, § 60 GWB.

228 Vgl. nur Pietzcker, NVwZ 1983, 121.

229 Vgl. hierzu Dreher, NZBau 2002, 419; Gröning, ZIP 1999, 52; Höfler/Bert, NJW 2000, 3310; Vetter, NVwZ 2001, 745; Willenbruch, NVwZ 1999, 1062.

230 Pietzcker, NVwZ 1983, 121, 122.

einen Dritten erfolgt ist, wird die Erfüllung des Primäranspruches unmöglich, da der geschlossene Vertrag der nochmaligen Durchführung des Verfahrens oder dem Zuschlag an den verletzten Bieter im Wege steht[231]. Der Schadensersatzanspruch wird in der Regel durch das Vertrauensinteresse begrenzt, umfasst also regelmäßig nur die Kosten der Angebotsvorbereitung bzw. der Teilnahme am Vergabeverfahren[232]. Wenn jedoch der unterlegene Bieter nachzuweisen vermag, dass er bei Einhaltung der Vergabevorschriften den Zuschlag hätte erhalten müssen, umfasst der Schadensersatz auch das Erfüllungsinteresse.

Während die zivilrechtlichen Schadensersatzansprüche (Sekundäransprüche) in jedem Fall vor den ordentlichen Gerichten geltend zu machen sind, ist bei den Primäransprüchen auf Vornahme oder Unterlassung im Hinblick auf die EG-Schwellenwerte zu differenzieren. In – untechnisch gesprochen – erster Instanz ist das Rechtsschutzverlangen jedoch in jedem Fall bei einer Behörde anzubringen.

II. Rechtsschutz unterhalb und oberhalb der Schwellenwerte

Da durch das Vergaberechtsänderungsgesetz[233] ein Anspruch für Bieter auf Einhaltung der Regeln für das Vergabeverfahren[234] und die Möglichkeit durch gerichtliche Entscheidung den Zuschlag an einen Wettbewerber zu verhindern, nur für den Bereich oberhalb der Schwellenwerte der EG-Vergaberichtlinien[235] geschaffen wurde, bestehen im Hinblick auf den Bietern zur Verfügung stehenden Rechtsschutz gravierende Unterschiede. Der Primär- und Sekundärrechtsschutz wird nachfolgend für den Bereich oberhalb und für den Bereich unterhalb dieser Schwellenwerte dargestellt.

---

231 § 114 Abs. 1 S. 1 GWB: „Ein bereits erteilter Zuschlag kann nicht aufgehoben werden“. Vgl. auch Pietzcker, NVwZ 1983, 121, 123.

232 Pietzcker, NVwZ 1983, 121, 123.

233 S. o. Fn 58 u. 84.

234 § 97 Abs. 7 GWB.

235 S. o. Fn 78.

1. Primärrechtsschutz oberhalb der Schwellenwerte

a. Nationaler Rechtsschutz

Oberhalb der Schwellenwerte haben Unternehmen nach § 97 Abs. 7 GWB einen Anspruch darauf, dass der Auftraggeber die Bestimmungen über das Vergabeverfahren einhält. Soweit diese Bestimmungen bieterschützenden Charakter haben, vermitteln sie subjektive Rechte, die in einem gerichtlichen Rechtsschutzverfahren durchsetzbar sind[236]. Ein Unternehmen kann den Zuschlag an einen Konkurrenten verhindern und eine vorherige Überprüfung des Vergabeverfahrens erzwingen, indem er einen sogenannten Nachprüfungsantrag an die in erster Instanz zuständigen verwaltungsinternen Vergabekammern[237] richtet. Gegen die als Verwaltungsakt ergangenen Entscheidungen dieser Kammern steht ihm sodann das Rechtsmittel der sofortigen Beschwerde zu den Vergabesenaten bei den Oberlandesgerichten zur Verfügung[238]. Beide Instanzen entscheiden innerhalb bestimmter zeitlicher Vorgaben (jeweils grundsätzlich maximal fünf Wochen)[239]. Sowohl Nachprüfungsantrag als auch sofortige Beschwerde bewirken grundsätzlich, dass der Zuschlag seitens der Vergabestelle zunächst nicht erteilt werden darf[240]. Damit der Bieter rechtzeitig von der beabsichtigten Zuschlagserteilung an den Konkurrenten erfährt und Primärrechtsschutz geltend machen kann, ist die Vergabestelle verpflichtet, ihn spätestens 14 Kalendertage vor Vertragsschluss über den Namen des Bieters, dessen Angebot angenommen werden soll und über den Grund der vorgesehenen Nichtberücksichtigung zu informieren[241].

b. Gemeinschaftsrechtlicher Rechtsschutz

Innerhalb des europarechtlich geprägten Bereichs oberhalb der Schwellenwerte können Bieter parallel zu dem Rechtsschutz vor den Vergabekammern eine formlose Beschwerde an die EG-Kommission richten, um die Einleitung eines Beanstandungsverfahrens gegen den Mitgliedstaat, die Bundesrepublik Deutschland,

---

236 Vgl. hierzu eingehend Kalinowsky.

237 S. o. Fn 120.

238 § 116 GWB.

239 §§ 113 Abs. 1 S. 1, 121 Abs. 3 S. 1 GWB.

240 § 115 Abs. 1 GWB, § 118 Abs. 1 GWB. Ein gleichwohl erteilter Zuschlag ist wegen eines Verstoßes gegen ein gesetzliches Verbot nichtig (Koenig/Haratsch, NJW 2003, 2637, 2642).

241 § 13 VgV., vgl. auch Fn 211 u. 212.

in die Wege zu leiten[242]. Letztlich hat die Kommission die Möglichkeit, ein Vertragsverletzungsverfahren gegen den jeweiligen Mitgliedstaat gemäß Art. 226 EG anzustrengen. Das Gemeinschaftsrecht bietet dem Auftragsinteressenten auch die Möglichkeit, im Rahmen eines innerstaatlichen Nachprüfungs- oder Beschwerdeverfahrens die Einleitung eines Vorabentscheidungsverfahrens vor dem EuGH gemäß Art. 234 EG anzuregen. Als vorlageberechtigte und ggf. -verpflichtete Gerichte eines Mitgliedstaates i. S. v. Art. 234 Abs. 2 EG gelten dabei nicht nur die mit sofortigen Beschwerden befassten Oberlandesgerichte, sondern auch die Vergabekammern[243].

2. Primärrechtsschutz unterhalb der Schwellenwerte

Mangels eines subjektiven Rechts auf Einhaltung der Bestimmungen des nationalen Vergaberechts sind die Möglichkeiten, unterhalb der Schwellenwerte von 200.000 EUR für Dienstleistungs- und Lieferaufträge bzw. 5 Mio EUR für Bauaufträge primären Rechtsschutz zu erlangen, sehr begrenzt. Es gibt für Bieter im Bereich des Primärrechtsschutzes nur die Möglichkeit der Rüge an die Vergabestelle oder der Beschwerde an die übergeordnete Behörde sowie an besondere VOB-Stellen. Der spezielle vergaberechtliche Rechtsweg, d. h. der gerichtliche Rechtsschutz nach §§ 102 ff. GWB, steht ihnen nicht zur Verfügung[244]. Die Vergabeentscheidung, der Zuschlag, ist auch kein Verwaltungsakt, der mittels einer Anfechtungsklage angegriffen werden könnte[245], sondern als Annahme eines Angebots eine privatrechtliche Willenserklärung.

a. Rüge

Die Rüge in Form einer Gegenvorstellung, die keinen Frist- oder Formvorschriften unterliegt, kann jedes am Auftrag interessierte Unternehmen jederzeit gegenüber der Vergabestelle erheben und so jede von der Vergabestelle im Rahmen des Vergabeverfahrens getroffene Entscheidung angreifen. Die Rüge entfaltet jedoch nur sehr eingeschränkte Rechtswirkungen, da sie weder einen Suspensiv- noch einen

---

242 Das Verhalten der Gebietskörperschaften unterhalb der Bundesebene wird der Bundesrepublik zugerechnet; vgl. etwa EuGH, Urt. v. 10.4.2003 (Rs. C-20/01 u. C-28/01), in dem es um Vergaberechtsverstöße zweier nds. Gemeinden ging (s. auch Dageförde, ZfK Juli 2003, S. 10).

243 Der EuGH hat die nach früherer Rechtslage zur Überprüfung der Vergabeverfahren eingesetzten VÜA als vorlageberechtigt angesehen (Slg. 1997, I-4961 = NJW 1997, 3365). Entspr. muss für die an ihre Stelle getretenen VK gelten (Sura, in: Langen/Bunte, § 105 Rn 3).

244 §§ 100 Abs. 1, 127 Nr. 1 GWB, § 2 VgV.

245 Hierauf weisen zutreffend Koenig/Haratsch, NJW 2003, 2637, 2641 hin.

Devolutiveffekt mit sich bringt und somit den Fortgang des Vergabeverfahrens und damit letztlich die Zuschlagserteilung an den Wettbewerber nicht verhindert. Der Antragsteller hat lediglich einen Anspruch auf eine sogenannte informatorische Bescheidung, in der die Vergabestelle die Kenntnisnahme vom Inhalt der Gegenvorstellung sowie die Art der Erledigung erkennen lässt[246]. Darüber hinaus ist die Vergabestelle jedoch letztlich nicht verpflichtet, die von ihr getroffenen Maßnahmen und Entscheidungen abzuändern[247].

b. Aufsichtsbeschwerde

Aus der Verwaltungsorganisation in der Bundesrepublik ergibt sich für die jeweils übergeordnete Behörde die Möglichkeit, die Tätigkeit der untergeordneten Behörde zu beaufsichtigen. Die Aufsicht kann in Rechts-, Fach- oder Dienstaufsicht unterteilt werden. Die mit ihr verbundenen Befugnisse geben der Aufsichtsbehörde die Möglichkeit, bei fehlerhaftem Vergabeverfahren der (untergeordneten) Behörde als Vergabestelle einzuschreiten. Anknüpfungspunkt für eine Überprüfung durch die übergeordnete Behörde ist § 31 GemHVO[248].

Allen Aufsichtsbeschwerden ist jedoch gemeinsam, dass sie weder Suspensiv- noch Devolutiveffekt haben und dem Bieter auch kein Anspruch auf aufsichtliches Einschreiten zusteht. Ist der Zuschlag erteilt, gibt es überdies keinen Raum mehr für Interventionen, unter anderem wegen des in Deutschland vorherrschenden Grundsatzes pacta sunt servanda.

c. VOB-Stellen

In allen Bundesländern existieren sogenannte VOB-Stellen[249], die Kommunen und Bewerber bei der Vorbereitung von Ausschreibungen und im Vergabeverfahren für öffentliche Bauaufträge beraten. Die VOB-Stellen werden insbesondere aufgrund einer Beschwerde bzw. eines Nachprüfungsantrages tätig. Hier muss die

246 Ax/Schneider/Nette, Kap. 21 Rn 53.

247 Ax/Schneider/Nette, Kap. 21 Rn 54.

248 Diese in den Bundesländern gleichlautende Vorschrift lautet: „Der Vergabe von Aufträgen muss eine öffentliche Ausschreibung vorausgehen, sofern nicht die Natur des Geschäfts oder besondere Umstände eine beschränkte Ausschreibung oder freihändige Vergabe rechtfertigen. Bei der Vergabe von Aufträgen sind die Vergabegrundsätze anzuwenden, die der Innenminister bekannt gibt."

249 In Nds. wurde 1968 eine VOB-Auslegungs- u. Beratungsstelle als UnterA. des LandesfachA. „Öffentliche Bauaufträge" gebildet. Dem A. gehören Vertreter der Verbände der nds. Bauwirtschaft, der obersten Landesbehörden, der Bauverwaltungen u. Vertreter der in Nds. zuständigen Bundesbaubehörden an. Vorsitz u. Geschäftsführung werden beim Nds. Ministerium für Wirtschaft, Technologie u. Verkehr wahrgenommen. Die Auslegungs- u. Beratungsstelle ist berufen, Streitigkeiten zwischen Auftraggebern u. -nehmern zu vermeiden oder zu beseitigen. Sie hat keine Weisungsbefugnisse gegenüber den öffentlichen Auftraggebern.

Aussetzung des Vergabeverfahrens gesondert angeregt werden, da das VOB-Stellen-Verfahren nicht im Sinne eines Automatismus zur Aussetzung führt. Es handelt sich um ein nichtförmliches Verfahren. Auch hier gilt, dass das am Auftrag interessierte Unternehmen keinen Anspruch auf Einschreiten gegenüber der Vergabestelle hat.

3. Sekundärrechtsschutz oberhalb der Schwellenwerte

Ist der Zuschlag erfolgt, sind übergangene Bieter auf die Geltendmachung von Schadensersatzansprüchen verwiesen. § 126 GWB gewährt einen Anspruch auf Ersatz der Kosten der Vorbereitung des Angebots oder der Teilnahme an einem Vergabeverfahren für den Fall, dass der Auftraggeber gegen eine den Schutz von Unternehmen bezweckende Vorschrift verstoßen hat und auf diese Weise eine echte Chance des Unternehmers beeinträchtigt wurde, den Zuschlag zu erhalten[250]. Eine „echte Chance" des Unternehmens, den Zuschlag zu erhalten, bestand, wenn das Unternehmen bei der Prüfung und Wertung der Angebote in die letzte Wertungsstufe, der Frage der Wirtschaftlichkeit der Angebote[251], gekommen ist. Wenn es bereits in den vorhergehenden Prüfungsstufen ausgeschieden wäre, beispielsweise bereits bei der Eignungsprüfung der Bieter, hätte es keine echte Chance auf den Zuschlag gehabt[252].

Nach § 126 GWB werden alle Kosten ersetzt, die dem Unternehmen im Zusammenhang mit der Ausarbeitung des Angebots entstanden sind. Ansprüche auf entgangenen Gewinn (Erfüllungsschaden) sind jedoch nicht per se ausgeschlossen. Gemäß § 126 S. 2 GWB bleiben weiterreichende Ansprüche auf Schadensersatz unberührt. Kann der Unternehmer nachweisen, dass ihm bei ordnungsgemäßer Durchführung des Vergabeverfahrens der Zuschlag hätte erteilt werden müssen, ist ihm auch der entgangene Gewinn zu ersetzen.

Daneben kann der übergangene Bieter Ansprüche aus culpa in contrahendo (seit 1.1.2002: §§ 311 Abs. 2, 241 Abs. 2, 280, 282 BGB), aus § 826 BGB oder aber aus §§ 20 Abs. 1, 33 GWB geltend machen. Schließlich gewährt ihm § 823 Abs. 2 BGB i. V. m. den Normen der Verdingungsordnungen Schadensersatzansprüche[253].

---

250 OLG Düsseldorf, Urt. v. 30.1.2003, Az. 5 U 13/02.

251 Etwa nach § 25 Nr. 3 Abs. 3 S. 2 u. 3 VOB/A.

252 Ax/Schneider/Nette, Kap. 21 Rn 159.

253 Die Vorschriften der Verdingungsordnungen entfalten bei europaweiten Vergaben Drittwirkung, da § 97 Abs. 7 GWB für den Bereich oberhalb der Schwellenwerte den Bietern ausdrücklich einen Anspruch darauf einräumt, dass die öffentlichen Auftraggeber die Vergabebestimmungen einhalten (Ax/Schneider/Nette, Kap. 22 Rn 3 Fn 4).

4. Sekundärrechtsschutz unterhalb der Schwellenwerte

Da spätestens die Anforderung der Ausschreibungsunterlagen durch die Bieter bei der Vergabestelle ein vorvertragliches Schuldverhältnis zwischen diesen begründet[254], kommen unterhalb der Schwellenwerte insbesondere Ansprüche aus culpa in contrahendo (seit 1.1.2002: §§ 311 Abs. 2, 241 Abs. 2, 280, 282 BGB) in Betracht. Haftungsbegründend für einen Anspruch aus c. i. c. ist, dass der Bieter in seinem schutzwürdigen Vertrauen auf die Einhaltung der für die Ausschreibung maßgeblichen Bestimmungen enttäuscht worden ist[255]. Daneben kommen Schadensersatzansprüche aus deliktischem Verhalten nach § 826 BGB und §§ 20 Abs. 1, 33 GWB in Betracht, die grundsätzlich das negative Interesse ersetzen, unter Umständen aber auch das positive Interesse, den entgangenen Gewinn. Dies setzt voraus,

- dass der ausgeschriebene Auftrag tatsächlich erteilt wurde[256] und
- dass der Auftrag darüber hinaus bei richtiger, d.h. rechtmäßiger Handhabung des Verfahrens allein dem Gläubiger des Ersatzanspruches hätte erteilt werden können und dürfen[257].

D. Funktionen der Fachtermini

In diesem Abschnitt sollen die für die rechtliche Untersuchung der Berücksichtigung von Umweltaspekten bei der öffentlichen Auftragsvergabe maßgeblichen Fachtermini näher betrachtet werden.

Die für die Auswahlentscheidung des öffentlichen Auftraggebers bei der Vergabe eines öffentlichen Auftrages maßgeblichen herkömmlichen Gesichtspunkte sind zum Teil gesetzlich und untergesetzlich vorgegeben. Hierbei handelt es sich einerseits um die sogenannten Eignungskriterien der Fachkunde, Leistungsfähigkeit und Zuverlässigkeit des Bieters[258], andererseits um das Zuschlagskriterium der Wirtschaftlichkeit des Angebots, zu deren Ermittlung wiederum verschiedene Unterkriterien heranzuziehen sind[259]. Diese Kriterien sind von dem öffentlichen

---

254 So BGHZ 139, 259, 260.

255 BGHZ 124, 64.

256 BGHZ 139, 259, 268.

257 BGH, NJW 1998, 3640; OLG Düsseldorf, BauR 1998, 540 = IBR 1998, 365.

258 § 97 Abs. 4, HS. 1 GWB; §§ 2 Nr. 1, 25 Nr. 2 Abs. 1 VOB/A; §§ 2 Nr. 3, 25 Nr. 2 VOL/A; § 4 Abs. 1 VOF.

259 § 97 Abs. 5 GWB; § 25 Nr. 3 Abs. 3 VOB/A, § 25 Nr. 3 VOL/A. Die Differenzierung zwischen Zuschlags- u. Eignungskriterien ergibt sich aus den EG-VergabeRL u. wird auch vom EuGH vorgenommen: vgl. Urt. v. 20.9.1988, Rs. 31/87, Slg. 1988, 4635 „Beentjes".

Auftraggeber zwingend bei seiner Auswahlentscheidung in den Blick zu nehmen, mit anderen Worten, der öffentliche Auftraggeber hat bei der Prüfung der abgegebenen Gebote jeden Bieter und sein Gebot ein Prüfungsraster passieren zu lassen, das zwingend diese Maßstäbe enthält. Die dergestalt gesetzlich vorgegebenen Prüfkriterien dienen zum einen dem Schutz des Auftraggebers[260] und zum anderen dem Ziel der sparsamen und wirtschaftlichen Verwendung öffentlicher Mittel.

Darüber hinausgehende Kriterien, mit denen Ziele politischer Natur wie etwa das des Umweltschutzes, der Frauenförderung, der Förderung kleiner und mittlerer Unternehmen oder des Schutzes des deutschen Tarifrechts verfolgt werden, haben zu einem Großteil keine gesetzliche Regelung erfahren[261]. Sie werden üblicherweise als „vergabefremd" bezeichnet[262], zum Teil gibt es geringfügig abweichende Bezeichnungen[263], aber auch Vorschläge für eine andere Terminologie[264]. Bei der Klärung der für die vorliegende Untersuchung maßgeblichen Termini wird auf diese Frage gesondert zurückzukommen sein.

I. Öffentliches Auftragswesen / Öffentlicher Auftrag

Der Begriff der öffentlichen Aufträge ist in § 99 Abs. 1 GWB legaldefiniert als „entgeltliche Verträge zwischen öffentlichen Auftraggebern und Unternehmen, die Liefer-, Bau- und Dienstleistungen zum Gegenstand haben, und Auslobungsverfahren, die zu Dienstleistungsaufträgen führen sollen".

Der öffentliche Auftrag erfordert zunächst einen privatrechtlichen Vertrag. Nicht dem Begriff des Auftrags unterfallen Leistungen, die ihren Rechtsgrund in Gesetzen, Verordnungen, öffentlich-rechtlichen Verträgen usw. haben[265]. Zur

260 Die Prüfung der Eignung der Bieter erfolgt allein zum Schutz des Auftraggebers; Kuß, § 25 VOB/A Rn 21 mit Bezug auf BGH, BauR 1980, 63.

261 Vgl. hierzu o. S. 4 ff. Ausnahmen auf bundesgesetzlicher Ebene bilden zum einen § 37 Abs. 1 HS. 2 KrW-/AbfG, der öffentliche Auftraggeber dazu verpflichtet, bei der Beschaffung oder Verwendung v. Material u. Gebrauchsgütern, bei Bauvorhaben u. sonstigen Aufträgen zu prüfen, ob u. in welchem Umfang abfallwirtschaftlich sinnvolle Erzeugnisse eingesetzt werden können. Als ein weiteres Bsp. ist § 97 Abs. 3 GWB zu nennen, der bestimmt, dass mittelständische Interessen durch Teilung der Aufträge in Fach- u. Teillose angemessen zu berücksichtigen sind.

262 So u. a. v.: Rittner, EuZW 1999, 677; Martin-Ehlers WuW 1999, 685; Bechtold, GWB, § 97 Rn 19 ff.; Kulartz in: Daub/Eberstein VOL/A § 25 Abschnitt 1 Rn 53 ff.; ders. in: Niebuhr/Kulartz § 97 Rn 181; Boesen, Vergaberecht § 97 Rn 100; Schumacher, DVBl. 2000, 467; Burgi, NZBau 2001, 64; Ziekow, NZBau 2001, 72; Vetter, NVwZ 2001, 445; Hertwig, Öffentliche Auftragsvergabe Rn 6 ff.

263 Etwa bei Pietzcker, ZHR 162 (1998), 427, 464: „beschaffungsfremde Kriterien".

264 So u. a. v.: Rust, EuZW 1999, 453 u. 2000, 205: „soziale Kriterien", „struktur- oder sozialpolitisch begründete Vergabekriterien"; Benedict, Sekundärzwecke, S. 17 ff.: „Sekundärzwecke".

265 Dreher, DB 1998, 2579, 2587; OLG Celle, NZBau 2000, 299, 300.

Abgrenzung kommt es auf die Funktion des Vertrages an: Dient er der Beschaffung von Marktleistungen, kommt eine privatrechtliche Einordnung in Betracht; betrifft er die Ausübung hoheitlicher Gewalt, handelt es sich nicht um einen öffentlichen Auftrag i. S. v. § 99 GWB[266]. Der öffentliche Auftrag ist darüber hinaus „entgeltlich". Der Begriff des Entgelts ist weit auszulegen und nicht im wörtlichen Sinne zu verstehen. Erfasst ist vielmehr jede Art von Vergütung, die einen Geldwert haben kann[267].

Eine Vertragsänderung ist grundsätzlich ebensowenig ein (neuer) öffentlicher Auftrag wie eine Vertragsverlängerung. Von diesem Grundsatz gibt es jedoch Ausnahmen: Eine Vertragsverlängerung kann in ihren rechtlichen und wirtschaftlichen Auswirkungen dem Neuabschluss eines entsprechenden Vertrages gleichstehen und dem Vergaberecht der §§ 97 ff. GWB unterliegen, jedenfalls dann, wenn der ursprüngliche Vertrag gleichzeitig geändert wird[268].

Ein öffentlicher Auftrag liegt nicht vor bei einem sogenannten „In-house-Geschäft". Ein solches ist jedenfalls dann gegeben, wenn ein öffentlicher Auftraggeber eine juristische Person des Privatrechts beauftragt, deren alleiniger oder Mehrheits-Anteilseigner er ist, über die er eine Kontrolle wie über eigene Dienststellen ausübt und die ihre Tätigkeiten im Wesentlichen für den öffentlichen Auftraggeber verrichtet[269].

Wird ein öffentlicher Auftrag bejaht, ist im Einzelfall stets zu klären, ob es sich um einen Bau-, Liefer- oder Dienstleistungsauftrag handelt, weil hiervon abhängt, ob die Ausschreibung auf der Grundlage der VOB/A, VOL/A oder der VOF zu erfolgen hat[270]. Die zur Abgrenzung heranzuziehenden Definitionen in § 99 GWB sind fast vollständig den EG-Vergaberichtlinien entnommen. Bauaufträge sind Verträge über die Ausführung von Tief- oder Hochbau-Vorhaben oder -Bauwer-

---

266 Bechtold, § 99 Rn 1 m. w. N. aus der Rspr.

267 Bechtold, § 99 Rn 2 m. w. N. aus der Rspr.

268 OLG Düsseldorf, NZBau 2002, 54 und NZBau 2001, 696.

269 BGHZ 148, 55. Im Bereich des sog. In-house-Geschäfts ist vieles noch ungeklärt. Die Problematik ist Gegenstand zahlreicher Entsch. u. Publikationen, so u. a. EuGH, Rs. C-107/98 („Teckal"), NZBau 2000, 90; EuGH, Rs. C-94/99 („ARGE Gewässerschutz"), NVwZ 2001, 785 = NZBau 2001, 99; OLG Bbg., VgR 2002, 45; BayObLG, NZBau 2002, 397; Dreher, NZBau 2002, 245; Schauenburg, NZBau 2002, 259.

270 Die Aufteilung in Grundsätze für Leistungen u. Grundsätze für Bauleistungen beruht auf einem historischen Zufall (Pietzcker, S. 240; Eberstein in: Daub/Eberstein, Einf. Rn 11). Der aufgrund eines Reichstagsbeschl. v. 9.3.1921 gebildete ReichsverdingungsA hatte sich aus der seinerzeitigen Situation heraus zunächst ausschließl. auf Bauleistungen konzentriert u. die VOB/A bis C ausgearbeitet. Erst in den 1930er Jahren wurde die VOL geschaffen. Obwohl es nahe gelegen hätte, die VOB zu ergänzen, hielt der ReichsverdingungsA eine eigene Verdingungsordnung für Leistungen angebracht (Eberstein: in Daub/Eberstein, Einf. Rn 11 f.). Die VOF kam erst im Jahre 2000 hinzu; sie dient der Umsetzung der RL 92/50/EWG, die in die VOL/A u. in die VOF umgesetzt wurde. Die VOF schloss eine Lücke im deutschen Vergaberecht, das zuvor für die öffentliche Auftragsvergabe v. freiberuflichen Leistungen verbindliche nationale Regelungen nicht kannte. Zu Entstehungsgeschichte u. Anwendungsbereich der VOF vgl. Müller-Wrede in: Müller-Wrede, VOF Einl. Rn 34 ff.

ken, ggf. zusammen mit der Planung (§ 99 Abs. 3 GWB)[271]. § 99 Abs. 2 GWB definiert Lieferaufträge als Verträge zur Beschaffung von Waren[272]. Neben Kauf und Ratenkauf sind auch Leasing, Miete oder Pacht mit und ohne Kaufoption erwähnt. Es kommt nicht auf die Rechtsform, sondern allein darauf an, dass der Auftraggeber für einen längeren Zeitraum die tatsächliche Verfügungsgewalt über eine Ware erlangt[273]. Der Begriff „Dienstleistungsaufträge" dient als Auffangtatbestand und erfasst alle Verträge über Leistungen, die weder Lieferaufträge noch Bauaufträge noch Auslobungsverfahren sind[274]. Bei letzteren handelt es sich um eine besondere Auftragsart, durch die einem Auftraggeber zu einem Plan verholfen wird. In der Praxis geht es hier um Stadtplanung, Raumplanung, Architektenleistungen usw.[275]

II. Öffentlicher Auftraggeber

Wer öffentlicher Auftraggeber ist, bestimmt für den Bereich oberhalb der EG-Schwellenwerte § 98 GWB[276]. Er folgt im wesentlichen dem europäischen Vergaberecht, das den Auftraggeberbegriff weitgehend vorgibt. Nach allgemeiner Ansicht verfolgt das Gemeinschaftsrecht – mithin auch § 98 GWB – keinen institutionellen, sondern einen funktionalen Auftraggeberbegriff[277]. Angesichts der zunehmenden Liberalisierung und Privatisierung des öffentlichen Sektors muss in jedem Einzelfall genau geprüft werden, ob der entsprechende Auftraggeber noch von § 98 GWB erfasst wird[278].

§ 98 GWB unterwirft neben den klassischen öffentlich-rechtlichen Auftraggebern, den Gebietskörperschaften[279] und deren Sondervermögen[280] solche juristi-

---

271 Zum Begriff des Bauauftrages Hailbronner, in: Grabitz/Hilf B 8 Rn 1 ff.

272 Zum Begriff des Lieferauftrages Hailbronner, in: Grabitz/Hilf B 7 Rn 1 ff.

273 Bechtold, § 99 Rn 4.

274 Zum Begriff des Dienstleistungsauftrages Hailbronner, in: Grabitz/Hilf B 7 Rn 37 ff.

275 Bechtold, § 99 Rn 9.

276 Zu dem Begriff des „Öffentlichen Auftraggebers" umfassend Hailbronner, in: Grabitz/Hilf B 4 Rn 1 ff.

277 Boesen § 98 Rn 8 ff.; Bechtold § 98 Rn 1; Hailbronner, in: Grabitz/Hilf B 4 Rn 5.

278 Die RegBegr. zu § 98 GWB stellt in diesem Zusammenhang darauf ab, welche Aufgabenverteilung zwischen dem Staat u. dem Unternehmen das Gesetz, auf dem die Privatisierung u. Neuordnung beruht, vornimmt. Darüber hinaus ist es wichtig, welche Aufgaben dem Unternehmen nach dem jeweiligen Rechtsakt, auf dem die Privatisierung beruht, zukommen u. wie der Unternehmensgegenstand u. ein etwaiger Unternehmenszweck festgelegt sind; Bechtold § 98 Rn 3.

279 Bund, Länder, Landkreise u. Gemeinden.

280 Hierunter sind insb. die rechtlich unselbständigen, aber als gesonderte Einheit im Rechtsverkehr auftretenden Eigenbetriebe oder sonstige Einheiten der Gebietskörperschaften zu verstehen.

schen Personen des öffentlichen und privaten Rechts dem Vergaberecht, die zu dem Zweck gegründet wurden, im Allgemeininteresse liegende Aufgaben nicht gewerblicher Art zu erfüllen, und die vom Staat finanziert oder geleitet werden[281]. Des Weiteren nennt § 98 GWB Verbände[282], staatlich subventionierte Auftraggeber[283], Baukonzessionäre[284] und Sektorenauftraggeber. Letztere sind bestimmte privatwirtschaftliche Unternehmen, die in der Wasser- oder Energieversorgung, im Verkehr oder der Telekommunikation tätig sind und in das Vergaberecht einbezogen werden. § 98 Nr. 4 GWB differenziert zwischen solchen Unternehmen, die in den genannten Branchen aufgrund ihnen von der zuständigen Behörde gewährter besonderer oder ausschließlicher Rechte tätig werden (1. Alt.) und solchen, die von staatlichen Stellen beherrscht werden (2. Alt.). Die Sektorenauftraggeber sind nicht in gleichem Maße an die Vorgaben des Vergaberechts gebunden wie „normale" öffentliche Auftraggeber: Sie können gemäß § 101 Abs. 5 GWB zwischen den Vergabeverfahren frei wählen, da sie als Unternehmen agieren und deshalb bei der Beschaffung flexibler reagieren müssen[285].

Unterhalb der Schwellenwerte bestimmt das Haushaltsrecht, wer öffentlicher Auftraggeber ist. Aus § 30 HGrG und §§ 30, 55 BHO sowie den Vorschriften der Landes- und Gemeindehaushaltsordnungen[286] lässt sich das Prinzip ableiten, dass öffentlicher Auftraggeber jede öffentliche Stelle ist, die Haushaltsrecht unterliegt[287].

---

281 Es soll so verhindert werden, dass durch die Wahl einer privatrechtlichen Rechtsform eine Flucht aus dem Vergaberecht möglich wird; Bechtold § 98 Rn 6. Unter die genannte Gruppe fallen insb. kommunale Ver- u. Entsorgungsunternehmen. Der EuGH hat jüngst festgestellt, dass auch Einrichtungen, die nicht zu dem besonderen Zweck gegründet wurden, im Allgemeininteresse liegende Aufgaben nicht gewerblicher Art zu erfüllen, die jedoch später solche Aufgaben übernommen haben u. diese seither tatsächlich wahrnehmen, öffentliche Auftraggeber i. S. d. RL 93/37/EWG sind (EuGH, Rs. C-470/99, EuZW 2003, 147).

282 Erfasst sind insb. Zweckverbände v. Gemeinden u. Kommunalverbände.

283 Es kann keinen Unterschied machen, ob die öffentlichen Auftraggeber Aufträge selbst vergeben oder ob sie Mittel als Subventionen an Dritte weitergeben, die dann die Auftragsvergabe steuern. Aus diesem Grunde regelt § 98 Nr. 5 die sog. Drittvergaben.

284 Hierdurch wird der Entwicklung in der Praxis Rechnung getragen, dass Bauvorhaben inzwischen oftmals nach Baukonzessionsmodellen durchgeführt werden, bei denen der Auftragnehmer das Bauwerk auf seine Kosten errichtet u. im Gegenzug die Nutzungsmöglichkeit erhält. § 6 VgV definiert die Baukonzession als Bauauftrag, bei dem „die Gegenleistung für die Bauarbeiten statt in einer Vergütung in dem Recht auf Nutzung der baulichen Anlage, ggf. zuzüglich der Zahlung eines Preises besteht".

285 So Eggers/Malmendier, NJW 2003, 780, 784 li. Sp.

286 In Nds. § 55 Abs. 1 LHO Nds. u. § 32 Abs. 1 GemHVO Nds.

287 Private sind nur dann öffentliche Auftraggeber, wenn ihnen die Ausschreibungspflicht durch Einzelakt auferlegt wird.

III. Schwellenwerte

Die Anwendbarkeit bestimmter vergaberechtlicher Regelungen ist häufig von dem Über- oder auch Unterschreiten sogenannter Schwellenwerte abhängig. Diese finden sich sowohl im internationalen, als auch im gemeinschaftsrechtlichen und im nationalen Vergaberecht. Die EG-Vergaberichtlinien stellen Anforderungen lediglich für größere Aufträge oberhalb der sog. Schwellenwerte auf, die für den Binnenmarkt bedeutsamer sind. In ihren Grundzügen sieht die Regelung derzeit wie folgt aus: Der Schwellenwert für öffentliche Bauaufträge liegt bei 5 Mio Euro[288], für Lieferaufträge bei 200.000 Euro[289] und für Dienstleistungsaufträge ebenfalls bei 200.000 Euro[290], jeweils ohne Mehrwertsteuer. Für die Ermittlung des Wertes der einzelnen Aufträge enthalten die verschiedenen Vergaberichtlinien genaue Regelungen. Ein gewisser Spielraum besteht für den Auftraggeber dadurch, dass notwendigerweise der Auftragswert im Zeitpunkt der Auftragsvergabe nur geschätzt werden kann.

§ 100 Abs. 1 GWB beschränkt die Geltung des vierten Teils des GWB ausdrücklich auf Aufträge, die die Schwellenwerte erreichen oder überschreiten, die durch Rechtsverordnung nach § 127 GWB festgelegt sind. Die eigentliche Anknüpfung erfolgt in den Abschnitten 2 bis 4 von VOB/A und VOL/A und in § 2 VOF. Da die VgV die Geltung der Abschnitte 2 bis 4 der VOL/A und VOB/A und die Geltung der VOF jeweils für bestimmte Auftraggeber anordnet, beschränkt sich auch nach deutschem Recht die Umsetzung der EG-Vergaberichtlinien auf die Aufträge oberhalb der Schwellenwerte.

Auf internationaler Ebene ist der Anwendungsbereich des WTO-Abkommens über das öffentliche Beschaffungswesen ebenfalls durch Schwellenwerte bestimmt. Das Government Procurement Agreement (GPA) hat zwar keine einheitlichen Werte, sondern belässt es in Art. I Abs. 4 GPA insoweit bei einem Verweis auf die Anhänge, in denen die Verpflichtungen der Vertragsparteien für jedes Land gesondert festgelegt sind. Im Regelfall liegen die Schwellenwerte ungefähr bei den Beträgen, wie sie für die Anwendbarkeit der EG-Vergaberichtlinien gelten.

Schwellenwerte finden sich auch an verschiedenen Stellen im traditionellen deutschen Vergaberecht. So erlaubt z. B. § 3 Nr. 4 lit. p) VOL/A als Ausnahme zur öffentlichen Ausschreibung die freihändige Vergabe, wenn dies durch Ausführungsbestimmung von einem Bundes- oder Landesminister bis zu einem

288 Art. 6 Abs. 1 RL 93/37/EWG.

289 Art. 5 Abs. 1 RL 93/36/EWG.

290 Art. 7 Abs. 1 RL 92/50/EWG.

bestimmten Höchstwert zugelassen ist. In Niedersachsen liegt dieser Wert derzeit bei 15.000 Euro[291].

IV. Eignungskriterien

Die Prüfung der Eignung der Bieter hat der öffentliche Auftraggeber anhand bestimmter Kriterien durchzuführen. Diese sogenannten Eignungskriterien finden sich – etwas unterschiedlich – sowohl in den EG-Vergaberichtlinien[292] als auch in den §§ 97 ff. GWB[293] und in den Verdingungsordnungen[294].

1. Eignungskriterien in den EG-Vergaberichtlinien

Die EG-Vergaberichtlinien nennen als Eignungskriterien die Leistungsfähigkeit des Bieters in finanzieller, wirtschaftlicher und technischer Hinsicht[295]. Diese Begriffe sind in den Vergaberichtlinien nicht näher definiert; stattdessen werden die Mittel aufgezählt, mit denen der Nachweis des Vorhandenseins der Leistungsfähigkeit geführt werden kann (Bankerklärungen, Bilanzen, Umsatzerklärungen u. ä.)[296].

Neben der Prüfung der Leistungsfähigkeit ist Bestandteil der in den EG-Vergaberichtlinien vorgesehenen Eignungsprüfung, dass ein Unternehmen seitens der Vergabestelle von der Teilnahme am Vergabeverfahren ausgeschlossen werden kann, wenn Umstände in der Person oder in dem Betrieb des Unternehmers vorliegen, die den Schluss auf einen Mangel an Leistungsfähigkeit oder Zuverlässigkeit zulassen. Dieser Ausschluss erfolgt noch vor der Prüfung der wirtschaftlichen, finanziellen und technischen Leistungsfähigkeit[297]. Die Gemeinschaftsrichtlinien

291 RdErl. des MI v. 6.3.2001 – 33.3-10300 (§ 32) im Einvernehmen mit dem MW, Nds. MBl. Nr. 12 2001, S. 311 f.

292 Art. 24 ff. RL 93/37/EWG, Art. 20 ff. RL 93/36/EWG, Art. 29 ff. RL 92/50/EWG, Art. 30 ff. RL 93/38/EWG.

293 § 97 Abs. 4 GWB.

294 § 25 Nr. 2 Abs. 1 VOB/A, § 25 Nr. 2 Abs. 1 VOL/A u. § 13 Abs. 1 VOF.

295 Art. 26, 27 RL 93/37/EWG, Art. 22, 23 RL 93/36/EWG, Art. 31, 32 RL 92/50/EWG.

296 GA Mischo führte in der Rs. Autoroutes des Ardennes (Slg. 1987, S. 3363) in seinem Schlussantrag aus: „Es werden im Grunde in Art. 26 ebenso wie übrigens in Art. 27 keine Kriterien aufgestellt, vielmehr werden Beweismittel aufgezählt."

297 Vgl. etwa Art. 18 RL 93/37/EWG: „Der Zuschlag des Auftrags erfolgt aufgrund der in Kapitel 3 dieses Abschnitts vorgesehenen Kriterien unter Berücksichtigung des Art. 19, nachdem die öffentlichen Auftraggeber die fachliche Eignung der Unternehmer, die nicht aufgrund von Art. 24 ausgeschlossen wurden, nach den in Art. 26 bis 29 genannten Kriterien der wirtschaftlichen, finanziellen und technischen Leistungsfähigkeit geprüft haben."

enthalten jeweils einen Katalog von Ausschlussgründen[298]. Unternehmen können z.B. dann von der Teilnahme am Vergabeverfahren ausgeschlossen werden, wenn sie rechtskräftig aus ihre berufliche Zuverlässigkeit in Frage stellenden Gründen verurteilt wurden oder wenn sie im Rahmen ihrer beruflichen Tätigkeit nachweislich eine schwere Verfehlung begangen haben. Das Fehlen der aufgezählten Ausschlussgründe ist ebenfalls als ein Eignungskriterium zu qualifizieren[299], da sich die Regelung über den Ausschluss von Unternehmen in dem mit dem Titel „Eignungskriterien" überschriebenen Abschnitt befindet.

Schließlich sehen die EG-Vergaberichtlinien als Eignungskriterium eine Eintragung in das Berufsregister (in Deutschland das Handelsregister oder die Handwerksrolle) vor[300].

2. Eignungskriterien im deutschen Vergaberecht

Das deutsche Vergaberecht verwendet seit jeher die Kriterien Fachkunde, Leistungsfähigkeit und Zuverlässigkeit. In § 97 Abs. 4 GWB heißt es für Aufträge oberhalb der EG-Schwellenwerte, dass solche (nur) an fachkundige, leistungsfähige und zuverlässige Unternehmen vergeben werden. Die Einzelheiten der Eignungsprüfung sind jedoch im GWB nicht selbst geregelt, sondern gemäß § 97 Abs. 6 GWB an den Verordnungsgeber delegiert. Das Verfahren der Eignungsprüfung ist in Deutschland in den Verdingungsordnungen geregelt. Sie haben durch den Verweis in §§ 4 – 6 Vergabeverordnung[301] Verordnungscharakter erhalten[302]. Die Verdingungsordnungen stellen für die Eignungsprüfung des Bieters auf die Begriffe „Fachkunde", „Leistungsfähigkeit" und „Zuverlässigkeit" ab, so in § 2 Nr. 1 S. 1 VOB/A[303], § 8 Nr. 3 Abs. 1 VOB/A[304], § 25 Nr. 2 Abs. 1 VOB/A[305], die mit den §§ 2 Abs. 2 Nr. 3, 7 Abs. 4 Nr. 4 und 25 Nr. 2 Abs. 1 VOL/A nahezu wortgleich sind, und

298 Art. 24 RL 93/37/EWG, Art. 20 RL 93/36/EWG, Art. 29 RL 92/50/EWG.

299 So auch Bock, Europäisches Vergaberecht, S. 341.

300 Art. 25 RL 93/37/EWG; Art. 21 RL 93/36/EWG; Art. 30 RL 92/50/EWG.

301 S. o. Fn 67.

302 Dies gilt jedoch nur für Aufträge oberhalb der Schwellenwerte des § 2 VgV.

303 "Bauleistungen sind an fachkundige, leistungsfähige und zuverlässige Unternehmer ... zu vergeben".

304 "Von den Bewerbern oder Bietern dürfen zum Nachweis ihrer Eignung (Fachkunde, Leistungsfähigkeit und Zuverlässigkeit) Angaben verlangt werden über: ...".

305 "Bei öffentlicher Ausschreibung ist zunächst die Eignung der Bieter zu prüfen. ...; dies bedeutet, dass sie die erforderliche Fachkunde, Leistungsfähigkeit und Zuverlässigkeit besitzen und über ausreichende technische und wirtschaftliche Mittel verfügen."

in den etwas abweichenden Vorschriften der VOF, konkret in § 4 Abs. 1 VOF[306], § 10 Abs. 3 VOF[307] und § 13 Abs. 1 VOF[308].

Die Verdingungsordnungen sehen ebenso wie die EG-Vergaberichtlinien neben den genannten Kriterien die Möglichkeit des Ausschlusses von Bewerbern vor. Die europarechtlichen Vorgaben hinsichtlich des Ausschlusses von Teilnehmern am Vergabeverfahren sind in den §§ 8 Nr. 5 VOB/A, 7 Nr. 5 VOL/A, 11 VOF umgesetzt worden. Sie stimmen inhaltlich mit den EG-Vergaberichtlinien überein[309].

Auch die Verdingungsordnungen definieren die einzelnen Kriterien der Fachkunde, Zuverlässigkeit und Leistungsfähigkeit nicht näher. Sie führen vielmehr ebenso wie die EG-Vergaberichtlinien Arten von Bescheinigungen auf, mit denen die Bewerber oder Bieter ihre Fachkunde, Leistungsfähigkeit und Zuverlässigkeit nachweisen können[310], oder sie verzichten sogar auf einen solchen Katalog[311]. Die der Eignungsprüfung dienenden Kriterien der Fachkunde, Leistungsfähigkeit und Zuverlässigkeit sollen nachfolgend gleichwohl einer näheren Betrachtung unterzogen werden, da es im Schrifttum zu den Verdingungsordnungen bzw. zum deutschen Vergaberecht sowie im Vergabehandbuch des Bundes[312] ausführliche Begriffsbestimmungen gibt.

a. Fachkunde

Ein Bieter weist dann die erforderliche Fachkunde auf, wenn er auf dem Fachgebiet des zu vergebenden Auftrages dem Stand der Technik entsprechende Kenntnisse, Erfahrungen und Fertigkeiten hat, die für die fachgerechte Vorbereitung und Ausführung der zu vergebenden Leistung erforderlich sind[313]. Die Fachkunde wird üblicherweise nachgewiesen durch Diplom oder Meisterbrief bei einfachen (Bau- oder Dienst-) Leistungen, bei solchen mit höherem Schwierigkeitsgrad dar-

306 "Aufträge sind ... an fachkundige, leistungsfähige und zuverlässige – und soweit erforderlich befugte – Bewerber zu vergeben."

307 "Der Auftraggeber hat in der Bekanntmachung anzugeben, welche Nachweise über die finanzielle, wirtschaftliche oder fachliche Eignung ... vom Bewerber zu erbringen sind."

308 "Die fachliche Eignung von Bewerbern für die Durchführung von Dienstleistungen kann insb. aufgrund ihrer Fachkunde, Leistungsfähigkeit, Erfahrung und Zuverlässigkeit beurteilt werden."

309 Boesen, Vergaberecht, § 97 Rn 71, 73.

310 § 8 Nr. 3 Abs. 1 VOB/A.

311 § 7 Nr. 4 VOL/A. In Abschnitt 2 der VOL/A, der die sog. „a-Paragraphen" enthält, die zur Umsetzung des EG-Vergaberechts dienen, findet sich jedoch in § 7 a Nr. 2 Abs. 2 ein den europäischen Vorgaben entspr. Nachweiskatalog.

312 Vergabehandbuch für die Durchführung v. Bauaufgaben des Bundes im Zuständigkeitsbereich der Finanzbauverwaltungen (VHB) Ausgabe 2002.

313 Bechtold, GWB, § 97 Rn 18; Boesen, § 97 Rn 75; Ingenstau/Korbion, § 2 Rn 4; Müller in: Daub/Eberstein, § 2 Rn 25; Kuß, § 2 Rn 3.

über hinaus mit dem Nachweis, dass der Bieter zumindest vergleichbare Leistungen bereits ausgeführt hat und daher einschlägige Erfahrungen aufweisen kann[314]. Für bestimmte Leistungen muß ein Bieter zudem die Berechtigung haben, die zu vergebende Leistung auszuführen[315]. Das Kriterium „Fachkunde" knüpft damit einerseits an die Person des Bieters an, ist jedoch andererseits auch auf den konkret zu vergebenden Auftrag bezogen.

b. Leistungsfähigkeit

Das Kriterium der „Leistungsfähigkeit" gibt dem öffentlichen Auftraggeber die Prüfung vor, ob das bietende Unternehmen in technischer, kaufmännischer, personeller und finanzieller Hinsicht so ausgestaltet ist, dass die Ausführung des Auftrags gewährleistet erscheint[316]. Maßgeblich ist daher, ob der Betrieb über das für die fach- und fristgerechte Ausführung notwendige Personal und Gerät verfügt und die Erfüllung seiner Verbindlichkeiten erwarten lässt[317]. Die Leistungsfähigkeit wird allgemein als ein „sach- bzw. betriebsbezogenes Eignungskriterium" bezeichnet[318].

c. Zuverlässigkeit

Das Merkmal „Zuverlässigkeit" erfüllt nur der Bewerber, der in seiner Person und seinem Verhalten im täglichen Berufsleben die Gewähr dafür bietet, den zu vergebenden öffentlichen Auftrag in sorgfältiger Art und Weise auszuführen[319]. Hier kommt es darauf an, ob der Bieter in der Vergangenheit seinen gesetzlichen Verpflichtungen wie etwa der Entrichtung von Steuern und sonstigen Abgaben sowie seinen vertraglichen Verpflichtungen nachgekommen ist[320]. Anhand des (zuverlässigen) Verhaltens des Unternehmers in der Vergangenheit wird damit eine Prognose im Hinblick auf sein Verhalten in der Zukunft während der Auftragsausführung getroffen[321].

---

314 Boesen, § 97 Rn 76; Ingenstau/Korbion, § 2 Rn 5; Kuß, § 2 Rn 3; VHB, Ziff. 1.3.2 zu § 25 VOB/A.

315 Als Bsp. sei hier die Eintragung in der Handwerksrolle genannt, die erforderlich ist, wenn es um Leistungen geht, die nur durch Handwerksbetriebe ausgeführt werden können u. dürfen; vgl. Müller in: Daub/Eberstein, § 2 Rn 25.

316 Bechtold, GWB, § 97 Rn 18; Boesen, § 97 Rn 78; Müller, in: Daub/Eberstein, § 2 Rn 26.

317 Ingenstau/Korbion, § 2 Rn 7; Kuß, § 2 Rn 4; VHB, Ziff. 1.3.2 zu § 25 VOB/A.

318 Boesen, § 97 Rn 78.

319 Boesen, § 97 Rn 84; Ingenstau/Korbion, § 2 Rn 6; Müller, in: Daub/Eberstein, § 2 Rn 27; Kuß, § 2 Rn 5.

320 Bechtold, GWB, § 97 Rn 18.

321 So auch BayObLG, Beschl. v. 1.10.2001, Verg 6/01, NZBau 2002, 584 (nur LS.).

3. Vergleich der in den EG-Vergaberichtlinien und im deutschen Vergaberecht verwendeten Eignungskriterien

Während die EG-Vergaberichtlinien von technischer, wirtschaftlicher und finanzieller Leistungsfähigkeit sprechen, ist in § 97 Abs. 4 GWB und in den Verdingungsordnungen von Fachkunde, Leistungsfähigkeit und Zuverlässigkeit die Rede. Der Begriff „technische Leistungsfähigkeit" im Gemeinschaftsrecht enthält Elemente aller in Deutschland verwendeten Eignungskriterien Fachkunde, Leistungsfähigkeit und Zuverlässigkeit, wie ein Vergleich der Nachweiskataloge ergibt. Die Begriffsinhalte überschneiden sich. Die Begriffe können daher nicht gegenübergestellt werden in dem Sinne, dass etwa Fachkunde synonym ist zu technischer Leistungsfähigkeit[322].

Die Kriterien Fachkunde, Leistungsfähigkeit und Zuverlässigkeit gehen in ihrer Addition jedoch nicht über die Kriterien der technischen, wirtschaftlichen und finanziellen Leistungsfähigkeit als Gesamtheit hinaus. Die Verdingungsordnungen sehen keine Nachweise bzw. Angaben vor, die nicht auch in den Gemeinschaftsrichtlinien enthalten sind[323]. Auch dies ergibt sich aus einem Vergleich der Nachweiskataloge.

V. Zuschlagskriterien

Auf die Prüfung der Eignung der Bieter anhand der vorgenannten Kriterien folgt[324] die Prüfung der abgegebenen Gebote anhand der Zuschlagskriterien[325]. Die EG-Vergaberichtlinien sehen als Zuschlagskriterium entweder (allein) den niedrigsten Preis oder die Wirtschaftlichkeit vor[326]. Die Mitgliedstaaten müssen in ihrem nationalen Vergaberecht[327] daher den öffentlichen Auftraggebern vorschreiben, dass diese dem Gebot den Zuschlag geben (müssen), das den niedrigsten Preis ausweist, oder dem Gebot, das sich als das wirtschaftlich günstigste

322 A. A. Bayer/Franke/Opitz, Rn 171, jedoch ohne jegliche Begr.

323 Besonders deutlich wird dies in der VOL/A. Diese führt in ihrem Abschnitt 1, der die für Aufträge mit nationaler Publizität geltenden Basisparagraphen enthält, keinen Nachweiskatalog auf. In Abschnitt 2 (Basisparagraphen mit zusätzlichen Bestimmungen nach der RL 93/36/EWG u. der RL 92/50/EWG) sind die Nachweise der beiden hier umgesetzten RL unverändert übernommen worden.

324 Nachdem zuvor noch solche Gebote ausgeschlossen wurden, die einen unangemessen hohen oder niedrigen Preis aufweisen; § 25 Nr. 3 Abs. 1 VOB/A, § 25 Nr. 2 Abs. 3 VOL/A.

325 Zu den Zuschlagskriterien vgl. auch Byok, in: Grabitz/Hilf B 14 Rn 1 ff.

326 Art. 30 Abs. 1 RL 93/37/EWG, Art. 26 Abs. 1 RL 93/36/EWG, Art. 36 Abs. 1 RL 92/50/EWG, Art. 34 Abs. 1 RL 93/38/EWG.

327 Zumindest für Aufträge, deren Wert oberhalb der EG-Schwellenwerte liegt.

Angebot herausstellt, ohne den niedrigsten Preis haben zu müssen. Wählen die Mitgliedstaaten das Kriterium der Wirtschaftlichkeit, so ist diese anhand eines sehr weiten Kreises von (Hilfs-) Kriterien zu ermitteln, wie etwa Preis, Ausführungsfrist, Betriebskosten, Rentabilität oder technischer Wert[328], Qualität, Ästhetik, Zweckmäßigkeit, Kundendienst und technische Hilfe[329] u. a. Diese sind nicht alle generell bei jeder Angebotswertung anzuwenden, sondern es ist vielmehr einzelfallbezogen unter ihnen auszuwählen[330].

Der deutsche Gesetzgeber hat sich für die zweite Variante entschieden[331]. In § 97 Abs. 5 GWB heißt es (knapp), der Zuschlag werde auf das wirtschaftlichste Angebot erteilt. In den Verdingungsordnungen finden sich zum Teil identische, zum Teil ähnliche Formulierungen, so in § 25 Nr. 3 Abs. 3 VOB/A, der lautet:

> „In die engere Wahl kommen nur solche Angebote, die unter Berücksichtigung rationellen Baubetriebs und sparsamer Wirtschaftsführung eine einwandfreie Ausführung einschließlich Gewährleistung erwarten lassen. Unter diesen Angeboten soll der Zuschlag auf das Angebot erteilt werden, das unter Berücksichtigung aller Gesichtspunkte wie z. B. Preis, Ausführungsfrist, Betriebs- und Folgekosten, Gestaltung, Rentabilität oder technischer Wert als das wirtschaftlichste erscheint. Der niedrigste Angebotspreis ist nicht entscheidend."

§ 25 Nr. 3 VOL/A ist zwar nicht ganz so ausführlich, geht aber auch über den Wortlaut des § 97 Abs. 5 GWB hinaus, indem er bestimmt:

> „Der Zuschlag ist auf das unter Berücksichtigung aller Umstände wirtschaftlichste Angebot zu erteilen. Der niedrigste Angebotspreis ist nicht entscheidend."

Die VOF gibt dem öffentlichen Auftraggeber in § 16 Abs. 1, 2 hingegen folgende Vorgabe:

> „Der Auftraggeber schließt den Vertrag mit dem Bewerber, der aufgrund der ausgehandelten Auftragsbedingungen die bestmögliche Leistung erwarten lässt. Bei der Entscheidung über die Auftragserteilung berücksichtigt er auf die erwartete fachliche Leistung bezogene Kriterien, insbesondere Qualität, fachlicher oder technischer Wert, Ästhetik, Zweckmäßigkeit, Kundendienst und

328 Diese sind in Art. 30 Abs. 1 lit. b) RL 93/37/EWG beispielhaft aufgezählt.

329 Diese u. andere Kriterien nennt Art. 36 Abs. 1 lit. a) RL 92/50/EWG.

330 Art. 30 Abs. 1 b) RL 93/37/EWG, Art. 26 Abs. 1 b) RL 93/36/EWG, Art. 36 Abs. 1 a) RL 92/50/EWG, Art. 34 Abs. 1 a) RL 93/38/EWG.

331 In Fortführung der bisherigen Rechtslage; vgl. Begr. der BReg zum Entw. des VgRÄG zu § 106 Abs. 4 (jetzt: § 97 Abs. 5) GWB (BT-Drs. 13/9340, S. 14): „In Deutschland ist das Zuschlagskriterium traditionell die Wirtschaftlichkeit. ...". Gleichwohl wird im Schrifttum ein Wahlrecht des öffentlichen Auftraggebers angenommen; lege dieser keine für die Zuschlagserteilung maßgeblichen Kriterien im Vergabeverfahren fest, sei allein das Kriterium des niedrigsten Preises anzuwenden (so u. a. Byok, in: Grabitz/Hilf B 14 Rn 5). Auch in der Rspr. wird – soweit ersichtlich – auf das Kriterium des niedrigsten Preises abgestellt, wenn der öffentliche Auftraggeber Kriterien für die Beurteilung der Wirtschaftlichkeit nicht (rechtswirksam) festgelegt hat.

technische Hilfe, Leistungszeitpunkt, Ausführungszeitraum oder -frist und Preis/Honorar."

Trotz dieser etwas unterschiedlichen Formulierungen wird man davon ausgehen können, dass inhaltlich keine Diskrepanzen bestehen[332]. Stets geht es darum, dass nicht allein der vom Bieter angebotene Preis – bei dem es sich gleichwohl um ein wesentliches Kriterium handelt – für die Erteilung des Zuschlags maßgebend ist[333]. Der öffentliche Auftraggeber soll vielmehr bei der Auswahlentscheidung auch andere Gesichtspunkte wie beispielsweise Betriebs- oder sogenannte Folgekosten sowie die Qualität und Haltbarkeit des Auftragsgegenstandes berücksichtigen, um das bestmögliche Preis-Leistungs-Verhältnis zu erzielen. In Einzelfällen kann dann beispielsweise ein Plus an Qualität auch einen höheren Preis rechtfertigen[334]. Das Zuschlagskriterium der Wirtschaftlichkeit dient damit offenkundig der Erzielung des bestmöglichen Preis-Leistungs-Verhältnisses durch den öffentlichen Auftraggeber.

VI. Leistungsbeschreibende Merkmale

1. Begriff

Neben den genannten Eignungs- und Zuschlagskriterien wird in der Vergaberechtsliteratur immer wieder der Begriff „leistungsbeschreibende Merkmale" genannt. Diese seien insbesondere im Umweltschutz von besonderer Bedeutung[335] und von den sogenannten „vergabefremden Kriterien" abzugrenzen[336]. Auch wird stets betont, dass leistungsbeschreibende Merkmale „ohne weiteres" zulässig seien[337], zumindest aber „eigenen Anforderungen" unterlägen[338]. Aus diesem Grunde soll auch der Begriff „leistungsbeschreibende Merkmale" nachfolgend einer näheren Betrachtung unterzogen werden.

Die vom Auftraggeber erstellten Vergabeunterlagen bestehen aus dem Anschreiben als der eigentlichen Aufforderung zur Angebotsabgabe und den Ver-

332 So auch OLG Rostock, NZBau 2002, 170, 171 re. Sp.; Boesen, § 97 Rn 141; Stickler, in: Reidt/Stickler/Glahs, § 97 Rn 26; Opitz, NZBau 2001, 12.

333 Pietzcker, ZHR 162 (1998), S. 427, 459.

334 Bechtold, GWB, § 97 Rn 33.

335 Vgl. Boesen,§ 97 Rn 102.

336 So bei Bechtold, GWB, § 97 Rn 23; Boesen, § 97 Rn 102; Kulartz, in: Daub/Eberstein, § 25 Rn 54.

337 Bechtold, GWB, § 97 Rn 23; Frenz, WuW 2002, 352, 353.

338 Boesen, § 97 Rn 102.

dingungsunterlagen[339]. Letztere wiederum beinhalten unter anderem die Leistungsbeschreibung. Sie stellt das wichtigste Dokument des Auftraggebers im Geschäftsverkehr mit den Bietern dar, da ihr Inhalt später auch Vertragsinhalt wird[340]. Die Leistungsbeschreibung ist „Kernstück der Vergabeunterlagen“[341], denn sie legt Inhalt und Umfang des noch abzuschließenden Bau-, Liefer- oder Dienstleistungsvertrages fest, der durch die Zuschlagserteilung zustande kommt. Die Leistungsbeschreibung soll sämtliche Vertragspflichten des Auftragnehmers nennen, und zwar so eindeutig und erschöpfend, dass alle Bieter die Beschreibung im gleichen Sinne verstehen und ihre Preise sicher und ohne umfangreiche Vorarbeiten berechnen[342] bzw. die Auftraggeber die Angebote ohne weiteres miteinander vergleichen können[343]. Für eine ordnungsgemäße Leistungsbeschreibung ist bei Bauleistungen die „gedankliche Vorwegnahme der Herstellung des Werkes“ unerlässlich[344].

Die in dem Maße eindeutige und erschöpfende Leistungsbeschreibung soll zu gleichem Verständnis bei allen Bewerbern führen. Das dient insbesondere der Verwirklichung des in den Verdingungsordnungen normierten Grundsatzes des Wettbewerbs bei der Vergabe öffentlicher Aufträge[345]. Damit aber überhaupt Wettbewerb stattfinden kann, müssen sich genügend Unternehmen für die Vergabe bzw. die Teilnahme an der öffentlichen Ausschreibung interessieren. Wenn sich den Unternehmen jedoch kein eindeutiges und vollständiges Bild von der geforderten Leistung bietet, ist die Teilnahme einer möglichst großen Zahl von Unternehmen nicht zu erreichen[346].

Die leistungsbeschreibenden Merkmale sind somit nichts anderes als die einzelnen Punkte der Leistungsbeschreibung, die den Vertragsinhalt festlegen. Neben Angaben zu beispielsweise Form, Farbe und Abmessungen des Auftragsgegenstandes (der zu liefernden Ware/des zu erstellenden Bauwerks) handelt es sich auch um darüber hinausgehende Anforderungen des Auftraggebers (bei-

---

339 § 9 Nr. 1 VOL/A.

340 Hertwig, Rn 97.

341 Ax/Ohler, ZVgR 1999, 39.

342 § 9 Nr. 1 S. 1 VOB/A.

343 § 8 Nr. 1 Abs. 1 VOL/A. Die Erstellung der Angebote durch die Bewerber auf Grundlage einer eindeutig verständlichen Leistungsbeschreibung bewirkt erst die Vergleichbarkeit der Angebote, die eine notwendige Bedingung für ein wettbewerbsmäßiges u. nichtdiskriminierendes Vergabeverfahren darstellt (Ax/Ohler, ZVgR 1999, 39, 40; Zdieblo, in: Daub/Eberstein, § 8 Rn 32).

344 VHB, Ziff. 1.1 zu § 9 VOB/A.

345 § 2 Nr. 1 S. 2 VOB/A; § 2 Nr. 1 Abs. 1 VOL/A; § 4 Abs. 1 VOF.

346 So Ingenstau/Korbion, § 9 Rn 21.

spielsweise die zu verwendenden Rohstoffe oder Bauprodukte)[347]. Der Begriff leistungsbeschreibende Merkmale weist offenkundig eine erhebliche Weite auf.

Die leistungsbeschreibenden Merkmale sind deshalb von ganz erheblicher Bedeutung. Sie werden von dem Auftraggeber einseitig festgelegt und sind nach Zuschlag für den Auftragnehmer bindend. Im Regelfall der Leistungsbeschreibung mit Leistungsverzeichnis, der sogenannten konstruktiven Leistungsbeschreibung[348], darf der Bieter in die Leistungsbeschreibung lediglich die von ihm kalkulierten Preise einsetzen. Nimmt er hingegen Änderungen vor, ist er von dem weiteren Verfahren auszuschließen[349]. Änderungsvorschläge oder Nebenangebote darf er nur unterbreiten, wenn der Auftraggeber dies in den Verdingungsunterlagen zugelassen hat (§ 10 Nr. 5 Abs. 4 VOB/A, § 17 Nr. 3 Abs. 5 VOL/A).

2. Abgrenzung zu sogenannten vergabefremden Kriterien

Bechtold[350] grenzt die leistungsbeschreibenden Merkmale von den vergabefremden Kriterien dergestalt ab, dass er nach einem hinreichenden Bezug der Anforderungen des Auftraggebers zu den Kriterien der Eignung oder Zuverlässigkeit fragt. Für den Bereich des Umweltschutzes bedeute dies z. B., dass Umweltschutzkriterien von den Beschaffungsstellen in den Leistungsbeschreibungen bezüglich der technischen Anforderungen berücksichtigt werden können. Es handele sich dann um leistungsbeschreibende Merkmale. Davon zu unterscheiden sei die Berücksichtigung von Umweltschutzaspekten im Rahmen der Zuschlagserteilung. Hier könnten Umweltschutzaspekte dazu dienen, das wirtschaftlich günstigste Angebot zu identifizieren. Lasse sich ein wirtschaftlicher Vorteil für die Leistung nicht nachweisen, befinde man sich im Bereich der vergabefremden Kriterien.

Bei seiner Abgrenzung vermischt Bechtold die verschiedenen Phasen des Vergabeverfahrens. Die Kriterien der Eignung und Zuverlässigkeit betreffen die

---

347 Dies folgt insb. aus § 9 Nr. 5 Abs. 1 VOB/A, der die Leistungsbeschreibung einer Beschränkung unterwirft. Nach dieser Vorschrift dürfen bestimmte Erzeugnisse (etwa Bauprodukte) oder Verfahren (Herstellungsarten) sowie bestimmte Ursprungsorte u. Bezugsquellen (Firmen, Lieferanten) in der Leistungsbeschreibung nur dann ausdrücklich vorgeschrieben werden, wenn dies durch die Art der geforderten Leistung gerechtfertigt ist. Hieraus wird deutlich, dass leistungsbeschreibende Merkmale nicht lediglich Angaben über die Beschaffenheit des zu erstellenden Bauwerks oder des Liefergegenstandes i. e. S. wie bspw. die Abmessungen sind, sondern auch Bestimmungen über Produktionsverfahren, Herkunft der verwendeten Rohstoffe usw.

348 Daneben gibt es den Sonderfall der Leistungsbeschreibung mit Leistungsprogramm, die sog. funktionale Leistungsbeschreibung, die sich v. der konstruktiven Leistungsbeschreibung im wesentl. dadurch unterscheidet, dass sie keine Massenangaben enthält, sondern diese vielmehr v. dem Bieter (nach Planung) einzusetzen sind.

349 § 23 Nr. 1 VOB/A.

350 GWB, § 97 Rn 23.

Phase der Eignungsprüfung, die Zuschlagserteilung erfolgt im Rahmen der Angebotswertung. Die in diesen Phasen von der Vergabestelle zu verwendenden Kriterien (Fachkunde/Zuverlässigkeit/Leistungsfähigkeit bzw. Wirtschaftlichkeit) können nicht zur Abgrenzung der leistungsbeschreibenden Merkmale von den vergabefremden Kriterien herangezogen werden, weil es sich um Abschnitte des Vergabeverfahrens handelt, die der Phase der Leistungsbeschreibung nachgelagert sind.

Boesen[351] hingegen meint, leistungsbeschreibende Merkmale unterschieden sich von vergabefremden Aspekten durch ihren konkreten Bezug zu der ausgeschriebenen Leistung.

Boesen ist darin zuzustimmen, dass die leistungsbeschreibenden Merkmale einen hinreichenden („konkreten") Bezug zu der ausgeschriebenen Leistung, dem Auftragsgegenstand aufweisen müssen. Dies ergibt sich bereits aus dem Begriff „Leistungsbeschreibung". Wenn es um nichts anderes als die Beschreibung der Leistung geht, ist offensichtlich, dass ein Bezug zur Leistung gegeben sein muss. Leistungsbeschreibende Merkmale, die den Auftragsgegenstand beschreiben und gleichwohl dem Bereich „Umwelt" zuzuordnen sind, sind beispielsweise der Energieverbrauch eines Gerätes bzw. einer Maschine (Energieeffizienzklasse, Benzinverbrauch u. ä.), die Einhaltung einer bestimmten Abgasnorm durch ein Kommunalfahrzeug oder einen Bus („Euro 4"), die Art der Herstellung einer Ware (Lebensmittel aus organischem Anbau) oder abfallwirtschaftlich sinnvolle Erzeugnisse. Zu letzteren zählen unter anderem solche, die sich durch Langlebigkeit oder Reparaturfreundlichkeit auszeichnen (beispielsweise elektrische Geräte mit steckbaren, d. h. isoliert austauschbaren Stromanschlüssen), schadstoff- und abfallarme Produkte (etwa biologisch abbaubare Reinigungsmittel, Farben und Lacke auf Wasserbasis) oder Erzeugnisse aus Abfällen zur Verwertung (Recyclingpapier, Motoren- oder Getriebeöle aus Altöl, sogenannte „Re-Raffinate")[352].

Die nicht auftragsbezogenen Merkmale sind keine leistungsbeschreibenden Merkmal und damit – wenn man denn diesen Begriff verwenden will – „vergabefremd".

VII. Weitergehende Kriterien

Neben den Eignungs- und Zuschlagskriterien gibt es noch weitere Faktoren, die für den öffentlichen Auftraggeber bei der Beurteilung der Bieter und ihrer Angebote von Bedeutung sein können. Traditionell haben die Eignungs- und Zuschlags-

351 § 97 Rn 103.

352 Vgl. zu den abfallwirtschaftlich sinnvollen Erzeugnissen auch Versteyl, in: Kunig/Paetow/Versteyl, § 37 Rn 30 ff.

kriterien in den deutschen Verdingungsordnungen die Beschaffung eines Wirtschaftsguts oder einer Leistung durch die öffentliche Hand bei möglichst sparsamer Mittelverwendung (der preisgünstige, wirtschaftliche Einkauf) zum Ziel. Die EG-Vergaberichtlinien als Ausdruck der Vergabepolitik der Union sind vielmehr ein Mittel zur Herstellung bzw. Vollendung des offenen, diskriminierungsfreien Binnenmarktes. Sie wurden zu dem Zweck geschaffen, die nationalen Märkte zu öffnen sowie Wettbewerb und Gleichbehandlung zu sichern.

Das (nationale) haushaltswirtschaftliche Ziel des günstigen Einkaufs wurde daher ergänzt durch das (europäische) Ziel der Gleichbehandlung der Bieter und der Öffnung des Gemeinsamen Marktes[353].

Das öffentliche Auftragswesen bietet sich jedoch auch dazu an (und wird seit jeher dazu genutzt), über die von Verdingungsordnungen und EG-Vergaberichtlinien verfolgten Ziele hinauszugehen und es damit zu einem Instrument der Umwelt(schutz)politik, aber auch der Sozial- oder Wirtschaftspolitik zu machen[354]. Die von den öffentlichen Auftraggebern zusätzlich verfolgten politischen Ziele werden im allgemeinen „vergabefremde Zwecke, Ziele oder Aspekte" genannt, es gibt jedoch auch Vorschläge für eine abweichende Bezeichnung. Es ist daher zunächst zu untersuchen, welche Begriffe in diesem Zusammenhang verwendet werden und was im einzelnen unter ihnen verstanden wird. Des Weiteren wird geprüft, welche Terminologie vorzugswürdig ist und der nachfolgenden Untersuchung zugrundegelegt wird.

1. Verwendete Begriffe

Das GWB verwendet den Begriff „vergabefremde Kriterien" ebensowenig wie die Gemeinschaftsrichtlinien. § 97 Abs. 4 GWB spricht vielmehr von „weitergehenden" bzw. „anderen Anforderungen":

> „Aufträge werden an fachkundige, leistungsfähige und zuverlässige Unternehmen vergeben; andere oder weitergehende Anforderungen dürfen an Auftragnehmer nur gestellt werden, wenn dies durch Bundes- oder Landesrecht vorgesehen ist."

In den Verdingungsordnungen findet sich zwar der Begriff „vergabefremde Zwecke" in § 16 Nr. 2 VOB/A und VOL/A. Hier hat er aber offensichtlich einen anderen Inhalt. Die genannten Bestimmungen verbieten Ausschreibungen für z. B.

353 Vgl. Pietzcker, ZHR 162 (1998), 427, 430.

354 S. o. Einl. S. 4 ff.

Ertragsberechnungen[355] sowie Markterkundung[356], kurz: für vergabefremde Zwecke. Sie untersagen auch sogenannte Scheinausschreibungen, die einen praktisch nicht vorhandenen Wettbewerb vortäuschen und Bieter zur Angebotsabgabe veranlassen sollen, obwohl eine Chance, den Zuschlag zu erhalten, von vornherein nicht besteht[357].

Im Schrifttum hingegen wird der Begriff der „vergabefremden Zwecke“ in der Regel nicht im Zusammenhang mit Scheinausschreibungen, sondern vielmehr im Rahmen der Diskussion um die Handhabung der öffentlichen Auftragsvergabe zu politischen Zwecken[358] verwandt. Während die Begriffe „vergabefremde Zwecke“ bzw. „vergabefremde Kriterien“ am weitesten verbreitet zu sein scheinen[359], gibt es vereinzelt Vorschläge für eine abweichende Terminologie[360]. Auf diese wird nachfolgend näher einzugehen sein.

Es fällt auf, dass der Begriff „vergabefremd“ von dem weit überwiegenden Teil des Schrifttums in jüngerer Zeit nur noch in Frage gestellt bzw. zum Gegenstand einer Diskussion gemacht wird, wenn es darum geht, seine Wertungsneutralität zu betonen[361], wohingegen die Befürworter einer anderen Terminologie argumentativ zu belegen bemüht sind, warum ein abweichender Begriff gewählt werden sollte. Man wird daraus den Schluss ziehen können, dass die Terminologie „vergabefremd“ sich bereits im Sprachgebrauch der mit diesem Thema Befassten verfestigt bzw. als üblich verankert hat[362].

Ein Teil des Schrifttums legt seinen Untersuchungen überdies den Begriff „vergabefremde Kriterien“ zugrunde, ohne ihn zu definieren; stattdessen werden teil-

---

355 § 16 Nr. 2 VOB/A, § 16 Nr. 2 VOL/A. Hierunter fallen z. B. Ausschreibungen mit dem Ziel, die voraussichtl. Baukosten zu ermitteln, um auf dieser Basis die dann notwendigen Mieten zu errechnen oder die nötigen Haushaltsmittel beantragen zu können; Sterner in: Motzke/Pietzcker/Prieß, § 16 Rn 24.

356 Dieser in § 16 Nr. 2 VOL/A ausdrücklich benannte Beispielsfall stellt auch im Rahmen der VOB/A einen vergabefremden Zweck dar. Die Markterkundung dient dazu, einer Vergabestelle, die keine ausreichende Marktübersicht hat, diese zu verschaffen. Sie ist in § 4 Nr. 1 VOL/A ausdrücklich vorgeschrieben u. dort, wie auch im Rahmen der VOB/A, stets als Vorstufe u. Vorbereitung für eine nachfolgende beschränkte Ausschreibung oder freihändige Vergabe zu verstehen. Eine Ausschreibung mit dem Ziel, die benötigten Marktkenntnisse im Wege eines Ausschreibungsverfahrens ohne konkrete Vergabeabsicht zu erlangen, verstößt gegen § 16 Nr. 2 VOB/A; Sterner in: Motzke/Pietzcker/Prieß, § 16 Rn 24.

357 Sterner in: Motzke/Pietzcker/Prieß, § 16 Rn 24.

358 Vgl. Einl., S. 12.

359 So verwendet v. Burgi, NZBau 2001, 64; Ziekow, NZBau 2001, 72; Rittner, EuZW 1999, 677; Boesen, § 97 Rn 100; Bechtold, GWB, § 97 Rn 19 ff.; Kulartz in: Niebuhr/Kulartz § 97 Rn 181; Martin-Ehlers WuW 1999, 685; Vetter, NvWZ 2001, 445; Schumacher, DVBl. 2000, 467; Burgi, in: Grabitz/Hilf B 13 Rn 2 ff., will am Begriff der „vergabefremden Kriterien“ gerade deshalb festhalten, weil dieser am weitesten verbreitet sei.

360 So bei Rust, EuZW 1999, 453 u. 2000, 205; Böhm/Danker, NVwZ 2000, 767; Benedict, Sekundärzwecke, S. 17 ff; Bultmann, BuW 2001, 244, 245; Hopp, DB 2000, 29, 30.

361 So bei Burgi, NZBau 2001, 64, 66 u. bei Ziekow, NZBau 2001, 72.

362 So auch Burgi, in: Grabitz/Hilf B 13 Rn 3.

weise Beispiele genannt[363]. Zahlreiche Autoren definieren den Begriff „vergabefremde Zwecke bzw. Kriterien" im dem Sinne, dass mit diesen solche politischen Ziele bzw. Politikprogramme verfolgt würden, die mit dem eigentlichen Ziel bzw. Hauptzweck der erfolgreichen sparsamen und wirtschaftlichen Beschaffung nichts zu tun hätten[364]. Haase hingegen fasst unter „beschaffungsfremden Vergabekriterien" nur solche wie Freundschaft, Verwandtschaft, politische Sympathie, aber auch Bestechung[365] und will die politischen Zielen dienenden Kriterien wohl nicht einbeziehen[366]. Martin-Ehlers[367] meint, als „vergabefremd" könnten die Kriterien bezeichnet werden, die zu einer Diskriminierung bestimmter Bieter oder einer Abweichung vom Grundsatz des wirtschaftlichsten Angebots führten. Diese Definition leitet er über die Argumentation her, die vergabefremden Kriterien könnten auf einen bestimmten Bieter bzw. Bieterkreis zugeschnitten werden, was zu einer Diskriminierung der übrigen Bieter, die diese Kriterien nicht erfüllten, führe[368]. Außerdem könne der Einsatz dieser Kriterien dazu führen, dass Bieter, die diese bislang nicht erfüllten, wirtschaftliche Aufwendungen tätigen müssten, um den Kriterien gerecht zu werden, was zu einer Erhöhung des Angebots und somit zu einer Abweichung vom Grundsatz des wirtschaftlichsten Gebots führe[369].

Im Schrifttum wird zum Teil ein Abschied vom Begriff „vergabefremd" befürwortet, da mit dem GWB-Vergaberecht, genauer mit § 97 Abs. 4 und 5 GWB, die Frage der Zulässigkeit vergabefremder Kriterien nunmehr abschließend entschie-

---

363 Bultmann, BuW 2001, 244, 246 li. Sp.: „Schaffung von Ausbildungsplätzen", „Tariftreueerklärung", „Förderung des Mittelstandes", „Verwendung umweltverträglicher Produkte u. Herstellungsverfahren", „Gleichstellung von Frauen", „Einhaltung von Behindertenquoten" u. a.; Dreher/Haas/v. Rintelen, S. 3: „Tariftreue", „Frauenförderung". An anderer Stelle (S. 7) verwenden sie den Begriff „Politikziele" u. nennen (in Fn 4) als Bsp.: „Ausweitung von Tarifbindungen", „Schaffung von Ausbildungsplätzen", „Abbau von Arbeitslosigkeit", „Bekämpfung von Sekten", „Umweltschutz".

364 Burgi, NzBau 2001, 64, 66; Ziekow, NzBau 2001, 72; Neßler, DÖV 2000, 145, 146, 148; Boesen, § 97 Rn 100; Brenner, in: Jahrbuch 1997, S. 149; Burgi, in: Grabitz/Hilf B 13 Rn 4. Kling, der sich in einer sehr umfangreichen Dissertation eingehend mit der Frage der Zulässigkeit vergabefremder Regelungen befasst, nimmt keine Definition des Begriffs „vergabefremd" vor. Bereits aus dem Titel seiner Arbeit wird jedoch deutlich, dass auch er hierbei die pol. Instrumentalisierung der öffentlichen Auftragsvergabe im Blick hat. Sterner in: Motzke/Pietzcker/Prieß, § 16 Rn 23, unterscheidet den Begriff der „vergabefremden Zwecke" terminologisch v. dem der „vergabefremden Kriterien". Während der erste die Durchführung eines Ausschreibungsverfahrens ohne konkrete Vergabeabsicht meine (§ 16 Nr. 2 VOB/A bzw. VOL/A), bezeichne letzterer die Wertung der Angebote unter anderen als auftragsbezogenen Kriterien.

365 Haase, S. 29.

366 Haase meint, die öffentliche Beschaffung habe neben einzelwirtschaftlichen auch gesamtwirtschaftlichen u. zugleich rechtspol. Anforderungen zu genügen (Haase, S. 23).

367 Martin-Ehlers, WuW 1999, 685, 686.

368 WuW 1999, 685.

369 WuW 1999, 685.

den sei[370]. Es stelle daher einen Widerspruch dar, Anforderungen, die den rechtlichen Rahmen von § 97 Abs. 4 GWB beachteten, als „vergabefremd" zu bezeichnen. Gesetzlich geregelte und materiell rechtmäßige andere oder weitergehende Anforderungen i. S. v. § 97 Abs. 4 GWB seien keine „vergabefremden", sondern eben „andere oder weitergehende" Kriterien. Überdies sei der Begriff „vergabefremd" in einem solchen Maße unpräzise, dass er bereits als irreführend zu bezeichnen sei. Er nehme nämlich Bezug auf eine bestimmte Art der Bevorzugungspolitik, da er bisher verwandt worden sei für Regelungen in Verwaltungsvorschriften, die die Vergabe öffentlicher Aufträge mit regional- oder ausbildungspolitischen Zielen gekoppelt hätten[371]. Diese Bevorzugungspolitik habe immer bei der Zuschlagserteilung angesetzt, indem beispielsweise dem bevorzugten Bieter der Zuschlag trotz eines höheren Gebots erteilt oder indem ihm das Recht des Eintritts in das günstigste Angebot gewährt worden sei. Da § 97 Abs. 5 GWB nun aber eindeutig klarstelle, dass der Zuschlag auf das wirtschaftlichste Angebot erteilt werde, sei eine Bevorzugung beim Zuschlag durch Integration struktur- oder sozialpolitischer Kriterien nicht mehr möglich. [372]

Die These, dass die Frage der Zulässigkeit vergabefremder Kriterien mit der Regelung des § 97 Abs. 4, 5 GWB entschieden sei und sich der Begriff „vergabefremd" daher gewissermassen erübrigt habe, verkennt, dass § 97 GWB lediglich öffentliche Aufträge erfasst, deren Auftragssummen oberhalb der Schwellenwerte des § 2 VgV liegen. Für den Bereich unterhalb dieser Schwellenwerte – und damit für immerhin 87% aller öffentlichen Aufträge[373] – existieren nach wie vor zahlreiche Verwaltungsvorschriften, die den Vergabestellen die Berücksichtigung politischer Ziele vorschreiben. Auch diese werden allgemein als vergabefremd qualifiziert.

Als Alternative zu dem Begriff „vergabefremd" findet sich im Schrifttum neuerdings der Begriff „Sekundärzwecke"[374]. Dieser sei unter anderem deshalb der Terminologie „vergabefremde Aspekte" vorzuziehen, weil jener eine negative Wertung und damit eine Vorverurteilung enthalte, die eine differenzierte und sachliche Auseinandersetzung mit diesem Thema verhindere. Dieses Argument vermag letztlich jedoch nicht so recht zu überzeugen. Ob dem Begriff „vergabefremd" eine Wertung beizumessen ist (und wenn ja, welchen Inhalts) liegt vornehmlich im Auge des jeweiligen Betrachters, da Wertungen individuell sind.

370 Rust, EuZW 1999, 453 u. 2000, 205.

371 Hierzu Einl., S. 4 ff.

372 Rust, EuZW 1999, 453 u. 2000, 205.

373 S. o. Fn 131.

374 Erstmals v. Benedict, Sekundärzwecke, 2000, S. 17 ff; aufgegriffen u. a. v. Schima in NZBau 2001, S. 1, J.-P. Schneider, DVBl. 2003, 1186 u. Krohn, S. 8 ff.

Auch sollte die Existenz einer von individuellen Wertungen befreiten Diskussion nicht ignoriert werden. Schließlich verdient auch der Begriff „Sekundärzwecke" nicht schon deshalb den Vorzug, weil er – wie von seinen Befürwortern vertreten – eine Verurteilung nicht ohne weiteres nach sich ziehe, sondern lediglich die Existenz des jeweiligen „Sekundärzwecks" verzeichne. Dazu erscheint er als zu verführerisch, mit ihm ebenfalls ein Rangverhältnis, eine Wertung, zu verbinden.

Der Urheber des Begriffs „Sekundärzwecke", Benedict, will diesem jedoch noch aus einem weiteren Grund gegenüber dem Begriff „vergabefremde Zwecke" den Vorzug geben[375]. Dieser verdient durchaus Beachtung. Benedict kritisiert die konzeptionellen Schwächen der Terminologie „vergabefremde Zwecke". Dieser sei unter anderem irreführend, insbesondere wenn er – wie üblich – im Zusammenhang mit der Terminologie „vergabefremde Kriterien" gebraucht werde. Hier werde nämlich der Blick vorzeitig verengt auf den Fall, dass Vergabestellen politische Ziele mit der Aufstellung zusätzlicher Kriterien für Eignungsprüfung oder Angebotswertung verfolgen[376]. Politische Ziele wie etwa das des Umweltschutzes können jedoch in der Tat auch in anderen Phasen der Auftragsvergabe, die nichts mit der Prüfung der Eignung der Bieter oder der Wertung der Gebote zu tun haben, also auch außerhalb der Aufstellung weiterer Kriterien[377], verfolgt werden[378]. Dies wird nachfolgend unter 3. näher dargelegt.

2. Umweltschutz als vergabefremdes Kriterium?

Umweltschutzaspekte im Vergabeverfahren sind keineswegs per se vergabefremde Aspekte und ihre Verfolgung geschieht nicht nur mittels „vergabefremder" Kriterien[379].

Umweltschutzbelange können vom Auftraggeber bereits in die Leistungsbeschreibung einfliessen. Dies kann beispielsweise dergestalt erfolgen, dass bei dem zu vergebenden Bauauftrag die Verwendung bestimmter umweltfreundlicher Baumaterialien (wie etwa Holz statt Kunststoff oder weitergehend Holz aus nachhaltiger Forstwirtschaft), eine bestimmte Ausführung der Dienstleistung (bei-

375 Benedict, Sekundärzwecke, S. 22 ff.

376 Benedict, Sekundärzwecke, S. 22, 23.

377 Benedict spricht u. a. v. einer Beeinflussung des Teilnehmerkreises.

378 So bspw. in der dem eigentlichen Vergabeverfahren vorgelagerten Phase der Wahl des Auftragsgegenstandes, weiterhin in der Phase der Leistungsbeschreibung oder nach Zuschlagserteilung, indem dem Auftragnehmer bestimmte Auflagen zur Vertragserfüllung gemacht werden. Auch die Komm. nimmt eine derartige Unterteilung der Auftragsvergabe vor in ihrer Interpret. Mitteilung (vgl. Fn 6) S. 12 ff.

379 Ähnlich Krohn, S. 9.

spielsweise die Reinigung öffentlicher Gebäude nur unter Verwendung von biologisch abbaubaren Reinigungsmitteln) vorgeschrieben wird oder indem eine als umweltfreundlich eingestufte Ware (das Drei-Liter-Auto, das erdgasbetriebene Müllfahrzeug, Recyclingpapier, energiesparende Computer) „bestellt" wird. Dann handelt es sich um leistungsbeschreibende Merkmale, die in den Grenzen der Vorschriften über die Leistungsbeschreibung zulässig sind[380].

Die Erstellung der Leistungsbeschreibung hängt eng mit der Entscheidung der öffentlichen Hand für ein bestimmtes, als umweltfreundlich geltendes Produkt oder einer bestimmten Art der Ausführung der Bau- oder Dienstleistung (statt einer weniger umweltschützenden Alternative) zusammen. Als Beispiel sei die Entscheidung des BMU genannt, für seinen Geschäftsbereich Öko-Strom einzukaufen[381]. Diese Entscheidung der öffentlichen Hand unterliegt wiederum völlig anderen Regelungen. Welche Normen hier in Betracht kommen, wird zu klären sein. Keineswegs unklar ist jedoch, dass das Vergaberecht noch keine Anwendung findet, weil zu diesem Zeitpunkt das von diesen Rechtsnormen erfasste Vergabeverfahren noch nicht begonnen hat.

Darüber hinaus können bei der Prüfung der Eignung des Bieters Umweltgesichtspunkte eine Rolle spielen, etwa bei der Frage der Zuverlässigkeit, wenn es um die Einhaltung von Umweltschutzvorschriften geht, oder bei der Frage der Leistungsfähigkeit, wenn von dem Auftragnehmer ein bestimmter (vermeintlich ökologischerer) Transportweg (Schiene statt Straße) oder ein zertifiziertes Umweltmanagementsystem, beispielsweise nach DIN EN ISO 14001, verlangt wird. Den Rechtsrahmen für eine Einbeziehung von Umweltaspekten in dieser Phase der Gebotswertung bilden insbesondere die Vorschriften über die Eignungskriterien.

Umweltschutzaspekte können daneben durchaus auch ein (Hilfs-) Kriterium zur Ermittlung der Wirtschaftlichkeit bei der Wertung des Angebots, d. h. ein sogenanntes Wirtschaftlichkeitskriterium sein[382], etwa wenn ein Vorhaben ausgeschrieben wird, das einer Umweltverträglichkeitsprüfung bedarf[383] und die Umweltverträglichkeitsprüfung bereits im Umfang des Angebots enthalten ist. Auch der Verbrauch von natürlichen Ressourcen durch einen Beschaffungsgegenstand (etwa der Wasserverbrauch) oder die Entsorgungskosten können der

---

380 Insb. §§ 9 Nr. 5 Abs. 1 VOB/A, 8 Nr. 3 Abs. 3 VOL/A, wonach bestimmte Erzeugnisse oder Verfahren sowie bestimmte Ursprungsorte u. Bezugsquellen in der Leistungsbeschreibung nur dann ausdrücklich vorgeschrieben werden dürfen, wenn dies durch die Art der geforderten Leistung gerechtfertigt ist (Grundsatz der produktneutralen Ausschreibung). Allg. stellt das Diskriminierungsverbot eine Grenze bei der Erstellung der Leistungsbeschreibung dar: Sie darf nicht so abgefasst sein, dass Anbieter ohne sachliche Rechtfertigung ungleich behandelt werden.

381 S. o. Einl. S. 1.

382 So auch Komm., Interpret. Mitteilung (vgl. Fn 12) S. 21; a. A. Heiermann/Riedl/Rusam, VOB § 25 Rn 65.

383 Vgl. § 3 i.V.m. Anlage 1 UVPG.

Ermittlung der Wirtschaftlichkeit eines Angebots dienen. Als Wirtschaftlichkeitskriterien unterliegen die Umweltaspekte wiederum anderen Anforderungen[384]. Wenn das umweltfreundliche Produkt wirtschaftlicher ist und sich die Vergabestelle deshalb dafür entscheidet, stellt sich bereits die Frage, ob der Umweltaspekt überhaupt als „vergabefremd“ charakterisiert werden kann und darf.

„Vergabefremd“ können daher – wenn man denn diesen Begriff überhaupt verwenden will – nur die Anforderungen sein, die nach den für die jeweilige Phase des Vergabeverfahrens geltenden Vorschriften nicht zulässig sind[385].

Der Begriff „vergabefremde Zwecke“ ist ungenau und irreführend, da er in der Regel zusammen mit dem Begriff der „vergabefremden Kriterien“ benutzt wird. Wie vorstehend dargelegt, kann ein politisches Ziel wie das des Umweltschutzes jedoch auch außerhalb der Aufstellung von zusätzlichen Kriterien und darüber hinaus bereits mit den vergaberechtlich zulässigen Mitteln verfolgt werden. Die These Burgis, der Begriff „vergabefremde Kriterien“ bringe zum Ausdruck, dass eine Auftragsvergabe nach diesen Kriterien, zu denen auch die umweltpolitischen Erwägungen zählen sollen, im Widerspruch zu den üblichen Vergabemaßstäben der Fachkunde, Leistungsfähigkeit, Zuverlässigkeit und Wirtschaftlichkeit stehe[386], vermag daher in dieser Uneingeschränktheit nicht zu überzeugen. Der Begriff „vergabefremde Kriterien“ leidet zudem an Inhaltsleere und mangelnder Trennschärfe[387]. Er wird von den Verdingungsordnungen für ein anderen Fall, nämlich den der Scheinausschreibung (etwa zur Markterkundung), verwendet als im Schrifttum.

Der Begriff „vergabefremd“ soll in dieser Arbeit daher so weit wie möglich vermieden werden. Stattdessen wird von Umwelt(schutz)aspekten und Umweltkriterien die Rede sein.

---

384 Und zwar den Vorschriften über die Angebotswertung.

385 So wohl auch Prieß/Pitschas, PPLR 2000, 171 ff., die die Scientology-Erklärung (vgl. Fn 18 – 20) auf ihre Vereinbarkeit mit EG- u. WTO-Beschaffungsrecht untersuchen. Nachdem sie zu dem Ergebnis gelangt sind, dass das Verlangen der Scientology-Erklärung nicht unter die v. den EG-VergabeRL genannten Eignungs- u. Zuschlagskriterien fällt, prüfen sie, ob die Erklärung ein Sekundärzweck („Secondary Criterion“; insoweit folgen sie der Terminologie Benedicts) ist, der v. den Mitgliedstaaten verfolgt werden dürfe.

386 Burgi, in: Grabitz/Hilf B 13 Rn 3.

387 Benedict, Sekundärzwecke, S. 23.

Kapitel 2. Für die Berücksichtigung von Umweltaspekten bei der öffentlichen Auftragsvergabe relevante Rechtsvorschriften

Für die Überprüfung eines konkreten Vergabeverfahrens kommt die Anwendung einer Reihe von Rechtsvorschriften der verschiedensten Rechtsgebiete und Normkategorien in Betracht[388]. Die für die öffentliche Auftragsvergabe relevanten Rechtsnormen werden nachfolgend im Überblick dargestellt und die jeweils in ihrem Zusammenhang bestehenden und für die vorliegende Arbeit relevanten zentralen Probleme aufgezeigt[389]. Hierbei geht es im Wesentlichen um die grundsätzliche Darstellung der Rechtsvorschriften, die Anforderungen für die Berücksichtigung von Umweltaspekten im Vergabeverfahren enthalten, etwa indem sie die Verwendung von Umweltaspekten einschränken oder eine solche Verwendung gebieten. Die Zusammenstellung und Untersuchung der relevanten Rechtsvorschriften soll der rechtlichen Prüfung einer konkreten Umweltanforderung vorangehen, um diese – in Kapitel 3 vorgenommene Prüfung – zu entlasten. Um gleichwohl Konkretisierungen zu erleichtern, sollen folgende Beispiele in die Darstellung am Ende eines jeden Abschnitts und – soweit dies zum besseren Verständnis erforderlich erscheint – an gegebener Stelle einfließen:

Beispiel 1:

Zunächst soll die Öko-Strom-Ausschreibung des Bundesumweltministeriums, die bereits eingangs der Einleitung ausführlich geschildert wurde, aufgegriffen werden.

Das Umweltbundesamt schreibt für den Geschäftsbereich des Bundesumweltministeriums den gesamten Strombedarf für drei Jahre aus. Die europaweite Ausschreibung hat den Bezug von „Strom aus erneuerbaren Energien“ zum Gegenstand. Der bereitgestellte Strom muss zu 100% aus erneuerbaren Energiequellen stammen (Wasser, Windkraft, Solarstrahlung, Geothermie, Deponiegas, Klärgas, Biogas, Biomasse). Den Zuschlag soll das wirtschaftlichste Angebot erhalten. Dieses soll anhand der Kriterien 1. Preis und 2. Höhe der CO_2-Minderung im Lieferzeitraum ermittelt werden.

388 Vgl. den Überblick in der Einl., S. 15 f., bei Dreher in: Immenga/Mestmäcker, Vor §§ 97 ff. Rn 16 ff. u. bei Krohn.

389 Die Ausführlichkeit der Darstellung wird im Einzelnen abhängig gemacht v. der Bedeutung der jeweiligen Rechtsnorm für die vorliegende Untersuchung.

Variante 1 zu Beispiel 1:

Das Umweltbundesamt schreibt den gesamten Strombedarf des Geschäftsbereichs des Bundesumweltministeriums für drei Jahre aus. Die europaweite Ausschreibung hat den Bezug von „Strom" zum Gegenstand. Die Leistungsbeschreibung enthält die Bestimmung, der gelieferte Strom müsse zwingend aus Windkraftanlagen stammen.

Variante 2 zu Beispiel 1:

Das Umweltbundesamt schreibt wie in Variante 1 europaweit die Lieferung von „Strom" aus. Den Zuschlag soll das wirtschaftlich günstigste Angebot erhalten. Das UBA lässt hierbei Nebenangebote für umweltfreundliche Alternativen wie z. B. Angebote, die Strom aus erneuerbaren Energien beinhalten, ausdrücklich zu.

Beispiel 2:

Der Landkreis A will sein neues Verwaltungsgebäude mit Holzfußböden ausstatten. Der Leiter der Einkaufsabteilung (L) hat in der Zeitung gelesen, in Finnland würden im Norden des Landes auch Urwälder abgeholzt, weshalb deutsche und britische Verlage und Zeitschriften in zunehmendem Konflikt mit ihrem Hauptlieferanten, der finnischen Papierindustrie, gerieten[390]. Die Abnehmer wollten nur noch Papier kaufen, bei dem die Wertschöpfungskette offengelegt wird[391]. Fast alle Produzentenländer – nicht hingegen Finnland – ließen ihr Holz deshalb inzwischen durch den Forest Stewardship Council (FSC) prüfen[392]. L will es den privatwirtschaftlichen Abnehmern gleichtun und ausschließen, dass die von dem Landkreis A benötigten Mengen Holz aus finnischen Urwäldern stammen. Er bestimmt daher in der europaweiten Ausschreibung, das Holz dürfe nicht aus Finnland stammen.

Variante zu Beispiel 2:

L schließt in der Leistungsbeschreibung nicht Finnland als Herkunftsland aus, sondern bestimmt, die Bieter müssten nachweisen, dass das angebotene Holz aus nachhaltiger Forstwirtschaft stamme. Diesen Nachweis könnten sie durch Vorlage eines FSC-Zertifikats oder eines gleichwertigen Nachweises führen.

390 So zu lesen in der Frankfurter Allgemeine Zeitung v. 28.12.2002, S. 10.

391 Hierbei geht es um Wiederaufforstung, soziale Absicherung der Waldarbeiter u. Arbeitssicherheit.

392 Der Forest Stewardship Council (FSC) ist eine internationale Organisation, die Zertifizierungsorganisationen akkreditiert, d. h. bevollmächtigt u. kontrolliert. Die Zertifizierungsorganisationen prüfen Forstbetriebe u. bescheinigen, dass ihre Bewirtschaftung dem v. FSC aufgestellten, weltweit gültigen Standard v. anerkannten Prinzipien verantwortungsvoller Waldwirtschaft entspricht. Erklärtes Ziel des FSC ist die Förderung einer umweltverantwortlichen, sozial verträglichen u. ökonomisch tragfähigen Bewirtschaftung der Wälder der Erde. Vgl. www.fsc-deutschland.de.

Beispiel 3:

Ein Unternehmen, das im Straßenbau tätig ist, hat ein Verfahren zum Recycling von Straßenaufbruch entwickelt. Das Unternehmen will dieses Recyclingmaterial bei dem Bau neuer Straßen einsetzen und seine Straßenbauleistung entsprechend anbieten. Es wendet sich daher an das Straßenbauamt des Landes N und macht auf sein Recyclingprodukt aufmerksam. Das Straßenbauamt schreibt die Erweiterung einer Landesstraße aus. Die Leistungsbeschreibung sieht lediglich den Einsatz von konventionellem Material (Boden, Kies etc.) vor. Nebenangebote sind nicht zugelassen. Den Zuschlag soll das wirtschaftlichste Angebot erhalten. Einziges Zuschlagskriterium ist der Preis.

A. Anforderungen des internationalen, europäischen und nationalen Vergaberechts

Wegen der großen wirtschaftlichen Bedeutung öffentlicher Aufträge[393] und der in fast allen Ländern vorherrschenden Praxis, bei ihrer Vergabe die heimische Wirtschaft zu bevorzugen, hat neben den Gesetzgebungsorganen der Europäischen Gemeinschaft auch die Welthandelsorganisation WTO Regeln zur Sicherung der Gleichbehandlung aller Unternehmer aufgestellt, um abgeschottete Märkte für ausländische Anbieter zu öffnen[394]. Dieses internationale Vergaberecht soll nachfolgend unter I. zunächst dargestellt werden, um anschließend das Vergaberecht der Gemeinschaft (II.) und deutsches Vergaberecht (III.) einer Betrachtung zu unterziehen.

I. WTO/General Procurement Agreement

Regelungen zum öffentlichen Beschaffungswesen finden sich auf internationaler Ebene in Gestalt des im Rahmen der Welthandelsorganisation WTO geschlossenen Agreement on Government Procurement[395].

---

393 S. o. Einl. S. 2 f.

394 Umfassend: Huelmann, Waller, Haase.

395 S. o. Fn 71. Huelmann, S. 126 ff., untersucht zudem kurz den Deutsch-Amerikanischen Freundschaftsvertrag (FHSch-Vertrag) v. 29.10.1954 (BGBl. Teil II Nr. 12 v. 8.5.1956, S. 487), kommt jedoch auf S. 132 zutreffend zu dem Ergebnis, dass die Vorschrift zum öffentlichen Beschaffungswesen in Art. XVII des FHSch-Vertrages einen nur sehr begrenzten Anwendungsbereich u. wohl keinerlei praktische Relevanz habe. Auf eine Darstellung des FHSch-Vertrages im Rahmen dieser Untersuchung soll daher verzichtet werden. Zum WTO-Vergaberecht vgl. auch Hailbronner, in: Grabitz/Hilf B 3 Rn 47 ff.

Bei dem GATT („General Agreement on Tariffs and Trade") handelt es sich um ein 1947 im Rahmen der UN von 23 Vertragsparteien geschlossenes multilaterales Zoll- und Handelsabkommen[396]. Ziele dieses völkerrechtlichen Vertrages waren Liberalisierung und Ausweitung des Welthandels. Das GATT trat am 1.1.1948 in Kraft. Es wurde im Jahre 1994 in eine eigenständige internationale Organisation, die Welthandelsorganisation („World Trade Organization" – WTO) mit Sitz in Genf eingegliedert[397]. Den Kern der WTO bildet das GATT 1994[398], das sich von dem alten GATT 1947 lediglich rechtlich unterscheidet, da das GATT 1947 für diejenigen bisherigen GATT-Mitglieder verbindlich bleibt, die noch nicht der WTO beigetreten sind[399]. Das GATT 1947 wurde durch diverse Handelsabkommen ergänzt. Im Bereich des öffentlichen Auftragswesens, der im GATT selbst ausgeschlossen war, wurde es ergänzt durch das plurilaterale Übereinkommen[400] über das öffentliche Auftragswesen (GATT-Kodex) vom 12.4.1979[401], in Kraft vom 1.1.1981 bis 1.1.1996. Ziel des GATT-Kodex' war es, protektionistischen und diskriminatorischen Tendenzen nationaler Vergabeordnungen, insbesondere Diskriminierungen ausländischer Hersteller und Waren entgegenzuwirken. Zu diesem Zweck sah er eine Liberalisierung des Vergabewesens mittels einer Gleichbehandlung in- und ausländischer Bieter und Waren, eine Anpassung der nationalen Vorschriften an den GATT-Kodex bzw. das GPA sowie transparente Vergabeverfahren vor. Letztere sollten durch vorgegebene Vergabeverfahren und Vergabearten, durch Bekanntmachungsvorschriften und durch ein einheitliches Vergabekontrollsystem erreicht werden. Zur Zeit des Abschlusses des GATT-Kodex' bestanden die ersten EG-Vergaberichtlinien bereits. Der GATT-Kodex griff die Intention dieser Richtlinien auf und entwickelte sie weiter[402].

Das Nachfolgeabkommen zu dem GATT-Kodex ist das am 14.4.1994 in Marrakesch von der EU und elf weiteren Signataren unterzeichnete plurilaterale Abkommen „Agreement on Government Procurement" (GPA)[403], das am 1.1.1996 in Kraft getreten ist. Mit diesem wird neben der Ausweitung des Welthandels die

---

396 Ipsen, Völkerrecht, § 44 Rn 33, 34.

397 Ipsen, Völkerrecht, § 44 Rn 42.

398 ABl. EG 1994 L 336, 11.

399 Ipsen, Völkerrecht, § 44 Rn 44.

400 Dieses Abkommen wird als „plurilateral" bezeichnet, weil es im Gegensatz zu den übrigen Texten der WTO lediglich für die Unterzeichnerstaaten u. somit nicht für alle WTO-Mitglieder verbindlich ist. So auch Kunzlik, in: OECD 2003, S. 157. Bislang gilt das GPA für 27 WTO-Mitglieder, darunter die EU u. ihre Mitgliedstaaten, die USA, Kanada u. Japan; vgl. Hailbronner, in: Grabitz/Hilf B 3 Rn 49.

401 ABl. EG Nr. L 71 v. 17.3.1980, S. 44 ff., geändert durch Protokoll zur Änderung des GATT-Übereinkommens über das öffentliche Beschaffungswesen, ABL. EG Nr. L 345 v. 9.12.1987, S. 25 ff.

402 Der GATT-Kodex ist v. dem Vorbild der EG-VergabeRL (insb. der RL 93/36/EWG) geprägt.

403 Veröffentl. in: ABl. EG Nr. C 1996, S. 1 ff.

verstärkte Liberalisierung des öffentlichen Auftragswesens verfolgt. Das GPA ähnelt weitgehend dem GATT-Kodex, hat aber einen größeren Anwendungsbereich[404]. Wesentliche Inhalte des GPA sind die Grundsätze der Inländergleichbehandlung[405] und der Meistbegünstigung[406] sowie das Diskriminierungsverbot in Art. III[407]. Im Hinblick auf die Berücksichtigung von Umweltaspekten sind darüber hinaus insbesondere die Regelungen über Technische Spezifikationen in Art. VI[408], über die Qualifikation der Lieferanten in Art. VIII[409], über die Vergabe-

---

404 Während v. dem GATT-Kodex nur Warenaufträge v. Zentral- u. Bundesverwaltungen mit einem Auftragswert v. mindestens 130.000 SZR – einer Referenzwährung, die vom IWF festgelegt wurde; 130.000 SZR entsprechen 139.312 EUR -, erfasst wurden, beziehen sich die Regelungen des GPA auch auf Bauleistungen sowie auf bestimmte Dienstleistungen u. erfassen zudem auch subzentrale u. sonstige öffentliche Auftraggeber (Länder u. Kommunen). Es findet auf alle Gesetze, Vorschriften, Verfahren u. Praktiken dieser Auftraggeber Anwendung. Die Schwellenwerte, oberhalb derer das GPA Anwendung findet, sind länderspezifisch unterschiedlich geregelt. Innerhalb der EU liegen sie bei 200.000 SZR für Dienstleistungen u. 5 Mio SZR für Bauleistungen, entsprechen also ungefähr den Schwellenwerten der EG-VergabeRL.

405 Der Grds. der Inländergleichbehandlung verpflichtet die Parteien des Abkommens zur Gleichbehandlung aller Waren im Binnenmarkt des GPA u. zur Festlegung, dass im Geltungsbereich des GPA alle Vertragsparteien hinsichtlich ihrer wirtschaftlichen Betätigung die gleichen Rechte haben; Haase, S. 39. Vereinfacht gesagt: Die Angehörigen eines Vertragsstaates müssen im anderen Land wie eigene Staatsangehörige behandelt werden; Huelmann, S. 128.

406 Der Grds. der allg. Meistbegünstigung verpflichtet die Unterzeichner des Abkommens, dem jeweiligen Vertragspartner eine Meistbegünstigungsbehandlung zu gewähren, d. h. ihm die Behandlung zukommen zu lassen, „die der günstigsten Behandlung entspricht, die der Vertragspartner in anderen Verträgen den Staatsangehörigen dritter Staaten unter gleichen Voraussetzungen zukommen lässt". Die Meistbegünstigungsklausel gibt dem Vertragsstaat, mit dem sie vereinbart ist, im Rahmen ihres Anwendungsbereichs einen Rechtsanspruch auf jeden Vorteil, der irgendeinem dritten Staat bisher eingeräumt wurde (positive Wirkung) u. einen Rechtsanspruch auf Unterlassung jeder Benachteiligung gegenüber irgendeinem dritten Staat (negative Wirkung); Haase, S. 38. Die Meistbegünstigung beinhaltet daher das Gebot, dass die Staatsangehörigen eines Vertragsstaates im jeweils anderen Staat mindestens genau so günstig wie die Angehörigen eines dritten Staates gestellt werden müssen; Roesner, S. 3. Die Meistbegünstigung wird zusätzlich gewährt, da u. U. die Gleichstellung mit Inländern weniger vorteilhaft sein kann als die Gleichstellung mit den Staatsangehörigen anderer Länder; Schwenk, JZ 1957, S. 197, 198 (re. Sp.).

407 Dieses verbietet die unterschiedliche Behandlung gleicher Tatbestände u. soll so die Chancengleichheit aller Bewerber um öffentliche Aufträge sichern u. eine Bevorzugung ortsansässiger Bieter aus pol., privaten oder fiskalischen Gründen unter Missachtung globaler ökonomischer Zusammenhänge verhindern; Haase, S. 148.

408 Gem. Art. VI des GPA dürfen Technische Spezifikationen, die die Merkmale der zu beschaffenden Waren oder Dienstleistungen (als Beispiele sind genannt: Qualität, Gebrauchstauglichkeit, Sicherheit u. Abmessungen, Bildzeichen, Terminologie, Verpackung, Kennzeichnung u. Beschriftung) oder die Verfahren u. Methoden für die Herstellung der Waren bzw. die Erbringung der Dienstleistungen festlegen, nicht mit der Absicht oder der Wirkung ausgearbeitet, angenommen oder angewendet werden, unnötige Hemmnisse für den internationalen Handel zu schaffen.

409 Im Hinblick auf die Qualifikation der Lieferanten dürfen gem. Art. VIII lit. b) S. 1 des GPA nur solche Bedingungen für die Teilnahme an einem Vergabeverfahren verlangt werden, die notwendig sind, um die Befähigung des Unternehmens zur Durchführung des Auftrags sicherzustellen.

unterlagen in Art. XII[410] und die Zuschlagserteilung in Art. XIII[411] sowie die Ausnahmebestimmungen in Art. XXIII[412] von Bedeutung.

Das GPA steht – aus europäischer Sicht – im Rang zwischen dem primären und dem sekundären Gemeinschaftsrecht[413]. Es handelt sich um einen von der Gemeinschaft und nicht von den einzelnen Mitgliedstaaten unterzeichneten völkerrechtlichen Vertrag[414]. Der Vorrang des Primärrechts ergibt sich aus Art. 300 Abs. 5 und 6 EG, wonach ein Verfahren zur Änderung des EG-Vertrages nach Art. 48 EU-Vertrag erfolgen mussen, wenn das Abkommen den Regelungen des EG-Vertrages widerspricht. Wenn eine Vertragsänderung nicht zustandekommt, tritt das Abkommen nicht in Kraft. Für die Mitgliedstaaten der Gemeinschaft ist das GPA – ebenso wie für die Organe der Gemeinschaft – gemäß Art. 300 Abs. 7 EG verbindlich[415]. Das GPA hat daher Vorrang vor sekundärem Gemeinschaftsrecht[416] und vor nationalem Recht. Da das GPA wie auch das Vorgängerübereinkommen, der GATT-Kodex, die Signatare verpflichtet, ihre jeweiligen Rechtsordnungen den Regelungen des GPA anzupassen[417], hat die Europäische Gemein-

---

410 Art. XII des GPA bestimmt, dass die Vergabeunterlagen alle notwendigen Angaben enthalten müssen, damit Lieferanten Angebote erstellen können. Dazu gehören insb.: „f) alle wirtschaftlichen u. technischen Anforderungen, finanziellen Garantien u. Angaben oder Unterlagen, die v. den Lieferanten verlangt werden; g) eine vollständige Beschreibung der benötigten Waren oder Dienstleistungen sowie aller Anforderungen einschl. technischer Spezifikationen, Konformitätsbescheinigungen, notwendiger Pläne, Zeichnungen u. Anleitungen; h) die Kriterien für die Zuschlagserteilung einschl. aller Gesichtspunkte, ausgenommen den Preis, die bei der Beurteilung der Angebote in Betracht zu ziehen sind, ...".

411 Nach Art. XIII Ziff. 4 lit. b) erhält der Bieter den Zuschlag, v. dem feststeht, dass er voll in der Lage ist, den Auftrag zu erfüllen u. dessen Angebot entweder das niedrigste ist oder anhand der spezifischen Bewertungskriterien in den Bek. oder den Vergabeunterlagen als das vorteilhafteste beurteilt wird. Die Vergabe erfolgt gem. Art. XIII Ziff. 4 lit. c) in Übereinstimmung mit den in den Vergabeunterlagen angegebenen Kriterien u. wesentlichen Anforderungen.

412 In Art. XXIII des GPA ist ausdrücklich festgehalten, dass keine Bestimmung des GPA eine Vertragspartei daran hindert, Maßnahmen zum Schutz der öffentlichen Sicherheit u. Ordnung oder zum Schutz des Lebens u. der Gesundheit v. Menschen, Tieren u. Pflanzen zu beschließen oder durchzuführen.

413 Waller, S. 136.

414 Das GPA wurde durch Beschl. des Rates v. 22.12.1994 im Namen der EG in bezug auf die in ihre Zuständigkeiten fallenden Bereiche genehmigt (ABl. EG Nr. L 336, 1994, S. 273).

415 Art. 300 Abs. 7 EG verpflichtet vor allem die Gemeinschaftsorgane zur Durchführung u. Beachtung der Gemeinschaftsabkommen. In bezug auf die Mitgliedstaaten statuiert Art. 300 Abs. 7 in gleichem Maße die gemeinschaftsrechtliche Verpflichtung, völkerrechtliche Verträge der Gemeinschaft zu achten u. ordnungsgemäß im innerstaatlichen Raum durchzuführen. Hiermit erfüllen die Mitgliedstaaten eine Pflicht, die nicht nur dem betroffenen Drittland, sondern nach der Rspr. des EuGH auch u. vor allem der Gemeinschaft gegenüber besteht, die die Verantwortung für die ordnungsgemäße Durchführung des Abkommens übernommen hat. EuGH, Rs. 104/81, Slg. 1982, 3662 Rn 13; Schmalenbach in: Calliess/Ruffert Art. 300 Rn 50, 51.

416 Nach der Rspr. des EuGH geht Völkervertragsrecht dem sekundären Gemeinschaftsrecht vor. EuGH, Rs. C-61/94, Slg. 1996, I-3989, Rn 52; EuGH, Rs. C-192/89, Rn 9.

417 Art. XXIV Ziff. 5 a) des GPA bestimmt, dass jede Regierung, die das Übereinkommen annimmt oder ihm beitritt, sicherzustellen hat, dass spätestens zu dem Zeitpunkt, in dem das Übereinkommen für sie in Kraft tritt, ihre Gesetze, VOen u. Verwaltungsverfahren sowie die Vorschriften, Verfahren u. Praktiken, die v. den im GPA aufgeführten Beschaffungsstellen angewendet werden, mit dem GPA übereinstimmen. Eine entspr. Vorschrift fand sich in Art. IX Ziff. 4 a) des GATT-Kodex.

schaft die Vergaberichtlinien entsprechend ausgestaltet[418]. Für eine gesonderte Anwendung des GPA neben den EG-Vergaberichtlinien besteht daher keine Notwendigkeit[419], solange die Vergaberichtlinien bzw. nationales Recht nicht zum Nachteil von Bewerbern bzw. Bietern im Vergabeverfahren abweichen. Das GPA kann aber in jedem Fall zur Auslegung der EG-Vergaberichtlinien – ebenso wie der EG-Vertrag – herangezogen werden[420].

Es lässt sich festhalten, dass das General Procurement Agreement für die Berücksichtigung von Umweltaspekten bei der Vergabe öffentlicher Aufträge keine eigenständige Bedeutung hat. Es kann und soll im folgenden jedoch zur Auslegung der EG-Vergaberichtlinien – soweit erforderlich – dienen.

II. EG-Vergaberichtlinien

1. EG-Vergaberichtlinien in ihrer aktuellen Fassung

Die Bestimmungen des EG-Vertrages wurden von dem Gemeinschaftsgesetzgeber zur Regelung des öffentlichen Auftragswesens als nicht ausreichend erachtet[421]. Zur Koordinierung der mitgliedstaatlichen Vergabeverfahren wurden daher diverse Richtlinien[422] erlassen[423]. Diese haben zum Ziel, die Hemmnisse für den

418 Die rechtlichen Vorgaben des GPA sind v. der EU durch die RL 97/52/EG (ABl. 1997 L 328, 1) für die Vergabe öffentlicher Dienstleistungs-, Liefer- sowie Bauaufträge u. durch die RL 98/4/EG (ABl. 1998 L 101, 1) für die Sektorenaufträge übernommen worden; Hailbronner, in: Grabitz/Hilf B 3 Rn 50.

419 Die Frage, ob das GPA unmittelbar anwendbar ist, so dass Unternehmen aus Vertragsstaaten des GPA sich darauf berufen können, wird im Schrifttum kontrovers diskutiert; vgl. Prieß, EuZW 1997, 391, 393 li. Sp.; Waller, S. 136 ff., während der EuGH davon ausgeht, dass WTO-Recht keine unmittelbare, justiziable Wirkung für einzelne EU-Bürger entfaltet; vgl. Calliess, in: Calliess/Ruffert, Art. 300 EGV Rn 51 ff., Nachw. in Rn 53. Hierauf braucht vorliegend jedoch nicht eingegangen werden, da davon ausgegangen wird, dass die EG-VergabeRL die Anforderungen des GPA vollständig umgesetzt haben.

420 Nach EuGH, Rs. C-61/94, Slg. 1996, I-3989, Rn 52, gebietet es der Vorrang der v. der Gemeinschaft geschlossenen völkerrechtlichen Verträge vor den Bestimmungen des abgeleiteten Gemeinschaftsrechts, letztere nach Möglichkeit in Übereinstimmung mit diesen Verträgen auszulegen.

421 Die Regelungen des EG-Vertrages verbieten bestimmte Verhaltensweisen, ohne jedoch im Gegenzug bestimmte andere Verhaltensweisen vorzuschreiben. So bliebe den Vergabestellen ohne die EG-VergabeRL noch relativ viel Raum, um den Zuschlag an ausländische Bieter zu vermeiden. Zum einen hätten diese kaum die Möglichkeit, v. Ausschreibungen zu erfahren, wenn sie nur in nationalen Amtsblättern u. Zeitungen veröffentl. werden würden u. nicht – wie v. den RL vorgeschrieben – europaweit. Zum anderen könnten die Auftraggeber ohne die Vorgaben der RL ihren weiten Ermessensspielraum nutzen, um Vergabebedingungen u. -verfahren zum Nachteil ausländischer Unternehmen festzulegen. Hiergegen hätten die unterlegenen Bieter ohne das v. den RechtsmittelRL vorgesehene Rechtsschutzverfahren kaum Möglichkeiten vorzugehen, da das Vertragsverletzungsverfahren des EG-Vertrages zu schwerfällig u. langsam ist. Vgl. hierzu Stolz, S. 61 ff.; Huelmann, S. 88.

422 S. o. Fn 60.

423 Allg. zu den RL umfassend Frank; Götz, Öffentliche Beschaffungsmärkte; Huelmann; Prieß; Stolz; Hailbronner, in: Grabitz/Hilf B 2 Rn 34 ff. Zu den kompetenziellen Grundlagen vgl. Hailbronner, a. a. O. Rn 5 f.

freien Dienstleistungs- und Warenverkehr zu beseitigen, um im Bereich des öffentlichen Auftragswesens europaweit echten Wettbewerb sicherzustellen und die Grundfreiheiten zu verwirklichen[424]. Hierzu enthalten sie positive Regelungen wie die Vorgabe objektiver, einheitlicher Teilnahmekriterien[425] und transparenter Vergabeverfahren[426] sowie Verbote wie etwa das der Beschreibung technischer Merkmale mit diskriminierender Wirkung[427]. Um die Beachtung dieser Regelungen und Verbote zu gewährleisten, wurde durch zwei weitere Richtlinien ein spezielles Rechtsschutzverfahren eingeführt[428].

Die Richtlinien enthalten für die Mitgliedstaaten eine dreifache Verpflichtung. Erstens haben sie sicherzustellen, dass die Richtlinien so in nationales Recht umgesetzt werden, dass sich die angestrebten rechtlichen Wirkungen entfalten können. Zweitens haben die Mitgliedstaaten dafür zu sorgen, dass die öffentlichen Auftraggeber den betreffenden Vorschriften auch tatsächlich nachkommen. Drittens müssen sie gegen drohende Verletzungen dieser Vorschriften einschreiten.[429]

a. Die verschiedenen Richtlinien

Das europäische Regelwerk besteht derzeit aus der Bau-, Liefer-, Dienstleistungs- und Sektorenkoordinierungsrichtlinie sowie zweier Rechtsmittel- oder Überwachungsrichtlinien[430]. Im Einzelnen:

Die Baukoordinierungsrichtlinie (RL 93/37/EWG), die die Vergabe öffentlicher Bauaufträge betrifft, wurde bereits 1971 erlassen (71/305/EWG). Nachdem die Richtlinie mehrfach in wesentlichen Punkten geändert wurde, erfolgte im Jahre 1993 eine Neufassung durch die Richtlinie 93/37/EWG[431]. Der Schwellenwert für

424 Vgl. die Erwägungsgründe zu den VergabeRL.

425 Art. 18 ff. RL 93/37/EWG, Art. 15 ff. RL 93/36/EWG, Art. 23 ff. RL 92/50/EWG.

426 Art. 1 lit. e), f) u. g) der RL 93/37/EWG geben das Offene, das Nichtoffene u. das Verhandlungsverfahren vor. Gem. Art. 7 Abs. 1 RL 93/37/EWG haben öffentliche Auftraggeber diese Verfahren für die Vergabe v. Bauaufträgen in einer „an diese RL angepassten Form" anzuwenden. Entspr. Regelungen finden sich in Art. 6 Abs. 1 i. V. m. Art. 1 lit. d), e) u. f) RL 93/36/EWG u. Art. 3 Abs. 1 i. V. m. Art. 1 lit. d), e), f) u. g) RL 92/50/EWG.

427 Art. 10 Abs. 6 RL 93/37/EWG, Art. 8 Abs. 6 RL 93/36/EWG, Art. 14 Abs. 6 RL 92/50/EWG. Gerade die Vorschriften über die umfassende Bek., die Angebotsfristen, die nichtdiskriminierende Verwendung v. technischen Spezifikationen u. der einheitlichen u. objektiven Teilnahme- u. Vergabekriterien sollen dem Ziel der Liberalisierung dienen; vgl. Komm., ABl EG Nr. C 358 v. 31.12.1987, S. 1, 15 li. Sp.

428 S. o. Fn 62.

429 Schlussanträge des GA Geelhoed v. 28.11.2002 in den verb. Rs. C-20/01 u. C-28/01 (Komm./BRD), Rn 48.

430 S. o. Fn 60 u. Fn 62.

431 ABl. EG Nr. L 199 v. 9.8.1993, S. 54 ff.

die Anwendung der Richtlinie wurde hierbei von 1 Mio EUR auf 5 Mio EUR erhöht.

Die Koordinierung der mitgliedstaatlichen Vergabeverfahren im Bereich der öffentlichen Lieferaufträge erfolgte 1977 durch die Lieferkoordinierungsrichtlinie 77/62/EWG, die ebenfalls in den neunziger Jahren durch die Richtlinie 93/36/EWG[432] komplett neugefasst wurde. Der Begriff des öffentlichen Lieferauftrags umfasst neben Kaufverträgen auch Leasing, Miet-, Pacht- und Ratenverträge[433], jeweils mit einem Auftragsvolumen von mindestens 200.000 EUR.

Die zuvor nicht erfassten Bereiche der Energie- und Wasserversorgung sowie die des Transports und der Telekommunikation wurden durch die sog. Sektorenkoordinierungsrichtlinie (90/531/EWG) im Jahr 1990 ebenfalls einer gemeinschaftsrechtlichen Regelung unterworfen. Diese Richtlinie, die 1993 durch die Richtlinie 93/38/EWG[434] neugefasst wurde, gilt für alle Bau-, Liefer- und Dienstleistungsaufträge sowohl von öffentlichen als auch privaten Auftraggebern in den genannten Branchen. Die Richtlinie findet Anwendung auf allgemeine Liefer- und Dienstleistungsaufträge mit einem Auftragswert von mehr als 400.000 EUR, für Lieferaufträge im Telekommunikationssektor oberhalb von 600.000 EUR und für Bauaufträge oberhalb von 5 Mio EUR.

Eine Auffangfunktion erfüllt die 1992 erlassene Dienstleistungsrichtlinie 92/50/EWG[435]. Sie erfasst sämtliche öffentlichen Aufträge, die nicht bereits den anderen Vergaberichtlinien unterworfen sind, insbesondere Rundfunk-, Fernseh- und Fernsprechdienstleistungen, Immobilien- und Wertpapierkäufe sowie Aufträge an Architekten, Ingenieure und andere freie Berufe. Der Anwendungsbereich ist bei einem Auftragsvolumen von 200.000 EUR und mehr eröffnet.

Kommen bei einem Auftrag mehrere Richtlinien in Frage, soll diejenige zur Anwendung kommen, die für den Teil mit dem höchsten Wert gilt. Damit soll vermieden werden, dass durch eine geschickte Kombination verschiedener Auftragsarten (z.B. eines Bauauftrags in Kombination mit Lieferaufträgen) die Schwellenwerte absichtlich unterschritten werden, um den Anwendungsbereich der Richtlinien zu umgehen.

Um sicherzustellen, dass die in den genannten Richtlinien aufgestellten Regeln für das Vergabeverfahren seitens der öffentlichen Hand eingehalten werden, wurden 1989 und 1992 zwei sog. Überwachungsrichtlinien erlassen. Zum einen handelt es sich um die Richtlinie 89/665/EWG[436], die die Nachprüfung öffentlicher

432 ABl. EG Nr. L 199 v. 9.8.1993, S. 1 ff.

433 Schmittmann, EuZW 1990, 536, 538.

434 ABl. EG Nr. L 199 v. 9.8.1993, S. 84 ff.

435 So auch Bultmann, BuW 2001, 244.

436 ABl. EG Nr. L 395 v. 30.12.1989, S. 33 ff.

Aufträge im Bereich der Bau-, Liefer- und Dienstleistungsaufträge regelt. Die Sektorenüberwachungsrichtlinie 92/13/EWG[437] erfasst dagegen die Überprüfung der Aufträge von Sektorenauftraggebern. Diese beiden Richtlinien schaffen einen Minimalstandard, um den Rechtsschutz von sich benachteiligt fühlenden Bietern in den Mitgliedstaaten zu gewährleisten, indem sie Mindestvoraussetzungen festlegen, denen die in den nationalen Rechtsordnungen geschaffenen Nachprüfungsverfahren entsprechen müssen[438]. Art. 1 Abs. 1 der Richtlinie 89/665/EWG bestimmt:

> „Die Mitgliedstaaten ergreifen die erforderlichen Maßnahmen, um sicherzustellen, dass hinsichtlich der in den Anwendungsbereich der Richtlinien 71/305/EWG, 77/62/EWG und 92/50/EWG ... fallenden Verfahren zur Vergabe öffentlicher Aufträge[439] die Entscheidungen der Vergabebehörden wirksam und vor allem rasch nach Maßgabe der nachstehenden Artikel, insbesondere von Artikel 2 Absatz 7, auf Verstöße gegen das Gemeinschaftsrecht im Bereich des öffentlichen Auftragswesens oder gegen die einzelstaatlichen Vorschriften, die dieses Recht umsetzen, nachgeprüft werden können."

In einem kürzlich ergangenen Urteil hat der EuGH festgestellt, dass nationale Gerichte die Ausschlussfristen für Nachprüfungsverfahren sogar außer acht zu lassen und den Nachprüfungsantrag zuzulassen haben, wenn feststeht, dass der öffentliche Auftraggeber gegen Gemeinschaftsrecht verstoßen hat und durch sein Verhalten die Ausübung der Rechte einem Geschädigten unmöglich macht oder erschwert[440]. Dies verdeutlicht erneut, welch hohen Stellenwert die Möglichkeit der Überprüfung von Vergabeverfahren für den Gemeinschaftsgesetzgeber und den Europäischen Gerichtshof besitzt.

b. Relevanz für die Berücksichtigung von Umweltaspekten im Vergabeverfahren

Die Vergaberichtlinien enthalten (bisher) keine explizite Aussage zur Berücksichtigung von Umweltaspekten, geschweige denn die Anforderung, solche bei der Beschaffung zu berücksichtigen[441]. Vielmehr spricht der Zweck der Vergaberichtlinien – Öffnung der nationalen Beschaffungsmärkte für einen gemeinschaftsweiten diskriminierungsfreien Wettbewerb – zunächst für eine gewisse Zurückhaltung gegenüber der Einbeziehung von Umweltanforderungen, da diese wettbewerbsverengend wirken können.

---

437 ABl. EG Nr. L 76 v. 23.3.1992, S. 3 ff.

438 EuGH, Urt. v. 27.2.2003, Rs. C-327/00, Rn 47.

439 S. o. S. 17, Fn 61.

440 EuGH, Urt. v. 27.2.2003, Rs. C-327/00.

441 So auch Krohn, S. 188.

Gegner einer Handhabung des Vergabewesens zu politischen Zielen wie das des Umweltschutzes begründen ihre ablehnende Haltung damit, dass in den EG-Vergaberichtlinien die Kriterien für die Auftragsvergabe klar und insbesondere abschließend aufgezählt seien, so dass für eine Einbeziehung weiterer Kriterien kein Raum sei[442]. Dieses Argument wird im Folgenden zu überprüfen sein. Die Rechtsprechung des EuGH ist diesbezüglich uneinheitlich. Einerseits hat der EuGH wiederholt ausgeführt, dass die Richtlinien kein einheitliches und erschöpfendes Gemeinschaftsrecht schüfen, sondern dass es den Mitgliedstaaten vorbehaltlich der Beachtung aller einschlägigen Vorschriften des Gemeinschaftsrechts unbenommen bliebe, materiellrechtliche oder verfahrensrechtliche Bestimmungen auf dem Gebiet der öffentlichen (Bau-) Aufträge aufrechtzuerhalten oder zu erlassen[443]. Andererseits hat der EuGH vereinzelt betont, dass die „Kriterien für die qualitative Auswahl und den Zuschlag des Auftrages abschließend und zwingend" geregelt seien[444].

Ob die Vergaberichtlinien einer Berücksichtigung von Umweltschutzaspekten im Vergabeverfahren entgegenstehen, kann nur beantwortet werden, wenn jene Regelungen der Vergaberichtlinien dargestellt und analysiert werden, die dem Gestaltungs- und Entscheidungsermessen öffentlicher Auftraggeber im Interesse eines marktoffenen, diskriminierungsfreien Wettbewerbs Grenzen setzen. Aus diesen – Umweltschutzaspekte nicht explizit ansprechenden – Regelungen lassen sich unter Umständen allgemeine Aussagen treffen und Grenzen ziehen, die auf Umweltanforderungen angewendet werden können bzw. für diese maßgeblich sind. Hierbei ist auch jeweils zu untersuchen, ob die Vergaberichtlinien abschlie-

442 Seidel, in: Dauses, Rn 122 ff. u. Rn 142 ff.; Dreher, in: Immenga/Mestmäcker § 97 Rn 124; Kling, S. 223; Brenner, in: Jahrbuch 1997, S. 158 f., insb. S. 163; Rittner, EuZW 1999, 677, 679 re. Sp., 680 re. Sp.; Mader, EuZW 1999, 331, 340; Götz EuR 1999, 621, 631, 634.

443 EuGH, Urt. v. 20.9.1988, Rs. 31/87; Gebroeders Beentjes BV/Königreich der Niederlande („Beentjes"). Der Entsch. lag folgender Sachverhalt zugrunde: Das niederländische Ministerium für Landwirtschaft u. Fischerei hatte einen Bauauftrag öffentlich ausgeschrieben. In der Bek. war die Bedingung enthalten, dass der Bewerber in der Lage sein müsse, Langzeitarbeitslose einzustellen. Die Firma Beentjes BV hatte u. a. deshalb nicht den Zuschlag erhalten, obwohl sie das niedrigste Angebot abgegeben hatte, weil sie nach Auffassung des Auftraggebers nicht in der Lage zu sein schien, diese Bedingung zu erfüllen. Sie klagte daher gegen das Ministerium u. das zuständige Gericht legte dem EuGH u. a. die Frage vor, ob die genannte Bedingung mit der RL 93/37/EWG vereinbar sei. Der EuGH stellte fest, dass eine solche Bedingung weder mit der Prüfung der fachlichen Eignung der Unternehmer im Hinblick auf deren wirtschaftliche, finanzielle u. technische Leistungsfähigkeit, noch mit den in Art. 29 genannten Kriterien für die Erteilung des Zuschlags etwas zu tun habe (Rn 28), sondern dass es sich vielmehr um eine besondere zusätzliche Bedingung handele. Diese sei grds. zulässig, müsse jedoch, um mit der RL vereinbar zu sein, alle einschlägigen Vorschriften des Gemeinschaftsrechts, insb. die Niederlassungs- u. Dienstleistungsfreiheit, beachten u. in der Bek. erwähnt werden (Rn 29 bis 36). EuGH, Urt. v. 26.9.2000, Rs. C-225/98, Komm./Frankreich („Calais"). In diesem Fall hat der EuGH die Verwendung einer Bedingung zum Zwecke der Bekämpfung der Arbeitslosigkeit als Zuschlagskriterium durch französische Behörden bei der Vergabe v. Aufträgen zum Bau v. Schulgebäuden gebilligt. Entgegen seinen Aussagen in der Beentjes-Entsch. meinte der EuGH nunmehr allerdings, die Bedingung der Beschäftigung v. Arbeitslosen in der Sache Beentjes sei ein Zuschlagskriterium gewesen, da es als Grund für den Ausschluss des Bieters gedient habe. Zu diesem Urt. vgl. auch Benedict, NJW 2001, 947, 948.

444 EuGH, Rs. C 272/91, Slg. 1994, I-1409, Rn 35.

ßende Regelungen treffen oder den Mitgliedstaaten bzw. den öffentlichen Auftraggebern Gestaltungsspielräume belassen.

aa. Leistungsbeschreibung/Technische Spezifikationen

aaa. Verbot der zu engen Leistungsbeschreibung/Technischen Spezifikationen

Art. 8 Abs. 6 RL 93/36/EWG, Art. 10 Abs. 6 RL 93/37/EWG und Art. 14 Abs. 6 RL 92/50/EWG bestimmen, dass die Mitgliedstaaten solche Beschreibungen technischer Merkmale in den Vertragsklauseln für einen bestimmten Auftrag verbieten müssen, die

- Erzeugnisse einer bestimmten Produktion
- Herkunft
- besondere Verfahren

erwähnen und bewirken, dass bestimmte Unternehmen oder bestimmte Erzeugnisse bevorzugt oder ausgeschlossen werden. Eine Ausnahme hiervon ist vorgesehen, wenn die entsprechenden Angaben durch den Auftragsgegenstand gerechtfertigt sind[445]. Derartige diskriminierende und deshalb verbotene Spezifikationen bestehen nach Maßgabe der Richtlinien u. a. in der Angabe von Warenzeichen, Patenten und Typen sowie in der Angabe eines bestimmten Ursprungs[446] oder einer bestimmten Produktion, es sei denn, der Auftragsgegenstand lässt sich allgemein nicht hinreichend verständlich beschreiben. In diesem Fall hat die Vergabestelle jedoch zwingend den Zusatz „oder gleichwertiger Art“ zu verwenden, damit sich die Anwendung der Ausnahmeregelung nicht diskriminierend auswirkt. Mit diesem Verbot soll verhindert werden, dass Auftraggeber die Leistungsbeschreibung zu „eng“ formulieren bzw. sie auf bestimmte Produkte oder Bieter zuschneiden. Dadurch soll der Marktzugang für alle Bieter – gemeint sind

445 Maßgebend hierfür ist die objektive Beschaffenheit oder Eigenart der zu vergebenden Leistung u. nicht subjektive Erwägungen des öffentlichen Auftraggebers (Zdzieblo, in: Daub/Eberstein, § 8 Rn 68). Klassisches Beispiel dürfte sein, wenn bei bereits genutzten Anlagen keine inkompatiblen Stoffe oder Bauteile nachbestellt bzw. eingebaut werden können.

446 D. h. genau bezeichnete Orte, an denen bestimmte Erzeugnisse hergestellt werden oder bestimmte Bezugsquellen, d.h. die Angabe eines namentlich benannten Lieferanten (= Herstellers oder Händlers), z. B. „Zement aus XY-Stadt“ oder „Zement von Hersteller XY“.

Hersteller und Lieferanten, wie der EuGH in einem Urteil aus dem Jahre 1995[447] klargestellt hat – offengehalten werden. Öffentlichen Auftraggebern ist es aufgrund dieser Bestimmung beispielsweise untersagt, die technischen Daten eines Erzeugnisses eines bestimmten (vom Auftraggeber gewünschten) Herstellers in die Leistungsbeschreibung „eins zu eins" zu übernehmen.

Fraglich ist, ob und inwieweit öffentliche Auftraggeber im Rahmen der Leistungsbeschreibungen Umweltanforderungen an das Produkt bzw. die Leistung stellen dürfen. Eine weitere Frage ist, ob öffentliche Auftraggeber mittels Umweltvorgaben auf die Produktionsmethoden Einfluss nehmen können.

Anhang III der Vergaberichtlinien definiert Technische Spezifikationen als „sämtliche technischen Anforderungen an eine Bauleistung, ein Material, ein Erzeugnis oder eine Lieferung, mit deren Hilfe die Bauleistung, das Material, das Erzeugnis oder die Lieferung so bezeichnet werden können, dass sie ihren durch den öffentlichen Auftraggeber festgelegten Verwendungszweck erfüllen"[448]. Nach Auffassung der EG-Kommission erlauben es die Bestimmungen über die technischen Spezifikationen in den Vergaberichtlinien den öffentlichen Auftraggebern, bestimmte Grundstoffe und Ausgangsmaterialien für die in Auftrag gegebene Lieferung bzw. Leistung vorzugeben, solange diese Vorgaben nicht diskriminierend sind[449].

Daneben sollen Anforderungen an die Produktionsmethoden zulässig sein, solange diese sich im Produkt niederschlagen. Dies bedeutet, dass nach Auffassung der Kommission öffentliche Auftraggeber z. B. ökologischen Landbau oder Öko-Strom (Strom aus erneuerbaren Energien) vorschreiben dürfen[450]. Im vergaberechtlichen Schrifttum ist hieran Kritik geübt worden. Die Umweltfreundlichkeit des Herstellungsprozesses müsse grundsätzlich unberücksichtigt bleiben. Nur dort, wo eine direkte Auswirkung auf die Qualität des Produkts bzw. der Leistung gegeben sei („performance related process and production methods") sei ihre

447 EuGH, Rs. C-359/93, Slg. 1995, I-157 („Unix"). In dem dem Urt. zugrundeliegenden Sachverhalt hatte eine niederländische Vergabebehörde im ABl. der EG die Bek. eines Auftrags für die Lieferung u. Instandhaltung einer Wetterwarte veröffentl. Im Pflichtenheft der Vergabebehörde hieß es, dass als Betriebssystem das „UNIX"-System verwendet werden müsse. Hierbei handelt es sich um eine Software zur Verknüpfung verschiedener Computer unterschiedlicher Marken, die v. den „Bell Laboratories of ITT (USA)" entwickelt worden war. Die Komm. warf der Vergabebehörde insb. vor, dass sie nach der Nennung des UNIX-Systems nicht die Angabe „oder gleichwertiger Art" verwandt hatte. Der EuGH ist dem gefolgt u. hat festgestellt, dass das Weglassen dieses Zusatzes nicht nur die Wirtschaftsteilnehmer, die ähnliche Systeme wie UNIX anwenden, davon abhielten, an der Ausschreibung teilzunehmen, sondern auch entgegen Art. 28 EG die Einfuhrströme im innergemeinschaftlichen Handel behinderten, indem der Markt den Lieferanten vorbehalten bliebe, die beabsichtigen, das speziell genannte System anzuwenden (EuGH, Rs. C-359/93, Slg. 1995, I-157, Rn 27). Er hat folgerichtig einen Verstoß sowohl gegen Art. 7 Abs. 6 der RL 77/62 [Anm: der jetzigen Vorschrift des Art. 8 Abs. 6 RL 93/36/EWG] als auch gegen Art. 30 EG festgestellt.

448 Anh. III zur RL 93/37/EWG, ähnlich (ohne „Bauleistung"): Anh. III zur RL 93/36/EWG.

449 Komm., Interpret. Mitteilung v. 4.7.2001 (vgl. Fn 12), S. 12.

450 Komm., Interpret. Mitteilung v. 4.7.2001 (vgl. Fn 12), S. 12.

Berücksichtigung möglich. Auf Strom beispielsweise habe es aber keinerlei Einfluss, ob er aus erneuerbaren Energien oder konventioneller Erzeugung stamme. Die nähere Spezifizierung des Herstellungsprozesses sei prinzipiell als unzulässige Einschränkung des Wettbewerbs zu bewerten; sie könne ferner das Ziel der Wirtschaftlichkeit und der Beschaffung in Frage stellen. Darüber hinaus sei sie mit dem Risiko der Bevorzugung eines bestimmten Anbieters durch die Beschaffungsstellen behaftet.[451] Diese Kritik überzeugt bereits aus dem Grunde nicht, weil ihr jeglicher normativer Anknüpfungspunkt fehlt[452]. Da die Kommission ebenfalls ausdrücklich feststellt, dass Anforderungen an das Produktionsverfahren nur zulässig sind, wenn sie nichtdiskriminierend sind und dass Umweltanforderungen sich auf die Produkte selbst und nicht auf die Art und Weise, wie das Unternehmen geführt werde, beziehen müssten, liegen beide Positionen gar nicht so weit auseinander. Im übrigen wird es sich etwa bei der Angabe „Strom aus erneuerbaren Energien" nicht um eine Technische Spezifikation handeln, sondern vielmehr um eine Bedarfsdefinition wie auch bei der Beschaffung von „Recycling-Papier" und ähnlichen umweltfreundlichen Produkten. Auch dort werden nur die Hersteller dieser umweltfreundlichen Produkte angesprochen, was in der Natur der Sache liegt.

Ein Sonderproblem im Zusammenhang mit der Leistungsbeschreibung bzw. den Technischen Spezifikationen stellen Umweltzeichen, die sogenannten Öko-Label, dar. Bei ihnen ist fraglich, ob es sich um Technische Spezifikationen im Sinne der EG-Vergaberichtlinien handelt. Die Kommission hat dies im Jahre 1996 noch uneingeschränkt bejaht[453], sich im Jahre 2001 dann jedoch etwas vorsichtiger geäußert. Danach sollen öffentliche Auftraggeber „im Einklang mit den Umweltzeichen Kriterien festlegen und dabei angeben, dass Produkte, welche die Umweltzeichen tragen, als Produkte angesehen werden, die den in den Verdingungsunterlagen angegebenen technischen Spezifikationen entsprechen". Die öffentlichen Auftraggeber müssten aber auch immer andere Nachweise wie z. B. Testberichte und ähnliches akzeptieren, um Diskriminierungen und Bevorzugungen zu verhindern.[454] Dem ist wegen der damit verbundenen Wettbewerbsöffnung zuzustimmen[455], obwohl bedenklich ist, ob der Vergleich insbesondere komplexer Zertifikate (wie das FSC-Label) mit anderen Nachweisen für die öffentlichen Auftraggeber im „Beschaffungsalltag" zu leisten ist.

451 Kling, S. 642; Westphal, S. 1, 5, 10.

452 Krohn, S. 97.

453 Komm., Grünbuch: Das öffentliche Auftragswesen in der Europäischen Union: Überlegungen für die Zukunft, Mitteilung v. 27.11.1996, KOM (1996) 583 endg., Rn 5.49.

454 Komm., Interpret. Mitteilung v. 4.7.2001 (vgl. Fn 12), S. 16.

455 So auch Krohn, S. 106.

bbb. Verwendung von Normen u. ä.

Art. 8 Abs. 1 bis 5 RL 93/36/EWG, Art. 10 Abs. 1 bis 5 RL 93/37/EWG, Art. 14 Abs. 1 bis 5 RL 92/50/EWG bestimmen, dass öffentliche Auftraggeber bei der Formulierung der sog. Technischen Spezifikationen grundsätzlich auf innerstaatliche Normen, die europäische Normen umsetzen[456], oder auf europäische technische Zulassungen[457] oder auf gemeinsame technische Spezifikationen[458] Bezug nehmen müssen. Diese Vorschrift verfolgt das Ziel, Diskriminierungen zu vermeiden, die sich daraus ergeben können, dass auf innerstaatliche (nationale) Normen Bezug genommen wird[459]. Sie gibt den Auftraggebern zu diesem Zweck zwei Handlungsanweisungen: Zum einen müssen technische Normen – soweit vorhanden – zur Leistungsbeschreibung herangezogen werden, zum anderen muss bei den vorhandenen Normen eine Hierarchie eingehalten werden, wonach europäische vor internationalen Normen und diese wiederum vor nationalen Normen in Bezug zu nehmen sind.

Im Zusammenhang mit dieser Vorschrift stellt sich die Frage, ob öffentliche Auftraggeber in ihren Anforderungen innerhalb der Leistungsbeschreibung über die für ein bestimmtes Produkt existierende (europäische) Norm hinausgehen dürfen oder ob sie nur Eigenschaften verlangen dürfen, die in der Norm festgeschrieben sind. Die Kommission hat dies in ihrer Interpretierenden Mitteilung verneint und damit der Gegenauffassung, die meint, die Bestimmung über die technischen Spezifikationen beeinflusse den Auftraggeber sogar in seinem Aus-

456 Normen sind die v. anerkannten nicht-staatlichen Normungsorganisationen zur wiederholten oder ständigen Anwendung festgelegte Eigenschaften einer Sache (z. B. einer Schraube oder eines Dübels), deren Einhaltung nicht zwingend, d. h. freiwillig ist. Als Bsp. sei genannt: „DIN – EN – 1814 1997 11 – Textile Bodenbeläge – Bestimmungen der Schnittkantenfestigkeit durch modifizierte Trommelprüfung nach Vettermann". Aus der Abkürzung DIN-EN wird deutlich, dass es sich um eine deutsche Norm handelt, die eine europäische Norm umsetzt.

457 Eine Technische Zulassung beurteilt die Brauchbarkeit eines Produkts positiv. Technische Zulassungen stammen v. Organisationen, die v. den Mitgliedstaaten zu diesem Zweck zugelassen wurden. In Deutschland handelt es sich dabei um das Deutsche Institut für Bautechnik, Berl. Veröffentl. ist bspw. eine europäische technische Zulassung für Dübel: Entsch. der Komm. v. 27.6.1997 über das Verfahren zur Bescheinigung der Konformität v. Bauprodukten gem. Art. 20 Abs. 2 der RL 89/106 EWG des Rates betreffend Kunststoffdübel zur Verwendung im Beton- u. Mauerwerk (ABl. L 198/31). Bsp. v. Hertwig, in: Motzke/Pietzcker/Prieß Anh. § 9 Rn 36.

458 Hierbei handelt es sich um v. den Mitgliedstaaten in einem anerkannten Verfahren erarbeitete u. im ABl. der EG veröffentl. technische Spezifikationen einer Sache. Bisher sind derartige gemeinsame technische Spezifikationen nicht veröffentl. worden (so Hertwig, in: Motzke/Pietzcker/Prieß Anh. § 9 Rn 36).

459 So geschehen in dem Fall, der der EuGH-Entsch. „Dundalk" zugrunde lag (EuGH, Rs. 45/87, Slg. 1988, 4929). Der Rat des Stadtbezirks Dundalk als Träger eines Vorhabens für den Ausbau des Trinkwassernetzes der Stadt hatte den Bau v. Rohrleitungen ausgeschrieben u. in den Verdingungsunterlagen die Bedingung vorgesehen, dass v. den Bietern eine Bescheinigung des irischen Normungsinstituts darüber vorzulegen sei, dass bestimmte Rohre einer näher spezifizierten irischen Norm entsprächen. Tatsächlich gab es nur ein einziges Unternehmen in Irland, das über eine solche Bescheinigung verfügte. Der EuGH stellte fest, dass die Klausel geeignet sei, die Einfuhren zu behindern, da Hersteller gleichwertiger Rohre ohne eine entspr. Bescheinigung des irischen Normungsinstituts v. einer Teilnahme an der Ausschreibung abgehalten werden könnten. Der EuGH rechnete die Verwendung dieser Klausel durch die Stadt Dundalk der Republik Irland zu u. bejahte einen Verstoß gegen Art. 28 EG.

wahlermessen[460], eine Absage erteilt[461]. Sie betont zu ihrer Begründung den Wortlaut der Richtlinienbestimmungen, die von „Bezugnahme“ sprechen. Dem ist zuzustimmen[462]. Eine Norm ist häufig die Festschreibung des (aktuellen) Standes der Technik. Dieser kann sich in kürzester Zeit weiterentwickeln[463]. Dürften die Auftraggeber nur den in der Norm festgeschriebenen Standard verlangen und in ihren Anforderungen nicht über diesen hinausgehen, würde man sie verpflichten, auf einem bereits veralteten Stand der Technik zu verharren – etwas in der Privatwirtschaft schier Undenkbares.

Die vorstehende Frage ist nun dahingehend zu variieren, ob die Bestimmungen über die Technischen Spezifikationen dem Verlangen nach bestimmten Umweltstandards entgegenstehen. Die EG-Kommission meint, es gäbe bisher nur wenige europäische Standards zu Umweltanforderungen an Produkte und Dienstleistungen. Bis Umweltkriterien in die Standards eingearbeitet seien, dürften öffentliche Auftraggeber für bestimmte Beschaffungen selbst das Anforderungsniveau festlegen, sofern dies nicht zu einer Diskriminierung führe. Darüber hinausgehend dürften Auftraggeber bezüglich bestimmter Punkte sogar ein höheres als in der Gesetzgebung oder in Standards festgelegtes Umweltschutzniveau verlangen, vorausgesetzt, dass das verlangte Umweltschutzniveau nicht den Marktzugang behindere oder zu einer Diskriminierung zu Lasten potentieller Bieter führe[464]. Dem ist uneingeschränkt zuzustimmen[465].

ccc. Varianten

Gemäß Art. 19 RL 93/37/EWG, Art. 16 RL 93/36/EWG und Art. 24 RL 92/50/EWG sind öffentliche Auftraggeber befugt, Varianten zu ihrer Leistungsbeschreibung zuzulassen. Dies bedeutet, das Bieter Änderungsvorschläge vorlegen dürfen, die neben den Hauptangeboten in die Wertung gelangen. Öffentliche Auftraggeber haben damit die Möglichkeit, sich von den Bietern umweltfreundlichere Alternativen zu der ausgeschriebenen Leistung anbieten zu lassen, die beispielsweise eine höhere Umweltverträglichkeit des Produkts enthalten[466].

---

460 Bock, Europäisches Vergaberecht, S. 320.

461 Komm., Interpret. Mitteilung v. 4.7.2001 (vgl. Fn 12), S. 11 f.

462 I. E. ebenso Krohn, S. 214.

463 Im Gegensatz zur Norm ist die Regel der Technik nicht statisch, sondern dynamisch. Eine Regel der Technik kann in die Form einer Norm gebracht worden sein, eine Norm kann durch entspr. Übung u. Anerkennung zu einer Regel der Technik werden, aber die Regel der Technik kann eine Norm auch überholen (vgl. zur DIN 4109 – Schallschutz im Hochbau –: BGH MDR 1998, 1026; Hertwig, in: Motzke/Pietzcker/Prieß, Anh. § 9 Rn 2).

464 Komm., Interpret. Mitteilung v. 4.7.2001 (vgl. Fn 12), S. 12.

465 So auch Krohn, S. 217.

466 So auch Komm., Interpret. Mitteilung v. 4.7.2001 (vgl. Fn 12), S. 15.

bb. Eignungskriterien

Die verschiedenen EG-Vergaberichtlinien sehen übereinstimmend vor, dass öffentliche Auftraggeber im Vergabeverfahren die fachliche Eignung von Bietern, die nicht aufgrund bestimmter Gründe ausgeschlossen wurden, nach den Kriterien der wirtschaftlichen, finanziellen und technischen Leistungsfähigkeit zu prüfen haben. Diese drei Kriterienkategorien sind nach allgemeiner Ansicht jedenfalls insoweit abschließend, dass der Auftraggeber die Eignung der Bewerber bzw. Bieter nicht anhand von Kriterien überprüfen darf, die nichts mit ihrer wirtschaftlichen, finanziellen und technischen Situation zu tun haben[467].

Art. 24 RL 93/37/EWG, Art. 20 RL 93/36/EWG und Art. 29 RL 92/50/EWG zählen Gründe auf, bei deren Vorliegen Unternehmen von der Teilnahme am Vergabeverfahren ausgeschlossen werden können, so etwa bei einem laufenden Insolvenzverfahren oder bei einer rechtskräftigen Verurteilung wegen einer Straftat, die die berufliche Zuverlässigkeit des Unternehmers in Frage stellt. Der Wortlaut der Bestimmung lässt auf einen abschließenden Charakter der Aufzählung schließen, da die Ausschlussgründe detailliert dargestellt sind und Formulierungen wie „etwa", „zum Beispiel", „oder andere" bzw. „oder ähnliche" fehlen[468]. Bestätigt wird diese Einschätzung durch den Zweck der Bestimmung. Da der Ausschluss von einem Vergabeverfahren eine Sanktion von weitreichender Bedeutung ist, ist es im Interesse der gebotenen Rechtssicherheit, dass die Gründe für einen solchen Ausschluss im Vergaberecht abschließend aufgeführt sind. Wäre es den Auftraggebern erlaubt, Unternehmen aufgrund „eigener" Gründe auszuschließen, wäre die von den Vergaberichtlinien bezweckte Chancengleichheit und Transparenz gefährdet. Nicht zuletzt widerspräche es auch dem Ziel der Harmonisierung der Vergabebestimmungen in den einzelnen Mitgliedstaaten, wenn in diesen die Ausschlussgründe unterschiedlich ausfallen würden[469].

Art. 27 RL 93/37/EWG und Art. 23 RL 93/36/EWG enthalten Kataloge der Nachweise für die technische Leistungsfähigkeit, die öffentliche Auftraggeber von den Bewerbern bzw. Bietern verlangen dürfen (Studiennachweise u. ä.). Auch diese Aufzählung hat nach ihrem Wortlaut enumerativen Charakter[470].

Hiervon abweichend sind die in Art. 26 RL 93/37/EWG, Art. 22 RL 93/36/EWG und Art. 31 RL 92/50/EWG enthaltenen Aufzählungen der erlaubten Nachweise

467 So auch EuGH, Rs. 31/87 („Beentjes"), Slg. 1988, 4635 Rn 17; Prieß/Pitschas, PPLR 2000, 171, 178 f.; Bayer/Franke/Opitz, Rn 171. (Etwas anderes gilt für Vergaben nach der RL 93/38/EWG.)

468 So auch Prieß/Pitschas, PPLR 2000, 171, 175 unter Hinweis auf die Schlussanträge v. GA Reischl in der Rs. 76/81 („Transporoute") u. das Urt. des EuGH in der Rs. C-71/92 (Komm./Spanien); Bayer/Franke/Opitz, Rn 175.

469 Prieß/Pitschas, PPLR 2000, 171, 176.

470 So auch Prieß/Pitschas, PPLR 2000, 171, 175.

für die finanzielle und wirtschaftliche Leistungsfähigkeit (beispielsweise Bilanzen) offensichtlich nicht abschließend[471], da es in Absatz 1 heißt: „Die ... Leistungsfähigkeit des Unternehmers kann in der Regel durch einen oder mehrere der nachstehenden Nachweise erbracht werden" und in Absatz 2: „Öffentliche Auftraggeber geben ... an, für welchen Nachweis .. sie sich entschieden haben, sowie welche anderen ... Nachweise neben den ... genannten Nachweisen beizubringen sind." Die Mitgliedstaaten können mithin auch andere, nicht genannte Nachweise verlangen. Hierbei unterliegen sie nach der Rechtsprechung des EuGH einer strengen Überprüfung, ob es sich tatsächlich um Nachweise der wirtschaftlichen Leistungsfähigkeit handelt[472].

Festzuhalten ist, dass die EG-Vergaberichtlinien die Gründe für den Ausschluss von Unternehmen von dem Vergabeverfahren und die Kriterien für die Prüfung ihrer technischen Leistungsfähigkeit abschließend regeln. Bei der Prüfung der wirtschaftlichen Leistungsfähigkeit haben die Mitgliedstaaten hingegen Spielraum, auch nicht in den Richtlinien aufgeführte Nachweise zu verlangen.

Öffentliche Auftraggeber können jedoch auch mit den von den Richtlinien abschließend zugelassenen Nachweisen und Ausschlussgründen arbeiten, um Umweltaspekte einzubeziehen.[473] Hier kommen insbesondere in Betracht:

- Ausschluss eines Unternehmers, der wegen einer Umweltstraftat rechtskräftig verurteilt wurde, was seine berufliche Zuverlässigkeit im Hinblick auf den zu vergebenden Auftrag in Frage stellt. Die Straftat muss im Zusammenhang mit der beruflichen Tätigkeit begangen worden sein. In Betracht kommen Umweltstraftaten aus dem StGB (§§ 324 ff.) Die Vergaberichtlinien lassen ihrer Systematik nach zwar auch andere Nachweise als die rechtskräftige Verurteilung zu (vgl. die Formulierung des Art. 24 lit. d) RL 93/37/EWG). Gleichwohl ist fraglich, wie anders als durch rechtskräftiges Urteil eine strafrechtliche Verfehlung ohne Verletzung der Unschuldsvermutung nachgewiesen werden könnte[474];
- Ausschluss eines Unternehmers wegen einer sonstigen schweren Verfehlung im Umweltbereich. Für andere als strafrechtlich relevante Verfehlungen genügt stets die Beweisbarkeit der auf die schwere Verfehlung hindeutenden Anhalts-

471 EuGH, Urt. v. 10.2.1982, Rs. 76/81 („Transporoute"), Slg. 1982 I, 417 Rn 9; Urt. v. 9.7.1987, vb. Rs. 27-29/86, Slg. 1987, 3347 Rn 9, 11; Urt. vom 17.11.1993, Rs. C-71/92 (Komm/Spanien), Slg. 1994 I, 1569 Rn 41; Urt. v. 26.9.2000, Rs. C-225/98 (Komm/Frankreich), NZBau 2000, 584, 589 re. Sp. (Rn 88); Benedict, S. 131 f.

472 Benedict, S. 139.

473 Benedict, S. 139.

474 Vgl. Prieß/Hausmann, in: Motzke/Pietzcker/Prieß, § 8 Rn 104. Im Einzelnen stellen sich bei diesem Ausschlussgrund zahlreiche Fragen. So ist der Ausschluss fraglich bei Kapitalgesellschaften, bei denen nur eines v. mehreren Vorstandsmitgliedern oder ein einzelner Betriebsleiter verurteilt wurde. Umgekehrt fragt es sich, ob es ausreicht, den strafrechtlich belasteten Geschäftsführer auszutauschen, um einem Ausschluss zu entgehen. Da das Merkmal „Zuverlässigkeit" personenbezogen ist, spricht einiges dafür, dies zuzulassen. Ebenfalls fraglich ist die Zurechnung v. Verfehlungen v. Angestellten. Hier kommt eine Anwendung der Grundsätze des § 831 BGB in Betracht.

punkte. Dies könnten Bußgeldbescheide wegen Ordnungswidrigkeiten nach Spezialgesetzen wie KrW-/AbfG, BImSchG, WHG, ChemG sein;
- Nachweis der für die auszuführenden Arbeiten erforderlichen spezifischen Erfahrung im Umweltbereich als Beleg für die technische Leistungsfähigkeit. Als Beispiel sei die Ausschreibung für Bau und Betrieb einer Müllverbrennungsanlage genannt, die ökologische Kriterien wie die Einhaltung bestimmter Emissionswerte, das Erfordernis einer minimalen Bodenversiegelung u. ä. verlangt.

cc. Zuschlagskriterien

aaa. Allgemeines

Die Vergaberichtlinien geben den Mitgliedstaaten auf, dass diese in ihrem nationalen Vergaberecht die Anwendung von zwei Zuschlagskriterien vorsehen können, und zwar entweder das Kriterium des niedrigsten Preises oder das des wirtschaftlich günstigsten Angebots. Letzteres soll anhand verschiedener Kriterien, wie z. B. Preis, Ausführungsfrist, Betriebskosten u. a. (sog. Hilfs- oder Wirtschaftlichkeitskriterien) ermittelt werden.

Während die Vergaberichtlinien hinsichtlich der Zuschlagskriterien Preis oder Wirtschaftlichkeit eindeutig abschließend sind, sind sie im Hinblick auf die Hilfs- oder Wirtschaftlichkeitskriterien für andere bzw. weitere als die aufgezählten Kriterien offen, denn sie formulieren: „Bei der Erteilung des Zuschlags wendet der öffentliche Auftraggeber ... – wenn der Zuschlag auf das wirtschaftlich günstigste Angebot erfolgt – verschiedene ... Kriterien, wie zum Beispiel Preis, Ausführungsfrist, Betriebskosten, Rentabilität oder technischer Wert“ an. Im Schrifttum wurde die Regelung über die Wirtschaftlichkeitskriterien zwar vereinzelt ebenfalls für nicht erweiterungsfähig gehalten[475], dies überzeugt jedoch schon angesichts des Wortlauts der Art. 30 Abs. 1 RL 93/37/EWG, Art. 26 Abs. 1 RL 93/36/EWG und Art. 36 Abs. 1 RL 92/50/EWG nicht. Auch EG-Kommission und EuGH lassen weitere Kriterien ganz selbstverständlich zu[476]. Es steht den Mitgliedstaaten und den öffentlichen Auftraggebern mithin frei, über die in den Vergaberichtlinien genannten Kriterien hinausgehende Kriterien zur Beurteilung der Wirtschaftlichkeit aufzustellen.

---

475 So Brenner, in: Jahrbuch 1997, S. 163, der u. a. ausführt: „Die Aufnahme des Umweltkriteriums als Zuschlagsmaßstab in das Verfahren der Auftragsvergabe ist daher gemeinschaftsrechtlich ausgeschlossen.“

476 Komm., Interpret. Mitteilung v. 4.7.2001 (vgl. Fn 12), S. 19; EuGH, Urt. v. 26.9.2000 („Calais“), NZBau 2000, 584, 587; Urt. v. 18.10.2001, Rs. C-19/00 (SIAC Construction), Slg. 2001, I-7725, Rn 35; Urt. v. 17.9.2002, Rs. C-513/99, Rn 54 („Concordia“).

bbb. Unmittelbarer wirtschaftlicher Vorteil

Zwischen EG-Kommission und EuGH streitig ist jedoch die Frage, ob jedes Kriterium zur Ermittlung des wirtschaftlich günstigsten Angebots einen unmittelbaren wirtschaftlichen Vorteil für den ausschreibenden Auftraggeber mit sich bringen muss.

Die EG-Kommission vertritt als Ausgangsüberlegung die Auffassung, jedes einzelne Hilfskriterium zur Beurteilung der Wirtschaftlichkeit müsse dem Auftraggeber einen unmittelbaren wirtschaftlichen Vorteil bringen. In der Konsequenz könnten Umweltaspekte lediglich in dem Fall dazu dienen, das wirtschaftlich günstigste Angebot zu ermitteln, wenn sich aus ihnen ein wirtschaftlicher Vorteil zugunsten des Auftraggebers ergäbe[477]. Umweltbelange würden sich überhaupt nur dann als Wirtschaftlichkeitskriterium eignen, wenn sie in produktbezogene und wirtschaftlich messbare Kriterien „übersetzt" werden könnten[478].

Generalanwalt Mischo hingegen hält weder einen wirtschaftlichen Bezug noch einen wirtschaftlichen Vorteil für die Auftraggeber für erforderlich[479]. Er begründet seine Auffassung primär mit der Bestimmung des Art. 36 Abs. 1 RL 92/50/EWG[480], nach der der Auftraggeber beispielsweise die Ästhetik eines Produkts zum Auswahlkriterium machen darf. Ein ästhetisches Auswahlkriterium könne schwerlich als wirtschaftlich relevant angesehen werden und es sei erst recht nicht ersichtlich, welchen wirtschaftlichen Vorteil der Auftraggeber daraus ziehen sollte[481]. Generalanwalt Mischo nimmt des Weiteren Bezug auf das Kyoto-Protokoll, das die große weltweite Bedeutung des Umweltschutzes bewusst gemacht habe. Vor diesem Hintergrund sei es nicht gerechtfertigt, ein Umweltkriterium nur dann zuzulassen, wenn es dem wirtschaftlichen Vorteil des jeweiligen Auftraggebers diene. Vielmehr sei ein Umweltkriterium auch dann gerechtfertigt, wenn es für andere Personen als den Auftraggeber oder für die Umwelt im Allgemeinen vorteilhaft sei[482].

Der EuGH ist in seinem Urteil vom 17.9.2002 in Sachen „Concordia Bus" dem Generalanwalt und nicht der Kommission gefolgt[483]. Nicht jedes Vergabekrite-

---

477 Interpret. Mitteilung der Komm. v. 4.7.2001 (vgl. Fn 12), S. 21; zuvor in: Grünbuch zum Öffentlichen Auftragswesen, (vgl. Fn 453) u. in der Mitteilung „Das öffentliche Auftragswesen in der EU", KOM (1998) 143 endg.

478 Bspw. der Strom- oder Wasserverbrauch v. Geräten oder der Kraftstoffverbrauch v. Kraftfahrzeugen. Vgl. hierzu Dageförde, NZBau 2002, 597, 599.

479 Schlussanträge GA Mischo v. 13.12.2001 in Rs. C-513/99 („Concordia"), Rn. 101 u. v. 27.2.2003 in Rs. C-448/01 („Wienstrom"), Rn. 36.

480 S. o. Fn 60.

481 Schlussanträge GA Mischo v. 13.12.2001 in Rs. C-513/99 („Concordia"), Rn 104.

482 Schlussanträge GA Mischo v. 13.12.2001in Rs. C-513/99 („Concordia"), Rn 105.

483 Zu dem Urt. s. o. auch Fn 12.

rium, das der Auftraggeber festgelegt habe, um das wirtschaftlich günstigste Angebot zu ermitteln, müsse notwendigerweise rein wirtschaftlicher Art sein. Es könne nicht ausgeschlossen werden, dass Faktoren, die nicht rein wirtschaftlich sind, sich gleichwohl auf den Wert eines Angebots für den Auftraggeber auswirken.[484] Damit subjektiviert der EuGH den Wirtschaftlichkeitsbegriff[485] und weicht deutlich von der Rechtsauffassung der Kommission ab. Der EuGH führt weiter aus, dass in Anbetracht des Ziels der Vergaberichtlinien[486] und der Vorschrift des Art. 6 EG[487] die Berechtigung des Auftraggebers, im Rahmen der Ermittlung des wirtschaftlich günstigsten Angebots Umweltschutzkriterien anzuwenden, zu bejahen sei[488].

Dem EuGH ist zuzustimmen. Der Wert eines Produkts oder einer Bau-/Dienstleistung ergibt sich – ebenso wie seine Qualität – auch aus einer subjektiven Einschätzung des Käufers: Wenn dieser bestimmte Umweltbelange in seine Kaufentscheidung einbeziehen möchte, misst er selbst ihnen einen bestimmten Wert zu. Dieser Wert könnte zudem steigen, wenn – was noch zu untersuchen sein wird – ihm Rechtsnormen die Verpflichtung auferlegen, Umwelterfordernisse auch bei seiner Beschaffungstätigkeit zu berücksichtigen[489]. Wenn der Auftraggeber Umweltaspekte nicht nur aus seiner politischer Überzeugung heraus, sondern deshalb berücksichtigt, weil er damit eine ihm obliegende gesetzliche Verpflichtung erfüllt, sind die Umweltaspekte für ihn „mehr wert" und er ist bereit, als Gegenleistung für ihre Erfüllung einen höheren Preis zu entrichten. Die gemeinschaftsrechtlichen Vergaberichtlinien zählen – ebenso wie die deutschen Verdingungsordnungen – die verschiedensten Gesichtspunkte auf, die zur Ermittlung des wirtschaftlichsten Angebots dienen sollen. Unter diesen befinden sich zweifelsohne auch andere Kriterien – wie eben das auch von Generalanwalt Mischo und dem EuGH genannte Kriterium der Ästhetik[490] -, die keinen unmittelbaren wirtschaftlichen Vorteil für den Auftraggeber mit sich bringen. Es ist daher unbedenklich, wenn ein öffentlicher Auftraggeber im Rahmen seiner Angebotswer-

---

484 EuGH, Urt. v. 17.9.2002, Rs. C-513/99, Slg. 2002, I-7213, Rn 55. In jüngster Zeit wurde diese Aussage durch das Gericht erster Instanz bestätigt: EuG, Urt. v. 25.2.2003, Rs. T-4/01, Rn 66 f.

485 So auch J.-P. Schneider, DVBl. 2003, 1186, 1190.

486 Die Koordinierung der Vergabeverfahren in den Mitgliedstaaten durch die VergabeRL dient der Beseitigung v. Hemmnissen für den freien Dienstleistungs- u. Warenverkehr; vgl. Rn 56 des Urteils des EuGH v. 17.9.2002, Rs. C-513/99 („Concordia"), Slg. 2002, I-7213.

487 Auf diese Vorschrift wird in Abschnitt C. I. ausführlich eingegangen.

488 EuGH, Urt. v. 17.9.2002, Rs. C-513/99, Slg. 2002, I-7213, Rn 57.

489 Ohne eine Vorwegnahme noch durchzuführender Untersuchungen sei an dieser Stelle ein Hinweis auf die Querschnittsklausel Umweltschutz des Art. 6 EG oder die Staatszielbestimmung Umweltschutz in Art. 20 a GG erlaubt.

490 Das in Zukunft auch für Bau- u. Lieferaufträge gilt (Art. 53 der neuen VergabeRL; RL 2004/18/EG v. 31.3.2004, ABl. EG Nr. L 134, S. 114 ff.).

tung Umweltschutzkriterien berücksichtigt, wie dies die Stadt Helsinki in ihrer Ausschreibung getan hat, auch wenn ihm diese keinen unmittelbaren, objektiv messbaren wirtschaftlichen Vorteil bringen[491].

Über das von dem EuGH angeführte Wortlautargument bzw. den Vergleich zum Kriterium der Ästhetik und den Hinweis auf Art. 6 EG hinaus sprechen weitere Gesichtspunkte gegen das Verlangen der Kommission, jedes einzelne Kriterium zur Ermittlung des wirtschaftlich günstigsten Angebots müsse einen unmittelbaren wirtschaftlichen Vorteil für den Auftraggeber mit sich bringen. Auch der Sinn und Zweck der Regelung der Vergaberichtlinien über die Zuschlagskriterien trägt diese Forderung nicht. Die Bestimmung über die Erteilung des Zuschlags regelt das Verfahren der qualitativen und quantitativen Beurteilung der angebotenen Leistung durch den ausschreibenden Auftraggeber, um Hemmnisse für den freien Dienstleistungs- und Warenverkehr innerhalb der Gemeinschaft zu beseitigen[492]. Mit diesem Ziel der Richtlinien ist es jedoch nicht unvereinbar, wenn auch solche Zuschlagskriterien zugelassen werden, die keinen wirtschaftlichen, sondern einen qualitativen Vorteil für den Auftraggeber mit sich bringen. Das Hauptaugenmerk der Vergaberichtlinien liegt auf der Transparenz der Vergabeverfahren und dem Verbot der Anwendung von willkürlichen Kriterien bzw. der Diskriminierung von Anbietern. Der Auftraggeber hat deshalb alle für die Wertung der Angebote maßgeblichen Kriterien bereits in der Bekanntmachung zu veröffentlichen und darf andere – später hinzugekommene – Kriterien nicht anwenden, um auf diese Weise bestimmte Bieter zu bevorzugen. Diesen Erfordernissen wird der Auftraggeber aber auch gerecht, wenn er Zuschlagskriterien veröffentlicht und anwendet, die einen deutlich subjektiven Einschlag haben (wie auch das Kriterium der Ästhetik) und sich nicht objektiv in einem wirtschaftlich messbaren Vorteil ausdrücken lassen.

Bestätigt wird diese Auffassung durch einen Blick auf das General Procurement Agreement (GPA), bei dem es sich um den EG-Vergaberichtlinien übergeordnetes Recht handelt[493]. Das GPA bestimmt in Art. XIII Abs. 4 lit. b, dass der Zuschlag entweder auf das niedrigste oder das anhand der vom Auftraggeber aufgestellten spezifischen Bewertungskriterien vorteilhafteste („most advantageous“) Angebot erfolgt[494]. Das GPA stellt folglich ebenfalls nicht zwingend auf einen wirtschaft-

491 Dem EuGH ebenfalls – allerdings in knapper Form – zust.: Burgi, in: Grabitz/Hilf B 13 Rn 43.

492 Diesen Zweck der EG-VergabeRL zur Koordinierung der mitgliedstaatlichen Vergabeverfahren hat der EuGH mehrfach betont, so auch in seinem Urt. v. 17.9.2002 in der Rs. C-513/99 („Concordia“), Rn 56.

493 S. o. A. I. in diesem Kapitel.

494 Dass es sich bei „most advantageous“ nicht um das „wirtschaftlich günstigste“ Angebot handelt, wird aus der Übersetzung des Begriffes „wirtschaftlich“ deutlich. Würde das GPA v. dem „wirtschaftlichsten“ Angebot sprechen, hieße es im englischen Text „economically advantageous“. Prieß/Pitschas, PPLR 2000, 171, 190, sind jedoch der Auffassung, dass obwohl Art. XIII Abs. 4 b) GPA nicht ausdrücklich v. „economically most advantageous tender“ spreche, dies in Wirklichkeit gemeint sei, da es keinen Sinn machen würde, zwei so fundamental unterschiedliche Zuschlagskriterien (niedrigster Preis oder vorteilhaftestes Angebot) in eine Bestimmung aufzunehmen.

lichen Vorteil für den Auftraggeber ab, sondern gibt diesem die Möglichkeit, „Kriterien für die Zuschlagserteilung einschließlich aller Gesichtspunkte, ausgenommen den Preis, die bei der Beurteilung der Angebote in Betracht zu ziehen sind“[495] aufzustellen und anhand dieser Kriterien das vorteilhafteste Angebot zu ermitteln bzw. darauf den Zuschlag zu erteilen. Wirtschaftliche Vorteile sind nicht erforderlich bzw. müssen vom Auftraggeber nicht nachgewiesen werden[496].

Der EuGH hat seine Rechtsprechung aus der Entscheidung Concordia Bus in einer weiteren Entscheidung Ende 2003, die sich mit der Ausschreibung von Öko-Strom befasst, fortgeführt[497]. In dem diesem Urteil zugrundeliegenden Fall hatte die Republik Österreich als Auftraggeberin in einem Offenen Verfahren die Lieferung von Elektrizität für ihre Verwaltungsdienststellen im Bundesland Kärnten ausgeschrieben. Als Zuschlagskriterium dienten zum einen der Preis pro kWh und zum anderen die Umweltgerechtigkeit der Stromlieferung. Während dem Kriterium des Preises in der Wertung ein Gewicht von 55% zukommen sollte, war der Auftraggeberin die Umweltgerechtigkeit 45% wert. Letztere sollte anhand der Höhe des Anteils an Energie aus erneuerbaren Energiequellen an der Gesamtmenge des von dem Lieferanten erzeugten bzw. gehandelten Stroms ermittelt werden. Die Ausschreibung wies folgende Besonderheit auf: Der von der Auftraggeberin benötigte Bedarf, der auf 22,5 GWh jährlich geschätzt worden war, sollte hierbei außer Betracht bleiben. Die Fähigkeit des Lieferanten, den Bedarf der Auftraggeberin zu decken, war vielmehr Mindestbedingung für die Teilnahme an dem Vergabeverfahren und als Ausschluss- bzw. Eignungskriterium ausgestaltet. Nachweise für die Angaben der Bieter bezüglich ihrer Öko-Strom-Mengen verlangte die Auftraggeberin überdies nicht. Die auf diese Ausschreibung hin von vier Energieversorgungsunternehmen bzw. Bietergemeinschaften abgegebenen Angebote enthielten überwiegend Tabellen, aus denen sich der Anteil des Öko-Stroms an der Gesamtmenge des von ihnen erzeugten bzw. gehandelten Stroms ergeben sollte. Die Antragstellerinnen des Nachprüfungsverfahrens vor dem österreichischen Bundesvergabeamt, die eine solche Tabelle nicht vorgelegt, sondern vielmehr allgemeine Angaben zu ihren Öko-Strom-Bezugsquellen gemacht hatten, erreichten bei beiden Zuschlagskriterien jeweils die geringste Punktzahl und besetzten in der Bieterliste mithin den letzten Platz. Mit ihrem Antrag begehrten sie insbesondere die Nichtigkeit der Entscheidung der Auftraggeberin, die Verfügbarkeit einer über den eigenen Bedarf hinausgehenden Menge an Energie aus erneuerbaren Energieträgern als Zuschlagskriterium vorzusehen.

495 Art. XII Abs. 2 lit. h GPA.

496 So auch Kunzlik, in: Public Procurement: Global Revolution, S. 199, 206; ders., in: OECD 2003, S. 163.

497 EuGH, Urt. v. 4.12.2003, Rs. C-448/01 („Wienstrom“); vgl. hierzu Anm. v. Dageförde, AbfallR 2004, S. 36 f.

Der EuGH, dem das österreichische Bundesvergabeamt vier Fragen vorgelegt hatte, billigte die Verwendung des Zuschlagskriteriums, das auf die Lieferung von Energie aus erneuerbaren Energiequellen abstellt und damit nicht unmittelbar einen wirtschaftlichen Vorteil für den öffentlichen Auftraggeber bezweckt[498]. Insoweit wiederholt der EuGH seine Rechtsprechung in Sachen Concordia Bus. Die von der Republik Österreich als Auftraggeberin vorgenommene Gewichtung des gewählten Kriteriums der Umweltgerechtigkeit der Leistung mit 45% erachtet der EuGH als angemessen. Dem gewählten Kriterium komme besondere Bedeutung zu, weil damit Ziele des Umweltschutzes: genauer: die Verringerung der Treibhausgasemissionen durch Vermehrung der Stromerzeugung aus erneuerbaren Energiequellen, zu der sich die EG und ihre Mitgliedstaaten verpflichtet hätten, verfolgt würden. Die Richtlinie 2001/77/EG[499] bringe überdies zum Ausdruck, dass die Förderung des Anteils erneuerbarer Energiequellen insbesondere durch Nutzung der Marktkräfte geschehen solle[500]. Dass das von der Auftraggeberin im konkreten Fall angewandte Umweltkriterium unter Umständen gar nicht geeignet war, das Ziel – Förderung der erneuerbaren Energien – zu erreichen, hält der EuGH für unbedenklich. Er erwähnt am Rande, dass allein diese Möglichkeit nicht zu einem Verstoß gegen Vergaberecht führe[501] und bejaht damit eine Art „Beurteilungsspielraum" des öffentlichen Auftraggebers im Hinblick auf die Geeignetheit des von ihm gewählten Zuschlagskriteriums.

Jedoch kritisierte der EuGH unter anderem, dass sich die Auftraggeberin zwar einerseits ausdrücklich gewillt zeigte, mit einem Bieter zu kontrahieren, der über mindestens die Menge Öko-Strom verfügte, der ihrem Gesamtstrombedarf entsprach, indem sie mit dem Ausschluss vom Vergabeverfahren drohte, und darüber hinaus den Zuschlag dem Bieter erteilen wollte, der über diesen Bedarf hinaus den größten Anteil Öko-Strom an seiner Gesamterzeugung bzw. -handelsmenge Strom aufweisen konnte, andererseits sich – so auch die Einlassung der Auftraggeberin im gerichtlichen Verfahren – nicht in der Lage sah, die Einhaltung dieser von ihr aufgestellten Anforderungen auch nachzuprüfen. So war in der Ausschreibung keinerlei Verpflichtung vorgesehen, etwa die Erzeugungs- bzw. Bezugsquellen des Öko-Stroms nachzuweisen. Der EuGH entschied, dass die Verwendung eines Zuschlagskriteriums ohne gleichzeitige Festlegung von Anforderungen, die eine effektive Prüfung der Richtigkeit der Angaben ermöglichen, gegen den Gleichbehandlungsgrundsatz verstößt, da eine solche Vorgehensweise nicht die von die-

498 EuGH, Urt. v. 4.12.2003, Rs. C-448/01, Rn 31 bis 34.

499 RL 2001/77/EG des EP u. des Rates v. 27.9.2001 zur Förderung der Stromerzeugung aus erneuerbaren Energiequellen im Elektrizitätsbinnenmarkt, ABl. L 284 v. 27.10.2001, S. 33 ff.

500 EuGH, Urt. v. 4.12.2003, Rs. C-448/01, Rn 40 bis 43.

501 EuGH, Urt. v. 4.12.2003, Rs. C-448/01, Rn 53.

sem Grundsatz geforderte objektive, einheitliche und transparente Anwendung der Zuschlagskriterien auf alle Bieter gewährleiste[502].

Die Entscheidung des EuGH ist nach Concordia Bus ein weiteres klares Bekenntnis zur Verwendung von Umweltschutzanforderungen als Zuschlagskriterium. Während es in der Entscheidung Concordia Bus noch um das „Ob" von Umweltanforderungen als Zuschlagskriterium ging, hat der EuGH in seiner Entscheidung vom 4.12.2003 unter anderem Aussagen zur Gewichtung eines solchen Kriteriums, mithin zu dem „Wie", getroffen. Wie auch in der Concordia-Entscheidung bezieht sich der EuGH – Generalanwalt Mischo folgend – dabei auf die Verpflichtungen der EG und ihrer Mitgliedstaaten aus dem Kyoto-Protokoll. Erneut zeigt der EuGH jedoch gleichzeitig bei der Verwendung von Umweltanforderungen bestehende Grenzen, die sich aus den Grundsätzen des Gemeinschaftsrechts und insbesondere aus dem Gleichbehandlungsgrundsatz ergeben, auf.

Offengelassen wurde durch den EuGH trotz dieser beiden Entscheidungen, ob öffentliche Auftrageber bei der Frage der Wirtschaftlichkeit auch die sog. externen Kosten berücksichtigen dürfen, die letztlich die Gesellschaft bezahlt, was von der Kommission verneint wird[503].

ccc. Auftragsbezogenheit der Wirtschaftlichkeitskriterien

Eine weitere, im Zusammenhang mit dem Zuschlagskriterium der Wirtschaftlichkeit diskutierte Frage lautet, ob die zur Ermittlung des wirtschaftlichsten Angebots heranzuziehenden Kriterien, die sog. Wirtschaftlichkeitskriterien, zwingend unmittelbar auf das zu liefernde Produkt bzw. die Ausführung des Bau- oder Dienstleistungsauftrags bezogen, d. h. rein auftragsbezogen zu verstehen sind. Hierfür spricht sich eine ganz überwiegende Mehrheit im Schrifttum und auch die EG-Kommission aus[504].

Eine abweichende Interpretation versteht die Vorschriften über den Zuschlag in den EG-Vergaberichtlinien hingegen gesamtwirtschaftlich und will volkswirtschaftliche Erwägungen bei der Frage der Wirtschaftlichkeit einfließen lassen[505].

---

502 EuGH, Urt. v. 4.12.2003, Rs. C-448/01, Rn 47 bis 51.

503 Komm., Interpret. Mitteilung v. 4.7.2001, (s. o. Fn 12), S. 20. Die Komm. definiert externe Kosten als „Vorteile u. Nachteile, die der Verursacher oder Nutznießer nicht unter normalen Marktbedingungen bezahlt, sondern die entstehen, wenn sich soziale oder wirtschaftliche Tätigkeiten einer Gruppe v. Menschen auf eine andere Gruppe auswirken u. wenn die erste Gruppe die Auswirkung nicht voll ausgleicht".

504 Götz, Öffentliche Beschaffungsmärkte, S. 158; Kayser, S. 59 f.; Kling, S. 179 ff.; Neßler, DÖV 2000, 145, 149; Stolz, S. 101; Komm., Interpret. Mitteilung v. 4.7.2001, (s. o. Fn 12), S. 20.

505 So klingt es bei Flach, S. 107, an, wo es heißt: „Ein Auftraggeber kann die genannten volkswirtschaftlichen Vorteile allenfalls implizit beim Kriterium 'wirtschaftlich günstigstes Angebot' durch die Gewichtung der einzelnen Auswahlkriterien sowie durch Bewertung der Angebote berücksichtigen". Im Wesentlichen werden die Regelungen zu den Zuschlagskriterien v. dem Umwelt- u. dem RechtsA. des EP in dieser Weise interpretiert, die eine entspr. Klarstellung im Verfahren zur Novellierung der VergabeRL forderten; hierauf wird bei der nachfolgenden Darstellung des Novellierungsverfahrens im Einzelnen eingegangen.

Diese Interpretation würde es beispielsweise ermöglichen, die Wirtschaftlichkeit von Angeboten auch anhand von Umständen gesellschaftspolitischer Relevanz zu berücksichtigen[506].

Während die Regeln über die Zuschlagskriterien in Art. 30 Abs. 1 lit. a RL 93/37/EWG und Art. 36 Abs. 1 lit. a RL 92/50/EWG eindeutig für die erstgenannte Auffassung sprechen, da es sich nach ihnen um „verschiedene, auf den Auftrag bezogene Kriterien" handeln muss, scheint Art. 26 Abs. 1 lit. b RL 93/36/EWG („verschiedene Kriterien, die je nach Auftrag wechseln") für beide Interpretationen offen zu sein[507]. Die in der RL 93/36/EWG sodann im Einzelnen aufgelisteten Wirtschaftlichkeitskriterien sind jedoch sämtlich auftragsbezogen zu verstehen (Preis, Lieferfrist, Rentabilität, Qualität, Ästhetik, Zweckmäßigkeit, technischer Wert, Kundendienst, technische Hilfe). Es erscheint folgerichtig, diese Reihe nur durch weitere auftragsbezogene Kriterien zu ergänzen[508], da dies ganz offenkundig von den Vergaberichtlinien bezweckt ist.

Die erstgenannte Auffassung wurde vom EuGH mehrfach, unter anderem in seiner Entscheidung vom 17.9.2002 in Sachen „Concordia Bus" bestätigt[509]. Dort heißt es in Rn 59 schlicht:

> „Da ein Angebot sich notwendigerweise auf den Auftragsgegenstand bezieht, müssen auch die Zuschlagskriterien, die nach dieser Vorschrift festgelegt werden können, mit dem Auftragsgegenstand zusammenhängen."[510]

In seiner Entscheidung vom 4.12.2003 in Sachen „Wienstrom"[511] hat der EuGH dementsprechend die Ausgestaltung des Zuschlagskriteriums durch die Auftraggeberin „Anteil der lieferbaren Energie aus erneuerbaren Energieträgern an der über den eigenen Bedarf hinausgehenden Gesamthandelsmenge", wodurch letztlich Punkte für die Fähigkeit der Bieter, Öko-Strom an andere Kunden zu liefern, vergeben wurden, nicht gebilligt. Hier verneinte der EuGH den erforderlichen Zusammenhang des Kriteriums zum Auftragsgegenstand, da es sich gerade nicht auf die von ihm selbst benötigte Menge Strom, den Auftragsgegenstand, bezog.

---

506 Vgl. in d. Zusammenhang Pietzcker, ZHR 162 (1998), S. 464 ff.; Byok, in: Grabitz/Hilf B 14 Rn 25.

507 Hierauf weist zu Recht Kling, S. 177 ff. hin.

508 So auch Kling, S. 178.

509 EuGH, Urt. v. 17.9.2002, Rs. C-513/99, vgl. Fn 12.

510 Als weitere Anforderungen an die Verwendung v. Umweltschutzkriterien als Wirtschaftlichkeitskriterium nennt der EuGH, dass diese Kriterien dem Auftraggeber keine uneingeschränkte Entsch.freiheit einräumen dürfen, im Leistungsverzeichnis oder in der Bek. des Auftrags ausdrücklich genannt sein müssen u. bei ihnen alle wesentlichen Grundsätze des Gemeinschaftsrechts, vor allem das Diskriminierungsverbot, beachtet werden. (EuGH, Urt. v. 17.9.2002, Rs. C-513/99, s. o. Fn 12, Rn 64).

511 S. o. Fn 497.

dd. Ergebnis

Die Vorschriften der EG-Vergaberichtlinien zur Leistungsbeschreibung stehen einer Berücksichtigung von Umweltbelangen nicht generell entgegen. Es ist jedoch bei der Formulierung der Leistungsbeschreibung darauf zu achten, dass diese nicht so eng formuliert ist, dass ganz bestimmte umweltfreundliche Produkte oder Hersteller bevorzugt werden. Ferner müssen die Umweltanforderungen einen Bezug zum nachgefragten Produkt bzw. zu der nachfragten Leistung haben. Bei der Leistungsbeschreibung bzw. der Formulierung der Technischen Spezifikationen dürfen öffentliche Auftraggeber bestimmte Ausgangsstoffe bzw. -materialien vorsehen. Sie dürfen ferner bestimmte Herstellungsverfahren vorgeben, solange sich diese im Produkt selbst niederschlagen. Sie dürfen umweltfreundliche Varianten vorsehen und die Einhaltung der Kriterien für Umweltzeichen fordern.

Die EG-Vergaberichtlinien regeln abschließend die Gründe, bei deren Vorliegen Bieter von dem Vergabeverfahren auszuschließen sind und die Nachweise, die vom ausschreibenden Auftraggeber als Beleg der technischen Leistungsfähigkeit gefordert werden dürfen. Darüber hinaus regeln sie abschließend, dass der Zuschlag entweder auf das Angebot mit dem niedrigsten Preis oder das wirtschaftlich günstigste Angebot erfolgen muss. Nicht abschließend geregelt hingegen ist der Katalog der Nachweise, die vom Auftraggeber als Beleg der finanziellen und wirtschaftlichen Leistungsfähigkeit des Bieters verlangt werden können. Ebenfalls nicht abschließend und damit erweiterungsfähig ist der Katalog der sog. Wirtschaftlichkeitskriterien, die dazu dienen, das wirtschaftlich günstigste Angebot zu identifizieren. Im Rahmen der Wirtschaftlichkeit sind Umwelteigenschaften, die auf den Auftrag bezogen sind, zulässig. Sie müssen nicht unmittelbar einen wirtschaftlichen Vorteil für den öffentlichen Auftraggeber mit sich bringen.

Öffentliche Auftraggeber können daher Umweltaspekte zum einen mit den von den Richtlinien vorgesehenen Mitteln verfolgen, haben aber zum anderen in bestimmten Bereichen einen Freiraum für eigene Mittel. Im Bereich der Ausschlussgründe und der Nachweise für die technische Leistungsfähigkeit müssen öffentliche Auftraggeber darauf achten, dass sie sich auf die genannten Gründe bzw. Mittel beschränken. Im Rahmen der Beurteilung der wirtschaftlichen bzw. finanziellen Leistungsfähigkeit dürfen sie auch nicht aufgeführte Nachweise verlangen, die nach ihrer Auffassung dazu geeignet sind, Umweltaspekte zu verfolgen. Sie dürfen überdies Umweltanforderungen als Kriterien zur Beurteilung des wirtschaftlich günstigsten Angebots formulieren. Ein unmittelbarer wirtschaftlicher Vorteil muss damit für sie zwar nicht verbunden sein, sie dürfen aber andererseits auch nicht volkswirtschaftliche Erwägungen verfolgen. Schließlich müssen sie sicherstellen, dass sie die Einhaltung der von ihnen aufgestellten (Umwelt-)

Anforderungen durch die Auftragnehmer einer wirksamen Kontrolle unterziehen, indem sie geeignete und nachprüfbare Nachweise verlangen und prüfen.

2. Zukünftige Ausgestaltung der EG-Vergaberichtlinien

Die EG-Vergaberichtlinien sind kürzlich in einem nahezu vier Jahre dauernden Verfahren vom Gemeinschaftsgesetzgeber umfassend überarbeitet worden[512]. Die umweltpolitisch motivierte Berücksichtigung von Umweltaspekten im Vergabeverfahren war Gegenstand einer das gesamte Richtliniengebungsverfahren durchziehenden und den Abschluss verzögernden Auseinandersetzung zwischen den Institutionen der Gemeinschaft[513]. Auch in der Vergangenheit hat es zwischen den europäischen Institutionen Meinungsverschiedenheiten zu der Frage der Einbeziehung von Umweltaspekten gegeben. Die in der Vergangenheit von den Organen eingenommenen Positionen sollen nachfolgend zunächst dargestellt werden, um anschließend ausführlich auf das aktuelle Rechtssetzungsverfahren einzugehen und auf diese Weise einen Überblick über die zukünftige Ausgestaltung des Vergaberechts im Hinblick auf Umweltanforderungen zu erhalten.

a. Frühere Positionen der Organe der Gemeinschaft

aa. EG-Kommission

Die EG-Kommission hat sich bereits früh eingehend mit der Thematik der vergabefremden Kriterien respektive der Berücksichtigung von Umweltschutzaspekten im Vergabeverfahren befaßt und hier eine moderate bis positive Haltung eingenommen[514]. Im Jahre 1989 hat die Kommission sich in einer Mitteilung zu den seinerzeit von ihr „Auftragsbedingungen" genannten zusätzlichen Bedingungen des öffentlichen Auftraggebers für die Vergabe eines öffentlichen Auftrags geäußert[515]. Die Kommission nahm hier die sogenannte „Beentjes"-Entscheidung des EuGH[516] zum Anlass, „mehrere interessante Fragen" aufzuwerfen. Bei ihrer Beantwortung stellte sie fest, dass es Mitgliedstaaten und deren öffentlichen Auftrag-

---

512 Vgl. hierzu Fn 79.

513 S. o. Fn 79.

514 So auch Burgi, NZBau 2001, 64, 65 u. Schumacher, DVBl. 2000, 470.

515 Mitteilung der Komm. v. 22.9.1989, ABl. C 311/7.

516 Urt. des EuGH v. 20.9.1988 – Rs. 31/87 -, („Beentjes"). In dieser Rs. wurde der EuGH ersucht, sich zur Vereinbarkeit einer Bedingung für die Vergabe eines öffentlichen Bauauftrages, wonach sich der Auftragnehmer verpflichten mußte, eine bestimmte Zahl v. Langzeitarbeitslosen zu beschäftigten, mit dem Gemeinschaftsrecht zu äußern (vgl. Fn 443).

gebern freistehe, soziale Ziele zu verfolgen, solange sie die Bestimmungen des EG-Vertrages und der EG-Vergaberichtlinien einhielten, was im Übrigen eine Frage des Einzelfalles sei. Die Kommission bezweifelte im Weiteren zwar die Nützlichkeit eines derartigen politischen Instruments, unter anderem weil dieses aufgrund der erforderlichen Einzelfallprüfung mit einem erheblichen Unsicherheitsfaktor behaftet sei, sprach sich jedoch letztlich nicht dagegen aus.

In ihrem Grünbuch aus dem Jahre 1996[517], das die Kommission vorlegte, weil das öffentliche Beschaffungswesen zum einen ein erhebliches Umsetzungsdefizit aufwies und zum anderen die wirtschaftlichen Auswirkungen der Gemeinschaftspolitik in diesem Bereich (Preiskonvergenz, Wachstum des grenzüberschreitenden Handels und Anzahl der Unternehmen, die an öffentlichen Aufträgen teilnahmen) hinter den Erwartungen zurückgeblieben waren[518], behandelt die Kommission erstmals auch die Verknüpfung des Vergabewesens mit der Umweltpolitik. Hier stellt sie fest, dass die EG-Vergaberichtlinien den öffentlichen Stellen in der Tat einen gewissen Spielraum für die Förderung umweltgerechten Verhaltens ließen, der von den öffentlichen Auftraggebern in den Mitgliedstaaten auch bereits genutzt würde[519]. Im Folgenden stellt sie verschiedene Möglichkeiten für die Berücksichtigung von Umwelterwägungen dar[520]. Auf der Basis der Reaktionen zu diesem Grünbuch formulierte die Kommission 1998 Maßnahmenvorschläge bzw. zeigte die zukünftige Entwicklung der Unionspolitik im öffentlichen Auftragswesen auf[521]. In diesem Zusammenhang erinnerte die Kommission an die bereits im Grünbuch genannten Möglichkeiten[522] und sprach sich für eine „bestmögliche Berücksichtigung von Umweltbelangen im Rahmen des Beschaffungswesens" aus[523]. Mit dem Ziel, diese bestmögliche Berücksichtigung zu ermöglichen, gab die Kommission im Juli 2001 eine sogenannte „Interpretierende Mitteilung"[524] heraus, die das geltende Gemeinschaftsrecht analysiert. In diesem Papier fordert die Kommission sogar, der Rechtsrahmen des öffentlichen Auftragswesens müsse neben seinem primär wirtschaftlichen Ziel Umweltbelange mit berücksichtigen[525].

---

517 Grünbuch „Das öffentliche Auftragswesen in der Europäischen Union: Überlegungen für die Zukunft" v. 27.11.1996 (vgl. Fn 453).

518 Grünbuch v. 27.11.1996 (vgl. Fn 453), S. I.

519 Grünbuch v. 27.11.1996 (vgl. Fn 453), S. 50, 51.

520 Grünbuch v. 27.11.1996 (vgl. Fn 453), S. 51, 52.

521 Mitteilung der Komm. v. 11.3.1998, Fn 477.

522 Mitteilung v. 11.3.1998 (vgl. Fn 477), S. 31.

523 Mitteilung v. 11.3.1998 (vgl. Fn 477), S. 32.

524 Interpret. Mitteilung der Komm. v. 4.7.2001 (vgl. Fn 12).

525 Interpret. Mitteilung der Komm. v. 4.7.2001 (vgl. Fn 12), S. 5.

bb. Europäisches Parlament und Rat

Das Europäische Parlament hat in vergangenen Novellierungsverfahren wiederholt versucht, vergabefremde Aspekte und auch die Berücksichtigung des Umweltschutzes[526] in den Richtlinien ausdrücklich zu normieren[527], was der Rat jedoch vermeiden wollte[528]. Die Vorschläge des Parlaments fanden daher meist keinen Anklang und da das Parlament im Verfahren der Zusammenarbeit[529] lediglich die Möglichkeit der Stellungnahme (zum Vorschlag der Kommission und zum Gemeinsamen Standpunkt des Rates), nicht aber die Kompetenz hat, seine Vorstellungen gegenüber dem Rat, der letztlich die Richtlinie beschließt, durchzusetzen, blieben diese Vorstöße ohne Erfolg.

b. Vorschlag der Kommission für eine neue Vergaberichtlinie vom 10.5.2000

aa. Allgemeines

Die Kommission hat am 10.5.2000 einen Vorschlag für eine neue Vergaberichtlinie vorgelegt[530]. Augenfälligste Neuerung ist die Zusammenfassung der drei klassischen Richtlinien für Bau-, Liefer- und Dienstleistungsaufträge[531] in einem Text, wobei deren Grundstruktur jedoch erhalten bleiben soll. Die Kommission verfolgt mit ihrem vorgelegten Richtlinienentwurf das Ziel, die Anwendung des europäischen Vergaberechts zu vereinfachen, indem sie die bestehenden Texte neu gliedert[532] und klarer formuliert. Die inhaltlichen Änderungen dienen der Modernisierung, Vereinfachung und Flexibilisierung des Vergabeverfahrens unter anderem durch die Einführung elektronischer Beschaffungsmechanismen und eines

526 So der Ausschluss v. Teilnehmern am Vergabeverfahren, die nachweislich die umweltrechtlichen Bestimmungen nicht erfüllen können; Änderung Nr. 84 des EP zum Vorschlag der Komm. für eine RL des Rates über die Koordinierung der Verfahren zur Vergabe öffentlicher Dienstleistungsaufträge aus dem Jahre 1990, KOM [90] 372 endg., ABl. EG Nr. C 159/90, S. 101.

527 Insoweit eine Parallele zum Gesetzgebungsverf. des VgRÄG (s. o. S. 34 ff.).

528 Vgl. die Darstellung bei Benedict, Sekundärzwecke, S. 86 ff.

529 Art. 252 EG.

530 Komm., Vorschlag für eine RL des EP u. des Rates über die Koordinierung der Verfahren zur Vergabe öffentlicher Lieferaufträge, Dienstleistungsaufträge u. Bauaufträge v. 10.5.2000 (KOM (2000) 275 endg.)

531 RL 93/37/EWG des Rates v. 14.6.1993 zur Koordinierung der Verfahren zur Vergabe öffentlicher Bauaufträge; RL 93/36/EWG des Rates v. 14.6.1993 über die Koordinierung der Verfahren zur Vergabe öffentlicher Lieferaufträge; RL 92/50/EWG des Rates v. 18.6.1992 über die Koordinierung der Verfahren zur Vergabe öffentlicher Lieferaufträge.

532 Die Komm. sieht sechs Titel vor: (1) Definitionen und allgemeine Grundsätze, (2) Regeln für das öffentliche Auftragswesen, (3) Besondere oder ausschließliche Rechte, (4) Regelungen für Wettbewerbe im Dienstleistungsbereich, (5) Regelungen für Konzessionen, (6) Statistische Pflichten, Durchführungsbefugnisse u. Schlussbestimmungen.

weiteren, flexibleren Vergabeverfahrens für besonders komplexe und sich ständig entwickelnde Märkte wie etwa den der Spitzentechnologie („Dialogverfahren") sowie durch die Möglichkeit, für wiederkehrende Beschaffungen Rahmenvereinbarungen zu verwenden[533].

bb. Für die Berücksichtigung von Umweltaspekten im Vergabeverfahren relevante Normen

Für die Einbeziehung von Umweltaspekten hat die Kommission in diesem ersten Richtlinienentwurf nur sehr eingeschränkt Raum geschaffen:

aaa. Auftragsausführungsbedingungen

In Artikel 23 Abs. 3 ihres Vorschlags gibt die Kommission die bereits im Jahr 1988 vom EuGH ins Leben gerufenen[534] sogenannten „zusätzlichen Auftragsausführungsbedingungen" wieder, die in dem von dem EuGH entschiedenen Fall soziale Zwecke betrafen, aber auch für den Umweltschutz genutzt werden können. Nach Art. 23 Abs. 3 kann ein Auftraggeber zusätzliche Bedingungen zur Ausführung des Auftrags verlangen, sofern diese mit dem Gemeinschaftsrecht vereinbar sind[535].

In der dieser Norm zuzuordnenden Erwägung 22 zur Richtlinie stellt die Kommission klar, dass Bedingungen zur Ausführung des Auftrags mit der Richtlinie dann vereinbar sind, wenn sie nicht unmittelbar oder mittelbar zu einer Diskriminierung der Bieter aus anderen Mitgliedstaaten führen und in der Bekanntmachung der Ausschreibung zwingend angegeben sind[536]. Die Bedingungen könnten insbesondere das Ziel verfolgen, Arbeit von benachteiligten oder ausgeschlossenen Personen zu fördern oder gegen Arbeitslosigkeit zu kämpfen. Auch in dieser Erwägung gibt die Kommission die Rechtsprechung des EuGH wieder[537].

bbb. Umwelteigenschaften des Auftragsgegenstandes

Umweltaspekte werden von der Kommission in ihrem Richtlinienvorschlag ausdrücklich nur in Art. 53 Abs. 1 lit. b) angesprochen. Die Vorschrift hat folgenden Wortlaut:

533 Begr. der Komm. zu ihrem Vorschlag für eine RL des EP u. des Rates. 10.5.2000, KOM (2000) 275 endg., S. 2 – 12 u. Pressemitt. der Komm. v. 10.5.2000, IP/00/461.

534 EuGH, Urt. v. 20.9.1988, Rs. 31/87, Slg. I 1988, S. 4635 („Beentjes"); vgl. hierzu Fn 443.

535 RL-Vorschlag der Komm. v. 10.5.2000, KOM (2000) 275 endg., S. 54.

536 RL-Vorschlag der Komm. v. 10.5.2000, KOM (2000) 275 endg., S. 37.

537 Vgl. Fn 443.

„Der Auftraggeber wendet unbeschadet der für die Vergütung von bestimmten Leistungen geltenden einzelstaatlichen Rechts- und Verwaltungsvorschriften bei der Erteilung des Zuschlags folgende Kriterien an:
a) ...
b) oder – wenn der Zuschlag auf das für den Auftraggeber wirtschaftlich günstigste Angebot erfolgt – mehrere Kriterien, die [Anm. d. Verf.: objektiv] im direkten Zusammenhang mit dem Auftragsgegenstand stehen, z. B. Qualität, Preis, technischer Wert, Ästhetik, Zweckmäßigkeit, Umwelteigenschaften, Betriebskosten, Rentabilität, Kundendienst und technische Hilfe, Lieferzeitpunkt und Frist für die Lieferung bzw. die Ausführung der Bauleistungen."[538]

c. Eigene Stellungnahme zum Richtlinienvorschlag der EG-Kommission

In ihrer Interpretierenden Mitteilung aus dem Jahre 2001[539] hatte die Kommission dargelegt, dass die geltenden Vergaberichtlinien keinen ausdrücklichen Verweis auf den Umweltschutz enthielten, was im Hinblick auf den Zeitpunkt ihrer Verabschiedung jedoch nicht überrasche. Seitdem habe es auf dem Gebiet des Umweltschutzes jedoch einige Veränderungen gegeben. So habe der Vertrag von Amsterdam der Berücksichtigung von Umweltschutzerfordernissen in der Gemeinschaftspolitik einen höheren Stellenwert verliehen. Die Kommission hatte ferner darauf hingewiesen, dass auf ihren Vorschlag im Sechsten Umweltaktionsprogramm für die Jahre 2001 bis 2010 das Vergabewesen als ein Bereich genannt werde, der einen beträchtlichen Beitrag zu einem umweltfreundlichen Markt leisten könnte, wenn die Auftraggeber die Umweltleistung als Beschaffungskriterium heranziehen würden. Die Kommission hatte deshalb gefordert, dass der Rechtsrahmen des öffentlichen Auftragswesens neben seinem primär wirtschaftlichen Ziel Umweltbelange mit berücksichtigen müsse. Des Weiteren hatte sie festgestellt, dass für öffentliche Auftraggeber oft nicht klar sei, inwieweit die Berücksichtigung von Umweltschutzbelangen in öffentlichen Beschaffungen möglich sei. Sie hatte abschließend daran erinnert, dass sie in einem Papier zu Auslegungsfragen keine Lösungen vorschlagen könne, die über das geltende Vergaberecht hinausgingen.

Gerade diese Möglichkeit hätte sich der Kommission nunmehr im Zuge der Novellierung der Vergaberichtlinien geboten. Angesichts der Ausführungen der Kommission in ihrer Interpretierenden Mitteilung verwundert es, dass sie in ihrem ersten Richtlinienvorschlag Umweltbelange nicht deutlicher und zahlreicher berücksichtigt hat. Die Kommission beschränkt sich stattdessen auf eine

538 RL-Vorschlag der Komm. v. 10.5.2000, KOM (2000) 275 endg., S. 75.

539 Interpret. Mitteilung der Komm. v. 4.7.2001 (vgl. Fn 12).

Wiedergabe der Rechtsprechung des EuGH in Sachen Beentjes. Auch die Aufzählung des Kriteriums „Umwelteigenschaften des Auftragsgegenstands" für die Beurteilung der Wirtschaftlichkeit der Gebote stellt nichts Neues dar. Die Kommission ging nämlich bereits in ihrer Interpretierenden Mitteilung selbst davon aus, dass Umweltbelange zwar bisher als Wirtschaftlichkeitskriterium nicht ausdrücklich genannt seien, dass jedoch die entsprechenden Bestimmungen der Vergaberichtlinien über die Zuschlagskriterien dahingehend ausgelegt werden müssten, dass die Berücksichtigung von Umweltbelangen in die Festlegung spezifischer Zuschlagskriterien münden könnten. Umwelteigenschaften eines Produkts oder einer Dienstleistung seien damit genauso einzustufen wie die ausdrücklich in den Richtlinien genannten Kriterien der Ästhetik und Zweckmäßigkeit[540].

Zusammenfassend lässt sich an dieser Stelle festhalten, dass der erste Richtlinienvorschlag der Kommission in Widerspruch zu ihren Ausführungen in der Mitteilung vom 4.7.2001 steht[541]. Offensichtlich wollte die Kommission eine Aufnahme der Umweltaspekte in die Vergaberichtlinien vermeiden und sich stattdessen auf rechtlich unverbindliche Stellungnahmen[542] beschränken.

d. Stellungnahme des Ausschusses der Regionen vom 13.12.2000 zum Richtlinienvorschlag der EG-Kommission

Der Ausschuss der Regionen wurde aufgrund Ratsbeschlusses vom 8.9.2000 gemäß Art. 265 Abs. 1 EG um eine Stellungnahme zu dem Vorschlag der Kommission ersucht[543]. In dem am 13./14.12.2000 verabschiedeten Positionspapier[544] bringt der Ausschuss zwar seine Anerkennung zum Ausdruck, dass die Kommission sich um mehr Flexibilität, Modernisierung und Vereinfachung der Vergabebestimmungen bemüht habe. Er hält andererseits jedoch die Pläne der Kommission, Umweltaspekte bei der Auftragsvergabe nur in unverbindlichen, interpreta-

540 Interpret. Mitteilung der Komm. v. 4.7.2001 (vgl. Fn 12), S. 20 ff.

541 Auch Krohn, S. 61, vermag kein „völlig einheitliches Bild" anhand der Verlautbarungen der Komm. zu erkennen, ohne sich hierbei auf den Entw. für die neue VergabeRL zu beziehen.

542 Die sog. „Interpretierende Mitteilung" dürfte als eine „informelle Organhandlung" (nach der Terminologie v. Ipsen, S. 483), als ein „ungekennzeichneter Rechtsakt" (so wohl die moderne Terminologie, etwa bei Schweitzer/Hummer, Rn 412, oder bei Ruffert, in Callies/Ruffert, Art. 249 Rn 13) ohne rechtliche Verbindlichkeit zu qualifizieren sein (Dageförde, NZBau 2002, 597, 598).

543 Der A. der Regionen wurde mit dem Vertrag v. Maastricht errichtet. Er vertritt die regionalen u. kommunalen Gebietskörperschaften u. muss in sämtlichen Bereichen, die Auswirkungen auf die regionale u. kommunale Ebene haben könnten, obligatorisch befasst werden. Anfangs waren die Befugnisse des A. auf fünf Bereiche beschränkt: wirtschaftlicher u. sozialer Zusammenhalt, transeuropäische Infrastrukturnetze, Gesundheitswesen, Bildung u. Kultur. Durch den Vertrag v. Amsterdam wurden dem A. der Regionen fünf neue Bereiche übertragen (Beschäftigungspolitik, Sozialpolitik, Umwelt, Berufsbildung u. Verkehr). Neben der Komm. u. dem Rat kann ihn nun auch das EP befassen. Darüber hinaus kann der A. der Regionen jederzeit Initiativstellungnahmen abgeben.

544 ABl. C 144 v. 16.5.2001, S. 23 ff.

tiven Dokumenten zu behandeln, für unzureichend und plädiert für eine Behandlung dieser „grundlegenden Frage" in der neuen Vergaberichtlinie. Diese müsse ausdrücklich vorsehen, dass öffentliche Auftraggeber bei der Ausschreibung umweltbezogene Kriterien anwenden könnten. Rein wirtschaftliche Kriterien dürften nicht allein maßgeblich für die Bestimmung des besten und günstigsten Angebots sein[545].

Konkret empfiehlt der Ausschuss der Regionen, die Eignung der Bieter auch anhand ihrer Umweltmanagementpolitik zu beurteilen. Die Auftraggeber müssten „unbedingt die Möglichkeit haben, in der Phase der Auswahl nach Eignungskriterien auch anderweitige Informationen zu verlangen"[546]. Der Ausschuss kritisiert die von der Kommission vorgeschlagene Fassung des Art. 53 Abs. 1 lit. b), wonach die Umwelteigenschaften des Auftragsgegenstandes mit diesem „in einem direkten Zusammenhang stehen" müssten. Diese „neue" Bestimmung hindere die öffentlichen Auftraggeber, Umweltschutzanforderungen an Herstellungsverfahren zu stellen. Es sei jedoch entscheidend, dass bei der Vergabe öffentlicher Aufträge objektive Anforderungen an die gesamte, von einem Unternehmen oder seinem Produkt ausgehende Umweltbelastung gestellt werden könnten[547].

Abschließend meint der Ausschuss der Regionen, der Richtlinienvorschlag der Kommission ziele teilweise sogar auf eine Verschärfung der bereits bestehenden Bestimmungen ab und würde der immer wieder geforderten Einbeziehung von Umweltschutzkriterien nicht gerecht. Ein öffentlicher Auftraggeber, der z.B. Gemüse aus ökologischem Anbau oder nicht hormonbehandeltes Fleisch erwerben wolle, müsse das Recht dazu haben, in der Leistungsbeschreibung auf bestehende Umweltzeichen und Zertifizierungssysteme zurückzugreifen. Dieses Recht scheine die Kommission in ihrer Mitteilung zur umweltgerechten Auftragsvergabe[548] und durch die strikteren Bestimmungen ihres Richtlinienvorschlags in gewissem Umfang in Frage zu stellen[549].

e. Stellungnahme des Europäischen Wirtschafts- und Sozialausschusses vom 27.4.2001 zum Richtlinienvorschlag der Kommission

Ebenfalls mit Beschluss vom 8.9.2000 hat der Rat den Wirtschafts- und Sozialausschuss der Europäischen Union gem. Art. 47 Abs. 2, 55 und 95 EG um eine Stel-

545 ABl. C 144, S. 24.

546 ABl. C 144, S. 26.

547 ABl. C 144, S. 26.

548 Gemeint ist wohl die Interpret. Mitteilung v. 4.7.2001 (vgl. Fn 12).

549 ABl. C 144, S. 28.

lungnahme zum Richtlinienvorschlag der Kommission ersucht[550]. Diese wurde vom Ausschuss am 25./26.4.2001 verabschiedet. Der Wirtschafts- und Sozialausschuss begrüßt die angestrebte Vereinfachung des geltenden Rechtsrahmens, regt jedoch Änderungen zum Kommissionsentwurf an[551].

So spricht sich der Wirtschafts- und Sozialausschuss ebenfalls dafür aus, dass öffentliche Auftraggeber bei der Bewertung der Angebote ökologische Faktoren berücksichtigen dürften, sofern der Gleichbehandlungsgrundsatz und die geltenden nationalen und europäischen Umweltrechtsvorschriften eingehalten würden[552]. Der Ausschuss wirft ferner die Frage auf, warum in dem Richtlinienvorschlag keine Umweltfragen angesprochen würden, obwohl diese für die Zukunft Europas eine entscheidende Rolle spielten[553]. Er schlägt in diesem Zusammenhang vor, dass die Berücksichtigung von Umweltkriterien, die „in vernünftiger Weise mit dem Auftrag vereinbar sind und unmittelbar auf die zu beschaffenden Produkte/Leistungen bezogen sein müssen", in Art. 53 des Richtlinienentwurfs genauer dargelegt werden könnten. Ihre Berücksichtigung sei nur dann erforderlich, wenn sie für die ökologischen Auswirkungen auch entscheidend seien. Der Ausschuss schlägt ferner vor, in der Richtlinie festzulegen, dass ein Bieter auch dann vom Verfahren ausgeschlossen werden könne, wenn ein gravierender Verstoß gegen Umweltrechtsnormen festgestellt wurde[554]. Dies sei nach den geltenden Richtlinien zwar bereits möglich, doch würde eine Aufnahme in die Richtlinie den Aspekt noch verstärken und verdeutlichen.

f. Weiterer Verlauf des Verfahrens zum Erlass der Vergaberichtlinie

aa. Allgemeines

Da die Richtlinie im Kooperationsverfahren gemäß Art. 252 EG[555] erlassen wird, hat die Kommission ihren Vorschlag dem Europäischen Parlament am 11.7.2000

550 Der Wirtschafts- u. SozialA ist ein beratendes Organ der Union, der mit seinen 222 Mitgliedern organisierte Bürgerschaften wie etwa Arbeitgeber u. Arbeitnehmer, Umweltschützer, Landwirte oder KMU vertritt. Zu den drei Hauptaufgaben des A. gehört die Beratung der drei großen Institutionen Rat, Komm. u. EP.

551 Stellungnahmen des Wirtschafts- u. SozialA v. 26.4.2001, CES 515/2001, S. 2 (im Volltext auf der website des A., www.esc.eu.int, abrufbar).

552 Stellungnahme des Wirtschafts- u. SozialA v. 27.4.2001, S. 3 (Ziff. 2.3).

553 Stellungnahme des Wirtschafts- u. SozialA v. 27.4.2001, S. 4 (Ziff. 2.5).

554 Stellungnahme des Wirtschafts- u. SozialA v. 27.4.2001, S. 11 (Ziff. 4.9.3).

555 Ex Art. 189 c.

zur Anhörung in 1. Lesung unterbreitet[556]. Das Parlament leitete den Vorschlag an den Ausschuss für Recht und Binnenmarkt (nachfolgend: Rechtsausschuss) als federführenden Ausschuss sowie an den Ausschuss für Wirtschaft und Währung, den Ausschuss für Industrie, Außenhandel, Forschung und Energie, den Ausschuss für Beschäftigung und Soziale Angelegenheiten sowie den Ausschuss für Umweltfragen, Volksgesundheit und Verbraucherpolitik (nachfolgend: Umweltausschuss) als mitberatende Ausschüsse weiter[557]. Diese beurteilten den Vorschlag der Kommission in der Frage der Einbeziehung des Umweltschutzes als „nicht in jeder Hinsicht zufriedenstellend"[558] oder gar als „unzulänglich"[559]. Der Rechtsausschuss hat daher in seinem an das Europäische Parlament gerichteten Bericht vom 29.10.2001 insgesamt 117 Änderungsanträge eingebracht, die größtenteils auf Vorschläge der mitberatenden Ausschüsse für Wirtschaft und Währung[560], für Industrie, Außenhandel, Forschung und Energie[561], für Beschäftigung und Soziale Angelegenheiten[562] und des Umweltausschusses[563] zurückgingen. Das Europäische Parlament beschloss in seiner Sitzung am 17.1.2002 insgesamt 103 Änderungsanträge, von denen 15 Umweltaspekte betrafen[564].

Die Kommission hat von der Möglichkeit, ihren ursprünglichen Vorschlag nach der ersten Lesung im Parlament zu ändern und damit die anschließende erste Lesung im Rat auf eine neue Grundlage zu stellen[565], Gebrauch gemacht und am 6.5.2002 einen geänderten Vorschlag für eine Richtlinie vorgelegt[566].

Über diesen geänderten Vorschlag erzielte der Rat der Europäischen Union am 21.5.2002 eine sogenannte „Politische Einigung", die am 28.5.2002 veröffentlicht wurde[567]. Dieser durch die „nachdrückliche Verhandlungsführung der spanischen Präsidentschaft und die Kompromissbereitschaft der Delegationen" erzielte

556 Sinn u. Zweck der Anhörung ist es, den Rat schon vor Festlegung seines Gemeinsamen Standpunktes v. der Auffassung des EP in Kenntnis zu setzen, um ihm so eine wirksame Beteiligung am Gesetzgebungsverfahren zu ermöglichen; EuGH, Rs. 138/79 Slg. 1980, 03333.

557 Geschäftsordnungsseite des Berichts des RechtsA v. 29.10.2001, Dok. A5-0378/2001, S. 4.

558 So der BE des federführenden RechtsA, Zappalà, in dem Bericht, S. 99 des Dok. A5-0378/2001 v. 29.10.2001.

559 So die BE des UmweltA, Schörling, in der Stellungnahme des A., S. 148 des Dok. A5-0378/2001 v. 29.10.2001.

560 Stellungn. für den RechtsA v. 20.6.2001, S. 97 ff. des Dok. A5-0378/2001 v. 29.10.2001.

561 Stellungn. für den RechtsA v. 29.6.2001, S. 164 ff. des Dok. A5-0378/2001 v. 29.10.2001.

562 Stellungn. für den RechtsA v. 17.7.2001, S. 116 ff. des Dok. A5-0378/2001 v. 29.10.2001.

563 Stellungn. für den RechtsA v. 30.5.2001, S. 147 ff. des Dok. A5-0378/2001 v. 29.10.2001.

564 Stellungn. des EP nach 1. Lesung des RL-Vorschlags der Komm. v. 17.1.2002, PE T5-0010/2002.

565 Vgl. in diesem Zusammenhang Lenz, Art. 189 c Rn 4.

566 Geänd. Vorschlag für eine RL des EP u. des Rates über die Koordinierung der Verfahren zur Vergabe öffentlicher Lieferaufträge, Dienstleistungsaufträge u. Bauaufträge v. 6.5.2002, CE COM(2002) 0236.

567 Vermerk des Generalsekretariats des Rates für die Gruppe „öffentliches Beschaffungswesen" v. 28.5.2002, 9270/02.

„Kompromiss" beendete ein „langes Ringen im Rat um die komplexe Materie des Vergaberechts"[568]. Der der Politischen Einigung entsprechende Gemeinsame Standpunkt wurde nach Überwindung von Übersetzungsproblemen[569] am 20.3.2003 verabschiedet[570]. Das Europäische Parlament hat in seiner zweiten Lesung am 2.7.2003 erneut eine Vielzahl von Änderungsanträgen beschlossen[571]. Die Kommission hat den Großteil dieser Abänderungsanträge in ihrer Stellungnahme vom 14.8.2003[572] wiederum abgelehnt, so dass ein Vermittlungsverfahren zwischen Parlament und Rat durchgeführt wurde[573]. Das Vermittlungsverfahren wurde am 2.12.2003 mit einer Einigung zwischen Parlament und Rat auf eine gemeinsame Formulierung abgeschlossen. Der Hauptstreitpunkt, die Einbeziehung von sozialen und ökologischen Kriterien, wurde auf der Grundlage der neueren Rechtsprechung des EuGH beigelegt[574]. Das Parlament hat den gemeinsamen Text am 29.1.2004 in dritter Lesung angenommen, nachdem der Rat den Text zuvor ebenfalls formell angenommen hatte.

bb. Für die Berücksichtigung von Umweltaspekten im Vergabeverfahren relevante Normen

Die wichtigsten, Umweltaspekte betreffenden Änderungsanträge des Parlaments und ihre Behandlung im geänderten Richtlinienvorschlag der Kommission sowie in der Politischen Einigung des Rates werden nachfolgend dargestellt.

aaa. Auftragsausführungsbedingungen

Die Kommission hatte Art. 23 Abs. 3 und die zugehörige Erwägung 22 zunächst nur den sozialen Kriterien gewidmet. Der Umweltausschuss schlug vor, die Erwägung dahingehend zu ergänzen, dass Auftragsausführungsbedingungen insbesondere auch der Umweltpolitik dienen dürfen. Die Formulierung der Kommission hielt der Ausschuss für zu vage. Beide Vorschläge wurden vom Rechtsausschuss in seinen Bericht übernommen und vom Parlament akzeptiert. Die

568 So der Bericht des BMWi, Dr. Gerlach, v. 23.5.2002 über die Tagung des Rates (Binnenmarkt, Verbraucherfragen u. Tourismus) am 21.5.2002.

569 So J.-P. Schneider, DVBl. 2003, 1186, 1188.

570 Gemeinsamer Standpunkt des Rates vom 20. März 2003 im Hinblick auf den Erlass der RL des EP u. des Rates über die Koordinierung der Verfahren zur Vergabe öffentlicher Bauaufträge, Lieferaufträge u. Dienstleistungsaufträge, Referenz CSL 11029/3/2002 REV 3; veröffentl. in: ABl. EG Nr. C 147 E/1 ff. v. 24.6.2003.

571 Dok.-Nr. A5-0242/2003.

572 KOM 2003 (0503) endg.

573 Das am 26.9.2003 vorgelegte „Working Document" für das Vermittlungsverfahren trägt die Dok.-Nr. 12952/03.

574 So die Pressemitt. der Komm. v. 3.12.2003, IP/03/1649. Der Gemeinsame Text v. EP u. Rat ist datiert vom 9.12.2003 u. trägt die Dok.-Nr. PE-CONS 3696/03.

Kommission hatte gegen die Aufnahme der Umweltziele nichts einzuwenden, wollte es jedoch im Übrigen bei ihrer Formulierung belassen[575]. Inhaltlich wurde diese Bestimmung vom Rat in seinem Gemeinsamen Standpunkt übernommen; lediglich die Formulierung des Rates wies geringfügige Abweichungen auf[576].

Die Bestimmung des Art. 26 im endgültigen Richtlinientext entspricht der Fassung des Rates im Gemeinsamen Standpunkt. Sie lautet:

> „Die öffentlichen Auftraggeber können zusätzliche Bedingungen für die Ausführung des Auftrags vorschreiben, sofern diese mit dem Gemeinschaftsrecht vereinbar sind und in der Bekanntmachung oder in den Verdingungsunterlagen angegeben werden. Die Bedingungen für die Ausführung eines Auftrags können insbesondere soziale und umweltbezogene Erwägungen betreffen."[577]

bbb. Maßnahmen insb. im Hinblick auf eine nachhaltige Entwicklung

In seinem Bericht für das Europäische Parlament beantragte der Rechtsausschuss die Aufnahme eines neuen Erwägungsgrundes 3 c, der klarstellen sollte, dass die Vergaberichtlinie öffentliche Auftraggeber nicht daran hindere, für eine nachhaltige Entwicklung notwendige Maßnahmen vorzuschreiben[578]. Diese Formulierung hat das Europäische Parlament angenommen, jedoch zusätzlich betont, dass die genannten Maßnahmen keinen diskriminierenden Charakter haben und nicht im Widerspruch zum Ziel der Marktöffnung stehen dürften[579]. Der Rat hat die Erwägung 3 c in der Form, wie sie der Rechtsausschuss vorgeschlagen hatte, übernommen. Erwägung 6 des Gemeinsamen Standpunktes des Rates lautet:

575 Art. 26 a ihres geänderten Vorschlags lautete: „Der Auftraggeber kann besondere Bedingungen zur Ausführung des Auftrags verlangen, sofern diese mit dem Gemeinschaftsrecht vereinbar sind u. in der Ausschreibung oder den Verdingungsunterlagen angeführt werden. Die Bedingungen zur Ausführung eines Auftrags können insb. sozialen u. Umweltbelangen Rechnung tragen." Die Komm. begründete diesen Änderungsvorschlag mit den Worten „Der Kommissionstext beruht auf der Rspr. des Gerichtshofs (Urt. „Beentjes") u. sollte daher nicht geändert werden, umso mehr, als er die im zweiten Teil der Abänderung bezweckte Berücksichtigung von Umweltbelangen nicht beeinträchtigt, die im Prinzip voll u. ganz akzeptabel ist." (S. 17 des geänd. RL-Vorschl. der Komm. v. 6.5.2002, KOM (2002) 0236).

576 Art. 26 i. d. F. des Gemeinsamen Standpunktes des Rates, ABl. EG Nr. C 147 E/19.

577 Art. 26 der neuen VergabeRL: RL 2004/18/EG des EP und des Rates vom 31. März 2004 über die Koordinierung der Verfahren zur Vergabe öffentlicher Bauaufträge, Lieferaufträge und Dienstleistungsaufträge, ABl. EG Nr. L 134 v. 30.4.2004, S. 114 ff.

578 Änderungsantrag 3, Bericht des RechtsA, S. 8 des Dok. A5-0378/2001 v. 29.10.2001. Dieser Antrag geht zurück auf die Inititiative des UmweltA, der die Bestimmung in einem neuen Art. 7 a unterbringen wollte mit dem Wortlaut „Keine Bestimmung dieser RL ist dahingehend auszulegen, dass sie einen öffentlichen Auftraggeber daran hindert, Maßnahmen vorzuschreiben oder durchzusetzen, die zum Schutz der Ordnung oder der Sicherheit oder des Lebens oder der Gesundheit von Menschen, Tieren oder Pflanzen, insb. mit Blick auf eine nachhaltige Entwicklung notwendig sind."

579 Stellungn. des EP. v. 17.1.2002, Dok. PE 313.802 S. 11. Der UmweltA hatte diese Bestimmung noch als Art. 7 a (neu) vorgeschlagen.

„Keine Bestimmung dieser Richtlinie sollte dem Erlass oder der Durchsetzung von Maßnahmen entgegenstehen, die zum Schutz der öffentlichen Sittlichkeit, Ordnung und Sicherheit oder zum Schutz der Gesundheit und des Lebens von Menschen und Tieren oder der Pflanzengesundheit, insbesondere im Hinblick auf eine nachhaltige Entwicklung, notwendig sind, sofern diese Maßnahmen mit dem Vertrag im Einklang stehen."[580]

Diese Erwägung 6 findet sich gleichlautend in dem endgültigen Richtlinientext, auf den sich Europäisches Parlament und Rat im Vermittlungsverfahren geeinigt haben[581].

ccc. Umweltzeichen und -auswirkungen als Technische Spezifikationen

Nahezu alle parlamentarischen Ausschüsse haben eine Änderung des Art. 24 Abs. 3 des Richtlinienvorschlags der Kommission[582] befürwortet, der die sogenannten Technischen Spezifikationen, d. h. die Festlegung der technischen Eigenschaften von Produkten bzw. Leistungen betrifft. Art. 24 Abs. 3 schreibt vor, dass öffentliche Auftraggeber bei der Formulierung der technischen Spezifikationen auf Normen, technische Zulassungen und „gemeinsame technische Spezifikationen" Bezug nehmen müssen[583]. Nach den Änderungsanträgen der Ausschüsse und des Parlaments sollten Auftraggeber in ihren Technischen Spezifikationen auf europäische Umweltzeichen[584] Bezug nehmen dürfen. Sie bezeichneten es als „anormal"[585] und „fehlerhaft"[586], dass die Kommission in ihrem Vorschlag den Einsatz von Umweltzeichen im Rahmen technischer Spezifikationen nicht erwähnt hatte. Des Weiteren sahen sowohl Umwelt-[587] und Rechtsausschuss[588] als auch Parlament[589] vor, dass die Auftraggeber in ihren Technischen Spezifikationen Anforderungen an die Umweltauswirkungen eines Produkts während seiner gesamten

580 Gemeinsamer Standpunkt, ABl. EG Nr. C 147 E/2.

581 Art. 6 der neuen VergabeRL (vgl. Fn 577).

582 Diese Änderung wurde übereinstimmend als „extrem wichtig" bezeichnet, vgl. Bericht des RechtsA, S. 38 des Dok. A5-0378/2001 v. 29.10.2001.

583 S. o. A. II. 1. b. aa. bbb.

584 Hier ist an die „Europäische Blume" oder den „Blauen Engel" zu denken. Eine Darstellung nationaler u. internationaler Umweltzeichen enthält: UBA, Umweltfreundliche Beschaffung, S. 68, u. OECD, S. 79.

585 RechtsA, S. 38 des Dok. A5-0378/2001 v. 29.10.2001; UmweltA, S. 154 des Dok. A5-0378/2001 v. 29.10.2001.

586 A. für Beschäftigung u. Soziale Angelegenheiten, S. 116 des Dok. A5-0378/2001 v. 29.10.2001.

587 S. 155 des Dok. A5-0378/2001 v. 29.10.2001.

588 S. 37 f. des Dok. A5-0378/2001 v. 29.10.2001.

589 S. 25 des Dok. PE 313.802.

Lebensdauer formulieren dürfen, weil es zuverlässige Methoden gäbe, um diese Umweltauswirkungen während der Lebensdauer zu bewerten[590].

Die Kommission hat die Anträge des Parlaments in ihrem zweiten Richtlinienvorschlag mit Änderungen übernommen. Eine zwingende Bezugnahme auf europäische Umweltzeichen lehnte sie jedoch zu Recht ab mit der Begründung, europäische, multinationale und nationale Umweltzeichen seien gleichwertig[591]. Sie formulierte daher, technische Spezifikationen müssten entweder unter Bezugnahme auf die Spezifikationen in Anhang VI der Richtlinie[592] oder als Leistungs- oder Funktionsanforderungen formuliert werden; zu Letzteren könnten auch Umweltmerkmale gehören. Wenn Auftraggeber Umwelteigenschaften in Form von Leistungs- oder Funktionsanforderungen vorschreiben wollten, könnten sie unter Umständen die Kriterien von europäischen, (multi-) nationalen oder anderen Umweltzeichen verwenden[593]. Statt einer Bezugnahme auf die Umweltzeichen selbst befürwortet die Kommission damit eine Verwendung der Kriterien für die Vergabe von Umweltzeichen[594].

Bei der Regelung der Technischen Spezifikationen in der geplanten Vergaberichtlinie handelt es sich um eine bedeutende, äußerst komplexe Norm, die durch die Einbeziehung von Umweltzeichen und Umweltauswirkungen an Komplexität noch gewinnt. In der Regelung des Art. 24 des Richtlinienvorschlags wird Bezug genommen auf den Anhang VI. Zur Erläuterung dient die Erwägung 25. In der endgültigen Fassung der Richtlinie hat diese nunmehr in Art. 23 enthaltene Bestimmung folgenden – der Fassung des Gemeinsamen Standpunktes des Rates vom 20.3.2003[595] entsprechenden – Wortlaut:

„Artikel 23 Technische Spezifikationen

(1) Die technischen Spezifikationen im Sinne von Anhang VI Nummer 1 sind in den Auftragsunterlagen, wie der Bekanntmachung, den Verdingungsunterlagen oder den zusätzlichen Dokumenten enthalten. (...)

(2) Die technischen Spezifikationen müssen allen Bietern gleichermaßen zugänglich sein und dürfen die Öffnung der öffentlichen Beschaffungsmärkte für den Wettbewerb nicht in ungerechtfertigter Weise behindern.

---

590 UmweltA, S. 155 des Dok. A5-0378/2001 v. 29.10.2001; RechtsA, S. 38 des Dok. A5-0378/2001 v. 29.10.2001.

591 S. 12 des geänd. RL-Vorschl. der Komm. v. 6.5.2002, KOM (2002) 0236.

592 S. 15 ff. des geänd. RL-Vorschl. der Komm. v. 6.5.2002, KOM (2002) 0236.

593 Erwägung 25, S. 12, 13 des geänd. RL-Vorschl. der Komm. v. 6.5.2002, KOM (2002) 0236.

594 Dies steht im Einklang mit der in der Interpret. Mitteilung der Komm. v. 4.7.2001 (s. o. Fn 12); vgl. hierzu Dageförde, NZBau 2002, 597, 599 li. Sp.

595 Gemeinsamer Standpunkt (s. o. Fn 570), ABl. EG Nr. C 147 E/18, 19.

(3) Unbeschadet zwingender einzelstaatlicher Vorschriften, soweit diese mit dem Gemeinschaftsrecht vereinbar sind, sind die technischen Spezifikationen wie folgt zu formulieren:
a) entweder unter Bezugnahme auf die in Anhang VI definierten technischen Spezifikationen (...)
b) oder in Form von Leistungs- oder Funktionsanforderungen; diese können Umwelteigenschaften umfassen. Die Anforderungen sind jedoch so genau zu fassen, dass sie den Bietern ein klares Bild vom Auftragsgegenstand vermitteln und dem Auftraggeber die Erteilung des Zuschlags ermöglichen;
(...)
(6) Schreiben die öffentlichen Auftraggeber Umwelteigenschaften in Form von Leistungs- oder Funktionsanforderungen gemäß Absatz 3 Buchstabe b vor, so können sie die detaillierten Spezifikationen oder ggf. Teile davon verwenden, die in europäischen, (pluri-)nationalen Umweltgütezeichen oder anderen Umweltgütezeichen definiert sind, wenn

- sie sich zur Definition der Merkmale der Waren oder Dienstleistungen eignen, die Gegenstand des Auftrags sind,
- die Anforderungen an das Gütezeichen auf der Grundlage von wissenschaftlich abgesicherten Informationen ausgearbeitet werden,
- die Umweltgütezeichen im Rahmen eines Verfahrens erlassen werden, an dem interessierte Kreise – wie z. B. staatliche Stellen, Verbraucher, Hersteller, Einzelhandels- und Umweltorganisationen – teilnehmen können,
- und wenn das Gütezeichen für alle Betroffenen zugänglich und verfügbar ist.

Die öffentlichen Auftraggeber können angeben, dass bei Waren oder Dienstleistungen, die mit einem Umweltgütezeichen ausgestattet sind, vermutet wird, dass sie den in den Verdingungsunterlagen festgelegten technischen Spezifikationen genügen; sie müssen jedes andere geeignete Beweismittel, wie technische Unterlagen des Herstellers oder Prüfberichte anerkannter Stellen, akzeptieren.
(...)"[596]

Eine Erläuterung enthält Satz 6 der Erwägung 29 in der endgültigen Fassung der Vergaberichtlinie[597]:

„Öffendliche Auftraggeber, die für die technischen Spezifikationen eines Auftrags Umweltanforderungen festlegen möchten, können die Umwelteigenschaften – wie eine bestimmte Produktionsmethode – und/oder Auswirkungen bestimmter Warengruppen oder Dienstleistungen auf die Umwelt festlegen.

596 Art. 23 der neuen VergabeRL (vgl. Fn 577).

597 Vgl. Fn 577.

Sie können – müssen aber nicht – geeignete Spezifikationen verwenden, die in Umweltgütezeichen wie z. B. dem Europäischen Umweltgütezeichen, (pluri)nationalen Umweltzeichen oder anderen Umweltgütezeichen definiert sind, sofern die Anforderungen an das Gütezeichen auf der Grundlage von wissenschaftlich abgesicherten Informationen im Rahmen eines Verfahrens ausgearbeitet und erlassen werden, an dem interessierte Kreise – wie z. B. staatliche Stellen, Verbraucher, Hersteller, Händler und Umweltorganisationen – teilnehmen können, und sofern das Gütezeichen für alle interessierten Parteien zugänglich und verfügbar ist."

ddd. Ausschluss von Bietern wegen Verstoßes gegen Umweltrecht

Erwägungsgrund 33 a, der sich auf den – in Art. 46 des Richtlinienvorschlags geregelten – Ausschluss von Bietern vom Vergabeverfahren bezieht[598], wurde der Richtlinie vom Parlament auf Initiative des Rechtsausschusses neu hinzugefügt. Während der Rechtsausschuss noch formuliert hatte,

„Bieter können ausgeschlossen werden, wenn gegen sie Strafurteile insbesondere wegen eines Verstoßes gegen das ... Umweltrecht ergangen sind",[599]

wählte das Parlament die etwas schärfere Formulierung:

„Es muss sichergestellt werden, dass öffentliche Aufträge nicht an Wirtschaftsteilnehmer vergeben werden, die rechtskräftig wegen strafbarer Handlungen, die ihre Zuverlässigkeit in der Ausführung des zu vergebenden Auftrags in Frage stellen, verurteilt sind. Dies gilt insbesondere für ... sowie für in Zusammenhang mit der Ausführung des zu vergebenden Auftrags stehende Verstöße gegen das ... Umweltrecht."[600].

Die Kommission sah in ihrem geänderten Vorschlag für die Vergaberichtlinie in Erwägung 39 folgende Formulierung vor:

„Es sollte vermieden werden, dass öffentliche Aufträge an Wirtschaftsteilnehmer vergeben werden, die sich an einer kriminellen Vereinigung beteiligt oder sich der Bestechung oder des Betrugs zu Lasten der finanziellen Interessen der Europäischen Gemeinschaften oder der Geldwäsche schuldig gemacht haben. Der Ausschluss solcher Wirtschaftsteilnehmer ist zwingend erforderlich, wenn

598 Während Art. 46 Abs. 1 den obligatorischen Ausschluss v. Bietern vorsieht, wenn diese in den letzten fünf der Ausschreibung vorangegangenen Jahren wegen Bestechung, Beteiligung an einer kriminellen Vereinigung u. ä. verurteilt wurden, regelt Art. 46 Abs. 2 den fakultativen Ausschluss, etwa wegen eines laufenden Konkursverfahrens, oder der Bestrafung wegen eines Deliktes, das die berufliche Zuverlässigkeit in Frage stellt (S. 70 des RL-Vorschl. der Komm. v. 10.5.2000, KOM (2000) 275 endg.).

599 S. 17 des Dok. A5-0378/2001 v. 29.10.2001. Die Formulierung deutet darauf hin, dass der RechtsA den Ausschluss vom Vergabeverfahren wegen Umweltrechtsverstößen in den Katalog der fakultativen Ausschlussgründe in Art. 46 Abs. 2 einordnete.

600 S. 16 des Dok. A5-0378/2001 v. 29.10.2001. Das EP qualifizierte den Verstoß gegen Umweltrecht offensichtlich als einen unter Art. 46 Abs. 1 fallenden obligatorischen Ausschlussgrund. Die vom Ausschluss bedrohten „Wirtschaftsteilnehmer" dürfen nicht immer einfach zu bestimmen sein; vgl. die Ausführungen o. Fn 474.

der Auftraggeber Kenntnis von einer rechtskräftigen Verurteilung nach nationalem Recht wegen derartiger Tatbestände hat. (...) Sofern das nationale Recht diesbezüglich Bestimmungen enthält, können rechtskräftige Urteile wegen Verstoßes gegen das Umweltrecht (...) so behandelt werden, wie Urteile wegen Delikten, die die berufliche Zuverlässigkeit des Wirtschaftsteilnehmers in Frage stellen, bzw. wie schwere berufliche Verfehlungen."[601]

Die Kommission meinte in ihrer Begründung, ein Verstoß gegen das Umweltrecht passe besser zu dem fakultativen Ausschluss von Wirtschaftsteilnehmern in § 46 Abs. 2, da er in diesem Absatz bereits implizit enthalten sei[602]. Der Rat ist in seiner Politischen Einigung der Formulierung der Kommission im Wesentlichen gefolgt[603]. In der im Vermittlungsverfahren zwischen Parlament und Rat gefundenen endgültigen Fassung der Vergaberichtlinie ist die Bestimmung nunmehr in Erwägung 43 untergebracht[604].

Der Umweltausschuss des Parlaments hatte zuvor den Verstoß gegen Umweltrecht in dem Katalog der Gründe für einen fakultativen Ausschluss in Art. 46 Abs. 2 explizit geregelt sehen wollen, zudem mit der deutlich weitergehenden Formulierung:

„Von der Teilnahme am Vergabeverfahren können Wirtschaftsteilnehmer ausgeschlossen werden, die ... nicht ihre auf Umweltschutz- oder nachhaltige Entwicklung bezogenen Verpflichtungen aufgrund des Gemeinschaftsrechts oder der Rechts- und Verwaltungsvorschriften des Landes, in dem sie niedergelassen sind, oder des Landes des Auftraggebers erfüllt haben[605].

Der Unterschied zu den Vorschlägen der anderen Organe besteht darin, dass Letztere den Verstoß gegen Umweltrecht nicht gesondert aufführen, und zwar aus dem Grunde, weil sie meinen, dieser sei in den Ausschlussgründen „Bestrafung wegen eines Delikts, das die berufliche Zuverlässigkeit in Frage stellt" und „schwere Verfehlung im Rahmen der beruflichen Tätigkeit" bereits enthalten.

601 Geänd. Vorschlag für eine RL (vgl. Fn 566), S. 20.

602 Und zwar in Art. 46 Abs. 2 lit. c) bzw. lit. d) des RL-Vorschlags, die den Ausschluss v. Wirtschaftsteilnehmern aufgrund eines Urteils wegen Delikten, die ihre berufliche Zuverlässigkeit in Frage stellen bzw. die im Rahmen ihrer beruflichen Tätigkeit eine schwere Verfehlung begangen haben; S. 20 des Geänderten Vorschlags, vgl. Fn 566.

603 Erwägung 30 a der Polischen Einigung v. 28.5.2003, 9270/02, S. 11.

604 Erwägung 43 der neuen VergabeRL (vgl. Fn 557). Im Gemeinsamen Standpunkt des Rates fand sich die Erwägung in gleichlautender Formulierung unter Nr. 41, ABl. EG Nr. C 147 E/6.

605 S. 158 des Dok. A5-0378/2001 v. 29.10.2001.

Diese Rechtslage soll durch die neue Erwägung 33 a verdeutlicht werden[606]. Zudem werden sie mit ihrer Formulierung der Unschuldsvermutung, wesentliches Element eines Rechtsstaates, gerecht, wenn sie – im Gegensatz zum Umweltausschuss – für den Ausschluss vom Vergabeverfahren eine rechtskräftige Verurteilung verlangen.

eee. Umweltmanagement als Eignungskriterium

Nahezu alle parlamentarischen Ausschüsse des Europäischen Parlaments sprachen sich dafür aus, es den öffentlichen Auftraggebern zu ermöglichen, Umweltschutz auch in die Eignungsprüfung, genauer: in die Beurteilung der technischen Leistungsfähigkeit, einzubeziehen. Die Vergabestelle soll daher von den Bietern verlangen dürfen, dass diese ihre „Umweltschutzmaßnahmen" (bei Bauaufträgen: „Umweltmanagementpraktiken") beschreiben[607]; bei Dienstleistungs- oder Lieferaufträgen soll zudem die Nennung der Person, die mit dem Umweltmanagement beauftragt ist, verlangt werden dürfen.[608] In einem neuen Art. 50 a wird öffentlichen Auftraggebern darüber hinaus erlaubt, von den Bietern und Bewerbern Bescheinigungen über die Einhaltung von Umweltmanagementnormen (Zertifikate) zu verlangen[609]. Dabei sollen öffentliche Auftraggeber u. a. auf das Gemeinschaftssystem EMAS[610] Bezug nehmen[611].

Das Europäische Parlament hat diese Änderungsanträge unverändert angenommen[612]; die Kommission hingegen lehnte sie zum Teil ab und differenzierte zwischen Lieferaufträgen einerseits und Bau- sowie Dienstleistungen andererseits. Bei Lieferaufträgen hält sie die Erweiterung des Katalogs in Art. 49 Abs. 2 lit. b und c des Richtlinienvorschlags – die vom Auftraggeber bei der Vergabe von Lieferaufträgen zu verlangenden Eignungsnachweise – um die Beschreibung der Umweltschutzmaßnahmen und die Benennung der mit dem Umweltmanagement beauftragten Person für verfehlt. Die Begründung der Kommission lautet:

606 Vgl. Begr. des RechtsA zu Änderungsantrag 16: Erwägung 33 a (neu): „... Nach Art. 46 Absatz 2 lit. c und d besteht die Möglichkeit, einen Bieter auszuschließen, wenn durch ein Urt. festgestellt wurde, dass er eine Straftat begangen hat. Dies kann der Fall sein, wenn er gegen Arbeitsrecht verstoßen oder eine Umweltstraftat begangen hat. Der Bieter kann auch wegen einer schweren Verfehlung ausgeschlossen werden. Unter diesen Begriff können auch administrative Sanktionen nach nationalem Recht fallen, bspw. wegen Umweltvergehen oder Verstößen gegen Bestimmungen zur Integration von Behinderten. ... Durch diese neue Erwägung soll diese Rechtslage deutlich gemacht werden." (S. 17 f. des Dok. A5-0378/2001 v. 29.10.2001).

607 Bericht des RechtsA, S. 72 bis 74 des Dok. A5-0378/2001 v. 29.10.2001.

608 Änderungsanträge 93 u. 95, Bericht des RechtsA, S. 72, 73 des Dok. A5-0378/2001 v. 29.10.2001.

609 Änderungsantrag 97, Bericht des RechtsA, S. 74, 75 des Dok. A5-0378/2001 v. 29.10.2001.

610 S. o. Fn 41.

611 Bericht des RechtsA, S. 74 des Dok. A5-0378/2001 v. 29.10.2001.

612 S. 46 des Dok. PE 313.802.

„Anhand dieser Abänderung sollen die technischen Möglichkeiten eines Unternehmens eingeschätzt werden können, ein Produkt zu liefern, das den Erfordernissen des Umwelt-, Gesundheits- und Arbeitnehmerschutzes gerecht wird. Diese Aspekte betreffen entweder die Produktbeschreibung (Vorgabe eines umweltverträglicheren Herstellungsprozesses) oder die Einhaltung der Sozial- oder Umweltvorschriften (Ausschluss eines Bieters, der gegen die Vorschriften verstößt); diese Aspekte haben ihren Platz in anderen Phasen des Vergabeverfahrens.“[613]

Bei Bau- und Dienstleistungsaufträgen hingegen hat die Kommission die entsprechenden Änderungsanträge in leicht veränderter Form angenommen[614], der Rat ist ihr in seinem Gemeinsamen Standpunkt vom 20.3.2003 gefolgt[615].

In der von Parlament und Rat angenommenen endgültigen Fassung[616] haben die Bestimmungen nunmehr folgenden Wortlaut:

„Art. 48

2. Der Nachweis der technischen Leistungsfähigkeit des Wirtschaftsteilnehmers kann je nach Art, Menge oder Umfang und Verwendungszweck der Bauleistungen, der zu liefernden Erzeugnisse oder Dienstleistungen (...) erbracht werden:

(...)

(f) bei öffentlichen Bau- und Dienstleistungsaufträgen, und nur in den entsprechenden Fällen, durch Angabe der Umweltmanagementmaßnahmen, die der Wirtschaftsteilnehmer bei der Ausführung des Auftrags ggfs. anwenden will;

(...)

Art. 50

Verlangen die öffentlichen Auftraggeber in den in Art. 48 (2) (f) genannten Fällen zum Nachweis dafür, dass der Wirtschaftsteilnehmer bestimmte Normen für das Umweltmanagement erfüllt, die Vorlage von Bescheinigungen unabhängiger Stellen, so nehmen sie auf das Gemeinschaftssystem für das Umweltmanagement und die Umweltbetriebsprüfung (EMAS) oder auf Normen für das Umweltmanagement Bezug, die auf den einschlägigen europäischen oder internationalen Normen beruhen und von entsprechenden Stellen gemäß dem Gemeinschaftsrecht oder gemäß einschlägigen europäischen oder internationalen Zertifizierungsnormen zertifiziert sind. Gleichwertige Bescheinigungen von Stellen in anderen Mitgliedstaaten werden anerkannt. Die öffentlichen

613 S. 53 des geänd. RL-Vorschl. der Komm.; vgl. Fn 566.

614 Art. 49 Abs. 2 Ziff. 5 a), Erwägung 40 u. Art. 50 a des geänd. RL-Vorschl. der Komm.; vgl. Fn 566.

615 Art. 48 Abs. 2 lit. f), Art. 50 u. Erwägung 42 des Gemeinsamen Standpunktes, ABl. EG Nr. C 147 E/32 u. E/6.

616 Art. 48 und 50 der neuen VergabeRL (vgl. Fn 577).

Auftraggeber erkennen auch andere Nachweise für gleichwertige Umweltmanagementmaßnahmen an, die von den Wirtschaftsteilnehmern vorgelegt werden."

Die zugehörige Erwägung 44 erläutert:

„In geeigneten Fällen, in denen die Art der Arbeiten und/oder Dienstleistungen es rechtfertigt, dass bei Ausführung des öffentlichen Auftrags Umweltmanagementmaßnahmen oder -systeme zur Anwendung kommen, kann die Anwendung solcher Maßnahmen bzw. Systeme vorgeschrieben werden. Umweltmanagementsysteme können unabhängig von ihrer Registrierung gemäß den Gemeinschaftsvorschriften wie die Verordnung (EG) Nr. 761/2001 (EMAS) als Nachweis für die technische Leistungsfähigkeit des Wirtschaftsteilnehmers zur Ausführung des Auftrags dienen. Darüber hinaus sollte eine Beschreibung der von dem Wirtschaftsteilnehmer angewandten Maßnahmen zur Gewährleistung desselben Umweltschutzniveaus alternativ zu den registrierten Umweltmanagementsystemen als Beweismittel akzeptiert werden."

fff. Umwelteigenschaften als Zuschlagskriterium

Eine ausführliche Betrachtung verdient noch Art. 53 Abs. 1 b) des Richtlinienvorschlags. Art. 53 Abs. 1 b) war die einzige Vorschrift im ersten Richtlinienentwurf der Kommission, in dem diese Umweltschutz ausdrücklich ansprach. Nach Vorstellung der Kommission sollte der Auftraggeber, wenn er den Zuschlag auf das aus seiner Sicht wirtschaftlichste Angebot erteilt, bei der Beurteilung der Wirtschaftlichkeit unter anderem die Umwelteigenschaften des Auftragsgegenstandes berücksichtigen können[617]. Die Kommission beschränkte dies entsprechend der bisher ganz herrschenden Meinung auf solche Umwelteigenschaften, die im direkten Zusammenhang mit dem Auftragsgegenstand stehen[618].

Nach dem Willen der Ausschüsse des Parlaments sollte jedoch eine weitergehende Betrachtungsweise zulässig sein. Der Umweltausschuss schlug folgende Formulierung vor[619]:

[Der Auftraggeber wendet ... bei der Erteilung des Zuschlags folgende Kriterien an:]

„b) oder – wenn der Zuschlag auf das[620] wirtschaftlich günstigste Angebot erfolgt – mehrere Kriterien, z. B. Qualität, Preis, technischer Wert, Ästhetik, Zweckmäßigkeit, Auswirkungen – auch der Produktionsmethoden – auf Umwelt und Gesundheit, Betriebskosten, Rentabilität, Kundendienst und tech-

617 RL-Vorschlag der Komm. v. 10.5.2000, KOM (2000) 275 endg., S. 75.

618 Vgl. A. II. 1. b. cc. ccc. in diesem Kapitel.

619 S. 161 des Dok. A5-0378/2001 v. 29.10.2001.

620 Hinzuweisen ist auf die Streichung der Wortfolge „für den Auftraggeber".

nische Hilfe, Lieferzeitpunkt und Frist für die Lieferung beziehungsweise die Ausführung der Bauleistungen."

Der federführende Rechtsausschuss übernahm diese Formulierung[621], aus der sich folgende (durchaus gewichtige) Änderungen im Vergleich zum Vorschlag der Kommission ergaben. Zum einen sollten nicht nur die Umweltmerkmale des Produkts, wie etwa der Stromverbrauch eines Elektrogeräts, in den Blick genommen werden, sondern auch die Inanspruchnahme von natürlichen Ressourcen wie sauberes Wasser, Luftbeschaffenheit und, ein sehr weiter Begriff, biologischer Vielfalt[622]. Zum anderen sollte die Umweltbeurteilung auf das Produktionsverfahren ausgedehnt werden. Danach hätte dann etwa der Grad der Luftverschmutzung oder der Wasserverbrauch bei der Herstellung eines bestimmten Produkts vom öffentlichen Auftraggeber bei der Zuschlagserteilung berücksichtigt werden können. Nicht übernommen wurde vom Rechtsausschuss die Streichung der Wortfolge „für den Auftraggeber". Dementsprechend konnte sich der Umweltausschuss auch bereits im Rechtsausschuss nicht mit seinem Vorschlag zu Erwägung 29 durchsetzen[623]. Der Umweltausschuss hatte gefordert, dass bei der Beurteilung der Wirtschaftlichkeit des Angebots auch „langfristige Nebeneffekte im Sinn des gesamtgesellschaftlichen Interesses" berücksichtigt werden sollten[624]. Damit sind die sogenannten „externen Kosten" gemeint, die letztlich nicht der Käufer einer Ware, Bau- oder Dienstleistung trägt, sondern die Allgemeinheit. Hierunter fallen beispielsweise durch Luftverschmutzung entstehende Kosten.

Das Europäische Parlament hat sodann am 17.1.2002 eine sogenannte „Kompromissabänderung" beschlossen[625]. Zu berücksichtigen waren danach „die im Zusammenhang mit dem Auftragsgegenstand stehenden Umwelteigenschaften unter Einschluss der Produktionsmethoden". Diese Formulierung sollte zum einen die Beschränkung auf die Umweltmerkmale des Produkts (Umweltauswirkungen hingegen bleiben unberücksichtigt), zum anderen die Einbeziehung auch des Herstellungsverfahrens bewirken. Auch das Parlament strich die Wortfolge „für den Auftraggeber", was die Kommission in ihrem geänderten Vorschlag mit der Begründung ablehnte:

---

621 S. 75 des Dok. A5-0378/2001 v. 29.10.2001.

622 Diese Auswirkungen sollen nach dem Willen des UmweltA sogar als „Kosten" gelten: vgl. Begr. des UmweltA zu Änderungsantrag 18, S. 161 des Dok. A5-0378/2001 v. 29.10.2001.

623 Diese hat im Vorschlag der Komm. den Wortlaut: „Die Auftragsvergabe muss ebenfalls auf der Grundlage objektiver Kriterien erfolgen, die die Einhaltung der Grundsätze der Nichtdiskriminierung u. der Gleichbehandlung gewährleisten u. sicherstellen, dass die Angebote unter echten Wettbewerbsbedingungen bewertet werden. Dementspr. sind lediglich zwei Vergabekriterien zugelassen: das des „niedrigsten Preises" u. das des „wirtschaftlich günstigsten Angebots". (RL-Vorschlag der Komm. v. 10.5.2000, KOM (2000) 275 endg., S. 38).

624 Änderungsantrag 3 des UmweltA zu Erwägung 29, S. 150 des Dok. A5-0378/2001 v. 29.10.2001.

625 S. 48 des Dok. PE 313.802 v. 17.1.2002.

„Die Streichung der Wortfolge „für den Auftraggeber“ würde die Möglichkeit schaffen, sich auf diffuse, häufig nicht messbare Kriterien zu berufen, etwa auf Vorteile für „die Gesellschaft“ im weitesten Sinne. Derartige Zuschlagskriterien würden ihrer eigentlichen Funktion nicht mehr gerecht, nämlich die Einschätzung der inhärenten Qualität der Angebote zu ermöglichen, damit das Angebot ermittelt werden kann, das dem Beschaffer das beste Verhältnis zwischen Qualität und Preis bietet. Damit würde die Zielsetzung der Vergaberichtlinie auf den Kopf gestellt; außerdem würde es auf eine Instrumentalisierung dieser Rechtsvorschriften zu Gunsten sektorspezifischer Vorgehensweisen hinauslaufen, wenn zusätzlich Risiken ernsthafter Ungleichbehandlung eingeführt würden.“[626]

Die Berücksichtigung der Produktionsmethoden lehnte die Kommission ebenfalls ab. Ihre Begründung hierzu lautet:

„Der Zuschlag ist nicht die geeignete Phase, wenn es darum geht, eine umweltverträglichere Produktionsmethode zu wählen. Umweltverträglichere Produktionsmethoden können bei der Bestimmung des Auftragsgegenstandes in den technischen Spezifikationen vorgegeben werden, wenn der Beschaffer an dem umweltverträglichsten Produkt interessiert ist. Wenn er verschiedene Lösungen miteinander vergleichen und das Kosten-Nutzen-Verhältnis von Lösungen einschätzen will, die in stärkerem oder geringerem Maße umweltverträglich sind, kann er Varianten zulassen oder vorschreiben.“[627]

Der Rat folgte in seinem Gemeinsamen Standpunkt der Kommission[628]. Er fügte einen Art. 53 zuzuordnenden neuen Erwägungsgrund 44 hinzu. Dieser lautet:

„Die Zuschlagserteilung sollte auf der Grundlage objektiver Kriterien erfolgen, die die Einhaltung der Grundsätze der Transparenz, der Nichtdiskriminierung und der Gleichbehandlung gewährleisten und sicherstellen, dass die Angebote unter wirksamen Wettbewerbsbedingungen bewertet werden. Dementsprechend sind nur zwei Zuschlagskriterien zuzulassen: das des „niedrigsten Preises“ und das des „wirtschaftlich günstigsten Angebots“.

(...)

Beschließen die öffentlichen Auftraggeber, dem wirtschaftlich günstigsten Angebot den Zuschlag zu erteilen, so bewerten sie die Angebote unter dem Gesichtspunkt des besten Preis-Leistungs-Verhältnisses. Zu diesem Zweck legen sie die wirtschaftlichen und qualitativen Kriterien fest, anhand derer insgesamt das für den Auftraggeber wirtschaftlich günstigste Angebot bestimmt werden kann. Die Festlegung dieser Kriterien hängt insofern vom Auftragsge-

626 S. 54 des geänd. RL-Vorschl. der Komm.; vgl. Fn 566.

627 S. 54 des geänd. RL-Vorschl. der Komm.; vgl. Fn 566.

628 Art. 53 des Gemeinsamen Standpunktes, ABl. EG Nr. C 147 E/33.

genstand ab, als sie es ermöglichen müssen, das Leistungsniveau jedes einzelnen Angebots im Verhältnis zu dem in den technischen Spezifikationen beschriebenen Angebotsgegenstand zu bewerten sowie das Preis-Leistungs-Verhältnis jedes Angebots zu bestimmen. Damit die Gleichbehandlung gewährleistet ist, sollten die Zuschlagskriterien einen Vergleich und eine objektive Bewertung der Angebote ermöglichen. Wenn diese Voraussetzungen erfüllt sind, versetzen die wirtschaftlichen und qualitativen Zuschlagskriterien wie auch die Kriterien hinsichtlich der Erfüllung der Umwelterfordernisse den öffentlichen Auftraggeber in die Lage, auf Bedürfnisse der betroffenen Allgemeinheit, so wie es in den Leistungsbeschreibungen festgelegt ist, einzugehen. (...)"[629]

In dem Vermittlungsverfahren zwischen Parlament und Rat war Art. 53 der Hauptstreitpunkt. Man einigte sich schließlich auf folgenden Kompromiss:

„1. Der öffentliche Auftraggeber wendet unbeschadet der (...) einzelstaatlichen Rechts- und Verwaltungsvorschriften bei der Erteilung des Zuschlags folgende Kriterien an:

(a) entweder – wenn der Zuschlag auf das aus Sicht des öffentlichen Auftraggebers wirtschaftlich günstigste Angebot erfolgt – verschiedene mit dem Auftragsgegenstand zusammenhängende Kriterien, z. B. Qualität, Preis, technischer Wert, Ästhetik, Zweckmäßigkeit, Umwelteigenschaften, Betriebskosten, Rentabilität, Kundendienst und technische Hilfe, Lieferzeitpunkt und Lieferungs- oder Ausführungsfrist

(b) oder ausschließlich das Kriterium des niedrigsten Preises.

2. Unbeschadet des Unterabsatzes 3 gibt der öffentliche Auftraggeber im Fall von Absatz 1 Buchstabe a in der Bekanntmachung oder den Verdingungsunterlagen oder – beim wettbewerblichen Dialog – in der Beschreibung an, wie er die einzelnen Kriterien gewichtet, um das wirtschaftlich günstigste Angebot zu ermitteln. (...) Kann nach Ansicht des öffentlichen Auftraggebers die Gewichtung aus nachvollziehbaren Gründen nicht angegeben werden, so gibt der öffentliche Auftraggeber in der Bekanntmachung oder in den Verdingungsunterlagen (...) die Kriterien in der absteigenden Reihenfolge ihrer Bedeutung an."[630]

Art. 53 wird in der endgültigen Richtlinie ergänzt durch die erste Erwägung:

„(1) (...) Die vorliegende Richtlinie gründet sich auf die Rechtsprechung des Gerichtshofs, insbesondere auf die Urteile zu den Zuschlagskriterien, wodurch sichergestellt wird, welche Möglichkeiten die öffentlichen Auftraggeber haben, auf Bedürfnisse der betroffenen Allgemeinheit, einschließlich im ökologischen und/oder sozialen Bereich, einzugehen, sofern derartige Kriterien im Zusam-

629 Gemeinsamer Standpunkt, ABl. EG Nr. C 147 E/7.

630 Art. 53 der neuen VergabeRL (vgl. Fn 577).

menhang mit dem Auftragsgegenstand stehen, dem öffentlichen Auftraggeber keine unbeschränkte Wahlfreiheit einräumen, ausdrücklich erwähnt sind und den in Erwägungsgrund 2 genannten grundlegenden Prinzipien entsprechen."

Hierdurch wird der Rechtsprechung des EuGH in Sachen Concordia Bus[631] und Wienstrom[632] Rechnung getragen.

g. Auswirkungen der Novellierung der EG-Vergaberichtlinien auf das deutsche Vergaberecht

Nach der Veröffentlichung im Amtsblatt der EG und dem Inkrafttreten am selben Tage[633] ist die neue Vergaberichtlinie innerhalb von 21 Monaten in den Mitgliedstaaten umzusetzen[634]. Es stellt sich in diesem Zusammenhang die Frage, welche Auswirkungen die Aufnahme von Umweltaspekten in die novellierte EG-Vergaberichtlinie auf das nationale Recht haben wird, genauer, ob die Mitgliedstaaten verpflichtet sind, Umweltaspekte in ihrem nationalen Vergaberecht nunmehr ebenfalls zu berücksichtigen bzw. zu normieren.

Die Richtlinien geben bekanntermaßen nur ein Ziel vor und überlassen den Mitgliedstaaten die Mittel zur Erreichung des Ziels (Art. 249 Abs. 3 EG). Gleichwohl hat sich die Zulässigkeit auch der „perfektionierten", inhaltlich verordnungsähnlichen Richtlinie („Loi uniforme") längst durchgesetzt[635]. Da jede Richtlinie vollständig in das nationale Recht umzusetzen ist[636], reduziert sich diese Pflicht bei der „perfekten", regelungsintensiven Richtlinie mehr oder weniger auf ein „Abschreiben" des Richtlinieninhalts[637]. Unabhängig davon ist Leitlinie jeder Umsetzung das Bemühen, den Richtlinieninhalt so wirksam wie möglich in das mitgliedstaatliche Recht überzuleiten („Effet-utile"-Gedanke)[638].

Die Mitgliedstaaten und damit auch der deutsche Gesetzgeber werden nicht umhinkönnen, im Rahmen der Umsetzung der neuen Vergaberichtlinie die Berücksichtigung von Umweltaspekten im Vergaberecht zu normieren. Die neue Vergaberichtlinie ist sehr detailliert und regelungsintensiv. Sie enthält zum einen zwingende Vorgaben für Mitgliedstaaten und öffentliche Auftraggeber, zum ande-

631 Vgl. Fn 12.

632 Vgl. Fn 497.

633 Art. 83 der neuen VergabeRL. Die Veröffentlichung erfolgte am 30.4.2004 im ABl. Nr. L134, S. 114 ff.

634 Art. 80 Abs. 1 der neuen VergabeRL (vgl. Fn 577).

635 Oppermann, Rn 551.

636 EuGH, Rs. C-360/87, Slg. 1991 I-791 ff.; std. Rspr.

637 Oppermann, Rn 551.

638 Vgl. EuGH, Rs. 300/81, Slg. 1983, 449.

ren beschränkt sie sich auf die Eröffnung von Möglichkeiten. Die Richtlinie differenziert zwischen „Soll"- und „Kann"-Vorschriften. Dies soll am Beispiel der Regelung des Art. 26 über die (zusätzlichen) Auftragsausführungsbedingungen aufgezeigt werden, die beide Formen der Regelungstechnik enthält. Sie lautet:

> „Der Auftraggeber kann zusätzliche Bedingungen für die Ausführung des Auftrags vorschreiben, sofern diese mit dem Gemeinschaftsrecht vereinbar sind und in der Bekanntmachung oder in den Verdingungsunterlagen angegeben werden. Die Bedingungen für die Ausführung eines Auftrags können insbesondere soziale und umweltbezogene Erwägungen betreffen."

Art. 26 eröffnet Auftraggebern damit die Möglichkeit, den Auftragnehmern (umweltbezogene) zusätzliche Bedingungen zur Ausführung des Auftrags vorzuschreiben. Entscheidet sich ein öffentlicher Auftraggeber dafür, von dieser Möglichkeit Gebrauch zu machen, zwingt ihn wiederum Art. 26 dazu, die zusätzlichen Bedingungen in seinen Vergabeunterlagen bekanntzumachen, damit sich die Bieter darauf einstellen können[639]. Das „Ob" der Berücksichtigung von Umweltaspekten im Vergabeverfahren erfolgt freiwillig – das „Wie" ist hingegen zumindest teilweise vorgeschrieben.

Das nationale Vergaberecht muss öffentlichen Auftraggebern in Umsetzung der Richtlinie ebenfalls die Möglichkeit geben, Umweltaspekte in bestimmter Form zu berücksichtigen; zwingen wird es sie hierzu hingegen nicht können – dies würde gegen die Vergaberichtlinie ebenso verstoßen wie ein entsprechendes Verbot.

III. Nationales Vergaberecht

Die gemeinschaftsrechtlichen Vorgaben der EG-Vergaberichtlinien sind in Deutschland seit 1999 vollständig umgesetzt[640]. Regelungen finden sich in §§ 97 ff. GWB (nachfolgend unter 1. behandelt), der Vergabeverordnung (VgV) und den Verdingungsordnungen (2. und 3.).

639 Erwägung 21 der neuen VergabeRL (vgl. Fn 577): „Die zusätzlichen Angaben über die Aufträge müssen – wie in den Mitgliedstaaten üblich – in den Verdingungsunterlagen für jeden einzelnen Auftrag bzw. in allen gleichwertigen Unterlagen enthalten sein".

640 Vgl. die Ausführungen auf S. 23 ff.

1. §§ 97 ff. GWB

a. Allgemeines

Der mit Wirkung zum 1.1.1999 in das GWB eingefügte vierte Teil, bestehend aus §§ 97 – 129 GWB, enthält in den §§ 102 bis 129 mit der Regelung des Nachprüfungsverfahrens das formelle Vergaberecht und in den §§ 97 bis 101 die wichtigsten Grundsätze des materiellen Vergaberechts. Letztere sind zum größten Teil nicht neu, haben aber durch die Regelung im GWB eine Aufwertung zu Gesetzesrang erfahren[641]. Die grundlegenden Eckpunkte des neuen Vergaberechts sind in § 97 GWB aufgeführt, so in Absatz 1 das Wettbewerbsprinzip und das Transparenzprinzip, in Absatz 2 der Gleichbehandlungsgrundsatz, in Absatz 3 der Mittelstandsschutz[642], in Absatz 4 der Grundsatz, dass Aufträge an fachkundige, leistungsfähige und zuverlässige Unternehmen vergeben werden und vergabefremde Regelungen eines formellen Gesetzes bedürfen[643], in Absatz 5 der Grundsatz, dass der Zuschlag auf das wirtschaftlichste Angebot erfolgt und in Absatz 7 der (erstmalige) Anspruch der Bieter auf Einhaltung der Vergabevorschriften. Abs. 7 stellt eine der grundlegenden Neuerungen des neuen Vergaberechts dar. In Abkehr von der bisherigen Rechtslage erkennt der Gesetzgeber erstmals subjektive Rechte der Bieter durch die Gewährung eines Anspruchs auf Einhaltung der Vergabevorschriften an. Damit trägt er dem Hauptkritikpunkt von Kommission und Gerichtshof an der vorherigen deutschen Umsetzung der EG-Vergaberichtlinien Rechnung[644]. Fraglich ist jedoch, wie weit der durch Abs. 7 gewährte Schutz reicht. Im Gesetzgebungsverfahren differenzierte die Bundesregierung zwischen objektiven und subjektiven Vergaberegeln, d. h. bloßen Ordnungsvorschriften und solchen Regeln, die gerade auch den Schutz des potentiellen Auftragnehmers bezwecken[645]. Nach Auffassung des EuGH dienen jedenfalls die Publizitäts- und Teilnahmevorschriften der einschlägigen Vergaberichtlinien dem Schutz der Bieter, woraus deutlich wird, dass der Begriff der subjektiven Rechte weit zu fassen ist[646]. Bechtold spricht sich zu Recht für eine solche weite Auslegung des Abs. 7 aus und

641 Bechtold, GWB Vor § 97 Rn 1.

642 Das Gebot der Berücksichtigung mittelständischer Interessen sieht insb. die Teilung der Aufträge in Lose vor. Schon der Gesetzeswortlaut („vornehmlich") zeigt, dass mittelständische Interessen im Vergabeverfahren auch über die Teillosvergabe hinaus Berücksichtigung finden müssen. Die Einf. dieser Norm war im Gesetzgebungsverfahren des VgRÄG umstritten. Sie beruht auf einem Änderungsvorschlag der SPD-Fraktion im BTag (Bechtold, GWB § 97 Rn 14 hält dieses Gebot für einen pol. motivierten u. daher vergabefremden Aspekt).

643 Zur Entstehungsgeschichte v. § 97 Abs. 2, HS 2 GWB vgl. o. Kap. 1. A. III.

644 S. o. Kap. 1. A. I.

645 Reg.-Begr., BT-Drucks. 13/9340, S. 14.

646 Boesen, § 97 Rn 190 ff.

meint, auch vermeintlich geringfügige Verletzungen von Form- und Ordnungsvorschriften führten angesichts des stark formalisierten Ausschreibungsverfahrens schnell zu Verstößen insbesondere gegen das – nunmehr in § 97 Abs. 2 hervorgehobene – Gleichbehandlungsprinzip[647].

Die in § 97 GWB normierten allgemeinen Grundsätze des Vergaberechts werden durch Einzelvorschriften, insbesondere in den Verdingungsordnungen, konkretisiert[648]. Sie sind daher bei der Auslegung der Verdingungsordnungen umfassend zu berücksichtigen. Ein Verstoß gegen die dort enthaltenen Regeln wird zugleich einen Verstoß gegen den jeweils zugehörigen Grundsatz darstellen, ohne dass damit weitergehende Rechtsfolgen verbunden wären. In der Praxis wendet man den im Einzelfall verletzten Grundsatz des § 97 GWB zusammen mit der einschlägigen Norm aus der entsprechenden Verdingungsordnung an[649].

b. Für die Berücksichtigung von Umweltaspekten im Vergabeverfahren relevante Normen

Die für die vorliegende Arbeit relevanten Vorschriften des Vierten Teils des GWB werden nachfolgend dargestellt.

aa. § 97 Abs. 1 GWB Wettbewerbsgrundsatz

Nach § 97 Abs. 1 GWB hat die Beschaffung im Wettbewerb zu erfolgen. Funktion dieser Vorschrift ist, zu gewährleisten, dass alle potentiellen Bieter freien Zugang zu den Beschaffungsmärkten haben. Der Wettbewerbsgrundsatz leitet sich aus den Grundfreiheiten und dem allgemeinen Diskriminierungsverbot des EG-Vertrages ab, ist aber auch in Deutschland schon lange Bestandteil des Vergaberechts, hier primär, um kostengünstig einkaufen zu können, was im EG-Recht nur Nebenfolge darstellt. Die starke Betonung des Wettbewerbsprinzips im neuen Vergaberecht, die weitgehend auf den EG-Richtlinien beruht, ist Ausdruck für das gewandelte Verständnis des Vergaberechts in Deutschland. Die Schaffung eines wettbewerblich orientierten Vergabeverfahrens mit den damit einhergehenden Rechtsschutzmöglichkeiten für die Bieter ist gegenüber dem zweiten Schutzzweck, der sparsamen Verwendung von Haushaltsmitteln in den Vordergrund getreten[650].

---

647 GWB § 97 Rn 43.

648 Aus dem in § 97 Abs. 1 genannten Wettbewerbsprinzip resultiert konkret z. B. der Vorrang der öffentlichen vor der beschränkten Ausschreibung u. der beschränkten Ausschreibung wiederum vor der freihändigen Vergabe (in der europarechtlichen Terminologie: Offenes, Nichtoffenes u. Verhandlungsverfahren). Dieser Vorrang ist bspw. in der VOB/A in § 3 Nr. 2 – 4 niedergelegt.

649 Bechtold, GWB § 97 Rn 1.

650 Bechtold, GWB § 97 Rn 3.

Die Beachtung wettbewerblicher Grundsätze soll Auftragnehmern und Auftraggebern Vorteile bringen[651]. § 97 Abs. 1 GWB stellt eine gesetzgeberische Grundsatzentscheidung dar, die in zahlreichen vergaberechtlichen Vorschriften konkretisiert wird, insbesondere in § 101 Abs. 5 GWB (Vorrang des Offenen Verfahrens), in §§ 9 Nr. 1 VOB/A, 8 Abs. 1 Nr. 1 VOL/A, 8 Abs. 1 VOF (Grundsatz der eindeutigen und erschöpfenden Leistungsbeschreibung) sowie in §§ 24 Nr. 3 VOB/A, 24 Nr. 2 Abs. 1 VOL/A (Nachverhandlungsverbot). § 97 Abs. 1 dient vor allem als Interpretationshilfe. Er steht einer Beschränkung des Teilnehmerkreises durch Wahl einer weniger „offenen" Vergabeart auf umweltfreundliche Unternehmen entgegen oder dem Nachverhandeln mit – vermeintlich – umweltfreundlicheren Unternehmen.

bb. § 97 Abs. 1 GWB Transparenzgebot

Das ebenfalls in § 97 Abs. 1 GWB normierte Gebot der Beschaffung im Wege transparenter Vergabeverfahren ist als ein allgemeines Prinzip des Vergaberechts in jeder Phase des Vergabeverfahrens zu beachten[652]. Es wird vor allem durch die Publizitätsvorschriften konkretisiert, die den öffentlichen Auftraggeber verpflichten, die auftragsrelevanten Umstände zentral zu veröffentlichen. Hierdurch soll der Bewerberkreis und damit die Basis für die Vergabeentscheidung vergrößert werden. Aufgrund dieses Grundsatzes müssen Umweltanforderungen von dem öffentlichen Auftraggeber bereits in der Bekanntmachung und/oder in den Verdingungsunterlagen angegeben werden.

cc. § 97 Abs. 2 GWB Gleichbehandlung / Diskriminierungsverbot

Das Diskriminierungsverbot verpflichtet den Auftraggeber zur Gleichbehandlung der Teilnehmer des Vergabeverfahrens, so dass dieser weder Angebote ausländischer Unternehmen anders behandeln wie Angebote deutscher Bieter noch den Wettbewerb regional oder lokal beschränken darf (§ 8 Nr. 1 VOB/A). Der Gleichbehandlungsgrundsatz spielt konkret auch insofern eine Rolle, als bei der Auswahl der Bewerber für das nicht offene Verfahren oder das Verhandlungsverfahren alles unterlassen werden muss, was zu einer Benachteiligung bestimmter Bewerber führen könnte. Das Diskriminierungsverbot bezieht sich auf alle Pha-

651 Hailbronner, in: Byok/Jaeger § 97 Rn 132.

652 Das Transparenzgebot – auch bislang schon ein tragender Grundsatz des Vergaberechts – wird in erster Linie durch die öffentliche Ausschreibung verwirklicht. Potentielle Auftraggeber erlangen so Kenntnis v. zu vergebenden Aufträgen. Dem Transparenzgebot ist in den Verdingungsordnungen umfassend Rechnung getragen, bspw. durch das Erfordernis der Bek. in § 17 VOB/A oder den detailliert vorgegebenen Ablauf des Eröffnungstermins in § 22 VOB/A.

sen des Vergabeverfahrens. Der Grundsatz der Gleichbehandlung gehört seit jeher zu den fundamentalen Prinzipien des nationalen und europäischen Vergaberechts[653]. Auch er leitet sich aus den Marktfreiheiten sowie dem allgemeinen Diskriminierungsverbot des Artikel 12 EG ab. Er wird in einer Vielzahl von Einzelvorschriften näher konkretisiert, so dass auf das allgemeine Gleichbehandlungsgebot in § 97 Abs. 2 nur bei Auslegung unbestimmter Rechtsbegriffe und bei Ermessensentscheidungen zurückzugreifen ist[654]. Zu den wichtigsten Ausprägungen des Diskriminierungsverbots in den EG-Vergaberichtlinien bzw. den Verdingungsordnungen zählen die Vorschriften über die Eignungsnachweise sowie die Vorschriften über die technischen Spezifikationen/Leistungsbeschreibung. Weitere Beispiele für konkrete Auswirkungen sind das Gebot, gemeinschaftsrechtliche technische Spezifikationen bei der Leistungsbeschreibung zu beachten[655], das Verbot der Nachverhandlung nach Zuschlagserteilung (§ 24 VOB/A) und die strikte Einhaltung der Zuschlagskriterien (§ 97 Abs. 5, § 25 Nr. 3 Abs. 3 S. 2, 3 VOB/A, § 25 Nr. 3 VOL/A). Liegt ein Verstoß gegen das Diskriminierungsverbot des § 97 Abs. 2 GWB vor, ist das Vergabeverfahren rechtswidrig. Der mit Zuschlagserteilung bereits zustande gekommene Vertrag ist jedoch im Regelfall wirksam. Boesen betont, dass der Gleichheitsverstoß nur ausnahmsweise die Nichtigkeit des Vertrages nach § 134 oder § 138 Abs. 1 BGB zur Folge haben könne[656]. Da der Verstoß gegen ein Verbotsgesetz nach § 134 BGB in der Regel nur dann zur Nichtigkeit des Rechtsgeschäfts führt, wenn sich das Verbot an beide Vertragsparteien richtete, das Diskriminierungsverbot des § 97 Abs. 2 GWB jedoch allein an den öffentlichen Auftraggeber adressiert ist, erscheint der Anwendungsbereich des § 134 BGB in diesem Zusammenhang in der Tat äußerst eng. Bei kollusivem Zusammenwirken zwischen Auftraggeber und erfolgreichem Bieter wird § 138 BGB jedoch in aller Regel zum Tragen kommen[657].

Im Hinblick auf die Berücksichtigung von Umweltaspekten bei der Vergabe öffentlicher Aufträge hat das Diskriminierungsverbot insoweit Bedeutung, dass solche Anforderungen bei der Wertung der Angebote unzulässig sind, wenn sie nur von inländischen Bietern oder von ausländischen Bietern nur mit größeren Schwierigkeiten erfüllt werden können[658] (versteckte Diskriminierung).

---

653 Boesen, GWB § 97 Rn 30.

654 Boesen, GWB § 97 Rn 31.

655 Vgl. hierzu EuGH, Slg. 1988, 4929 ff. („Dundalk"), vgl. Fn 459.

656 Boesen, GWB § 97 Rn 41.

657 Vgl. auch OLG Düsseldorf, Beschl. v. 3.12.2003, Az. Verg 37/03.

658 EuGH, Rs. 31/37, Slg. 1988, 4635 („Beentjes"), s. o. Fn 443.

In seinem Urteil vom 4.12.2003, das die Ausschreibung von Öko-Strom durch die Republik Österreich betraf[659], hielt der EuGH in der Verwendung des Zuschlagskriteriums „Anteil der lieferbaren Energie aus erneuerbaren Energieträgern an der über den eigenen Bedarf hinausgehenden Gesamthandelsmenge" die Gefahr eines Verstoßes gegen den Gleichbehandlungsgrundsatz zu Recht für gegeben. Da für die Wertung der Gebote der Anteil des Öko-Stroms an der Gesamtmenge des von den Lieferanten erzeugten bzw. gehandelten Stroms maßgeblich sein sollte, liegt eine Bevorzugung großer Energieversorgungsunternehmen auf der Hand. Eine solche Wettbewerbsbeschränkung zu Lasten kleinerer Energieversorgungsunternehmen, die gleichwohl in der Lage gewesen wären, den Auftrag zu erfüllen und die von dem Auftraggeber benötigte Menge von 22,5 GWh/a zu liefern, würde – so der EuGH – den Zielen der Vergaberichtlinien zuwiderlaufen[660].

dd. § 97 Abs. 4 GWB Eignung der Unternehmen

Übereinstimmend mit den Vorschriften der EG-Vergaberichtlinien und auch den Verdingungsordnungen legt § 97 Abs. 4 GWB im ersten Halbsatz die für die Auswahl der Unternehmen maßgeblichen Eignungskriterien fest, indem er bestimmt, dass Aufträge an fachkundige, leistungsfähige und zuverlässige Unternehmen vergeben werden. Wird eine Vergabeentscheidung aufgrund von Kriterien, die nichts mit Fachkunde, Leistungsfähigkeit oder Zuverlässigkeit zu tun haben, wie beispielsweise ganz allgemein der „Umweltfreundlichkeit" des Bieters getroffen, ist sie rechtswidrig. § 97 Abs. 4 Halbsatz 2 GWB lässt jedoch „andere oder weitergehende Anforderungen an die Auftragnehmer" auf der Grundlage eines Bundes- oder Landesgesetzes zu. Mit diesem Gesetzesvorbehalt enthält § 97 Abs. 4 Halbsatz 2 GWB zum einen eine formelle Anforderung. Hierdurch wird – für den Bereich oberhalb der EG-Schwellenwerte – die Einführung von weitergehenden Anforderungen durch Verwaltungsvorschriften und damit die vor Änderung des Vergaberechts 1999 gängige Praxis ausgeschlossen[661]. Eine materiellrechtliche Vorgabe wird in § 97 Abs. 4 Halbsatz 2 GWB in der Formulierung „Anforderungen ... an Auftragnehmer" gesehen. Dies bedeute, dass eine Berücksichtigung „vergabefremder Kriterien" nur unternehmensbezogen erfolgen könne[662].

659 EuGH, Urt. v. 4.12.2003, Rs. C-448/01 („Wienstrom"), s. o. Fn 497.

660 EuGH, Urt. v. 4.12.2003, Rs. C-448/01 (s. o. Fn 497), Rn 66 bis 71.

661 S. o. Kap. 1. A. III.

662 Hailbronner, in: Grabitz/Hilf B 13 Rn 9 m.w.N.

ee. § 97 Abs. 5 GWB Zuschlagskriterium

In § 97 Abs. 5 GWB hat sich der deutsche Gesetzgeber dafür entschieden, von den beiden durch die EG-Vergaberichtlinien zur Auswahl gestellten Zuschlagskriterien des niedrigsten Preises oder des wirtschaftlich günstigsten Angebots nur Letzteres vorzusehen. Die zur Ermittlung des wirtschaftlichsten Angebotes dienenden Kriterien (die sogenannten Hilfs- oder Wirtschaftlichkeitskriterien) sind zum einen in den EG-Vergaberichtlinien, zum anderen in den Verdingungsordnungen genannt. Herangezogen werden können danach unter anderem der Preis, die Qualität, Ausführungsfrist, Ästhetik, Zweckmäßigkeit usw. Die Kataloge dieser Wirtschaftlichkeitskriterien in den jeweiligen Richtlinienbestimmungen und den Verdingungsordnungen sind weder zwingend noch abschließend[663]. § 97 Abs. 5 GWB steht damit einer Einbeziehung von Umweltaspekten durch öffentliche Auftraggeber in die Wertung der Gebote nicht von vornherein entgegen. In der nachfolgenden Tabelle sind anhand eines Beispielsfalls einzelne Wertungskriterien mit den dazugehörigen Faktoren aufgeführt. Diese Faktoren verdeutlichen die Bedeutung der einzelnen Kriterien für die Vergabeentscheidung. Die maximale Punktzahl gibt an, wieviel Punkte bei den einzelnen Kriterien bestenfalls vergeben werden können. Die Faktoren sowie die maximalen Punktzahlen können für jede Vergabeentscheidung neu definiert werden.

Beispiel für eine Wertungstabelle[664]:

Kriterien[665]	Faktor	max. Punkte	Angebot A	Angebot B
Preis				
Ausführungsfrist				
Wartungskosten				
Qualität				
Umwel				
Sonstiges				
Total				

663 Allg. Meinung, u. a. Boesen, § 97 Rn 149. Vgl. auch EuGH u. Komm., Fn 474.

664 Nach Vergabe-News 11/1997, Seite 96.

665 Bei den hier genannten Kriterien handelt es sich lediglich um Oberbegriffe, die in einem konkreten Fall näher spezifiziert werden müssten.

ff. Zusammenfassung

Die §§ 97 ff. GWB sprechen Umweltaspekte nicht ausdrücklich an. Die Bestimmungen, die dem Ermessen der Auftraggeber Grenzen setzen könnten und daher zur Beurteilung der Frage von Umweltaspekten herangezogen werden könnten, haben lediglich den Charakter von allgemeinen Grundsätzen. Sie sind in den Verdingungsordnungen konkretisiert und daher zur Auslegung dieser konkretisierenden Bestimmungen heranzuziehen. Unmittelbare Relevanz für die Fragestellungen der vorliegenden Arbeit haben sie daher nicht.

2. Vergabeverordnung

a. Allgemeines

Die §§ 97 ff. GWB sehen an mehreren Stellen Ermächtigungsgrundlagen für die Schaffung einer Rechtsverordnung vor. Die hierauf beruhende Vergabeverordnung (VgV)[666] soll nach §§ 97 Abs. 6, 127 GWB nähere Bestimmungen über das bei der Vergabe einzuhaltende Verfahren treffen und die zahlreichen Einzelfragen regeln, die § 127 GWB auflistet. Zugleich stellt die Vergabeverordnung mit dem Anwendungsbefehl bezüglich einzelner Teile der Verdingungsordnungen für bestimmte Auftraggeber das notwendige Bindeglied zwischen der ersten Ebene des Vergaberechts, den §§ 97 ff. GWB, und der dritten Ebene des Vergaberechts, den Verdingungsordnungen der VOB/A, der VOL/A und der VOF, dar[667]. Neben dieser äußerst wichtigen Funktion benennt die Vergabeverordnung in § 2 die Schwellenwerte und gibt damit den Anwendungsbereich des „neuen" Vergaberechts, das die Vorgaben der EG-Vergaberichtlinien komplett umsetzt, vor.

b. Relevanz für die Berücksichtigung von Umweltaspekten im Vergabeverfahren

Die Vergabeverordnung enthält keine Bestimmungen, die für die Berücksichtigung von Umweltaspekten bei der Auftragsvergabe von Relevanz sind. Sie hat daher ebenso wie die §§ 97 ff. GWB keine umittelbare Bedeutung für die in dieser Arbeit aufgeworfenen Fragen.

666 VO über die Vergabe öffentlicher Aufträge (Vergabeverordnung – VgV) v. 9.1.2001, BGBl. I S. 876, zuletzt geändert durch VO v. 11.2.2003, BGBl. 2003 I, S. 168.

667 Dreher, in: Immenga/Mestmäcker Vor §§ 97 ff. Rn 28; Berrisch/Nehl, DB 2001, 184.

3. Verdingungsordnungen

a. Allgemeines

In den Verdingungsordnungen VOB Teil A, VOL Teil A und VOF sind die Einzelheiten des Ausschreibungsverfahrens geregelt. Bei den Verdingungsordnungen, die – isoliert betrachtet – keine Rechtsnormqualität haben[668], handelt es sich um Regelwerke, die von nichtstaatlichen Fachgremien[669] erarbeitet und verabschiedet werden. VOB und VOL gliedern sich jeweils in drei Teile: Teil A behandelt den vorvertraglichen Zeitraum bis zum Abschluss des Vertrages, also die Vergabebedingungen, während die Teile B und C die Ausführung des bereits abgeschlossenen Vertrages betreffen bzw. allgemeine technische Vertragsbedingungen normieren. Es handelt sich bei ihnen um Musterbedingungen, die zu ihrer Geltung grundsätzlich besonderer Vereinbarung zwischen Auftraggeber und Unternehmen bedürfen. Ihre Verbindlichkeit für den ausschreibenden Auftraggeber bedarf daher besonderer Anordnung. Die Anwendung der Teile A der Verdingungsordnungen ist für Aufträge unterhalb der EG-Schwellenwerte durch Erlass der der Vergabestelle vorgesetzten Dienstbehörde erfolgt, wodurch die Verdingungsordnungen den Rechtscharakter von Verwaltungsvorschriften erhalten haben[670]. Für Aufträge oberhalb der Schwellenwerte des § 2 VgV schreibt die Vergabeverordnung in §§ 4 bis 7 den öffentlichen Auftraggebern die Anwendung der Verdingungsordnungen[671] vor, wodurch die in Bezug genommenen Abschnitte der Verdingungsordnungen in diesem Auftragsbereich Verordnungscharakter erhalten[672].

---

668 BGH, BauR 1992, 221. Es handelt sich bei ihnen auch nicht um Gewohnheitsrecht i.S.v. Art. 2 EGBGB (RGZ 75, 411; Ingenstau/Korbion, Einl. Rn 18) noch um einen Handelsbrauch (Ingenstau/Korbion, Einl. Rn 29 ff.), zumindest nicht in ihrer Gesamtheit (Ingenstau/Korbion, a. a. O.)

669 Diese Gremien setzen sich aus Vertretern des Bundes, der Länder, der Gemeinden sowie der Wirtschaftsverbände u. Gewerkschaften zusammen.

670 Heiermann/Riedl/Rusam, Einl. Rn 9.

671 § 4 u. § 6 VgV verweisen jeweils auf den 2. Abschnitt der VOL/A u. VOB/A, in dem die Basis- u. die a-Paragraphen enthalten sind, d. h. in dem das herkömmliche nationale Vergaberecht um das europäische Recht ergänzt wurde; § 5 VgV schreibt die Anwendung der VOF für die Vergabe freiberuflicher Leistungen vor u. § 7 VgV gibt den Sektorenauftraggebern die Anwendung des 3. Abschnitts v. VOL/A u. VOB/A vor, die die Basis- u. die b-Paragraphen enthalten (herkömmliches Vergaberecht, das um die Anforderungen der RL 93/38/EWG ergänzt wurde). Dreher, in: Immenga/Mestmäcker, Vor §§ 97 Rn 30, hält den „bloßen und routinemäßigen Verweis" in der VgV auf die privaten Regelwerke der Verdingungsordnungen wegen der fehlenden Befassung der Rechtssetzungsorgane mit den materiellen Fragen des Vergaberechts für verfassungsrechtlich bedenklich. A. A. ist Pietzcker in ZHR 162 (1998), 427, 436, der die statische Verweisung auf in amtlichen Publikationsorganen veröffentl. Vorschriften „nach praktisch unbestrittener Auffassung" für zulässig erachtet. Er beruft sich hierbei auf BVerfGE 47, 285, 316; 67, 348, 363 u. BVerwGE 57, 204, 206.

672 So die h. M.: u. a. OLG Düsseldorf, WuW/E Verg 202; Dreher, in: Immenga/ Mestmäcker Vor §§ 97 ff. Rn 30; Niebuhr, in: Niebuhr/Kulartz/Kus/Portz, Einl. Rn 13; Ingenstau/Korbion, Einl. Rn 18; Heiermann/Riedl/Rusam, Einl. Rn 2; a. A. Bechtold Vor § 97 Rn 18, der zwar die Rechtsnormqualität ablehnt, den Verdingungsordnungen aber gleichwohl subjektive Rechte entnehmen will.

b. Relevanz für die Berücksichtigung von Umweltaspekten im Vergabeverfahren

Die Verdingungsordnungen sprechen Umweltaspekte – ebenso wie die EG-Vergaberichtlinien – nicht ausdrücklich an. Es bietet sich daher bei der Prüfung, ob sie der Einbeziehung von Umweltaspekten in das Vergabeverfahren durch öffentliche Auftraggeber Grenzen setzen, die gleiche Vorgehensweise wie bei der Untersuchung der Vergaberichtlinien an[673].

Da die Verdingungsordnungen in ihren jeweiligen zweiten Abschnitten („Basisparagraphen und a-Paragraphen") die Vorgaben der EG-Vergaberichtlinien umsetzen, kann zunächst auf die Untersuchung der EG-Vergaberichtlinien in Kap. 2 A. II. 1. b. verwiesen werden. Sodann ist zu prüfen, ob die ersten Abschnitte der Verdingungsordnungen abweichende oder weitergehende Anforderungen enthalten, die für die Berücksichtigung von Umweltaspekten von Bedeutung sein könnten.

In den ersten Abschnitten der Verdingungsordnungen enthält nur die VOL/A mit § 8 Nr. 3 Abs. 1 eine solche Bestimmung. § 8 Nr. 3 Abs. 1 VOL/A bestimmt, dass an die Beschaffenheit der Leistung ungewöhnliche Anforderungen nur so weit zu stellen sind, wie es unbedingt notwendig ist. Zu klären ist nunmehr, ob Umweltanforderungen als ungewöhnliche Anforderungen in diesem Sinne anzusehen sind. Nach der allgemeinen Verkehrsauffassung sind Anforderungen des Umweltschutzes heutzutage nichts Ungewöhnliches; sie beginnen, sich mehr und mehr durchzusetzen. Auch private Verbraucher verfolgen mit ihrer "Einkaufspolitik" oftmals Zwecke, die über die bloße Beschaffung von benötigten Waren hinausgehen. So werden von umweltbewussten Verbrauchern Produkte bevorzugt, die aus Recyclingmaterial hergestellt sind oder einen geringen Energieverbrauch aufweisen, Tierliebhaber kaufen Eier aus Freiland- statt aus Käfighaltung und Atomkraftgegner beziehen "grünen Strom". Beim privaten Verbraucher erscheint dies legitim, ja sogar erwünscht und förderungswürdig[674]. Vor diesem Hinter-

---

673 S. o. Kap. 2. A. II. 1. b.

674 Hier denke man nur an das Recht des unlauteren Wettbewerbs (Gesetz gegen den unlauteren Wettbewerb v. 7.6.1909, RGBl. S. 499, zuletzt geänd. d. Art. 6 des G. v. 23.7.2002, BGBl. I S. 2850), das den Verbraucher in seiner Entsch.freiheit schützen soll, oder an das v. der rot-grünen BReg. in der vergangenen Legislaturperiode geplante Verbraucherinformationsgesetz, das sicherstellen sollte, dass sich Verbraucher über Herkunft u. Zusammensetzung v. Produkten informieren können. Das BKabinett hatte den Entw. des Gesetzes am 13.3.2002 verabschiedet; vgl. Pressemitt. des Verbraucherministeriums Nr. 75 v. 13.3.2002. Das Gesetzesvorhaben scheiterte jedoch in der BRatssitzung v. 31.5.2002 (BR-Plenarprot. 776, 277C). Auch der Einigungsvorschlag des v. BRat angerufenen VermA brachte keinen Erfolg; der BRat versagte dem G. am 21.6.2002 endg. seine Zustimmung (BR-Plenarprot. 771, 335A; Unterrichtung des BTages auf BT-Drucks. 14/9607). In dem Koalitionsvertrag der wiedergewählten BReg v. 18.10.2002 wird auf S. 46 das Verbraucherinformationsgesetz für die laufende Legislaturperiode erneut angekündigt. Dort heißt es unter der Überschrift „Konsequente Verbraucherpolitik – gesunde Lebensmittel – moderne Agrarpolitik": „Die Verbraucher müssen umfassende Informationen erhalten, damit sie Kaufentsch. bewusst treffen können und vor missbräuchlichen Praktiken geschützt werden. ... Der 'kluge' Konsum der gut informierten Verbraucherin und des Verbrauchers spielt künftig eine immer wesentlichere Rolle".

grund sollten Umweltanforderungen des öffentlichen Auftraggebers nicht als ungewöhnlich eingestuft werden.

Der DVAL-Hauptausschuss hat das Thema "Umweltschutzkriterien und Auftragsvergabe" bereits im Rahmen der ersten Novellierung der VOL/A Ausgabe 1984 erörtert und in den Erläuterungen zu § 8 Nr. 3 Abs. 1 VOL/A festgehalten, dass an die gewünschte Leistung unter Beachtung des haushaltsrechtlichen Grundsatzes der Wirtschaftlichkeit und Sparsamkeit nur solche Anforderungen zu stellen seien, die zur Aufgabenerfüllung unbedingt notwendig sind, und dass in diesem Rahmen zum Beispiel auch Gesichtspunkte des Umweltschutzes berücksichtigt werden könnten. Im Verlauf der Novellierungsarbeiten für die VOL/A Ausgabe 1997 wurden die Erläuterungen zu § 8 Nr. 3 Abs. 1 VOL/A in Abweichung von dem bisherigen Wortlaut dahingehend geändert, dass zum Beispiel auch Gesichtspunkte des Umweltschutzes zu berücksichtigen seien.[675] Diese Anforderung befindet sich jedoch – wie zu betonen ist – nur in den Erläuterungen des Hauptausschusses zu § 8 Nr. 3 Abs. 1 VOL/A und nicht in der Norm selbst.

Die ersten Abschnitte der Verdingungsordnungen („Basisparagraphen") enthalten daher keine von den EG-Vergaberichtlinien abweichenden oder weitergehenden Vorschriften, die dem Ermessen der Auftraggeber bei der Berücksichtigung von Umweltaspekten in dem Bereich der Aufträge unterhalb der EG-Schwellenwerte Grenzen setzen.

IV. Übertragung der gewonnenen Erkenntnisse auf die Beispielsfälle

1. Beispiel 1

Die Ausschreibung des Umweltbundesamtes "Strom aus erneuerbaren Energien" könnte eine zu enge Leistungsbeschreibung darstellen und damit gegen Art. 8 Abs. 6 der RL 93/36/EWG, in Deutschland (umgesetzt in) § 8 Nr. 3 Abs. 3, 5 VOL/A, verstoßen, da es sich um eine unzulässige Beschränkung auf Erzeugnisse einer bestimmten Produktion handeln könnte. Die Vorgabe eines bestimmten Herstellungsverfahrens könnte auch aus dem Grunde unzulässig sein, weil sich die Art der Erzeugung nicht auf das Produkt, den erzeugten Strom, niederschlägt. Die Art der Stromerzeugung hat nämlich keinen Einfluss auf die Qualität des Stroms.

Jedoch ist die Angabe in der Ausschreibung des UBA "Strom aus erneuerbaren Energien" nicht eine Leistungsbeschreibung im Sinne von Art. 8 RL 93/36/EWG bzw. § 8 Nr. 3 Abs. 3, 5 VOL/A. Die Vergabestelle hat sich vielmehr für den Einkauf

675 Zdzieblo, in: Daub/Eberstein, § 8 Rn 60.

eines bestimmten Produkts entschieden bzw. ihren Bedarf in der Weise definiert, dass sie Öko-Strom kaufen möchte[676]. Bei der Angabe "Strom aus erneuerbaren Energien" handelt es sich um die "geforderte Leistung" selbst und nicht um die Beschreibung ihrer (technischen) Merkmale. Auf die Phase der Bedarfsdefinition findet das Vergaberecht und damit die Bestimmung des § 8 RL 93/36/EWG bzw. des § 8 Nr. 3 Abs. 3, 5 VOL/A noch keine Anwendung, da sie eine dem Vergabeverfahren vorgelagerte Phase ist. Ein Verstoß gegen Art. 8 Abs. 6 RL 93/36/EWG bzw. § 8 Nr. 3 Abs. 3, 5 VOL/A scheidet mithin aus.

Nicht unproblematisch ist die Ausschreibung des UBA jedoch im Hinblick auf das Zuschlagskriterium "Höhe der CO_2-Minderung im Lieferzeitraum". In Deutschland hat der Zuschlag auf das wirtschaftlich günstigste Angebot zu erfolgen (§ 97 Abs. 5 GWB, § 25 Nr. 3 VOL/A). Für die Ermittlung der Wirtschaftlichkeit sind alle Umstände zu berücksichtigen, mithin auch Umweltaspekte. Diese müssen jedoch – wie vom EuGH in Sachen "Concordia-Bus"[677] klargestellt und in Sachen "Wienstrom"[678] bestätigt – auftragsbezogen sein. Es ist zu hinterfragen, ob das von dem UBA verwendete Zuschlagskriterium "Höhe der CO_2-Minderung" diesen Bezug zum Auftragsgegenstand aufweist. Zweifel bestehen deshalb, weil es um den Emissionsausstoß während der Stromerzeugung, d.h. der Produktion des Auftragsgegenstandes geht.

Das Kriterium "Höhe der CO_2-Minderung im Lieferzeitraum" fragt danach, wieviel weniger CO_2 bei der Erzeugung des an den Geschäftsbereich des BMU gelieferten Stroms produziert wird. Derjenige Bieter, der die größte Ersparnis beim CO_2-Ausstoß nachweisen wird, hat bei diesem Zuschlagskriterium Erfolg. In der vom EuGH entschiedenen Sache Concordia-Bus wurden im Rahmen der Angebotswertung Zusatzpunkte vergeben für den Einsatz von Bussen, die bestimmte Emissionswerte unterschritten. Dieses Zuschlagskriterium wurde vom EuGH als mit dem Auftragsgegenstand zusammenhängend eingestuft. Das vom UBA verwendete Kriterium "Höhe der CO_2-Minderung" wäre daher unbedenklich, wenn es mit der vom EuGH gebilligten Verwendung des Kriteriums "Unterschreitung von bestimmten Emissionswerten" durch die Stadt Helsinki vergleichbar ist.

Das jeweils verwendete Kriterium hat in beiden Fällen die Erzeugung von Emissionen zum Gegenstand. Während es in Helsinki um Lärm- und Stickstoffemissionen der zur Dienstleistungserbringung (ÖPNV) eingesetzten Busse ging, wird in der UBA-Ausschreibung nach den CO_2-Emissionen der zur Erzeugung der zu liefernden Ware (Strom) eingesetzten Anlagen gefragt (Wind- und Wasser-

676 Diese Entsch. bzw. Bedarfsdefinition ist vergleichbar mit dem Einkauf v. Recycling-Papier.

677 EuGH, Urt. v. 17.9.2002, Rs. C-513/99 (vgl. Fn 12).

678 EuGH, Urt. v. 4.12.2003, Rs. C-448/01 (vgl. Fn 497).

kraftanlagen, Geothermie-Anlagen, Biogasanlagen usw.). Im Unterschied zu der UBA-Ausschreibung konnten bei der Ausschreibung der Stadt Helsinki die beförderten Fahrgäste von den geringeren Lärm- und Stickstoffemissionen unmittelbar profitieren, so beim Ein- und Aussteigen in die Busse. Von den geringeren CO_2-Emissionen bei der Öko-Strom-Erzeugung haben die Stromkunden hingegen keinen unmittelbaren Vorteil, so dass man einen direkten Zusammenhang verneinen könnte. Ein solcher direkter Zusammenhang wurde vom EuGH, obwohl von der Kommission gefordert, in seiner Entscheidung vom 17.9.2002 jedoch nicht verlangt[679]. Es reicht dem EuGH zufolge aus, wenn überhaupt "ein Zusammenhang" zwischen Wirtschaftlichkeitskriterium und Auftragsgegenstand besteht. Bei der Erzeugung des bereitzustellenden Stroms verursachte Emissionen stehen daher ebenso im Zusammenhang mit dem Auftragsgegenstand wie der Schadstoffausstoß bei der Erbringung der Fahrdienstleistung mit Bussen im ÖPNV. Die übrigen Anforderungen des EuGH an die Verwendung des Umweltkriteriums als Zuschlagskriterium sind bei der UBA-Ausschreibung ebenfalls gegeben: Das Zuschlagskriterium "Höhe der CO_2-Minderung" gibt dem UBA keine unbeschränkte Entscheidungsfreiheit, es ist in der Bekanntmachung im Supplement zum Amtsblatt der EG ausdrücklich genannt und es beachtet die Anforderungen des Gemeinschaftsrechts, insbesondere das dort normierte Diskriminierungsverbot, da alle Öko-Strom-Anbieter der Gemeinschaft Angebote abgeben können.

Die in Beispiel 1 genannte Ausschreibung des UBA unterliegt daher im Hinblick auf europäischem und deutschem Vergaberecht keinen Bedenken. Auch die Entscheidung des EuGH in Sachen "Wienstrom" vom 4.12.2003, die sich mit der Öko-Strom-Ausschreibung der Republik Österreich befasst, führt nicht zu einer anderen Beurteilung. In dieser Entscheidung hatte der EuGH den Zusammenhang des von der Auftraggeberin gewählten Zuschlagskriteriums zum Auftragsgegenstand nur deshalb verneint, weil es um die Fähigkeit ging, Strom an andere Kunden zu liefern. Diese Entscheidung weist daher insoweit keine Berührungspunkte zu dem Fall der Öko-Strom-Ausschreibung des BMU auf. Im übrigen hat das ausschreibende UBA Nachweise hinsichtlich Herkunft und Einhaltung der Anforderungen an die Erzeugungsart des Stroms aus Erneuerbaren Energiequellen verlangt und sich hierbei auf den eigenen Bedarf beschränkt, so dass seine Ausschreibung den Anforderungen des EuGH im "Wienstrom"-Urteil gerecht wird.

679 So auch Steinberg, EuZW 2002, 634. Vgl. auch den Wortlaut der Entsch. des EuGH (Fn 12) in Rn 59: „Da ein Angebot sich notwendigerweise auf den Auftragsgegenstand bezieht, müssen auch die Zuschlagskriterien, die nach dieser Vorschrift festgelegt werden können, mit dem Auftragsgegenstand zusammenhängen."

2. Variante 1 zu Beispiel 1

Die Angabe des UBA in der Leistungsbeschreibung, der Strom müsse aus Windkraftanlagen stammen, ist eine Vorgabe für die Produktionsmethode der zu beschaffenden Ware und keine Bedarfsdefinition wie im Ausgangsbeispiel. Diese Vorgabe schlägt sich jedoch nicht im Produkt selbst nieder, da der Strom seine Qualität nicht dadurch verändert, dass er in einer Windkraftanlage erzeugt wird. Die Vorgabe des UBA verstößt mithin gegen Art. 8 Abs. 6 RL 93/36/EWG bzw. § 8 Nr. 3 Abs. 3, 5 VOL/A.

3. Variante 2 zu Beispiel 1

Die Zulassung von Nebenangeboten für Strom aus erneuerbaren Energien durch das UBA in Variante 2 zu Beispiel 1 ist gemäß Art. 16 Abs. 1 RL 93/36/EWG, in Deutschland umgesetzt in § 17 Nr. 3 Abs. 5, § 25 Nr. 4 VOL/A, grundsätzlich erlaubt. Nebenangebote dürfen zum Zwecke der Einholung von umweltfreundlicheren Angeboten zugelassen werden, so dass die Vorgehensweise des UBA auch diesbezüglich keinen Bedenken unterliegt. Die erforderliche Mindestanforderung "Strom" ist in der Ausschreibung gegeben. Die Einholung von Nebenangeboten für Strom aus erneuerbaren Energien ist auch nicht deshalb von vornherein unmöglich, weil dieser Strom viel teurer ist und deshalb von vornherein nicht das wirtschaftlich günstigste Angebot darstellen kann[680]. Dass Öko-Strom wettbewerbsfähig sein kann, stellen vereinzelte Anbieter mittlerweile unter Beweis[681]. Die Vorgehensweise des UBA in Beispiel 1 Variante 2 hat den Vorteil gegenüber dem Ausgangsbeispiel, dass für den gewünschten Strom aus erneuerbaren Energien nicht jeder Preis gezahlt werden muss, da die Ausschreibung nicht von vornherein auf Öko-Strom begrenzt ist. Das UBA kann vielmehr die konventionellen Angebote mit den Nebenangeboten vergleichen und dann entscheiden, ob es an dem Wunsch, Öko-Strom einzukaufen, festhalten will. Es kann auch abstufen zwischen verschiedenen Öko-Strom-Alternativen (zum Beispiel Öko-Strom "pur" allein aus erneuerbaren Energiequellen kombiniert mit Strom aus Erdgaskraftwerken, die mit einer Kraft-Wärme-Kopplung als sehr umweltfreundlich gelten).

---

680 § 25 Nr. 4 VOL/A bestimmt, dass Nebenangebote ebenso zu werten sind wie Hauptangebote.

681 So die Firma Lichtblick GmbH, deren aus regenerativen Energiequellen erzeugter Strom billiger ist als der konventionell erzeugte Strom einiger großer EVU. Für Privatkunden kostet die kWh Strom bei Lichtblick 15,90 Ct, bei HEW 17,03 Ct (HEW-Classic-Tarif) (Stand: 28.10.2003). Hintergrund: 50% des Öko-Stroms kommen aus aus Erdgaskraftwerken mit Kraft-Wärme-Kopplung.

4. Beispiel 2

Die Anforderung des Landkreises A, das für das neue Verwaltungsgebäude benötigte Holz dürfe nicht aus Finnland stammen, ist eine "umgekehrte Herkunftsangabe". Die Ausschreibung sagt nicht, das Holz müsse eine bestimmte Herkunft haben, sondern schließt eine bestimmte Herkunft vielmehr aus. Art. 8 Abs. 6 RL 93/36/EWG, umgesetzt in § 8 Nr. 3 Abs. 3 VOL/A, greift daher von seinem Wortlaut nicht unmittelbar. Die Bestimmung will jedoch mit der Vorgabe, die Leistungsbeschreibung des öffentlichen Auftraggebers dürfe eine bestimmte Herkunft nicht vorschreiben, die Bevorzugung oder den Ausschluss bestimmter Lieferanten oder bestimmter Erzeugnisse verhindern. Die umgekehrte Herkunftsangabe des Landkreises A führt zu einem Ausschluss finnischer Lieferanten und finnischen Holzes. Sie ist daher von dem Verbot des Art. 8 Abs. 6 RL 93/36/EWG, umgesetzt in § 8 Nr. 3 Abs. 3 VOL/A, erfasst und nicht zulässig[682].

5. Variante 1 zu Beispiel 2

Die Forderung des Landkreises A nach einem FSC-Label oder einem Nachweis gleichwertiger Art dafür, dass das zu liefernde Holz aus nachhaltiger Forstwirtschaft stammt, ist vor dem Hintergrund des Sonderproblems "Öko-Label" auf seine Rechtmäßigkeit zu überprüfen. Die EG-Kommission hält Umweltzeichen für technische Spezifikationen im Sinne der Richtlinien, meint aber, öffentliche Auftraggeber sollten nicht nur auf das Zeichen selbst abstellen, sondern vielmehr die Erfüllung der Kriterien, für die diese Zeichen vergeben werden, verlangen[683,684]. Diese würden auf dem gesamten Lebenszyklus des Produkts beruhen und verschiedene Gesichtspunkte wie z.B. Produktleistung, -material usw. einbeziehen[685]. Dem ist wegen der damit verbundenen Wettbewerbsöffnung zuzustimmen.

Der Landkreis A müsste daher in der Leistungsbeschreibung die Einhaltung der einzelnen Elemente nachhaltiger Forstwirtschaft, für die das FSC-Label erteilt wird, verlangen und bestimmen, dass die Vorlage des FSC-Labels den Nachweis für die Konformität des angebotenen Holzes mit diesen Anforderungen darstellt. Darüber hinaus müsste der Landkreis A gleichwertige Nachweise zulassen, wie er

682 Vgl. auch § 8 Nr. 3 Abs. 4 VOL/A: „Die Beschreibung technischer Merkmale darf nicht die Wirkung haben, dass bestimmte Unternehmen oder Erzeugnisse bevorzugt oder ausgeschlossen werden, es sei denn, dass eine solche Beschreibung durch die zu vergebende Leistung gerechtfertigt ist."

683 Komm., Interpret. Mitteilung v. 4.7.2001 (vgl. Fn 12), S. 13.

684 Sie nennt Zeichen, die Holz als Produkt aus nachhaltiger Forstwirtschaft identifizieren, ausdrücklich als Beispiel für ein privates Umweltzeichen. Komm., Interpret. Mitteilung v. 4.7.2001 (vgl. Fn 12), S. 13 Fn 25.

685 Komm., Interpret. Mitteilung v. 4.7.2001 (vgl. Fn 12), S. 13.

es auch bereits im Beispielsfall getan hat, um den Anforderungen der EG-Kommission gerecht zu werden.

6. Beispiel 3

Nach den Vergaberichtlinien und dem deutschen Vergaberecht wäre das Straßenbauamt nicht gehindert, den Bau der Straße unter Verwendung von Recyclingmaterial auszuschreiben. Das Straßenbauamt dürfte auch Nebenangebote für umweltfreundliche Angebote, das heißt solche, die den Einsatz von Recyclingmaterial vorsehen, zulassen. Eine entsprechende Verpflichtung enthält aber weder das Vergaberecht der Gemeinschaft in den Vergaberichtlinien noch das deutsche Vergaberecht.

B. Anforderungen des europäischen und nationalen Wettbewerbsrechts

Die Nachfragemacht der öffentlichen Hand hat auch wettbewerbsrechtliche Relevanz, nicht erst, seit der Gesetzgeber des Vergaberechtsänderungsgesetzes die wettbewerbliche Bedeutung des Vergaberechts dadurch betont hat, dass er das 1999 in Kraft getretene Vergaberecht in das GWB aufgenommen hat[686]. Praktiken von öffentlichen Auftraggebern sind immer wieder Thema der Tätigkeitsberichte des Bundeskartellamts[687], beispielsweise die vom Land Berlin bei der Vergabe von Straßenbauleistungen verwandten Tariftreueerklärungen[688] oder die Bildung von Einkaufskooperationen durch Gemeinden[689]. Neuere Gerichtsentscheidungen belegen bereits den objektiven Verstoß gegen Vergaberecht mit dem Sittenwidrigkeitsurteil i. S. v. § 1 UWG und gelangen so zu Unterlassungsansprüchen[690].

686 S. o. Kap. 1. A. I.

687 S. o. Fn 68.

688 Tätigkeitsbericht 1999/2000, BT-Drucks. 14/6300 S. 41, 42.

689 Tätigkeitsbericht 1999/2000, BT-Drucks. 14/6300 S. 45, 46.

690 LG Hamb., WRP 1999, 441 ff.; LG Meiningen, Beschl. v. 7.7.2000, Az. HKO 104/00; LG Heilbronn, NZBau 2002, 239, n. rk.

I. Europäisches Wettbewerbsrecht

Im Weiteren werden die Vorgaben des europäischen und nationalen Wettbewerbsrechts an die Umweltschutzaspekte einbeziehende öffentliche Auftragsvergabe aufgezeigt[691].

Titel VI des EG-Vertrages, der die Überschrift „Gemeinsame Regeln betreffend Wettbewerb, Steuerfragen und Angleichung der Rechtsvorschriften" trägt, enthält in Kapitel 1 Wettbewerbsregeln. Diese gliedern sich auf in Vorschriften für Unternehmen (Abschnitt 1, Art. 81 ff. EG) und in Vorschriften über staatliche Beihilfen (Abschnitt 2, Art. 87 ff. EG).

Für die öffentliche Auftragsvergabe und damit die vorliegende Arbeit bedeutsame Kernfrage im Bereich der Wettbewerbsregeln ist, ob diese den Staat und seine öffentlichen Unternehmen bei der Nachfrage nach Gütern und Leistungen binden.

1. Art. 81 ff. EG Wettbewerbsregeln für Unternehmen

a. Allgemeines

Der EG-Vertrag enthält in seinen Art. 81 ff. Wettbewerbsregeln für Unternehmen, die innerhalb der Europäischen Union tätig sind. Diese Regeln haben das Ziel, einen wirksamen und unverfälschten Wettbewerb im Bereich des Gemeinsamen Marktes der Mitgliedstaaten herzustellen[692]. Art. 81 Abs. 1 EG verbietet Unternehmen Vereinbarungen und abgestimmte Verhaltensweisen, die den Handel zwischen Mitgliedstaaten spürbar beeinträchtigen können und eine Verhinderung, Einschränkung oder Verfälschung von Wettbewerb im Gemeinsamen Markt bezwecken oder bewirken. Daneben untersagt Art. 82 Abs. 1 EG Unternehmen, die eine marktbeherrschende Stellung innehaben, diese zu Lasten von Konkurrenten und Abnehmern bzw. Verbrauchern zu missbrauchen.

aa. Unternehmensbegriff/Adressatenkreis

Ausgangspunkt für die Bestimmung des Adressatenkreises von Art. 81 EG ist der Begriff des „Unternehmens". Die Gemeinschaftsorgane gehen bei der Auslegung des Unternehmensbegriffs in Übereinstimmung mit dem Schrifttum von einem funktionalen Verständnis aus; maßgebend ist demzufolge nicht die Rechtsform,

---

691 Allg.: Terhechte, ZUR 2002, 274; Schwarz, BB 1973, 1283; Wittig; Dreher/Haas/v. Rintelen; Götz; Schardt.

692 EuGH, Rs. 85/76, Slg. 1979, 462, 554 (Rn 132).

sondern die Tätigkeit des möglichen Normadressaten. Der EuGH versteht unter „Unternehmen“ „jede eine wirtschaftliche Tätigkeit ausübende Einheit, unabhängig von ihrer Rechtsform und der Art ihrer Finanzierung“[693]. Dass die öffentliche Hand ein Unternehmen ist und grundsätzlich dem EG-Kartellrecht unterliegt, wenn sie wirtschaftlich tätig ist, ist unstreitig[694], da Art. 81 weder eine Unterscheidung nach der Rechtsform des Unternehmensträgers noch nach den Eigentumsverhältnissen an diesem trifft[695].

Neben dem Ziel der Herstellung eines wirksamen und unverfälschten Wettbewerbs zur Schaffung bzw. Durchsetzung des Binnenmarktes wollen die Art. 81 ff. EG mittelbare Vertragsverletzungen durch die Mitgliedstaaten kraft ihres bestimmenden Einflusses auf Unternehmen verhindern[696]. Art. 86 Abs. 1 EG verbietet den Mitgliedstaaten, dass diese dem Vertrag (und insbesondere den Art. 12 sowie 81 bis 89) widersprechende Maßnahmen für ihre öffentlichen Unternehmen treffen[697]. Mit den „Mitgliedstaaten“ meint der EG-Vertrag sämtliche Träger öffentlicher Gewalt in dem Gebiet eines der Vertragsschließenden. Dazu gehören in den Bundesstaaten nicht nur der Zentralstaat, sondern ebenso die Länder und Gemeinden sowie die sonstigen Verwaltungsträger bis hin zu den Anstalten und Stiftungen des öffentlichen Rechts[698]. Öffentliche Unternehmen sind in Deutschland folglich auch die den Ländern und den Gemeinden gehörenden Unternehmen, z. B. die Verkehrs- und Versorgungsunternehmen oder die öffentlichen Banken[699]. Die Mitgliedstaaten sollen sich nicht durch die Zwischenschaltung von Unternehmen, zu denen sie in besonderen Beziehungen stehen, den Verpflich-

693 Std. Rspr., EuGH Rs. C-41/90, Slg. 1991, I-1979, 2016 (Rn 21); Rs. C-244/94, Slg. 1995, I-4013, 4028 (Rn 14); Rs. C-55/96, Slg. 1997, I-7119, 7147 (Rn 21).

694 Der EuGH hat bereits 1987 überzeugend festgestellt, dass es für die Unternehmenseigenschaft nicht darauf ankommen könne, ob der Staat wirtschaftliche Tätigkeiten selbst oder durch eine v. ihm getrennte Einrichtung ausübt, auf die er einen (unmittelbaren oder mittelbaren) Einfluss ausübt. Eine rechtliche Verselbständigung der unternehmerischen Tätigkeit sei nicht notwendig, um die Unternehmenseigenschaft des Staates zu bejahen (EuGH, Rs. 118/85, Slg. 1987, 2599, 2621 ff.) Auch im Schrifttum ist anerkannt, dass ein Hoheitsträger sich nicht dadurch der Anwendbarkeit der Wettbewerbsregeln entziehen kann, indem er in einer öffentlich-rechtlichen Organisationsform handelt (Möschel, in: Immenga/Mestmäcker, EG-Wettbewerbsrecht, Art. 86 Rn 2 S. 685; Schmitges-Thees, S. 95 m. w. N.).

695 I. Ü. ist die Ausnahmebestimmung des Art. 86 Abs. 2 EG nur bei grundsätzlicher Erfassung öffentlicher Unternehmen sinnvoll; vgl. Stockenhuber, in: Grabitz/Hilf, Art. 81 EG Rn 67.

696 Grill, in: Lenz, Art. 90 Rn 3; Emmerich, in: Dauses, H. II Rn 93.

697 Kahl, der auch die Unternehmen, denen die Mitgliedstaaten besondere oder ausschließliche Rechte gewähren, einbeziehen will, in NVwZ 1996, 1082, 1083 li. Sp.: „Über die Brückennorm des Art. 90 Abs. 1 (Anm.: jetzt: Art. 86 Abs. 1) kommen insb. Art. 6 EG (Anm.: jetzt: Art. 12) u. die Wettbewerbsvorschriften auch auf öffentliche Unternehmen zur Anwendung“. Burgi, VerwA 2002, 255, 263 will sogar die europäischen Grundrechte zur Anwendung kommen lassen.

698 EuGH, Rs. 30/87, Slg. 1988, 2507, 2516 (Rn 33).

699 Emmerich, in: Dauses, H. II Rn 97.

tungen entziehen können, die sich für sie aus dem Vertrag ergeben[700]. Über diesen Weg werden staatlich dominierte Unternehmen indirekt auch solchen Verpflichtungen aus dem EG-Vertrag unterworfen und ihre Einhaltung durch die Kommission überwacht, die sich originär nicht an Unternehmen, sondern nur an die Mitgliedstaaten richten[701,702].

Fraglich ist nun, welche Unternehmen als „öffentlich" zu bezeichnen sind. Der EG-Vertrag selbst enthält keine Begriffsbestimmung. Die EG-Kommission hat in der sogenannten Transparenzrichtlinie[703] in Art. 2 Abs. 1 das öffentliche Unternehmen definiert als Unternehmen, auf das die öffentliche Hand aufgrund Eigentums, finanzieller Beteiligung, Satzung oder sonstiger Bestimmungen, die die Tätigkeit des Unternehmens regeln, unmittelbar oder mittelbar einen beherrschenden Einfluss ausüben kann[704]. Diese Richtlinie ist durch den EuGH zweifach bestätigt worden[705]. Er hat zusammenfassend ausgeführt, dass Art. 90 EG a. F. (jetzt Art. 86 EG) nur solche Unternehmen betreffe, für deren Verhalten die Staaten aufgrund ihres Einflusses besondere Verantwortung trügen[706]. Diese Definitions- und Abgrenzungsversuche werden zum Teil für kaum aussagekräftig und nicht verallgemeinerungsfähig gehalten[707]. Der Begriff „öffentliches Unternehmen" könne lediglich als Sammelbezeichnung für unterschiedliche Unternehmenstypen verstanden werden, die jeweils beschrieben und aufgabentypisch präzisiert werden müssten[708]. Zum Teil wird Art. 2 Abs. 1 der Transparenzrichtlinie hingegen für den „maßgeblichen Hinweis" gehalten[709].

---

700 EuGH, Rs. C-157/94, Slg. 1997 I-5699, 5777 (Rn 30) u. Rs. C 159/94, Slg. 1997 I-5815, 5832 (Rn 47).

701 Jung, in: Calliess/Ruffert Art. 86 Rn 3 m. w. N.; Grill, in: Lenz, Art. 90 Rn 3.

702 Der Grund hierfür ist, dass sich sonst die Mitgliedstaaten ihren Verpflichtungen entziehen könnten, indem sie ihre Aufgaben durch öffentliche Unternehmen ausführen lassen; Hochbaum, in: v. der Groeben/Thiesing/Ehlermann, Art. 90 Rn 1. So auch Kahl, NVwZ 1996, 1082, 1083 li.Sp.

703 RL 2000/52/EG der Komm. v. 26.7.2000 zur Änderung der RL 80/723/EWG über die Transparenz der finanziellen Beziehungen zwischen den Mitgliedstaaten u. den öffentlichen Unternehmen, ABl. L 193, S. 75 ff. Nach dieser RL sind die Mitgliedstaaten verpflichtet, die unmittelbare Bereitstellung öffentlicher Mittel durch die öffentliche Hand für öffentliche Unternehmen, die Bereitstellung öffentlicher Mittel durch die öffentliche Hand über öffentliche Unternehmen oder Finanzinstitute, die tatsächliche Verwendung dieser öffentlichen Mittel offenzulegen u. so die Transparenz zwischen der öffentlichen Hand u. den öffentlichen Unternehmen zu gewährleisten (Art. 1 der RL 2000/52/EG).

704 Der beherrschende Einfluss wird bereits dann vermutet, wenn die öffentliche Hand über die Mehrheit des Kapitals oder die Mehrheit der Stimmrechte verfügt (Art. 2 Abs. 1 b) der RL 2000/52/EG.

705 Urt. v. 6.7.1982, Verb. Rs. 188-190/88, Slg. 1982, 2545, 2579; Urt. v. 16.6.1987, Rs. 118/85, Slg. 1987, 2599 ff.

706 EuGH, Rs. 188-190/80, Slg. 1982, 2545, 2577 ff.

707 Stober, NJW 2002, 2357.

708 Stober, NJW 2002, 2357.

709 Kahl, NVwZ 1996, 1082, 1083 li. Sp.

Ungeachtet dieser Auseinandersetzung wird man unter den Begriff des öffentlichen Unternehmens[710] die Unternehmen fassen können, die der Staat ohne Rückgriff auf hoheitliche Maßnahmen für seine Zwecke steuern kann[711]. In Deutschland sind dies die bislang dominierenden Privatrechtsformen, auf die der Staat einen beherrschenden Einfluss ausübt, wie z. B. öffentliche Wasser- und Energieversorgungsunternehmen in Form von GmbH oder AG, sowie die klassischen, teilweise modernisierten öffentlich-rechtlichen Organisationsformen wie Eigenbetriebe, „Kommunalunternehmen"[712] oder rechtsfähige Anstalten des öffentlichen Rechts[713,714].

bb. Relevanter Markt

Entscheidend kommt es im Rahmen der Wettbewerbsregeln auf die Marktabgrenzung an, um das Bestehen einer Wettbewerbsbeschränkung und ihrer Spürbarkeit zu beurteilen. Hierfür bedarf es der Ermittlung des relevanten Marktes[715]. Für den sachlich relevanten Markt ist entscheidend die Substituierbarkeit, d.h. die Frage, ob ein Produkt dem gleichen Bedürfnis besonders zu dienen bestimmt und mit anderen Erzeugnissen nur in geringem Maße austauschbar ist[716]. Bei der Marktabgrenzung wird von der Sicht der Marktgegenseite ausgegangen, nicht von der des Wettbewerbers[717]. Maßstab für die Austauschbarkeit ist unter anderem der Preis, die Qualität oder technische Merkmale[718]. Räumlich relevanter Markt ist das Gebiet, in dem die beteiligten Unternehmen anbieten und in dem die Wettbewerbsbedingungen hinreichend homogen sind[719]. Die Kommission sieht in der Regel den Gemeinsamen Markt als räumlich relevant an[720].

---

710 Schmitges-Thees, S. 92, nennt als Bsp. für öffentliche Unternehmen die öffentlichen Verkehrs- u. Versorgungsunternehmen, die Deutsche Post AG, Telekom, Deutsche Bahn AG, öffentlich-rechtliche Rundfunkanstalten u. gesetzliche Krankenkassen. Die Telekom befindet sich seit Mai 2001 nicht mehr im Mehrheitsbesitz der Bundesrepublik bzw. der Kreditanstalt für Wiederaufbau, so dass der beherrschende Einfluss der öffentlichen Hand hier nicht mehr besteht.

711 Jung, in: Calliess/Ruffert, Art. 86 Rn 13.

712 Z. B. in Art. 89 BayGO.

713 Vgl. § 114 a GO NRW.

714 Vgl. auch die Darstellung der Organisationsformen kommunaler Unternehmen bei Cronauge, S. 53 ff.

715 Weiß, in: Calliess/Ruffert, Art. 81 Rn 94.

716 EuGH, Rs. 6/72, Slg. 1973, 215 Rn 32.

717 Komm., Bek. über die Definition des relevanten Marktes, ABl. EG 1997, Nr. C 372/5, Tz. 7; EuGH, Rs. 22/78, Slg. 1979, 1869 Rn 5.

718 Weiß, in: Calliess/Ruffert, Art. 81 Rn 96.

719 Komm., Bek. über die Definition des relevanten Marktes, ABl. EG 1997, Nr. C 372/5, Tz. 8; EuGH, Rs. 27/76, Slg. 1978, 207, Rn 10/11.

720 Komm., Entsch. v. 22.12.1987, ABl. EG 1988 Nr. L 52/51 Tz. 36.

b. Anwendbarkeit auf die öffentliche Auftragsvergabe

Der Anwendungsbereich der Wettbewerbsregeln des EG-Vertrages beschränkt sich im Wesentlichen auf den Bereich der Wirtschaft[721]. Die entscheidende Abgrenzungsfrage lautet daher, ob die Beschaffung von Waren und Leistungen durch öffentliche Auftraggeber als unternehmerische, d. h. wirtschaftliche Tätigkeit i. S. v. Art. 81 ff. EG zu qualifizieren ist oder ob es sich um eine Verwaltungsmaßnahme handelt, die nicht den Wettbewerbsregeln des EG-Vertrages unterfällt. Handelt der Staat durch öffentliche Unternehmen, ist über Art. 86 EG das Wettbewerbsrecht des EG-Vertrages, Art. 81 ff., anwendbar. Fraglich ist somit nur noch die Beschaffungstätigkeit durch den Staat selbst, d. h. durch Bund, Länder und Gemeinden sowie die sonstigen Verwaltungsträger.

Die Zuordnung der Auftragsvergabe des Staates zur wirtschaftlichen Tätigkeit wird zum Teil mit der Begründung verneint, der Staat nehme nur als Verbraucher am Wirtschaftsleben teil, wenn er Waren oder Dienstleistungen für den eigenen Bedarf ohne Weiterverkaufsabsicht beschaffe[722] und seine Nachfrage diene nur dem Eigenbedarf[723]. Für eine Geltung der Wettbewerbsregeln und gegen eine Differenzierung oder Ausgrenzung der Beschaffungen des Staates wird sich aus Gleichheitsgesichtspunkten[724] und wegen der ratio des EG-Vertrages[725] ausgesprochen. In der Rechtsprechung des EuGH ist die Tendenz erkennbar, dass der Gerichtshof immer dort die Annahme einer wirtschaftlichen Tätigkeit bejaht, wo wirtschaftlich werthaltige Leistungen in möglicher Konkurrenz mit anderen privaten Leistungserbringern/Privaten auf Märkten angeboten oder nachgefragt werden[726].

In der Tat erscheint es richtig, das Handeln des Staates bei der Nachfrage nach Gütern und Leistungen ebenfalls den Wettbewerbsregeln zu unterwerfen, da allein dies dem Sinn und Zweck der Wettbewerbsregeln des EG-Vertrages, einen freien Wettbewerb innerhalb der Europäischen Gemeinschaften zu garantieren

---

721 Emmerich, in: Dauses, H. II Rn 40.

722 Hochbaum, in: Groeben/Thiesing/Ehlermann, Art. 90 Rn 13 ohne Begr.

723 Gleiss/Hirsch, Art. 90 Rn 3.

724 Authenrieth, in: GK-Müller-Henneberg u. Schwartz, § 98 Rn 110.

725 Emmerich, Wirtschaftsrecht, S. 374.

726 Namentlich die Entsch. des Gerichtshofs zur Unternehmenseigenschaft der Bundesanstalt für Arbeit bringt diesen Gedanken zum Ausdruck, da für den Gerichtshof letztlich ausschlaggebend war, dass die Bundesanstalt ihre Vermittlungstätigkeit tatsächlich, wenn auch unter Verletzung des AFG, im Wettbewerb mit privaten Arbeitsvermittlern erbrachte (EuGH, Rs. C-41/90, Slg. 1991, 2010, 2016 f.). Die beiden Entsch. des EuGH zur Unternehmenseigenschaft v. Sozialversicherungsträgern beruhen offenbar auf durchaus vergleichbaren Überlegungen (EuGH, verb. Rs. C-159/91 u. C-160/91, Slg. 1993, 664; Rs. C-244/94, EuZW 1996, 277). Unerheblich sind dagegen die Modalitäten der jeweiligen gesetzlichen Regelung, die Verleihung gesetzlicher Monopole, das Fehlen der Gewinnerzielungsabsicht sowie die Art der Finanzierung. Vgl. Emmerich, in: Dauses H. II Rn 44.

und hoheitliche Handelshemmnisse zu verhindern, gerecht wird[727]. Dies entspricht offensichtlich auch dem Willen des Gemeinschaftsgesetzgebers. In dem sechsten Umweltaktionsprogramm wird das ökologische Beschaffungswesen als ein Instrument zur Erreichung der Umweltziele genannt. Dieses solle Überlegungen bezüglich ökologischer Lebenszyklen einschließlich der Produktionsphase – unter Beachtung der gemeinschaftlichen Wettbewerbsregeln – einbeziehen[728].

Die öffentliche Hand wird daher auch bei der Vergabe von Aufträgen wirtschaftlich tätig und hat die Wettbewerbsregeln der Art. 81 ff. EG zu beachten.

c. Relevanz für die Berücksichtigung von Umweltaspekten im Vergabeverfahren

Öffentliche Auftraggeber müssen solche Verhaltensweisen unterlassen, die auf eine Verhinderung, Einschränkung oder Verfälschung des Wettbewerbs zielen. Ein Verstoß gegen Art. 81 Abs. 1 oder Art. 82 Abs. 1 EG kommt jedoch nur dann in Betracht, wenn das Vorgehen des öffentlichen Auftraggebers dazu geeignet ist, den Handel zwischen den Mitgliedstaaten spürbar zu beeinträchtigen[729] und – im Fall des Art. 82 Abs. 1 EG – wenn er zudem eine marktbeherrschende Stellung im Gemeinsamen Markt innehat. Beides ist in jedem Einzelfall gesondert zu prüfen[730].

Art. 82 EG ist dann erfüllt, wenn ein öffentlicher Auftraggeber seine marktbeherrschende Stellung missbraucht, etwa, indem er sich in sachlich nicht gerechtfertigter Weise weigert, einem Unternehmen den Zuschlag zu erteilen – beispielsweise, weil dieses vermeintlich weniger umweltfreundlich ist als ein anderes – und wenn dieses Verhalten dazu geeignet ist, den innergemeinschaftlichen Handel zu beeinträchtigen. Häufig wird es an der Marktbeherrschung eines deutschen öffentlichen Auftraggebers in dem Gemeinsamen Markt fehlen oder einem wesentlichen Teil davon und ebenso selten wird die Ausschreibung eines einzelnen öffentlichen Auftraggebers in Deutschland zu einer spürbaren Handelsbeeinträchtigung auf dem Gemeinsamen Markt führen. Wenn überhaupt, kommt dies nur in einem sehr engen Markt für ein ganz bestimmtes Produkt oder eine sehr spezielle Leistung in Betracht. In einem solchen Fall wird es auch auf Anbie-

727 So auch Schmitges-Thees, S. 101.

728 Art. 3 Ziff. 6 des 6. EG-Umweltaktionsprogramms, vgl. Fn 38.

729 Sog. Zwischenstaatlichkeitsklausel. Sie ist erfüllt, wenn die Beschränkungen des Wettbewerbs über die Grenzen eines Mitgliedstaates hinaus wirken (Bunte, in: Langen/Bunte Art. 81 Rn 117). Die Handelsbeeinträchtigung muss spürbar sein (Bunte, a.a.O., Rn 124 m.w.N.). Der EuGH hat das Merkmal der Spürbarkeit hervorgehoben, es aber abgelehnt, feste Schwellenwerte zu nennen (Bunte, a.a.O., Rn 124). Maßgeblich für die Spürbarkeit sind der Inhalt der Bestimmung, Art u. Menge der betroffenen Erzeugnisse, Stellung u. Bedeutung der Beteiligten auf dem Markt der fraglichen Waren u. ganz allg. die wirtschaftlichen u. rechtlichen Zusammenhänge (Bunte, a.a.O. Rn 124).

730 Kilian, Rn 447, nimmt den Schwellenwert hierfür bei ca. 50% Marktanteil an.

terseite nur wenige Unternehmen geben. Je mehr öffentliche Auftraggeber auf dieses Produkt oder diese Leistung angewiesen sind, umso weniger besteht die Gefahr des Mißbrauchs einer marktbeherrschenden Stellung.

2. Art. 87 ff. EG Staatliche Beihilfen

Ein Vergabeverfahren, das Umweltaspekte einbezieht, ist unter Umständen auch auf seine Vereinbarkeit mit europäischem Beihilferecht zu überprüfen.

a. Allgemeines

Art. 87 Abs. 1 EG konstituiert ein grundsätzliches Verbot für staatliche Beihilfen, soweit sie sich zumindest potentiell wettbewerbsverfälschend auswirken und so den Handel zwischen den Mitgliedstaaten beeinträchtigen[731]. Ziel dieses Verbots ist die Verhinderung von Wettbewerbsverzerrungen durch staatliche Leistungen an Unternehmen oder Produktionszweige[732]. Der im Gemeinschaftsrecht nicht definierte Begriff der Beihilfe ist nach allgemeiner Ansicht weit auszulegen[733]. Er umfasst allgemein sämtliche Maßnahmen, die gleich welcher Form (Tun oder Unterlassen) die Belastungen verringern, die ein Unternehmen normalerweise zu tragen hat[734], und beschränkt sich daher nicht auf Subventionen im engeren Sinne[735]. Auch wird formuliert, dass der Beihilfebegriff Zuwendungen in beliebiger Form erfasse, die keine marktgerechte Gegenleistung für eine von diesem Wirtschaftsteilnehmer erbrachte Leistung darstellt[736]. Die Qualifikation einer Maßnahme als Beihilfe richtet sich ausschließlich nach ihren Wirkungen: Gründe oder Ziele ihrer Gewährung bleiben bei der Anwendung von Art. 87 Abs. 1 außer Betracht[737]. Um Beihilfen von marktüblichem staatlichem Verhalten abzugrenzen, wenden Kommission und Gemeinschaftsgerichtsbarkeit den sogenannten „private investor test“[738] an[739]. Hierbei wird in dem zu untersuchenden Fall geprüft, ob auch ein marktwirtschaftlich handelnder Wirtschaftsteilnehmer in

731 Cremer, in Calliess/Ruffert, Art. 87 Rn 1.

732 Bleckmann, Rn 2050.

733 Cremer, in Calliess/Ruffert, Art. 87 Rn 7 m. w. N.

734 Stdg. Rspr. des EuGH, so in Rs. C-39/94, Slg. 1996, I-3547, Rn 58; Rs. C-387/92, Slg. 1994, I-877.

735 EuGH, Rs. C-387/92, Slg. 1994, I-877, Rn 13; EuGH, Rs. C-39/94, Slg. 1996, I-03547, Rn 58.

736 Cremer, in Calliess/Ruffert, Art. 87 Rn 7 m. w. N.; Koenig/Kühling/Ritter, S. 42.

737 EuGH, Rs. 310/85, Slg. 1987, 901, Rn 8; Rs. 173/73, Slg. 1974, 709, Rn 26, 28; Koenig/Kühling/Ritter, S. 42.

738 Auch „market economy investor test“ genannt.

739 Koenig/Kühling/Ritter, S. 45.

gleicher Weise wie die öffentliche Hand gehandelt hätte[740], ob also der Vorgang ein normales Handelsgeschäft darstellt. Dies wiederum bestimmt sich danach, ob die Gegenleistung, die die öffentliche Hand als Vergütung für die Zuwendung eines Vorteils erhält, dem entspricht, was ein derartiger marktwirtschaftlicher Wirtschaftsteilnehmer akzeptiert hätte[741].

Eine auf diese Art und Weise festgestellte staatliche Vergünstigung ist jedoch nicht per se, sondern nur dann verboten, wenn sie den Wettbewerb verfälscht oder zu verfälschen droht. Wettbewerbsverfälschend ist eine Beihilfe (nur) dann, wenn sie die Stellung des Begünstigten auf einem bestimmten Markt zu Lasten seiner (potentiellen) Konkurrenten – tatsächlich oder potentiell – verbessert[742]. Zur Beantwortung dieser Frage wird die Konkurrenzlage vor und nach einer (beabsichtigten) Subventionierung verglichen[743]. Schließlich unterfallen nur solche Beihilfen dem Verbot des Art. 87 EG, die den Handel zwischen den Mitgliedstaaten beeinträchtigen. Eine Handelsbeeinträchtigung liegt vor, wenn die Einfuhr oder die Ausfuhr für das begünstigte Unternehmen erleichtert bzw. kehrseitig für die Konkurrenten erschwert wird[744]. Das Merkmal „Beeinträchtigung des Handels zwischen Mitgliedstaaten" hat angesichts der immer dichter werdenden Handels-, Dienstleistungs- und Kapitalströme nur noch geringe Bedeutung[745]. Es klammert nur die seltenen Fälle aus, in denen das Auftreten eines Wettbewerbers

740 Bartosch, EuZW 229, 231; Koenig/Kühling/Ritter, S. 45.

741 Der Vergleich mit einem privaten Investor ist bei Kapitalzuführung u. Darlehensvergabe durch die öffentliche Hand gesicherte Kommissionspraxis u. gefestigte Rspr. der Gemeinschaftsgerichte. Auf das öffentliche Auftragswesen wurde dieses Prinzip erstmals v. EuG 1999 angewandt (EuG, Slg. 1999, II-139 = NVwZ 2000, 784 = EuZW 1999, 665) (vgl. Bartosch, EuZW 2001, 229, 231).

742 Cremer, in: Calliess/Ruffert, Art. 87 Rn 12; Koenig/Kühling/Ritter, S. 83.

743 EuGH, Rs. 173/73; Slg. 1974, 709 Rn 36/40; Rs. 730/79, Slg. 1980, 2671 Rn 11. Umstritten ist, ob es auch bei Art. 87 EG eine de-minimis-Klausel, d.h. eine Spürbarkeitsschwelle geben soll. Vgl. Cremer, in: Calliess/Ruffert, Art. 87 Rn 15. Dagegen: Koenig/Kühling/Ritter, S. 83 f.

744 v. Wallenberg, in: Grabitz/Hilf, Art. 92 Rn 28.

745 Koenig/Kühling/Ritter, S. 86.

aus anderen Mitgliedstaaten auf dem Markt auch theoretisch völlig ausgeschlossen ist[746].

b. Anwendbarkeit auf die öffentliche Auftragsvergabe

Im Schrifttum wird in jüngster Zeit vermehrt diskutiert, ob die Berücksichtigung der sogenannten vergabefremden Aspekte bei der Auftragsvergabe als Beihilfe i.S.d. Art. 87, 88 EG zu werten ist[747]. Ein Verstoß wird hierbei oft kurzerhand mit der Begründung bejaht, dass bei einer auf politische Motive gestützten Zuschlagsentscheidung Aufträge an solche Bieter erteilt würden, obwohl diese nicht das wirtschaftlich günstigste Angebot abgegeben hätten[748], der bevorzugte Bieter also letztlich eine finanzielle Förderung erhalte. Diese Betrachtung ist jedoch zu pauschal und zu weitgehend[749], dies schon deshalb, weil der in diesem Zusammenhang wiederum häufig verwendete Begriff „vergabefremde Kriterien" ungenau

---

746 Um diese Frage ging es auch in der Rs. C-280/00, die mit Urt. des EuGH v. 24.7.2003 (EuZW 2003, 496) entschieden wurde. Dieser Rs. lag der Fall der Altmark Trans GmbH zugrunde, einem Personenbeförderungsunternehmen, das vom Landkreis Stendal öffentliche Zuschüsse erhält. Der Altmark Trans GmbH waren vom Regierungspräsidium Magdeburg wiederholt mehrere Genehmigungen zur Personenbeförderung auf regionalen Überlandlinien erteilt worden. Ein Wettberber, die Nahverkehrsgesellschaft Altmark GmbH, die bei diesem „Wettbewerb um den Markt" unterlegen war u. keine Genehmigungen erhalten hatte, hatte hiergegen mit der Begr. geklagt, die Altmark Trans könne ohne die öffentlichen Zuschüsse nicht überleben u. sei daher nicht leistungsfähig. Das BVerwG hatte dem EuGH u. a. die Frage vorgelegt, ob angesichts des regionalen Charakters der betroffenen Verkehrsdienste die Zuschüsse des LK Stendal geeignet seien, den Handel zwischen Mitgliedstaaten zu beeinträchtigen (Vorlagebeschl. des BVerwG vom 6.4.2000, 3 C 7/99, NVwZ 2001, 320). Altmark Trans u. das Regierungspräsidium haben in ihren schriftlichen Erklärungen die Ansicht vertreten, dass die str. Beihilfen diese Auswirkungen nicht hätten, weil nach dem deutschen Recht die Unternehmen, die eine Genehmigung besäßen, nicht befugt seien, Verkehrsdienste außerhalb des v. der Genehmigung erfassten Gebietes anzubieten (Schlussanträge GA Léger v. 19.3.2002, Rn 105). Sie übersehen dabei jedoch, dass sich durch die Beihilfegewährung die Chancen der in anderen Mitgliedstaaten niedergelassenen Unternehmen, auf dem relevanten Markt des beihilfegewährenden Mitgliedstaates tätig zu werden, verringern (so auch GA Léger, Schlussanträge vom 19.3.2002, Rn 106). Das einseitige Abstellen auf das Tätigwerden des begünstigten Unternehmens auf Märkten anderer Mitgliedstaaten reicht nicht aus, um die Eignung zur Handelsbeeinträchtigung zu verneinen. Dies hat der EuGH bestätigt (Rn 77). Er hat des Weiteren entschieden, dass öffentliche Zuschüsse, die Unternehmen zum Ausgleich für die Kosten der Erfüllung gemeinwirtschaftlicher Verpflichtungen gewährt werden, keine staatlichen Beihilfen i.S.v. Art. 87 EG sind, wenn (1) das begünstigte Unternehmen tatsächlich mit der Erfüllung gemeinwirtschaftlicher Pflichten beauftragt ist; (2) die für die Bestimmung des Zuschusses maßgeblichen Faktoren zuvor objektiv u. transparent festgelegt worden sind; (3) der Zuschuss nicht den Betrag übersteigt, der für die Deckung der Zusatzkosten plus angemessenen Gewinn erforderlich ist, u. (4) der Zuschuss – sofern die zu Grunde liegende Beauftragung nicht in einem transparenten Vergabeverfahren erfolgt ist – nicht den Betrag übersteigt, den ein gut geführtes Unternehmen benötigen würde, um kostendeckend arbeiten u. einen angemessenen Gewinn erzielen zu können.

747 Zuletzt Krohn, S. 167 ff. u. Jennert, NJW 2003, 417. Vgl. auch Dippel/Zeiss, NZBau 2002, 376, 377; Boesen, Einl. Rn 29, § 97 Rn 130; Lübbig, EuZW 1999, 672; Knipper, WuW 1999, 677, 684; Martin-Ehlers, WuW 1999, 685, 687; Riese, S. 28 f.; Götzke, S. 94; Ziekow, NZBau 2001, 72, 78; Bartosch, EuZW 2001, 229, 231; ders., WuW 2001, 673, 682 ff.; Hailbronner, in: Byok/Jäger, Rn 184; Wittig, S. 30, 56 f.; ausführlich: Dreher/Haas/v. Rintelen. Vereinzelt wurde diese Frage bereits früher thematisiert, so (die unzulässige Subvention bejahend) v. Corte/Hesselmann/Kayser, S. 26, oder (sie verneinend) v. Götz.

748 Kling, S. 34 ff.; Dippel/Zeiss, NZBau 2002, 376, 377; Bartosch, EuZW 2001, 229, 231; Wittig, 30, 56 f.

749 So auch Lübbig, EuZW 1999, 671, 672.

und irreführend ist[750], aber auch, weil der politisch motivierte Zuschlag nicht zwingend auf das ungünstigere bzw. teurere Angebot abgegeben worden sein muss.

Die Beihilfeproblematik wird nur virulent, wenn ein öffentlicher Auftraggeber einem Unternehmen den Zuschlag erteilt, obwohl dieses nicht das wirtschaftlich günstigste Angebot abgegeben hat. Die Motive des Auftraggebers können sein, dass er das Unternehmen oder das von ihm hergestellte Produkt bzw. die erbrachte Bau- oder Dienstleistung gegenüber anderen als ökologisch vorzugswürdig betrachtet. Der öffentliche Auftraggeber wendet einen höheren Preis auf als notwendig, wodurch das Unternehmen eine „Förderung" erfährt. Ein Teil des älteren Schrifttums verneint bei Vorliegen eines solchen Sachverhalts bereits den Tatbestand der Beihilfe. Eine solche liege nur bei einer unentgeltlichen Zuwendung vor. Werde jedoch eine – wenn auch unangemessene – Gegenleistung erbracht, könne von einer Beihilfe nicht gesprochen werden[751]. Diese Auffassung ist angesichts des weiten Beihilfebegriffs zu eng und wird Sinn und Zweck des Beihilfeverbots nicht gerecht, wenn sie nur die klassische Subvention – die Auszahlung eines Geldbetrages zu einem bestimmten Förderungszweck – erfasst und damit weite Bereiche staatlicher Vorteilsgewährung ausschließt[752].

Das EuG hatte bereits im Jahr 1999 Gelegenheit, zu der Beihilfeproblematik im Vergabewesen Stellung zu nehmen[753]. Die für die Verbindung von Vergabe- und Beihilferecht maßgebliche Aussage des Urteils lässt sich wie folgt zusammenfassen: Ein öffentlicher Beschaffungsvertrag, bei dem die Vergütung der von der öffentlichen Hand eingekauften Leistungen oberhalb des handelsüblichen Preises liegt, oder der den privaten Auftragnehmer ohne wirtschaftlich nachvollziehbaren Grund in anderer Weise begünstigt[754], stellt dann eine Beihilfe dar, wenn die-

750 S. o. Kap. 1. D. VII.

751 Rawlinson, in: Lenz, Art. 87 Rn 3; Götz, S. 22; Koch, S. 85; diff.: Ose, S. 55.

752 Dreher/Haas/v. Rintelen, S. 21; Wenig, in: Ehlermann/Bieber, Art. 92 Rn 5.

753 EuG, Urt. v. 28.1.1999, Rs. T-14/96, EuZW 1999, 665. In dem dem Urt. zugrundeliegenden Sachverhalt hatte eine regionale Gebietskörperschaft eines Mitgliedstaates mit dem privaten Betreiber einer Schiffahrtslinie einen mehrjährigen Vertrag über den Erwerb v. Reisegutscheinen für Schiffsreisen im Verkehr mit einem anderen Mitgliedstaat geschlossen. Die Reisegutscheine erwarb die Gebietskörperschaft für die Durchführung sozialpol. motivierter Reisen auf dieser Schiffahrtsverbindung. Einem Wettbewerber des Betreibers dieser Schiffahrtslinie gelang es jedoch, nachzuweisen, dass der für den Erwerb der Reisegutscheine vereinbarte Preis über dem üblichen Handelstarif lag u. auch, dass die Buchung größerer Reisekontingente für mehrere Jahre im voraus kaufmännisch unüblich war, so dass sich der v. der Gebietskörperschaft mit dem Seeverkehrsunternehmen geschlossene Vertrag nicht als normales Handelsgeschäft darstellte. Die mit einer Beschwerde des Wettbewerbers befasste Komm. teilte zunächst den in der Beschwerdeschrift erhobenen Vorwurf der ungenehmigten Beihilfengewährung. Schließlich gelangte die Komm. jedoch aus nicht näher erläuterten Gründen zu der Auffassung, der Beihilfevorwurf sei unberechtigt u. stellte das v. ihr bereits eröffnete Prüfverfahren wieder ein. Gegen diese Entsch. erhob der Wettbewerber sodann Klage zum EuG (Zusammenfassung des streitentscheidenden Sachverhalts v. Lübbig, EuZW 1999, 671, 672).

754 Wie im vorliegenden Fall durch eine mehrjährige Vertragsdauer; vgl. die vorangegangene Fn.

ses Vorgehen geeignet ist, den Wettbewerb zu verfälschen und den Handel zwischen Mitgliedstaaten zu beeinträchtigen[755].

Dreher/Haas/von Rintelen stellen im Einklang mit den Aussagen des EuG fest, dass eine Auftragsvergabe zu nicht marktmäßigen Bedingungen generell den Tatbestand der Begünstigung erfülle[756]. Die Ungleichwertigkeit der Leistungen ermitteln sie in einem „Als-Ob-Vergleich" – ähnlich dem für Kapitalbeteiligungen und Darlehen der öffentlichen Hand anerkannten „market economy investor test"[757] – mit einer öffentlichen Ausschreibung ohne vergabefremde Kriterien. Wenn der Zuschlag infolge der Anwendung vergabefremder Kriterien auf ein Angebot erfolge, das nicht das wirtschaftlichste sei, sei die Beihilfe die Differenz zwischen dem Wert des günstigsten Angebots und dem, das den Zuschlag erhalten habe[758]. Für Fälle, in denen ein Vergleich aller eingegangenen Angebote nicht hilfreich ist, da der Bieterkreis von vornherein verringert war[759], führen sie eine Begünstigungsvermutung mit Beweislastumkehr bei Anwendung vergabefremder Kriterien durch die Vergabestelle ein. Wenn die Vergabestelle von einem offenen transparenten Vergabeverfahren ohne vergabefremde Kriterien abweiche, liege eine einseitige Vorteilsgewährung, eine Behilfe vor, es sei denn, der Auftraggeber weise nach, dass eine wirtschaftliche Vergabe auch ohne vergabefremde Kriterien nicht möglich gewesen wäre[760].

Koenig/Kuehling/Ritter berufen sich auf die Praxis der EG-Kommission, wonach eine vergaberechtskonforme Auftragsvergabe in der Regel keine Beihilfeelemente enthalte, da das EG-Vergaberecht darauf gerichtet sei, die Ausschreibung diskriminierungsfrei und wettbewerbskonform zu gestalten[761].

Die im Übrigen sehr überzeugende und ausführliche Untersuchung von Dreher/Haas/von Rintelen leidet daran, dass der zentrale Begriff der „vergabefremden Kriterien" nicht definiert, gleichwohl aber zwischen „echten vergabefremden Kriterien" und „politisch motivierten, aber rechtlich zulässigen Kriterien" differenziert wird[762]. Eine genaue Inhaltsbestimmung wäre jedoch schon deshalb erfor-

755 Lübbig, EuZW 1999, 671, 672.

756 Dreher/Haas/v. Rintelen, S. 20.

757 Auch „private investor test" genannt.

758 Diese wird auch „marktunübliche Differenz" genannt.

759 So im Nichtoffenen u. im Verhandlungsverfahren; denkbar aber auch, wenn aufgrund der vorab bekanntgemachten Anwendung v. vergabefremden Kriterien potentielle Bieter abgeschreckt werden u. v. einer Bewerbung absehen oder wenn die Ausschreibung wegen der nachgefragten Leistung nur für einen begrenzten Teilnehmerkreis v. Interesse ist.

760 Dreher/Haas/v. Rintelen, S. 20 ff. Ausgangspunkt ist hierbei die Überlegung, dass sich die Beschaffung durch vergabefremde Kriterien verteuert.

761 Koenig/Kuehling/Ritter, S. 69; vgl. auch Koenig/Kuehling, DVBl. 2003, 289 ff.

762 So auf S. 7, Fn 4, u. auf S. 32, Fn 83.

derlich gewesen, weil Dreher/Haas/von Rintelen sowohl die von ihnen entwickelte Begünstigungsvermutung mit Beweislastumkehr als auch die Bejahung der Unwirtschaftlichkeit (und damit die der Beihilfe) an die Anwendung der „echten vergabefremden Kriterien" knüpfen und daher mit diesem Begriff Rechtsfolgen von erheblicher Tragweite verbinden. Die Unterscheidung zwischen „echten" und „rechtlich zulässigen" vergabefremden Kriterien deutet aber darauf hin, dass Dreher/Haas/von Rintelen wie auch Koenig/Kuehling/Ritter eine Beihilfe i.S.v. Art. 87 EG nur dann in Betracht kommen lassen wollen, wenn die Vorschriften über das Vergabeverfahren nicht eingehalten wurden, mithin ein Auftrag in einem rechtswidrigen Verfahren vergeben wurde. Dem ist uneingeschränkt zuzustimmen.

Jennert hält die Verwendung von vergabefremden Kriterien generell nicht für eine Beihilfe i.S.v. Art. 87 Abs. 1 EG[763]. Er meint, bei den vergabefremden Kriterien – als Beispiele nennt er Frauen-, Beschäftigungs- und Ausbildungsförderung sowie Umweltschutzaspekte und Tariftreueerklärungen – handele es sich um gemeinwirtschaftliche Pflichten, die den Auftragnehmern mit dem Zuschlag „auferlegt" würden und deren Erfüllung mit der Mehrvergütung der öffentlichen Auftraggeber finanziell ausgeglichen würden. Die Erfüllung der Pflichten stelle mithin eine Gegenleistung dar und die Mehrvergütung sei keine Beihilfe. Die gemeinschaftsrechtskonforme Ausschreibung eines Auftrages hält er für ein Indiz für die Marktangemessenheit der gezahlten Vergütung – den market economy investor test will er nicht anwenden, weil der Markt für öffentliche Aufträge ein anderer sei als jener für private Aufträge -. Jennerts Interpretation der vergabefremden Kriterien, der Rolle der öffentlichen Auftraggeber und des Marktes für öffentliche Aufträge scheint eine zum modernen Verständnis des Staates als Unternehmer gegenläufige Tendenz aufzuweisen. Dieser ist in den letzten Jahren zunehmend den für unternehmerische Tätigkeit geltenden Vorschriften bei gleichzeitiger Betonung der wettbewerblichen Bedeutung des öffentlichen Beschaffungswesens unterworfen worden. Der Staat selbst begibt sich – diesem sich wandelnden Verständnis entsprechend – mehr und mehr in die Rolle des Unternehmers, indem er z. B. öffentliche Aufgaben (teil-) privatisiert oder sich auch selbst an Ausschreibungen anderer öffentlicher Hände beteiligt[764]. Der öffentlichen Hand bei der Auftragsvergabe nunmehr eine Sonderrolle zukommen zu lassen und sie den gemeinschaftsrechtlichen Beihilfevorschriften zu entziehen, erscheint unzeitgemäß. Gleichermaßen wenig überzeugend ist der Ansatz Jennerts, vergabefremde

763 Jennert, NJW 2003, 417 ff.

764 Die Teilnahme eines Hoheitsträgers an dem Vergabeverfahren eines anderen Hoheitsträgers mit dem Ziel, den Auftrag zu erhalten ist in der Praxis in letzter Zeit vermehrt zu beobachten; vgl. in diesem Zusammenhang OLG Düsseldorf, NJW-RR 1997, 1470 = NWVBl 1997, 353 f.; OLG Hamm, NJW 1998, 3504 = DVBl 1998, 792; OLG Düsseldorf, NVwZ 2000, 111; OLG Düsseldorf, NVwZ 2000, 714 = NZBau 2000, 155; Horn, NVwZ 2001, 647; BGH, Urt. v. 25.4.2002, I ZR 250/00; Schink, NVwZ 2002, 129, 138 ff.; Gern, NJW 2002, 2593.

Kriterien undifferenziert als gemeinwirtschaftliche Verpflichtungen zu qualifizieren[765].

c. Relevanz für die Berücksichtigung von Umweltaspekten im Vergabeverfahren

Die Beurteilung einer Vergabe unter Berücksichtigung von Umweltaspekten anhand des Beihilfebegriffs ist letztlich von der konkreten Ausgestaltung der Ausschreibung abhängig[766]. Wenn der öffentliche Auftraggeber bei der Angebotswertung beispielsweise die Umwelteigenschaften des Produkts bzw. der Bau- oder Dienstleistung berücksichtigt und sich hierbei auf produktbezogene Merkmale beschränkt, bewegt er sich im Bereich des nach den Vorschriften über das Vergabeverfahren (dem Vergaberecht im engeren Sinne) Zulässigen, da er das wirtschaftlich günstigste Angebot, dem der Zuschlag zu erteilen ist, unter Berücksichtigung aller in Betracht kommender Gesichtspunkte zu ermitteln hat. In diesem Fall ist der Umweltaspekt kein „vergabefremdes Kriterium"[767]. Wenn er jedoch einem aus seiner Sicht umweltfreundlicheren Unternehmen eine Bevorzugung im Wege eines Eintrittsrechts oder eines Mehrpreisrechts gewährt oder den Umweltaspekt in ein unzulässiges Wirtschaftlichkeitskriterium (etwa eines ohne Bezug zum Auftragsgegenstand) kleidet, bewegt er sich außerhalb des rechtlich Zulässigen. In diesem Fall kommt eine Beihilfe in Höhe der Differenz zum wirtschaftlich günstigsten Angebot, das den Zuschlag hätte bekommen müssen, in Betracht[768]. Wenn der öffentliche Auftraggeber den Teilnehmerkreis der Ausschreibung von vornherein auf die umweltfreundlichsten Anbieter verringert, führt der Vergleich der von diesen eingereichten Angebote nicht weiter, um festzustellen, ob das wirtschaftlich günstigste Angebot den Zuschlag erhalten hat. In einem solchen Fall sollte die von Dreher/Haas/von Rintelen entwickelte Begünstigungsvermutung mit Beweislastumkehr zum Tragen kommen.

Wenn der rechtswidrig erteilte Auftrag eine Beihilfe i. S. v. Art. 87 EG darstellt, ist er gem. Art. 88 Abs. 3 EG notifizierungspflichtig und unterliegt bis zur abschließenden Entscheidung der Kommission einem Durchführungsverbot. Eine nicht notifizierte, d. h. formell rechtswidrige Beihilfe ist bereits aufgrund dieses Umstandes, d. h. unabhängig von ihrer materiellen Rechtmäßigkeit bzw. ihrer

765 Ob es eine gemeinwirtschaftliche u. damit eine Mehrvergütung rechtfertigende Verpflichtung ist, das deutsche Tarifsystem vor den Einflüssen ausländischer Konkurrenz zu schützen, ist mehr als fraglich – insb. vor dem Hintergrund der Marktfreiheiten des EG-Vertrages – .

766 So auch zu Recht Dreher/Haas/v. Rintelen, S. 8.

767 So auch Dreher/Haas/v. Rintelen, S. 7, Fn 4, u. S. 32, Fn 83.

768 Das wirtschaftlich günstigste Angebot ist freilich dann schwer zu ermitteln, wenn auch subjektive Kriterien wie das der Ästhetik in die Beurteilung einfließen. In einem solchen Fall sollte man auf die Differenz zum billigsten Angebot abstellen.

etwaigen Genehmigungsfähigkeit – eine Genehmigung durch die Kommission kommt bei Umweltaspekten nur nach Art. 87 Abs. 3 lit. b EG in Betracht – nach der Rechtsprechung des EuGH von der sie gewährenden staatlichen Stelle zurückzufordern[769]. Der Zuschlag ist darüber hinaus gemäß § 134 BGB wegen des Durchführungsverbots nach Art. 88 Abs. 3 EG nichtig und der Vertrag über § 812 BGB rückabzuwickeln[770]. Da das Beihilferecht des EG-Vertrages in der Normenhierarchie oberhalb der EG-Vergaberichtlinien und auch oberhalb des nationalen Vergaberechts steht, kann die öffentliche Auftragsvergabe auch dann nach beihilferechtlichen Kriterien überprüft werden, wenn die Entscheidung über den Zuschlag endgültig ist und nicht mehr der Nachprüfung nach den §§ 102 ff. GWB unterliegt. Das bedeutet, dass auch ein vor Jahren abgeschlossener Vergabevorgang bis zum Ablauf der in Art. 15 I Beihilfen-VO Nr. 659/1999 vorgesehenen 10-Jahres-Frist einer beihilferechtlichen Prüfung unterliegen kann[771].

II. Nationales Wettbewerbsrecht

Im deutschen Wettbewerbsrecht dient neben dem UWG[772], das darauf abzielt, unlauteren Verhaltensweisen im Wettbewerb entgegenzuwirken, insbesondere das GWB[773], das den Wettbewerb als Ganzes schützen soll, als Prüfungsmaßstab für die Vergabe öffentlicher Aufträge, die Umweltaspekte einbezieht.

1. § 20 Abs. 1, 2 GWB Behinderungs- und Diskriminierungsverbot

Die Vergabe eines Auftrages durch die öffentliche Hand ist an dem Behinderungs- und Diskriminierungsverbot des § 20 GWB zu messen. Die Vorschrift des § 20 Abs. 1, 2 GWB dient dem Schutz des Wettbewerbs, indem sie es bestimmten Unternehmen verbietet, andere Unternehmen unbillig zu behindern oder ohne sachlich gerechtfertigten Grund unterschiedlich zu behandeln. Da sich § 20 GWB an Unternehmen wendet, ist zu prüfen, ob der Staat bei der Beschaffung von

769 EuGH, Rs. C-75/97, Slg. 1999, I-3671.

770 Dies dürfte insb. bei Dienstleistungsverträgen auf Schwierigkeiten stoßen. Denkbar ist eine Lösung über die für Dauerschuldverhältnisse geltenden Grundsätze des „faktischen Vertragsverhältnisses".

771 Lübbig, EuZW 1999, 671, 672 a. E.

772 Gesetz gegen den unlauteren Wettbewerb v. 7.6.1909 (RGBl. S. 499), zuletzt geänd. durch Art. 6 G v. 23.7.2002 (BGBl. I 2850).

773 Gesetz gegen Wettbewerbsbeschränkungen i. d. F. der Bek. v. 26.8.1998 (BGBl. I S. 2546) (Neubek. des GWB v. 27.7.1957 (BGBl. I S. 1081) in der ab 1.1.1999 geltenden Fassung), zuletzt geänd. durch Art. 3 des G. v. 20.5.2003, (BGBl. I S. 686).

Gütern und Leistungen überhaupt als Unternehmen zu qualifizieren und das GWB auf die Vergabe öffentlicher Aufträge anwendbar ist.

a. Allgemeines

aa. Normadressaten

§ 20 Abs. 1, 2 GWB richtet sich zum einen an sogenannte marktbeherrschende[774], zum anderen an sogenannte relativ marktstarke Unternehmen[775]. Beide Adressatenkreise verdienen besondere Beachtung, da die öffentliche Hand auf zahlreichen Märkten innerhalb Deutschlands eine Nachfragestärke i.S.v. § 20 Abs. 2 S. 1 GWB oder sogar ein Nachfragemonopol hat, z. B. die Länder als Polizeibehörden bei der Nachfrage nach den Dienstleistungen von Abschleppunternehmen[776] oder bei der Nachfrage nach Straßenbauleistungen[777].

bb. Anwendungsbereich

Das Behinderungs- und Diskriminierungsverbot des § 20 Abs. 1, 2 GWB findet nur Anwendung in einem Geschäftsverkehr, der gleichartigen Unternehmen üblicherweise zugänglich ist, d. h. in jedem privatrechtlich geordneten Verkehr mit Waren oder gewerblichen Leistungen, auf dem Unternehmen, die im großen und ganzen dieselbe wirtschaftliche Funktion und unternehmerische Tätigkeit haben[778], grundsätzlich tätig werden können[779]. Dieses Tatbestandsmerkmal definiert den Rahmen, innerhalb dessen bestimmte Unternehmen miteinander ver-

---

774 Ein Unternehmen ist marktbeherrschend, soweit es als Anbieter oder Nachfrager einer bestimmten Art v. Waren oder gewerblichen Leistungen ohne Wettbewerber ist, keinem wesentlichen Wettbewerb ausgesetzt ist oder eine im Verhältnis zu seinen Wettbewerbern überragende Marktstellung hat (§ 19 Abs. 2 GWB).

775 Nach § 20 Abs. 2 S. 1 GWB sind dies solche Unternehmen, v. denen kleine oder mittlere Unternehmen als Anbieter oder Nachfrager einer bestimmten Art v. Waren oder gewerblichen Leistungen in der Weise abhängig sind, dass ausreichende u. zumutbare Möglichkeiten, auf andere Unternehmen auszuweichen, nicht bestehen.

776 So das OLG Düsseldorf in seiner Entsch. WuW/E OLG 2495, 2496. Das OLG bejahte das Nachfragemonopol, weil es davon ausging, dass Polizei u. private Fahrzeughalter als Nachfrager v. Abschleppdiensten nicht vergleichbar seien. Das OLG entschied weiter, dass ein Abschleppunternehmen, das viele Jahre für die Polizei tätig gewesen sei, mit Rücksicht auf das Ansehen u. den guten Ruf, den es durch diese Zusammenarbeit genieße, v. der Polizei bzw. dem Land als Nachfrager i.S.v. § 26 Abs. 2 S. 2 GWB abhängig sei.

777 Der BGH, JZ 2000, 514 hat eine marktbeherrschende Stellung des Landes Berl. auf dem relevanten Markt für Straßenbauleistungen angenommen u. wegen der Verwendung v. Tariftreueerklärungen einen Verstoß gegen § 20 Abs. 1 GWB bejaht sowie das Berl. Vergabegesetz für unvereinbar mit Art. 74 Abs. 1 Nr. 12 GG, mit Art. 31 GG (i. V. m. § 5 TVG u. i. V. m. § 10 Abs. 1 GWB) sowie mit Art. 9 Abs. 3 GG eingestuft. Auf die Entsch. wird an späterer Stelle noch eingehend zurückzukommen sein.

778 BGHZ 129, 53, 60.

779 Maßgebend sind hierbei die hypothetischen Verhältnisse bei Wettbewerb auf dem fraglichen Markt; Emmerich, Kartellrecht S. 223.

glichen werden, um festzustellen, ob eine Behinderung oder Diskriminierung stattfindet.

cc. Unbillige Behinderung/Ungleichbehandlung ohne sachlichen Grund

§ 20 Abs. 1, 2 GWB verbietet den Normadressaten, d.h. den marktbeherrschenden und marktstarken Unternehmen, andere Unternehmen in dem relevanten Geschäftsverkehr in unbilliger Weise zu behindern oder sie ohne sachliche Rechtfertigung ungleich, d. h. anders als andere bzw. als üblich zu behandeln. Der äußerst weit zu verstehende Begriff der Behinderung meint jede Beeinträchtigung der Betätigungs- und Wettbewerbsmöglichkeiten anderer Unternehmen[780]. Da sich der Anwendungsbereich des Behinderungs- und des Diskriminierungsverbotes decken – die Ungleichbehandlung eines Unternehmens stellt stets auch eine Behinderung dieses Unternehmens im Wettbewerb zu dessen Konkurrenten dar – tendiert die Praxis zu einem einheitlichen umfassenden Diskriminierungsverbot[781]. Die Unbilligkeit bzw. die mangelnde sachliche Rechtfertigung wird jeweils durch eine umfassende Interessenabwägung ermittelt. In diese Abwägung werden zum einen die legitimen Interessen der unmittelbar Betroffenen, zum anderen die der Verbraucher sowie die Zielsetzung des GWB (Freiheit des Wettbewerbs) eingestellt; öffentliche Interessen bleiben außer Betracht[782].

dd. Rechtsfolgen eines Verstoßes

Verstößt ein Unternehmen gegen das Verbot des § 20 Abs. 1, 2 GWB, kann die Kartellbehörde ihm dieses verbotswidrige Verhalten gemäß § 32 GWB untersagen und gemäß § 81 Abs. 1 Nr. 1 GWB ein Bußgeld verhängen[783]. Das diskriminierte Unternehmen hat aus § 33 GWB einen Anspruch auf Unterlassung und Schadensersatz, den es im Zivilrechtsweg geltend machen kann[784]. Diskriminierende Vertragssysteme und -kündigungen sind nach § 134 BGB nichtig.

780 BGHZ 116, 47, 56 f.

781 Emmerich, Kartellrecht S. 212.

782 Emmerich, Kartellrecht S. 225 mit Nachw. aus der Rspr.

783 Das Bußgeld kann gem. § 81 Abs. 2 GWB bis zu 500.000 EUR betragen, darüber hinaus maximal das Dreifache des durch die Zuwiderhandlung erlangten Mehrerlöses (dieser kann geschätzt werden).

784 Ein Anspruch auf Belieferung bzw. Lieferung kann sich aus §§ 20 Abs. 1, 33 GWB i. V. m. § 249 S. 1 BGB ergeben, wenn nur so Abhilfe möglich ist u. der Klageantrag den Bestimmtheitserfordernissen des § 253 ZPO genügen kann (d. h. Liefergegenstände u. Konditionen genau bestimmt werden können).

b. Anwendbarkeit auf die öffentliche Auftragsvergabe

Das GWB selbst beantwortet die Frage, ob § 20 GWB auch öffentliche Auftraggeber bindet, nicht. § 130 Abs. 1 GWB besagt lediglich, dass das Gesetz auch auf Unternehmen der öffentlichen Hand Anwendung findet[785]. Es ist jedoch heute ganz überwiegende Meinung im Schrifttum, dass in Bezug auf das Kartellrecht ein funktionaler Unternehmensbegriff gilt[786]. Da der Zweck des GWB darin besteht, den Wettbewerb umfassend auf allen Wirtschaftsstufen zu schützen, sollen vom GWB lediglich rein private Verbrauchertätigkeiten und rein hoheitliches Handeln nicht erfasst sein. Ausschlaggebend ist ohne Rücksicht auf die Rechtsform allein, ob der Staat bei der fraglichen wirtschaftlichen Tätigkeit in Wettbewerb zu anderen Unternehmen tritt[787]. Ist diese Voraussetzung erfüllt, findet das GWB auch auf den Staat als Nachfrager, d. h. den einen öffentlichen Auftrag vergebenden Hoheitsträger Anwendung[788].

Die Rechtsprechung und die Kartellbehörden gehen in Übereinstimmung mit der herrschenden Lehre von einer Bindung der öffentlichen Hand an das GWB aus. Dies ergebe sich aus der zivilrechtlichen Qualifizierung des Beschaffungsgeschäfts, die dazu führe, dass auch die Zulassung der Lieferanten nach Privatrecht zu beurteilen sei[789]. Dementsprechend wird die Anwendbarkeit des GWB übereinstimmend bejaht[790]. Die Vergabepraxis der öffentlichen Hand war in zahlreichen Fällen Gegenstand kartellrechtlicher Verfahren[791]. Untersucht wurden Verstöße gegen Vergaberegeln (insbesondere gegen VOB und VOL sowie §§ 97 ff. GWB), die Berücksichtigung vergabefremder Kriterien, die Störung der Vertragsäquivalenz durch besondere oder zusätzliche Vertragsbedingungen und der Ver-

785 Denkbar sind u. a. Eigenbetriebe u. Eigengesellschaften sowie gemischt-öffentliche u. gemischt-wirtschaftliche Gesellschaften, also solche, an denen die öffentliche Hand entweder gemeinsam mit anderen öffentlichen Händen oder mit Privaten (sog. Public Private Partnership) beteiligt ist. Vgl. die Darstellung der Organisationsformen kommunaler Unternehmen bei Cronauge, S. 53 ff.

786 Kokott, in: Byok/Jäger, Einf. Rn 83; zahlr. Nachw. für die Annahme des funktionalen Unternehmensbegriffs bei Pietzcker, AöR 107 (82), 61, 75 (Fn 48).

787 Kokott, in: Byok/Jäger, Einf. Rn 83; Emmerich, Kartellrecht, S. 14, 19. Nach der „klassischen Begriffsbestimmung" unterfällt dem Unternehmensbegriff u. damit dem Anwendungsbereich des GWB jede selbständige, nicht rein private u. außerhalb des Erwerbslebens liegende Tätigkeit einer Person in der Erzeugung oder Verteilung v. Waren oder gewerblichen Leistungen, mithin jedwede Tätigkeit im geschäftlichen Verkehr.

788 Kokott, in: Byok/Jäger Einf. Rn 83.

789 Gemeins. Senat der Obersten Gerichtshöfe des Bundes, BGHZ 97, 312, 316 f.

790 OLG Frankfurt, WuW/E OLG 4354; KG Berl., ZIP 1998, 1600, 1602; OLG Düsseldorf, WuW/E OLG 3613, 3873 u. 5313, 5218 ff.; LG Berl., WuW/E LG/AG 537; OLG Karlsruhe, GRUR 1988, 718 = WuW/E OLG 4260; OLG Celle, VergabeNews 1999, 15, 16; BGHZ 97, 312, 316 f.; BGHZ 36, 91 100 ff.; BGH ZVgR 1997, 124; BGH JZ 2000, 514; BKartA, WuW/E BKartA 2150 u. WuW 1998, 207.

791 Möschel, in: Immenga/Mestmäcker § 19 Rn 143, 144.

such, durch Nachfragekonzentration Sondervergütungen zu erhalten[792]. Ein kartellrechtlicher Verstoß kommt daneben in Betracht, wenn in Leistungsbeschreibungen die Vergabe vom Vorliegen eines Gütezeichens abhängig gemacht wird[793].

Ausgehend von der Überlegung, dass der Wettbewerb umfassend auf allen Wirtschaftsebenen geschützt werden soll, spricht für die Anwendbarkeit des GWB auf die Beschaffungstätigkeit des Staates, dass die Sicherung des Wettbewerbs jetzt auch in Deutschland Ziel des Vergaberechts ist, nachdem die Vergabevorschriften zuvor traditionell allein dem Ziel der wirtschaftlichen Verwendung öffentlicher Mittel dienten. § 97 Abs. 1 GWB bringt dies zum Ausdruck, indem dort als allgemeiner Grundsatz des Vergabeverfahrens normiert wird, dass öffentliche Auftraggeber Waren, Bau- und Dienstleistungen im Wettbewerb beschaffen. Um diesem gewandelten Verständnis des Vergaberechts Rechnung zu tragen, hat der deutsche Gesetzgeber das GWB als Standort für das neue Vergaberecht gewählt[794].

Der Blick auf die §§ 97 ff. GWB führt aber andererseits auch zu Zweifeln an der Anwendbarkeit der §§ 19 ff. GWB auf die Beschaffungstätigkeit der öffentlichen Hand[795]. Es stellt sich nämlich die Frage, ob die im ersten bis dritten bzw. fünften und sechsten Teil des GWB enthaltenen Vorschriften auf das Vergabeverfahren Anwendung finden, wenn dieses im vierten Teil, den §§ 97 ff. GWB, nunmehr explizit geregelt ist. Die §§ 97 ff. GWB d.h. der Vierte Teil des GWB könnte daher lex specialis zum allgemeinen Wettbewerbs- und Kartellrecht sein.

Dagegen spricht jedoch zunächst der Wortlaut des § 97 Abs. 2 GWB. Dort heißt es: „Die Teilnehmer an einem Vergabeverfahren sind gleich zu behandeln, es sei denn, eine Benachteiligung ist auf Grund dieses Gesetzes ausdrücklich geboten oder gestattet". § 97 Abs. 2 GWB verweist folglich nicht lediglich auf den Vierten Teil, sondern auf das gesamte Gesetz und bringt damit zum Ausdruck, dass auch auf Vergabeverfahren das GWB insgesamt Anwendung finden soll. Darüber hinaus ist einzuwenden, dass der Vierte Teil des GWB, die §§ 97 ff., nur auf Vergabeverfahren solcher Beschaffungen anzuwenden ist, deren Auftragswerte die in § 2 VgV festgelegten Schwellenwerte erreichen bzw. überschreiten (§§ 100 Abs. 1, 127 Nr. 1 GWB). Der Anwendungsbereich der §§ 97 ff. GWB ist mithin begrenzt. Dies steht der Annahme entgegen, dass §§ 97 ff. GWB eine abschließende spezielle Regelung für Vergabeverfahren darstellt. Auch die Gesetzessystematik spricht

792 BKartA, Tätigkeitsbericht 1985/86, S. 22 f.; Tätigkeitsbericht 1987/88, S. 22; Tätigkeitsbericht 1989/90, S. 27; Tätigkeitsbericht 1991/92, S. 34 f.; Tätigkeitsbericht 1993/94 S. 28; Tätigkeitsbericht 1995/96, S. 28 f.

793 BKartA, Tätigkeitsbericht 1987/88, S. 21.

794 Vgl. Fn 110.

795 Keine Zweifel hingegen hat Möschel, in: Immenga/Mestmäcker, § 19 Rn 144, der schlicht feststellt: „Daneben [Anm.: gemeint sind die §§ 97 bis 129 GWB] bleiben aber §§ 19 und 20 anwendbar."

gegen einen Geltungsvorrang der §§ 97 ff. GWB zu §§ 1 ff. GWB. § 97 GWB normiert in Absatz 1 das Wettbewerbsgebot und in Absatz 2 das Gleichbehandlungsgebot lediglich als allgemeine Grundsätze[796]. §§ 19 ff. GWB, die näher umschriebene Verhaltensweisen im Wettbewerb wie etwa die Diskriminierung oder den Boykott verbieten, konkretisieren diese allgemeinen Grundsätze in § 97 GWB und gehen damit den vergaberechtlichen Regelungen vor[797]. Schließlich stehen die Motive des Gesetzgebers des Vergaberechtsänderungsgesetzes einem Geltungsvorrang des Kartellvergaberechts entgegen. Ausweislich der Begründung zum Gesetzentwurf wählte die Bundesregierung das GWB als Standort des Vergaberechts – und entschied sich gegen ein eigenständiges Vergabegesetz -, um dem gewandelten Verständnis der Vergaberegeln gerecht zu werden und die wettbewerbliche Bedeutung des heutigen Vergaberechts zu betonen[798]. In der Begründung zu § 97 Abs. 1 GWB heißt es zudem, „dass die Beachtung wettbewerblicher Prinzipien im Vergaberecht sowohl für Auftraggeber als auch für Auftragnehmer vorteilhaft ist und Vergaben deshalb grundsätzlich im Wettbewerb zu erfolgen haben“[799]. Daneben ging der Gesetzgeber des Vergaberechtsänderungsgesetzes davon aus, dass § 26 GWB a. F., d.h. § 20 GWB n. F., „neben dem Vergaberecht auf bestimmte Fallgruppen anwendbar“ bleibt[800]. Die aufgeworfenen Zweifel lassen sich daher ausräumen. Festzuhalten ist, dass das „allgemeine“ Kartellrecht mit seinen §§ 1, 19 und 20 GWB neben §§ 97 ff. GWB auf die Vergabe eines Auftrages durch die öffentliche Hand Anwendung findet.

c. Relevanz für die Berücksichtigung von Umweltaspekten im Vergabeverfahren

Da die öffentliche Hand auf einigen Märkten als marktstarker Nachfrager zu qualifizieren ist, kommt unter Umständen ein Verstoß gegen § 20 Abs. 1, 2 GWB in Form des Missbrauches dieser Nachfragemacht in Betracht, wenn sie diese zur Verfolgung politischer Ziele – wie das des Umweltschutzes – nutzt. Insbesondere wenn die öffentliche Hand in Märkten, in denen sie eine herausgehobene Nachfragestellung hat, etwa bei Straßenbauleistungen oder Rüstungsgütern, zu dem Instrument der Bezugssperre greift, dürfte ein Verstoß gegen § 20 GWB auf der

796 So auch die amtliche Überschrift des § 97 GWB: Allgemeine Grundsätze.

797 So auch Hopp, DB 2000, 29, 34.

798 Vgl. Fn 110.

799 BT-Drucks. 13/9340, S. 14.

800 BT-Drucks. 13/9340, S. 20.

Hand liegen[801]. So hat der BGH das Verlangen nach Abgabe einer Tariftreueerklärung seitens des Landes Berlin als Verstoß gegen § 20 Abs. 1 GWB qualifiziert[802]. Wenn ein öffentlicher Auftraggeber statt einer Tariftreueerklärung eine „Umweltschutzerklärung" von den Bietern verlangen würde, in der sich diese zu umfassenden Umweltschutzmaßnahmen verpflichten müssten, käme ein Verstoß gegen § 20 Abs. 1, 2 GWB in Betracht, ferner wenn die Vergabestelle willkürlich einen (vermeintlich) umweltfreundlicheren Bieter bevorzugt oder unzulässige Anforderungen an die Bieter und die zu erbringende Leistung stellt, vorausgesetzt, sie hat eine marktbeherrschende oder marktstarke Stellung.

Würde ein recht- bzw. verfassungsmäßiges Landes- bzw. Bundesgesetz jedoch den öffentlichen Auftraggebern die Berücksichtigung von Umweltschutzaspekten bei der Auftragsvergabe vorgeben, beispielsweise durch das Verlangen nach „Umweltschutzerklärungen", könnte die Beachtung dieses Gesetzes keine sachlich ungerechtfertigte Diskrimierung oder unbillige Behinderung i. S. v. § 20 Abs. 1, 2 GWB begründen. Denn einem Verhalten, das gesetzlich geboten ist, fehlt es niemals am sachlich gerechtfertigten Grund[803]. Das Gesetz wäre seinerseits jedoch insbesondere an den Grundfreiheiten des EG-Vertrages und an Art. 3 Abs. 1 GG zu messen.

801 So auch Emmerich, Kartellrecht S. 235. Kokott, in: Byok/Jäger Einf. Rn. 85 meint unter Bezugnahme auf OLG Düsseldorf, DÖV 1981, 537 ff., typischer Anwendungsbereich v. § 20 GWB seien willkürliche, insb. auch zeitlich unbeschränkte Auftragssperren. Deren Nachweis ist freilich schwer zu erbringen, insb., weil oft keine förmliche Sperre verhängt wird, sondern der öffentliche Auftraggeber ein Unternehmen einfach nicht zur Angebotsabgabe auffordert (Pietzcker, AöR 107 (1982), 61, 86).

802 BGH, JZ 2000, 514 m. Anm. Dreher. Das Land Berl. hatte im Rahmen der Vergabe v. Straßenbauaufträgen eine Erklärung gefordert, mit der sich die Bieter für den Fall der Auftragsvergabe verpflichteten, ihre zur Erfüllung des Auftrags eingesetzten Mitarbeiter nicht unter den jeweils geltenden Berl. Lohntarifen zu entlohnen. Diese Übung ging zurück auf ein Rundschreiben der Senatsverwaltung für Bau- u. Wohnungswesen v. 9.2.1995, das u. a. an alle Senatsverwaltungen u. Bezirksämter gerichtet war. In diesem hieß es u. a., dass die Erklärung zur Einhaltung der geltenden Berl. Lohntarife Vertragsbestandteil werde u. dass der Auftragnehmer bei Verstoß gegen diese vertragliche Vereinbarung für die Dauer v. zwei Jahren v. der Vergabe öffentlicher Aufträge ausgeschlossen werde. Das BKartA hatte diese Maßnahme mit der Begr. beanstandet, bei der Vergabe v. Straßenbauaufträgen verstoße die beschriebene Übung gegen das Diskriminierungs- u. Behinderungsverbot nach § 26 Abs. 2 S. 1 GWB a. F. (jetzt § 20 Abs. 1 GWB) sowie gegen das Preisbindungsverbot nach § 15 GWB a. F. (jetzt § 14 GWB). Es hatte dem Land daher diese Vergabepraxis untersagt. Die gegen die Untersagungsverfügung gerichtete Beschwerde des betroffenen Landes hatte das KG zurückgewiesen (KG, NJWE-WettbR 1998, 284 = ZIP 1998, 1600). Während des Rechtsbeschwerdeverfahrens vor dem BGH trat das Berl. Vergabegesetz (VgG Bln) v. 9.7.1999 in Kraft (GVBl. S. 369). § 1 dieses G. gab der v. BKartA beanstandeten Vergabepraxis nunmehr eine gesetzliche Grundlage. Der BGH, der eine marktbeherrschende Stellung des Landes Berl. auf dem relevanten Markt der Straßenbauleistungen annahm, hat den Verstoß gegen § 20 Abs. 1 GWB bejaht u. das Berl. Vergabegesetz für unvereinbar mit Art. 74 Abs. 1 Nr. 12 GG, mit Art. 31 GG (i. V. m. § 5 TVG u. i. V. m. § 10 Abs. 1 GWB) sowie mit Art. 9 Abs. 3 GG eingestuft. Dem Land Berl. hätte für eine Regelung, die der Sache nach auf eine teilweise Allgemeinverbindlicherklärung bestimmter Tarifverträge hinauslaufe, keine Gesetzgebungskompetenz zugestanden. I. Ü. bestünden im Hinblick auf entgegenstehende bundesrechtliche Bestimmungen durchgreifende Bedenken gegen die Gültigkeit des Gesetzes. Schließlich werde durch das Gebot der Tariftreue in die verfassungsrechtlich geschützte negative Koalitionsfreiheit (Art. 9 Abs. 3 GG) eingegriffen.

803 BGH, JZ 2000, 514, 516.

2. § 19 Abs. 1, 4 Nr. 1 GWB Missbrauch marktbeherrschender Stellung

Im Bereich der Vergabe öffentlicher Aufträge kommt zudem ein Verstoß gegen § 19 Abs. 1, 4 Nr. 1 GWB, das Verbot des Missbrauches einer marktbeherrschenden Stellung in Form der ungerechtfertigten Beeinträchtigung der Wettbewerbsmöglichkeiten anderer Unternehmen, in Betracht. Der Anwendungsbereich dieses Verbotstatbestandes deckt sich mit dem des § 20 Abs. 1, 2 GWB, weshalb von einer ausführlichen Darstellung abgesehen werden soll[804].

3. § 1 GWB Kartellverbot

In Deutschland bestehen in jüngerer Zeit verstärkte Bemühungen, Ausschreibungen von Gemeinden durch verschiedene Modelle der Zusammenarbeit, vor allem in Form der Einkaufskooperationen zu rationalisieren. In der Praxis erfolgt dies in der Regel durch die gebündelte Ausschreibung von größeren Losen im jeweiligen Marktsegment durch eine zentrale Beschaffungsstelle[805]. Die Einschaltung von zentralen Vergabestellen erspart den Kommunen den Aufbau einer eigenen Beschaffungsorganisation und senkt damit den Verwaltungsaufwand. Die gebündelte Nachfrage ist darüber hinaus grundsätzlich geeignet, günstigere Angebote herbeizuführen. Die Einkaufskooperation kann jedoch – je nach Ausgestaltung – zu einem verbotenen Nachfragekartell (§ 1 GWB) führen, bei dem aber eine gesetzliche Freistellung nach § 4 Abs. 2 GWB[806] in Betracht kommt. Die Rechtsprechung ist in Bezug auf kommunale Einkaufskooperationen uneinheitlich[807], von einer Anwendbarkeit des § 4 Abs. 2 auf die Beschaffungstätigkeit der öffent-

---

804 Da die Höhe der Machtschwellen in § 20 Abs. 2 S. 1 GWB geringer ist als in § 19 Abs. 4 S. 1 GWB, werden die Kartellbehörden Verhaltensweisen nachfragemächtiger Unternehmen eher nach § 20 Abs. 2 S. 1 aufgreifen; Möschel, in Immenga/Mestmäcker, § 19 Rn 142.

805 S. o. Fn 31 u. Fn 68.

806 § 5 c GWB a. F. Da § 4 Abs. 2 GWB lautet „§ 1 gilt nicht ...“ handelt es sich korrekterweise nicht (nur) um eine Freistellungsmöglichkeit, sondern um eine gesetzliche Erlaubnis/Ausnahme vom Kartellverbot.

807 OLG Düsseldorf, Urt. v. 12.5.1998, U (Kart) 11/98 (WuW 1998, 720): kein Verstoß gegen Wettbewerbsrecht; § 5 c GWB ist auch auf Einkaufskooperationen kleiner u. mittlerer Gemeinden anwendbar; OLG Celle, Urt. v. 13.5.1998, 13 U (Kart) 260/97: koordinierte Beschaffung in größerem Ausmaß ist wegen des Verstoßes gegen das Kartellrecht unzulässig (einem regional in Norddeutschland anbietenden Lieferanten, dem es kaum möglich u. zumutbar sei, seine Feuerwehrbedarfsartikel bundes- oder gar europaweit anzubieten, stand eine Nachfragebündelung in einer Größenordnung v. 10 bis 15 % des Marktvolumens gegenüber); OLG Rostock, Urt. v. 9.9.1998, 3 O 349/98: kein Verstoß gegen Wettbewerbsrecht; OLG Koblenz, Urt. v. 5.11.1998, U 596/98 (Kart): eine im Auftrag mehrerer Kommunen durchführte Ausschreibung zur Anschaffung v. insgesamt 7 Löschfahrzeugen u. 6 Tragkraftspritzen verstößt gegen § 1 GWB u. somit gegen das Wettbewerbsrecht; OLG Celle, Urt. v. 31.5.2001, 13 U (Kart) 248/98 (NZBau 2001, 577): Nachfragebündelung durch die Kommunale Wirtschafts- u. Leistungsgesellschaft mbH führt zu keiner wesentlichen Wettbewerbsbeeinträchtigung (den bundesweit tätigen Händlern stand eine Nachfragebündelung in Höhe v. nur knapp 10 % des Bedarfs der nds. Kommunen gegenüber).

lichen Hand wird jedoch allgemein ausgegangen[808]. Letztlich hängt die Beurteilung damit von der Frage ab, ob eine wesentliche Wettbewerbsbeeinträchtigung vorliegt. Bei der Feststellung wettbewerblicher Auswirkungen der Nachfragebündelung auf den relevanten Markt ist sowohl auf die Nachfrage- als auch auf die Anbieterseite abzustellen, da sich Wettbewerbsbeschränkungen regelmäßig erst durch die Auswirkungen des Nachfrageverhaltens auf die Anbieterseite ergeben[809].

Für die vorliegende Untersuchung dürfte die Thematik der Einkaufskooperationen der öffentlichen Hand nicht von Bedeutung sein. Im Hinblick auf die Zulässigkeit der Berücksichtigung von Umweltschutzbelangen bei der Auftragsvergabe ist es irrelevant, ob der Auftrag von einer einzelnen oder einer zentralen Beschaffungsstelle vergeben wird.

4. § 1 UWG Sittenwidrige Wettbewerbshandlung

Im Bereich des UWG ist insbesondere die Generalklausel des § 1 von Bedeutung. Diese sieht vor, dass derjenige, der im geschäftlichen Verkehr zu Zwecken des Wettbewerbs Handlungen vornimmt, die gegen die guten Sitten verstoßen, auf Unterlassung und Schadensersatz in Anspruch genommen werden kann. Zu der Norm im Einzelnen wie folgt:

a. Allgemeines

aa. Wettbewerblich relevante Handlung

Der in § 1 UWG verwendete, weit auszulegende Begriff des „Handelns im geschäftlichen Verkehr" umfasst jede selbständige wirtschaftliche Zwecke verfolgende Tätigkeit, die irgendwie der Förderung eines beliebigen Geschäftszwecks

808 OLG Celle, Urt. v. 31.5.2001, 13 U (Kart) 248/98 (NZBau 2001, 577): „Die öffentliche Hand ist bei ihrer wirtschaftlichen Betätigung gleich in welcher Rechtsform als Unternehmen i. S. des § 1 GWB anzusehen. Stellt der Gesetzgeber bestimmte Verhaltensweisen v. Unternehmen v. Kartellverbot des § 1 GWB frei, muss dieses für alle Unternehmen i. S. d. § 1 GWB gelten. Anlass dafür, die öffentliche Hand dem Regelungsbereich des § 1 GWB zu unterwerfen, sie aber v. einer gesetzlich vorgesehenen Lockerung auszuschließen, ist grds. nicht vorhanden. ... Vielmehr ist darauf abzustellen, dass der Zweck der Erlaubnis (Anm.: des § 4 Abs. 2 GWB) ist, die Marktsituation kleiner u. mittlerer Marktteilnehmer im Vergleich zu den größeren Marktangehörigen gleicher Wirtschaftsform zu stärken. Die strukturelle Nachfrageschwäche kleiner u. mittlerer Teilnehmer ist sowohl bei Unternehmen als auch bei Kommunen vergleichbar. Allein durch ihre geringe u. unregelmäßige Beschaffungsaktivität sind sie nicht in der Lage, dieselben Preise wie große Unternehmen bzw. Kommunen zu erzielen oder auch nur mit Aussicht auf Erfolg relevante Preisnachlässe hereinzuholen. Sie unterliegen mangels Verhandlungspotentials regelmäßig der Preisgestaltung des Anbieters u. sind chancenlos, günstige Preise zu erzielen."

809 OLG Düsseldorf, Urt. v. 12.5.1998, U (Kart) 11/98 (WuW 1998, 720, 725); OLG Celle, Urt. v. 31.5.2001, 13 U (Kart) 248/98 (NZBau 2001, 577); Bunte, WuW 1998, 1037, 1047.

dient, der auch ein fremder sein kann[810]. Ausgenommen sind lediglich rein privates, rein betriebsinternes sowie rein hoheitliches Handeln[811]. § 1 UWG setzt weiter voraus, dass die zu prüfende Handlung zum Zwecke des Wettbewerbs vorgenommen wurde. Dafür muss sie zum einen objektiv geeignet sein, den Absatz oder Bezug einer Person zum Nachteil einer anderen Person zu fördern, zum anderen muss sie subjektiv von einer entsprechenden Wettbewerbsförderungsabsicht getragen sein[812]. Voraussetzung ist jedoch zunächst das Bestehen eines Wettbewerbsverhältnisses[813]. Für dieses ist ausreichend, wenn der Verletzer (gerade durch die Verletzungshandlung) in irgendeiner Weise in Wettbewerb zum Betroffenen tritt, was weder Branchengleichheit noch Wettbewerb auf gleicher Wirtschaftsstufe voraussetzt. Ein konkretes Wettbewerbsverhältnis in diesem Sinne liegt vielmehr vor, wenn zwischen den Vorteilen, die jemand durch eine Maßnahme für sich oder einen Dritten zu erreichen sucht, und den Nachteilen, die ein anderer dadurch erleidet, eine Wechselbeziehung in dem Sinne besteht, dass der eigene Wettbewerb gefördert und der fremde Wettbewerb beeinträchtigt werden kann[814].

bb. Verstoß gegen die guten Sitten

§ 1 UWG verbietet Wettbewerbshandlungen, die „gegen die guten Sitten verstoßen". Dieses zentrale Tatbestandsmerkmal ist nicht identisch mit dem Begriff der Sittenwidrigkeit in § 138 BGB[815], da durch § 1 UWG die guten Sitten im Wettbewerb geschützt werden. Ein Verhalten im Wettbewerb verstößt gegen die guten Sitten, wenn es dem Anstandsgefühl der beteiligten Verkehrskreise (d.h. des redlichen und verständigen Durchschnittsgewerbetreibenden des betreffenden Gewerbezweiges) widerspricht[816] bzw. wenn die fragliche wettbewerbliche Maßnahme von der Allgemeinheit missbilligt und für untragbar angesehen wird[817]. Literatur und Rechtsprechung haben zur Konkretisierung des unbestimmten

---

810 Baumbach/Hefermehl Einl. UWG Rn 208.

811 Baumbach/Hefermehl Einl. UWG Rn 208.

812 Baumbach/Hefermehl Einl. UWG Rn 215, 232.

813 BGHZ 93, 96, 97. Das Schrifttum hält im Gegensatz zur Rspr. ein konkretes Wettbewerbsverhältnis für das Tatbestandsmerkmal „zu Zwecken des Wettbewerbs" für unerheblich, sd. lediglich für die Aktivlegitimation für erforderlich.

814 Baumbach/Hefermehl Einl. UWG Rn 216 mit zahlr. Nachw. aus der Rspr.

815 Emmerich, S. 41 f.

816 BGHZ 15, 356, 364.

817 BGHZ 54, 188, 190. Emmerich, S. 42, meint, in der jüngsten Rspr. würden die Anschauungen der Allgemeinheit insb. der der Verbraucher geradezu selbstständig neben das Anstandsgefühl der Durchschnittsgewerbetreibenden treten.

Rechtsbegriffs der guten Sitten eine Reihe von Fallgruppen entwickelt[818]. Im Hinblick auf die vorliegende Untersuchung ist von Bedeutung zunächst die Fallgruppe der Behinderung mit ihren Unterfällen Boykott und Diskriminierung. Eine wettbewerbswidrige „Behinderung" im rechtlich relevanten Sinne liegt (erst) vor, wenn ein Wettbewerber durch eine Maßnahme zu erreichen sucht, dass der Mitbewerber seine Leistung auf dem Markt nicht oder nicht mehr rein zur Geltung bringen kann und infolge dessen die Marktpartner auf der Marktgegenseite einen echten, auf ihrem freien Willen beruhenden Leistungsvergleich nicht vornehmen können[819,820].

Eine (sittenwidrige) Behinderung durch Boykott kommt bei einer Aufforderung zu einer Liefer- oder Bezugssperre in Betracht. Der Boykott setzt mindestens drei Beteiligte voraus[821]: Derjenige, der zum Boykott auffordert (Verrufer), die Person(en), die den Boykott durchführen soll(en) (Adressat[en]), und derjenige, der boykottiert werden soll (Verrufener)[822]. Die Wettbewerbswidrigkeit eines Boykotts folgt daraus, dass er nicht auf eine unmittelbare Förderung des eigenen Angebots, sondern auf eine Behinderung des Mitbewerbers zielt, die es diesem erschwert oder unmöglich macht, seine Leistung auf dem Markt zur Geltung zu bringen[823,824].

Diskriminierung als weiteres Instrument der (sittenwidrigen) Behinderung ist die sachlich nicht gerechtfertigte unterschiedliche Behandlung von Personen im geschäftlichen Verkehr. Eine Diskriminierung setzt im Gegensatz zum Boykott nur zwei Beteiligte voraus: den Diskriminierenden und den Diskriminierten. Diskriminiert werden kann zum einen durch den Preis oder durch Rabatte und Kon-

818 Darstellung in Baumbach/Hefermehl, Einl. UWG Rn 160 ff. Zu den Fallgruppen gehören Kundenfang, Behinderung, Ausbeutung, Rechtsbruch u. Marktstörung.

819 BGH, GRUR 1979, 321, 323.

820 In diesem Fall ist die Beeinträchtigung oder die Verdrängung des Mitbewerbers vom Markt nicht eine wesenseigene Folge des Wettbewerbs, sondern die Folge der Ausschaltung des Mitbewerbers vom Leistungsvergleich. Der Wettbewerber fördert sein Unternehmen nicht durch die bessere Leistung, sondern durch Beseitigung des Mitbewerbers; Baumbach/Hefermehl § 1 UWG Rn 208.

821 BGH, GRUR 1984, 461.

822 Baumbach/Hefermehl § 1 UWG Rn 277.

823 Baumbach/Hefermehl § 1 UWG Rn 283.

824 Bei der Beurteilung, ob ein Boykottaufruf wettbewerbswidrig ist, ist das Grundrecht der Meinungs- u. Pressefreiheit (Art. 5 Abs. 1 GG) zu beachten. Dieses Recht wird zwar nach Art. 5 Abs. 2 GG durch die Vorschriften der allg. Gesetze, zu denen § 1 UWG gehört, begrenzt. Aber die Beurteilung der Wettbewerbswidrigkeit einer Wettbewerbshandlung nach § 1 UWG wird ihrerseits durch das Grundrecht der Meinungs- u. Pressefreiheit eingeschränkt. Es kommt daher im konkreten Fall auf die Reichweite des Grundrechts u. des Gebots der Lauterkeit im Wettbewerb an. Erfolgt ein Boykottaufruf nicht in eigenen Interessen wirtschaftlicher Art, sondern in der Sorge um pol., wirtschaftliche, soziale oder kulturelle Belange der Allgemeinheit, kann er durch Art. 5 Abs. 1 GG gedeckt sein, auch wenn dadurch private, insb. wirtschaftliche Interessen beeinträchtigt werden (vgl. Baumbach/Hefermehl § 1 UWG Rn 284).

ditionen, zum anderen durch die Ablehnung von Vertragsabschlüssen gegenüber Abnehmern (Liefersperren) oder Lieferanten (Bezugssperren)[825]. Die im Rahmen der vorliegenden Untersuchung in Betracht kommende Bezugssperre (der öffentliche Auftraggeber bezieht bei einem Unternehmen nicht oder nicht mehr), liegt vor bei einem Abbruch einer bestehenden Geschäftsverbindung durch einen einzelnen Gewerbetreibenden; dem Abbruch steht die Nichtaufnahme neuer Beziehungen gleich[826]. Meist richtet sich die Bezugssperre gegen Lieferanten, die einer nach- oder vorgeordneten Wirtschaftsstufe angehören.

Neben der Behinderung durch Boykott oder Diskriminierung kommt im Rahmen des § 1 UWG die Fallgruppe des Rechtsbruchs bzw. die dort einzuordnende Gesetzesverletzung in Betracht. Zwar ist nicht jede zu Wettbewerbszwecken begangene Rechtsverletzung wettbewerbswidrig[827]. Der Wettbewerbsverstoß liegt nach ständiger Rechtsprechung vielmehr darin, dass der Wettbewerber unter Ausnutzung der Vertrags- und Gesetzestreue der Mitbewerber einen ungehörigen Vorsprung im Wettbewerb erzielt[828]. Ein solches bzw. solche weitere(n) Unlauterkeitskriterien sind jedoch nicht erforderlich, wenn gegen sogenannte „sittlich fundierte Normen“[829] oder sogenannte „wertbezogene Normen“[830] verstoßen wird bzw. wurde. Zu Letzteren zählen insbesondere auch unmittelbar wettbewerbsbezogene Verbote, die den Wettbewerb als Institution schützen und sowohl dem Allgemeininteresse als auch den betroffenen Individualinteressen dienen[831].

cc. Rechtsfolge einer sittenwidrigen Wettbewerbshandlung

Verstöße gegen § 1 UWG begründen einen Unterlassungs- und Beseitigungsanspruch[832]. Bei Verschulden ergibt sich für den Verletzten darüber hinaus ein Schadensersatzanspruch[833]. Da der Anspruch auf Beseitigung einer bereits eingetretenen Beeinträchtigung voraussetzt, dass der Störungszustand andauert bzw. für den Verletzten eine sich ständig erneuernde und fortwirkende Quelle der Schädi-

825 Baumbach/Hefermehl § 1 UWG Rn 301.

826 Baumbach/Hefermehl § 1 UWG Rn 311.

827 Im Gegensatz zur holländischen oder schweizerischen Praxis setzen deutsche Gerichte die Gesetzeswidrigkeit nicht per se mit der Sittenwidrigkeit gleich; Emmerich, S. 310.

828 BGHZ 45, 1, 2; BGH, GRUR 1957, 558, 559; 60, 193, 195; 65, 373, 375.

829 Hierbei handelt es sich zum größten Teil um die strafrechtlichen Verbote; Emmerich, S. 313.

830 Vorschriften, die dem Schutz überragend wichtiger Gemeinschaftsgüter wie etwa der Umwelt, der Volksgesundheit, der Rechtspflege bezwecken; Emmerich, S. 313 f.; Baumbach/Hefermehl § 1 UWG Rn 611, 614.

831 BGH, GRUR 1982, 53, 55; 1978, 445, 446.

832 Baumbach/Hefermehl Einl. UWG Rn 253 ff.

833 Baumbach/Hefermehl Einl. UWG Rn 339 ff.

gung darstellt[834], deren Beseitigung dem Verletzer möglich und zumutbar ist, wird sich ein Anspruch auf Kündigung des bereits geschlossenen Vertrages nicht bejahen lassen[835]. Da § 1 UWG nur die Art des Zustandekommens eines Vertrages betrifft, nicht jedoch seinen Inhalt untersagen will[836], kommt eine Nichtigkeit über § 134 BGB ebenfalls nicht in Betracht.

b. Anwendbarkeit auf die öffentliche Auftragsvergabe

Bei der Vergabe öffentlicher Aufträge schließt der Staat privatrechtliche Verträge mit in der Regel privaten Anbietern[837]. Eine rein hoheitliche Handlung liegt nicht vor, so dass unabhängig vom Einzelfall von einer „Handlung im geschäftlichen Verkehr" ausgegangen werden kann.

Zweifelhaft ist jedoch das Vorliegen des Tatbestandsmerkmals „zu Zwecken des Wettbewerbs". Als Nachfrager stehen öffentliche Auftraggeber bei der Vergabe staatlicher Aufträge nicht in einem Wettbewerbsverhältnis zu den Anbietern. Sie fördern daher in der Regel nicht den eigenen Wettbewerb, sondern den

---

834 Baumbach/Hefermehl Einl. UWG Rn 310.

835 Diese Annahme wird bestätigt durch einen Vergleich mit dem vergabespezifischen Rechtsschutz. Hier stellt der Zuschlag eine Zäsur dar; ist der Zuschlag erfolgt, gibt es nur noch Sekundärrechtsschutz in Form des Schadensersatzes.

836 BGHZ 110, 175.

837 Die Teilnahme eines Hoheitsträgers an dem Vergabeverfahren eines anderen Hoheitsträgers mit dem Ziel, den Auftrag zu erhalten (Bsp.: Die Stadt A schreibt den Auftrag über die Sammlung u. den Transport der in ihrem Gebiet anfallenden Siedlungsabfälle aus u. die Stadt B bewirbt sich um den Auftrag) ist jedoch theoretisch möglich u. in der Praxis in letzter Zeit vermehrt zu beobachten. Ob ein kommunales Unternehmen in Konkurrenz zu Privaten treten darf, bestimmt sich nach den Vorschriften des Kommunalrechts, insb. der in den Gemeindeordnungen enthaltenen Subsidiaritätsklauseln. Nachdem in den Wettbewerbssenaten der OLG'e in gefestigter Rspr. davon ausgegangen worden war, dass ein Verstoß gegen die Zulassungsvoraussetzungen des Gemeindewirtschaftsrechts sittenwidrig i.S.v. § 1 UWG ist u. einen Unterlassungsanspruch begründet (OLG Düsseldorf, NJW-RR 1997, 1470 = NWVBl 1997, 353 f.; OLG Hamm, NJW 1998, 3504 = DVBl 1998, 792; OLG Düsseldorf, NVwZ 2000, 111) bzw. ein Verstoß gegen § 107 NWGO zugleich auch eine unlautere Verhaltensweise i.S.v. § 2 Nr. 1 Abs. 2 VOL/A darstellt, die zu bekämpfen ist u. zum Ausschluss des Angebotes führt (OLG Düsseldorf, NVwZ 2000, 714 = NZBau 2000, 155; vgl. hierzu Horn, NVwZ 2001, 647), hat der BGH dieser Rspr. nunmehr Einhalt geboten (BGH, Urt. v. 25.4.2002, I ZR 250/00). Die Gemeindeordnungen regelten lediglich das „Ob" des Marktzutritts u. nicht das „Wie". In § 1 UWG gehe es aber gerade um das „Wie" des Verhaltens im Wettbewerb u. nicht um den Erhalt bestimmter Marktstrukturen. Das Wettbewerbsrecht habe insofern nur eine eingeschränkte Kontrollfunktion (BGH, Urt. v. 25.4.2002, I ZR 250/00). Dementspr. hat der BGH den auf § 1 UWG gestützten Unterlassungsanspruchs eines privaten Elektrikerhandwerksbetriebes gegen die Ausführung v. Elektroarbeiten einer 100%-igen Tochter der Stadt München verneint. (Vgl. zu dem Verhältnis kommunaler Unternehmen zu privaten Wettbewerbern auch Schink, NVwZ 2002, 129, 138 ff.) Eine weitere Frage, die aber ebenfalls innerhalb des Rahmens des „Ob" der wirtschaftlichen Betätigung v. Gemeinden liegen dürfte, ist die, ob Gemeinden außerhalb ihres Gemeindegebiets wirtschaftlich tätig sein dürfen. Einige Bundesländer gestatten dies in ihren Gemeindeordnungen bereits, wenn bestimmte Voraussetzungen gegeben sind (Art. 87 Abs. 3 BayGO, § 107 Abs. 2 NWGO, § 71 Abs. 4 ThürKO, § 116 Abs. 3 SachsAnhGO, § 169 KVM-V). Da es aber auch hier um den Zutritt zum Markt u. nicht um das Verhalten im Markt geht, dürfte nach der neuen Rspr. des BGH ein Verstoß gegen diese Vorschrifen ebenfalls nicht zur Unlauterkeit i.S.v. § 1 UWG u. § 2 Nr. 2 Abs. 2 VOL/A führen. (Zur Frage der wirtschaftlichen Betätigung der Gemeinden außerhalb des Gemeindegebiets vgl. Gern, NJW 2002, 2593).

der beauftragten Unternehmen, mithin also fremden Wettbewerb. Bei einem auf die Förderung fremden Wettbewerbs gerichteten Verhalten muss zwar ein Wettbewerbsverhältnis zwischen dem geförderten und dem benachteiligten Unternehmen bestehen[838]. Dies wird jedoch im hier interessierenden Zusammenhang fast immer der Fall sein, da sich beide Unternehmen um einen Auftrag bewerben bzw. bewerben könnten. Die erforderliche Wettbewerbsförderungsabsicht bei dem öffentlichen Auftraggeber, d. h. die Absicht, den Absatz eines bestimmten Unternehmens zum Nachteil eines anderen Unternehmens zu fördern, ist hingegen nur dann gegeben, wenn der Auftraggeber nicht nur seinen Bedarf decken, sondern ein bestimmtes Unternehmen bevorzugen will.

Insbesondere für öffentliche Aufträge, die nicht die Schwellenwerte des § 2 VgV erreichen und in denen es daher nicht den vergabespezifischen Rechtsschutz der §§ 102 ff. GWB gibt, ist der Unterlassungsanspruch aus § 1 UWG von Bedeutung. Der benachteiligte Bieter kann mit einem Antrag auf Erlass einer einstweiligen Anordnung versuchen, die Zuschlagserteilung bzw. den Vertragsschluss zwischen Auftraggeber und seinem Konkurrenten zu verhindern, indem er beantragt, gegenüber dem öffentlichen Auftraggeber gerichtlich die Unterlassung der Zuschlagserteilung anzuordnen[839].

In der jüngsten Zeit haben Gerichte zunehmend Vertragsabschlüsse, die unter einem objektiven Verstoß gegen Vergaberecht zustande gekommen waren, allein wegen dieses objektiven Verstoßes als sittenwidrig verurteilt[840]. Die Vorschriften der Verdingungsordnungen wurden als wertbezogen angesehen[841], da sie den Wettbewerb als Institution schützen[842]. Dass sämtliche Vorschriften der Verdin-

838 BGH, GRUR 1997, 907, 909.

839 Es wird sich für den unterlegenen Bieter in der Praxis jedoch regelmäßig das Problem stellen, dass er rechtzeitig vor Erteilung des Zuschlags v. der Absicht der Vergabestelle Kenntnis erlangen muss. Da § 13 VgV nur für Auftragsvergaben oberhalb der Schwellenwerte gilt, ist die Vergabestelle bei Aufträgen unterhalb der Schwellenwerte nicht verpflichtet, den unterlegenen Bieter rechtzeitig vor Zuschlagserteilung zu informieren.

840 So LG Hamb., WRP 1999, 441 ff. In dem diesem Urt. zugrundeliegenden Fall ging es um die Beschaffung v. 2.800 Feuerwehrschutzanzügen. Die ausschreibende Vergabestelle hatte in den Verdingungsunterlagen gefordert, dass die Anzüge aus einem Material, das ein bestimmtes Prüfungsverfahren (Beflammungstest) durchlaufen u. bestanden hatte, bestehen musste. Dieses Erfordernis stellte einen Verstoß gegen § 8 Nr. 3 Abs. 3 VOL/A dar, wonach bestimmte Verfahren nur dann ausdrücklich vorgeschrieben werden dürfen, wenn dies durch die Art der zu vergebenden Leistung gerechtfertigt ist. Da es auch andere Prüfverfahren gegeben hätte, war letzteres nicht der Fall. Darüber hinaus verstieß die Anforderung der Vergabestelle aber auch gegen § 8 Nr. 3 Abs. 4 VOL/A, wonach die Beschreibung technischer Merkmale nicht die Wirkung haben darf, dass bestimmte Unternehmen bevorzugt werden. Da der v. der Vergabestelle in bezug genommene Beflammungstest v. einem Mitbewerber des klagenden Unternehmens entwickelt u. für dieses geschützt worden war, wurde die Feuerschutzkleidung des Mitbewerbers bevorzugt, denn dieser konnte die an das zu prüfende Material gestellten Anforderungen bestimmen. Auch das LG Meiningen hat mit Beschl. v. 7.7.2000, Az. HKO 104/00, IBR 2000, 471 (red. LS.), dem v. einem Vergabeverfahren ausgeschlossenen Bieter Rechtsschutz durch Erlass einer einstweiligen Anordnung gewährt. Hinzuweisen ist auch auf LG Heilbronn, NZBau 2002, 239, n. rk., aufgeh. durch OLG Stuttgart, VgR 2002, 374.

841 So dass allein schon der Verstoß zur Sittenwidrigkeit nach § 1 UWG führt.

842 LG Hamb., WRP 1999, 441, 444.

gungsordnungen wettbewerbsbezogen sind und damit ihre Verletzung ohne weitere Voraussetzungen zur Sittenwidrigkeit i. S. v. § 1 UWG führt, wird in der Rechtsprechung zum Teil bezweifelt. So hat das OLG Düsseldorf im Jahr 1998 entschieden, dass nicht jede vom öffentlichen Auftraggeber begangene Verletzung von Vergabevorschriften (VOB/A oder VOL/A) als Verstoß gegen die guten Sitten im Wettbewerb (§ 1 UWG) gewertet werden könne[843]. Unmittelbar zur Unlauterkeit führten nur Verstöße gegen solche Vergaberegeln, deren Einhaltung zugleich dem Willkürverbot entgegenwirkten und im Ergebnis die Chancengleichheit der Bewerber und Bieter bei der Beteiligung am Wettbewerb, die Gleichbehandlung bei der Angebotsprüfung und –wertung sowie beim Zuschlag bewirkten. Ein Verstoß gegen die guten Sitten sei daher beispielsweise bei der vermeintlich falschen Wahl des Vergabeverfahrens jedenfalls dann nicht gegeben, wenn das gewählte Verfahren gleichwohl die Chancengleichheit der Bewerber gewährleiste. Im übrigen müsse der Antragsteller zur Begründung eines Anspruchs aus § 1 UWG zusätzlich darlegen, dass der öffentliche Auftraggeber bei seinem Verstoß „zu Zwecken des Wettbewerbs" gehandelt habe, was sich aus dem Verstoß allein noch nicht zwingend ergebe.

Der Rechtsauffassung des OLG Düsseldorf ist zuzustimmen. Die Annahme, jeder Verstoß gegen Bestimmungen des Vergaberechts im engeren Sinne sei gleichzeitig ein Verstoß gegen § 1 UWG, verkennt den engeren Anwendungsbereich des UWG. Nur solche Vorschriften des Vergaberechts, bei denen es sich um Ausprägungen des Wettbewerbsgrundsatzes handelt[844] (beispielsweise das Nachverhandlungsverbot) können nach § 1 UWG verboten sein, sofern eine entsprechende Wettbewerbsförderungsabsicht nachgewiesen werden kann[845].

c. Relevanz für die Berücksichtigung von Umweltaspekten im Vergabeverfahren

Eine mit Umweltschutzzielen gekoppelte Auftragsvergabe durch die öffentliche Hand könnte objektiv dazu geeignet sein, fremden Wettbewerb zu Lasten eines Mitbewerbers zu fördern. Wenn ein öffentlicher Auftraggeber einem Unternehmen den Zuschlag erteilt, das eine vom Auftraggeber nachgefragte Ware oder Leistung anbietet, dem (aus Sicht des Auftraggebers) eine größere Umweltfreundlichkeit zukommt als dem (preiswerteren) Konkurrenzprodukt, so fördert

843 OLG Düsseldorf, Urt. v. 29.7.1998; U (Kart) 24/98; BauR 1999, 241 = MDR 1998, 1220, 1221.

844 U. a. §§ 3 Nr. 1 Abs. 2, 8 Nr. 2 S. 2, 3 Nr. 2, § 8 Nr. 1 S. 2 VOB/A, §§ 2 Nr. 1 S. 1 i. V. m. § 8 Nr. 4 u. § 25 Nr. 2 Abs. 1, § 8 Nr. 5 Abs. 1 lit. e), § 9 Nr. 1, §§ 10, § 24 Nr. 1 Abs. 1 i. V. m. Nr. 3 u. Nr. 1 Abs. 2 VOB/A bzw. die inhaltl. entspr. Normen der VOL/A u. der VOF.

845 Wenn der öffentliche Auftraggeber das teurere, aber umweltfreundlichere Unternehmen beauftragen will u. deshalb mit ihm über den Preis nachverhandelt (ihm die „Gnade des letzten Wortes" gewährt), verstößt er gegen das Nachverhandlungsverbot u. gleichzeitig gegen § 1 UWG.

er damit das (vermeintlich) „umweltfreundlichere" Unternehmen. Er verbessert die Stellung dieses Unternehmens zu Lasten des nicht zum Zuge gekommenen Unternehmens. Dies und die Frage, ob der öffentliche Auftraggeber auch eine entsprechende Wettbewerbsförderungsabsicht hat[846] (eine solche kommt beispielsweise dann in Betracht, wenn der Auftraggeber bewusst „umweltfreundliche" Unternehmen bevorzugt), ist eine Frage des Einzelfalls.

Ein unter Umständen sittenwidriger Boykott kommt insbesondere bei der sogenannten „koordinierten Auftragssperre" der öffentlichen Hand in Betracht. Bei der (einfachen) Auftragssperre schließt die Vergabestelle in Anwendung von § 8 Nr. 5 Abs. 1 VOB/A ein Unternehmen von der Teilnahme an einem von ihr durchgeführten Vergabeverfahren aus, weil es beispielsweise die Sozialversicherungsbeiträge für seine Mitarbeiter nicht gezahlt hat, so dass an der Zuverlässigkeit des Unternehmens zu zweifeln ist. Bei der koordinierten Auftragssperre hingegen wird ein Unternehmen von den Vergabeverfahren mehrerer öffentlicher Auftraggeber für einen bestimmten Zeitraum ausgeschlossen[847]. Dies geschieht in der Regel durch Erlass[848], der nachgeordneten Dienststellen vorschreibt, dass bestimmte Unternehmen für eine gewisse Zeit an sämtlichen durchzuführenden Ausschreibungen nicht teilnehmen dürfen[849]. Ein Boykott kommt daneben aber auch in Betracht, wenn eine Vergabestelle, die in einem von ihr durchgeführten Vergabeverfahren ein Unternehmen wegen eines der in § 8 Abs. 5 Nr. 1 VOB/A genannten Gründe ausgeschlossen hat, den diesem Ausschluss zugrundeliegenden Sachverhalt einer einzelnen oder mehreren anderen Vergabestelle(n) mitteilt

846 Die auf Förderung eigenen oder fremden Wettbewerbs gerichtete Absicht braucht nicht der alleinige u. wesentliche Beweggrund der Handlung zu sein. Nach std. Rspr. genügt es, wenn er hinter anderen Beweggründen nicht völlig zurücktritt (Baumbach/Hefermehl Einl. UWG Rn 234 mit zahlr. Nachw. aus der Rspr.). Die Förderung eines Dritten muss aber zumindest als Nebenwirkung beabsichtigt sein (Baumbach/Hefermehl Einl. UWG Rn 234). Bei Handlungen der öffentlichen Hand außerhalb eines erwerbswirtschaftlichen Tätigkeitsbereichs besteht keine Vermutung für eine Wettbewerbsförderungsabsicht, soweit sich die öffentliche Hand darauf beschränkt, die ihr im öffentlichen Interesse übertragenen Aufgaben gewissenhaft u. sachlich wahrzunehmen (BGH, GRUR 1990, 463). Doch ist im Einzelfall eine – gesondert festzustellende – Wettbewerbsabsicht nicht ausgeschlossen (Baumbach/Hefermehl Einl. UWG Rn 236 b).

847 Der „Ausschluss aus dem Wettbewerb" bezieht sich nach dem Wortlaut des § 8 Nr. 5 Abs. 1 VOB/A auf einzelne Vergabeverfahren i.S.d. § 3 VOB/A. Nachdem in der Lit. zunächst die Frage der „Dauer" des Ausschlusses erwogen wurde (Heiermann/Riedl/Rusam, § 8.6 Rn 57), was darauf hindeutete, dass die Ausschlussentsch. als eine das jeweilige Vergabeverfahren gelegentlich übergreifende Entsch. begriffen wurde (i. d. S., dass sich eine Vergabestelle an eine früher v. ihr getroffene Ausschlussentsch. auch in einem neuen Vergabeverfahren hielt; Mestmäcker/Bremer, BB 1995, 1, 3 f.) zielten Erlasse auf Bundes- u. Landesebene in den neunziger Jahren darauf ab, Ausschlussentsch., die in einzelnen Vergabeverfahren oder im Zuständigkeitsbereich einzelner Vergabestellen gefallen waren, überregionale u. vergabeverfahrens- u. vergabestellenübergreifende Wirkung zukommen zu lassen (Mestmäcker/Bremer, BB 1995, 1, 4).

848 Als Bsp. sei der „Gemeinsame Runderlass der hessischen Landesregierung über Vergabesperren zur Korruptionsbekämpfung", Hessischer Staatsanzeiger v. 24.4.1995, S. 431, genannt.

849 Die Information bzw. Organisation erfolgt bspw. über eine zentrale Melde- u. Informationsstelle, bei der Vergabestellen anfragen müssen, ob Teilnehmer dort registriert u. damit auszuschließen sind.

und diese auffordert, aufgrund des mitgeteilten Sachverhalts das Unternehmen auch bei dortigen Ausschreibungen auszuschließen.

Die Umweltaspekte berücksichtigende öffentliche Auftragsvergabe kann unter Umständen auch deshalb gegen § 1 UWG verstoßen, weil sie geltendes Recht bricht. Ein Rechtsbruch bzw. ein Verstoß gegen Vergaberecht kommt insbesondere in zwei Erscheinungsformen in Betracht. Zunächst kann die öffentliche Hand selbst geltendes Vergaberecht verletzen, indem sie etwa Umweltschutzaspekte in einem unzulässigen Maße oder auf eine unzulässige Art und Weise berücksichtigt hat[850]. Des Weiteren kann die Vergabestelle die am Vergabeverfahren teilnehmenden Unternehmen zur Rechtsverletzung auffordern[851]. Wenn es sich um vergaberechtliche Vorschriften handelt, die Ausprägungen des Wettbewerbsgrundsatzes darstellen, d. h. die Chancengleichheit und Gleichbehandlung der Bieter bezwecken, ist § 1 UWG erfüllt, wenn die übrigen Voraussetzungen gegeben sind.

III. Übertragung der gewonnenen Erkenntnisse auf die Beispielsfälle

1. Beispiel 1

Die Ausschreibung des UBA "Strom aus erneuerbaren Energien" begegnet keinen durchgreifenden wettbewerbsrechtlichen Bedenken. Ein Verstoß gegen Art. 81 EG scheidet aus, da die Ausschreibung nicht geeignet ist, den Handel zwischen Mitgliedstaaten auf dem Strommarkt der Gemeinschaft spürbar zu beeinträchtigen. Die in dem Gemeinsamen Markt tätigen konventionellen Energieversorgungsunternehmen können den von ihnen erzeugten Strom weiterhin in dem gesamten Markt anbieten, haben also genügend Ausweichmöglichkeiten auf andere Nachfrager. Lediglich der Zugang zu diesem konkreten Auftrag eines einzigen öffentlichen Auftraggebers (BMU bzw. BMU-Geschäftsbereich), dessen Bedeutung im Verhältnis zu sämtlichen Stromnachfragern im Gemeinsamen Markt verschwindend gering ist, ist ihnen versperrt. Art. 82 Abs. 1 EG kommt bereits aus dem Grunde nicht zum Tragen, weil das UBA bzw. das BMU in seiner Position als Stromnachfrager keine marktbeherrschende Stellung auf dem Gemeinsamen

850 Bspw. sieht die Vergabestelle zwingend die Lieferung oder Verwendung eines mit dem Umweltzeichen gekennzeichneten Produktes vor, was gegen § 9 Nr. 5 VOB/A verstoßen könnte. Nach dieser Vorschrift dürfen bestimmte Erzeugnisse nur dann ausdrücklich vorgeschrieben werden, wenn dies durch die Art der geforderten Leistung gerechtfertigt ist.

851 So geschehen in BGH, NJW-RR 1991, 1258, wo die öffentliche Auftraggeberin in ihrer Ausschreibung dazu aufgefordert hatte, in den Angeboten die HOAI zu unterschreiten, was gegen § 16 Abs. 2 S. 2 VOF verstößt. Ein weiteres Bsp. v. Kling, S. 126: Die Vergabestelle fordert die Bieter zu Nachverhandlungen zwecks Preissenkung auf, was durch § 24 Nr. 3 VOB/A untersagt ist.

Markt innehat (noch nicht einmal auf dem Gebiet der Bundesrepublik Deutschland, einem wesentlichen Teil des Gemeinsamen Marktes).

Ein Verstoß gegen Beihilferecht, Art. 87 ff. EG, liegt nicht vor, da das UBA bei seiner Ausschreibung nicht gegen Regeln des Vergaberechts verstoßen hat. Wie unter A. festgestellt, ist die Ausschreibung in der Ausgangsvariante vergaberechtskonform.

Im Rahmen der Prüfung des § 20 Abs. 1 und 2 GWB ist insbesondere zu fragen, ob das BMU ein marktstarkes Unternehmen ist. Dies wäre dann der Fall, wenn die Öko-Strom-Anbieter als kleine und mittlere Unternehmen von dem BMU in der Weise abhängig wären, dass keine Ausweichmöglichkeiten auf andere Nachfrager bestünden. Hiervon wird jedoch keine Rede sein können. Im übrigen werden die Wettbewerbs- und Betätigungsmöglichkeiten der Öko-Strom-Anbieter durch die Ausschreibung des UBA gerade nicht beeinträchtigt, sondern gefördert. Die konventionellen Energieversorgungsunternehmen hingegen, die keinen Öko-Strom erzeugen und anbieten, werden von der Teilnahme an dem Vergabeverfahren von vornherein ausgeschlossen. Sie sind jedoch in aller Regel weder als kleine und mittlere Unternehmen einzustufen noch besteht bei ihnen eine Abhängigkeit von dem UBA.

Zwar könnte in dem Ausschluss der konventionellen Energieversorgungsunternehmen eine Diskriminierung im Sinne von § 1 UWG und damit eine unlautere Wettbewerbshandlung liegen, da das UBA Vertragsabschlüsse mit diesen ablehnt und damit eine einmalige Bezugssperre vornimmt. Dies würde eine entsprechende Wettbewerbsförderungsabsicht voraussetzen. Da das UBA bzw. das BMU erklärtermaßen den Anteil der erneuerbaren Energien von gegenwärtig 8% der Stromerzeugung in Deutschland auf 12,5% im Jahre 2010 erhöhen will[852], ließe sich diese Absicht sicherlich bejahen und von Wettbewerbern auch nachweisen. Die Ablehnung des Vertragsschlusses des UBA/BMU mit konventionellen Energieversorgungsunternehmen müsste aber darüber hinaus willkürlich, d. h. sachlich nicht gerechtfertigt sein. Eine sachliche Rechtfertigung wird jedoch durch den beabsichtigten Umweltschutz und die Erfüllung der Verpflichtungen der Bundesrepublik aus dem Kyoto-Protokoll zur Minderung der CO_2-Emissionen gegeben sein[853]. Ein Verstoß gegen § 1 UWG scheidet daher aus.

852 Gemeinsame Pressemitt. des BMU u. des UBA Nr. 146/03 v. 20.8.2003 „Bundesumweltministerium steigt auf Ökostrom um – Umweltbundesamt schreibt Stromlieferung europaweit aus."

853 Dieses Ergebnis steht im Einklang mit der Rspr. des EuGH, vgl. Fn 12 u. 497.

2. Variante 1 zu Beispiel 1

Das UBA hat dadurch, dass es die Ausschreibung auf Angebote von aus Windkraftanlagen stammenden Strom beschränkt hat, den Kreis der in Betracht kommenden Teilnehmer an dem Vergabeverfahren von vornherein auf entsprechende Anbieter beschränkt. Dies ist im Hinblick auf Art. 87 Abs. 1 EG bedenklich, denn der letztlich erfolgreiche Anbieter von Strom aus Windkraftanlagen könnte durch die Beauftragung und das gezahlte Entgelt eine staatliche Förderung erhalten, die nach Art. 87 Abs. 1 EG unzulässig sein könnte. Voraussetzung hierfür ist zunächst, dass der Zuschlag seitens des UBA nicht auf das wirtschaftlichste, sondern auf ein unwirtschaftlicheres Angebot erteilt wird. Der Vergleich mit den bei dem UBA eingereichten Angebote verhilft diesbezüglich jedoch nicht zu Erkenntnissen, da ja nur solche Unternehmen Angebote eingereicht haben, die Strom aus Windkraftanlagen anbieten. Aus diesem Grunde muss die Begünstigungsvermutung greifen. Solange das UBA nicht nachweist, dass eine wirtschaftliche Vergabe auch bei Öffnung der Ausschreibung für sämtliche Öko-Strom-Anbieter nicht möglich gewesen wäre, ist eine Beihilfe i. S. v. Art. 87 Abs. 1 EG anzunehmen. Dieser Nachweis wird dem UBA nur schwerlich gelingen.

Die die Anbieter von Windstrom bevorzugende Ausschreibung des UBA in Variante 1 verstößt zudem gegen § 1 UWG. Für die Diskrimierung der anderen Öko-Strom-Anbieter, die sich nicht oder nicht nur auf Strom aus Windkraftanlagen beschränken, wird dem UBA kein sachlich rechtfertigender Grund zur Verfügung stehen. Zudem stellt die Ausschreibung, wie unter A. IV. 2. festgestellt, einen Verstoß gegen § 8 Nr. 3 Abs. 3, 5 VOL/A dar, da sie in unzulässiger Weise die Produktionsmethode der nachgefragten Ware vorschreibt. Da § 8 Nr. 3 Abs. 3, 5 VOL/A die Chancengleichheit aller Bieter bezweckt, indem verhindert werden soll, dass bestimmte Unternehmen ausgeschlossen oder bevorzugt werden, weist diese Vorschrift auch den für § 1 UWG erforderlichen Wettbewerbsbezug auf.

3. Beispiel 2

Die Ausschreibung des Landkreises A verstößt zwar gegen vergaberechtliche Bestimmungen, da sie einen unzulässigen Ausschluss finnischer Holzlieferanten enthält (siehe oben A.), ist in wettbewerbsrechtlicher Hinsicht jedoch zulässig.

Im Rahmen von Art. 81 EG ist zunächst zu fragen, ob der Ausschluss finnischen Holzes bzw. finnischer Holzlieferanten durch den Landkreis A geeignet ist, den Handel zwischen Mitgliedstaaten spürbar zu beeinträchtigen. Da finnische Anbieter nur im Hinblick auf eine Ausschreibung eines einzelnen öffentlichen Auftraggebers ausgeschlossen werden, dessen Bedarf an Holz im Verhältnis zu der Holznachfrage in dem gesamten Gemeinsamen Markt verschwindend gering ist, ist der Ausschluss nicht geeignet, den Handel zwischen Mitgliedstaaten spürbar zu beeinträchtigen (Marktanteil zu gering). Da der Landkreis A als Nachfrager von Holz zudem mitnichten eine marktbeherrschende Stellung innehat, kommt auch ein Verstoß gegen Art. 82 nicht in Betracht. Die Vorschriften des nationalen Wettbewerbsrechts schließlich finden auf den Ausschluss finnischer Anbieter keine Anwendung[854].

C. Anforderungen des EG-Primärrechts, insbesondere der Marktfreiheiten

Der EG-Vertrag regelt das Recht der öffentlichen Auftragsvergabe zwar nicht ausdrücklich[855], enthält jedoch zahlreiche Bestimmungen, die einen Bezug zur öffentlichen Auftragsvergabe aufweisen[856]. Zu nennen sind zunächst die unter II. in diesem Abschnitt behandelten sogenannten Marktfreiheiten des Gemeinsamen Marktes[857] auf dem Gebiet der Europäischen Union, die unmittelbar anwendbar sind. Die in Art. 28 ff. EG normierte Warenverkehrsfreiheit ist insbesondere dann von Bedeutung, wenn der öffentliche Auftraggeber dem Auftragnehmer die Verwendung bestimmter, nationaler Produkte bei der Ausführung des Auftrags vorschreibt. Daneben kommt eine Anwendung von Art. 43 ff. EG (Niederlassungsfreiheit)[858] und Art. 49 ff. EG (Dienstleistungsfreiheit, von der auch Bauleistungen erfasst werden) in Betracht. Das allgemeine Verbot der Diskriminierung aus Gründen der Staatsangehörigkeit nach Art. 12 f. EG ist zwar zu den vorgenannten Grundfreiheiten subsidiär[859], wird vom EuGH zum Teil gleichwohl aber neben diesen angewandt[860]. Neben den Grundfreiheiten, die eine begrenzende Wirkung

854 § 130 Abs. 2 GWB normiert ausdrücklich den Geltungsbereich des GWB: „Dieses Gesetz findet Anwendung auf alle Wettbewerbsbeschränkungen, die sich im Geltungsbereich dieses Gesetzes auswirken, ...". Die Auswirkung des Ausschlusses finnischer Holzlieferanten durch den Landkreis A wirkt sich am Sitz der finnischen Unternehmen aus.

855 Ursache hierfür soll sein, dass es seinerzeit wegen des „ungeheuren Ausmaßes" u. der Komplexität des Problems diskriminierender Beschaffungspraktiken infolge beträchtlicher Unterschiede der nationalen Beschaffungssysteme unmöglich schien, einen Konsens über einen Prinzipienkatalog zu finden (Weiss, S. XIV).

856 So auch Hailbronner, in: Grabitz/Hilf B 2 Rn 1.

857 Zu den Marktfreiheiten vgl. Kilian, Rn 234 ff. u. Hailbronner, in: Grabitz/Hilf B 2 Rn 2 ff.

858 Diese Bestimmung hat für die vorliegende Arbeit keine Relevanz, da kein Fall denkbar ist, in dem ein öffentlicher Auftraggeber durch Einbeziehung v. Umweltbelangen in das Vergabeverfahren Unternehmen aus anderen Mitgliedstaaten daran hindern sollte, sich in einem anderen Mitgliedstaat zum Zwecke der Aufnahme u. Ausübung selbständiger Erwerbstätigkeit niederzulassen. Von einer Darstellung dieser Bestimmung im Rahmen der vorliegenden Untersuchung wird daher abgesehen.

859 Mit der Formulierung „unbeschadet besonderer Bestimmungen dieses Vertrages" wird diese Subsidiarität in Art. 12 EG zum Ausdruck gebracht.

860 So auch Dreher, NZBau 2002, 419, 422. Zu der insoweit nicht einheitlichen Rspr. des EuGH vgl. Streinz, Rn 668.

für die Berücksichtigung von Umweltaspekten bei der Vergabe öffentlicher Aufträge haben, kommt mit Art. 6 EG einer Vorschrift Bedeutung zu, die sowohl der Gemeinschaft als auch den Mitgliedstaaten[861] die Einbeziehung des Umweltschutzes in das Vergabeverfahren nachgerade „auferlegen“ könnte und damit eine gegenteilige, weil erweiternde Wirkung hätte. Art. 6 EG bestimmt, dass die Erfordernisse des Umweltschutzes bei der Festlegung und Durchführung der in Art. 3 EG genannten Gemeinschaftspolitiken und -maßnahmen einbezogen werden müssen[862]. Zu den politischen Bereichen der Union gehört auch die Binnenmarktpolitik[863], deren Element wiederum unter anderem die Politik im Bereich des öffentlichen Auftragswesens ist. Daraus wird vielfach gefolgert, dass die Vergaberichtlinien Umweltschutzaspekte ausdrücklich berücksichtigen müssten[864]. Weil Art. 6 EG unter Umständen Einfluss auf die Auslegung und Anwendung der Grundfreiheiten hat, soll diese Bestimmung zunächst unter I. behandelt werden.

Die Regelungen des EG-Vertrages[865] waren vor der Schaffung der EG-Vergaberichtlinien die einzigen europarechtlichen Bestimmungen, die von der öffentlichen Hand bei ihrer Beschaffungstätigkeit zu beachten waren. Für rein staatliche Auftraggeber wie Gebietskörperschaften beanspruchen sie unmittelbar Geltung, staatlich dominierte öffentliche Auftraggeber in privatwirtschaftlichen Rechtsformen (§ 98 Nr. 2 und Nr. 4, 2. Alt. GWB) sind wegen Art. 86 Abs. 1 EG an sie gebunden[866]. Für öffentliche Aufträge, die nicht dem Anwendungsbereich der EG-Vergaberichtlinien unterfallen, bilden sie nach wie vor die einzigen für das Vergabeverfahren relevanten EG-rechtlichen Vorschriften. Aber auch für solche Aufträge, die von den EG-Vergaberichtlinien erfasst werden, ist das Primärrecht noch von Bedeutung, da die Vergaberichtlinien, wie der EuGH mehrfach betont hat[867], keine abschließende Harmonisierung des mitgliedstaatlichen Vergaberechts darstellen[868]. Zum einen sind die Regelungen des EG-Vertrages bei Anwendung und Auslegung der Vergaberichtlinien und des nationalen Rechts heranzuziehen, zum anderen finden sie unmittelbare Anwendung, wenn die Vergaberichtlinien keine ausdrücklichen Regelungen enthalten. Der EuGH wendet im Bereich der öffent-

861 Und damit auch den meisten der einzelnen öffentlichen Auftraggeber.

862 Bei Art. 6 EG handelt es sich um eine sog. „Querschnittsklausel“.

863 Art. 3 Abs. 1 lit. c) des Vertrages zur Gründung der Europäischen Gemeinschaft i.d.F. v. 2.10.1997 (Amsterdamer Fassung).

864 Zahlreiche Änderungsanträge der parlamentarischen Ausschüsse des EP zu dem RL-Vorschlag der Komm. v. 10.5.2000 (KOM (2000) 275 endg.) (s. o. Fn 530), die die Berücksichtigung v. Umweltaspekten zum Gegenstand haben, stützen sich in ihrer Begr. auf Art. 6 EG bzw. auf die genannte Argumentation.

865 Vertrag zur Gründung der Europäischen Gemeinschaft v. 25.3.1957 i.d.F. v. 2.10.1997 (Amsterdamer Fassung).

866 S. o. B. I. 1. a. in diesem Kapitel.

867 Bspw. in seinem Urt. v. 20.9.1988, Rs. 31/87 („Beentjes“), Slg. 1988, 4635, 4657 (Rn 20). Vgl. dazu Fn 443.

868 So auch Frenz, WuW 2002, 352, 353 (Fn 6).

lichen Auftragsvergabe zuweilen europäisches Primär- und Sekundärrecht kumulativ an[869].

Zu den Vorschriften des EG-Vertrages nachfolgend im Einzelnen:

I. Querschnittsklausel Umweltschutz, Art. 6 EG

Art. 6 EG hat folgenden Wortlaut:

> „Die Erfordernisse des Umweltschutzes müssen bei der Festlegung und Durchführung der in Artikel 3 genannten Gemeinschaftspolitiken und -maßnahmen insbesondere zur Förderung einer nachhaltigen Entwicklung einbezogen werden."

1. Allgemeines

Diese sogenannte Querschnittsklausel des Art. 6 EG[870] wurde in ihrem Wortlaut mehrmals verändert. Die Urfassung in Art. 130 r Abs. 2 S. 2 EWGV wurde 1987 mit dem Wortlaut „Die Erfordernisse des Umweltschutzes sind Bestandteil der anderen Politiken der Gemeinschaft" eingefügt. In dieser Fassung hatte die Klausel eher feststellenden Charakter[871], ihr wurde teilweise gleichwohl die Wirkung einer „Ökologisierung des EWG-Vertrages" zugeschrieben[872]. Die zweite Version, die durch den Vertrag von Maastricht eingefügt wurde (Art. 130 r Abs. 2 S. 3 EG), lautete: „Die Erfordernisse des Umweltschutzes müssen bei der Festlegung und Durchführung der anderen Gemeinschaftspolitiken einbezogen werden". Ihre jetzige Fassung und den Standort am Anfang des EG-Vertrages hat die Querschnittsklausel durch den Vertrag von Amsterdam erhalten. Hintergrund der Änderung des Worlauts und des „Vor-die-Klammer-Ziehens" war der Wille, der Bestimmung eine größere Verbindlichkeit und mehr Einfluss in der Praxis zukommen zu lassen[873].

---

869 So in seinem Urt. v. 20.3.1990 in der Rs. „Du Pont de Nemours" (Rs. 21/88, Slg. 1990, I 889) oder in seiner Entsch. „Komm./Dänemark (Brücke über den Storebaelt)" v. 22.6.1993 (Rs. C-243/89, Slg. 1993, I 3353). Dies verdeutlicht erneut, dass das Recht der öffentlichen Auftragsvergabe durch die VergabeRL nicht abschließend geregelt ist. Wie der EuGH in dem Vorabentscheidungsverfahren in Sachen „DaimlerChrysler AG/Land BW" (C-324/99, v. 13.12.2001, NVwZ 2002, 582) betont hat, ist primäres EG-Recht nicht zu prüfen, wenn Sekundärrecht einen bestimmten Bereich abschließend regelt (in jenem Fall die AbfallverbringungsVO).

870 Zuweilen auch als „Integrationsprinzip bzw. -klausel" bezeichnet; Krämer, in: Groeben/Thiesing/Ehlermann, Art. 130 r Rn 38; Jans, S. 25.

871 So auch Calliess, in: Calliess/Ruffert, Art. 6 Rn 2.

872 Calliess, in: Baumeister, S. 71, 76.

873 Calliess, in: Calliess/Ruffert, Art. 6 Rn 2 f., 21; ders., DVBl. 1998, 559, 564 re. Sp.

Art. 6 EG enthält nur die Querschnittsbestimmung. Der Umweltschutz als Gemeinschaftsaufgabe wird allgemein in Art. 2, Art. 3 Abs. 1 lit. l. genannt; seine besondere Ausgestaltung erfährt er durch die in Art. 174 Abs. 1 und 2 EG genannten Zielsetzungen und Handlungsgrundsätze[874]. Durch die notwendige Einbeziehung der Erfordernisse des Umweltschutzes werden die Aussagen der gemeinschaftsrechtlichen Umweltpolitik nach Art. 174 Abs. 1 und 2 EG wie etwa die umsichtige rationelle Verwendung der natürlichen Ressourcen (Art. 174 Abs. 1, 3. Spstr.) oder die Grundsätze der Vorsorge und Vorbeugung in Art. 174 Abs. 2[875] in Art. 6 EG implantiert[876]. Die Querschnittsklausel enthält damit allgemein die materielle Vorgabe, bei Entscheidungen in umweltexternen Bereichen auf deren Umweltauswirkungen Rücksicht zu nehmen und die kollidierenden Belange im Wege praktischer Konkordanz abzuwägen[877]. Dabei sind die Grundsätze der Art. 174 Abs. 1 und 2 EG zur Geltung zu bringen[878] und dürfen keinesfalls „weggewogen" werden (dies folgt bereits aus dem Wortlaut von Art. 6 EG: „einbeziehen")[879]. Vielmehr müssen die in Art. 174 Abs. 1 und 2 EG genannten Ziele und Grundsätze integrativer Bestandteil der Maßnahme geworden sein und daher ihren Inhalt erkennbar mitgeprägt haben[880]. Die Einbeziehung dieser Ziele und Grundsätze soll – so Art. 6 EG weiter – insbesondere der Förderung einer nachhaltigen Entwicklung dienen[881]. Aus der „Ausrichtung der Querschnittsklausel auf das Prinzip der nachhaltigen Entwicklung"[882] ist zu schließen, dass Art. 6 EG nicht auf eine isolierte Verbesserung des Umweltschutzes gerichtet ist, sondern auf dessen Versöhnung mit ökonomischen und sozialen Belangen. Der Grundsatz der nachhalti-

874 Geiger, Art. 6 EG Rn 2.

875 Diese Grundsätze, die für weitgehend deckungsgleich gehalten werden, weisen auf den Bereich des präventiven Umweltschutzes in: Umweltbeeinträchtigungen sollen erst gar nicht entstehen u. damit a priori vermieden statt nachträglich beseitigt werden (Frenz, Europäisches Umweltrecht, Rn 141, 142).

876 Frenz/Unnestall, S. 197.

877 Vgl. u. a. Geiger, Art. 6 EG Rn 5; Kahl, S. 178; Epiney, NuR 1995, 497, 499 re. Sp.; Jans, S. 26; Calliess, DVBl. 1998, 559, 565.

878 So u. a. Epiney, NuR 1995, 497, 502 re. Sp.

879 Calliess, DVBl. 1998, 559, 565.

880 Calliess, DVBl. 1998, 559, 565.

881 Der Grundsatz der nachhaltigen Entwicklung („sustainable development") bezeichnet ein Leitbild, dessen Zielvorstellungen im Wesentlichen auf internationale u. europäische Impulse zurückgehen. In der Konferenz der Vereinten Nationen für Umwelt u. Entwicklung (UNCED) in Rio de Janeiro im Juni 1992 wurde er zum prägenden Grundsatz der internationalen Umweltpolitik gemacht (Calliess, DVBl. 1998, 559, 561). Der Begriff des „sustainable development" soll sicherstellen, dass der Umweltschutz mit ökonomischen u. sozialen Entwicklungsinteressen der Gegenwart in Einklang gebracht wird, ohne dass künftigen Generationen die Fähigkeit zur Befriedigung ihrer Bedürfnisse genommen wird, so dass ein dauerhafter Erhalt der menschlichen Lebensgrundlagen gewährleistet wird (Ruffert, ZUR 1993, 208, 209 f.). Zu dem Begriff der Nachhaltigkeit aus dem jüngeren Schrifttum: Sieben, NVwZ 2003, 1173.

882 Frenz/Unnerstall, S. 195.

gen Entwicklung beruht nämlich gerade darauf, dass der Umweltschutz mit anderen Aspekten aus Wirtschaft und Sozialem verbunden werden muss[883]. Dies tritt auch in Art. 2 EG hervor, der eine nachhaltige wirtschaftliche Entwicklung vorgibt. Der Umweltschutz genießt damit keinen einseitigen Vorrang[884].

2. Anwendbarkeit auf die öffentliche Auftragsvergabe

Die Anwendbarkeit von Art. 6 EG auf die öffentliche Auftragsvergabe ist sowohl von seinem personellen als auch von seinem sachlichen Anwendungsbereich abhängig. Die Einbeziehung der Erfordernisse des Umweltschutzes hat konkret zum einen bei der Festlegung der Gemeinschaftspolitiken und -maßnahmen, d.h. bei der Aufstellung von Programmen, Leitlinien u. ä. sowie der Rechtsetzung und konkretem Organhandeln, zu erfolgen. Zum anderen sind die Vorgaben des Art. 6 EG bei der Durchführung der Gemeinschaftspolitiken und -maßnahmen zu beachten, so insbesondere durch die Kommission. Über den Begriff der Durchführung wird überdies eine Pflicht der Mitgliedstaaten begründet, da diese die Gemeinschaftspolitiken in der Regel vollziehen[885]. Anderenfalls würde Art. 6 EG leerlaufen. Art. 6 EG bindet daher auch nationale Behörden und Gerichte[886].

Bestätigt wird diese Auffassung durch das sechste Umweltprogramm der Europäischen Gemeinschaft[887]. Dieses Programm soll die Einbeziehung der Umweltbelange in alle Gemeinschaftspolitiken und -maßnahmen nach Artikel 6 des Vertrags fördern mit dem Ziel, die auf unterschiedliche Quellen zurückzuführenden Umweltbelastungen zu verringern[888]. Hierzu legt das Programm Umweltziele und Zeitpläne fest, die in den entsprechenden Politikbereichen zu berücksichtigen sind. Als einen solchen Politikbereich nennt das Programm das Beschaffungswesen. Ein nachhaltiges Konsumverhalten öffentlicher Stellen stellt in dem Programm eine Strategie zur Verfolgung der Umweltziele dar. Deshalb soll ein nach ökologischen Kriterien ausgelegtes öffentliches Beschaffungswesen, das mit Richtlinien für die beste Praxis versehen ist, gefördert werden. Möglicherweise sollen auch Überlegungen bezüglich ökologischer Lebenszyklen einschließlich

883 Frenz/Unnerstall, S. 195.

884 So auch Frenz, WuW 2002, 352, 355; Schröder, in: Rengeling, EUDUR § 9 Rn 2; Frenz/Unnerstall, S. 197 f.; Epiney, S. 107 f.; Epiney/Möllers, S. 87 f.; Krohn, S. 53 f.

885 So auch Calliess, in: Calliess/Ruffert, Art. 6 Rn 12; ders., DVBl. 1998, 559, 566; Zuleeg, NVwZ 1987, 280, 282.

886 Calliess, DVBl. 1998, 559, 566; ders., Rechtsstaat u. Umweltstaat, S. 138 ff.: „... jedenfalls im Anwendungsbereich des Gemeinschaftsrechts ..."; Frenz/Unnerstall, S. 198 u. (wohl) auch Epiney, S. 106 i. V. m. S. 132.

887 Vgl. Fn 38.

888 Erwgr. (13) des 6. EG-Umweltaktionsprogramms (vgl. Fn 38), S. 2.

der Produktionsphase in die Beschaffungsverfahren einbezogen werden; die gemeinschaftsrechtlichen Wettbewerbsregeln und die Regeln für den Binnenmarkt seien hierbei zu beachten.[889] Hieraus wird deutlich, dass nach Auffassung des Gemeinschaftsgesetzgebers das Beschaffungswesen „vor Ort" (und nicht nur seine Regelung durch den Gemeinschafts- und nationale Gesetzgeber) durch nationale öffentliche Stellen als eine „Maßnahme" i. S. v. Art. 6 EG angesehen wird, bei der die Umweltbelange einzubeziehen sind. Auch der EuGH hat in seinem Urteil vom 17.9.2002 in Sachen „Concordia Bus" die Querschnittsklausel des Art. 6 EG als Begründung dafür herangezogen, dass Auftraggeber Umweltschutzkriterien in das Vergabeverfahren einbeziehen (dürfen)[890]. In dem dem Urteil zugrundeliegenden Vergabeverfahren hatte die Stadt Helsinki, die den Betrieb des innerstädtischen Busverkehrs öffentlich ausgeschrieben hatte, bei der Beurteilung der Wirtschaftlichkeit der Angebote neben dem Preis auch die Stickstoff- und Lärmemissionen der Busse der Anbieter berücksichtigt. Der EuGH hat dies gebilligt und zur Begründung unter anderem auf Art. 6 EG verwiesen[891].

Art. 6 EG ist demnach auf die öffentliche Auftragsvergabe durch nationale Behörden unmittelbar anwendbar. Um die Konsequenz für nationale öffentliche Auftraggeber herauszuarbeiten, ist zu klären, ob Art. 6 EG eine verbindliche Rechtsregel aufstellt oder ob es sich um einen unverbindlichen politischen Programmsatz handelt. Vereinzelte Stimmen im Schrifttum meinen, es handele sich nur um einen unverbindlichen allgemeinen Auftrag für zukünftige Maßnahmen, insbesondere weil Zeit und Form der Verwirklichung nicht vorgeschrieben seien und keine rechtlichen Konsequenzen für die Nichtbeachtung angedroht würden[892]. Die überwiegende Zahl der Vertreter des Schrifttums hält Art. 6 EG hingegen für eine verbindliche Rechtsregel, was sowohl durch den Wortlaut („müssen") und die Motive der zweimaligen Überarbeitung als auch die neue Stellung unter den Grundsätzen der Gemeinschaft am Anfang des Vertrages bestätigt werde[893]. Für die letztgenannte Ansicht spricht auch die historische Auslegung.

889 Art. 3 Ziff. 6 des 6. Umweltaktionsprogramms, (vgl. Fn 38), S. 5.

890 EuGH, (vgl. Fn 12), Rn 57.

891 In dem Urt. heißt es in Rn 57 wörtlich: „Mit Rücksicht auf dieses Ziel [Anm. d. Verf.: gemeint ist das Ziel der EG-VergabeRL, die Koordinierung der nationalen Vergabevorschriften zur Beseitigung der Hemmnisse für den freien Dienstleistungs- u. Warenverkehr] u. auch in Anbetracht des Wortlauts des Art. 130 r Absatz 2 Unterabsatz 1 Satz 3 EG-Vertrag, der durch den Vertrag v. Amsterdam in leicht geänderter Form in Art. 6 EG übernommen worden ist u. nach dem die Erfordernisse des Umweltschutzes bei der Festlegung u. Durchführung der Gemeinschaftspolitiken u. -maßnahmen einbezogen werden müssen, ist zu folgern, dass Art. 36 Absatz 1 lit. a der RL 92/50 die Möglichkeit nicht ausschließt, dass der Auftraggeber im Rahmen der Beurteilung, welches Angebot wirtschaftlich am günstigsten ist, Umweltschutzkriterien anwendet."

892 Krämer, S. 58 f.

893 Calliess, in: Calliess/Ruffert, Art. 6 Rn 21; Stroetmann, in: Rengeling, S. 1, 3; Kahl, S. 59; Wiegand, DVBl. 1993, 533, 536; Scherer/Heselhaus, in: Dauses, Kap. O Rn 39 ff.

Die Querschnittsklausel hatte sich in ihrer ursprünglichen Fassung als wenig praktikabel erwiesen und es gab erhebliche Umsetzungsdefizite[894]. Die Notwendigkeit der Überarbeitung des Art. 130 r Abs. 2 S. 2 EG begründete die EG-Kommission in ihren ersten Beiträgen zur Regierungskonferenz über die Politische Union damit, dass deren Wortlaut und Rechtsfolgen zu unbestimmt und zudem zu optimistisch seien, da die Worte „sind Bestandteil" eher eine Tatsache als eine Pflicht ausdrückten. „Die vorgeschlagene Formulierung will präziser und zwingender sein, was die ganz bewusste Erfassung des Faktors Umwelt in den übrigen Aktionsbereichen erleichtern sollte", so die Kommission[895]. Das Argument der Gegenauffassung, Art. 6 EG habe keine rechtliche Verbindlichkeit, weil keine Konsequenzen für die Nichtbeachtung angedroht werden, vermag demgegenüber nicht zu überzeugen.

Zusammengefasst wird man davon ausgehen müssen, dass sowohl die Mitgliedstaaten als auch nationale Behörden dazu verpflichtet sind, bei ihrer Beschaffungstätigkeit die Erfordernisse des Umweltschutzes und insbesondere die Ziele und Grundsätze von Art. 174 Abs. 1 und 2 EG (Vorsorge-, Verursacherprinzip etc.) zu beachten[896]. Art. 6 EG lässt sich damit plakativ als ein umfassendes primärrechtliches Gebot zur Durchführung einer Umweltverträglichkeitsprüfung beschreiben[897]. Da aber der Umweltschutz nicht generellen Vorrang genießt, sondern in die Gemeinschaftspolitiken zum Zwecke einer nachhaltigen Entwicklung einzubeziehen ist, haben öffentliche Auftraggeber ihre Vergabeentscheidung nicht einseitig im Sinne eines bestmöglichen Umweltschutzes, sondern zugleich wirtschaftlich und sozialverträglich zu treffen[898].

Nicht zuletzt im Hinblick auf die öffentliche Auftragsvergabe ist schließlich von erheblicher Bedeutung, ob Art. 6 EG justiziabel ist. Diese Frage wurde vom EuGH noch nicht beantwortet. Im Schrifttum wird die Justiziabilität ganz überwiegend bejaht und – mit Blick auf die politisch angestrebte Stärkung der Querschnittsklausel im Interesse einer effektiven Umsetzung des Grundsatzes der nachhaltigen Entwicklung – auch für erforderlich gehalten[899]. Wegen der gesetz-

---

894 Kahl, S. 59; Breier, NuR 1992, 174, 181; Calliess, DVBl. 1998, 559, 564.

895 Calliess, DVBl. 1998, 559, 564 unter Hinweis auf Sek (91) 500, v. 15.5.1991, S. 112.

896 Art. 6 EG vermag jedoch nicht die privaten öffentlichen Auftraggeber zu binden, die gem. Art. 1 lit. b der VergabeRL u. § 98 Nr. 4, 1. Alt. GWB aufgrund besonderer Rechte tätig werden. Auch diese führen zwar EG-Vergaberecht u. damit „Gemeinschaftspolitik" durch, so dass der Wortlaut ihrer Einbeziehung zunächst nicht entgegenzustehen scheint. Jedoch gehören sie nicht zum Adressatenkreis v. Art. 6 EG, denn dieser richtet sich ausschließlich an die Mitgliedstaaten. Krohn, S. 49 f., meint, Art. 6 EG sei „jedenfalls bei der Auslegung des primären u. sekundären Gemeinschaftsrechts zu beachten".Die Vorschrift wirke als „Auslegungsdirektive".

897 Calliess, in: Calliess/Ruffert Art. 6 Rn 14.

898 So auch Krohn, S. 55 f.

899 Jahns-Böhm/Breier, EuZW 1992, 49, 54 f.; Krämer, in: Grabitz/Hilf Art. 130 r Rn 42; Zils, S. 32; Schröder, in: Rengeling, EUDUR § 9 Rn 25 u. 28; Calliess, DVBl. 1998, 559, 568.

geberischen Gestaltungsfreiheit wird der Umfang der richterlichen Kontrolle jedoch als eher begrenzt eingeschätzt[900]. Vorgeschlagen wird eine Kontrolle durch den EuGH wie bei dem Subsidiaritätsprinzip nach Art. 5 EG und im Rahmen von Vertragsverletzungsverfahren[901]. Anknüpfungspunkt soll die Begründungspflicht gemäß Art. 253 EG sein[902]. In den Erwägungsgründen zu einem umweltrelevanten Rechtsakt in anderen Politikbereichen soll darzulegen sein, ob und in welchem Maße den Umwelterfordernissen Rechnung getragen wird oder aus welchen Gründen dies im Einzelfall unterblieben ist[903]. Dies betrifft nicht nur die gerichtliche Kontrolle, ob Art. 6 EG bei der Rechtssetzung, d.h. der „Festlegung der in Artikel 3 genannten Gemeinschaftspolitiken und -maßnahmen“ einbezogen wurde, sondern auch die Überprüfung einzelner Vergabeverfahren, da Verstöße durch nationale Behörden den Mitgliedstaaten zugerechnet und im Wege des Vertragsverletzungsverfahrens verfolgt werden.

Interessant(er) erscheint jedoch die Frage, ob sich ein unterlegener Bieter in einem Nachprüfungsverfahren vor nationalen Vergabekammern und -senaten auf einen Verstoß gegen Art. 6 EG berufen kann. Dazu müßte Art. 6 EG ihm ein entsprechendes Recht verleihen. Ein subjektives Recht ist Voraussetzung sowohl für die Einleitung eines Nachprüfungsverfahrens (§ 107 Abs. 2 GWB) als auch für die Geltendmachung von Schadensersatzansprüchen (§ 126 S. 1 GWB, § 823 Abs. 2 BGB). Nach § 97 Abs. 7 GWB verleihen nur den Schutz des Bieters bezweckende Normen subjektive Rechte. § 97 Abs. 7 GWB nimmt auf die deutsche Schutznormtheorie bezug, aufgrund der eine Norm ein subjektives Recht verleiht, wenn sie nicht ausschließlich im Allgemeininteresse besteht und zumindest auch den Interessen eines von der Allgemeinheit abgrenzbaren Personenkreises zu dienen bestimmt ist[904].

Diese deutsche Theorie kann jedoch im Bereich des europäischen Rechts zur Identifizierung subjektiver Rechte nicht ohne weiteres übernommen werden, weil der EuGH zwar auch nach dem individualschützenden Charakter einer Norm fragt, aber – im Unterschied zur deutschen Schutznormtheorie – in seiner Rechtsprechung nicht darauf abstellt, ob der von der Norm geschützte Personenkreis individualisierbar ist[905]. Vielmehr sollte auf die Rechtsprechung des EuGH zur

---

900 Schröder, in: Rengeling, EUDUR § 9 Rn 28; Calliess, DVBl. 1998, 559, 568.

901 Calliess, in: Calliess/Ruffert, Art. 6 Rn 23.

902 Calliess, DVBl. 1998, 559, 568.

903 Dies wird im Schrifttum für einen u. U. heilsamen Begründungszwang gehalten, der zu einer ernsthaften Auseinandersetzung mit dem Umweltschutz im Rat führen u. einen Beitrag zur Transparenz darstellen könnte (Stroetmann, in: Rengeling, S. 12).

904 Zum Schutzgesetzcharakter vgl. bspw. Medicus, Rn 621 ff.

905 So auch Boesen, § 97 Rn 193 f.

gemeinschaftsrechtlichen Haftung der Mitgliedstaaten bezug genommen werden. Der EuGH erkennt eine Haftung der Mitgliedstaaten für Verstöße gegen Gemeinschaftsrecht an, wenn die verletzte gemeinschaftsrechtliche Vorschrift dem Einzelnen ein Recht verleiht, dessen Inhalt hinreichend bestimmt ist. Um festzustellen, ob eine Norm einem Einzelnen ein Recht gewährt, hat der EuGH auf Wortlaut, Sinn und Zweck sowie Begründungserwägung zurückgegriffen[906]. Er hat weiter gefragt, ob die Norm den Inhaber des Rechts und dessen Inhalt hinreichend bestimmt[907].

Weder Wortlaut noch ratio des Art. 6 EG lassen auf ein subjektives Recht schließen. Die Bestimmung des Art. 6 EG will Umweltschutz (als Querschnittsaufgabe) in andere Tätigkeitsbereiche einbeziehen, um eine nachhaltige Entwicklung zu fördern. Die Verleihung subjektiver Rechte ist hingegen nicht ersichtlich. Insoweit fehlt es Art. 6 EG auch an jeglicher Bestimmtheit[908]. Erfolglose Bieter können mithin ein Nachprüfungsverfahren oder eine Schadensersatzklage nicht erfolgreich auf Art. 6 EG stützen.

Dies heißt jedoch nicht, dass Art. 6 EG für die gerichtliche Kontrolle von Vergabeverfahren nicht auf andere Weise fruchtbar gemacht werden kann. Die Bestimmung kann nämlich durchaus als „Argumentationshilfe" bzw. Auslegungshilfe dienen. Die EG-Vergaberichtlinien und das ihrer Umsetzung dienende nationale Recht sehen beispielsweise vor, dass der Zuschlag auf das Angebot zu erteilen ist, das sich unter Berücksichtigung aller Gesichtspunkte als das wirtschaftlichste erweist, wobei der niedrigste Preis allein nicht entscheidend sein soll[909]. Wegen des Auftrags in Art. 6 EG hat die Vergabestelle – sofern es sich um staatliche Stellen handelt und nicht um private Auftraggeber i.S.v. § 98 Nr. 4, 1. Alt. GWB – die Erfordernisse des Umweltschutzes, d.h. die Ziele und Grundsätze des Art. 174 Abs. 1, 2 EG in die Wertung der Angebote einzubeziehen. Eine Ausschreibung, die sich von vornherein nur auf den niedrigsten Preis konzentriert oder die zwar andere Kriterien berücksichtigt, jedoch die genannten Umweltaspekte überhaupt nicht in ihre Überlegungen einbezieht, verstößt gegen die Vorschrift der EG-Vergaberichtlinien und nationalen Vergaberechts über die Angebotswertung, weil sie der Rechtspflicht des Art. 6 EG nicht nachkommt. Art. 6 EG ist damit z.B. über die Regelung des Vergaberechts zur Angebotswertung bzw. zur Erteilung des Zuschlags „einklagbar". Auch der EuGH hat in seiner Entscheidung vom

906 EuGH, Rs. C-178/94, Slg. 1996 I-04845, Rn. 30 ff. („Dillenkofer").

907 EuGH, Rs. C-178/94, Slg. 1996 I-04845, Rn. 30 ff. („Dillenkofer").

908 Aus diesem Grunde verneint Epiney, NuR 1995, 497, 503 re. Sp., die Justiziabilität v. Art. 6 EG umfassend. Die fehlende Justiziabilität solle freilich nichts an dem Bestehen der Rechtspflicht ändern.

909 Vgl. o. A. II. 1. b. cc. aaa. in diesem Kap.

17.9.2002[910] Art. 6 EG als „Argumentationshilfe" verwendet. Er hat die Aussage, öffentliche Auftraggeber dürften bei der Angebotswertung Umweltaspekte einbeziehen, mit Art. 6 EG begründet[911]. Das „dürfen" des EuGH ist jedoch in ein „müssen" umzuformulieren, mit anderen Worten, öffentliche Auftraggeber dürfen nicht nur Umweltaspekte einbeziehen, sondern müssen es sogar. Öffentliche Auftraggeber dürfen sich bei der Angebotswertung selbstverständlich letztlich für ein Angebot entscheiden, dass nicht das umweltfreundlichste ist. Diese Entscheidung muss im von der Vergabestelle anzufertigenden Vergabevermerk begründet werden. Öffentliche Auftraggeber müssen aber die Ziele und Grundsätze des Art. 174 Abs. 1 und 2 EG in den von ihnen bei der Angebotswertung angewendeten Kriterienkatalog mit aufnehmen und so in die Wertung der Angebote einbeziehen.

3. Relevanz für die Berücksichtigung von Umweltaspekten im Vergabeverfahren

Die Bedeutung von Art. 6 EG für die vorliegende Arbeit liegt auf der Hand. Das öffentliche Beschaffungswesen ist eine Gemeinschaftspolitik im Sinne von Art. 3 EG, denn es ist Mittel zur Vollendung des Binnenmarktes. Bei der Festlegung dieser Gemeinschaftspolitik sind die in Art. 174 EG genannten Erfordernisse des Umweltschutzes einzubeziehen. Hieran hat das Europäische Parlament bei der Neufassung der EG-Vergaberichtlinien mehrfach nachdrücklich erinnert und eine Einbeziehung von Umweltaspekten angemahnt[912]. Bei der Durchführung der Gemeinschaftspolitik, d.h. bei der Durchführung des europäischen Vergaberechts sind die Erfordernisse des Umweltschutzes ebenfalls zu beachten. Dies bedeutet zum einen, dass die Mitgliedstaaten bei der Ausgestaltung ihres nationalen Vergaberechts Art. 6 EG im Blick haben müssen. Da Art. 6 EG auch nationale Behörden bindet, haben staatliche Vergabestellen bei der Durchführung von konkreten Beschaffungsmaßnahmen die Erfordernisse des Umweltschutzes einzubeziehen. Sie müssen daher sowohl bei der Auswahl des Auftragsgegenstandes als auch bei der Beurteilung der Bieter und der Wertung der Angebote die Grundsätze des Art. 174 EG einbeziehen. Sie dürfen sich daher beispielsweise nicht von vornherein ausschließlich auf den niedrigsten Preis beschränken.

910 Vgl. Fn 12.

911 EuGH, (vgl. Fn 12), Rn 57.

912 S. o. A. II. 2. f. bb. in diesem Kap.

Die Empfehlung des Umweltausschusses an den Bundesrat vom 27.10.1997[913] im Gesetzgebungsverfahren des Vergaberechtsänderungsgesetzes, der Vorschrift des § 106 Abs. 4 GWB (jetzt: § 97 Abs. 5 GWB) folgenden Inhalt zu geben:

> „Der Zuschlag wird auf das wirtschaftlichste Angebot erteilt; Kriterien der Umweltverträglichkeit im Sinne einer nachhaltigen und umweltgerechten Wirtschaftsweise sind hierbei zu berücksichtigen."

hätte den Anforderungen von Art. 6 EGV in vollem Umfang entsprochen. Diese Empfehlung wurde vom Bundesrat jedoch nicht angenommen. Dass Art. 6 EGV in den Grundsätzen des Vergaberechts nun nicht wiedergegeben wird, hat jedoch keinen Einfluss auf seine Relevanz für die Ausschreibungen deutscher Vergabestellen, weil die Vorschrift unmittelbare Geltung in den Mitgliedstaaten entfaltet. Die Anforderungen der Querschnittsklausel sind bei der (praktischen) Durchführung der Gemeinschaftspolitiken durch die Mitgliedstaaten zu beachten, was der Kontrolle durch den EuGH im Vertragsverletzungsverfahren (Art. 226 EG) unterliegt[914].

II. Marktfreiheiten

1. Art. 28 ff. EG Warenverkehrsfreiheit

Die Einbeziehung von Umweltbelangen bei der Vergabe öffentlicher Warenlieferaufträge ist insbesondere an der Marktfreiheit des Art. 28 EG, dem Verbot mengenmäßiger Einfuhrbeschränkungen sowie aller Maßnahmen gleicher Wirkung, zu messen.

a. Allgemeines

Art. 28 EG verbietet den EG-Mitgliedstaaten mengenmäßige Einfuhrbeschränkungen und Maßnahmen gleicher Wirkung, vorbehaltlich der Rechtfertigungsgründe des Art. 30; die Verbotswirkung des Art. 28 EG wird weiterhin durch die in der Rechtsprechung entwickelten zwingenden Erfordernisse eingeschränkt[915].

Mengenmäßige Einfuhrbeschränkungen sind alle Maßnahmen, die die Einfuhr einer Ware der Menge oder dem Wert nach begrenzen[916]. Als Maßnahme gleicher Wirkung ist nach der sog. Dassonville-Formel des EuGH jede staatliche Regelung

913 BR-Drucks. 646/2/97, S. 7. S. o. Kap. 1. A. IV. 1.

914 Calliess, in: Calliess/Ruffert, Art 6 Rn 23.

915 Epiney, in: Calliess/Ruffert, Art. 28 Rn 5.

916 Vgl. die Definition in EuGH, Rs. 2/73, Slg. 1973, 865 Rn 7.

anzusehen, die geeignet ist, den innergemeinschaftlichen Handel unmittelbar oder mittelbar, tatsächlich oder potentiell zu behindern[917]. Während mengenmäßige Ein- oder Ausfuhrbeschränkungen, die auf staatlichen Maßnahmen beruhen, bereits seit dem Jahre 1970 abgeschafft sind, haben die „Maßnahmen gleicher Wirkung" bis heute erhebliche Bedeutung[918]. Angesichts des einerseits weiten Verständnisses des Tatbestandes des Art. 28 EG durch die Dassonville-Formel und der andererseits engen Auslegung des Art. 30 EG als Ausnahmevorschrift ist eine Eingrenzung der Verbotswirkung des Art. 28 EG notwendig, um den Mitgliedstaaten den Schutz von Rechtsgütern, die nicht von dem Katalog des Art. 30 erfasst werden – so auch der Umweltschutz -, zu ermöglichen. Nach der Cassis de Dijon-Rechtsprechung des EuGH sind auf innerstaatlichen Rechtsvorschriften beruhende Handelshemmnisse dann hinzunehmen, wenn sie „notwendig sind, um zwingenden Erfordernissen gerecht zu werden"[919] und mit denen ein „im allgemeinen Interesse liegendes Ziel" verfolgt wird, „das den Erfordernissen des freien Warenverkehrs, der eine der Grundlagen der Gemeinschaft darstellt", gerecht wird[920]. Der EuGH hat in Weiterentwicklung dieses Standpunktes unter anderem den Umweltschutz als ein allgemeines Interesse, das Einschränkungen des freien Warenverkehrs erlaube, eingestuft[921]. Er wendet die Grundsätze der Cassis de Dijon-Rechtsprechung jedoch nur auf nichtdiskriminierende, auch „unterschiedslos" genannte[922] Maßnahmen[923] an. Diskriminierende Maßnahmen können daher von vornherein nicht durch rein umweltpolitische Gesichtspunkte

917 EuGH, Rs. 8/74, Slg. 1974, 837 Rn 5. In der Rspr. wird häufig auf eine genaue Abgrenzung zwischen mengenmäßigen Einfuhrbeschränkungen u. Maßnahmen gleicher Wirkung verzichtet u. (nur) nach dem Vorliegen eines Verstoßes gegen Art. 28 EG gefragt (s. EuGH, Rs. 153/78, Slg. 1979, 2555 Rn 4 ff.; Rs. 261/85, Slg. 1988, 547, Rn 11; Rs. 124/85, Slg. 1986, 3935, Rn 4 f.; Rs. 232/78; Slg. 1979, 2729 Rn 11). In der Praxis nimmt die Bedeutung v. Einfuhrbeschränkungen zudem immer mehr ab (Epiney in: Calliess/Ruffert Art. 28 Rn 12 m.w.N.), der Schwerpunkt v. Anwendung u. Wirkung des Art. 28 liegt mithin auf dem Verbot der Maßnahmen gleicher Wirkung. In diesem Bereich kommt der Rspr. des EuGH eine große Bedeutung zu. Danach fallen unter den Begriff der Maßnahmen gleicher Wirkung in jedem Fall diskriminierende Maßnahmen, die Auswirkungen auf die Wareneinfuhr aus anderen Mitgliedstaaten entfalten (Behinderung der physischen Einfuhr v. Waren etwa durch Verzögerungen der Grenzabfertigung, EuGH, Rs. C-128/89; Slg. 1990, I-3239 Rn 11 f.; Nachweiserfordernisse hinsichtlich Ursprung u. Echtheit v. Waren, Rs. 41/76, Slg. 1976, 1921 Rn 14, 21; Rs. 25/88, Slg. 1989, 1105 Rn 8 ff.; Vermarktungsregeln, die in- u. ausländische Waren ungleich behandeln, Rs. 59/82, Slg. 1983, 1217 Rn 8), daneben aber auch nichtdiskriminierende Maßnahmen mit einfuhrbeschränkender Wirkung (letztere ist entscheidend). Aus den genannten Gründen sollen Abgrenzungsfragen an dieser Stelle nicht thematisiert werden.

918 Kilian, Rn 249, 250.

919 Zu den zwingenden Erfordernissen zählt der EuGH insb. eine wirksame steuerliche Kontrolle, den Schutz der öffentlichen Gesundheit, die Lauterkeit des Handelsverkehrs u. den Verbraucherschutz.

920 EuGH, Rs. 120/78, Slg. 1979, S. 649, Rn 8, 14.

921 EuGH, Rs. 302/86, Slg. 1988, 4607, Rn 8 f.; Rs. C-2/90, Slg. 1992, I-4431, Rn 22 ff.

922 So bei Schmitges-Thees, Seite 70.

923 EuGH, Rs. 113/80, Slg. 1981, 1625, Rn 11; Rs. 59/82, Slg. 1983, 1217 Rn 11.

gerechtfertigt werden[924]. Zudem muss der Verhältnismäßigkeitsgrundsatz gewahrt werden, d. h. die den freien Warenverkehr beschränkenden Maßnahmen müssen geeignet sein, dem jeweiligen öffentlichen Interesse des Allgemeinwohls zu entsprechen, sie müssen unter den geeigneten Mitteln das den freien Warenverkehr am wenigsten einschränkende sein und die Abwägung der Beeinträchtigung des freien Warenverkehrs mit dem Interesse des Mitgliedstaates an der Verfolgung des zwingenden Erfordernisses muss zugunsten des Letzteren ausfallen[925].

b. Anwendbarkeit auf die öffentliche Auftragsvergabe

Die Warenverkehrsfreiheit untersagt den Mitgliedstaaten die Schaffung von Vorschriften, die Absatzgebiete inländischen Waren vorbehalten, Lieferungen von eingeführten Waren ausschließen oder sie schwieriger oder kostspieliger gegenüber den Lieferanten inländischer Waren gestalten[926]. Eine wesentliche Frage in diesem Zusammenhang ist, ob als „Maßnahme gleicher Wirkung" i. S. v. Art. 28 EG nur staatliche Vergaberegelungen (Gesetze, Rechtsverordnungen, Verwaltungsvorschriften) in Betracht kommen oder ob auch ein konkretes Vergabeverfahren eine solche – unter Umständen verbotene und damit rechtswidrige – Maßnahme sein kann. Dies ist von Bedeutung insbesondere dann, wenn öffentliche Auftraggeber in den Vergabeunterlagen auf innerstaatliche Normen[927] Bezug nehmen, ohne gleichwertige Vorschriften anderer Mitgliedstaaten zu akzeptieren[928] oder wenn sie Anforderungen an die zu liefernde Ware stellen, die inländische leichter als ausländische Lieferanten erfüllen können[929].

Ein Teil des Schrifttums vertritt die Auffassung, Art. 28 ff. EG stelle primär auf staatliches, d.h. hoheitliches Handeln ab. Dieses liege nur vor, wenn der Staat oder seine Untergliederungen eine gleichgerichtete Verwaltungspraxis vorschreibe. Würden hingegen Anforderungen im Rahmen einer konkreten Ausschreibung gestellt, handele es sich um wirtschaftliche Tätigkeit, die nicht dem Verbot des Art. 28 unterfiele, sondern vielmehr an dem allgemeinen Diskriminierungsverbot des

---

924 Epiney, in: Calliess/Ruffert Art. 28 Rn 23.

925 Die durch das BVerfG vorgenommene Einteilung der Verhältnismäßigkeit in die Kriterien der Geeignetheit, Erforderlichkeit u. Angemessenheit einer Maßnahme werden in der Sache auch v. EuGH herangezogen. Da sie für die Prüfung v. Maßnahmen im Umweltrecht noch recht allg. u. deshalb nur bedingt hilfreich sind, haben Epiney/Möllers sie durch die Aufstellung präziserer Kriterien konkretisiert (Epiney/Möllers, S. 65 ff.).

926 So schon die Präambel der RL 70/32/EWG, ABl. L 13/1969.

927 Wie bspw. DIN-Normen.

928 So geschehen in dem Fall, der der EuGH-Entsch. „Dundalk" zugrunde lag (EuGH, Rs. 45/87, Slg. 1988, 4929). Vgl. Fn 459.

929 So auch Wittig, S. 26.

Art. 12 EG – der freilich einen engeren Anwendungsbereich hat – zu messen sei[930].

Andere hingegen meinen, alle zu Handelshemmnissen führenden Maßnahmen der öffentlichen Hand unterlägen dem Verbot des Art. 28 EG[931]. In der europarechtlichen Literatur wird eine Bindung des Staates an die Marktfreiheiten in dem gesamten Bereich des Verwaltungsprivatrechts, d.h. sowohl bei der erwerbswirtschaftlichen Tätigkeit der öffentlichen Hand als auch bei den privatrechtlichen Hilfsgeschäften, zu denen die öffentliche Auftragsvergabe zählt, angenommen[932]. Die Bindung der Rechtsträger der öffentlichen Hand folge schon daraus, dass durch den Abschluss der Gründungsverträge der Europäischen Gemeinschaft die Mitgliedstaaten eine Bindung eingegangen seien, die die gesamte öffentliche Gewalt treffe. So habe auch der EuGH ganz selbstverständlich einen Verstoß gegen die Freiheiten angenommen, wenn öffentliche Ausschreibungen Diskriminierungen enthielten[933].

Der letztgenannten Auffassung ist zuzustimmen. Einzelentscheidungen des öffentlichen Auftraggebers können eine mindestens ebenso weitreichende Beschränkung des freien Warenverkehrs bewirken wie nationale Vorschriften, die den einzelnen Vergabestellen häufig einen großen Spielraum belassen, zumal, wenn die Einzelentscheidungen sich in einer ständigen Verwaltungspraxis wiederholen[934]. Eine Differenzierung zwischen staatlichen Regelungen und Einzelmaßnahmen öffentlicher Auftraggeber erscheint wenig sinnvoll und würde dem Zweck der hier in Rede stehenden Regelungen des EG-Vertrages – Beseitigung der Beschränkungen im zwischenstaatlichen Wirtschaftsverkehr[935] – zuwiderlaufen. Dass von dem Verbot des Art. 28 EG auch einzelne Maßnahmen der Verwaltung erfasst sind, ergibt sich nicht zuletzt aus einem Vergleich mit Art. 43 und Art. 49 EG bzw. den vom Rat der EG zu ihrer Durchführung beschlossenen „Allgemeinen Programmen zur Aufhebung der Beschränkungen des freien Dienstleistungsverkehrs und der Niederlassungsfreiheit“[936]. In diesen Program-

930 Schmitges-Thees, S. 63 ff.; Matthies, in: Grabitz, Art. 30 Rn 5; Ehlermann, in: v. d. Groeben/v. Boeckhausen/Thiesing, Art. 256.

931 Hailbronner, Art. 30 Rn 34; Kling, S. 13; Sterner, S. 38; Stolz, S. 32 ff.

932 Randelzhofer/Forsthoff, in: Grabitz/Hilf Vor Art. 39 – 55 EG, Rn 63.

933 Randelzhofer/Forsthoff, in: Grabitz/Hilf Vor Art. 39 – 55 EG, Rn 63 mit Hinweis auf EuGH Rs. 45/87; Slg. 1988, 4929, 4962 ff. (Rn 12-27); Rs. C-360/98, Slg. 1992, I-3401, 3417 ff. (Rn 6-15); Rs. C-243/98, Slg. 1993, I-3385, 3391 (Rn 23).

934 So auch Krohn, S. 68, der zutr. darauf hinweist, dass gerade die Einzelentsch. das typische Einfallstor für die Benachteiligung v. Bietern sind.

935 Vgl. Erwägung 6 in der Präambel des EG-Vertrages v. 25.3.1957 i.d.F. v. 2.10.1997 (Amsterdamer Fassung).

936 Allg. Programm zur Aufhebung der Beschränkungen des freien Dienstleistungsverkehrs, ABl. EG 1962, S. 32 ff.; Allg. Programm zu Aufhebung der Beschränkungen der Niederlassungsfreiheit, ABl. EG 1962, S. 36 ff.

men zählt der Rat zu den aufzuhebenden Beschränkungen jeweils auch „Verwaltungspraktiken“ und die Ungleichbehandlung „aufgrund der Anwendung“ von Rechts- und Verwaltungsvorschriften[937] und macht damit deutlich, dass er auch einzelne Vergabeverfahren zu den möglichen Beschränkungen der Grundfreiheiten zählt. Zwar existiert ein vergleichbares Programm zu Art. 28 EG nicht; es ist jedoch nicht ersichtlich, dass der Gemeinschaftsgesetzgeber einzelne Vergabeverfahren nicht Art. 28 EG unterwerfen wollte. Im Gegenteil: Das Sechste Umweltaktionsprogramm lässt auf einen entsprechenden Willen des Gemeinschaftsgesetzgebers schließen. In dem Programm heißt es in Art. 3 – Strategische Konzepte zur Erfüllung der Umweltziele – unter Ziffer 6, dass die Ziele des Programms u. a. mit der Förderung eines nach ökologischen Kriterien ausgelegten öffentlichen Beschaffungswesens verfolgt werden sollen[938]. Dieses Beschaffungswesen – so heißt es weiter – könne möglicherweise Überlegungen bezüglich ökologischer Lebenszyklen einschließlich der Produktionsphase – unter Beachtung der gemeinschaftlichen Wettbewerbsregeln und der Regeln für den Binnenmarkt – in die Beschaffungsverfahren einbeziehen. Hieraus wird deutlich, dass der Gemeinschaftsgesetzgeber die Regeln für den Binnenmarkt, zu denen die Warenverkehrsfreiheit des Art. 28 EG unzweifelhaft gehört, auch auf einzelne Verfahren über die Vergabe von Warenlieferaufträgen[939] anwendet.

Weitgehend ungeklärt ist bisher, was zu gelten hat, wenn sich die öffentliche Hand juristischer Personen des Privatrechts bedient. Fraglich ist, ob auch solche juristischen Personen des Privatrechts, die aufgrund der Art. 1 lit. b) der Vergaberichtlinien[940] bzw. der Umsetzung im nationalen Recht – in Deutschland § 98 Nr. 2 und 4 GWB – dem Vergaberecht unterworfen sind[941], die Marktfreiheiten des EG-Vertrages bei der Auftragsvergabe zu beachten haben. Dies ist eine Frage des personellen Anwendungsbereichs des EG-Vertrages. Anhaltspunkte für einen grundsätzlichen Ausschluss der Bindung Privater sind nicht ersichtlich, woraus aber auch nicht auf eine generelle Einbeziehung der Rechtsbeziehungen zwischen Privaten geschlossen werden kann[942]. Etwas anderes soll sich auch nicht aus der Tatsache ergeben, dass bei einzelnen Grundfreiheiten eine Drittwirkung ange-

937 Abschnitt III des Allg. Programms zur Aufhebung der Beschränkungen des freien Dienstleistungsverkehrs u. des Allg. Programms zur Aufhebung der Beschränkungen der Niederlassungsfreiheit.

938 Beschl. des EP u. des Rates über das 6. Umweltaktionsprogramm der EG (vgl. Fn 38), S. 1, 4, 5.

939 Dass es sich um Warenlieferaufträge handelt, ist der Formulierung „Produktionsphase“ zu entnehmen, denn eine solche existiert nur bei der Fertigung v. Waren.

940 RL 93/37/EWG, RL 93/36/EWG u. RL 92/50/EWG.

941 Dies sind die sog. funktionalen öffentlichen Auftraggeber u. die Sektorenauftraggeber; vgl. hierzu Kap. 1. D. II.

942 So Epiney, in: Callies/Ruffert, Art. 12 Rn 23.

nommen wurde[943], da diese (zunächst) auf bestimmte, eng begrenzte Fallgestaltungen beschränkt gewesen sei. Im Schrifttum findet sich die Auffassung, dass insbesondere teleologische Gründe dafür sprächen, auch bei den eingangs genannten Fällen grundsätzlich von einer Bindung an die Freiheiten auszugehen, da es die öffentliche Hand anderenfalls in der Hand hätte, sich durch Ausweichen in das Privatrecht der Bindung der Freiheiten zu entziehen („Flucht in das Privatrecht")[944].

Wenn bestimmte juristische Personen des Privatrechts dem Vergaberecht unterworfen sind, spricht viel für eine Bindung an die Marktfreiheiten des EG-Vertrages. Die hier in Rede stehenden juristischen Personen des Privatrechts kennzeichnet, dass sie hinsichtlich ihrer Tätigkeit eine gewisse Staatsnähe aufweisen und zudem unter der direkten Kontrolle einer Gebietskörperschaft stehen. Sie wurden zu öffentlichen Auftraggebern „gemacht", um zu verhindern, dass durch eine rein formale Ausgliederung von Aufgabengebieten aus den Gebietskörperschaften – die sog. Organisationsprivatisierung – die neu errichteten Stellen bei ihren Beschaffungen von einer Anwendung des Vergaberechts befreit werden. Die Überführung von vormals öffentlich-rechtlichen Bereichen in private Rechtsformen soll nicht ausreichen, um den vergaberechtlichen Status eines öffentlichen Auftraggebers ablegen zu können[945].

Genaugenommen wird man bei den in § 98 Nr. 2 und 4 GWB genannten funktionalen und Sektorenauftraggebern jedoch noch weiter differenzieren müssen. Die von staatlichen Stellen beherrschten juristischen Personen des Privatrechts i. S. v. § 98 Nr. 2 und § 98 Nr. 4, 2. Alt. GWB weisen eine solche Staatsnähe auf, dass es gerechtfertigt ist, sie dem Vergaberecht und auch den Marktfreiheiten des EG-Vertrages zu unterwerfen. Die auf den Gebieten der Trinkwasser- und Energieversorgung sowie Verkehr und Telekommunikation tätigen Sektorenauftraggeber, die nicht von staatlicher Stelle beherrscht werden, sondern aufgrund staatlicherseits gewährten besonderen oder ausschließlichen Rechten tätig werden (beispielsweise im Öffentlichen Personennahverkehr aufgrund des Personenbeförde-

943 Insb. in Bezug auf Art. 48 EG: EuGH, Rs. 36/74, Slg. 1974, 1405, Rn 25; Rs. C-415/93, Slg. 1995, I-4921, Rn 69 ff.

944 So auch Randelzhofer/Forsthoff, in: Grabitz/Hilf Vor Art. 39 – 55 EG Rn 64. Modifikationen der Geltung der Freiheiten könnten sich jedoch aus den Bestimmungen des Art. 86 Abs. 2 EG ergeben. Art. 86 Abs. 2 EG bestimmt die Geltung der Vorschriften des EG-Vertrages, insb. seiner Wettbewerbsregeln, für Unternehmen, die mit Dienstleistungen v. allg. wirtschaftlichem Interesse betraut sind (bspw. Bahn, Post, Fernmeldedienste, Energie- u. Wasserversorgungsunternehmen) oder den Charakter eines Finanzmonopols haben (dies sind Unternehmen, deren Monopolstellung den Zweck hat, Einnahmen für den öffentlichen Haushalt zu erzielen), es sei denn, die Anwendung dieser Vorschriften verhindert die Erfüllung der diesen Unternehmen übertragenen besonderen Aufgaben in rechtlicher oder tatsächlicher Hinsicht.

945 Boesen, § 98 Rn 29.

rungsgesetzes oder in der Energieversorgung gemäß § 3 EnWG[946]), weisen diese die Bindung an die Marktfreiheiten rechtfertigende Staatsnähe nicht auf. Sie sollten von den Marktfreiheiten des EG-Vertrages daher – wie andere Private auch – nicht verpflichtet werden[947].

c. Relevanz für die Berücksichtigung von Umweltaspekten im Vergabeverfahren

Das Verbot des Art. 28 EG ist unmittelbar auf die öffentliche Auftragsvergabe anwendbar, mit Ausnahme der von den privaten Sektorenauftraggebern i. S. v. § 98 Nr. 4, 2. Alt. GWB erteilten Aufträge. Es untersagt Benachteiligungen von ausländischen Bewerbern bzw. von Waren bei öffentlichen Lieferaufträgen in jeglicher Form, wie z. B. die Bevorzugung einheimischer Waren ohne sachlichen Grund (Diskriminierung) oder Maßnahmen, die zwar keine Bevorzugung einheimischer Waren darstellen (unterschiedslos anwendbare Maßnahmen), aber beschränkende Wirkungen auf den freien Warenverkehr haben[948] und nicht durch zwingende Erfordernisse des Umweltschutzes gerechtfertigt sind und/oder nicht dem Verhältnismäßigkeitsgrundsatz entsprechen.

Zur Verdeutlichung soll an dieser Stelle der Beispielsfall 2 aufgegriffen werden. Wenn der Landkreis A in seiner Ausschreibung bestimmt, das Holz dürfe nicht aus Finnland stammen und Angebote finnischer Hersteller generell ausschließt, so stellt dies eine Diskriminierung, die nicht zu rechtfertigen ist, mithin einen Verstoß gegen Art. 28 EG dar. Verlangt er von den Anbietern, dass diese durch Vorlage eines FSC-Labels oder gleichwertigen Nachweises belegen, dass das angebotene Holz aus nachhaltiger Forstwirtschaft stammt (Variante 1), so bildet diese Bestimmung ein Hemmnis für die Einfuhr von Holz, dessen Anbieter keinen entsprechenden Nachweis bringen können. Es bleibt dann zu prüfen, ob dieses Handelshemmnis aus Gründen des Umweltschutzes gerechtfertigt sein kann. Nach der Cassis-de-Dijon-Rechtsprechung muss das Verlangen des öffentlichen Auftraggebers geeignet sein, das verfolgte Ziel – finnische Urwälder sollen nicht abgeholzt werden – zu erreichen. Es muss darüber hinaus erforderlich sein, d.h. es darf kein gleich geeignetes, für den Anbieter jedoch milderes Mittel zur Erreichung dieses Ziels geben. Darüber hinaus muss es auch angemessen sein, so dass die Nachteile für den ausgeschlossenen finnischen Anbieter nicht außer Verhältnis zu dem Interesse des Landkreises A an einem Erhalt der finnischen Urwälder stehen dürfen.

946 In diesen Bereichen spricht man häufig vom „Wettbewerb um den Markt" (bei Vergabe der Rechte durch den Staat) im Gegensatz zum „Wettbewerb auf dem Markt".

947 I. E. ebenso Eggers/Malmendier, NJW 2003, 780, 784, li. Sp. u. Krohn, S. 65, der in Fn 272 jedoch bezweifelt, ob dies der besonderen Situation der Sektorenauftraggeber gerecht werde.

948 So auch Krohn, S. 69 – 72.

In diesem Zusammenhang erhebt sich folgende Fragestellung: Muss es sich bei dem „zwingenden Erfordernis“ im Sinne der Cassis-de-Dijon-Rechtsprechung um ein nationales Interesse des Mitgliedstaates handeln, der das Handelshemmnis aufstellt oder darf er auch ein Schutzgut außerhalb seines Territoriums schützen? Um bei dem Beispiel zu bleiben: Darf eine deutsche Einfuhrbeschränkung dem Zweck dienen, finnische Urwälder zu schützen? Dies ist eine weitgehend ungeklärte Frage, zu der der EuGH bisher nicht Stellung genommen hat. Im Schrifttum werden im Wesentlichen drei Meinungen vertreten. Die Vertreter der restriktivsten Auffassung meinen, ein Handelshemmnis dürfe nur nationalen Interessen dienen[949]. Eine entgegengesetzte Auffassung meint, durch einen Staat herbeigeführte Handelshemmnisse könnten durch internationale Schutzinteressen, zu denen insbesondere der Umweltschutz zu zählen sei, gerechtfertigt sein[950]. Eine vermittelnde Ansicht hält eine Rechtfertigung bei Schutzgütern von globaler Bedeutung, für die eine globale Gesamtverantwortung bestehe, für möglich, so dass auch nur Umweltgüter mit globaler Bedeutung Handelshemmnisse rechtfertigen könnten[951]. Das Hauptargument der erstgenannten, insgesamt ablehnenden Haltung ist, dass die Mitgliedstaaten den anderen ihre jeweiligen Wertvorstellungen nicht aufdrängen dürften. Im Bereich des Umweltschutzes spricht dagegen jedoch, dass die Belastung der Umwelt heutzutage auf vielfältige Ursachen bzw. deren kumulatives Zusammenwirken und nicht auf eine einzige, einem einzelnen Staat zuzuordnende Quelle zurückzuführen ist[952]. Die Zerstörung der Umwelt hat zudem globale Auswirkungen. Deshalb ist jeder Staat im „nationalen“ Interesse an der Erhaltung der Umwelt auch in anderen Staaten interessiert. Der Schutz der Umwelt hat damit in weiten Bereichen längst eine internationale Dimension erlangt. Andererseits sollten einzelstaatliche Maßnahmen auf den Schutz von Gütern einer solchen Dimension beschränkt bleiben. Überspitzt gesagt: Deutsche Handelsbeschränkungen zum Schutz des „Frosches in Sizilien“ sollten keine Rechtfertigung erfahren. Einem solchen übermässigen „Ökoprotektionismus“[953] im Bereich der Handelsbeschränkungen kann mit der konsequenten Anwendung des Verhältnismäßigkeitsgrundsatzes begegnet werden[954].

---

949 Gornig/Silagi, EuZW 1992, 753, 756 re. Sp.

950 Middeke, S. 167 f.; Kahl, S. 192 f.

951 Müller-Graff, in: Groeben/Thiesing/Ehlermann, EG Art. 36 Rn 33; v. Wilmowsky, NVwZ 1991, 1, 9. Als Bsp. werden der sog. Treibhauseffekt u. vom Aussterben bedrohte Tier- u. Pflanzenarten genannt.

952 Als Bsp. sei auch hier der Treibhauseffekt genannt, der auf die gesamten CO_2-Emissionen aller (Industrie-) Staaten zurückzuführen ist. Ähnlich: Krohn, S. 99.

953 So Gornig/Silagi, EuZW 1992, 753.

954 So auch Middeke, S. 167 f.

Um erneut das obige Beispiel aufzugreifen: Ob die Forderung des öffentlichen Auftraggebers nach einem FSC-Label bzw. einem gleichwertigen Nachweis dafür, dass das angebotene Holz nicht aus finnischen Urwäldern bzw. aus nachhaltiger Forstwirtschaft stammt, überhaupt zu rechtfertigen ist, richtet sich entscheidend danach, ob man die finnischen Urwälder als ein „Schutzgut von globaler Bedeutung" qualifiziert oder sie der Kategorie „Frosch in Sizilien" zuordnet. Da die Abholzung großer Bestandteile der Urwälder der Erde ein wesentlicher Faktor für den weltweiten Klimawandel ist, sollte auch den finnischen Urwäldern die Qualität eines globalen Schutzgutes zukommen. Damit wäre die Forderung des Landkreises A nach einem FSC-Label oder einem Nachweis gleichwertiger Art, dass das angebotene Holz aus nachhaltiger Forstwirtschaft stammt, in dieser Hinsicht zulässig.

Die Abwägung zwischen Handelhemmnissen, die durch Bestimmungen im Bereich der öffentlichen Auftragsvergabe hervorgerufen werden und den zwingenden Erfordernissen des Umweltschutzes kann nicht generell erfolgen, sondern ist vielmehr eine Frage des Einzelfalles. Die Auffassung Schmitges-Thees, wonach die umweltfreundliche Beschaffung des Staates zum Zwecke des Umweltschutzes in bestimmten Fallgruppen generell geeignet, erforderlich und angemessen ist und der Umweltschutz eine stärkere Position als Art. 28 EG genießt[955], vermag nicht zu überzeugen. Eine Gewichtung der positiven Wirkung der Bestimmung für das zu schützende Rechtsgut und ihrer Nachteile für den Anbieter hat in jedem Einzelfall gesondert zu erfolgen.

2. Art. 49 ff. EG Dienstleistungsfreiheit

Die Einbeziehung von Umweltbelangen bei der Vergabe von öffentlichen Aufträgen ist auch anhand der Dienstleistungsfreiheit zu überprüfen. Diese gewährleistet die vorübergehende selbstständige Erwerbstätigkeit außerhalb des Heimatstaates[956].

a. Allgemeines

Art. 49 Abs. 1 EG verbietet Beschränkungen des freien Dienstleistungsverkehrs innerhalb der Gemeinschaft, ist also bereits seinem Wortlaut nach ein Beschrän-

955 Schmitges-Thees, S. 76 – 81.

956 Oppermann, Europarecht Rn 1580 f. Die Dienstleistungsfreiheit ergänzt die Niederlassungsfreiheit, Art. 43 ff. EG. Während letztere die dauerhafte Ausübung einer selbständigen Erwerbstätigkeit in einem anderen Mitgliedstaat sichert, gewährleistet erstere die vorübergehende selbständige Erwerbstätigkeit außerhalb des Heimatstaates. Da die Niederlassungsfreiheit für die vorliegende Untersuchung keine Relevanz hat, wird v. einer Darstellung abgesehen.

kungsverbot[957]. Seine Bedeutung als Diskriminierungsverbot ergibt sich aus Art. 50 Abs. 3 EG. Der EG-Vertrag gibt keine griffige Definition des Begriffes der Dienstleistung. Positiv erfasst Art. 50 Abs. 1 EG Leistungen, die in der Regel gegen Entgelt erbracht werden. Negativ scheidet Art. 50 Abs. 1 EG all die Leistungen aus dem Dienstleistungsbegriff aus, die den Vorschriften über den freien Waren- und Kapitalverkehr und über die Freizügigkeit der Personen unterliegen. Als Dienstleistung gelten insbesondere gewerbliche, kaufmännische, handwerkliche oder freiberufliche Tätigkeiten (Art. 50 Abs. 2 EG). Der Begriff der Dienstleistung umfasst damit alle sonstigen entgeltlichen Leistungen, die nicht den anderen Freiheiten unterfallen[958]. Neben den Dienstleistungen i. e. S. unterfallen auch Bauleistungen dem Art. 49 EG[959].

Art. 49 gewährt sowohl die Erbringung von Dienstleistungen in einem anderen Mitgliedstaat (positive Dienstleistungsfreiheit) als auch den Empfang von Dienstleistungen (negative Dienstleistungsfreiheit) sowie sog. Korrespondenzdienstleistungen, bei denen nur die Dienstleistung, nicht aber der Dienstleistende oder der Empfänger die Grenze überschreitet (beispielsweise grenzüberschreitende Medienangebote wie Rundfunk- und Fernsehsendungen oder auch Direktversicherungen)[960]. Bei allen drei Fallkonstellationen besteht die Grenzüberschreitung darin, dass die Dienstleistung zwischen Gebietsfremden ausgetauscht wird. Die Dienstleistungsfreiheit ist jedoch nicht nur Personen-, sondern auch Produktfreiheit. Die personenfreiheitliche Seite ist angesprochen, wenn die Behinderung sich gegen den Dienstleistungserbringer oder –empfänger richtet. Als Produktfreiheit ist die Dienstleistungsfreiheit betroffen, wenn die Behinderung an der Dienstleistung selbst anknüpft.[961] In seinem persönlichen Schutzbereich erfasst Art. 49 EG natürliche Personen, die die Staatsangehörigkeit eines Mitgliedstaates haben und in einem anderen Mitgliedstaat ansässig sind als demjenigen des Leistungsempfängers bzw. -erbringers. In den Schutzbereich sind weiter juristische Personen einbezogen, die einen Erwerbszweck verfolgen (Art. 55 i. V. m. Art. 48 EG).

957 Auch der EuGH versteht Art. 49 EG in stdg. Rspr. als allg. Beschränkungsverbot; vgl. aus jüngerer Zeit EuGH, Rs. C-3/95, Slg. 1996 I-06511, Rn 25: „... verlangt diese Bestimmung nicht nur die Beseitigung jeder Diskriminierung des in einem anderen Mitgliedstaat ansässigen Dienstleistungserbringers aufgrund seiner Staatsangehörigkeit, sondern auch die Aufhebung aller Beschränkungen, selbst wenn sie unterschiedslos für einheimische Dienstleistungserbringer wie für Dienstleistungserbringer anderer Mitgliedstaaten gelten, wenn sie geeignet sind, die Tätigkeit des Dienstleistungserbringers, der in einem anderen Mitgliedstaat ansässig ist u. dort rechtmässig ähnliche Dienstleistungen erbringt, zu unterbinden, zu behindern oder weniger attraktiv zu machen".

958 Randelzhofer/Forsthoff, in: Grabitz/Hilf, Art. 49/50 EG Rn 24.

959 Die Durchführung v. Bauarbeiten wird v. EuGH in stdg. Rspr. als Dienstleistung angesehen, so EuGH, verb. Rs. 62 u. 63/81, Slg. 1982, 223; Rs. C-113/89, Slg. 1990, I-1717; Rs. C-43/93, Slg. 1994, I-3803; Rs. C-272/94, Slg. 1996, I-1905; Rs. C-58/98, RIW 2000, 59.

960 Vgl. Kluth, in: Calliess/Ruffert Art. 50 Rn 3 m. N. a. der Rspr.

961 Randelzhofer/Forsthoff, in: Grabitz/Hilf, Art. 49/50 EG Rn 3.

Zusammenfassend lässt sich sagen, dass die Dienstleistungsfreiheit in ihrem Anwendungsbereich direkte und indirekte Diskriminierungen sowie Beschränkungen gleichermaßen gegenüber dem Dienstleistungserbringer und dem -empfänger untersagt. Die Reichweite der Dienstleistungsfreiheit wird durch das „Allgemeine Programm zur Aufhebung der Beschränkungen des freien Dienstleistungsverkehrs" vom 15.1.1962[962] bestimmt[963]. Art. 49, 50 EG richten sich danach gegen „jedes Verbot oder jede Behinderung der selbständigen Tätigkeit des Leistungserbringers, die darin besteht, dass er aufgrund einer Rechts- oder Verwaltungsvorschrift eines Mitgliedstaates, aufgrund der Anwendung einer solchen Vorschrift oder aufgrund von Verwaltungspraktiken anders behandelt wird als die eigenen Staatsangehörigen"[964].

Art. 49 ff. EG ist nicht schrankenlos. Fasst man Diskriminierungsverbot und Beschränkungsverbot zusammen, so ergibt sich folgendes Bild: Beschränkungen der Dienstleistungsfreiheit sind zulässig, wenn sie einem gemeinschaftskonformen Gemeinwohlbelang dienen, wenn sie diskriminierungsfrei sind und wenn sie im Hinblick auf den Gemeinwohlbelang geeignet und erforderlich sind. Ein Gesichtspunkt, der eine Beschränkung der Dienstleistungsfreiheit rechtfertigen kann, ist der Verbraucherschutz. Neben diesem richterrechtlichen Schrankenvorbehalt tritt der ausdrückliche Beschränkungsvorbehalt des Art. 55 i. V. m. Art. 46 EG zurück. Ihm widerfährt ein ähnliches Schicksal wie Art. 30 EG, der von der Cassis-de-Dijon-Formel des EuGH überformt worden ist. Man kann sagen, dass der ausdrückliche Beschränkungsvorbehalt heute nur noch bei diskriminierenden Regelungen eine Funktion hat.

b. Anwendbarkeit auf die öffentliche Auftragsvergabe

Art. 49 ff. EG hat insbesondere Bedeutung für öffentliche Bauaufträge, da es sich bei diesen um Dienstleistungen handelt[965], aber auch für Leistungen wie beispielsweise Abfallsammlung, -transport und -entsorgung. Das „Allgemeine Pro-

---

962 ABl. Nr. 2 v. 15.1.1962, S. 32 ff.

963 Nach stdg. Rspr. des EuGH gibt das Allg. Programm „nützliche Anhaltspunkte" für die Auslegung der Dienstleistungsfreiheit, EuGH Rs. 197/84, Slg. 1985, 1819, 1827 (Rn 15); Rs. 63/86, Slg. 1988, 29, 52 (Rn 14); Rs. C-111/91, Slg. 1993, 817, 845 (Rn 17); Rs. C-337/97, Slg. 1999 I-3289, 3314 (Rn 27).

964 ABl. EG 1962 v. 15.1.1962, Nr. 2, S. 33 Abschnitt III A.

965 Dem steht nicht entgegen, dass die Errichtung öffentlicher Bauten umgangssprachlich nicht als Dienstleistung aufgefasst wird, sondern dem Baugewerbe zugeordnet wird. Maßgebend ist, dass es sich um eine entgeltliche Leistung handelt, die nicht einer anderen Marktfreiheit unterfällt. Letzteres ist der Fall. Die Warenverkehrsfreiheit ist nicht einschlägig, weil das Bauwerk an Ort u. Stelle errichtet u. nicht fertig geliefert wird. Die Arbeitnehmerfreizügigkeit ist nicht einschlägig, weil es sich nicht um eine unselbständige, sondern um eine selbständige Tätigkeit handelt. Die Niederlassungsfreiheit ist nicht einschlägig, weil der Bauunternehmer in dem anderen Mitgliedstaat bloß vorübergehend tätig wird u. er dort keinen Sitz begründet.

gramm zur Aufhebung der Beschränkungen des freien Dienstleistungsverkehrs“[966] bestimmt in Abschnitt III:

„Vorbehaltlich der im Vertrag vorgesehenen Ausnahmen oder Sonderbestimmungen (...) sind die nachstehenden Beschränkungen (...) aufzuheben: (...) Vorschriften und Praktiken, die allein für Ausländer die Befugnis zur Ausübung der normalerweise mit der Erbringung von Dienstleistungen verbundenen Rechte ausschließen, beschränken oder von bestimmten Voraussetzungen abhängig machen, (...).“

Wenn öffentliche Auftraggeber von Unternehmen aus anderen Mitgliedstaaten Niederlassungen in Deutschland verlangen[967], ganz offen inländische Unternehmen bevorzugen[968] und das Recht ausländische Unternehmen, sich an Ausschreibungen zu beteiligen, beschränken, verstoßen sie unzweifelhaft gegen Art. 49 ff.

c. Relevanz für die Berücksichtigung von Umweltaspekten im Vergabeverfahren

Im Bereich der Berücksichtigung von Umweltaspekten kommt ein Verstoß gegen Art. 49 ff. EG insbesondere dann in Betracht, wenn öffentliche Auftraggeber ausländischen Unternehmen zum Zwecke des Umweltschutzes Auflagen erteilen oder Anforderungen stellen, die diese bei der Ausführung der Dienst- oder Bauleistung beschränken. Dies ist denkbar beispielsweise bei dem Verlangen nach einem Umweltmanagementsystem, das der Unternehmer während der Ausführung des Auftrags aufrechtzuerhalten oder sogar noch einzuführen hat. Darüber hinaus könnte eine Beschränkung in Betracht kommen, wenn der Auftraggeber

966 Vgl. Fn 936.

967 Vergleichbar ist der Fall, der dem Urt. des EuGH v. 10.2.1982 in der Rs. 76/81 (Slg. 1982, 417) zugrundelag. Auf eine Ausschreibung der Straßenbauverwaltung des Großherzogtums Luxemburg v. 2.3.1979 für einen Abschnitt der Autobahn nach Arlon hatte die belgische Gesellschaft Transporoute das niedrigste Angebot abgegeben. Dieses Angebot wurde v. Minister für öffentliche Arbeiten des Großherzogtums Luxemburg u. a. deshalb abgelehnt, weil die Firma Transporoute nicht im Besitz einer Niederlassungsgenehmigung der Regierung gem. einer Großherzoglichen VO war. Der EuGH entschied seinerzeit, dass die RL 93/37/EWG es den Mitgliedstaaten verbiete, v. einem in einem anderen Mitgliedstaat niedergelassenen Bieter zu verlangen, den Nachweis seiner Zuverlässigkeit u. beruflichen Befähigung mit anderen als in der RL genannten Mitteln, wie z. B. der hier vom Großherzogtum Luxemburg geforderten Niederlassungsgenehmigung, zu erbringen.

968 So geschehen in dem dem Urt. des EuGH v. 3.6.1992, Rs. C-360/89 (Slg. 1992, I-3401) zugrundeliegenden Fall. Hier hatte die italienische Regierung in einem Gesetz nationalen Verwaltungen, Regionen, autonomen öffentlichen Organisationen u. Gebietskörperschaften erlaubt, nicht offene Verfahren zu veranstalten, um ihre Bauprogramme zu beschleunigen. Das Gesetz enthielt Vorschriften über die Angaben, die in der schriftlichen Aufforderung zur Angebotsabgabe enthalten sein mussten. U. a. sollte diese vorsehen, dass der Konzessionär die Arbeiten zu 15 bis 30% des in Konzession gegebenen Volumens Unternehmen zu übertragen hatte, die ihren Sitz in der Region hatten, in der die Arbeiten durchgeführt werden sollten. Darüber hinaus durfte die Aufforderung zur Teilnahme nur an Unternehmen gerichtet werden, die eine Bescheinigung über die Eintragung in das „Albo nazionale di costruttori“ (nationales Verzeichnis der Bauunternehmer) vorlegen konnten. Bei der Auswahl der Unternehmen musste sodann Konsortien der Vorrang eingeräumt werden, zu denen Unternehmen gehörten, die ihre Tätigkeit hauptsächlich in der Region ausübten, in der die Arbeiten durchgeführt werden sollten. Der EuGH nahm sowohl einen Verstoß gegen die Dienstleistungsfreiheit als auch gegen die RL 93/37/EWG an.

dem Unternehmen die Einhaltung eines höheren als den gesetzlich vorgeschriebenen Umweltschutzstandard bei Ausführung des Auftrags vorschreibt. Ein Verstoß gegen Art. 49 EG kommt auch in Betracht bei einem Verlangen des Auftraggebers, dass der ausländische Unternehmer bei der Dienstleistungserbringung in seinem Heimatland deutsche Umweltschutzvorschriften einhalten soll. Ob ein Verstoß gegen Art. 49 EG tatsächlich zu bejahen ist, hängt von den Umständen des Einzelfalles ab. Wie bei Art. 28 ff. EG muss auch hier geprüft werden, ob die Anforderung des Auftraggebers diskriminierungsfrei und im Hinblick auf den verfolgten Gemeinwohlbelang Umweltschutz geeignet, erforderlich und angemessen ist.

3. Art. 12 EG Allgemeines Diskriminierungsverbot

a. Allgemeines

Art. 12 EG verbietet Diskriminierungen aufgrund der Staatsangehörigkeit und erfasst daher nur natürliche, nicht hingegen juristische Personen, da diese keine Staatsangehörigkeit haben. Eine Diskriminierung aufgrund der Staatsangehörigkeit liegt vor, wenn die Staatsangehörigkeit – insbesondere von einer Rechtsnorm – als Kriterium für eine Ungleichbehandlung verwandt wird. Solche offenen Diskriminierungen sind ohne Ausnahme verboten. Eine versteckte Diskriminierung liegt vor, wenn eine Rechtsnorm für eine Ungleichbehandlung nicht auf die Staatsangehörigkeit abstellt, aber auf Kriterien, die typischerweise nur Aus- oder Inländer erfüllen (z. B. Wohnsitz, Herkunftsland, Sprache). Bei versteckten Diskriminierungen nimmt der EuGH immanente Schranken des Art. 12 EG an. Das versteckt diskriminierende Kriterium kann zulässig sein, wenn es im Gesamtzusammenhang der Regelung aus sachlichen Gründen gerechtfertigt ist[969]. Die Alternative zwischen Diskriminierungs- und Beschränkungsverbot stellt sich bei Art. 12 EG nicht.

b. Anwendbarkeit auf die öffentliche Auftragsvergabe

Das Verbot des Art. 12 EG findet unzweifelhaft auch auf die Vergabe öffentlicher Aufträge Anwendung, hat dort aber eine geringe Bedeutung[970]. Weniger klar ist hingegen das Verhältnis von Art. 12 EG zu den Marktfreiheiten des EG-Vertrages,

---

969 Die sachliche Rechtfertigung wurde vom EuGH verneint in Rs. 293/83, Slg. 1985 I, 593. In dem Fall ging es um die Erhebung einer Studiengebühr in Belgien nur gegenüber ausländischen Studenten.

970 So auch Hailbronner, in: Grabitz/Hilf B 2 Rn 33.

die ihrer Natur nach Ausprägungen von Art. 12 EG sind. Die Rechtsprechung des EuGH zur Anwendbarkeit des allgemeinen Diskriminierungsverbots des Art. 12 EG neben den besonderen Diskriminierungsverboten wie Art. 28 oder Art. 49 EG ist uneinheitlich. Im „Beentjes-Fall"[971] hatte der EuGH das allgemeine neben dem spezielleren Diskriminierungsverbot in Form der Dienstleistungsfreiheit angewandt. Er hatte darauf hingewiesen, die von der Vergabestelle aufgestellte Bedingung, dass vom Auftragnehmer Langzeitarbeitslose einzustellen seien, könne u. U. gegen Art. 12 EG verstoßen, wenn sich herausstellen sollte, dass eine solche Bedingung von Bietern aus anderen Mitgliedstaaten gar nicht oder nur mit größeren Schwierigkeiten erfüllt werden kann. In einem jüngeren Beschluss in einem Vorabentscheidungsverfahren hat der EuGH hingegen die Anwendung des Allgemeinen Diskriminierungsverbots neben der Warenverkehrsfreiheit abgelehnt[972]. In dem zugrundeliegenden Fall hatte der Auftraggeber für einen Bauauftrag ein bestimmtes Fabrikat ohne den Zusatz „oder ein hiermit gleichwertiges Fabrikat" vorgeschrieben. Der EuGH hat judiziert, dass diese Klausel (bereits) gegen Art. 28 EG verstoße und deshalb kein Grund bestehe, ihre Vereinbarkeit mit Art. 12 EG zu prüfen[973].

c. Relevanz für die Berücksichtigung von Umweltaspekten im Vergabeverfahren

Art. 12 EG hat nur geringe praktische Bedeutung für die vorliegende Arbeit. Zum einen ist sein persönlicher Anwendungsbereich begrenzt, denn er schützt nur natürliche Personen und damit nur Einzelunternehmer. Zum anderen erfasst der sachliche Anwendungsbereich die hier in Rede stehende Berücksichtigung von Umweltaspekten bei der öffentlichen Auftragsvergabe nicht. Eine offene Diskriminierung aus Umweltschutzgründen scheidet weitestgehend aus, denn ein Umweltkriterium setzt eben nicht an der Staatsangehörigkeit, sondern an Umweltaspekten an, es sei denn, der Auftraggeber verfolgt Umweltziele, indem er an die Staatsangehörigkeit anknüpft. Die versteckte Diskriminierung kommt nur in Betracht, wenn eine Umweltanforderung typischerweise nur von deutschen Unternehmern erfüllt werden kann, etwa weil der Ausschreibungstext auf deutsche Unternehmen zugeschnitten ist.

---

971 Vgl. Fn 443.

972 EuGH, Rs. C-59/00, Beschl. v. 3.12.2001, Slg. I 2001, 09505.

973 EuGH, Rs. C-59/00, Slg. I 2001, 09505, Rn 24 u. 25.

III. Übertragung der gewonnenen Erkenntnisse auf die Beispielsfälle

1. Beispiel 2

Die Ausschreibung des Landkreises A, in der finnische Holzlieferanten von vornherein ausgeschlossen werden, verstößt gegen Art. 12 Abs. 1 EG. Es handelt sich um den Fall der offenen Diskriminierung, da die Ungleichbehandlung an der Staatsangehörigkeit anknüpft. Eine solche offene Diskriminierung ist ausnahmslos verboten.

2. Beispiel 3

Das Straßenbauamt des Landes N beschränkt sich trotz des Hinweises des Bauunternehmens auf das von ihm entwickelte Verfahren zum Recycling von Straßenaufbruch, das dieses gern einsetzen möchte, in der Ausschreibung der Erweiterung der Landesstraße auf konventionelles Baumaterial. Es sieht in der Leistungsbeschreibung Böden, Kies und andere zum Straßenbau benötigte Materialien vor. Das Bauunternehmen darf die Leistungsbeschreibung nicht abändern, um so sein Recyclingmaterial anzubieten, da sein Angebot damit unwirksam wäre. Da Nebenangebote nicht zugelassen sind, hat das Bauunternehmen auch nicht die Möglichkeit, neben dem Hauptangebot, das die konventionellen Materialien beinhaltet, alternativ den Bau der Straße unter Verwendung seines Recyclingmaterials anzubieten. Ebenso wie dieses Bauunternehmen haben auch andere Bauunternehmen keine Chance, den Einsatz von Recyclingmaterial bei dem Bau der Straße anzubieten.

Mit dieser Vorgehensweise wird das Straßenbauamt der Vorgabe des Art. 6 EG nicht gerecht. Art. 6 verlangt rechtlich verbindlich auch von nationalen öffentlichen Auftraggebern, die Erfordernisse des Umweltschutzes in die öffentliche Auftragsvergabe einzubeziehen. Die Erfordernisse des Umweltschutzes sind in Art. 174 Abs. 1, 2 EG angesprochen. In Art. 174 Abs. 1, 3. Spiegelstr. EG ist die „umsichtige und rationelle Verwendung der natürlichen Ressourcen" als ein Erfordernis des Umweltschutzes genannt. Art. 6 EG verlangt daher von öffentlichen Auftraggebern, dass sie bei ihrer Beschaffung Recyclingmaterialien so weit wie möglich zum Einsatz kommen lassen und so die natürlichen Ressourcen „umsichtig und rationell verwenden". Die Ausschreibung des Straßenbauamts verstößt folglich gegen Art. 6 EG. Da Art. 6 EG kein subjektives Recht vermittelt, kann das Bauunternehmen diesen Verstoß nicht zum Gegenstand eines Nachprüfungsverfahrens machen. Es kann jedoch die Angebotswertung des Straßenbauamts mit der Argumentation angreifen, dass sich dieses nicht allein auf den Preis hätte beschränken dürfen. Daneben hat das Bauunternehmen die Möglichkeit, die EG-Kommission auf die Praxis des Straßenbauamts aufmerksam zu machen und ein Vertragsverletzungsverfahren anzuregen.

D. Verfassungsrechtliche Anforderungen

Das Grundgesetz enthält – ebenso wie der EG-Vertrag – zum einen Normen, die die öffentliche Hand möglicherweise bei der Berücksichtigung des Umweltschutzes bei der Auftragsvergabe einschränken, zum anderen aber auch mit Art. 20 a GG eine Vorschrift, die sie unter Umständen hierzu verpflichtet. Da die Staatszielbestimmung des Art. 20 a GG Einfluss auf die anderen Bestimmungen des Grundgesetzes haben kann, soll sie zunächst unter I. 1. behandelt werden, um anschließend unter I. 2. auf die Grundrechte einzugehen. Neben den Vorschriften mit materiellem Gehalt enthält das Grundgesetz mit dem Vorbehalt und dem Vorrang des Gesetzes auch formale Bindungen für das öffentliche Auftragswesen. Diese sollen unter II. angesprochen werden.

I. Materielle Bindungen des Grundgesetzes

1. Art. 20 a GG Staatszielbestimmung Umweltschutz

a. Allgemeines

Die im Jahr 1994 nach langer kontroverser Diskussion in das Grundgesetz aufgenommene[974] Staatszielbestimmung[975] Umweltschutz in Art. 20 a GG hat folgenden Wortlaut:

„Der Staat schützt auch in Verantwortung für die künftigen Generationen die natürlichen Lebensgrundlagen im Rahmen der verfassungsmäßigen Ordnung

---

974 BGBl. I 3146.

975 Allg. lassen sich Staatsziele als Belange des Gemeinwohls bezeichnen, die der Staat sich ausdrücklich zu eigen macht u. in deren Dienst er sich planmäßig stellt (Isensee, in: Isensee/Kirchhof HStR Bd. III, § 57 Rn 115). Die Sachverständigenkomm. „Staatsziele/Gesetzgebungsaufträge" fand in ihrem Bericht 1983 folgende Definition: „Staatszielbestimmungen sind Verfassungsnormen mit rechtlich bindender Wirkung, die der Staatstätigkeit die fortdauernde Beachtung oder Erfüllung bestimmter Aufgaben – sachlich umschriebener Ziele – vorschreiben. Sie umreißen ein bestimmtes Programm der Staatstätigkeit u. sind dadurch eine RL für das staatliche Handeln, auch für die Auslegung v. Gesetzen u. sonstigen Rechtsvorschriften" (Bericht der Sachverständigenkomm. „Staatsziele/Gesetzgebungsaufträge", Bonn 1983, S. 19 ff.).

durch die Gesetzgebung und nach Maßgabe von Gesetz und Recht durch die vollziehende Gewalt und die Rechtsprechung."[976]

Diese „bindende verfassungsrechtliche Zielsetzung"[977] erfasst den „Staat" und damit sämtliche Staatsorgane[978], so dass Bund, Länder, Gemeinden und alle sonstigen juristischen Personen des öffentlichen Rechts bzw. sämtliche Träger deutscher hoheitlicher Gewalt gebunden sind[979]. Die Bindung sämtlicher staatlichen Funktionen entspricht dem Willen des Verfassungsänderungsgesetzgebers[980]. Daher ist neben den anderen beiden Gewalten auch die Exekutive nach Art. 20 a GG zum Schutz der natürlichen Lebensgrundlagen verpflichtet, wobei der Begriff der natürlichen Lebensgrundlagen die Umwelt im Sinne des Umweltbegriffes des Umweltschutzes meint[981]. Inhalt der staatlichen Schutzverpflichtung ist die Abwehr von Beeinträchtigungen, die aufmerksame und gewissenhafte Pflege sowie die Vorsorge, Schadensbeseitigung und Wiedergutmachung. Neben der Abwehr von Eingriffen Dritter hat der Staat selbst Eingriffe zu unterlassen und den Umweltschutz zu fördern[982]. Art. 20 a GG verlangt den Umweltschutz auch mit Blick auf künftige Generationen. Hieraus wird geschlossen, dass die Umwelt nicht so verändert werden darf, dass sie ihre Eignung als Lebensgrundlage der gegenwärtig lebenden Menschen verliert[983], dass der gegenwärtige Bestand gewahrt bleibt bzw. soweit notwendig verbessert oder vermehrt wird[984]. Nach Auffassung von Murswiek soll die Zukunftsverantwortung insbesondere vier rechtliche Konsequenzen haben, die Art und Umfang des gebotenen Schutzes konkretisieren: Hinsichtlich der rechtlichen Bewertung der Belastung von Umweltgütern mit Schadstoffen darf nicht nur auf die aktuellen Auswirkungen abgestellt werden, sondern die Akkumulation der Schadstoffbelastung über Jahre

---

976 Ähnliche – z. T. weitergehende – Staatszielbestimmungen enthalten die meisten Landesverf. (Art. 141 Abs. 1 Bay. Verf., Art. 39 Abs. 5 Brandenb. Verf.; Art. 59 a Saarl. Verf.; Art. 29 a Verf. NRW; Art. 11 a Bremer Verf.; Art. 12 Verf. MV; Art. 35 Verf. Sachs.; Art. 31 Verf. Thür.; Art. 26 a Verf. Hessen; Art. 7 Verf. SH; Art. 69 Verf. Rp; Art. 3 a BW; Art. 21 a Berl. Verf.; Präambel der Verf. Hamb.) u. eine Reihe anderer europäischer Länder (Art. 24 septies Schweiz; Art. 21 Verf. der Niederlande; Art. 45 Verf. Spanien; Art. 9, 66, 81, 91 Verf. Portugal u. a.).

977 BT-Drs. 12/6000, 47. Die Verpflichtung des Staates ebenfalls bejahend: Calliess, Rechtsstaat u. Umweltstaat, S. 104; Murswiek, NVwZ 1996, 222, 223 li. Sp.; Kloepfer, DVBl. 1996, 73, 74 li. Sp., 76; Steinberg, NJW 1996, 1985, 1991 li. Sp.

978 Waechter, NuR 1996, 322, re. Sp.

979 Kloepfer, DVBl. 1996, 73, 74, 75; BVerwG, NVwZ-RR 2003, 171: „Das Grundgesetz fordert (...) mit (...) Art. 20 a GG (...) dazu auf, die natürlichen Lebensgrundlagen zu schützen. Diese Aufforderung trifft auch eine Gemeinde."

980 BT-Drucks. 12/6000, S. 68 li. Sp.

981 Waechter, NuR 1996, 321, 323 re. Sp.; Calliess, Rechtsstaat u. Umweltstaat, S. 106 ff., insb. S. 111.

982 Vgl. zu Vorstehendem die Darstellung in Calliess, Rechtsstaat u. Umweltstaat, S. 114 ff.

983 So Waechter, NuR 1996, 321, 325 re. Sp.

984 Waechter, NuR 1996, 321, 326 re. Sp. Waechter bedient sich zur Beantwortung der Frage des Umfangs des Nachweltschutzes des Art. 115 Abs. 1 GG, einer Verf.norm, die seit langem dem Zukünftigenschutz diene.

hinweg ist in Betracht zu ziehen; mit nichterneuerbaren Ressourcen ist sparsam umzugehen; die Nutzung erneuerbarer Ressourcen hat das Prinzip der Nachhaltigkeit zu beachten; und bei der Bewertung von Risiken ist zu berücksichtigen, dass schädliche Wirkungen von Umwelteingriffen, die wir heute vornehmen, möglicherweise erst nach vielen Jahren erkennbar werden[985].

Für die Exekutive folgt aus Art. 20 a GG, dass bestehende Auslegungsermächtigungen durch die Staatszielbestimmung „ökologisch angereichert“[986] werden in dem Sinne, dass Art. 20 a GG als Querschnittsklausel insbesondere für die verfassungskonforme Auslegung von Gesetzen und sonstigen Rechtsvorschriften wirkt, die nicht im engeren Sinne Umweltgesetze sind[987]. Eine große Rolle spielt die Staatszielbestimmung auch bei Abwägungsvorgängen bzw. Ermessensentscheidungen der Verwaltung, da der Umweltschutz ein stärkeres Gewicht als bisher bekommt[988] und nicht völlig missachtet werden darf[989]. Es wird davon ausgegangen, dass gerade von der Verwaltung besonders wichtige Impulse für die Verwirklichung des Staatsziels Umweltschutz ausgehen können, da sie am nächsten an der Fülle der zu entscheidenden Details sowie den größeren Planungsaufgaben steht und hier ständig umweltrelevante Entscheidungen zu treffen sind[990].

Dem Staatsziel des Umweltschutzes kommt jedoch kein unbedingter, absoluter Geltungsanspruch in dem Sinne zu, dass der Umweltschutz gegenüber anderen Zielen und Aufgaben staatlicher Tätigkeit generell Vorrang genießt[991]. Eine pauschale Bevorzugung des Staatsziels Umweltschutz ist von Art. 20 a GG weder gefordert noch angeordnet[992]; der Staat muss vielmehr die verschiedenen Ziele, die miteinander in Konflikt treten können (insbesondere die Ziele Umweltschutz und Wirtschaftspolitik), in einen verfassungsgemäßen Ausgleich bringen[993]. Mit der Wiederholung des Art. 20 Abs. 3 GG („... im Rahmen der verfassungsmäßigen

---

985 Murswiek, NVwZ 1996, 222, 225 li. Sp.

986 Kloepfer, in: Bonner Kommentar, Art. 20 a Rn 25, 43.

987 Schulze-Fielitz, in: Dreier, GG, Art. 20 a Rn 64; Brenner, in: Jahrbuch 1997, S. 142; BMI/BMJ, Staatszielbestimmungen, S. 20 f.; Calliess, Rechtsstaat u. Umweltstaat, S. 128; Waechter, NuR 1996, 321, 323 li. Sp.

988 Peters, NuR 1987, 293, 295; Calliess, Rechtsstaat u. Umweltstaat, S. 128; Waechter, NuR 1996, 321, 323 li. Sp.; Murswiek, NVwZ 1996, 222, 229 re. Sp. spricht v. einer „Direktive für die Ermessensausübung“.

989 In diesem Sinne auch Kloepfer, DVBl. 1996, 73, 76 li. Sp.

990 Kloepfer, in: Bonner Kommentar, Art. 20 a Rn 41; ders., DVBl. 1996, 73, 75 re. Sp.; Schulze-Fielitz, in: Dreier, GG, Art. 20 a Rn 62.

991 So auch Brenner, in: Jahrbuch 1997, S. 144; Murswiek, NVwZ 1996, 222, 228 li. Sp.; BVerwG, NVwZ-RR 2003, 171 li. Sp. für die in § 1 Abs. 5 BauGB genannten Anforderungen u. Belange, die im Rahmen der Bauleitplanung zu berücksichtigen sowie gem. § 1 Abs. 6 BauGB gegeneinander u. untereinander gerecht abzuwägen sind.

992 Murswiek, in: Sachs, GG, Art. 20 a, Rn 42, meint, Art. 20 a GG setze die Existenz der Industriegesellschaft u. damit auch ein gewisses Maß an Umweltbelastungen voraus.

993 So auch Brenner, in: Jahrbuch 1997, S. 144; BVerwG, NVwZ-RR 2003, 171 li. Sp.

Ordnung durch die Gesetzgebung und nach Maßgabe von Gesetz und Recht durch die vollziehende Gewalt und die Rechtsprechung“) wollte der Verfassungsänderungsgesetzgeber diese Gleichrangigkeit des Staatszieles Umweltschutz mit anderen Verfassungsprinzipien und -rechtsgütern und die Notwendigkeit des Ausgleichs zwischen ihnen zum Ausdruck bringen[994]. In den Fällen, in denen der Gesetzgeber den Ausgleich der Umweltschutzbelange mit den kollidierenden öffentlichen und privaten Interessen nicht abschließend vorgenommen, die konkrete Entscheidung hierüber vielmehr der Verwaltung übertragen hat, müssen die zunächst dem Gesetzgeber zukommenden Pflichten an die Verwaltung „weitergegeben werden“. Dies erfordert die Schaffung angemessener Verfahren, in denen die kollidierenden Belange insbesondere der Ökologie und Ökonomie in einem offenen Prozess ermittelt, bewertet und angemessen und nachvollziehbar berücksichtigt werden[995].

b. Anwendbarkeit auf die öffentliche Auftragsvergabe

Ob die öffentliche Hand an Art. 20 a GG gebunden ist, wenn sie Aufträge vergibt, ist deshalb fraglich, weil sie in diesem Bereich privatrechtlich handelt und sich nicht der Handlungsformen des öffentlichen Rechts bedient[996]. Die Bindung wird im Schrifttum gleichwohl ganz überwiegend bejaht[997]. Bereits nach dem Wortlaut der Norm ist einzig entscheidend, dass das handelnde Subjekt Teil der Verwaltung ist, da sie den Staat in die Pflicht nimmt. Auf den Streit, ob die Grundrechte die öffentliche Hand auch im Bereich der Fiskalverwaltung binden, braucht an dieser Stelle nicht ausführlich eingegangen zu werden. Die Staatszielbestimmung des Art. 20 a GG stellt sich als ein Minus zu den Grundrechten dar. Der Tatsache, dass durch die Bestimmung ausdrücklich der Staat in die Pflicht genommen wird, läßt sich ein ubiquitärer Geltungsanspruch der Norm auch im Hinblick auf den pri-

994 BT-Drucks. 12/6000, S. 67 re. Sp., S. 68 li. Sp.

995 Steinberg, NJW 1996, 1985, 1993, li. Sp.

996 Insoweit unterscheidet sich das deutsche Recht der öffentlichen Auftragsvergabe v. dem anderer Staaten, bspw. Frankreichs oder der Schweiz. Dort ist der Zuschlag nicht eine privatrechtliche Willenserklärung, sondern ein VA. Zu dem Vergaberecht der Schweiz vgl. Kapitel 4.

997 Kloepfer, in: Bonner Kommentar, Art. 20 a Rn 20; ders., DVBl. 1996, 73, 75 li. Sp.: „Gebunden ist auch der privatrechtlich auftretende Staat, soweit er Aufgaben der öffentlichen Verwaltung in privatrechtlichen Formen wahrnimmt.“ Peters, NuR 1987, 293, 294: „Wenn in Art. 20 Abs. 3 GG v. vollziehender Gewalt die Rede ist, so ist dies als Synonym für den Begriff der öffentlichen Verwaltung u. nicht etwa nur für die im engeren Sinne gesetzesvollziehende Ordnungsverwaltung oder auch Planungsverwaltung gemeint.“ In diesem Sinne auch Brenner, in: Jahrbuch 1997, S. 148 u. Waechter, NuR 1996, 321, 323: „Wirkung entfaltet Art. 20 a GG auch ... in der fiskalischen Verwaltung, besonders im Beschaffungswesen“.

vatrechtlich handelnden Staat einschließlich der in den Rechtsformen des Privatrechts handelnden Verwaltung entnehmen[998].

c. Relevanz für die Berücksichtigung von Umweltaspekten im Vergabeverfahren

Art. 20 a GG hat erhebliche Relevanz für die Berücksichtigung von Umweltaspekten bei der Vergabe öffentlicher Aufträge. Im Schrifttum wird das Beschaffungswesen ausdrücklich als ein Bereich, in dem die ermessenslenkende Wirkung des Art. 20 a GG besondere Bedeutung entfaltet, genannt[999]. Relativiert wird diese Feststellung dadurch, dass Art. 20 a GG kein subjektives Recht gewährt, auf das der Einzelne sich berufen könnte[1000]. Jedoch können aufgrund anderer subjektiver Rechte bereits bestehende Klagebefugnisse durch Art. 20 a GG in ihrer Reichweite erweitert werden[1001]. Im Verwaltungsverfahren muss die Begründung von Abwägungs- und Ermessensentscheidungen erkennen lassen, in welcher Weise den Anforderungen des Art. 20 a GG Genüge getan wurde[1002].

Hier zeigt sich die Parallele zu Art. 6 EG, der ebenfalls eine Rechtspflicht zur Einbeziehung der Erfordernisse des Umweltschutzes konstituiert, gleichwohl jedoch – wie auch Art. 20 a GG – kein subjektives Recht vermittelt. Erfolglose Bieter können ein Nachprüfungsverfahren oder eine Schadensersatzklage nicht allein auf Art. 20 a GG stützen. Wie auch Art. 6 EG kann Art. 20 a GG jedoch die Klagebefugnis aus anderen bieterschützenden Vorschriften anreichern. Wegen der Verpflichtung des Art. 20 a GG müssen öffentliche Auftraggeber – sofern es sich um staatliche Stellen und nicht um private Auftraggeber i. S. v. § 98 Nr. 4, 1. Alt. GWB handelt – bei der Wertung der Angebote den Umweltschutz auch zugunsten der Nachwelt einbeziehen. Eine Ausschreibung, die sich von vornherein nur auf den niedrigsten Preis konzentriert oder zwar neben dem Preis auch andere Kriterien berücksichtigt, den Umweltschutz hierbei jedoch ausklammert,

---

998 Brenner, in: Jahrbuch 1997, S. 148.

999 So bei Epiney, in: v. Mangold/Klein/Starck, Art. 20 a Rn 93; Waechter, NuR 1996, 321, 323 li. Sp.; Schulze-Fielitz, in: Dreier, GG, Art. 20 a Rn 69 meint, dass Art. 20 a GG ökologische Nutzen-Kosten-Überlegungen selbst dort verlange, wo sie in staatlichen Entscheidungsverfahren bislang nicht vorgesehen seien, so z.B. bei der Vergabe v. Personenbeförderungserlaubnissen an konkurrierende Busunternehmer, bei der eine unterschiedliche Umweltfreundlichkeit des Wagenparks bei i. Ü. gleicher gesetzlicher Rechtsstellung berücksichtigungsfähig sei.

1000 Es war erklärte Absicht des Verf.änderungsgesetzgebers, mit Art. 20 a GG keine subjektiven Rechte zu schaffen. BT-Drucks. 12/6000, S. 67: „Der Umweltschutz wird als objektiv-rechtliches Staatsziel ausgestaltet; die v. der Gemeinsamen Verf.komm. empfohlene Formulierung enthält keinen subjektiven Anspruchstatbestand. Es wird daher nicht möglich sein, aufgrund der empfohlenen Staatszielbestimmung bestimmte Umweltentscheidungen einzuklagen oder aus ihr konkrete Leistungsansprüche abzuleiten." Auch das BVerfG hat in seinem Beschl. v. 10.5.2001 zum „Mühlenberger Loch" festgestellt, dass Art. 20 a GG keine subjektiven Rechte vermittele (NVwZ 2001, 1148, 1149 li. Sp.).

1001 Murswiek, NVwZ 1996, 222, 230 li. Sp.

1002 Murswiek, NVwZ 1996, 222, 230 li. Sp.

verstößt gegen Art. 20 a GG. Dies heißt nicht, dass sich öffentliche Auftraggeber stets für das umweltfreundlichste Angebot entscheiden müssen. Wenn sachlich gerechtfertigte Gründe für die Auswahl eines weniger umweltfreundlichen Angebots sprechen, dürfen sie diesem den Zuschlag erteilen, da Art. 20 a GG nicht zu einer bestimmten Entscheidung zwingt[1003]. Diese Entscheidung muss jedoch im von der Vergabestelle anzufertigenden Vergabevermerk begründet werden und unterliegt so der – eingeschränkten – gerichtlichen Kontrolle.

2. Grundrechte

Nachdem die Bedeutung des Art. 20 a GG für die öffentliche Auftragsvergabe geklärt ist, werden nachfolgend die Grundrechte diesbezüglich untersucht.

a. Bindung des Staates an die Grundrechte bei der Vergabe öffentlicher Aufträge

Es ist seit langem ungeklärt und umstritten, ob die öffentliche Hand bei der Vergabe von Aufträgen den Bestimmungen des Grundgesetzes und insbesondere den Grundrechten unterworfen ist[1004]. Die Beschaffung von Waren, Dienst- und Werkleistungen durch die öffentliche Hand, die der Fiskalverwaltung zuzuordnen ist[1005], geschieht durch den Abschluss zivilrechtlicher Verträge. Da die Fiskalverwaltung zwingend privatrechtlich ist, lässt sich eine Anwendung der Grundrechte hier nicht mit der Gefahr der „Flucht ins Privatrecht" begründen[1006]. Neuere Stellungnahmen gehen jedoch überwiegend von einer unmittelbaren Fiskalgeltung der Grundrechte aus[1007]. Jüngere Gerichtsentscheidungen lassen erkennen, dass

1003 In diesem Sinne auch BVerwG, NVwZ-RR 2003, 171 für die v. der Gemeinde im Rahmen der Bauleitplanung gem. § 1 Abs. 5, 6 BauGB vorzunehmende Abwägung.

1004 Kling, S. 42: „Die Frage der Fiskalgeltung der Grundrechte ist eines der umstrittensten Probleme des Verfassungsrechts der letzten Jahrzehnte."

1005 Grundsätzlich gibt es zwei Arten der Fiskalverwaltung, zum einen die erwerbswirtschaftliche Tätigkeit u. zum anderen die privatrechtlichen oder fiskalischen Hilfsgeschäfte der Träger öffentlicher Verwaltung. Die öffentliche Auftragsvergabe gehört zu der zweiten Fallgruppe. Vgl. auch Kling, S. 43 f.

1006 Im Gegensatz zur Leistungsverwaltung, wo die Gefahr besteht, dass die Verwaltung sich durch Auswechseln der Rechtsform den wichtigsten öffentlich-rechtlichen Bindungen entzieht. Da der Begriff des öffentlichen Auftraggebers auch privatrechtlich organisierte Unternehmen, an denen die öffentliche Hand maßgeblich beteiligt ist, erfasst, sofern diese zu dem Zweck gegründet wurden, im Allgemeininteresse liegende Aufgaben nichtgewerblicher Art zu erfüllen (§ 98 Nr. 2, 4 GWB), kann sich die öffentliche Hand auch nicht durch eine „Flucht in die Privatrechtsform" dem Vergaberecht entziehen; vgl. Elbel, DÖV 1999, 235, 236 li. Sp.

1007 Kling, S. 61. Bsp.haft seien genannt: BKartA, NJW 2000, 151, 153 li. Sp.; Dörr, DÖV 2001, 1014, 1017; Dreier, in: Dreier, GG, Art. 1 Rn 49; Stickler, in: Reidt/Stickler/Glahs, Vor §§ 97 – 101 Rn 11; Eggers/Malmendier, NJW 2003, 780, 782 li. Sp. u. Fn 19; Malmendier, DVBl. 2000, 963, 964 f.; Hesse, Rn 347 f.; Jarass, in: Jarass/Pieroth, Art. 1 Rn 18, Art. 19 Rn 24; Pietzcker, AöR 107, 61, 69 ff.; Wallerath, S. 303 ff.; Ehlers, S. 212 ff.

die Rechtsprechung beginnt, sich dieser Ansicht anzuschließen[1008]. Für Aufträge oberhalb der EG-Schwellenwerte hat der Streit zwar nur noch geringe praktische Bedeutung[1009]. Die einschlägigen fachgesetzlichen Regelungen des GWB und des UWG sowie der Verdingungsordnungen, die die Vergabestellen unstreitig beachten müssen, stellen nichts anderes als Ausprägungen von Art. 3 GG dar[1010]. Darüber hinaus sind nach Ansicht der Rechtsprechung öffentliche Auftraggeber zumindest mittelbar an Art. 3 GG gebunden, da diese Norm zur Ausfüllung unbestimmter Generalklauseln im Zivilrecht (z. B. § 20 GWB a. F.) heranzuziehen ist[1011]. Unterhalb der EG-Schwellenwerte werden die Grundrechte und insbesondere Art. 3 Abs. 1 GG jedoch weiterhin benötigt, um gerichtlich einklagbare Rechte zu begründen, da die §§ 97 ff. GWB und die Vergabeverordnung nicht anwendbar sind und den Verdingungsordnungen keine Außenrechtsqualität und damit auch kein Schutznormcharakter zukommen[1012]. Die vor dem Erlass der Vergaberichtlinien und dem damit verbundenen Paradigmenwechsel im deutschen Vergaberecht verwendete Argumentation, wegen der Einwirkung von Art. 3 Abs. 1 GG müsse es allen in Frage kommenden Anbietern ermöglicht werden, in einen Wettbewerb zu treten, wird heute noch bei der Vergabe von Aufträgen unterhalb der Schwellenwerte herangezogen[1013]. Da der Streit über die Fiskalgeltung der Grundrechte in anderen Monographien bereits mehrfach ausführlich erörtert wurde[1014] und die vorliegende Arbeit andere Schwerpunkte setzen möchte, soll er nur in Grundzügen dargestellt werden.

Die traditionelle Auffassung der Rechtsprechung[1015], die von Teilen des Schrifttums[1016] geteilt wird, lehnt eine unmittelbare Grundrechtsbindung der öffentlichen Hand im Bereich der Vergabe öffentlicher Aufträge ab mit der Begründung, der Staat nehme hier wie ein wirtschaftlich handelnder Privatmann am Privat-

1008 VK Bund, Beschl. v. 29.4.1999 – VK 1-7/99, WuW/E Verg 218 (220) u. ihr folgend OLG Bbg., Beschl. v. 3.8.1999 – 6 Verg 1/99, WuW/E Verg 231, 235.

1009 So auch Stern, Staatsrecht III/1, S. 1422; Pietzcker, AöR 107, 60, 72; Starck in: v. Mangoldt/Klein/Starck, Art. 1 Rn 198; Kokott, in: Byok/Jaeger, Einf. Rn 60; Boesen, Einl. Rn 84.

1010 Bspw. verbieten § 97 Abs. 2 GWB, § 2 Nr. 2 VOB/A, § 2 Nr. 2 VOL/A ausdrücklich diskriminierende Verhaltensweisen. Zu diesen u. den übrigen Vorschriften vgl. Osterloh, in: Sachs, Art. 3 Rn 76; Starck, in: v. Mangoldt/Klein/Starck, Art. 1 Rn 198, Art. 3 Rn 257; Stern, Staatsrecht III/1, S. 1422.

1011 OLG Düsseldorf, DÖV 1981, 537, 538 f.

1012 Boesen, Einl. Rn 84; Freitag, NZBau 2002, 204, 205 li. Sp.; Dörr, DÖV 2001, 1014, 1020.

1013 Eggers/Malmendier, NJW 2003, 780, 782 li. Sp.; OLG Stuttgart, NZBau 2002, 395; Freitag, NZBau 2002, 204, 205; Malmendier, DVBl 2000, 963, 968.

1014 So z. B. bei Kling, S. 41 ff.

1015 BGHZ 36, 91, 95 ff.

1016 Badura, in: v. Münch/Schmidt-Aßmann, 3. Abschn. Rn 69; diff.: Dürig, in: Maunz/Dürig, Art. 3 Abs. 1 Rn 485 ff.; Ronellenfitsch, in: HdbStR III, § 84 Rn 45 ff.

rechtsverkehr teil; die Rechtsbeziehungen der Beteiligten trügen von vornherein und ausschließlich privatrechtlichen Charakter[1017]. Diese Teilnahme am allgemeinen Wirtschaftsverkehr könne aus entstehungsgeschichtlichen Gründen und nach dem Sinn und Zweck des Art. 1 Abs. 3 GG nicht von der Geltung der Grundrechte erfasst sein. Demnach sei der Staat bei seiner Beschaffungstätigkeit nur an die „Ausstrahlungswirkung" der Grundrechte auf die Normen des Privatrechts gebunden (mittelbare Grundrechtswirkung). Die im Vordringen befindliche Auffassung[1018] bejaht hingegen eine unmittelbare Grundrechtsgeltung im Bereich der Vergabe öffentlicher Aufträge. Zur Begründung wird im Wesentlichen die Norm des Art. 1 Abs. 3 GG herangezogen, der insbesondere auch die vollziehende Gewalt an die Grundrechte binde. Da der Begriff der vollziehenden Gewalt alle Erscheinungsformen staatlichen Handelns erfasse und Art. 1 Abs. 3 GG keine auf die hoheitliche Staatstätigkeit beschränkte Aussage enthalte, trage er die vom BGH vorgenommene Differenzierung nicht[1019].

Folgt man dieser neueren Auffassung, so muss man zwingend weiter differenzieren zwischen den „klassischen" öffentlichen Auftraggebern, die dem Staat zugeordnet sind und den privatrechtlichen Unternehmen, die von den EG-Vergaberichtlinien bzw. § 98 GWB dem Vergaberecht unterworfen sind. Hier sollte die Grundrechtsbindung konsequent für die staatsnahen privaten Unternehmen i. S. v. § 98 Nr. 2 GWB und private Sektorenauftraggeber nach § 98 Nr. 4 Alt. 2 GWB gelten. Die „staatsfernen"[1020] Sektorenauftraggeber i. S. v. § 98 Nr. 4 Alt. 1 GWB, die auf dem Gebiet der Daseinsvorsorge aufgrund von behördlicherseits gewährten Rechten tätig werden, sollten nur einer lediglich mittelbaren Grundrechtsbindung – wie alle Privatpersonen – unterworfen sein[1021].

Der Staat als „wirtschaftlich handelnder Privatmann" erscheint nur schwer vorstellbar. Er besitzt vielmehr stets eine besondere Stellung, da er zugleich Fiskus und Hoheitsträger ist und zudem – worauf das BKartA in seinem Beschluss vom 29.4.1999[1022] zutreffend hinweist – hinsichtlich fiskalischem und hoheitlichem Handeln ambivalent ist. Der Staat ist nie nur „Mitspieler", sondern immer auch „Schiedsrichter" und die Instanz, die die „Spielregeln" aufstellt[1023]. Dies wird

1017 BGHZ 36, 91, 96.

1018 Kling, S. 61; Dörr, DÖV 2001, 1014, 1017; Dreier, in: Dreier, GG, Art. 1 Rn 49; Stickler, in: Reidt/Stickler/Glahs, Vor §§ 97 – 101 Rn 11; Eggers/Malmendier, NJW 2003, 780, 782 li. Sp. u. Fn 19; Malmendier, DVBl. 2000, 963, 964 f.; Hesse, Rn 347 f.; Jarass, in: Jarass/Pieroth, Art. 1 Rn 18, Art. 19 Rn 24; Pietzcker, AöR 107, 61, 69 ff.; Wallerath, S. 303 ff.; Ehlers, S. 212 ff.

1019 Schnapp, in: v. Münch/Kunig, Art. 20 Rn 49 m. w. N.

1020 Der Begriff findet sich bei Boesen, Einl. Rn 87.

1021 So auch Boesen, Einl. Rn 87; Dörr, DÖV 2001, 1014, 1019.

1022 NJW 2000, 151, 153.

1023 So Wallerath, S. 317. Ähnlich Burgi, VerwA 2002, 255.

gerade im Vergaberecht deutlich, wo der Staat den eigenen Auftragnehmern jahrelang effektiven Rechtsschutz verweigert hat, diesen vor nunmehr fünf Jahren nur unter dem Damoklesschwert der drohenden handels- und EG-rechtlichen Sanktionen gewährt hat, wobei er sich hier aber auf das Unabdingbare beschränkt und Primärrechtsschutz nur für einen geringen Teil der Aufträge – oberhalb der Schwellenwerte der EG-Vergaberichtlinien – vorgesehen hat. Wenn der Staat zum einen sich eben nicht wie ein Privatmann verhält, indem er seinen privatrechtlichen Vertragspartnern keinen – im Privatrechtsverkehr sonst jedermann zugänglichen – Rechtsschutz gewährt, muss er sich hieran auch festhalten und sein Verhalten bei der Vergabe öffentlicher Aufträge an den Grundrechten messen lassen.

b. Art. 3 Abs. 1 GG Allgemeiner Gleichheitssatz

Eine Ungleichbehandlung i. S. v. Art. 3 Abs. 1 GG, die der verfassungsrechtlichen Rechtfertigung bedarf, kommt im Bereich der öffentlichen Auftragsvergabe insbesondere bei der Ungleichbehandlung von Teilnehmern eines Vergabeverfahrens im Verhältnis zueinander in Betracht. Sie ist bereits dann gegeben, wenn sich zwei Unternehmen um einen von der öffentlichen Hand ausgeschriebenen Auftrag bewerben und das eine Unternehmen daraufhin den Zuschlag erhält, während das Angebot des anderen nicht berücksichtigt wird. Die auftragsvergebende staatliche Stelle ist nämlich verpflichtet, alle Bieter und Interessenten gleich zu behandeln[1024]. Der Allgemeine Gleichheitssatz hat daher im Bereich der öffentlichen Auftragsvergabe die größte Bedeutung unter den Grundrechten[1025]. Da eine Bevorzugung eines umweltfreundlicheren Unternehmens durch den öffentlichen Auftraggeber immer auch eine Ungleichbehandlung darstellt, ist zu prüfen, wann eine solche gerechtfertigt ist.

aa. Allgemeines

Der allgemeine Gleichheitssatz des Art. 3 Abs. 1 GG enthält ein Grundrecht des Einzelnen und damit ein subjektives Recht[1026]. Gleichzeitig bildet Art. 3 Abs. 1 GG einen in allen Bereichen geltenden Verfassungsgrundsatz[1027], dem über den

---

1024 Dies ist im Vergaberecht noch einmal ausdrücklich normiert in § 97 Abs. 2 GWB, § 2 Nr. 2 VOB/A, § 2 Nr. 2 VOL/A u. § 4 Abs. 2 VOF.

1025 So u. a. auch Burgi, in: Grabitz/Hilf B 13 Rn 10; ders., NZBau 2001, 64 ff.; Pietzcker, Staatsauftrag S. 383 ff., 389 f.

1026 BVerfGE 40, 296, 318; BVerwGE 55, 349, 351.

1027 BVerfGE 6, 84, 91; 38, 225, 228; 41, 1, 13.

Anwendungsbereich der subjektiv-rechtlichen Seite hinaus Bedeutung zukommt[1028]. Die Vorschrift soll die Gleichbehandlung von Personen in vergleichbaren Sachverhalten sicherstellen, sei es bei rechtlichen oder tatsächlichen Maßnahmen[1029]. Darüber hinaus entnimmt das BVerfG dem Absatz 1 ein allgemeines Willkürverbot, das selbst dort greift, wo es nicht um Ungleichbehandlungen geht[1030].

Der Schutzbereich des allgemeinen Gleichheitssatzes, Art. 3 Abs. 1 GG, ist grundsätzlich umfassend[1031]. Seinem Anwendungsbereich unterliegen nur diejenigen Bereiche nicht, die von den speziellen Gleichheitsrechten erfasst sind[1032]. Träger des Grundrechts des Art. 3 Abs. 1 GG sind alle natürlichen Personen sowie inländische juristische Personen des Privatrechts[1033], Handelsgesellschaften[1034] und Personengemeinschaften, die nicht allgemeine Rechtsfähigkeit besitzen[1035].

Der allgemeine Gleichheitssatz ist beeinträchtigt, wenn zwei Sachverhalte, die im Wesentlichen gleich sind, ungleich behandelt werden[1036] und dies zu einer Benachteiligung des Betroffenen führt[1037]. Eine solche benachteiligende Ungleichbehandlung führte jedoch nach jahrzehntelanger Rechtsprechung des BVerfG nur dann zu einer Verletzung von Art. 3 Abs. 1 GG, wenn ein vernünftiger, sich aus der Natur der Sache ergebender oder sonstwie sachlich einleuchtender Grund für die gesetzliche Differenzierung oder Gleichbehandlung nicht zu finden war, kurzum, wenn die Bestimmung als willkürlich bezeichnet werden musste[1038]. Der allgemeine Gleichheitssatz wurde mit einem verfassungsrechtlichen Willkürverbot gleichgesetzt[1039]. Diese Gleichsetzung musste umso problematischer werden, je mehr die Freiheitsrechte – und insbesondere auch der mit Art. 3 Abs. 1 parallel zu

1028 Jarass, in: Jarass/Pieroth, Art. 3 Rn. 1.

1029 Jarass, in: Jarass/Pieroth, Art. 3 Rn 1.

1030 BVerfGE 23, 98, 106 f.; 78, 232, 248.

1031 Jarass, in: Jarass/Pieroth, Art. 3 Rn 3.

1032 BVerfGE 59, 128, 156.

1033 BVerfGE 4, 7, 12.

1034 BVerfGE 10, 89, 111.

1035 BVerfGE 23, 353, 373.

1036 Darüber hinaus sieht das BVerfG einen Verstoß auch in der Gleichbehandlung v. wesentlich Ungleichem (BVerfGE 72, 141, 150; 84, 133, 158).

1037 BVerfGE 67, 239, 244. Ob die Benachteilung geringfügig oder gewichtig ist, spielt keine Rolle (BVerfGE 71, 39, 50; anders noch BVerfGE 18, 315, 337).

1038 BVerfGE 1, 14, 52; 1, 247; 4, 155; 5, 24; 6, 136; 7, 315; 9, 81; 12, 348; 14, 150; 15, 320; 17, 330; 18, 46, 124; 20, 33; 21, 9, 227; 40, 4, 108, 116.

1039 Diese Gleichsetzung geschah unter dem Eindruck schweizerischer Vorbilder u. der Arbeiten v. Gerhard Leibholz (insb.: Leibholz, Die Gleichheit vor dem Gesetz, 1. Aufl. 1925; 2., durch ergänzende Beiträge erweiterte Aufl. 1959). So Herzog, in: Maunz-Dürig, Art. 3 Anh. Rn 6.

setzende Art. 2 Abs. 1 – in der Rechtsprechung des Bundesverfassungsgerichts aufgewertet und ausgebaut wurden[1040]. Ausgehend von einer die Willkürformel durchbrechenden Entscheidung des Ersten Senats, in der sich im Hinblick auf Art. 3 I GG die Ausführungen finden,

> „Diese Verfassungsnorm gebietet, alle Menschen vor dem Gesetz gleich zu behandeln. Demgemäß ist dieses Grundrecht vor allem dann verletzt, wenn eine Gruppe von Normadressaten im Vergleich zu anderen Normadressaten anders behandelt wird, obwohl zwischen beiden Gruppen keine Unterschiede von solcher Art und solchem Gewicht bestehen, dass sie die ungleiche Behandlung rechtfertigen könnten." [1041]

hat das BVerfG in den achtziger Jahren die sogenannte „Neue Formel" entwickelt. Sie stellt nunmehr eine Verbindung zwischen dem Grad der Gleich- bzw. Ungleichbehandlung und dem sie rechtfertigenden sachlichen Grund her, indem sie – vereinfacht gesagt – danach fragt, wie und warum differenziert wird. Dabei muss der Grund von solcher Art und solchem Gewicht sein, dass er imstande ist, das Vorgehen der Staatsorgane auch dem Ausmaß nach zu rechtfertigen – er muss, mit anderen Worten, auch im Hinblick auf das Gewicht für den Bürger hinreichend sein[1042].

Das BVerfG hat in der Folgezeit mehrmals versucht, seine bisherige Rechtsprechung zum allgemeinen Gleichheitssatz zusammenzufassen[1043]. Derzeit ist der Rechtsprechung des BVerfG folgende Rechtfertigungsprüfung zu entnehmen: Zunächst ist für die Rechtfertigung einer Ungleichbehandlung ein „hinreichend gewichtiger Grund" erforderlich[1044]. Als Grund für die Ungleichbehandlung, als Differenzierungsgrund kommt jede vernünftige Erwägung in Betracht[1045]. Die Anforderungen an den Differenzierungsgrund fallen jedoch unterschiedlich aus: Sie reichen „je nach Regelungsgegenstand und Differenzierungsmerkmalen vom bloßen Willkürverbot bis zu einer strengen Bindung an Verhältnismäßigkeitserfordernisse[1046]. Entsprechend den unterschiedlichen materiellen Vorgaben vari-

---

1040 So Herzog, in: Maunz-Dürig, Art. 3 Anh. Rn 6.

1041 BVerfGE 55, 72, 88.

1042 Herzog, in: Maunz-Dürig, Art. 3 Anh. Rn 6. Herzog meint weiter, die Behauptung, es sei das Verhältnismäßigkeitsprinzip in die Rspr. zu Art. 3 I eingebaut worden, liege nicht völlig neben der Sache.

1043 So sehr gründlich in BVerfGE 88, 87, 96 f.

1044 BVerfGE 100, 138, 174.

1045 So z. B. die Praktikabilität der Regelung (BVerfGE 17, 337, 354; 41, 126, 288), finanzielle Gesichtspunkte (BVerfGE 3, 4, 11; 75, 40, 72; 87, 1, 45) oder Rechtssicherheit (BVerfGE 15, 313, 319 f.; 48, 1, 22; 72, 302, 327 f.).

1046 BVerfGE 99, 367, 388; 89, 15, 22; 92, 365, 407; 95, 267, 316.

iert auch die gerichtliche Kontrolldichte[1047]. Insgesamt ergibt sich ein Kontinuum von einer sehr großzügigen Prüfung bis zu einer sehr strengen Prüfung[1048].

Eine strenge Prüfung im Sinne einer Verhältnismäßigkeitsprüfung, bei der zu fragen ist, ob der Rechtfertigungsgrund in angemessenem Verhältnis zu dem Grad der Ungleichbehandlung steht[1049], ist durchzuführen, wenn es um die Ungleichbehandlung verschiedener Personengruppen (und nicht nur Sachverhalte) geht[1050], insbesondere, wenn die Benachteiligten den begünstigten Sachverhalt in ihrer Person nicht oder nur schwer erfüllen können[1051], wenn sie die Verwirklichung der Merkmale nur schwer beeinflussen können[1052]. Eine strenge Prüfung ist darüber hinaus dann angebracht, wenn eine staatliche Maßnahme in den Schutzbereich eines anderen Grundrechts eingreift[1053]. Die Prüfung darf hingegen großzügig gehandhabt, d. h. auf eine Willkürprüfung beschränkt werden, wenn nur Sachverhalte (und nicht Personengruppen) ungleich behandelt werden[1054], wenn es sich um gewährende Staatstätigkeit, wie insbesondere Subventionsgewährung, oder wirtschaftslenkende und wirtschaftsordnende Maßnahmen handelt[1055]. Daneben kommt eine großzügige Prüfung in Betracht, wenn die Differenzierung des Gesetzgebers – oder der Verwaltung – bereits im Grundgesetz angelegt ist (im Rahmen der vorliegenden Arbeit ist dabei insbesondere an Art. 20 a GG zu denken) oder bei komplexen Sachverhalten, insbesondere solange noch Erfahrungen gesammelt werden müssen[1056]. In diesen Fällen ist Art. 3 Abs. 1 GG nur verletzt, wenn sich bei objektiver Beurteilung[1057] kein sachlicher Grund für die Ungleichbehandlung finden läßt[1058], wobei die Unsachlichkeit evident sein muss[1059].

Bei den Folgen einer Verletzung des Art. 3 Abs. 1 GG ist zwischen einem Verstoß durch den Gesetzgeber und einem solchen durch die Verwaltung zu diffe-

1047 BVerfGE 88, 87, 96 f.; 89, 15, 23; 99, 367, 389.

1048 Jarass, in: Jarass/Pieroth, Art. 3 Rn 17.

1049 BVerfGE 102, 68, 87.

1050 BVerfGE 75, 348, 357; 78, 232, 247; 88, 87, 96 f.; 100, 195, 205.

1051 BVerfGE 55, 72, 89; 60, 329, 346; 88, 5, 12.

1052 BVerfGE 88, 87, 96; 97, 169, 181; 99, 367, 388.

1053 BVerfGE 74, 9, 24; 88, 87, 96; 89, 69, 89; 91, 346, 363.

1054 Anders jedoch, wenn eine sachverhaltsbezogene Differenzierung mittelbar Personengruppen betrifft; in diesem Fall ist eine genaue Prüfung geboten (BVerfGE 89, 15, 22; 92, 53, 69; 95, 267,316; 99, 367, 388).

1055 BVerfGE 49, 280, 283; 51, 295, 300 ff.; 78, 104, 121; 17, 210, 216.

1056 BVerfGE 33, 171, 189 f.; 54, 11, 37; 70, 1, 34; 78, 249, 288.

1057 BVerfGE 51, 1, 27; 80, 48, 51; 86, 59, 63.

1058 BVerfGE 91, 118, 123; 83, 1, 23; 97, 271, 291.

1059 BVerfGE 88, 87, 97; 89, 132, 142; 99, 367, 389.

renzieren. Bei einer Art. 3 Abs. 1 GG verletzenden Ungleichbehandlung durch den Gesetzgeber gibt es drei Möglichkeiten, diese zu beheben: Die eine Gruppe kann wie die andere behandelt werden, die andere Gruppe wiederum wie die eine oder es können beide Gruppen auf eine neue, dritte Weise behandelt werden[1060]. Der Verstoß der Verwaltung gegen den Gleichheitsgrundsatz (ohne dass ein zugrundeliegendes Gesetz bereits den Verstoß gegen Art. 3 I GG darstellt) wird i. d. R. dadurch behoben, dass die Begünstigung zugunsten des Betroffenen erweitert wird[1061].

bb. Relevanz für die Berücksichtigung von Umweltaspekten im Vergabeverfahren

Eine Ungleichbehandlung von Unternehmen im Rahmen eines Vergabeverfahrens kommt insbesondere durch die Wahl des Auftragsgegenstandes (Bedarfsdefinition) und die Leistungsbeschreibung sowie die Aufstellung und Anwendung von Eignungs- und Zuschlagskriterien in Betracht.

Es ist nun zu fragen, an welcher Rechtfertigungsprüfung die Ungleichbehandlung bei der öffentlichen Auftragsvergabe zum Zwecke des Umweltschutzes zu messen ist. In der Regel wird die Umweltanforderung des öffentlichen Auftraggebers an dem Auftragsgegenstand oder an dem Verhalten des Unternehmens anknüpfen, nicht hingegen an dem Verhalten der Person des Unternehmensinhabers selbst, was ohnehin nur bei Personengesellschaften in Betracht kommt. Es werden mithin i. d. R. nicht verschiedene Personengruppen, sondern Sachverhalte ungleich behandelt. Daneben sind Umweltanforderungen in der Regel solche Anforderungen, auf die sich Unternehmen einstellen und deren Verwirklichung sie beeinflussen können, beispielsweise, indem sie ein Umweltmanagementsystem einführen, ihre Produkte abfallwirtschaftlich sinnvoll und damit umweltfreundlich verpacken usw. Schließlich ist bei einer dem Umweltschutz dienenden öffentlichen Auftragsvergabe die Differenzierung bereits durch Art. 20 a GG in der Verfassung selbst angelegt. Die Ungleichbehandlung seitens des öffentlichen Auftraggebers kann daher i. d. R. anhand der großzügigeren Prüfung, die auf eine reine Willkürprüfung beschränkt ist, geprüft werden. Die Ungleichbehandlung des öffentlichen Auftraggebers führt folglich in der Vielzahl der Fälle nur dann zu einer Verletzung von Art. 3 Abs. 1 GG, wenn sich bei objektiver Beurteilung offensichtlich kein sachlicher Grund für die Ungleichbehandlung finden lässt. Dies wird selten der Fall sein, ist jedoch abhängig vom Einzelfall.

1060 Pieroth/Schlink, Rn 529.

1061 Jarass, in: Jarass/Pieroth, Art. 3 Rn 30.

c. Art. 12 Abs. 1 GG Berufsfreiheit

aa. Allgemeines

Art. 12 Abs. 1 GG garantiert die Berufsfreiheit als ein einheitliches Grundrecht[1062], das sowohl die Berufswahl- als auch die Berufsausübungsfreiheit[1063] umfasst[1064]. Art. 12 Abs. 1 GG ist lex specialis für das Gebiet des Berufsrechts[1065].

Unter „Beruf" i.S.v. Art. 12 Abs. 1 GG ist jede auf Dauer angelegte, wirtschaftlich sinnvolle, erlaubte, in selbständiger oder unselbständiger Stellung ausgeübte Tätigkeit zu verstehen, die für den Grundrechtsträger im Sinne seiner Selbstverwirklichung[1066] Lebensgrundlage ist[1067]. Seinem sachlichen Umfang nach erstreckt sich der Grundrechtsschutz generell auf den Beruf in all seinen Aspekten[1068]. Die Berufsausübungsfreiheit speziell hat das „Wie", d.h. die Art und Weise der beruflichen Tätigkeit zum Gegenstand[1069].

Träger des Grundrechts sind nur Deutsche[1070]; für Ausländer gilt Art. 2 Abs. 1 GG[1071], für EU-Bürger außerdem Art. 12 EG. Inländischen juristischen Personen des Privatrechts garantiert Art. 12 Abs. 1 i. V. m. Art. 19 Abs. 3 GG die Freiheit, ein Gewerbe zu betreiben, soweit diese Erwerbstätigkeit ihrem Wesen und ihrer Art nach in gleicher Weise von einer juristischen wie von einer natürlichen Person ausgeübt werden kann[1072].

Die Berufsfreiheit wird zum einen durch Regelungen mit Berufsbezug beeinträchtigt, die die berufliche Betätigung ganz oder teilweise unterbinden oder sonst dafür sorgen, dass sie „nicht in der gewünschten Weise ausgeübt werden kann"[1073]. Vorschriften ohne berufsregelnde Zielrichtung können auf Grund ihrer

1062 BVerfGE 92, 151; 95, 214; BVerwGE 91, 33.

1063 S. dazu BVerfGE 7, 402.

1064 Daneben garantiert Art. 12 Abs. 1 GG die Freiheit der Arbeitsplatzwahl u. das Recht auf freie Wahl der Ausbildungsstätte; BGHZ 38, 16; BVerfGE 33, 329 f.

1065 Es hat grundsätzlich Vorrang vor Art. 2 Abs. 1 (BVerfGE 68, 223 f. m. w. N.) u. vor Art. 12 Abs. 2 GG (BVerfGE 22, 383; 47, 319). Für die Abgrenzung zu Art. 14 GG ist wesentlich, dass Art. 14 das Erworbene, das Ergebnis der Betätigung schützt, Art. 12 Abs. 1 dagegen den Erwerb, die Betätigung selbst (BVerfGE 88, 377).

1066 Vgl. auch BVerfGE 81, 254.

1067 BVerfGE 7, 397 ff.; 50, 362.

1068 BVerfGE 97, 253 für die wirtschaftliche Verwertung der beruflich erbrachten Leistung.

1069 BVerfGE 30, 313. Im Einzelnen geht es dabei um die Bedingungen, unter denen sich die berufliche Betätigung vollzieht, u. die Modalitäten, in denen sie abläuft (BVerfG, DBVl. 1991, 205).

1070 BVerfGE 78, 196; BVerwGE 49, 294.

1071 BVerfGE 78, 196 f.

1072 BVerfGE 74, 129 f. m. w. N.

1073 BVerfGE 82, 209, 223.

mittelbaren oder tatsächlichen Auswirkungen den Schutzbereich beeinträchtigen[1074]. Die Auswirkungen müssen jedoch von einigem Gewicht sein und einen konkreten Kreis von Personen in ihrer Berufsfreiheit betreffen[1075] bzw. „in einem engen Zusammenhang mit der Ausübung des Berufs stehen und objektiv eine berufsregelnde Tendenz deutlich erkennen lassen“[1076]. Fehlt es daran, liegt nur ein Eingriff in die allgemeine Handlungsfreiheit „in ihrer Ausgestaltung als wirtschaftliche Betätigungsfreiheit“ vor[1077]. Der Schutzbereich kann weiter durch Realakte[1078] und Verwaltungsvorschriften[1079] verletzt werden.

Die freie Wahl und Ausübung von Berufen führt zum Wettbewerb zwischen Unternehmen, Handel- und Gewerbetreibenden und Freiberuflern[1080]. Art. 12 Abs. 1 GG hat also eine wettbewerbsfördernde Wirkung und schützt nicht vor der Zulassung von Konkurrenten[1081]. Es gibt kein Recht auf Erhaltung eines bestimmten Geschäftsumfangs und auf Sicherung weiterer Erwerbsmöglichkeiten[1082]. Das Grundrecht ist aber beeinträchtigt, wenn der Staat das Verhalten der Unternehmen im Wettbewerb regelt[1083]. Dafür „genügt, dass durch staatliche Maßnahmen der Wettbewerb beeinflusst und die Ausübung einer beruflichen Tätigkeit behindert wird“[1084]. Dies gilt auch für die Begünstigung von Konkurrenten[1085]. Voraussetzung ist, dass die Regelung eine berufsregelnde Tendenz besitzt; fehlt diese Tendenz, ist Art. 2 Abs. 1 einschlägig[1086]. Eine berufsregelnde Tendenz kommt einer Vorschrift regelmäßig zu, wenn sie ausschließlich oder im Wesentlichen nur auf berufliche Tätigkeiten anwendbar ist[1087].

Art. 12 Abs. 1 S. 2 GG enthält einen Regelungsvorbehalt zugunsten einer konkretisierenden Grenzziehung[1088]. Von dieser Ermächtigung kann durch Gesetz

1074 BVerfGE 13, 181, 185 f.; 61, 291, 308; 81, 68, 121 f.

1075 BVerfGE 47, 1, 21.

1076 BVerfGE 70, 191, 214; 13, 181, 186; 52, 42, 54; 55, 25 ff.; BVerwG, NVwZ 1989, 1175.

1077 BVerfGE 37, 18; 55, 7, 25 ff.

1078 Jarass, in: Jarass/Pieroth Art. 12 Rn 13.

1079 BVerwGE 75, 109, 115.

1080 Jarass, in: Jarass/Pieroth Art. 12 Rn 14.

1081 BVerfGE 34, 252, 256; 55, 261, 269; BVerwG, DVBl. 1983, 1251.

1082 BVerfGE 24, 236, 251; 34, 252, 256; BVerwGE 71, 183, 193.

1083 BVerfGE 32, 311, 317; 46, 120, 137 f.

1084 BVerfGE 32, 311, 317; 46, 120, 137 f.

1085 BVerfGE 82, 209, 224; BVerwGE 71, 183, 191.

1086 Jarass, in: Jarass/Pieroth Art. 12 Rn 14.

1087 Jarass, in: Jarass/Pieroth Art. 12 Rn 11.

1088 BVerfGE 7, 403 f.

oder aufgrund Gesetzes, also in Form von Rechtsverordnungen, nicht hingegen durch Verwaltungsvorschriften[1089], Gebrauch gemacht werden. Beschränkende Regelungen müssen in jeder Hinsicht verfassungsgemäß sein, insbesondere verhältnismäßig. Das BVerfG hat in diesem Zusammenhang die sogenannte Stufentheorie entwickelt[1090]. Danach ist die Regelungsbefugnis des Normgebers inhaltlich umso freier, je mehr sie auf reine Ausübungsregeln zielt, und umso begrenzter, je mehr sie die Berufswahl berührt[1091].

Verstößt eine Vorschrift gegen Art. 12 Abs. 1 GG, ist sie regelmäßig nichtig. In Sonderfällen ist aber eine „bloße" Verfassungswidrigkeit möglich, so, wenn der Verfassungsverstoß auch durch eine Ergänzung oder Änderung des Gesetzes behoben werden kann[1092]. Bis zu der Änderung kann das Gesetz von Gerichten und Behörden nicht mehr angewandt werden, soweit das BVerfG zur Vermeidung eines Rechtsvakuums nichts anderes vorsieht[1093]. Art. 12 Abs. 1 GG verletzende Realakte und Verwaltungsvorschriften sind rechtswidrig.

bb. Relevanz für die Berücksichtigung von Umweltaspekten im Vergabeverfahren

Das Grundrecht der Berufsfreiheit spielt eine praktisch geringere Rolle als der Gleichheitssatz des Art. 3 Abs. 1 GG. Die Vergabe eines Auftrages durch die öffentliche Hand stellt keinen Eingriff in die Berufsfreiheit der erfolglosen Bieter dar, selbst dann, wenn die Vergabe rechtswidrig unter Anwendung unzulässiger Vergabekriterien erfolgte, da hierdurch schon nicht der Schutzbereich des Art. 12 Abs. 1 GG berührt ist. Das Grundrecht der Berufsfreiheit gibt dem unterlegenen Bieter keinen Anspruch darauf, dass der Staat mit ihm einen Beschaffungsvertrag abschließt oder bei der Auftragsvergabe rechtmäßig vorgeht[1094]. Auch die Verbindung der Beschaffung mit Umweltanforderungen berührt nicht die Berufsfreiheit. Mit anderen Worten: Wenn der öffentliche Auftraggeber einem Unternehmen den Zuschlag erteilt, weil dieser eine bestimmte Umweltanforderung des Auftraggebers besser erfüllt als ein anderes Unternehmen, so liegt hierin kein Eingriff in die Berufsfreiheit des nicht zum Zuge gekommenen Unternehmens[1095].

1089 BVerfGE 80, 265 f.; BVerwGE 51, 239; 75, 116 f.

1090 Apothekenurt. BVerfGE 7, 405 ff.

1091 BVerfGE 7, 403.

1092 BVerfGE 81, 242, 243.

1093 BVerfGE 73, 40, 101 f.

1094 So u. a. auch Boesen, Einl. Rn 89; Pietzcker, in: Motzke/Pietzcker/Prieß, Syst. VIII Rn 53; Burgi, NZBau 2001, 64, 66 li. Sp.; Meyer, S. 302.

1095 Allg. auch Burgi, NZBau 2001, 46, 66 li. Sp.

Zu einem gegenteiligen Ergebnis würde man bei Anwendung der These Puhls gelangen, der meint, dass in jeder öffentlichen Auftragsvergabe eine „staatliche Ingerenz in den Marktwettbewerb" liege, das zum Zuge gekommene Unternehmen in seiner Wettbewerbsposition stärke und damit die anderen behindere[1096]. Diese These setzt jedoch zu Unrecht voraus, dass es zum Schutzbereich von Art. 12 Abs. 1 GG gehört, dass der Staat entweder gar keine Aufträge erteilt oder aber – wenn doch – alle Unternehmen berücksichtigt[1097].

Art. 12 Abs. 1 GG könnte betroffen sein, wenn der (Bundes- oder Landes-) Gesetzgeber gesetzlich regeln würde, dass solche Unternehmen nicht an Vergabeverfahren teilnehmen dürfen, die in der Vergangenheit Umweltstraftaten begangen haben oder die kein zertifiziertes Umweltmanagementsystem in ihren Betrieben vorhalten.

Fraglich ist, ob solche Regelungen, die einem Unternehmen von vornherein die Teilhabe an öffentlichen Aufträgen verweigern, einen Eingriff in Art. 12 Abs. 1 GG darstellen. Huber meint, die Wettbewerbsfreiheit als Teil der Berufsfreiheit des Art. 12 Abs. 1 GG gewähre das Recht, mit Aussicht auf Erfolg an einer Ausschreibung teilzunehmen. Auftragssperren und generelle Ausschlussregelungen seien daher Eingriffe in Art. 12 Abs. 1 GG.[1098] Meyer, die Hubers' Ansicht zugrundeliegende Prämisse, die Möglichkeit zum Vertragsschluss mit der öffentlichen Hand falle in den Schutzbereich des Art. 12 Abs. 1 GG, einem Vergleich mit der unter Privaten geltenden Vertragsfreiheit unterzieht, meint, in dem Verhältnis Unternehmen als Grundrechtsträger und Staat gewähre die – zwischen Privaten einschlägige – Vertragsfreiheit keinen Schutz. Wenn der Staat sich selbst bei der Auswahl seiner Vertragspartner im Bereich der öffentlichen Auftragsvergabe Beschränkungen auferlege, sei dies auf grundrechtlicher Ebene allein eine Frage des Art. 3 Abs. 1 GG.[1099]

Da nur solche Regelungen zu einem Eingriff in das Grundrecht des Art. 12 Abs. 1 GG führen können, die einen Berufsbezug oder zumindest eine berufsregelnde Tendenz aufweisen, ist zu fragen, ob dies bei den hier in Rede stehenden Vorschriften gegeben ist. Die Bestimmungen, die öffentlichen Auftraggebern vorschreiben, nur solchen Unternehmen die Teilnahme an Vergabeverfahren zu ermöglichen, die in einem bestimmten Aspekt „umweltfreundlich" sind, unterbinden die berufliche Betätigung nicht. Sie haben mithin keinen unmittelbaren Berufsbezug. Sie wollen vielmehr das Verhalten öffentlicher Auftraggeber bei der Beschaffung vereinheitlichen und lenken, um ein bestimmtes Ziel – das des

1096 Puhl, VVDStRL 60 (2001), 456, 482.

1097 Hierauf weist zu Recht Meyer, S. 303, hin.

1098 Huber, S. 444.

1099 Meyer, S. 306, 307, 308.

Umweltschutzes – zu fördern. Die Regelung der unternehmerischen Tätigkeit – umweltfreundliches Verhalten – ist, wenn überhaupt, nur mittelbares Ziel. Vorschriften ohne berufsregelnde Zielrichtung können zwar auf Grund ihrer mittelbaren oder tatsächlichen Auswirkungen den Schutzbereich von Art. 12 Abs. 1 GG beeinträchtigen, wenn ihre Auswirkungen von einigem Gewicht sind und einen konkreten Kreis von Personen in ihrer Berufsfreiheit betreffen bzw. „in einem engen Zusammenhang mit der Ausübung des Berufs stehen und objektiv eine berufsregelnde Tendenz deutlich erkennen lassen"[1100]. Die hier in Rede stehenden Vorschriften sind aber nicht ausschließlich oder auch nur im Wesentlichen nur auf berufliche Tätigkeiten anwendbar und betreffen auch nicht einen konkreten Kreis von Personen. Sie schließen vielmehr von vornherein eine unbegrenzte Anzahl von Unternehmen jeder Art und Weise von der Teilnahme an Vergabeverfahren aus. Im übrigen dürften ihre Auswirkungen von eher geringem Gewicht sein, denn den Unternehmen steht es ja weiterhin frei, sie beruflich bzw. unternehmerisch außerhalb des öffentlichen Auftragswesens zu betätigen. Es kommt im Hinblick auf die vorgenannten Regelungen lediglich ein Eingriff in die allgemeine Handlungsfreiheit „in ihrer Ausgestaltung als wirtschaftliche Betätigungsfreiheit" in Betracht[1101].

d. Art. 2 Abs. 1 GG Allgemeine Handlungsfreiheit

aa. Allgemeines

Das Grundrecht der allgemeinen Handlungsfreiheit in Art. 2 Abs. 1 GG schützt als „Hauptfreiheitsrecht"[1102] vor allem den Menschen als handelnde Person. Art. 2 Abs. 1 GG ist Ausgangspunkt aller subjektiven Abwehrrechte des Bürgers gegen Eingriffe des Staates[1103] und Grundrecht im Sinne eines subjektiven Rechts[1104]. Das Grundrecht hat eine lückenschließende Auffangfunktion[1105]; es greift immer dann ein, wenn bestimmte Lebensbereiche nicht durch besondere Grundrechte geschützt sind[1106]. Es ist subsidiär gegenüber den speziellen Einzelfreiheitsrechten[1107].

1100 S. o. S. 206.

1101 Vgl. BVerfGE 37, 18; 55, 7, 25 ff.

1102 Hamann/Lenz, Art. 2 Anm. A 3.

1103 BVerfGE 6, 36; 95, 363.

1104 BVerfG in std. Rspr.; vgl. z. B. BVerfGE 1, 237; 6, 36; 74, 151.

1105 BVerfGE 65, 297; 77, 118.

1106 BVerfGE 23, 55 f.

1107 BVerfGE 32, 107; 67, 171.

Das Grundrecht der allgemeinen Handlungsfreiheit steht Jedermann zu, auch juristischen Personen des Privatrechts[1108] und anderen Personengesamtheiten wie z. B. Handelsgesellschaften[1109]. Im wirtschaftlichen Bereich hat Art. 2 Abs. 1 GG – neben dem Schutz der Selbstverwirklichung des Menschen[1110] – erhebliche Bedeutung. So schützt es die Freiheit im wirtschaftlichen Verkehr und den Abschluss von Verträgen[1111], die unternehmerische Handlungsfreiheit[1112] und die Wettbewerbsfreiheit[1113]. In diesem Bereich wird z. T. ein weitestgehender Vorrang von Art. 12 angenommen[1114]. Art. 12 Abs. 1 GG ist jedoch nur bei Maßnahmen mit berufsregelnder Tendenz einschlägig; fehlt sie, wird die wirtschaftliche Betätigung durch Art. 2 Abs. 1 GG geschützt[1115].

Mit dem sehr weiten Schutzbereich des Art. 2 Abs. 1 GG korrespondiert die Vielfältigkeit möglicher Eingriffe durch den Staat. Das Grundrecht des Art. 2 Abs. 1 GG wird durch jede Regelung der öffentlichen Gewalt beeinträchtigt, die das geschützte Verhalten regelt, sei es durch positive oder negative Pflichten in der Sache, sei es durch Genehmigungsvorbehalte[1116], daneben durch Verweigerung von Teilhabe und Leistung[1117], aber auch durch privatrechtliche Vorschriften[1118].

Ungeklärt ist, ob und wie weit Art. 2 Abs. 1 GG Schutz vor faktischen und mittelbaren Beeinträchtigungen des Staates bietet. Im Bereich des wirtschaftlichen Wettbewerbs soll das Grundrecht der allgemeinen Handlungsfreiheit gegen faktische Beeinträchtigungen Schutz bieten, etwa durch die Erteilung von Ausnahmegenehmigungen an Konkurrenten[1119], die Gestattung höherer Entgelte für Konkurrenten[1120] oder die Vergabe von Subventionen an Konkurrenten[1121]. Stets muss aber die Beeinträchtigung von erheblichem Gewicht sein[1122].

1108 BVerfGE 10, 225.

1109 BVerfGE 10, 99; 23, 30.

1110 Der sehr weite Umfang des Schutzbereiches wird durch die kaum noch zu überblickende Rspr. verdeutlicht.

1111 BVerfGE 12, 341, 347; 70, 115, 123; 73, 261, 270; 74, 129, 152.

1112 BVerfGE 50, 290, 366; 65, 196, 210.

1113 BVerwGE 30, 189.

1114 Erichsen, in: Isensee/Kirchhof, HbStR VI 1211 f.; Breuer, in: Isensee/Kirchhof, HbStR VI 922 ff.

1115 Jarass, in: Jarass/Pieroth, Art. 2 Rn 4.

1116 Jarass, in: Jarass/Pieroth, Art. 2 Rn 10.

1117 Jarass, in: Jarass/Pieroth, Art. 2 Rn 12.

1118 Jarass, in: Jarass/Pieroth, Art. 2 Rn 13.

1119 BVerwGE 65, 167, 174.

1120 BVerwGE 60, 154, 159.

1121 BVerwGE 30, 191; 60, 154, 160.

1122 Jarass, in: Jarass/Pieroth, Art. 2 Rn 11.

Dem sehr weiten Schutzbereich des Art. 2 Abs. 1 GG entsprechend gibt es einen umfangreichen Schrankenbereich, der über den anderer Grundrechte erheblich hinausgeht. Beeinträchtigungen des Grundrechts der allgemeinen Handlungsfreiheit können zum einen mit Rechten anderer, d.h. subjektiven Rechten Dritter[1123] gerechtfertigt werden, zum anderen mit der verfassungsmäßigen Ordnung, worunter im Rahmen des Art. 2 Abs. 1 GG die gesamte Rechtsordnung verstanden wird[1124]. Den anhand der Schranken gerechtfertigten Eingriffen seitens des Staates sind wiederum Grenzen durch die sogenannten Schranken-Schranken, insbesondere den Grundsatz der Verhältnismäßigkeit[1125] gesetzt[1126].

bb. Relevanz für die Berücksichtigung von Umweltaspekten im Vergabeverfahren

Art. 2 Abs. 1 GG kommt im Hinblick auf die vorliegende Untersuchung insbesondere als Schutz gegen faktische Beeinträchtigungen im Rahmen des wirtschaftlichen Wettbewerbs Bedeutung zu. Wenn ein Unternehmen seitens der Vergabestelle den Zuschlag erhält, obwohl es einen höheren Preis hat, etwa weil es über ein Umweltmanagementsystem verfügt, umweltschonend produziert oder das angebotene Produkt mit dem Umweltzeichen ausgezeichnet ist, wird von der Vergabestelle einem Konkurrenten ein höheres Entgelt gestattet. Nach dem oben gefundenen Ergebnis kann die Erteilung eines Zuschlags auf ein umweltfreundliches Angebot dann eine Beihilfe in Höhe der Differenz zum wirtschaftlich günstigsten Angebot darstellen, wenn sie unter Verstoß gegen vergaberechtliche Bestimmungen erfolgte. Art. 2 Abs. 1 GG kann in diesem Zusammenhang relevant werden.

Zu einer Rechtfertigung der Subventionierung durch öffentliche Auftragsvergabe könnte Art. 20 a GG führen, der – wie oben festgestellt[1127] – den Staat zu unmittelbar finanzwirksamen Maßnahmen verpflichtet und damit erst recht zu nur mittelbar finanzwirksamen Maßnahmen. In jedem Fall wird sodann der Verhältnismäßigkeitsgrundsatz zu beachten sein. Nach der Rechtsprechung des

1123 Bloße (wirtschaftliche) Interessen genügen nicht; Jarass, in: Jarass/Pieroth Art. 2 Rn 15 m.w.N.

1124 Mithin alle formell u. materiell verfassungsgemäßen Rechtsnormen (BVerfGE 6, 37 f.; 55, 165; 95, 306). Verwaltungsvorschriften genügen nicht (Jarass, in: Jarass/Pieroth Art. 2 Rn 17). Der dritte Bestandteil der sog. Schrankentrias in Art. 2 Abs. 1 GG, die Sittengesetze, gehen in der verfassungsmäßigen Ordnung auf u. haben mithin keine eigenständige Bedeutung.

1125 BVerfGE 17, 313 f.; 55, 165 ff.; 80, 153.

1126 Die Beeinträchtigung der allg. Handlungsfreiheit bzw. der wirtschaftlichen Betätigung aufgrund subjektiver Rechte Dritter oder verfassungsgemäßer Rechtsnormen muss damit insb. zur Verfolgung eines legitimen Zweckes geeignet, erforderlich u. angemessen sein.

1127 Ob Art. 20 a GG eine so weitreichende Bedeutung hat, ist jedoch zweifelhaft.

Bundesverwaltungsgerichts ist die Wettbewerbsfreiheit allerdings erst dann beeinträchtigt, wenn das nicht begünstigte Unternehmen in seinen Wettbewerbsmöglichkeiten „in unerträglichem Maße eingeschränkt" oder „unzumutbar geschädigt" wird[1128]. Das Schrifttum bejaht einen Eingriff bereits unterhalb dieser Schwelle. Die Beeinträchtigung der Wettbewerbsposition des nicht begünstigten Konkurrenten muss eine „gewisse Erheblichkeit" aufweisen[1129].

Wenn die Subventionierung umweltfreundlicher Unternehmen mittels öffentlicher Auftragsvergabe die Erheblichkeitsschwelle übersteigt, liegt ein Eingriff in die Wettbewerbsfreiheit vor. Ein Eingriff ist damit grundsätzlich denkbar, letztlich jedoch eine Frage des Einzelfalles.

II. Weitere Anforderungen des Grundgesetzes

Zu den tragenden Prinzipien der rechtsstaatlichen und demokratischen Ordnung des Grundgesetzes zählt der Grundsatz der Gesetzmäßigkeit der Verwaltung. Er umfasst Vorrang und Vorbehalt des Gesetzes. Vorrang des Gesetzes bedeutet: Bindung an das Gesetz. Vorbehalt des Gesetzes bedeutet: Notwendigkeit einer gesetzlichen Grundlage für das Handeln der Verwaltung. Die durch diese Grundsätze aufgeworfenen Fragen im Rahmen der Umweltaspekte einbeziehenden öffentlichen Auftragsvergabe sollen nachfolgend geklärt werden.

1. Vorrang des Gesetzes

Vorrang des Gesetzes bedeutet zunächst nichts anderes als Bindung der Verwaltung an das geltende Recht: Die Verwaltung darf bei ihrem Handeln nicht gegen Rechtsnormen verstoßen (Art. 20 Abs. 3 GG). Dies gilt für jegliches Verwaltungshandeln unabhängig von der Rechtsform[1130].

Im Zusammenhang mit der Einbeziehung von Umweltaspekten bei der Vergabe öffentlicher Aufträge stellen sich im Zusammenhang mit Art. 20 Abs. 3 GG zwei Fragen: Zum einen ist fraglich, ob Umweltrechtsnormen, die bestimmte Verhaltenspflichten normieren sowie ihre Durchsetzung und Ahndung etwaiger Verstöße regeln, einer Berücksichtigung dieser Verhaltenspflichten, ihrer Durchsetzung oder Ahndung bei der öffentlichen Auftragsvergabe entgegenstehen. Zum

1128 BVerwGE 30, 191, 198 f.

1129 Manssen, in: v. Mangoldt/Klein/Starck, Art. 12 Rn 95 spricht v. „spürbarer Verschlechterung", Schenke, Rn 523, v. „erheblichen Marktvorteilen".

1130 Degenhart, Rn 276.

anderen ist fraglich, ob Anforderungen öffentlicher Auftraggeber, die über die gesetzlich normierten Pflichten hinausgehen, wegen eines Verstoßes gegen den Vorrang des Gesetzes rechtswidrig sind.

Konkret hat der öffentliche Auftraggeber die Möglichkeit, Verhaltenspflichten aus dem Bereich des Umweltrechts mit der Aufstellung und Anwendung von Ausschlusskriterien oder zusätzlichen Vertragsbedingungen, deren Nichteinhaltung mit Rücktritts- oder Kündigungsrechten sowie Vertragsstrafen verbunden sind, aufzugreifen oder zu erweitern. Im Hinblick auf die erstgenannte Kategorie, das Aufgreifen von Gesetzesanforderungen, wird man sagen müssen, dass die entsprechenden Gesetze nicht in dem Sinne abschließend sind, dass sie jede andere Form negativer staatlicher Reaktion ausschließen, zumal in der Regel besondere Gründe für die Berücksichtigung von Gesetzesverstößen im Rahmen der öffentlichen Auftragsvergabe bestehen. So wird es einem öffentlichen Auftraggeber nicht zuzumuten sein, mit einem Unternehmen bei einem umweltsensiblen Auftrag zusammenzuarbeiten, dessen Geschäftsführer bereits wegen einer Umweltstraftat verurteilt wurde. Ebensowenig ist es öffentlichen Auftraggebern versagt, bei ihren Anforderungen über geltende Umweltrechtsnormen hinauszugehen, denn die entsprechenden Gesetze werden in aller Regel nur einen Mindeststandard enthalten und sind auch in dieser Hinsicht nicht abschließend zu verstehen. Es steht ihnen mithin frei, wie private Nachfrager auch, die eigenen Anforderungen zu definieren und von ihren Vertragspartnern zu verlangen.[1131]

2. Vorbehalt des Gesetzes

Mit „Vorbehalt des Gesetzes" wird das Erfordernis einer besonderen gesetzlichen Grundlage für ein Handeln der Verwaltung bezeichnet[1132]. Der Grundsatz wird in Art. 20 Abs. 3 GG nicht ausdrücklich angesprochen, jedoch dort vorausgesetzt, da die Bindung der Verwaltung an das Gesetz gegenstandslos wäre, könnte sie nach ihrem Ermessen ohne Bindung an eine gesetzliche Ermächtigung tätig werden[1133]. Während der Vorbehalt des Gesetzes für Eingriffsakte, also belastende Maßnahmen der Verwaltung, als gesichert und unumstritten vorausgesetzt werden kann, ist seine Geltung für den Bereich der Leistungsverwaltung nach wie vor umstritten[1134]. Ebenfalls unklar ist, inwieweit er im Bereich der öffentlichen Auftragsvergabe und dort insbesondere für die Einbeziehung von Umweltaspekten

1131 Ebenso Meyer, S. 404, 406.

1132 Degenhart, Rn 278.

1133 Hesse, § 6 II Rn 201.

1134 Degenhart, Rn 278, 285.

Geltung beansprucht. Die Frage lautet, ob die Einbeziehung von Umweltaspekten in das Vergabeverfahren einer gesetzlichen Ermächtigung bedürfen.

Die geltende Rechtslage ist diesbezüglich in den Bereichen unterhalb und oberhalb der Schwellenwerte unterschiedlich ausgestaltet. Das öffentliche Auftragswesen ist für Aufträge mit Volumina oberhalb der Schwellenwerte des § 2 VgV, der die Schwellenwerte der EG-Vergaberichtlinien umsetzt, in den §§ 97 ff. GWB, der Vergabeverordnung und den aufgrund der dortigen Verweisung zu Rechtsverordnungen hochgestuften Bestimmungen der Verdingungsordnungen umfassend gesetzlich geregelt. Für die Einbeziehung von über die Kriterien Fachkunde, Leistungsfähigkeit und Zuverlässigkeit hinausgehende Kriterien enthält § 97 Abs. 4, 2. HS GWB einen Gesetzesvorbehalt, der auch durch den Landesgesetzgeber ausgefüllt werden kann.

Unterhalb der Schwellenwerte ist das öffentliche Auftragswesen in § 30 HGrG, § 55 BHO und den entsprechenden Vorschriften der Landeshaushaltsordnungen geregelt. Die Verdingungsordnungen sind durch Verwaltungsanweisungen anzuwenden und haben daher in diesem Bereich den Charakter von Verwaltungsvorschriften. Die Einbeziehung von politischen Zielen dienenden Anforderungen ist i. d. R. ebenfalls durch Verwaltungsvorschriften vorgegeben. Dies wird im Schrifttum zum Teil wegen ihrer Grundrechtsrelevanz und ihrer Wesentlichkeit für nicht ausreichend erachtet[1135]. Pietzcker hingegen meint, eine gesetzliche Festlegung sei praktikabel und für den Gleichheitsschutz wünschenswert, jedoch verfassungsrechtlich nicht gefordert[1136]. Aus dem Kreis der jüngst geäußerten Stimmen ist die Meyers hervorzuheben, die angesichts der Bedeutsamkeit der öffentlichen Auftragsvergabe für die Berufsausübung vieler Unternehmen und der Bedeutung für die öffentlichen Haushalte dafür plädiert, dass der Gesetzgeber „jedenfalls die wichtigsten Entscheidungen“ treffen sollte[1137]. Dies soll nach Meyer die Regelung der Vergabeverfahrensarten umfassen und die Grundsatzentscheidungen in Bezug auf Eignungs- und Zuschlagskriterien. Danach wäre zumindest die Entscheidung, ob nur neutrale Kriterien angewandt oder auch politische Ziele einbezogen werden sollten sowie die Entscheidung, welches Zuschlagskriterium (Preis oder wirtschaftlichstes Angebot) zur Anwendung kommen sollte, vom Parlamentsgesetzgeber zu regeln. Das Vorgehen öffentlicher Auftraggeber bei der Bedarfsdefinition und der Leistungsbeschreibung obliege diesen hingegen wegen der „Beschaffungsautonomie“ in eigener Verantwortung.[1138]

1135 Kunert, S. 140 ff.; Wallerath, S. 424 ff.

1136 Pietzcker, Staatsauftrag, S. 387; ders., AöR 107, 61, 78.

1137 Meyer, S. 388.

1138 Meyer, S. 390 – 396.

Es spricht vieles dafür, zumindest die Grundentscheidungen der Ausgestaltung der öffentlichen Auftragsvergabe einer Regelung im parlamentarischen Verfahren, das eine Diskussion unter Beteiligung der Opposition und der Öffentlichkeit gewährleistet, zu unterziehen. Insbesondere die bestehende Rechtsunsicherheit im Bereich der Einbeziehung politischer Zielsetzungen könnte hierdurch ein Ende finden. Die Berücksichtigung von (umwelt-) politischen Zwecken dienenden Anforderungen und Kriterien durch öffentliche Auftraggeber wäre nicht länger mit dem Makel des Unrechtmäßigen behaftet bzw. würde aus der „Grauzone" des verwaltungsinternen Rechts herausgehoben. Die Anträge des Umweltausschusses und des Landes Hessen an den Bundesrat im Rahmen des Gesetzgebungsverfahrens zum Vergaberechtsänderungsgesetz[1139] waren daher durchaus zustimmungsfähig. Mit ihrer Annahme und Umsetzung wäre dem Gesetzesvorbehalt Rechnung getragen worden.

III. Übertragung der gewonnenen Erkenntnisse auf die Beispielsfälle

1. Beispiel 1

Die Ausschreibung des UBA für den Geschäftsbereich des BMU zielt auf den Einkauf von Strom aus erneuerbaren Energien (Öko-Strom) ab. Der bereitgestellte Strom muss zu 100% aus erneuerbaren Energiequellen stammen (Wasser, Windenergie, Solarstrahlung, Geothermie, Deponie-, Klär- und Biogas, Biomasse). Dies bedeutet, dass konventionelle Energieversorgungsunternehmen, die Strom in Kern- und Kohlekraftwerken erzeugen, von der Teilnahme an dem Vergabeverfahren von vornherein ausgeschlossen sind. Dies bedarf im Hinblick auf den Gleichbehandlungsgrundsatz in Art. 3 Abs. 1 GG einer näheren Prüfung.

Indem das UBA nur Angebote von Öko-Strom-Anbietern, die zu 100% Strom aus erneuerbaren Energien liefern, zulässt, schließt es konventionelle Stromanbieter aus. Bei beiden Gruppen handelt es sich um Stromversorgungsunternehmen. Der Bezugspunkt zur Feststellung der Vergleichbarkeit, das sog. tertium comparationis, ist die Stromerzeugung oder Stromversorgung. Die beiden Sachverhalte unterscheiden sich lediglich dahingehend, dass der angebotene Strom auf unterschiedliche Art und Weise erzeugt wurde. Zwei im Wesentlichen gleiche Sachverhalte werden von dem UBA in seiner Ausschreibung mithin ungleich behandelt.

Für diese Ungleichbehandlung müsste dem UBA ein rechtfertigender sachlicher Grund zur Verfügung stehen. Da es sich um die Ungleichbehandlung zweier

---

1139 S. o. Kap. 1. A. IV.

Sachverhalte – und nicht Personengruppen – handelt, denn es geht um unternehmerische Tätigkeit und nicht um das Verhalten von Personen, ist eine großzügige Prüfung in Form der Willkürprüfung ausreichend, zumal sich die Unternehmen auf Umweltanforderungen öffentlicher Auftraggeber grundsätzlich einstellen können und die Differenzierung in Art. 20 a GG grundsätzlich bereits vorgegeben ist. Die im Rahmen der Willkürprüfung die Ungleichbehandlung rechtfertigende vernünftige Erwägung, der sachlich einleuchtende Grund, ist der von dem UBA verfolgte Zweck des Umweltschutzes durch Förderung der Anbieter von Strom aus erneuerbaren Energien und letztlich die Minderung von CO_2-Emissionen. Dies wird an dem Zuschlagskriterium (2): „Höhe der CO_2-Minderung im Lieferzeitraum" deutlich. Zudem trägt das UBA als Vergabestelle für den gesamten Geschäftsbereich des BMU – Teil der Bundesregierung – durch den Bezug von Strom aus erneuerbaren Energien und die damit verbundene CO_2-Minderung zur Erfüllung der Verpflichtungen Deutschlands aus dem Kyoto-Protokoll bei. Der sachlich einleuchtende, vernünftige Grund für die Ungleichbehandlung dürfte damit außer Zweifel stehen.

2. Variante 1 zu Beispiel 1

In der Variante 1 des Ausgangsfalls 1 darf nach der Leistungsbeschreibung des UBA nur Strom, der in Windkraftanlagen erzeugt wurde, angeboten werden. Durch diese Ausschreibung werden wiederum konventionelle Stromanbieter, aber auch solche Öko-Strom-Anbieter, die Strom aus anderen Anlagen zur Nutzung erneuerbaren Energien, wie z.B. Wasserkraftanlagen, anbieten, von der Teilnahme an dem Vergabeverfahren ausgeschlossen. Die Ungleichbehandlung besteht daher zwischen Windkraftanlagenbetreibern bzw. Versorgern, die Strom, der ausschließlich in Windkraftanlagen erzeugt wurde, anbieten einerseits sowie konventionellen und anderen Öko-Strom-Anbietern andererseits.

Während die Ungleichbehandlung zu konventionellen Energieversorgern wiederum mit dem sachlichen Grund des Umweltschutzes und Art. 20 a GG zu rechtfertigen sein wird, ist ein sachlicher Grund für die Ungleichbehandlung der „anderen" Öko-Strom-Anbieter im Vergleich zu „Windstrom-Anbietern" nicht ersichtlich. Unter keinem erdenklichen Gesichtspunkt müssen Windkraftanlagen-Stromanbieter aus dem Kreis der Öko-Strom-Anbieter herausgehoben und bevorzugt werden. Diese Ungleichbehandlung ist auch nicht durch Art. 20 a GG vorgegeben, denn die Staatszielbestimmung Umweltschutz bezweckt nur allgemein den „Schutz der natürlichen Lebensgrundlagen" und nicht den Schutz oder die Förderung einer bestimmten umweltfreundlichen Stromerzeugung. Die Erzeugung von Strom in Wasserkraftanlagen oder mittels Deponiegas erfüllt ebenso das Merkmal „Umweltfreundlichkeit“ wie die in Windkraftanlagen. Das UBA würde mit der in Variante 1 dargestellten Ausschreibung folglich gegen Art. 3 Abs. 1 GG verstoßen.

Variante 1 zu Beispiel 1 erscheint auch im Hinblick auf Art. 2 Abs. 1 GG problematisch. Wenn das UBA nicht nachweisen könnte, dass eine wirtschaftliche Vergabe auch ohne die Beschränkung auf in Windkraftanlagen erzeugten Strom nicht möglich gewesen wäre (was ihm kaum gelingen würde), läge die Gewährung einer unzulässigen Beihilfe nach Art. 87 Abs. 1 EG vor. Die Gewährung dieser Beihilfe durch das UBA würde einen Eingriff in die Wettbewerbsfreiheit anderer Energieversorgungsunternehmen darstellen, wenn diese in ihren Wettbewerbsmöglichkeiten „in unerträglichem Maße einschränkt„ oder „unzumutbar geschädigt“ würden (so das BVerwG) oder wenn sie in ihrer Wettbewerbsposition „spürbar verschlechtert“ würden bzw. dem Windkraftanlagen-Stromanbieter „erhebliche Marktvorteile“ entstünden[1140]. Dies dürfte bei der hier in Rede stehenden Größenordnung des Auftrags (der gesamte Strombedarf des Geschäftsbereichs des BMU für einen Zeitraum von drei Jahren) auf dem Markt für Öko-Strom durchaus gegeben sein. Für die konventionellen Energieversorger hingegen dürfte die Erheblichkeitsschwelle nicht vorliegen. Die Ausschreibung in Variante 1 zu Beispiel 1 würde folglich in die Wettbewerbsfreiheit der anderen Öko-Strom-Anbieter eingreifen, zumal eine Rechtfertigung insbesondere durch Art. 20 a GG ausscheidet.

E. Anforderungen des sonstigen nationalen Rechts

Abschließend soll die einfachgesetzliche Ebene in Deutschland auf Rechtsnormen hin untersucht werden, die für die öffentliche Auftragsvergabe, die Umweltanforderungen enthält, von Bedeutung sein können.

I. Recht der Allgemeinen Geschäftsbedingungen

Die öffentliche Hand ist bei der Vergabe von Aufträgen an das Recht der Allgemeinen Geschäftsbedingungen gebunden[1141], das nunmehr in den §§ 305 bis 310

1140 So Manssen, in: v. Mangoldt/Klein/Starck, s. o. Fn 1066, bzw. Schenke, Rn 523.

1141 So auch Kling, Seite 128.

BGB geregelt ist[1142]. Bei der Vergabe von Aufträgen ist das AGB-Recht in zweierlei Hinsicht relevant:

1. Vertragliche Vereinbarungen

Die zwischen der öffentlichen Hand als Auftraggeber und dem Auftragnehmer geschlossenen Vereinbarungen haben unter Umständen den Charakter von Allgemeinen Geschäftsbedingungen und unterliegen damit grundsätzlich einer Inhaltskontrolle nach dem AGB-Recht in §§ 305 ff. BGB. Insbesondere solche Vereinbarungen, wie sie die Landesvergabegesetze nunmehr vorsehen, in denen sich der Auftragnehmer zur Tariftreue verpflichtet und die Vertragsparteien eine Vertragsstrafe und auch weitere Sanktionen vereinbaren[1143], bedürfen einer sorgfältigen Inhaltskontrolle.

2. Teile B der Verdingungsordnungen

Die Teile B von VOB und VOL (VOB/B, VOL/B) sind unstreitig Allgemeine Vertragsbedingungen für die Ausführung der vereinbarten Leistung, deren Geltung von der jeweiligen Einbeziehung bei Vertragsschluss abhängig ist. Eine Kontrolle bzw. Überprüfung nach den Vorschriften des Rechts der Allgemeinen Geschäftsbedingungen kommt nach der Rechtsprechung des BGH jedoch nur unter bestimmten Voraussetzungen in Betracht. Wenn VOB/B oder VOL/B als Ganzes zwischen den Parteien vereinbart wurde, können einzelne Klauseln nicht einer Inhaltskontrolle (insbesondere nach § 9 AGBG, jetzt § 307 BGB) unterzogen und für unwirksam erklärt werden. Dies hat seinen Grund darin, dass es sich bei der VOB/B bzw. VOL/B um eine kollektiv ausgehandelte und im Ganzen ausgewogene

1142 Das zuvor im AGB-Gesetz geregelte Recht der AGB wurde durch Art. 1 des Schuldrechtmodernisierungsgesetzes v. 26.11.2001 (BGBl. I Seite 3138) in das BGB überführt u. bildet dort nunmehr den Abschnitt 2 des zweiten Buches, Recht der Schuldverhältnisse.

1143 Als Bsp. sei genannt die Tariftreueerklärung gem. § 3 Nds. Landesvergabegesetz (Nds. GVBl. 2002, Seite 370), die Vereinbarung einer Vertragsstrafe gem. § 8 Abs. 1 Nds. Landesvergabegesetz bzw. eines Kündigungsrechts gem. § 8 Abs. 2 Nds. Landesvergabegesetz.

Regelung handelt[1144]. Ist jedoch die VOB/B bzw. VOL/B nicht als Ganzes vereinbart, sondern wurde ihre Ausgewogenheit durch Zusatzabreden zwischen Auftraggeber und Auftragnehmer im Kern verändert, ist eine Inhaltskontrolle auch einzelner Klauseln zulässig[1145]. Einzelne Klauseln können dann durchaus unwirksam sein[1146]. Der Kernbereich der VOB/B bzw. VOL/B ist dann berührt, wenn die zwischen den Parteien vereinbarten zusätzlichen bzw. vorrangigen Vertragsbedingungen die Rechtslage, die bei vollständiger Geltung der VOB/B bzw. VOL/B bestehen würde, erheblich abändern[1147].

3. Teile A der Verdingungsordnungen

Für die Teile A von VOB und VOL (VOL/A, VOL/A) ist das AGB-Recht nicht von Bedeutung, da es sich bei diesen Abschnitten, die Verfahrensvorschriften für die Auftragsvergabe enthalten, nicht um Allgemeine Geschäftsbedingungen handelt. Unterhalb der Schwellenwerte des § 2 VgV haben diese Verfahrensvorschriften den Rechtscharakter von Verwaltungsvorschriften, deren Verbindlichkeit für die öffentliche Hand durch Verweisung in den Gemeindehaushaltsordnungen angeordnet wird[1148]. Oberhalb der Schwellenwerte des § 2 VgV haben VOB/A und

1144 Dies ist der wesentliche Unterschied der VOB/B v. sonstigen AGB. Letztere berücksichtigen vorrangig die Interessen des Verwenders. Wird v. den gesetzlichen Bestimmungen abgewichen, geschieht dies fast durchweg zu seinen Gunsten. Es ist deshalb sachgerecht, jeweils die einzelnen, den Vertragspartner besonders belastenden Klauseln einer Inhaltskontrolle zu unterziehen u. – wenn sie unwirksam sind -, an ihrer Stelle die zunächst verdrängte gesetzliche Regelung anzuwenden. Demgegenüber ist die VOB/Teil B gerade kein Vertragswerk, das den Vorteil nur einer Vertragsseite verfolgt. Bei ihrer Ausarbeitung waren Interessengruppen der Besteller wie der Unternehmer beteiligt, u. auch die öffentliche Hand. Sie enthält einen auf die Besonderheiten des Bauvertragsrechts abgestimmten, im Ganzen einigermaßen ausgewogenen Ausgleich der beteiligten Interessen. Von den Bestimmungen des Werkvertragsrechts des BGB wird teils zugunsten des Auftraggebers, teils zum Vorteil des Auftragnehmers abgegangen. Es wäre daher verfehlt, einzelne Bestimmungen der VOB/B einer Billigkeitskontrolle zu unterwerfen. Würden auf diese Weise bestimmte, die Interessen einer Vertragsseite bevorzugende Bestimmung für unwirksam erklärt, so würde gerade dadurch der v. dem Vertragswerk im Zusammenwirken sämtlicher Vorschriften erstrebte billige Ausgleich der Interessen gestört. Das mit der Inhaltskontrolle nach dem AGB-Gesetz verfolgte Ziel würde verfehlt. Wird infolge dessen die VOB/B insgesamt Vertragsbestandteil, so hat eine isolierte Inhaltskontrolle einzelner Bestimmungen gem. § 9 AGB-Gesetz zu unterbleiben. Das Normgefüge ist vielmehr als Ganzes zu prüfen. Bei dieser Betrachtungsweise hält es der Inhaltskontrolle nach § 9 AGB-Gesetz stand (BGH, NJW 1983, 816, 818).

1145 BGH, NJW 1983, 816, 818; BGHZ 101, 357; BGH, NJW 1995, 526 (std. Rspr.).

1146 Die Rspr. hat bei einer isolierten Überprüfung u. a. § 16 Nr. 3 Abs. 2 VOB/B (1979) für unwirksam erklärt (BGH, NJW-RR 1991, 727).

1147 Wenn z. B. dem Auftragnehmer ein ihm sonst nach VOB/B bestehender Anspruch entzogen wird; vgl. BGH, NJW 1988, 55.

1148 Oder in Nds. gem. § 32 Abs. 2 GemHVO i. V. m. dem Runderlass des Nds. Innenministeriums v. 6.3.2001; vgl. Fn 277.

VOL/A den Charakter von Rechtsverordnungen; ihre verbindliche Anwendbarkeit beruht auf §§ 4 bis 7 VgV[1149].

4. Relevanz für die Berücksichtigung von Umweltaspekten im Vergabeverfahren

Zunächst ist denkbar, dass die öffentliche Hand mit ihren Auftragnehmern vertragliche Vereinbarungen trifft, nach denen sich der Auftragnehmer zu – über das gesetzlich ohnehin Geforderte hinausgehenden – Umweltschutzmaßnahmen wie beispielsweise die Einhaltung von strengeren Lärmgrenzen, als sie die TA Lärm vorsieht, zur Einführung eines Umweltmanagementsystems oder ähnlichen Maßnahmen verpflichtet. Insofern läge eine Parallele zu den bereits jetzt in der Praxis verwendeten Tariftreueerklärungen, wie sie von den Landesvergabegesetzen vorgesehen werden, vor. Solche Vereinbarungen wären an §§ 305 ff. BGB zu messen. Würde sich hierbei herausstellen, dass die Vereinbarung zu einer unangemessenen Benachteiligung des Auftragnehmers führt, wäre die vertragliche Regelung nach § 307 BGB unwirksam.

II. Haushaltsrecht

1. Grundsätze der Wirtschaftlichkeit und Sparsamkeit

a. Allgemeines

§ 6 Abs. 1 HGrG[1150] bestimmt übereinstimmend mit § 7 Abs. 1 BHO[1151] und § 7 Abs. 1 LHO Nds.[1152], dass bei der Aufstellung und Ausführung des Haushaltsplanes die Grundsätze der Wirtschaftlichkeit und Sparsamkeit zu beachten sind. Diese beiden zusammengehörenden Grundsätze sind nicht deckungsgleich[1153], der Begriff der Sparsamkeit geht vielmehr in dem der Wirtschaftlichkeit auf, da Sparsamkeit einen Teilbereich von Wirtschaftlichkeit bildet[1154]. Der Grundsatz

1149 Durch die Verweisung in §§ 4 – 7 VgV werden die Vorschriften der VOB/A u. VOL/A zu VO „hochgestuft".

1150 Gesetz über die Grundsätze des Haushaltsrechts des Bundes und der Länder – Haushaltsgrundsätzegesetz (HGrG) v. 19.8.1969 (BGBl. I S. 1273), zuletzt geändert durch Art. 7 Solidarpaktfortführungsgesetz v. 20.12.2001 (BGBl. I S. 3955, geändert durch Gesetz v. 21.6.2002 (BGBl. I S. 2166).

1151 Bundeshaushaltsordnung (BHO) v. 19.8.1969 (BGBl. I S. 1284), zuletzt geändert durch Art. 3 Gesetz zur Änderung v. Vorschriften über parlamentarische Gremien v. 17.6.1999 (BGBl. I S. 1334).

1152 Nds. Landeshaushaltsordnung (LHO) i.d.F. v. 30.4.2001 (Nds. GVBl. I S. 276).

1153 Heller, Rn 124.

1154 v. Arnim, S. 49; Peters, DÖV 2001, 749, 752.

der Sparsamkeit gibt der öffentlichen Hand vor, möglichst wenig Geld auszugeben und überflüssige Kosten zu vermeiden[1155]. Daher sind bei diesem Grundsatz auch nur die unmittelbaren finanziellen Aufwendungen zu berücksichtigen[1156]. Bei dem Wirtschaftlichkeitsgrundsatz hingegen sind alle Gesichtspunkte, die zu einer Belastung des Haushalts führen können, zu berücksichtigen[1157]. Ihm zufolge muss die öffentliche Hand bei allen Maßnahmen (einschließlich solcher organisatorischer oder verfahrensmäßiger Art) die günstigste Relation zwischen dem verfolgten Zweck und den einzusetzenden Mitteln anstreben[1158].

b. Relevanz für die Berücksichtigung von Umweltaspekten im Vergabeverfahren

Die Grundsätze der Wirtschaftlichkeit und Sparsamkeit werden als die traditionell obersten Grundsätze der öffentlichen Auftragsvergabe angesehen[1159]. Bei den Kritikern einer Handhabung des Vergabewesens zu politischen Zwecken ist daher ein zentrales Argument, dass der genannte oberste Grundsatz der Sparsamkeit und Wirtschaftlichkeit relativiert oder gar aufgegeben würde[1160]. Um diesen in den Haushaltvorschriften niedergelegten Grundsatz der sparsamen und effizienten Ausgabe öffentlicher Gelder zu realisieren, sei bei der Auftragsvergabe ein optimaler Wettbewerb geboten[1161]. Dieser sei jedoch nur möglich, wenn die Vergabe öffentlicher Aufträge ausschließlich von Wirtschaftlichkeitserwägungen – und nicht von „vergabefremden Maximen" – geleitet sei[1162].

1155 v. Arnim, S. 50.

1156 Heller, Rn 124.

1157 Heller, Rn 124.

1158 Die günstigste Zweck- u. Mittelrelation besteht darin, dass entweder ein bestimmtes Ergebnis mit möglichst geringem Einsatz v. Mitteln oder mit einem bestimmten Einsatz v. Mitteln das bestmögliche Ergebnis erzielt wird (sog. ökonomisches Prinzip); vgl. VV-BHO Nr. 1.1 zu § 7 BHO. Vgl. hierzu auch Peters, DÖV 2001, 749, 752.

1159 Ziff. 1.1 der vorläufigen Verwaltungsvorschrift – BHO zu § 55: „Lieferungen und Leistungen sind öffentlich auszuschreiben, damit die verfügbaren Haushaltsmittel im Rahmen des Wettbewerbs wirtschaftlich und sparsam verwendet werden."

1160 So bspw. die (seinerzeitige) Staatssekretärin im Bundesministerium für Raumordnung, Bauwesen u. Städtebau, Christa Thoben, die auf den 7. Bad Iburger Gesprächen zum Kommunalrecht im Jahre 1997, das sich mit dem Thema „Öffentliches Auftragswesen im Umbruch" beschäftigte, meinte, eine solche Instrumentalisierung des öffentlichen Auftragswesens hätte zur Folge, dass bei Berücksichtigung auch nur eines der auftragsfremden Kriterien eine Signalwirkung gegeben wäre u. sich alle anderen dazu eingeladen fühlten, auch ihre jeweils spezifischen Wünsche mit in die Vergabeverfahren einzubringen. Damit aber wäre der Grundsatz der Vergabe auf das wirtschaftlichste Angebot aufgegeben. Aus diesem Grunde laute das Credo für die Vergabe öffentlicher Aufträge, dass diese im wirtschaftlichen Wettbewerb nach ausschließlich auftragsbezogenen Kriterien zu vergeben seien; Ipsen, Öffentliches Auftragswesen, S. 12, 13. Vgl. auch Schäfer, Mehr Wettbewerb, S. 176, Rittner, Öffentliches Auftragswesen, S. 18 f. u. Seidel in: Dauses, Rn 155.

1161 Schäfer, Mehr Wettbewerb, S. 26.

1162 Schäfer, Mehr Wettbewerb, S. 26.

Die Verfolgung umweltpolitischer Ziele und das traditionell oberste Gebot der Auftragsvergabe, die Wirtschaftlichkeit und Sparsamkeit, müssen nicht zwingend unvereinbar sein. Auch bei den Gegnern einer Berücksichtigung vergabefremder Kriterien finden sich Stimmen, die einzelnen politischen Zielsetzungen durchaus eine Berechtigung im Vergabeverfahren zukommen lassen wollen. Neben der Förderung von kleinen und mittleren Unternehmen kommt in diesem Zusammenhang insbesondere der Umweltschutz zur Sprache, in dessen Bereich es nicht zwangsläufig zu einem Konflikt mit den Wettbewerbs- und Wirtschaftlichkeitsgeboten kommen müsse[1163]. In der Tat ist fraglich, ob sich die Berücksichtigung von Umweltaspekten im Vergabeverfahren und der Grundsatz der Sparsamkeit und Wirtschaftlichkeit sowie das Gebot optimalen Wettbewerbs in jedem Fall von vornherein ausschließen oder ob nicht – abhängig vom Einzelfall – beides zugleich zumindest angestrebt, wenn nicht gar verwirklicht werden kann. Schließt man eine Vereinbarkeit der umweltfreundlichen Beschaffung mit den genannten Haushaltsgrundsätzen (deren Berechtigung hier keineswegs in Frage gestellt wird) von vornherein aus, stellt sich dies als eine grobe Vereinfachung dar. Weiterhin erscheint zweifelhaft, ob man eine solche Vereinfachung vornehmen und sich dabei – möglicherweise unnötig – einer Handhabe zur Förderung von (umwelt-) politischen Zielen berauben sollte. Auch im europäischen Vergaberecht ist keinesfalls die Tendenz einer solchen Vereinfachung erkennbar. Vielmehr hat der Gemeinschaftsgesetzgeber bereits im Zuge der letzten Novellierung der Vergaberichtlinien bei der Formulierung der Zuschlagskriterien den Ermessensspielraum der Vergabebehörden für die Beurteilung der Angebote nicht grundsätzlich beseitigt[1164], sondern als Ausgleich für den bewußt angestrebten Freiraum der Vergabebehörde deren stärkere verfahrensmäßige Bindung vorgesehen, insbesondere durch die Verpflichtung, wenn sich nicht ausschließlich am Kriterium des niedrigsten Preises orientiert wird, dies bereits vorher in der öffentlichen Ausschreibung anzugeben und von vornherein so präzise wie möglich die zugrundegelegten Zuschlagskriterien in der Reihenfolge der ihnen zuerkannten Bedeutung zu nennen[1165].

Entsprechendes ist auch bei der jetzt abgeschlossenen Novellierung der Vergaberichtlinien zu beobachten. In Art. 53 Abs. 1 lit. (a) des am 9.12.2003 im Vermittlungsverfahren gefundenen Richtlinientextes[1166] sind zahlreiche Kriterien wie etwa Qualität, Ästhetik, Zweckmäßigkeit oder auch Umwelteigenschaften genannt, die die Vergabestelle bei der Bewertung der Angebote frei beurteilen und

1163 Schäfer, Mehr Wettbewerb, S. 177; Elverfeld, S. 16; Kling, S. 213.

1164 Schäfer, Mehr Wettbewerb, S. 162.

1165 Schäfer, Mehr Wettbewerb, S. 162.

1166 Das Dok. hat die Dok.-Nr. PE-Cons 3696/03. Zur neuen VergabeRL vgl. auch Fn 577.

berücksichtigen darf. Die Kommission hat den Katalog der sogenannten Wirtschaftlichkeitskriterien also nicht beseitigt, etwa um dem Gebot der Wirtschaftlichkeit und des Wettbewerbs mehr Geltung zu verschaffen, sondern ihn im Vergleich zu den bisher geltenden Vergaberichtlinien sogar erweitert[1167], in Absatz 2 jedoch öffentlichen Auftraggebern aufgegeben, nun auch die konkrete Gewichtung dieser einzelnen Kriterien bei der späteren Wertung der Gebote bereits in der Bekanntmachung oder den Verdingungsunterlagen anzugeben. Dem erweiterten Beurteilungsspielraum der Vergabestelle wird damit ein erhöhtes Maß an Transparenz entgegengesetzt. Deutlich wird, dass auch hier keine Vereinfachung vorgenommen wird, da dann der Kreis der Wirtschaftlichkeitskriterien nicht auf zusätzliche Aspekte erweitert, sondern eher verengt worden wäre.

Die Aussage, die Berücksichtigung „vergabefremder Aspekte" bei der Beschaffung verstoße gegen „den Wirtschaftlichkeitsgrundsatz des Haushaltsrechts", ist zu pauschal, um aussagekräftig zu sein, und führt so nicht recht weiter. Da es sich bei den im Haushaltsrecht verankerten Grundsätzen der Wirtschaftlichkeit und Sparsamkeit nach wie vor um lediglich objektive Rechtssätze handelt, die den am Vergabeverfahren teilnehmenden Bietern kein subjektives Recht vermitteln[1168], kann ein etwaiger Verstoß von Bietern nicht im Vergabenachprüfungsverfahren geltend gemacht werden[1169]. Zu diesem eher pragmatischen Aspekt kommt folgender Gesichtspunkt hinzu: Das Optimierungsgebot der Wirtschaftlichkeit besagt, dass zwischen dem Zweck, der Verfolgung der öffentlichen Aufgabe, und den hierzu eingesetzten Mitteln das optimalste Verhältnis erstrebt werden soll. Wirtschaftlichkeit der Verwaltung ist immer in Bezug auf die Wahrnehmung bestimmter öffentlicher Aufgaben bzw. Interessen zu sehen; welche öffentlichen Interessen das sind, bestimmt die Politik, in der Regel der Gesetzgeber[1170]. Bei der umweltfreundlichen Beschaffung bildet nicht nur die Beschaffung, sondern auch die Umweltfreundlichkeit den Zweck des Verwaltungshandelns, da dies durch Art. 6 EG und Art. 20 a GG vorgegeben wird. Die Beschaffung ist dann nicht der alleinige Zweck, wenn der öffentlichen Hand durch den Gesetzgeber deren Umweltfreundlichkeit vorgegeben ist. Daher kann in solchen Fällen die umwelt-

1167 Wobei diese Erweiterung eher deklaratorischer Natur ist, da Umwelteigenschaften nach Auffassung der Komm. u. des EuGH auch bisher schon als Wirtschaftlichkeitskriterium herangezogen werden durften, ohne dass dieses Kriterium in den GemeinschaftsRL ausdrücklich genannt war; vgl. die Interpret. Mitteilung der Komm. v. 4.7.2001 (vgl. Fn 12), S. 20 ff.

1168 So auch Kokott, in: Byok/Jaeger, Einf. Rn 57.

1169 Insb. haben die Unternehmen keine Möglichkeit, den öffentlichen Auftraggeber dazu zu verpflichten, den Auftrag öffentlich auszuschreiben; Pietzcker, NVwZ 1983, 121, 122.

1170 Gaentzsch, DÖV 1998, 952, 954 re. Sp.

freundliche Beschaffung nicht von vornherein gegen den haushaltsrechtlichen Grundsatz der Wirtschaftlichkeit verstoßen[1171].

Im vergaberechtlichen Kontext soll der haushaltsrechtliche Grundsatz der Wirtschaftlichkeit und der Sparsamkeit keine nennenswerte Restriktionswirkung entfalten. Im Vordergrund stehe vielmehr der in § 97 Abs. 5 GWB normierte Wirtschaftlichkeitsgrundsatz, der eine wettbewerbliche und damit andere Zielsetzung hat als der haushaltsrechtliche Wirtschaftlichkeitsgrundsatz[1172], da er – im Gegensatz zu Letztgenanntem – nicht alleine dazu diene, Auftraggeber zum wirtschaftlichen Umgang mit Haushaltsmitteln anzuhalten, was schon allein daraus folge, dass sich nicht alle öffentlichen Auftraggeber i. S. v. § 98 GWB aus Haushaltsmitteln finanzierten[1173]. Jedoch könnte der Wirtschaftlichkeitsgrundsatz bereits Einfluss auf die Wahl des Auftragsgegenstandes, die Bedarfsdefinition durch den öffentlichen Auftraggeber haben. Er könnte der Ausschreibung eines Liefergegenstandes bzw. einer Bau- oder Dienstleistung entgegenstehen, der oder die von vornherein evident zu teuer ist und bei dem der Mehrpreis auch nicht durch anderweitige Einsparungen kompensiert werden kann[1174]. Zwar wird man in dieser Frage einen der Beschaffungsautonomie der Vergabestelle anerkennen müssen, jedoch ist dieser Spielraum zu begrenzen. Wenn evident ist, dass der öffentliche Auftraggeber den Wirtschaftlichkeitsgrundsatz von vornherein außer acht lässt, sollte diese Auftragsvergabe nicht der Beschaffungsautonomie unterfallen, sondern einer strengen Überprüfung anhand des Wirtschaftlichkeitsgrundsatzes unterzogen werden.

2. Gebot der öffentlichen Ausschreibung

Die Vorgabe, dass dem Abschluss von Verträgen über Lieferungen und Leistungen grundsätzlich eine öffentliche Ausschreibung vorauszugehen hat, findet sich ebenfalls übereinstimmend im Haushaltsrecht des Bundes, der Länder und der Gemeinden, so in § 30 HGrG, § 55 Abs. 1 BHO, § 55 Abs. 1 LHO und § 32 Abs. 1

1171 So auch Pietzcker, Staatsauftrag, S. 336.

1172 Während der haushaltsrechtliche Wirtschaftlichkeitsgrundsatz ein Optimierungsgebot ist, bedeutet Wirtschaftlichkeit im vergaberechtlichen Sinne das nach Berücksichtigung aller für den jeweiligen Auftrag relevanten Kriterien beste Preis-Leistungs-Verhältnis. So Kling, S. 260; Boesen, § 97 Rn 153; Versteyl, in: Kunig/Paetow/Versteyl, § 37 Rn 36; Opitz, NZBau 2001, 12, 13; Kayser, 59; Püttner, 380; anders die Gegenäußerung der BReg. im Gesetzgebungsverfahren des VgRÄndG, BT-Drucks. 13/9340, 48.

1173 Opitz, NZBau 2001, 12, 13 li. Sp.

1174 Wie dies bspw. bei dem Kauf v. Energiesparglühlampen der Fall ist, deren Mehrkosten gegenüber konventionellen Glühlampen durch den verringerten Stromverbrauch kompensiert wird.

Nds. GemHVO[1175]. Die öffentliche Hand würde beispielsweise hiergegen verstoßen, wenn sie einen Auftrag aus dem Grunde nicht öffentlich ausschreiben würde, um ihn quasi „unter der Hand" an ein von ihr als besonders umweltfreundlich eingestuftes Unternehmen zu vergeben[1176]. Da jedoch das haushaltsrechtliche Gebot der öffentlichen Ausschreibung – wie auch die Grundsätze der Wirtschaftlichkeit und Sparsamkeit – für die Verwaltung lediglich intern Bedeutung hat und kein subjektives (justiziables) Recht darstellt, ist es im Rahmen des Vergaberechts von untergeordneter Bedeutung. Stattdessen wird auf die Pflicht zur öffentlichen Ausschreibung in §§ 97 Abs. 1, 101 Abs. 1, 5 GWB, § 3 Ziff. 2 VOB/A, § 3 Ziff. 2 VOL/A, die oberhalb der Schwellenwerte des § 2 VgV subjektive Rechte vermitteln, abzustellen sein.

III. Abfallrecht, § 37 KrW-/AbfG

1. Allgemeines

Die einzige bundesgesetzliche Vorschrift, die sich unmittelbar mit einer umweltfreundlichen Beschaffungstätigkeit der öffentlichen Hand befasst, ist § 37 KrW-/AbfG. Diese Vorschrift verpflichtet die öffentliche Hand auf Bundesebene allgemein dazu, „durch ihr Verhalten" zur Förderung des § 1 KrW-/AbfG beizutragen. Insbesondere sollen die Adressaten der Norm[1177] bei der Beschaffung, bei Bauvorhaben und sonstigen Aufträgen prüfen, ob und in welchem Umfang hierbei abfallwirtschaftlich sinnvolle Produkte eingesetzt werden können. Ähnliche und

1175 VO über die Aufstellung u. Ausführung des Haushaltsplans der Gemeinden (GemeindehaushaltsVO – GemHVO) v. 17.3.1997 (Nds. GVBl. S. 90).

1176 Und die Pflicht zur öffentlichen Ausschreibung auch nicht aufgrund der Öffnungsklausel in § 30 HGrG, § 55 Abs. 1 BHO, § 55 Abs. 1 Nds. LHO u. § 32 Abs. 1 Nds. GemHVO entfallen würde. Diese besagt übereinstimmend, dass eine öffentliche Ausschreibung dann nicht zu erfolgen hat, wenn die Natur des Geschäfts oder besondere Umstände eine Ausnahme rechtfertigen.

1177 Genannt sind die Behörden des Bundes sowie die der Aufsicht des Bundes unterstehenden juristischen Personen des öffentlichen Rechts, Sondervermögen u. sonstigen Stellen. Unter den Begriff „Behörden des Bundes" fallen zum einen oberste Bundesbehörden sowie Bundesoberbehörden als auch die den Bundesoberbehörden gleichgestellten nichtrechtsfähigen Bundesanstalten sowie die Mittel- u. Unterbehörden des Bundes. Mit den „Juristischen Personen des öffentlichen Rechts" sind die öffentlich-rechtlichen Körperschaften, die rechtsfähigen Anstalten des Öffentlichen Rechts u. die rechtsfähigen öffentlich-rechtlichen Stiftungen gemeint. Bei dem „Sondervermögen" handelt es sich um Vermögen, dem ein Gesetz eine rechtliche Sonderstellung einräumt, wie bspw. das Bundeseisenbahnvermögen, das eine umfassende Regelung durch das Eisenbahnneuordnungsgesetz (ENeuOG) v. 27.12.1993 (BGBl. I, S. 2378, 1994 I, S. 2439) erfahren hat. Unter „sonstige Stellen" dürften in erster Linie Verwaltungsstellen mit einer gewissen Selbständigkeit, die nicht Behörde oder Teil einer Behörde sind, fallen, wie bspw. interministerielle Ausschüsse oder Arbeitsgemeinschaften.

zum großen Teil weitergehende Vorschriften enthalten die Landesabfallgesetze für Landesbehörden[1178].

Die zentrale Frage im Rahmen von § 37 KrW-/AbfG ist, ob sich die Prüfpflicht der Vergabestellen zu einer Handlungspflicht verdichten kann, die die Vergabestellen zur Umsetzung des Prüfergebnisses, d. h. zur Beschaffung des in Frage kommenden abfallwirtschaftlich sinnvollen Produkts verpflichtet. Gegen eine solche Pflicht zur Beschaffung spricht einerseits der Wortlaut der Norm und ihre Entstehungsgeschichte. In § 37 Abs. 1 S. 2 KrW-/AbfG heißt es lediglich, die angesprochenen Stellen hätten zu prüfen, ob abfallarme Erzeugnisse eingesetzt werden können. Auch die Gesetzesmaterialien deuten darauf hin, dass der Gesetzgeber über diese Prüfpflicht nicht hinausgehen wollte. Während der erste Referentenentwurf des Bundesumweltministeriums vom 22.6.1992[1179] noch eine Berücksichtigungspflicht vorgesehen hatte, enthielt der Gesetzentwurf der Bundesregierung nur eine Prüfpflicht[1180]. In der Begründung zum Gesetzentwurf heißt es zudem lediglich, dass – wenn ein entsprechender Markt vorhanden sei – in die Leistungsanforderung entsprechende Auflagen aufgenommen werden könnten[1181]. Der Bundesrat wollte im Gleichklang mit seiner eigenen Gesetzesinitiative aus dem Jahr 1990[1182] eine Berücksichtigungspflicht festgeschrieben haben[1183]. Die Bundesregierung lehnte dies ab[1184] und äußerte Bedenken, ob die vom Bundesrat vorgeschlagene Regelung mit den EG-Vergaberichtlinien vereinbar sei[1185]. Auch die Gesetzesbegründung zum Zweck des § 37 KrW-/AbfG spricht gegen eine Verpflichtung zum Einkauf abfallwirtschaftlicher Erzeugnisse. Die Bundesregierung äußerte sich dahingehend, dass durch die Festschreibung der Prüfpflicht (lediglich) dokumentiert werden solle, dass auch die öffentliche Hand in ihrem Aufgabenbereich bereit sei, die Verwertung von Sekundärrohstoffen entsprechend zu würdigen[1186]. Offensichtlich bestanden bei der Bundesregierung

---

1178 § 5 Abs. 2 LAbfG BW; Art. 2 Abs. 1, 2 BayAbfG; § 23 Abs. 2 KrW-/AbfG Bln; § 27 Abs. 2 BbgAbfG; § 3 Abs. 1 HmbAbfG; § 2 Abs. 2 HAKA (Hessisches AusführungsG zum KrW-/AbfG); § 2 Abs. 1, 2 AbfAlG M-V; § 3 Abs. 2 NAbfG; § 2 Abs. 1 LAbfG NW; § 2 LabfWAG RP; § 3 Abs. 2 SAWG (Saarländisches Abfallwirtschaftsgesetz); § 1 Abs. 3 SächsABG; § 2 Abs. 1 AbfG LSA; § 2 Abs. 2 LAbfWG; § 3 Abs. 3 ThAbfAG; in Bremen gibt es keine entspr. Regelung.

1179 WA II 2 30101-1/1.

1180 BT-Drucks. 12/5672, S. 19.

1181 BT-Drucks. 12/5672, S. 50.

1182 Entw. eines Gesetzes zur Änderung des AbfG u. des BImSchG, BT-Drucks. 12/631; A.-Empfehlung BT-Drucks. 12/7240; Ablehnung im BTag in BT-Prot. 12, S. 19067.

1183 BR-Drucks. 12/5672, S. 73 f.

1184 Gegenäußerung der BReg, BT-Drucks. 12/5672/131.

1185 BReg, a. a. O.

1186 BT-Drucks. 12/5672, S. 50.

so große Bedenken hinsichtlich der Kompatibilität einer Berücksichtigungspflicht mit den Gemeinschaftsrichtlinien, dass jeder Anschein der Festschreibung einer solchen Pflicht vermieden werden sollte.

Betrachtet man § 37 KrW-/AbfG jedoch andererseits in seinem Regelungszusammenhang, deutet einiges auf eine Umsetzungspflicht für die öffentliche Hand hin. Die Prüfung des Einsatzes umweltfreundlicherer Erzeugnisse soll „unter Berücksichtigung der §§ 4 und 5", mithin der Grundsätze und Grundpflichten der Kreislaufwirtschaft erfolgen. Zu diesen gehört auch „ein auf den Erwerb abfall- und schadstoffarmer Produkte gerichtetes Konsumverhalten", § 4 Abs. 2, Alt. 3 KrW-/AbfG. Zudem hat die öffentliche Hand den Einsatz umweltfreundlicherer Produkte insbesondere deshalb zu prüfen, um durch ihr Verhalten zur Erfüllung des Zweckes des § 1 KrW-/AbfG beizutragen, wie sich aus der Verknüpfung von Satz 1 und Satz 2 ergibt. Sie ist daher verpflichtet, zur Schonung der natürlichen Ressourcen und zur Sicherung der umweltverträglichen Abfallbeseitigung aktiv beizutragen, sofern sie die rechtlichen Grenzen hierbei einhält.

Der grammatikalischen und historischen Auslegung steht damit die systematisch-teleologische Auslegung entgegen. Fraglich ist nun, welchem Auslegungskriterium der Vorzug zu geben ist. Nach der Rechtsprechung des Bundesverfassungsgerichts ist maßgebend für die Auslegung einer Gesetzesvorschrift der in dieser zum Ausdruck kommende objektivierte Wille des Gesetzgebers, so wie er sich aus dem Wortlaut der Gesetzesbestimmung und dem Sinnzusammenhang ergibt, in den diese hineingestellt ist. Der Entstehungsgeschichte einer Vorschrift komme für deren Auslegung nur insofern Bedeutung zu, „als sie die Richtigkeit einer nach den angegebenen Grundsätzen ermittelten Auslegung bestätigt oder Zweifel behebt, die auf dem angegebenen Weg allein nicht ausgeräumt werden können"[1187]. Griem[1188] lässt unter Heranziehung dieser Rechtsprechung des Bundesverfassungsgerichts dem gesetzgeberischen Willen und dem Wortlaut der Norm nur untergeordnete Bedeutung zukommen und bejaht letztlich eine „Pflicht zur Abwägungsentscheidung, deren Ergebnis in eine Handlungspflicht münden könne"[1189].

Das bei Anwendung der verschiedenen Auslegungsmethoden gefundene Ergebnis ist stets wiederum am Ausgangspunkt der Auslegung, dem Wortlaut des Gesetzes als Korrektiv zu überprüfen[1190]. Dieser ist hier eindeutig. Wendet man

1187 BVerfGE 10, 234, 244; 11, 126, 130 f.

1188 Griem, S. 113 ff.

1189 Unter welchen Voraussetzungen dies letztendlich der Fall sein soll, lässt er jedoch offen.

1190 Larenz, Methodenlehre, S. 231: „Der aus dem allg. Sprachgebrauch zu entnehmende Wortsinn bildet den Ausgangspunkt u. bestimmt zugleich die Grenze der Auslegung, da das, was jenseits des möglichen Wortsinns liegt, mit ihm auch bei „weitester" Auslegung nicht mehr vereinbar ist, nicht als Inhalt des Gesetzes gelten kann."

zudem die genannten Grundsätze des Bundesverfassungsgerichts konsequent an, ist der Wille des Gesetzgebers nicht ohne weiteres als „von untergeordneter Bedeutung“ einzustufen und außer acht zu lassen[1191]. Vielmehr kommt der Entstehungsgeschichte einer Vorschrift insofern Bedeutung zu, „als sie die Zweifel behebt, die auf dem angegebenen Weg allein nicht ausgeräumt werden können“[1192]. Bei Betrachtung des Wortlauts („prüfen“) und bei Betrachtung des Sinnzusammenhangs („kaufen“) bleibt ein Widerspruch, der sich dadurch beheben lässt, indem man auf den Willen des Gesetzgebers zurückgreift. Aus den Materialien ergibt sich eindeutig, dass der Gesetzgeber bewusst und gegen die Vorschläge des Bundesrates das Wort „prüfen“ verwandt hat, unter anderem weil er Bedenken hinsichtlich der EG-Rechtskonformität einer Handlungspflicht hatte. Auch wenn unklar bleibt, welchen Sinn eine solche Prüfpflicht ohne eine Pflicht zur Umsetzung des bei der Prüfung gefundenen Ergebnisses haben sollte, und auch wenn der Verdacht besteht, dass diese Auslegung der Norm zu einer vom Gesetzgeber nicht gewollten „ausufernden Prüfbürokratie“[1193] führen könnte, stellen der Wortlaut des § 37 Abs. 1 S. 2 KrW-/AbfG und dessen Entstehungsgeschichte eine – bei konsequenter Anwendung der Auslegungsmethoden – unüberwindbare Hürde dar[1194].

Die Bedeutung des § 37 Abs. 1 KrW-/AbfG könnte vielmehr darin liegen, dass die Vorschrift eine Rechtfertigung dafür bildet, warum gerade wegen der ökologischen Vorteile eine kostengünstigere Dienstleistung oder ein kostengünstigeres Produkt nicht angeschafft wird[1195]. § 37 Abs. 1 KrW-/AbfG würde dann die öffentliche Hand lediglich berechtigen[1196], aber nicht verpflichten und dem Einzelnen keinen Anspruch gegenüber den genannten Behörden und Stellen auf Erfüllung der Förderpflichten einräumen[1197]. § 37 Abs. 1 KrW-/AbfG hätte damit die gleiche Bedeutung wie Art. 6 EG und Art. 20 a GG, jedoch selbstverständlich auf einen kleineren Bereich bezogen. Die Festschreibung einer solchen Berechtigung ist deshalb sinnvoll, da die Beschaffungsstellen – an die haushaltsrechtlichen Grundsätze der Wirtschaftlichkeit und Sparsamkeit gebunden – sich dem Vorwurf ausgesetzt sehen könnten, dass sie diese Grundsätze verletzten, indem sie abfallarme und daher aus ökologischer Sicht vorzugswürdige Erzeugnisse beschaffen, für

1191 So aber Griem, S. 113 f.

1192 BVerfGE 11, 126, 131.

1193 So Griem, S. 114.

1194 Daraus folgt, dass das Gesetz geändert werden müsste, um eine Umsetzungspflicht bejahen zu können.

1195 So Beckmann/Kersting, in: Landmann/Rohmer, Bd. III 6.0 § 37 Rn 4.

1196 In diesem Sinne auch Hoffmann, in: Fluck, § 37 Rn 50.

1197 Beckmann/Kersting, in: Landmann/Rohmer, Bd. III 6.0 § 37 Rn 6.

diese jedoch einen höheren Preis als für die konventionellen Alternativprodukte aufwenden würden[1198].

Diese Interpretation des § 37 Abs. 1 KrW-/AbfG würde sämtlichen oben gefundenen Auslegungsergebnissen gerecht werden. Zum einen geht sie nicht in unvereinbarer Weise über den Wortlaut der Norm hinaus. Gibt der Gesetzgeber den Behörden die Prüfung auf, ob bei der Beschaffung von Material und Gebrauchsgütern, bei Bauvorhaben und sonstigen Aufträgen abfallwirtschaftlich sinnvolle Produkte eingesetzt werden können, bringt er damit die Wertung zum Ausdruck, dass er diesen Produkten eine besondere Bedeutung zukommen lässt. Mit dieser Einschätzung vereinbar ist die Berechtigung des Normadressaten, nach der Prüfung das als abfallwirtschaftlich sinnvoll erkannte Produkt zu erwerben (auch wenn dieses teurer ist als das konventionelle Produkt). Die Annahme einer solchen Berechtigung ist zudem mit der Gesetzesbegründung vereinbar. In der Begründung zum Gesetzentwurf heißt es, dass – wenn ein entsprechender Markt vorhanden sei – in die Leistungsanforderung entsprechende Auflagen aufgenommen werden könnten[1199]. Dies deutet auf den Willen des Gesetzgebers hin, den Behörden und sonstigen Stellen eine Berechtigung und nicht eine Verpflichtung zukommen zu lassen. Und auch die systematisch-teleologische Auslegung kommt zu keinem widersprechenden Ergebnis. Indem die Beschaffungsstellen abfallarme Produkte kaufen dürfen – auch wenn diese unter Umständen teurer als konventionelle Erzeugnisse sind –, wird dem Zweck des Kreislaufwirtschafts- und Abfallgesetzes sowie den Grundsätzen der Kreislaufwirtschaft entsprochen.

§ 37 KrW-/AbfG, der damit die Vergabestellen des Bundes zur Beschaffung abfallwirtschaftlich erwünschter Erzeugnisse berechtigt, betrifft nur einen Teil der umweltfreundlichen Beschaffung der öffentlichen Hand, indem er sich auf die abfallwirtschaftlich sinnvollen bzw. erwünschten Erzeugnisse bezieht. Lärm- und emissionsarme, energie- oder wassersparende Produkte sind von § 37 KrW-/AbfG hingegen nicht erfasst. Man könnte sich dem § 37 KrW-/AbfG ähnliche Vorschriften im übrigen durchaus auch in anderen Umweltschutzgesetzen vorstellen, z. B. im WHG (Einkauf wassersparender Geräte), im BImSchG (Einkauf emissions- und lärmarmer Geräte, „umweltfreundlicher“ Straßenbau oder „umweltfreundlicher“

1198 § 37 Abs. 1 KrW-/AbfG hätte damit dieselbe Zielrichtung wie entspr. Verwaltungsvorschriften, bspw. der Runderlass des Nds. Wirtschaftsministeriums v. 5.5.1992 – 34.2-33.28 – (Nds. MBl. Nr. 1992, S. 1286) mit dem Titel „Öffentliches Auftragswesen; Berücksichtigung des Umweltschutzes (UmweltRL öffentliches Auftragswesen), in dem es u. a. heißt: „Wenn unter Anwendung der allg. Planungsgrundsätze, der Verdingungsordnungen für Bauleistungen (VOB/A) sowie der Verdingungsordnung für Leistungen – ausgenommen Bauleistungen – (VOL/A) umweltverträgliche Produkte, Dienstleistungen sowie Baumaßnahmen mit niedrigem Energieverbrauch u. umweltverträgliche Baustoffe beschafft bzw. realisiert werden, wird gegen die haushaltsrechtlichen Grundsätze der Wirtschaftlichkeit u. Sparsamkeit nicht verstoßen, sofern sich die evtl. Mehrkosten in einem vertretbaren Umfang bewegen.“ ... „In welcher Höhe ein Mehrpreis tragbar ist, entscheidet der öffentliche Auftraggeber nach pflichtgemäßem Ermessen.“

1199 BT-Drucks. 12/5672, S. 50.

Betrieb kommunaler Anlagen wie beispielsweise Kläranlagen), im EnWG[1200] oder EEG[1201] (Einkauf „grünen Stroms"). Diese gibt es jedoch nicht. Ob dies sinnvoll ist und insoweit Handlungsbedarf des Gesetzgebers besteht, soll jedoch nicht Gegenstand dieser Untersuchung sein.

2. Relevanz für die Berücksichtigung von Umweltaspekten im Vergabeverfahren

Bei dem vorstehend dargelegten Verständnis des § 37 Abs. 1 KrW-/AbfG hat diese Norm eine dem Art. 6 EG und Art. 20 a GG vergleichbare Bedeutung, wenn auch auf einen Teilbereich – die Abfallpolitik – und einen begrenzten Adressatenkreis bezogen. Sie verpflichtet bestimmte öffentliche Auftraggeber auf Bundesebene zu der Prüfung, ob als abfallwirtschaftlich sinnvoll eingestufte Produkte zum Einsatz kommen können und berechtigt sie, diese auch dann zu beschaffen, wenn sie etwas teurer sind als die konventionellen Alternativen.

IV. Übertragung der gewonnenen Erkenntnisse auf die Beispielsfälle

1. Beispiel 1

Die in Beispiel 1 geschilderte Ausschreibung des UBA „Strom aus erneuerbaren Energien" erscheint im Hinblick auf den in § 6 Abs. 1 HGrG, § 7 Abs. 1 BHO und § 7 Abs. 1 der Landeshaushaltsordnungen normierten Wirtschaftlichkeitsgrundsatz problematisch und bedarf näherer Betrachtung. Nach dem Wirtschaftlichkeitsgrundsatz als traditionell oberstem Prinzip der öffentlichen Auftragsvergabe müssen öffentliche Auftraggeber bei der Beschaffung die günstigste Relation zwischen dem von ihnen verfolgten Zweck und den einzusetzenden Mitteln anstreben, wobei sie alle Gesichtspunkte, die zu einer Belastung der öffentlichen Haushalte führen können, berücksichtigen müssen. Der von UBA und BMU in der Ausschreibung verfolgte Zweck ist zum einen der Einkauf von Strom, d. h. die Bedarfsdeckung, und zum anderen der Umweltschutz. Diese beiden Zwecke muss

1200 Gesetz über die Elektrizitäts- u. Gasversorgung v. 24.4.1998, BGBl I 1998, 730, zuletzt geänd. durch Art. 126 V v. 25.11.2003 BGBl. I 2304. In § 1 EnWG heißt es: „Zweck des Gesetzes ist eine möglichst sichere, preisgünstige u. umweltverträgliche Versorgung mit Elektrizität u. Gas im Interesse der Allgemeinheit."

1201 Gesetz für den Vorrang erneuerbarer Energien v. 29.3.2000, BGBl. I 2000, 305, zuletzt geänd. durch G. v. 22.12.2003, BGBl I 3074. § 1 EEG lautet: „Ziel dieses Gesetzes ist es, im Interesse des Klima- u. Umweltschutzes eine nachhaltige Entwicklung der Energieversorgung zu ermöglichen u. den Beitrag Erneuerbarer Energien an der Stromversorgung deutlich zu erhöhen, um entspr. den Zielen der Europäischen Union u. der Bundesrepublik Deutschland den Anteil Erneuerbarer Energien am gesamten Energieverbrauch bis zum Jahr 2010 mindestens zu verdoppeln."

es in ein möglichst günstiges Verhältnis zu dem hierfür zu zahlenden Preis setzen. Die Frage ist, ob sich das UBA/BMU vor dem Hintergrund dieser Verpflichtung von vornherein in seiner Ausschreibung auf Strom aus erneuerbaren Energien beschränken darf oder ob es auch andere umweltfreundliche Stromanbieter, beispielsweise solchen, die einen Strommix aus erneuerbaren Energiequellen und anderen umweltfreundlichen Erzeugungsmethoden anbieten, an dem Vergabeverfahren teilnehmen lassen muss. Nur Letztere scheinen derzeit überhaupt mit konventionellen Stromanbietern konkurrieren zu können, indem sie beispielsweise den bereitgestellten Strom zu 50 Prozent in Wasser-, Wind- und Biomassekraftwerken und zu weiteren 50% in Erdgaskraftwerken, die durch eine Kraft-Wärme-Kopplung als sehr effizient und umweltverträglich gelten, erzeugen.

Wenn sich die Ausschreibung eines öffentlichen Auftraggebers von vornherein auf die umweltfreundlichste Variante beschränkt, nimmt sich der öffentliche Auftraggeber die Möglichkeit, verschiedenste Alternativen zu vergleichen und abzuwägen, welchen Preis er für das von ihm verfolgte Ziel der umweltfreundlichen Bedarfsdeckung zu zahlen bereit ist („wieviel Umweltfreundlichkeit für welchen Preis“). Damit lässt er aber die Verpflichtung des Wirtschaftlichkeitsgrundsatzes außer acht, die ihm aufgibt, die günstigste Relation zwischen verfolgtem Zweck und dazu eingesetzten Mitteln „anzustreben“. Da er nur zwischen den (in aller Regel wenigen) umweltfreundlichsten Anbietern vergleichen kann, zeigt er von vornherein die Bereitschaft, jeden Preis für die umweltfreundlichste Alternative zu zahlen. Der Wirtschaftlichkeitsgrundsatz wird damit evident außer acht gelassen. Die in Variante 2 zu Beispiel 1 geschilderte Ausschreibung, die umweltfreundliche Alternativangebote zu der Mindestanforderung „Strom“ zulässt, würde dem Gebot des Wirtschaftlichkeitsgrundsatzes daher eher gerecht. Hier würde das UBA sich gegenüber einer Vielzahl von Angeboten der verschiedensten Stromversorger offen zeigen und hätte die Möglichkeit, zwischen umweltfreundlicher Bedarfsdeckung und zu zahlendem Preis umfassend abzuwägen.

2. Beispiel 3

Ebenso wie die in Beispiel 3 dargestellte Ausschreibung des Straßenbauamtes der Vorgabe des Art 6 EG und der Staatszielbestimmung des Art. 20 a GG nicht gerecht wird, vermag sie den Anforderungen der § 37 Abs. 1 KrW-/AbfG entsprechenden Norm des Landesabfallgesetzes[1202] nicht gerecht zu werden. Indem das Straßenbauamt gar nicht prüft, ob ein abfallwirtschaftlich sinnvolles Recyclingprodukt bei der Erweiterung der Landesstraße zum Einsatz kommen kann –

1202 Eine Auflistung der Landesabfallgesetze enthält Fn 1178.

indem es z.B. entsprechende Nebenangebote zulässt, die ihr diese Prüfung ermöglichen würden – verstößt es gegen die in der § 37 Abs. 1 KrW-/AbfG entsprechenden Landesnorm enthaltene Verpflichtung[1203].

F. Zusammenfassung

Die Vergabe öffentlicher Aufträge bzw. die Handhabung des öffentlichen Auftragswesens zum Zwecke des Umweltschutzes ist an einem sehr weit gespannten Rechtsrahmen zu messen. Bei der Prüfung der Rechtmäßigkeit eines konkreten Auftrags, der Umweltanforderungen enthält, sind die generell in Betracht kommenden Vorschriften jedoch nicht kumulativ anzuwenden, sondern es sind vielmehr die für den jeweils in Rede stehenden Einzelfall relevanten Normen auszuwählen.

Bei einer Untersuchung der einzelnen Rechtsnormen zeigt sich, dass in der Regel die Anforderungen des nationalen Vergaberechts, die das Vergaberecht der Gemeinschaft, die EG-Vergaberichtlinien, umsetzen, zum Tragen kommen. Diese sprechen Umweltanforderungen zwar nicht ausdrücklich an, halten aber gleichwohl Wege und Mittel für öffentliche Auftraggeber bereit, Umweltaspekte in das Vergabeverfahren einfließen zu lassen. Zum Teil sind die für den Bereich oberhalb der Schwellenwerte maßgeblichen EG-Vergaberichtlinien diesbezüglich abschließend, zum Teil lassen sie den öffentlichen Auftraggebern Freiraum für eigene Überlegungen. So dürfen öffentliche Auftraggeber Bieter nur aus den in den EG-Vergaberichtlinien und den entsprechenden – die Vorgaben der EG-Richtlinien umsetzenden – nationalen Bestimmungen aufgeführten Gründen ausschließen, z. B. im Hinblick auf eine rechtskräftige Verurteilung wegen einer Umweltstraftat. Die aufgrund des Gemeinschaftsrechts bestehenden Grenzen wurden von der EG-Kommission in einer Interpretierenden Mitteilung vom 4.7.2001 und vom Europäischen Gerichtshof mit seinen Urteilen vom 17.9.2002 in Sachen „Concordia Bus“ und vom 4.12.2003 in Sachen „Wienstrom“ aufgezeigt.

Die neben dem Vergaberecht bestehenden, für die Einbeziehung von Umweltaspekten in das öffentliche Auftragswesen relevanten Bestimmungen wie etwa europäisches und nationales Wettbewerbsrecht oder auch der nationalen einfachgesetzlichen Ebene kommen in aller Regel nur in speziellen Fallkonstellationen zum Tragen. Ein Verstoß gegen die Wettbewerbsregeln des EG-Vertrages wird in der Regel mangels einer Marktbeherrschung des öffentlichen Auftraggebers oder einer Spürbarkeit der durch seine Umweltanforderung hervorgerufenen Han-

1203 Hierbei ist freilich zu bedenken, dass die Landesabfallgesetze i. d. R. über die Prüfpflicht des § 37 Abs. 1 KrW-/AbfG noch hinausgehen; vgl. hierzu auch Versteyl in: Kunig/Paetow/Versteyl, § 37 Rn 4.

delsbeeinträchtigung ausscheiden. Da die Auftragsvergabe in Deutschland dezentralisiert ist, kommt auch ein Verstoß gegen nationales Wettbewerbsrecht (hier kommt insbesondere § 20 Abs. 1 und 2 GWB in Betracht) nur in einer eher gering einzuschätzenden Zahl von Sachverhalten in Betracht, wenn der öffentliche Auftraggeber eine marktbeherrschende oder eine marktstarke Stellung innehat. Dies wird am ehesten auf Bundes- oder Landesebene gegeben sein, wie die bereits von der Rechtsprechung entschiedenen Fälle zeigen. Eine unzulässige staatliche Beihilfe im Sinne von Art. 87 EG, die grundsätzlich zwar in Betracht kommt, jedoch insbesondere einen Verstoß gegen vergaberechtliche Vorschriften voraussetzt, wird ebenfalls nur in wenigen Fällen gegeben sein. Die Nichtbeachtung von vergaberechtlichen Bestimmungen setzt auch § 1 UWG in seiner Fallgruppe Rechtsbruch voraus, der das Vorgehen des öffentlichen Auftraggebers u. U. mit dem Sittenwidrigkeitsurteil belegt. Eine unlautere Wettbewerbshandlung ist jedoch entgegen der Rechtsprechung einiger Zivilgerichte nicht in jedem Vergabeverfahren zu sehen, das gegen Vergaberecht verstößt. Vielmehr muss gegen solche vergaberechtlichen Bedingungen verstoßen worden sein, die eine wettbewerbliche Bedeutung haben, indem sie gerade der Chancengleichheit und Gleichbehandlung aller Bieter dienen.

Unter den Anforderungen der Marktfreiheiten des EG-Vertrages sind insbesondere Art. 28 ff. EG und Art. 49 ff. EG von Bedeutung. Umweltanforderungen enthaltene Vergabeverfahren können Maßnahmen gleicher Wirkung im Sinne der Warenverkehrsfreiheit oder Beschränkungen der Dienstleistungsfreiheit darstellen. Sie können allerdings nach der Cassis-de-Dijon-Rechtsprechung gerechtfertigt werden durch zwingende Erfordernisse des Umweltschutzes. Hier ist zu beachten, dass die Umwelt in anderen Staaten von öffentlichen Auftraggebern Deutschlands geschützt werden dürfen, wenn es sich um Umweltgüter von globaler Bedeutung handelt.

Im Bereich der verfassungsrechtlichen Anforderungen ist insbesondere der allgemeine Gleichheitssatz des Art. 3 Abs. 1 GG von Bedeutung. Die Ungleichbehandlung von Unternehmen durch öffentliche Auftraggeber zum Zwecke des Umweltschutzes unterliegt jedoch i. d. R. nur einer im Vergleich zur strengen Verhältnismäßigkeitsprüfung großzügigeren Willkürprüfung, da in der Regel Sachverhalte und nicht Personengruppen unterschiedlich behandelt werden und die Ungleichbehandlung mit Art. 20 a GG in der Verfassung selbst angelegt ist. Die Staatszielbestimmung des Art. 20 a GG steht dem öffentlichen Auftraggeber im Rahmen der Willkürprüfung rechtfertigend zur Seite, da sie ihm verbindlich vorgibt, Umweltschutz auch bei seiner Beschaffungstätigkeit zu verfolgen. Neben den rechtlichen Anforderungen an die Einbeziehung von Umweltaspekten in das öffentliche Auftragswesen enthalten nämlich sowohl das Gemeinschaftsrecht mit der Querschnittsklausel des Art. 6 EG und das deutsche Verfassungsrecht mit der

Staatszielbestimmung in Art. 20 a GG rechtlich verbindliche Verpflichtungen für öffentliche Auftraggeber, dem Umweltschutz bei der Beschaffung von Waren und Leistungen gerecht zu werden. Die Tatsache, dass diese Normen nicht unmittelbar justiziabel sind und sie unterlegenen Bietern kein subjektives Recht gewähren, bedeutet nicht, dass sie für den Rechtsschutz nicht fruchtbar gemacht werden können. Wenn öffentliche Auftraggeber die Erfordernisse des Umweltschutzes überhaupt nicht in irgendeiner Form bei der Vergabe von Aufträgen berücksichtigen, können chancen- und/oder erfolglose „umweltfreundliche" Unternehmen dies über einzelne Vorschriften des Vergaberechts beanstanden. Da in Deutschland der Zuschlag auf das Angebot zu erteilen ist, das sich unter Berücksichtigung aller Umstände als das Wirtschaftlichste erweist, können erfolglose Bieter zum Beispiel über diese Vorschrift Vergabeverfahren angreifen, in denen die Auftraggeber allein das Kriterium des Preises angewandt und umweltfreundliche Alternativen nicht geprüft haben, da sie damit der aus Art. 6 EG und Art. 20 a GG resultierenden Verpflichtung nicht gerecht geworden sind. Daneben haben Unternehmen die Möglichkeit, ein Vertragsverletzungsverfahren bei der EG-Kommission anzuregen.

Unter den einfachgesetzlichen Anforderungen ist insbesondere der im Haushaltsrecht normierte Wirtschaftlichkeitsgrundsatz hervorzuheben, der öffentliche Auftraggeber dazu verpflichtet, die beste Relation zwischen den verfolgten Zwecken Beschaffung und Umweltschutz sowie den dazu eingesetzten Haushaltsmitteln anzustreben. Eine Ausschreibung, die diese Verpflichtung evident von vornherein außer Betracht lässt, indem sie sich auf die umweltfreundlichste aller zur Verfügung stehenden Alternativen beschränkt, ist im Hinblick auf den Wirtschaftlichkeitsgrundsatz sehr bedenklich.

Auf einfachgesetzlicher Ebene ist schließlich § 37 Abs. 1, 2. HS KrW-/AbfG hervorzuheben. Er hat – sowohl in personeller als auch in sachlicher Hinsicht auf einen sehr begrenzten Anwendungsbereich bezogen – die gleiche Zielrichtung wie Art. 6 EG und Art. 20 a GG: Der Einbeziehung des Umweltschutzes durch Prüfung, ob abfallwirtschaftlich sinnvolle Produkte zum Einsatz kommen können. Eine Ausschreibung, die diese Frage von vornherein in keiner Weise berücksichtigt, kann diesem Erfordernis nicht gerecht werden.

Kapitel 3. Umweltmanagementsysteme im Vergabeverfahren

Nachdem im vorangegangenen Kapitel der Rechtsrahmen für die Berücksichtigung von Umweltaspekten in Vergabeverfahren abgegrenzt wurde, kann und soll nunmehr eine konkrete Umweltanforderung an diesem Rechtsrahmen auf ihre Zulässigkeit hin überprüft werden: Die Berücksichtigung von zertifizierten Umweltmanagementsystemen bei der Auftragsvergabe[1204].

Bei Umweltmanagementsystemen handelt es sich um eine transparente Systematik von Verfahren zur Festlegung von Zielen, Verantwortlichkeiten und Überprüfungen im betrieblichen Umweltschutz[1205]. Umweltmanagementsysteme finden in den letzten Jahren in Politik und Wirtschaft zunehmend Beachtung. Zwischen 1995 und 2000 haben in Deutschland rund 3.500 und weltweit rund 20.000 Unternehmen ein standardisiertes Umweltmanagementsystem aufgebaut und begutachten lassen[1206]. Umweltmanagementsysteme sind maßgeblich geprägt durch die Erfahrungen mit anderen standardisierten Managementsystemen, insbesondere solchen aus dem Bereich der Qualitätssicherung[1207]. Derzeit stehen im wesentlichen zwei Systeme zur Verfügung: ISO 14001 und EMAS[1208].

A. DIN EN ISO 14001

Die bedeutendste privatwirtschaftliche Norm, die sich mit dem Aufbau und der Aufrechterhaltung eines Umweltmanagementsystems befasst, ist die seit Oktober 1996 weltweit und für alle Organisationen gültige Norm ISO 14001 : 1996 „Umweltmanagementsysteme – Spezifikation mit Anleitung zur Anwendung“,

---

1204 Zum Hintergrund der Auswahl dieser Umweltanforderung vgl. Einl. S. 9, 10 u. 18.

1205 Steger, ZfU 2000, 467, 468. Die Idee der UMS stammt aus den USA. In den 1970er Jahren begannen zahlreiche Großunternehmen in den USA erste Umweltschutzmaßnahmen zu ergreifen u. in diesem Rahmen auch ihr Umweltmanagement zu verbessern. Man begann, Verfahren zur Erfassung v. umweltrelevanten Aspekten anzuwenden, die an die Prinzipien des Finanzcontrollings u. der internen Revision angelehnt sind (Vgl. Würth, S. 97).

1206 Vorwort zu BMU/UBA, Umweltmanagementsysteme, S. 7.

1207 Kottmann, in: BMU/UBA, Umweltmanagementsysteme, S. 27.

1208 Neben diesen beiden UMS v. EMAS u. ISO 14001 gibt es zahlreiche industriespezifische u. unternehmensindividuelle UMS. Das prominenteste Beispiel für industriespezifische UMS dürfte das weltweite „Responsible Care“-Programm der Chemischen Industrie sein. Unternehmensspezifisch gibt es zahllose Varianten, die z. T. mit anderen Managementsystemen verknüpft sind (vgl. Steger, ZfU 2000, 467, 471).

die gleichzeitig den Status einer europäischen und einer deutschen Norm hat[1209]. Im Juni 2002 waren in Deutschland 3.450, weltweit cirka 40.825 Organisationen nach ISO 14001 zertifiziert[1210].

Die Norm ISO 14001 fordert allgemein, dass die Implementierung eines Umweltmanagementsystems zu einer verbesserten umweltorientierten Leistung des Unternehmens bzw. der Organisation führt. Das System soll einen strukturierten Prozess für die kontinuierliche Verbesserung seiner bzw. ihrer Umweltleistung bieten.[1211]

Den Ausgangspunkt dieser kontinuierlichen Verbesserung bildet die sogenannte „Umweltpolitik". Hierbei handelt es sich um eine Erklärung der Unternehmensspitze über ihre Absichten und Grundsätze in Bezug auf die umweltorientierte Gesamtleistung des Unternehmens[1212]. Das Unternehmen legt in schriftlicher Form eine „Selbstverpflichtung" zur Einhaltung aller einschlägigen Umweltvorschriften und zur angemessenen kontinuierlichen Verbesserung des betrieblichen Umweltschutzes nieder. Auf der Basis dieser Erklärung werden Ziele festgelegt. Die ISO 14001 gibt den Organisationen bestimmte Verfahren vor, wie sie diese Ziele erreichen können. Zu den Verfahren gehört zunächst die Planung eines Umweltmanagementprogramms[1213] (Festlegung von Verantwortlichkeiten, Mitteln und Zeitrahmen für die Verwirklichung der Umweltziele) und dessen anschließende Implementierung und Durchführung[1214]. Auch diesbezüglich beschränkt sich die Norm darauf, Verfahren vorzugeben. So hat das Unternehmen bzw. die Organisation Aufgaben, Verantwortlichkeiten und Befugnisse festzulegen, zu dokumentieren und bekanntzumachen. Die erforderlichen finanziellen, personellen und technischen Mittel sind bereitzustellen. Der Schulungsbedarf ist festzustellen. Es ist ein Verfahren zur Bewußtseinsbildung für alle Beschäftigten in umweltrelevanter Funktion einzuführen und aufrechtzuerhalten, ebenso ein

1209 DIN EN ISO 14001, DIN Deutsches Institut für Normung e.V., Ref. Nr. DIN EN ISO 14001 : 1996-10. Das Deutsche Institut für Normung (DIN) ist Mitglied der ISO, der International Organisation for Standardization. In der ISO arbeiten die nationalen Normungsinstitute aus 118 Ländern zusammen. Ziel der ISO ist es, mit weltweit einheitlichen Normen den internationalen Austausch v. Gütern u. Dienstleistungen zu erleichtern sowie die Zusammenarbeit auf wissenschaftlichem, technischem u. ökonomischem Gebiet über die Grenzen hinweg zu aktivieren. Die Ergebnisse der ISO-Arbeit werden als internationale Normen veröffentl. Die ISO 14001 wurde v. European Committee for Standardization (CEN) als europäische u. v. Deutschen Institut für Normung (DIN) als deutsche Norm übernommen, was durch die Abkürzungen EN u. DIN deutlich wird.

1210 So die sog. Peglau-Liste des UBA (www.14001news.de/ISO_EMAS/Peglau-Liste/body_peglau-liste.html; reinhard.peglau@uba.de). Deutschland liegt damit hinter Japan u. vor Großbritannien auf dem zweiten Platz (Japan: 9.323 zertifizierte Organisationen; Großbritannien: 2.722 zertifizierte Organisationen).

1211 DIN EN ISO 14001 : 1996, S. 14.

1212 DIN EN ISO 14001 : 1996, S. 7, 8, 15.

1213 DIN EN ISO 14001 : 1996, S. 9.

1214 DIN EN ISO 14001 : 1996, S. 9 ff.

Verfahren für interne und externe Kommunikation. Die Liste der vorgegebenen Verfahren reicht weiter über die Dokumentation, die Lenkung von Dokumenten, Abläufen und Tätigkeiten sowie deren Überwachung und Messung. Die Überprüfung, ob das Umweltmanagementsystem ordnungsgemäß aufrechterhalten wird und die geplanten Anordnungen und Forderungen erfüllt, erfolgt durch ein regelmäßiges Audit. Audits können von Mitarbeitern der Organisation und/oder von externen Personen, welche die Organisation auswählt, unparteiisch und objektiv durchgeführt werden[1215]. Das Zertifizierungsaudit erfolgt durch ein unabhängiges Zertifizierungsunternehmen[1216]. Das Zertifikat hat eine Gültigkeit von drei Jahren und ist dann zu erneuern. Außerdem findet eine jährliche Zwischenprüfung in geringerem Umfang durch den Zertifizierer statt[1217]. Das Umweltmanagementsystem ist schließlich durch die oberste Leitung der Organisation regelmäßig einer Bewertung zu unterziehen[1218].

Bei dem Umweltmanagementsystem nach ISO 14001 handelt es sich zusammengefasst um ein Instrument, das das anwendende Unternehmen in die Lage versetzen soll, einen bestimmten – von ihm selbst angestrebten – Status umweltorientierter Leistung zu erreichen. Die Einführung und das Betreiben eines Umweltmanagementsystems allein führt von sich aus noch nicht zu einer sofortigen Verringerung ungünstiger Umweltauswirkungen, obwohl bereits aufgrund des systematischen Vorgehens eine Verbesserung der Umweltleistung zu erwarten ist.[1219]

1215 DIN EN ISO 14001 : 1996, S. 20.

1216 Wittig, Prozessmanagement S. 146.

1217 Wittig, Prozessmanagement S. 21.

1218 DIN EN ISO 14001 : 1996, S. 12 f.

1219 DIN EN ISO 14001 : 1996, S. 14.

B. Gemeinschaftssystem für das Umweltmanagement und die Umweltbetriebsprüfung (EMAS)

Die Europäische Union hat 1993 mit der sogenannten EMAS-Verordnung[1220] ein neuartiges, zum Bereich des reflexiven Umweltrechts[1221] zählendes Instrument geschaffen[1222]: die freiwillige Beteiligung gewerblicher Unternehmen an einem „Gemeinschaftssystem für das Umweltmanagement und die Umweltbetriebsprüfung". Mit diesem nicht ordnungsrechtlichen Instrument soll Unternehmen als Mitverursachern von Umweltbeeinträchtigungen ein Teil der Verantwortung für erforderliche Problemlösungen übertragen werden. Die Unternehmen sollen auf allen Stufen ihrer Tätigkeit die damit verbundenen Umweltauswirkungen überwachen, dokumentieren und reduzieren. Darüber hinaus werden die Unternehmen verpflichtet, der Öffentlichkeit über ihr Verhalten Rechenschaft abzulegen. Als Gegenleistung für die freiwillige Beteiligung der Unternehmen an dem Gemeinschaftssystem, die mit zusätzlichem Arbeitsaufwand und im Einzelfall möglicherweise sehr hohen Kosten verbunden ist, dürfen diese die Teilnahmebescheinigungen und ein Logo öffentlichkeitswirksam verwenden. Als mittelbarer Anreiz für die Durchführung des umfassenden Umweltmanagement- und -betriebsprüfungssystems dienen unter anderem die Senkung betrieblicher Kosten infolge von Abfall-, Rohstoff- und Energieeinsparungen[1223], die Verringerung der Gefahren einer zivilrechtlichen Umwelthaftung und einer strafrechtlichen Verantwortung durch Verstoß gegen Umweltvorschriften und damit einherge-

1220 EWG-VO Nr. 1836/93, ABl. (EG) L 168 v. 10.7.1993, S. 1; berichtigt in: ABl. (EG) L 1995 Nr. 203 S. 17; „EMAS I".

1221 Der Begriff „reflexives Recht" wurde 1982 v. Teubner ins Leben gerufen (Teubner, ARSP 1982, 13 ff.). Das pol. Kernkonzept, das hinter reflexivem Recht steht, kann mit „regulierter Selbstregulierung" bezeichnet werden (Calliess, ZfRSoz 2002, 185 u. http://www.jura.uni-frankfurt.de/teubner/pdf-dateien/reflexive2.pdf (2.11.2003, 15.15 Uhr), S. 4). Ausgangspunkt der Idee des reflexiven Rechts ist die Erkenntnis, dass traditionelle Rechtsinstrumente nicht mehr geeignet sind, die sich zunehmend ausdifferenzierenden gesellschaftlichen Teilsysteme zu steuern (Müller, S. 73). Die Idee des reflexiven Rechts wurde v. Orts auf die Umweltpolitik bzw. auf das Umweltrecht übertragen (Orts, NULR 1995, 1227 ff.). Seiner Meinung nach ist die Öko-Audit-VO das einzige wirklich reflexive Instrument (Orts, NULR 1995, 1311). Reflexives Umweltrecht zielt darauf ab, die Akteure umweltrelevanten Tuns zu veranlassen, über ihre gefährlichen Aktivitäten zu reflektieren u. ihr schädigendes Verhalten zu korrigieren. Es geht um die Auslösung eines Reflexions- u. Lernprozesses, der sich in Verhaltensänderung niederschlägt. Letztlich zielt reflexives Umweltrecht auf eine Veränderung der Unternehmenskultur (Hager, JZ 2002, 901). Dazu stellt reflexives Umweltrecht Mechanismen oder Strukturen zur Verfügung, durch welche die Selbstreflexion u. die gesellschaftliche Kommunikation über Umweltauswirkungen verbessert werden soll (Orts, NULR 1995, 1268).

1222 Vgl. Rhein, S. 3.

1223 Indem die Umweltauswirkungen der Tätigkeit des Unternehmens bzw. der Organisation im Rahmen v. EMAS systematisch erhoben u. bewertet werden, werden Einsparpotentiale erkannt. Empirische Studien stützen diese Aussage. Eine Befragung der Arbeitsgemeinschaft Selbständiger Unternehmer (ASU) zusammen mit dem Unternehmensinstitut (UNI) hat ergeben, dass knapp die Hälfte der befragten 111 Unternehmen jährliche Einsparungspotentiale v. über 100.000 DM erreicht haben (vgl. hierzu Müller, S. 172).

hend die Reduzierung von Versicherungsprämien, Vorteile bei der Fremdkapitalbeschaffung[1224], Vertrauensbildung und Imagesteigerung gegenüber Behörden, Kunden und anderen Interessengruppen[1225] sowie die Absatzsteigerung[1226].

Die Verordnung aus dem Jahr 1993 („EMAS I") wurde 2001 abgelöst durch eine neue EMAS-Verordnung[1227] („EMAS II"). Auf europäischer Ebene wird sie ergänzt durch drei rechtlich verbindliche[1228] und diverse rechtlich unverbindliche Leitfäden[1229] der EG-Kommission. In Deutschland dienen Umweltauditgesetz[1230] und EMAS-Privilegierungsverordnung[1231] der Umsetzung von EMAS II.

Derzeit gibt es in Deutschland cirka 2500 Standorte, die an EMAS teilnehmen[1232], europaweit sind es cirka 3800. Die Tendenz in Deutschland ist offen-

---

1224 Ein nicht unbeachtlicher Teil der Kreditausfälle beruht auf Umweltrisiken; hinzu kommt die Gefahr der Minderung des Wertes v. Sicherheiten durch Umweltschäden (vgl. Müller, S. 175 ff., 186 ff.).

1225 Müller verwendet den Begriff „ Stakeholder".

1226 Müller, S. S. 179 ff.; Rhein, S. 4; Sellner/Schnutenhaus, NVwZ 1993, 928, 934.

1227 VO (EG) Nr. 761/2001 des EP u. des Rates v. 19.3.2001 über die freiwillige Beteiligung v. Organisationen an einem Gemeinschaftssystem für das Umweltmanagement u. die Umweltbetriebsprüfung (EMAS), ABl. EG Nr. 11/114 v. 24.4.2001, S. 1, in Kraft am 27.4.2001; diese VO wird auch „EG-Öko-Audit-VO" oder „EMAS II" genannt.

1228 Leitfaden zu Einheiten, die für eine EMAS-Eintragung in Frage kommen; Leitfaden zur Begutachtung u. Gültigkeitserklärung sowie zur Häufigkeit der Umweltbetriebsprüfung; Leitfaden zur Verwendung des EMAS-Zeichens; Anhänge I bis III zur Entsch. der Komm. v. 7.9.2001 über Leitlinien für die Anwendung der VO (EG) 761/2001 des EP und des Rates über die freiwillige Beteiligung v. Organisationen an einem Gemeinschaftssystem für das Umweltmanagement u. die Umweltbetriebsprüfung (EMAS), 2001/681/EG; veröffentl. in ABl. EG 247 v. 17.9.2001 S. 24 ff.

1229 Leitfaden zur EMAS-Umwelterklärung; Leitfaden für die Arbeitnehmerbeteiligung im Rahmen v. EMAS; Leitfaden für die Ermittlung v. Umweltaspekten u. die Bewertung ihrer Wesentlichkeit; Leitfaden für Umweltgutachter bei der Überprüfung v. kleinen u. mittleren Unternehmen (KMU) insb. v. Klein- u. Kleinstunternehmen; Anhänge I bis IV zur Empfehlung der Komm. v. 7.9.2001 über Leitlinien für die Anwendung der VO (EG) Nr. 761/2001 des EP u. des Rates über die freiwillige Beteiligung v. Organisationen an einem Gemeinschaftssystem für das Umweltmanagement u. die Umweltbetriebsprüfung (EMAS), 2001/680/EG; veröffentl. in ABl. EG 247 v. 17.9.2001, S. 1 ff.

1230 Gesetz zur Ausführung der VO (EWG) Nr. 1836/93 des Rates v. 29.6.1993 über die freiwillige Beteiligung gewerblicher Unternehmen an einem Gemeinschaftssystem für das Umweltmanagement u. die Umweltbetriebsprüfung (Umweltauditgesetz – UAG) v. 7.12.1995, BGBl. I, S. 1591, geänd. durch G. zur Änderung des UAG v. 20.8.2002, BGBl. I, S. 3167, in Kraft am 21.8.2002.

1231 Art. 1 der VO zum Erlass u. zur Änderung immissionsschutzrechtlicher u. abfallrechtlicher VOen v. 24.6.2002, BGBl. I S. 2247, in Kraft am 29.6.2002.

1232 Am 4.4.2002 waren 2896 Organisationen gem. EMAS-VO eingetragen (Umweltdaten Deutschland 2002, herausgegeben v. UBA u. Statistischem Bundesamt, S. 13). Bundesumweltminister Trittin sprach anlässlich der 2. u. 3. Lesung des Gesetzes zur Änderung des UAG am 26.4.2002 im BTag v. „cirka" 2600; der BRat, der sich auf eine Statistik des DIHK beruft, in seinem Beschl. v. 31.5.2002 (BR-Drucks. 287/02) v. exakt 2560 Standorten. Im Juni 2002 nahmen nach der Peglau-Liste (vgl. Fn 1145) 2.523 Organisationen in Deutschland an EMAS teil.

sichtlich jedoch rückläufig, was insbesondere darauf zurückgeführt wird, dass Unternehmen zu dem Umweltmanagementsystem ISO 14001 wechseln[1233].

I. Inhalt der Verordnung

Während „EMAS I" auf gewerbliche Unternehmen zugeschnitten war, kann nunmehr unter der Geltung von „EMAS II" jede Gesellschaft, jede Körperschaft, jeder Betrieb, jedes Unternehmen und jede Behörde unabhängig von der Rechtsform teilnehmen, so dass auch Unternehmen der Dienstleistungsbranche, aber auch Behörden angesprochen sind. Gemäß Artikel 3 Abs. 1 der VO Nr. 761/2001 darf sich jede „Organisation" an EMAS beteiligen, die ihre Umweltleistung verbessern möchte[1234]. Im Gegensatz zu EMAS I, das noch selbständige Vorschriften zum Aufbau und Ablauf eines Managementsystems enthielt, verzichtet EMAS II auf eigene Regelungen und macht Abschnitt 4 der EN ISO 14001 : 1996 zum Bestandteil von EMAS[1235]. Ausgangspunkt und Basis für die Beteiligung an EMAS ist daher wie bei ISO 14001 zunächst, dass die Unternehmensspitze eine betriebliche „Umweltpolitik" festlegt[1236] und seine Tätigkeiten, Produkte oder Dienstleistungen auf sogenannte direkte und indirekte Umweltaspekte überprüft (Bestandsaufnahme)[1237]. Aufgrund dieser Bestandsaufnahme erstellt das Unternehmen für einen Standort ein Umweltprogramm[1238] und implementiert ein Umweltmanagementsystem (Organisationsstruktur, Zuständigkeiten, Abläufe und Verfahren)[1239]. Anschließend muss es eine interne Umweltbetriebsprüfung durchfüh-

1233 Vgl. Rede Bundesumweltminister Trittin am 26.4.2002 im BTag. Dies entspricht auch den Beobachtungen der Unternehmerverbände Nds. e. V., Aussage der dortigen Mitarbeiterin Frau Everts-Waldeck gegenüber Verf. Die Teilnahme an EMAS sei für die Unternehmen zu aufwendig, zumal die mit der Teilnahme einhergehenden Vorteile als zu gering eingeschätzt werden.

1234 Die VO definiert „Organisation" in Art. 2 lit. s) als „eine Gesellschaft, eine Körperschaft, einen Betrieb, ein Unternehmen, eine Behörde oder eine Einrichtung bzw. einen Teil oder eine Kombination hiervon, mit oder ohne Rechtspersönlichkeit, öffentlich oder privat, mit eigenen Funktionen u. eigener Verwaltung".

1235 Anh. I Buchst. A. zur EMAS II-VO; vgl. Schmidt-Räntsch, NuR 2002, 197.

1236 Anh. I-A.2. zur EMAS II-VO.

1237 Art. 3 Abs. 2 lit. a) der VO Nr. 761/2001. Direkte Umweltaspekte sind bspw. die in die Atmosphäre abgegebenen Emissionen, Einleitungen u. Ableitungen in Gewässer, Vermeidung, Verwertung u. Entsorgung v. Abfällen, Nutzung u. Verunreinigung v. Böden, Nutzung v. natürlichen Rohstoffen u. Ressourcen sowie Verkehr (Anh. VI zur VO 761/2001). Als indirekte Umweltaspekte gelten bspw. die Verpackung bzw. der Transport v. Produkten sowie das Umweltverhalten v. Lieferanten (Anh. VI zur VO 761/2001).

1238 Anh. I-A.3.4. zur EMAS II-VO.

1239 Anh. I-A.4. zur EMAS II-VO.

ren[1240] und eine Umwelterklärung erstellen[1241]. Ziel dieser Erklärung ist es, die Öffentlichkeit über Umweltauswirkungen der Organisation sowie ihre Umweltleistungen und deren kontinuierliche Verbesserung zu informieren. Bei der Ersteintragung in das EMAS-Register und später alle drei Jahre ist die Umwelterklärung in gedruckter Fassung vorzulegen. Notwendiger Mindestinhalt der Umwelterklärung ist u. a. eine klare und eindeutige Beschreibung der Organisation, die Zusammenfassung ihrer Tätigkeiten, Produkte und Dienstleistungen, die Darstellung der Umweltpolitik sowie eine Beschreibung des Umweltmanagementsystems, der Umweltaspekte und der Umweltziele der Organisation[1242].

Bereits an dieser Stelle werden nachfolgend beispielhaft einige Umwelterklärungen von Unternehmen genannt, die an späterer Stelle herangezogen werden:

- Gemeinsame Umwelterklärung 2001 Volkswagen und Volkswagen Nutzfahrzeuge, Stand: April 2002[1243]
- Umwelterklärung 1999 Continental Teves AG & Co. oHG, Standorte Frankfurt Guerickestraße und Eschborner Landstraße[1244]
- Nachhaltigkeitsbericht 2000/2001 Deutsche Telekom AG, Stand 31.12.2001[1245]
- Umwelterklärung Neuhold GmbH, Österreich[1246].

Die Umweltprüfung, das Umweltmanagementsystem und das Verfahren für die Umweltbetriebsprüfung sowie die Umwelterklärung hat die Organisation – hier geht EMAS nunmehr über ISO 14001 hinaus – begutachten zu lassen; die Umwelterklärung ist zusätzlich durch einen zugelassenen, unabhängigen Umweltgutachter zu validieren[1247]. Anschließend ist die Umwelterklärung der für die Führung des EMAS-Registers zuständigen Stelle (in Deutschland die Industrie- und Handels- sowie die Handwerkskammern[1248]) zu übermitteln und nach

1240 Diese beinhaltet insb. Gespräche mit dem Personal, Prüfung der Betriebsbedingungen u. der Ausrüstung. Daneben sind Aufzeichnungen u. a. einschlägige Unterlagen zu prüfen, um die Umweltleistung der jeweils untersuchten Tätigkeit zu bewerten. Es ist dabei insb. zu untersuchen, ob die geltenden Normen u. Vorschriften eingehalten werden (Art. 3 Abs. 2 lit. b der VO 761/2001).

1241 Diese muss den Anforderungen des Anh. III Abschnitt 3.2 zur VO 761/2001 entsprechen.

1242 Art. 3 Abs. 2 lit. c der VO Nr. 761/2001.

1243 Gemeinsame Umwelterklärung v. Volkswagen u. Volkswagen Nutzfahrzeuge für die Standorte Kassel u. Emden für das Jahr 2001, Stand: April 2002, S. 17; im Internet verfügbar unter: http://www.volkswagen-umwelt.de/_download/ue_emden_2001.pdf.

1244 Umwelterklärung Continental Teves AG u. Co. oHG für die Standorte Frankfurt für 1999, S. 2; im Internet verfügbar unter: http://www.umweltallianz.de/documents/contitev.pdf.

1245 Nachhaltigkeitsbericht Deutsche Telekom AG, Stand: 31.12.2001, S. 39; im Internet verfügbar unter: http://download-dtag.t-online.de/deutsch/konzern/9-nachhaltigkeit-umwelt/nachhalt_020226.pdf.

1246 Umwelterklärung der Firma Neuhold GmbH; im Internet verfügbar unter: http://www.neuhold-envirotec.at/deutsch/umweltaspekte.htm.

1247 Art. 3 Abs. 2 lit. d der VO 761/2001.

1248 § 32 Abs. 1 UAG, vgl. Fn 1230.

erfolgter Eintragung der Öffentlichkeit zugänglich zu machen[1249]. Die wichtigsten Bezugsgruppen der Umwelterklärung sind Kunden, Lieferanten, Verbände, Behörden, Gemeinden, Nachbarn, Banken, Versicherungen[1250]. Die Aufrechterhaltung einer erfolgten EMAS-Eintragung setzt voraus, dass die genannten, für die Eintragung erforderlichen Komponenten regelmäßig überprüft und aktualisiert werden[1251].

Eingetragene und an EMAS teilnehmende Organisationen dürfen das EMAS-Logo unter anderem auf ihrem Briefkopf und auf bzw. in der Werbung für Produkte, Tätigkeiten und Dienstleistungen verwenden. Sie dürfen das Zeichen hingegen nicht direkt auf Produkten bzw. Produktverpackungen und auch nicht bei Vergleichen mit anderen Produkten, Tätigkeiten und Dienstleistungen benutzen[1252].

II. Verhältnis EMAS zu ISO 14001

EMAS und ISO 14001 sind in der Praxis als internes Managementinstrument bis auf wenige Ausnahmen identisch[1253]. Die ISO 14001 dient demselben Ziel wie die Öko-Audit-Verordnung (EMAS)[1254], nämlich der kontinuierlichen Verbesserung des betrieblichen Umweltschutzes. Beide Systeme fordern zu diesem Zweck die Identifikation von Umweltauswirkungen der Tätigkeit des Unternehmens bzw. der Organisation, die Formulierung einer Umweltpolitik, das Setzen von Umweltzielen, die Etablierung eines Umweltprogramms und eines Umweltbetriebsprüfungszyklus' sowie die Begutachtung durch Dritte. Die Unterschiede bestehen in der Internationalität der ISO 14001 sowie der öffentlichen Umwelterklärung und der Eintragung des Unternehmens in ein Standortregister bei EMAS[1255]. Die EMAS-Verordnung legt für einige Systemelemente wie Umweltpolitik, Umweltziele und -programme verbindliche inhaltliche Anforderungen fest. Die ISO 14001 lässt den Unternehmen dagegen größere Spielräume, da viele Bestimmun-

1249 Art. 3 Abs. 2 lit. e der VO Nr. 761/2001.

1250 Wittig, Prozessmanagement S. 213.

1251 Art. 3 Abs. 3 lit. a der VO 761/2001 i. V. m. Anh. V Abschnitt 5.6 der VO, Art. 3 Abs. 3 lit. b der VO Nr. 761/2001.

1252 Art. 8 der VO 761/2001.

1253 Wittig, Prozessmanagement S. 21.

1254 DIN EN ISO 14001, Oktober 1996, Nationales Vorwort, zweiter Absatz.

1255 Wittig, Prozessmanagement S. 21.

gen lediglich Empfehlungscharakter haben. Die EG-Kommission hat in ihrer Anerkennungsentscheidung vom 16.4.1997 die ISO-Norm nur mit Auflagen anerkannt und damit den höheren Anspruch von EMAS festgelegt[1256].

Zusammenfassend lässt sich festhalten, dass alle Forderungen der DIN EN ISO 14001 durch EMAS abgedeckt sind, während umgekehrt zur Registrierung nach der EMAS-Verordnung einige Zusatzleistungen erbracht werden müssen. Hier sind insbesondere die Umwelterklärung und die Verpflichtung zur Verbesserung der Umweltleistung zu nennen.

III. Umweltauditgesetz (UAG)

Der Ausführung der EMAS-Verordnung[1257] dient in Deutschland das Umweltauditgesetz (UAG)[1258]. Dieses Gesetz will insbesondere sicherstellen, dass unabhängige, zuverlässige und fachkundige Umweltgutachter und Umweltgutachterorganisationen zugelassen werden. Hierzu normiert es detaillierte Anforderungen an Zuverlässigkeit, Unabhängigkeit und Fachkunde[1259]. Des Weiteren regelt das Gesetz die Aufsicht über zugelassene Umweltgutachter und Umweltgutachterorganisationen sowie über die Register der geprüften Betriebsstandorte[1260]. Schließlich bestimmt es, dass die Registrierung geprüfter Betriebsstandorte in Deutschland den Industrie- und Handelskammern sowie den Handwerkskammern übertragen wird[1261].

1256 Rechtsgrundlage für die Anerkennung der ISO-Norm 14001 u. der hierfür in den Mitgliedstaaten eingerichteten Zertifizierungsverfahren ist Art. 9 der EMAS II-VO. Mit dieser Vorschrift wird Art. 12 der EMAS I-VO abgelöst, der die Möglichkeit vorsah, Zertifizierungen nach DIN EN ISO 14001 u. Validierungen nach der EMAS-VO konstruktiv miteinander zu verbinden. Die dazu notwendige Anerkennungsentsch. der Komm. stammt v. 16.4.1997 (ABl. EG Nr. L 104 v. 22.4.1997, S. 37); die Komm. stellt fest, daß die EN ISO 14001 den Anforderungen der EMAS-VO (nur) teilweise entspricht.

1257 VO (EWG) Nr. 1836/93 des Rates v. 29.6.1993. Die VO bedarf zwar nicht der Umsetzung in nationales Recht, da sie unmittelbar in jedem Mitgliedstaat geltendes Recht setzt. Gleichwohl bedarf sie nationaler Ausführungsvorschriften.

1258 Vgl. Fn 1230.

1259 §§ 5 ff. UAG.

1260 §§ 15 ff., §§ 32 ff. UAG.

1261 § 32 Abs. 1 i. V. m. Abs. 3 UAG.

IV. EMAS-Privilegierungs-Verordnung

In Art. 10 Abs. 2 der EMAS II-Verordnung heißt es, die Mitgliedstaaten sollten prüfen, wie der EMAS-Eintragung bei der Durchführung von Umweltvorschriften Rechnung getragen werden kann, damit doppelter Arbeitsaufwand sowohl für die Organisationen als auch die vollziehenden Behörden vermieden wird.

Dieser Forderung wurde in Deutschland nachgekommen durch die EMAS-Privilegierungs-Verordnung[1262]. Sie soll zusätzliche Anreizfaktoren für die Teilnahme an EMAS schaffen[1263,1264]. Die Verordnung sieht Erleichterungen für Betreiber genehmigungsbedürftiger Anlagen i. S. d. § 4 BImschG, von Anlagen, in denen regelmäßig besonders überwachungsbedürftige Abfälle anfallen sowie von ortsfesten Sortier-, Verwertungs- oder Abfallbeseitigungsanlagen vor. Die Betreiber dieser Anlagen dürfen, wenn sie an EMAS teilnehmen, bestimmte Anzeige- und Mitteilungspflichten durch die Vorlage der validierten Umwelterklärung oder des Registrierungsbescheides erfüllen oder werden von bestimmten Berichtspflichten gänzlich befreit. Ein Betriebsbeauftragter für Abfall oder Immissionsschutz bzw. ein Störfallbeauftragter braucht nicht bestellt zu werden und bestimmte Messungen bzw. Prüfungen können u. U. in größeren Zeitintervallen und mit eigenem Personal durchgeführt werden[1265].

1262 Art. 1 der VO zum Erlass u. zur Änderung immissionsschutzrechtlicher u. abfallrechtlicher VOen v. 24.6.2002, BGBl. I S. 2247, in Kraft am 29.6.2002.

1263 Begr. der BReg zum VO-Entw., BR-Drucks. 287/02, S.1.

1264 Die BReg hatte einen ersten VO-Entw. bereits am 20.9.2001 dem BRat zugeleitet (BR-Drucks. 730/01), der am 20.12.2001 nur nach Maßgabe v. zahlreichen Änderungen zugestimmt hat. In der zugleich gefassten Entschließung kritisierte der BRat an dem Entw., dass die Erleichterungen der EMAS-Privilegierungs-VO nicht über das bereits im Verwaltungsvollzug Praktizierte hinausgingen u. deshalb keinen zusätzlichen Anreiz für Unternehmen darstellten, an EMAS teilzunehmen (BR-Drucks. 730/01). Um den unter den derzeitigen Rahmenbedingungen zu erwartenden Rückgang der an EMAS teilnehmenden Unternehmen zu verhindern, bat der BRat die BReg, umgehend Vorschläge für eine weitergehende Privilegierung vorzulegen (BR-Drucks. 730/01). Die BReg lehnte den Erlass einer VO auf der Basis der vom BRat am 20.12.2001 beschlossenen Fassung jedoch ab. Sie akzeptierte zwar einige Änderungen; die Maßgabebeschlüsse zu §§ 4 u. 5 EMAS-Privilegierungs-VO hielt sie jedoch für zu weitgehend u. wollte sie nicht übernehmen (BR-Drucks. 287/02, S. 17, 20 – 22). Dem am 28.3.2002 v. der BReg an den BRat übersandten geänderten Entw. der EMAS-Privilegierungs-VO (BR-Drucks. 287/02) stimmte dieser am 31.05.2002 zwar zu, wies jedoch zugleich noch einmal darauf hin, dass weitere Anreize – auch finanzieller Art – für die Teilnahme an EMAS erforderlich seien. Diese Forderung hat der BRat auf Initiative der nds. Landesregierung mit einer Entschließung v. 14.2.2003 bekräftigt (BR-Drucks. 899/02).

1265 Generell sind ordnungsrechtliche Erleichterungen durch die EMAS-Privilegierungs-VO überall dort vorgesehen, wo die Teilnahme am EMAS-System betreibereigene Überwachungsmaßnahmen erfordert, die die gleiche Gewähr für die Einhaltung der umweltrechtlichen Vorschriften bietet wie die behördliche Fremdüberwachung (sog. Prinzip der funktionalen Äquivalenz). Funktionale Äquivalenz soll dann bestehen, wenn bestimmte Systemelemente der EMAS II-VO u. vergleichbare überwachungsrechtliche Instrumente – ggf. unter Hinzunahme v. bestimmten Bedingungen – als gleichwertig anzusehen sind. (Vgl. die Begr. der BReg zum VO-Entw. in BR-Drucks. 287/02, S. 13 u. Jarass, DVBl. 2003, 298, 302).

V. EMAS-Teilnahme und Beschaffungswesen

Die EMAS II-Verordnung sieht über die genannte ordnungsrechtliche Privilegierung eine Förderung der Teilnahme von Organisationen an EMAS, insbesondere von kleinen und mittleren Unternehmen, vor[1266]. Die Mitgliedstaaten sollen hierzu insbesondere prüfen, inwiefern es für die Teilnahme von kleinen und mittleren Unternehmen erforderlich ist, den Zugang zu Informationen, Unterstützungsfonds, öffentlichen Einrichtungen und zum öffentlichen Beschaffungswesen zu erleichtern[1267]. In Art. 11 Abs. 2 fordert die Verordnung die Kommission und andere Institutionen der Gemeinschaft sowie öffentliche Stellen auf einzelstaatlicher Ebene dazu auf, zu prüfen, wie der EMAS-Eintragung bei der Festlegung von Kriterien für die Beschaffungspolitik Rechnung getragen werden kann, um die Beteiligung von Organisationen an EMAS zu fördern[1268].

Eine ähnliche Empfehlung hatte es bereits im Jahre 1998 in Deutschland gegeben. Der Umweltausschuss hatte dem Bundesrat empfohlen, die Bundesregierung zum Gesetzentwurf des Vergaberechtsänderungsgesetzes zu bitten, bei Erlass der Vergabeverordnung sowie in den Verdingungsordnungen die EMAS-Teilnahme von Unternehmen angemessen zu berücksichtigen[1269]. Dieser Bitte hat die Bundesregierung bislang nicht entsprochen.

C. Rechtliche Beurteilung der Berücksichtigung eines Umweltmanagementsystems im Vergabeverfahren anhand des Vergaberechts

Einleitend ein Beispiel aus der Praxis:

> Der Abfallwirtschafts- und Stadtreinigungsbetrieb der Stadt Nürnberg, ein Eigenbetrieb der Stadt Nürnberg mit cirka 700 Mitarbeitern, veröffentlichte am 7.12.2002 im Supplement zum Amtsblatt der EG folgende beschränkte Ausschreibung (Nichtoffenes Verfahren)[1270]:
>
> Rahmenvertrag: Entsorgung/Verwertung von Elektro- und Elektronik-Altgeräten im Zeitraum vom 1.7.2003 bis 30.6.2006.
>
> Beschreibung des Auftrags: Annahme der im gesamten Stadtgebiet Nürnberg (ca. 186,6 qkm, ca. 260.000 Haushalte, ca. 490.000 Einwohner) anfallenden und

1266 Art. 11 Abs. 1 der EMAS II-VO.

1267 Art. 11 Abs. 1, 1. Anstrich der VO 761/2001.

1268 Art. 11 Abs. 2 der VO 761/2001.

1269 BR-Drucks. 646/2/97, S. 39. S. o. Kap. 1. A. IV. 1.

1270 2002/S 238-189902.

vom Auftraggeber zu einer vom Auftragnehmer in Nürnberg vorzuhaltenden Annahme- und Verwiegestelle transportierten Elektro- und Elektronik-Altgeräte. Die Annahme und Verwiegung erfolgt arbeitstäglich Montags bis Donnerstags von 8.00 Uhr bis 16.00 Uhr und Freitags von 8.00 Uhr bis 12.00 Uhr. Folgende Altgeräte sind im Wesentlichen anzunehmen:

- Unterhaltungselektronik (ca. 400.000 kg im Jahr)
- IT- und Telekommunikationsgeräte (ca. 200.000 kg im Jahr)
- Haushaltskleingeräte (ca. 100.000 kg im Jahr)
- Elektrische und elektronische Werkzeuge, z.B. Bohrmaschinen, Sägen
- Haushaltsgroßgeräte, z.B. Heizgeräte, Mikrowellengeräte.

Nach Annahme sind die Altgeräte in die einzelnen Kategorien zu sortieren (Lagerung unter Dach), zu demontieren (in einzelne Fraktionen zerlegen), von Schadstoffen zu entfrachten (Separierung sämtlicher schadstoffhaltiger Bauteile) und anschließend einer ordnungsgemäßen Verwertung bzw. Beseitigung zuzuführen. (...)

Mindestbedingungen: Der Antrag auf Beteiligung am Wettbewerb hat Aufschluss über die Fachkunde und Leistungsfähigkeit des Bewerbers zu geben. Der Bewerbung sind Nachweise über die zu den vorbeschriebenen Entsorgungs-/Verwertungsleistungen erforderlichen öffentlich-rechtlichen Genehmigungen sowie das Zertifikat „Entsorgungsfachbetrieb gem. § 52 KrW-/AbfG" für die abfallwirtschaftlichen Tätigkeiten Lagern, Behandeln, Verwerten, Beseitigen und ggf. Einsammeln und Befördern von Elektro-Altgeräten sowie, falls vorhanden, weitere Zertifikate (z.B. Öko-Audit, DIN EN ISO 14001 usw.) beizulegen. (...)

Zuschlagskriterien: Das wirtschaftlich vorteilhafteste Angebot wie nachfolgend beschrieben. Fachkunde (1.), Leistungsfähigkeit (2.), Ortsnähe (3.), Preis (3.).

Nach Auffassung des zuständigen Mitarbeiters des Abfallwirtschafts- und Stadtreinigungsbetriebs Nürnberg (ASN) fällt die Forderung nach umweltmanagementsystemkonformer Abarbeitung eines Auftrages in die Beurteilungskriterien „Fachkunde" und „Zuverlässigkeit"[1271]. Da ASN selbst nach ISO 14001 zertifiziert sei und die ISO 14001 die Einbindung der Lieferanten und Dienstleister in das eigene Umweltmanagementsystem verlange, erfordere die Beauftragung zumindest ein Umweltmanagement analog ISO 14001 oder Öko-Audit-Verordnung. Könne ein Bewerber ein Zertifikat eines akkreditierten Auditors nicht vorlegen, habe er zumindest das Bestehen eines Umweltmanagementsystems und dessen Umsetzung bei der Angebotsabgabe nachzuweisen (etwa durch Beilage eines Umweltmanagementhandbuchs und der Realisierungsdokumentationen). Nach Auswertung der eingegangenen Bewerbungen anhand der Kriterien Leistungsfä-

1271 Aussage v. Herrn Thomas Braun, Abfallwirtschafts- u. Stadtreinigungsbetrieb Nürnberg (ASN).

higkeit (Anlagen, Personal, Genehmigungen usw.), Fachkunde (Entsorgungsfachbetrieb, Umweltmanagementsystem, Qualitätsmanagementsystem, Stoffstromkonzept usw.) und Zuverlässigkeit (Erfahrung, Referenzen usw.) würden die zur möglichen Beauftragung in Frage kommenden Bewerber in Form eines Nichtoffenen Verfahrens zur Angebotsabgabe eingeladen. Der wirtschaftlichste (nicht unbedingt der billigste) Bieter (Bewertungskriterien 1.: Fachkunde, 2.: Leistungsfähigkeit, 3.: Ortsnähe der Annahmestelle, 4.: Preis) erhalte den Zuschlag.

Die beschriebene Ausschreibung zeigt beispielhaft, wie öffentliche Auftraggeber Umweltmanagementsysteme in der Praxis im Vergabeverfahren berücksichtigen können. Nachfolgend wird untersucht, welche Möglichkeiten das derzeit geltende Vergaberecht öffentlichen Auftraggebern insgesamt bietet, Unternehmen mit Umweltweltmanagementsystem zu bevorzugen.

I. Verringerung des Teilnehmerkreises

Eine Bevorzugung von Unternehmen mit Umweltmanagementsystem könnte zunächst grundsätzlich dergestalt erfolgen, dass der öffentliche Auftraggeber durch Auswahl einer weniger wettbewerblichen Vergabeart anstelle einer wettbewerblichen Vergabeart den Kreis der Teilnehmer an dem Vergabeverfahren verringert, um die Unternehmen mit Umweltmanagementsystem nicht dem Wettbewerb anderer Unternehmen auszusetzen. Gegen eine solche Begrenzung des Teilnehmerkreises spricht jedoch der im nationalen Vergaberecht normierte Vorrang der öffentlichen Ausschreibung[1272]. Kennzeichen der öffentlichen Ausschreibung[1273] ist es gerade, dass eine unbegrenzte Anzahl von Unternehmen zur Abgabe von Angeboten aufgefordert wird, um einen breiten Wettbewerb zu schaffen[1274,1275].

1272 Dieser Vorrang ergibt sich für Aufträge unterhalb der EG-Schwellenwerte aus dem Haushaltsrecht u. den Verdingungsordnungen, genauer aus §§ 55 Abs. 1 BHO, 30 HGrG, 55 Abs. 1 LHO, 32 Abs. 1 Nds. GemHVO u. aus §§ 3 Nr. 2 VOB/A u. VOL/A. In dem europarechtlich geprägten Vergaberecht für Aufträge oberhalb der Schwellenwerte ist er in § 101 Abs. 5 S. 1 GWB niedergelegt. Aus den EG-Vergabe-RL ergibt sich nicht, dass die öffentliche Ausschreibung (das Offene Verfahren) unter den verschiedenen Vergabearten Vorrang genießt (für die RL 93/37/EWG: Ingenstau/Korbion, § 3 Rn 6). Die EG-VergabeRL sehen Offenes u. Nichtoffenes Verfahren uneingeschränkt als gleichwertig an. Dies beruht darauf, dass das europäische Recht dem Nichtoffenen Verfahren stets einen öffentlichen Teilnahmewettbewerb vorschalten. Nach der Rspr. des EuGH genießt das Offene Verfahren gegenüber dem Verhandlungsverfahren oberste Priorität. Vgl. Kap. 1. B. I. 3. u. 4.

1273 In der europarechtlichen Terminologie wird diese Ausschreibungsvariante „Offenes Verfahren" bezeichnet.

1274 Dies wird dadurch erreicht, dass ein unbeschränkter Bieterkreis zur Angebotsabgabe zu einem bestimmten Stichtag zugelassen wird, um Preisabsprachen zu verhindern.

1275 Die Auswahl einer weniger wettbewerblichen Vergabeart ist jedoch ohne weiteres möglich u. findet in der Praxis durch weite Auslegung der Anwendungsvoraussetzungen weniger wettbewerblicher Vergabearten bzw. wettbewerbsloser Vergabearten auch statt.

Von diesem Grundsatz gibt es Ausnahmen zugunsten der beschränkten Ausschreibung – in der europarechtlichen Terminologie: Nichtoffenes Verfahren – und der freihändigen Vergabe – europarechtlich: Verhandlungsverfahren -. Diese Ausnahmen sind für den Bereich der Aufträge unterhalb der EG-Schwellenwerte in § 3 Nr. 3 und 4 VOB/A sowie § 3 Nr. 3 und 4 VOL/A geregelt. Für die europaweit auszuschreibenden Aufträge ist zusätzlich § 3 a VOB/A und § 3 a VOL/A zu beachten[1276]. Ansatzpunkte für die Durchführung einer beschränkten Ausschreibung oder einer freihändigen Vergabe zugunsten von Unternehmen mit Umweltmanagementsystem finden sich nur im Bereich der Basisparagraphen der Verdingungsordnungen. Diese gelten aber auch bei gemeinschaftsweiten Ausschreibungen, da die a-Paragraphen dort zusätzlich zu beachten sind. Zudem sollte die derzeitige Zweiteilung der Rechtslage nicht aktiv dadurch gefördert werden, dass für Sachverhalte, die nicht den EG-Vergaberichtlinien unterfallen, gesonderte Modelle im Widerstreit zu den europarechtlichen Vorgaben entwickelt werden.

1. Beschränkte Ausschreibung wegen besonderer Eigenart der Leistung – § 3 Nr. 3 Abs. 2 lit. a) VOB/A und § 3 Nr. 3 lit. a) VOL/A

VOB/A und VOL/A lassen die Abweichung von dem Grundsatz der öffentlichen Ausschreibung zu, wenn die auszuschreibende (Bau-) Leistung eine solche Eigenart aufweist, dass sie nur von einem begrenzten Kreis von Unternehmen ausgeführt werden kann, insbesondere weil außergewöhnliche Fachkunde, Leistungsfähigkeit oder Zuverlässigkeit erforderlich ist[1277]. In diesem Fall darf der öffentliche Auftraggeber ausnahmsweise eine beschränkte Ausschreibung (allerdings nur nach öffentlichem Teilnahmewettbewerb[1278]) durchführen.

Eine beschränkte Ausschreibung, bei der nur Unternehmen mit Umweltmanagementsystem angesprochen werden, könnte danach in folgender Fallkonstellation zulässig sein: Der zu vergebende Auftrag, der außergewöhnliche Eignung im Umweltbereich erfordert oder ähnliche besondere Merkmale aufweist, kann nur von einem kleinen Kreis von Unternehmen ausgeführt werden. Die Teilnahme an EMAS oder das ISO 14001-Zertifikat belegt gerade die erforderliche außergewöhnliche Eignung des Unternehmens. An dem Wettbewerb hat sich eine ausreichende Anzahl (mindestens drei) Unternehmen mit dem entsprechenden Um-

---

1276 Diese beiden sog. „a-Paragraphen" ersetzen den jeweiligen Basisparagraphen (§ 3 VOB/A u. VOL/A) nicht völlig. Z. T. verweisen die a-Paragraphen auf den Basisparagraphen, so dass diese ebenfalls anzuwenden sind.

1277 Zu denken ist hier vor allem an komplizierte Bauleistungen, die nur Fachunternehmer mit entspr. Erfahrung u. technischer (gerätemäßiger) u. personeller Ausstattung ausführen können. Als solche Leistungen sind z. B. schwierige Ingenieurbauten anzusehen (Rusam, in: Heiermann/Riedl/Rusam, § 3 Rn 33).

1278 Zu dem Begriff vgl. Kap. 1. B. I. 3.

weltmanagementsystem beworben, so dass die Vergabestelle nur diese zur Abgabe eines Angebots auffordert.

Hiergegen spricht jedoch, dass die Tatsache, dass ein Unternehmen an EMAS teilnimmt oder ein ISO 14001-Zertifikat hat, – isoliert betrachtet – nichts über die außergewöhnliche Eignung zur Auftragsausführung des Unternehmens aussagt. Die EMAS-Registrierung und das ISO 14001-Zertifikat belegen, dass das Unternehmen ein System eingeführt hat und aufrechterhält, das es ihm ermöglicht, geltende Umweltvorschriften einzuhalten und sich selbst gesetzte Ziele zu erreichen, um seine Umweltleistung zu verbessern. Die Registrierung bzw. Zertifizierung belegt, dass das im jeweiligen Unternehmen durchgeführte System funktioniert. Außergewöhnliche Fachkunde, Leistungsfähigkeit oder Zuverlässigkeit im Sinne der Verdingungsordnungen wird nicht schon dadurch zum Ausdruck gebracht, dass ein Umweltmanagementsystem vorhanden ist. Die Existenz eines Umweltmanagementsystems ist bei genereller Betrachtung folglich nicht geeignet, eine auf solche Unternehmen beschränkte Auswahl der Vergabestelle zu rechtfertigen.

Möglicherweise bringen einzelne Elemente des von einem Unternehmen angewandten Systems zur Verbesserung seiner Umweltleistung, z.B. die Existenz einer besonderen Anlage oder eines speziellen Verfahrens, auf die oder das es im zu vergebenden Auftrag gerade ankommt, die außergewöhnliche Leistungsfähigkeit des Unternehmens zum Ausdruck. In diesem Ausnahmefall darf die Vergabestelle solche Unternehmen mit Umweltmanagementsystem, die gerade das erforderliche Element aufweisen (d.h. die spezielle Anlage oder das spezielle Verfahren) aus dem Kreis der Bewerber des zuvor durchgeführten öffentlichen Teilnahmewettbewerbs auswählen und im Wege einer beschränkten Ausschreibung zur Angebotsabgabe auffordern. Diese Vorgehensweise ist von § 3 Nr. 3 Abs. 2 lit. a) VOB/A bzw. § 3 Nr. 3 lit. a) VOL/A gedeckt. Offenkundig handelt es sich um einen äußerst engen Anwendungsbereich.

2. Freihändige Vergabe wegen Geringfügigkeit – § 3 Nr. 4 lit. p) VOL/A

Die VOL/A nennt insgesamt 15 Fälle, in denen der öffentliche Auftraggeber den Auftrag über eine Ware oder Dienstleistung ohne ein förmliches Vergabeverfahren an ein Unternehmen vergeben darf. Der Ausnahmekatalog der VOL/A für die Freihändige Vergabe ist ausführlicher als der der VOB/A[1279]. Von einer Aufzählung sämtlicher Vorschriften soll hier verzichtet werden. Einzig relevant im Hinblick auf die vorliegend zu untersuchende Fragestellung dürfte § 3 Nr. 4 lit. p)

1279 Dies beruht darauf, dass bei Lieferungen, z. B. bei Nachbestellungen oder Bestellungen für Ersatzteile u. Zubehör, zusätzliche Fälle in Betracht kommen, in denen eine Ausschreibung unzweckmäßig ist.

VOL/A sein. Danach ist die freihändige Vergabe dann zulässig, wenn sie durch Ausführungsbestimmungen von einem Bundesminister – ggf. Landesminister – bis zu einem bestimmten Höchstwert zugelassen ist. In Niedersachsen wurde eine für die gesamte Landesverwaltung sowie für die kommunalen Körperschaften einheitliche Wertgrenze von 15.000 EUR festgesetzt[1280].

Handelt es sich mithin um einen Auftrag unterhalb dieser Wertgrenze, könnte die Freihändige Vergabe eines Auftrags über die Lieferung einer Ware oder die Erbringung einer Dienstleistung an ein Unternehmen, das an EMAS teilnimmt oder nach ISO 14001 zertifiziert ist, zulässig sein. Fraglich ist, ob eine solche Vorgehensweise mit den übrigen Grundsätzen der Vergabe zu vereinbaren wäre. Denkbar ist zunächst ein Verstoß gegen den Wettbewerbsgrundsatz (§ 2 Nr. 1 Abs. 1 VOL/A), den tragenden Grundsatz im Vergabegeschehen[1281]. Die Forderung des § 2 Nr. 1 Abs. 1 VOL/A beinhaltet, dass – unabhängig von der Vergabeart – grundsätzlich mehrere konkurrierende Bewerber bzw. Bieter zum Zweck der Bedarfsdeckung der öffentlichen Hand herangezogen werden sollen[1282]. Dementsprechend heißt es in dem die Wertgrenze von 15.000 EUR festsetzenden Erlass der niedersächsischen Ministerien auch, dass auch bei Freihändiger Vergabe nach § 3 Nr. 4 lit. p) VOL/A mindestens drei Bieter zur Angebotsabgabe aufzufordern sind. Das Ergebnis dieser „formlosen Preisanfrage“ ist aktenkundig zu machen.[1283]

§ 3 Nr. 4 lit. p) liegt die Überlegung zugrunde, dass bei Bagatellbeschaffungen die Freihändige Vergabe gerechtfertigt ist. Der genannte niedersächsische Erlass spricht deshalb auch von „Gründen der Verwaltungsvereinfachung“. Die Freihändige Vergabe wird folglich ermöglicht, weil man für Aufträge mit geringem Volumen kein aufwendiges Vergabeverfahren durchführen will. Maßgeblich dafür, ob der Vergabebeamte nun vor einer Freihändigen Vergabe mindestens drei Unternehmen zur Abgabe von Angeboten auffordert (formlos deren Preisen abfragt), ist folglich der damit verbundene Aufwand. Die Überlegung des Vergabebeamten, einen Auftrag freihändig an ein Unternehmen mit Umweltmanagementsystem zu vergeben, um dieses zu fördern bzw. zu bevorzugen, kann hingegen nicht das entscheidende Kriterium dafür sein, andere Unternehmen nicht ebenfalls anzusprechen.

1280 RdErl. des MI v. 6.3.2001 – 33.3-10300 (§ 32) im Einvernehmen mit dem MW, Nds. MBl. Nr. 12/2001, S. 311 f.

1281 Daub/Eberstein § 2 Rn 9.

1282 Daub/Eberstein § 2 Rn 9.

1283 Gem. RdErl. des MW, der StK u. der übrigen Ministerien v. 1.6.2001 (Nds. MBl. Nr. 27/2001, S. 626), Ziff. 1 Abs. 4.

3. Besondere Umstände – § 3 Nr. 2 VOB/A und VOL/A

Zu den originären Aufgaben einer Organisation, die über ein zertifiziertes Umweltmanagementsystem verfügt, gehört es, seine eigenen Lieferanten und Dienstleister in das bei ihm bestehende System einzubinden, da die Beschaffung eine ebenfalls auf seine Umweltauswirkungen zu überprüfende Hauptaktivität des Unternehmens ist. Die Einbindung der Lieferanten hat dergestalt zu erfolgen, dass die zertifizierte Organisation die Qualitätsfähigkeit des Lieferanten mittels Systemaudit überprüft. Beim Vorhandensein eines zertifizierten Umweltmanagementsystems kann dieses Audit entfallen.[1284] Durch die Beauftragung von Lieferanten und Dienstleistern darf die zertifizierte Organisation nicht in ihrem bereits erreichten Status der Umweltentlastungseffizienz gefährdet werden, da ihm sonst unter Umständen der Zertifikatentzug droht. Der seinerseits nach ISO 14001 oder EMAS zertifizierte Auftraggeber hat also ein erhebliches Interesse daran, durch die Auswahl eines Auftragnehmers nicht in seinem Status gefährdet zu werden.

Öffentliche Auftraggeber verfügen zunehmend selbst über ein Umweltmanagementsystem[1285]. Dieses verpflichtet sie dazu, ihre Auftragnehmer in ihr System einzubeziehen. Es stellt sich die Frage, ob diese Verpflichtung den Auftraggeber zu einer Verringerung des Teilnehmerkreises (beschränkte Ausschreibung oder freihändige Vergabe) berechtigt, um so dafür zu sorgen, dass der bei ihm erreichte Stand der Umweltentlastung nicht gefährdet wird. Ansatzpunkt hierfür bildet § 3 Nr. 2 VOB/A und VOL/A, wonach eine Abweichung von dem Vorrang der öffentlichen Ausschreibung zulässig ist, wenn die „Natur des Geschäfts" bzw. die „Eigenart der Leistung" oder „besondere Umstände" diese rechtfertigen. Ingenstau/Korbion meinen, es müsse sich bei den besonderen Umständen stets um ganz besondere Voraussetzungen handeln, die bei objektiver Beurteilung einen echten Ausnahmecharakter trügen und dadurch nicht nur von der Regel abwichen, sondern darüber hinaus eine wirkliche Sonderbehandlung erforderten[1286]. Die von der VOB/A und VOL/A beispielhaft genannten Fälle, in denen eine Abweichung vom Grundsatz der öffentlichen Ausschreibung erlaubt ist, erfassen den vorlie-

---

1284 Wittig, Prozessmanagement S. 210.

1285 So auch in dem eingangs genannten Bsp.: Der Abfallwirtschafts- u. Stadtreinigungsbetrieb der Stadt Nürnberg (Eigenbetrieb der Stadt) hat im Jahr 1995 ein UMS eingeführt, das im Jahre 1997 erstmalig zertifiziert wurde. Die Einf. des UMS hat nach Aussage eines Mitarbeiters des Betriebs sowohl zu ökologischen Entlastungseffekten (95%iger Einsatz v. wasserlöslichen Lacken, Einsatz ausschließlich schwefelfreier Kraftstoffe, Einsatz v. biologisch abbaubaren Hydraulikölen auf pflanzlicher Basis; Sammlung u. Wiederaufbereitung v. Altölen zu Zweitraffinaten, Einsatz v. erdgasbetriebenen Fahrzeugen, Beschaffung v. runderneuerten Reifen, Recycling v. Alt-Müllbehältern, Installation v. Wasseraufbereitungsanlagen u. Nutzung des so gewonnenen Brauchwassers für die Fahrzeugwaschanlagen des Betriebes u. a.) als auch zu wirtschaftlichen Vorteilen (Vorhaltung aufwändiger Filteranlagen werden vermieden, bei Aufbereitungsprodukten wird nur der Aufbereitungspreis entrichtet, Steuervorteile u. a.) geführt (Auskunft v. Herrn Thomas Braun, Mitarbeiter der ASN Stadt Nürnberg).

1286 Ingenstau/Korbion § 3 Nr. 20.

genden Fall (Umweltmanagementsystem) von ihrem Wortlaut her nicht. Sie können jedoch als Vergleichsmaßstab herangezogen werden. Hierbei ist zu beachten, dass die Vergabebestimmungen der VOB/A und der VOL/A grundsätzlich wettbewerbsfreundlich, d. h. unter Beachtung des öffentlichen Interesses an einem ungehinderten und diskriminierungsfreien Zugang zum Wettbewerb um öffentliche Aufträge auszulegen sind. Ausnahmen vom Wettbewerbsprinzip sind dagegen eng auszulegen[1287]. Die beschränkte anstelle der öffentlichen Ausschreibung ist etwa dann zulässig, wenn die öffentliche Ausschreibung einen so erheblichen Aufwand erfordern würde, der außer Verhältnis zu dem dadurch erreichbaren Vorteil oder dem Wert der Leistung stehen würde. Darüber hinaus darf der öffentliche Auftraggeber ausnahmsweise beschränkt ausschreiben, wenn eine vorangegangene öffentliche Ausschreibung kein annehmbares (wirtschaftliches) Ergebnis gebracht hat, wenn die Leistung von solcher Eigenart ist, dass nur wenige Unternehmen sie ausführen können oder wenn die öffentliche Ausschreibung aus anderen Gründen (beispielsweise Dringlichkeit oder Geheimhaltung) unzweckmäßig ist. Die freihändige Vergabe ist beispielsweise dann zulässig, wenn die Leistung besonders dringlich ist, wenn sie aus Gründen der Geheimhaltung geboten ist oder wenn die Leistung nicht hinreichend beschreibbar ist.

Festzustellen ist, dass die meisten der von den Verdingungsordnungen genannten Fälle entweder an der Leistung selbst oder am Ausschreibungsverfahren (z.B. in dem Fall, dass eine vorangegangene öffentliche Ausschreibung kein annehmbares Ergebnis gebracht hat) anknüpfen. Als in der Sphäre des Auftraggebers liegende Gründe (wie der hier in Rede stehende Fall der Existenz eines Umweltmanagementsystems, das die Auswahl bestimmter Auftragnehmer aufgibt) werden lediglich die besondere Dringlichkeit (wobei diese auch durch äußere Umstände – z.B. Katastrophenfälle – bedingt sein kann) und das Geheimhaltungsinteresse des Auftraggebers genannt[1288]. Das Bestehen eines Umweltmanagementsystems bei einem öffentlichen Auftraggeber ist hingegen nicht als „echter Ausnahmefall" zu qualifizieren. Die Zahl der zertifizierten Behörden ist zwar momentan sicherlich noch gering[1289], was auf den ersten Blick für eine Ausnahme sprechen würde. Zu den öffentlichen Auftraggebern zählen jedoch auch bestimmte Unternehmen der

1287 VÜA Bund, Beschl. v. 23.4.1997, 1 VÜ 2/97; VGH Mannheim, NZBau 2002, 640; Prieß, in: Motzke/Pietzcker/Prieß, § 2 Rn 9.

1288 Die Geheimhaltung kommt insb. im militärischen Bereich bei der Beschaffung v. Rüstungsgütern in Betracht. 80% der Aufträge im Wehrbereich werden aus Gründen der Notwendigkeit der Geheimhaltung freihändig vergeben (Corte/Hesselmann/Kayser, S. 24).

1289 Der Erfahrungsbericht „ISO 14001 in Deutschland" v. BMU u. UBA, der auf einer Erhebung im September 2000 beruht, nennt unter der Rubrik „Öffentliche Verwaltung, Verteidigung, Sozialversicherung" lediglich sechs Organisationen (Abb. 11, S. 31).

Privatwirtschaft[1290], unter denen Umweltmanagementsysteme weiter verbreitet sind. Bei einem zertifizierten Umweltmanagementsystems eines öffentlichen Auftraggebers handelt es sich mithin nicht um einen „besonderen Umstand" i. S. v. § 3 Nr. 2 VOB/A und VOL/A. Nach derzeit geltender Rechtslage ist ein öffentlicher Auftraggeber somit nicht befugt, aus dem Grunde von dem Vorrang der öffentlichen Ausschreibung abzuweichen, weil er nur Auftragnehmer mit Umweltmanagementsystem beauftragen will.

4. Ergebnis

Zusammenfassend lässt sich festhalten, dass öffentliche Auftraggeber den Teilnehmerkreis eines Vergabeverfahrens nur in äußerst begrenztem Umfang auf Unternehmen mit Umweltmanagementsystem verringern dürfen. Lediglich in einem sehr engen und selten vorkommenden Ausnahmefall, nämlich dem, dass das Umweltmanagementsystem gerade die für den Auftrag erforderliche außergewöhnliche Eignung des Unternehmens belegt, ist eine beschränkte Ausschreibung zulässig. Eine nennenswerte Förderung von Unternehmen, die an EMAS teilnehmen oder nach ISO 14001 zertifiziert sind, wie von politischer Ebene gefordert, erscheint unter diesem Aspekt kaum möglich.

II. Berücksichtigung in der Leistungsbeschreibung

Gemäß § 9 VOB/A und § 8 VOL/A hat der öffentliche Auftraggeber die zu vergebende Leistung eindeutig und so zu beschreiben, dass alle Bewerber die Beschreibung im gleichen Sinne verstehen müssen. Die Leistungsbeschreibung ist Bestandteil der Vergabeunterlagen. Sie legt den Inhalt des noch abzuschließenden Vertrages fest, der durch die Zuschlagserteilung zustande kommt. Der öffentliche Auftraggeber könnte daher in der Leistungsbeschreibung vorsehen, dass das Unternehmen bei der Ausführung der Dienst- oder Bauleistung bzw. der Herstellung der zu liefernden Ware mit einem Umweltmanagementsystem arbeitet. Die Zulässigkeit einer solchen Anforderung hängt entscheidend davon ab, welche Festlegungen im Leistungsverzeichnis möglich sind. § 9 Nr. 3 VOB/A und § 8 Nr. 1 Abs. 2 VOL/A verlangen, dass der Auftraggeber alle die Preisermittlung beeinflussenden Umstände anzugeben hat. Erforderlichenfalls sind auch der Zweck und die Beanspruchung der fertigen Leistung anzugeben.

1290 § 98 Nr. 2, 4, 5 u. 6 GWB.

Der Vorgabe eines Umweltmanagementsystems in der Leistungsbeschreibung könnte § 9 Nr. 5 VOB/A bzw. § 8 Nr. 3 Abs. 3 VOL/A entgegenstehen. Danach dürfen bestimmte Erzeugnisse, Verfahren sowie bestimmte Ursprungsorte und Bezugsquellen nur dann ausdrücklich vorgeschrieben werden, wenn dies durch die Art der zu vergebenden Leistung gerechtfertigt ist. Bei einem Umweltmanagementsystem könnte es sich um ein „bestimmtes Verfahren“ im Sinne der genannten Normen handeln. Ein „bestimmtes Verfahren“ ist die Art und Weise der Herstellung der (Bau-) Leistung, also ein bestimmter technischer Vorgang, der der Herstellung der (Bau-) Leistung im einzelnen dient (Verfahrenstechnik). Ein Umweltmanagementsystem besteht aus Verfahren zur Festlegung von Zielen, Verantwortlichkeiten und Überprüfungen im betrieblichen Umweltschutz[1291]. Dabei wird – bei gewerblichen Unternehmen – der Produktionsprozess oder die Leistungserbringung auf Umweltauswirkungen hin untersucht und kontinuierlich verbessert, so dass ein Zusammenhang zu der Art und Weise der Herstellung besteht. Um ein „bestimmtes Verfahren“ i. S. v. § 9 VOL/A und § 8 VOB/A handelt es sich dennoch nicht, da es nicht um die Verfahrenstechnik an sich geht. § 9 Nr. 5 VOB/A und § 8 Nr. 3 Abs. 3 VOL/A stehen der Forderung in der Leistungsbeschreibung, ein Umweltmanagementsystem vorzuhalten, nicht entgegen.

Das Vergabehandbuch des Bundes[1292] enthält in den Anforderungen an eine Leistungsbeschreibung mehrere Anmerkungen, die darauf hindeuten, dass die Leistungsbeschreibung durchaus offen ist für besondere Anforderungen des Auftraggebers – und um eine besondere Anforderung dürfte es sich bei einem Umweltmanagementsystem zumindest derzeit noch zweifellos handeln –:

> „Eine Leistungsbeschreibung ist eindeutig, wenn sie Art und Umfang der geforderten Leistungen mit allen dafür maßgebenden Bedingungen, z. B. hinsichtlich Qualität, (...), besondere Bedingungen der Ausführung (...) zweifelsfrei erkennen lässt[1293]. Eine Leistungsbeschreibung ist vollständig, wenn sie (...) alle für die Herstellung des Werks spezifische Bedingungen und Anforderungen darstellt[1294]. Eine Leistungsbeschreibung ist technisch richtig, wenn sie Art, Qualität und Modalitäten der Ausführung der geforderten Leistung entsprechend den anerkannten Regeln der Technik (...) oder etwaigen leistungs- und produktspezifischen Vorgaben zutreffend festlegt[1295]. Im Leistungsverzeichnis sind ausschließlich Art und Umfang der zu erbringenden Leistungen

---

1291 Steger, ZfU 2000, 467, 468.

1292 Vergabehandbuch des Bundes für die Durchführung v. Bauaufgaben des Bundes im Zuständigkeitsbereich der Finanzbauverwaltungen, Ausgabe 2002.

1293 Ziff. 1.2.1, erster Spiegelstrich zu § 9 VOB/A.

1294 Ziff. 1.2.2, dritter Spiegelstrich zu § 9 VOB/A.

1295 Ziff. 1.2.3, Abs. 1 zu § 9 VOB/A.

sowie alle die Ausführung der Leistung beeinflussenden Umstände zu beschreiben[1296]. Bei (...) sind insbesondere anzugeben: (...) besondere Anforderungen an die Qualitätssicherung[1297]."

Die Vorgabe, dass der Auftragnehmer über ein Umweltmanagementsystem verfügen muss, kann damit zwar grundsätzlich im Rahmen der Leistungsbeschreibung erfolgen. Jedoch kommt hierbei in besonderem Maße ein Verstoß gegen den in allen Phasen des Vergabeverfahrens geltenden Wettbewerbsgrundsatz in Betracht. Dieser untersagt den Auftraggebern alle zu einer möglichen Beschränkung des Wettbewerbs führende Maßnahmen und daher auch, den Kreis der Bieter durch überzogene Anforderungen von vornherein zu beschränken. Da durch die Aufnahme des Umweltmanagementsystems in die Leistungsbeschreibung der Kreis der Unternehmen, die an der Ausschreibung teilnehmen können, von vornherein auf solche Unternehmen begrenzt wird, die ein Umweltmanagementsystem haben, ist diese Vorgehensweise im Hinblick auf den Wettbewerbsgrundsatz bedenklich. Es findet bereits in einem so frühen Stadium des Vergabeverfahrens eine Selektion statt, dass dies einer Verringerung des Teilnehmerkreises bei der Wahl des Vergabeverfahrens gleichkommt.

III. Berücksichtigung bei der Eignungsprüfung

Die Implementierung eines Umweltmanagementsystems bei dem Auftragnehmer könnte des Weiteren im Rahmen der Eignungsprüfung berücksichtigt werden.

1. Die Eignungsprüfung

Gemäß § 25 Nr. 2 VOB/A, § 25 Nr. 2 Abs. 1 VOL/A und § 13 VOF hat die Vergabestelle vor der Zuschlagserteilung zwingend die Eignung der Bieter bzw. Bewerber[1298] zu prüfen. Dieser Verfahrensschritt umfasst die Prüfung der Fachkunde, Zuverlässigkeit und Leistungsfähigkeit[1299] anhand der vom Bieter bzw. Bewerber vorgelegten Nachweise. § 8 Nr. 3 VOB/A und § 7 Nr. 4 VOL/A sowie §§ 10 Abs. 3, 4 und §§ 12, 13 VOF bestimmen, welche Unterlagen die Vergabestelle von den

1296 Ziff. 2.2.2, S. 1 zu § 9 VOB/A.

1297 Ziff. 2.2.2, Abs. 6, siebter Spiegelstrich zu VOB/A.

1298 Bei dem Verfahren der Öffentlichen Ausschreibung ist die Eignungsprüfung ein Teil der Angebotswertung, bei Beschränkter Ausschreibung u. Freihändiger Vergabe erfolgt sie schon vor der Aufforderung zur Angebotsabgabe (§ 8 Nr. 4 VOB/A). Im Rahmen der Angebotswertung sind nur noch nach Aufforderung zur Angebotsabgabe neu hinzugekommene Umstände zu berücksichtigen.

1299 Zu den Begriffsinhalten vgl. Kap. 1 D. IV. 2.

Unternehmen zum Nachweis ihrer Eignung verlangen darf. Die Aufzählung in den Basis-Paragraphen der Verdingungsordnung, d. h. für den Bereich der Aufträge unterhalb der EG-Schwellenwerte ist nicht abschließend[1300], sie kann aber nur um solche Angaben ergänzt werden, die den Eignungskriterien der Fachkunde, Leistungsfähigkeit und Zuverlässigkeit entsprechen[1301], mit anderen Worten, nur um solche Nachweise, die Aufschluss über die Eignung des Unternehmens geben bzw. Gewähr über die Qualität der von diesem zu erbringenden Leistung bieten[1302]. Der Vergabestelle steht es weitgehend frei, ob und wie sie sich über die Eignung der Bieter/Bewerber Gewissheit verschafft. Hierbei hat sie einen Beurteilungsspielraum, der seine Grenze in dem objektiv gebotenen und sachlichen Informationsbedürfnis der Vergabestelle findet[1303].

2. Umweltmanagementsystem als Eignungsnachweis

Ein Umweltmanagement-Zertifikat kommt als Nachweis sowohl für die Fachkunde und Leistungsfähigkeit als auch für die Zuverlässigkeit des Unternehmens in Betracht.

Grundlage eines Umweltmanagementsystems sowohl nach EMAS als auch nach DIN EN ISO 14001 ist die sogenannte Umweltpolitik des Unternehmens, in der sich dieses zur Einhaltung der geltenden Umweltrechtsnormen verpflichtet. Es werden Verfahren eingerichtet, die dies sicherstellen sollen. Das implementierte Umweltmanagementsystem bildet daher ein Indiz für die dauerhafte Beachtung des Umweltrechts. Die Einhaltung gesetzlicher Verpflichtungen ist wiederum Voraussetzung für die Bejahung der Zuverlässigkeit im Rahmen der von dem Auftraggeber durchzuführenden Eignungsprüfung. Ein Teilnehmer am Vergabeverfahren ist zuverlässig, wenn er in der Vergangenheit seinen gesetzlichen Verpflichtungen nachgekommen ist und eine sorgfältige und einwandfreie Ausführung des Auftrags entsprechend den rechtlichen und technischen Normen einschließlich Gewährleistung erwarten lässt[1304]. Das implementierte Umweltman-

---

1300 § 8 Nr. 3 Abs. 1 lit. g) VOB/A: „andere geeignete Nachweise ...“; § 8 Nr. 3 Abs. 2 VOB/A: „andere ... Nachweise ...“. So auch VÜA Bund, Beschl. v. 16.12.1998, 2 VÜ 32/98. Die Nachweiskataloge der EG-Vergabe-RL sind im Gegensatz hierzu – bis auf den Katalog der Nachweise für die wirtschaftliche Leistungsfähigkeit – abschließend (s. o. Kap. 2. A. II. 1. b. bb.). Entspr. gilt also für die a-Paragraphen der Verdingungsordnungen, d. h. für den Bereich oberhalb der Schwellenwerte

1301 VÜA Bund, Beschl. v. 16.12.1998, 2 VÜ 32/98.

1302 VÜA Bund, Beschl. v. 16.12.1998, 2 VÜ 32/98.

1303 VK Bbg., Beschl. v. 7.7.2003 – VK 35/03 -, IBR 2004, 39; Ingenstau/Korbion A § 8 Nr. 3 Rn 50; Prieß/Hausmann, in: Motzke/Pietzcker/Prieß § 8 Rn 67, 69. Zu dem Beurteilungsspielraum vgl. Kap. 1. B. I. 2. c. bb.

1304 Zu dem Begriff der Zuverlässigkeit vgl. Kap. 1. D. IV. 2. c.

agementsystem bildet damit auch ein Indiz für die Zuverlässigkeit des Unternehmens. Daneben belegt es die Fachkunde und Leistungsfähigkeit des Unternehmens unter folgendem Gesichtspunkt: Das Unternehmen ist aufgrund seines Umweltmanagementsystems in der Lage, umweltspezifische Anforderungen des Auftraggebers (beispielsweise die vergaberechtlich zulässige Vorgabe, einen bestimmten Gefahrstoff bei der Ausführung der in Auftrag zu gebenden Bauleistung oder der Produktion der nachgefragten Ware nicht zu verwenden[1305]) wirksam umzusetzen und zu gewährleisten, dass die Umsetzung regelmäßig kontrolliert wird, da das Umweltmanagementsystem diesbezüglich entsprechende Verfahren beinhaltet. Zudem ist es für den Auftraggeber, der selbst ein Umweltmanagementsystem implementiert hat, aus dem Grunde besonders geeignet, weil es ihn nicht in seinem Status der Umweltentlastung bzw. nicht seine Rezertifizierung gefährdet.

3. Umweltmanagementsystem als Eignungsnachweis objektiv geboten?

Fraglich ist jedoch, ob die Vorlage eines Umweltmanagementzertifikats objektiv geboten ist und daher im Rahmen des Informationsbedürfnisses der Vergabestelle liegt. Die Vergabestelle kann nämlich die Einhaltung der umweltrelevanten Rechtsvorschriften durch Bieter unmittelbar prüfen, statt von der Existenz eines Umweltmanagement-Zertifikats hierauf zu schließen. Sie hat ferner die Möglichkeit, nach § 8 Nr. 5 Abs. 1 lit. c) VOB/A und § 7 Nr. 5 lit. c) VOL/A Bieter auszuschließen, die wegen einer Umweltstraftat rechtskräftig verurteilt wurden. Darüber hinaus kann sie von Bietern umweltrelevante Auskünfte, etwa Erklärungen über seine Umweltschutzpraktiken oder die Einhaltung von Umweltrecht, anfordern.

Zur Beantwortung der Frage der objektiven Gebotenheit sollte man sich zunächst den Zweck der Eignungsprüfung vor Augen halten. Die Vergabestelle soll sicherstellen, dass der Bieter eine sorgfältige und einwandfreie Ausführung der vertraglich geschuldeten Leistung erwarten lässt. Die Prüfung der Zuverlässigkeit der Bieter ist somit – ungeachtet dessen, dass auch das Verhalten des Bieters in der Vergangenheit berücksichtigt wird – in die Zukunft gerichtet[1306]. Umweltmanagementsysteme sind ein geeigneter Nachweis dafür, dass Unternehmen umweltrechtliche Vorschriften einhalten und Umweltanforderungen des

1305 Vgl. Kap. 2. A. II. 1. b. aa. aaa.

1306 Für die Eignung eines Bieters ist entscheidend, inwieweit die umfassend zu prüfenden u. abzuwägenden Umstände des Einzelfalls, zu denen vor allem auch ein früheres Verhalten des Bieters gehören kann, die Prognose erlauben, dass der Bieter gerade die ausgeschriebenen u. v. ihm angebotenen Leistungen vertragsgerecht erbringen kann. BayObLG, Beschl. v. 1.10.2001, Verg 6/01, NZBau 2002, 584 (nur LS.).

Auftraggebers wirksam umsetzen können, da entsprechende Verfahren vorhanden sind und regelmäßige Kontrollen durchgeführt werden. Das von unabhängigen Gutachtern ausgestellte Zertifikat dient insbesondere dem Zweck des Nachweises einer bestimmten – objektiv bestehenden – Eignung. Es soll die Eignungsprüfung für den potentiellen Vertragspartner erleichtern. In der Wirtschaft (beispielsweise in der Pharma- oder Automobilzulieferindustrie) ist es bereits gängige Praxis, sich die Eignung des potentiellen Vertragspartners durch die Vorlage eines Zertifikats belegen zu lassen. Bloße Erklärungen der Bieter über die Einhaltung von Umweltrecht und die Berücksichtigung von Umweltbelangen im Rahmen ihrer Tätigkeit beruhen hingegen auf ihren eigenen subjektiven Einschätzungen und unterliegen keiner Kontrolle durch eine neutrale Instanz (sog. „Eigenerklärungen"). Oftmals kennen Unternehmen gar nicht alle für die von ihnen ausgeübte Tätigkeit einschlägigen Umweltrechtsnormen[1307]. Wenn es kein Kontrollsystem für Betriebsunfälle u. ä. in dem Betrieb gibt, wie es ein Umweltmanagementsystem zwingend beinhaltet, ist es möglich, dass dem Bieter – oder den zuständigen Aufsichtsbehörden – umweltrelevante Vorkommnisse entgangen sind. Selbst wenn man Unternehmen keinerlei Böswilligkeit unterstellt, ist die Bedeutung ihrer subjektiven Erklärung gegenüber der Vergabestelle nicht allzu hoch einzuschätzen. In ihrer Aussagekraft reicht sie bei weitem nicht an den objektiven Nachweis eines Umweltmanagementsystems heran, mag dieser auch ebenfalls seine Schwächen haben[1308]. Zudem ist nicht einzusehen, warum öffentlichen Auftraggebern ein Instrument zur Prüfung ihrer Vertragspartner genommen werden sollte, das privatwirtschaftlichen Auftraggebern selbstverständlich zur Verfügung steht und sich in der dortigen Handhabe auch bewährt hat. Die Forderung öffentlicher Auftraggeber nach Vorlage eines Umweltmanagementzertifikats zwecks Prüfung ihrer Eignung, den Auftrag auszuführen, ist folglich objektiv geboten und befindet sich im Rahmen des sachlichen Informationsbedürfnisses des Auftraggebers.

4. Bezug eines Umweltmanagementsystems zum Auftragsgegenstand

Eine andere Frage ist, wie ein Auftrag ausgestaltet sein muss, damit der öffentliche Auftraggeber ein Umweltmanagementsystem zur Eignungsprüfung verlangen darf. Die Formulierung in § 7 Nr. 4 VOL/A, wonach von den Bewerbern zum Nachweis ihrer Fachkunde, Leistungsfähigkeit und Zuverlässigkeit entsprechende Angaben gefordert werden können, soweit diese durch den Gegenstand des Auf-

1307 Dies verwundert angesichts der Normenfülle u. der Komplexität der Rechtsmaterie kaum.

1308 Bspw. wird kritisiert, dass Umweltgutachter in manchen Fällen nicht so objektiv sind, wie sie sein sollten, um nicht Gefahr zu laufen, in Zukunft v. dem Unternehmen nicht mehr als Auditor beauftragt zu werden.

trags gerechtfertigt sind, deutet darauf hin, dass der Auftrag einen besonderen Inhalt bzw. einen besonderen Umweltbezug haben muss. Die von der VOL/A aufgestellte Anforderung gilt (ungeschrieben) auch im Bereich der VOB/A[1309]. Fraglich ist, was genau diese Einschränkung bedeutet, m. a. W. ob ein bestimmter Umweltbezug erforderlich ist und wenn ja, welcher Auftrag das Verlangen nach einem Umweltmanagement-Zertifikat rechtfertigt.

Im Schrifttum wird in diesem Zusammenhang gegen das Verlangen der Vergabestellen nach Öko-Audit-Systemen wie EMAS oder ISO 14001 eingewandt, dass diese – anders als Qualitätsmanagementsysteme – keinen Einfluss auf die Qualität der zu liefernden Produkte und Dienstleistungen hätten, sondern nur auf den industriellen Prozess, der die Auftraggeber nicht beträfe[1310]. Umweltmanagementsysteme würden nicht den erforderlichen Bezug zum Auftragsgegenstand aufweisen[1311]. Nach dieser Auffassung wäre die Forderung des Auftraggebers, ein Umweltmanagementsystem nachzuweisen, nicht zu rechtfertigen.

Der Auffassung, Umweltmanagementsysteme hätten im Gegensatz zu Qualitätsmanagementsystemen überhaupt keinen Einfluss auf die Qualität der zu liefernden Produkte und Dienstleistungen, weshalb sie nicht den erforderlichen Bezug zum Auftragsgegenstand aufwiesen, beruht offenkundig zum einen auf einem mangelnden Verständnis für Managementsysteme, zum anderen auf dem Versäumnis, den Begriff „Qualität“ einer Begriffsbestimmung zu unterziehen.

Ob Umweltmanagementsysteme die Qualität der zu liefernden Produkte bzw. Dienstleistungen beeinflussen, ist zunächst eine Frage der Definition des Begriffs „Qualität“. Das im 16. Jahrhundert entstandene Wort Qualität leitet sich aus dem lateinischen Fragewort qualis (= wie beschaffen) ab[1312]. Qualität fragt also nur nach der Beschaffenheit einer Sache; um ihre Güte geht es hingegen nicht. Die Einstufung der Güte hängt vielmehr von dem subjektiven Empfinden des Kunden ab. Dies wird auch deutlich in der Begriffsbestimmung der DIN EN ISO 8402, die Qualität definiert als „die Gesamtheit von Merkmalen einer Einheit bezüglich ihrer Eignung, festgelegte und vorausgesetzte Erfordernisse zu erfüllen“[1313]. Einfacher ausgedrückt heißt dies: Qualität ist die Übereinstimmung zwischen den

1309 Vgl. Ingenstau/Korbion A § 8 Nr. 3 Rn 51: Alle verlangten Nachweise müssen unmittelbar auftragsbezogen sein. Prieß/Hausmann in: Motzke/Pietzcker/Prieß § 8 Rn 154: „Die Einschränkung im letzten Halbsatz wird in § 8 Nr. 3 VOB/A nicht gemacht, ist aber auch dort ungeschriebene Voraussetzung, da der Umfang des Informationsbedürfnisses dem Ermessen der Vergabestelle bei der Forderung der Eignungsnachweise Grenzen setzt.“

1310 Kling, S. 644 ff; Krohn, S. 244.

1311 Kayser, S. 146. Eine Begr. für diese Aussage fehlt. Krohn, S. 228 f., nennt die Teilnahme am EMAS-System ein Bsp. für den typischen Anwendungsfall der „beschaffungsfremden“ Kriterien, weil diese Anforderung nicht mit dem Auftragsgegenstand zusammenhänge.

1312 Wittig, Prozessmanagement S. 1.

1313 Hervorhebungen nicht im Original.

festgestellten Eigenschaften und den vorher festgelegten Anforderungen einer Betrachtungseinheit[1314]. Noch kürzer: Qualität ist der Erfüllungsgrad von Kundenanforderungen und Erwartungen[1315]. Der Kunde formuliert folglich die Qualität selbst[1316]. Hinzu kommen unter Umständen objektive Anforderungen wie gesetzliche Bestimmungen zur Produktsicherheit und ähnliches. Ein Qualitätsmanagementsystem dient dann dazu, die Einhaltung der gesetzten Anforderungen an das Produkt zu gewährleisten.

Wittig[1317] weist darauf hin, dass in den letzten 30 Jahren ein durchgreifender Wandel vom Hersteller- zum Verbrauchermarkt stattgefunden habe. Nach einer Aufbauphase, die vom Mangel geprägt und deren Ziele der Wiederaufbau und die Erfüllung der Grundbedürfnisse gewesen sei, habe man in den sechziger Jahren eine Konsolidierungsphase erlebt. Diese Phase sei bestimmt gewesen durch große Nachfrage, entsprechende Angebote und Wettbewerb. Wohlstand, Sicherheit und Prestige seien die Ziele der Konsumenten gewesen. Heute befände man sich hingegen in einer Phase, die durch Überangebot und Verdrängungswettbewerb gekennzeichnet sei. Die Ziele der derzeitigen Qualitätsphase seien zum einen die Erhaltung der Umwelt und zum anderen eine ausreichende Beschäftigung. Durch den Wandel der gesellschaftlichen Ziele habe sich auch das Kundenbewußtsein geändert. Ein Produkt müsse nicht nur funktionstüchtig sein, sondern vielmehr neue Anforderungen erfüllen, wie etwa Umweltverträglichkeit, Sicherheit oder Zuverlässigkeit.

Die Formulierung der Qualität wird daher von den heutigen Kunden häufig als ein Instrument der Verantwortung gegenüber der Umwelt verstanden. Der Kunde stellt Anforderungen an die Umweltauswirkungen des gewünschten Produkts oder dessen Herstellung. Erfüllt das Produkt diese Anforderungen, hat es die vom Kunden gewünschte Qualität. Ein Umweltmanagementsystem dient dann dazu, die Einhaltung dieser gesetzten Anforderungen an das Produkt zu gewährleisten. Dementsprechend ist ein Umweltmanagementsystem in der Praxis immer (nur) eine Erweiterung eines bereits bestehenden Qualitätsmanagementsystems („on top")[1318]. Umweltanforderungen an ein Produkt oder eine (Dienst-) Leistung kön-

1314 IEC 2371. IEC-Normen sind v. der Internationalen Elektrotechnischen Kommission IEC erarbeitete Normen. Die 1906 gegründete International Electrotechnical Commission (IEC) mit Sitz in Genf (Schweiz) ist eine weltweite Organisation, die internationale Standards für elektrische, elektronische u. verwandte Technologien erarbeitet u. veröffentl.

1315 Wittig, Prozessmanagement, S. 1.

1316 Der Hersteller kann dies auch selbst tun. Er wird sich dabei aber regelmäßig an seinen (potentiellen) Kunden orientieren.

1317 Prozessmanagement, S. 3 ff.

1318 Das UMS wird in das Qualitätsmanagement-Handbuch integriert. Dabei gelten die gleichen Bedingungen wie bei der Qualität. (Wittig, Prozessmanagement S.139).

nen folglich ebenso Qualitätsmerkmale sein wie die Zusammensetzung oder die Haltbarkeit eines Produkts. Definiert der Kunde – in diesem Fall der öffentliche Auftraggeber – umweltspezifische Anforderungen an die Herstellung des Produkts oder die Ausführung der Bau- bzw. Dienstleistung, dient das Umweltmanagementsystem der Gewährleistung der Erfüllung dieser Anforderungen und hat damit einen Bezug zum Auftragsgegenstand[1319].

Richtig ist, dass EMAS und ISO 14001 – wie auch Qualitätsmanagementsysteme – nicht unmittelbar produkt-, sondern verfahrensbezogen sind und so nur mittelbar auf die Produkte selbst Einfluss haben. Nach Auffassung der meisten Forscher und Experten lässt ein – prozessbezogenes – Managementsystem keine (belastbaren) Produktaussagen zu[1320]. Die Existenz eines Umweltmanagementsystems bietet mit anderen Worten nicht die Garantie dafür, dass das Produkt oder die Leistung bestimmte (u. U. vom Kunden formulierte bzw. geforderte) Umwelteigenschaften hat.

In der Anleitung zur Anwendung der ISO 14001 heißt es in diesem Zusammenhang:

> „Das Verfahren beabsichtigt, bedeutende Umweltaspekte der Tätigkeiten, Produkte oder Dienstleistungen der Organisation zu ermitteln; eine Produkt-Ökobilanz (Life Cycle Assessment, LCA) wird jedoch nicht verlangt. Organisationen müssen nicht jedes Produkt, jede Komponente oder jeden Rohstoffeinsatz bewerten. Sie können bestimmte Kategorien von Tätigkeiten, Produkten oder Dienstleistungen auswählen, deren Umweltaspekte sehr wahrscheinlich eine bedeutende Auswirkung haben.
>
> Die Möglichkeit der Überwachung und Einflussnahme auf die Umweltaspekte von Produkten variiert nennenswert je nach Marktsituation einer Organisation. Ein Auftragnehmer oder Zulieferer der Organisation mag vergleichsweise wenig Lenkungsmöglichkeiten haben, während die Organisation selbst, die für die Produktgestaltung verantwortlich ist, diese Aspekte maßgeblich ändern kann, z. B. durch die Änderung eines einzigen Einsatzmaterials. Obwohl Organisationen unter Umständen nur geringen Einfluss auf die Verwendung und Entsorgung ihrer Produkte haben, sollten sie, wann immer möglich, geeignete Handhabungs- und Entsorgungsmechanismen vorsehen.“[1321]

Eine Garantie, dass das Produkt oder die Bau- bzw. Dienstleistung bestimmte Umwelteigenschaften hat, ist jedoch nicht erforderlich, um den Bezug zum Auf-

1319 Mit Einf. eines Qualitäts- u. Umweltmanagementsystems verpflichtet die Geschäftsleitung alle Mitarbeiter, ihre Tätigkeiten entspr. den Beschreibungen des Systems auszuführen, um sicherzustellen, dass die Qualität u. Umweltverträglichkeit der Produkte u. Dienstleistungen des Unternehmens den Anforderungen der Kunden, den Unternehmensanforderungen, den Normen u. der Gesellschaft entsprechen; Wittig, Prozessmanagement S. 141.

1320 Steger, ZfU 2000, 467, 483.

1321 DIN EN ISO 14001 : 1996, Anh. A (informativ) Anleitung zu Anwendung der Spezifikation, S. 16.

tragsgegenstand bejahen zu können bzw. die von § 7 Nr. 4 VOL/A geforderte Rechtfertigung durch den Auftragsgegenstand. Vielmehr ist das Verlangen nach einem Umweltmanagementsystem als Nachweis der Eignung des Unternehmens dann durch den Auftragsgegenstand „gerechtfertigt" bzw. weist den „Bezug" auf, wenn der Auftraggeber oder gesetzliche Vorgaben Umwelteigenschaften formulieren bzw. vorgeben. Das Umweltmanagementsystem, das der Erfüllung dieser Umwelteigenschaften dient, sie aber nicht garantieren kann, hat schon aufgrund dieser dienenden Funktion einen Bezug zum Auftragsgegenstand. Der Bezug zum Auftragsgegenstand – der Bau- oder Dienstleistung und auch des Liefergegenstandes – ist folglich zu bejahen. Es ist für die Bejahung des „Bezuges zum Auftragsgegenstand" nicht Voraussetzung, dass die Anforderung die Garantie für das Vorhandensein bestimmter Umweltmerkmale bildet.

Es schließt sich die Frage an, ob der Auftrag einen bestimmten Inhalt haben muss, um das Verlangen der Vergabestelle nach einem Umweltmanagementsystem rechtfertigen zu können. Bejaht man die Notwendigkeit eines solchen bestimmten Inhalts, erhebt sich die weitere Frage, ob der öffentliche Auftraggeber die Bestimmung eines Auftragsinhaltes, der sein Verlangen nach einem Umweltmanagementsystem rechtfertigt, unabhängig von einer „Schwelle" in der Hand hat. Im allgemeinen wird die Auffassung vertreten, dass ein Auftrag einen besonderen Umweltbezug haben muss, damit die Vergabestelle berechtigt ist, von den Bietern den Nachweis eines Umweltmanagementsystems zu verlangen. Als Beispiele werden Transportdienstleistungen[1322] oder Bauaufträge, die die Entsorgung von Abfall auf den Baustellen durch den Bauunternehmer beinhalten[1323], genannt. Wie bereits dargestellt, gehören auf die Umwelt bezogene Eigenschaften der Bau- oder Dienstleistung bzw. des Liefergegenstandes zu deren Qualitätsmerkmalen. Die Qualitätsmerkmale werden von dem Auftraggeber, dem Kunden zum Teil selbst definiert, zum Teil durch Rechtsnormen vorgegeben. Der Auftrag gewinnt dadurch einen besonderen Umweltbezug, wenn der Auftraggeber Umweltanforderungen definiert. Der Auftraggeber hat es mithin selbst in der Hand, den Auftragsinhalt so zu definieren, dass sein Verlangen nach einem Umweltmanagementsystem gerechtfertigt ist. Denkt man diesen Gedanken konsequent zu Ende, so würde selbst die geringste Umweltanforderung des Auftraggebers ihn dazu berechtigen, ein – aufwendiges – Umweltmanagementsystem zu verlangen, zumal Aufträge ohne jeglichen Umweltbezug kaum vorstellbar erscheinen (bei jedem Auftrag werden Ressourcen in Anspruch genommen, Abfälle und

1322 IGÖB-Information „UMS als zulässiges Eignungskriterium für den Anbieter", 8/00 (IGÖB ist die Interessengemeinschaft Ökologische Beschaffung in der Verwaltung, ein in Bundes-, kantonalen u. kommunalen Verwaltungen abgestützter Kompetenzverbund für umweltschonendes öffentliches Beschaffungswesen in der Schweiz.).

1323 Interpret. Mitteilung der Komm. v. 4.7.2001 (vgl. Fn 12), S. 19, 20.

Emissionen erzeugt usw.). Fraglich ist, ob es eines angemessenen Verhältnisses zwischen Auftragsinhalt und Eignungsnachweis bedarf, so dass der Auftraggeber Umweltmanagementsysteme nur dann verlangen dürfte, wenn es sich um einen Auftrag mit bedeutenden Umweltanforderungen handelt, beispielsweise, weil erhebliche Umweltauswirkungen drohen (so bei einem Gefahrguttransport) oder der Ort der Auftragsausführung besondere Umweltsensibilität erfordert (wie etwa der Bau einer Straße im Naturschutzgebiet). Bejaht man das Erfordernis des angemessenen Verhältnisses, bedarf es der Definition einer „Verhältnismäßigkeitskeitschwelle“. Diese sollte einzelfallbezogen bestimmt werden. Generell lässt sich jedoch sagen, dass die Forderung nach einem Umweltmanagementsystem umso eher gerechtfertigt ist, je mehr Umweltsensibilität der Auftrag aufweist oder je bedeutender die vom Auftraggeber definierten Umweltanforderungen sind, deren Einhaltung das Umweltmanagementsystem dient. Bei ganz besonders umweltsensiblen Aufträgen wird das Umweltmanagementsystem sogar als zwingender Eignungsnachweis verwendet werden dürfen, so dass der Auftraggeber bei fehlendem Nachweis den Bieter vom Verfahren ausschließen darf. Da man im Rahmen von Art. 28 EG und u. U. auch im Rahmen von Art. 3 Abs. 1 GG erneut eine Verhältnismäßigkeitskeitprüfung vorzunehmen hat, wird die Verhältnismäßigkeitsprüfung im Rahmen des Vergaberechts noch einmal „abgesichert“, so dass Unternehmen auch ohne eine abschließende generelle Festlegung einer Verhältnismäßigkeitsschwelle vor Willkür der öffentlichen Auftraggeber bei der Forderung eines Umweltmanagementsystem bzw. -zertifikats hinreichend geschützt sind.

5. Auffassung der EG-Kommission zur Frage der Umweltmanagementsysteme als Eignungsnachweis

Die EG-Kommission hält die EMAS-Teilnahme unter Umständen für geeignet, die technische Leistungsfähigkeit des Bieters bzw. Bewerbers nachzuweisen. In ihrer Interpretierenden Mitteilung von 4.7.2001[1324] heißt es:

> „Die Inhalte von Umweltprogrammen und Umweltmanagementsystemen sind „maßgeschneidert“, können also von Unternehmen zu Unternehmen und Organisation zu Organisation unterschiedlich sein. Deshalb kann die Frage, ob eine EMAS-Eintragung als solche als einer der Nachweise der technischen Leistungsfähigkeit eines Unternehmens oder einer Organisation, die in den abschließenden Aufzählungen der Vergaberichtlinien aufgeführt sind, betrachtet werden kann, nicht allgemeingültig beantwortet werden. Die Frage, ob ein

---

1324 Interpret. Mitteilung der Komm. v. 4.7.2001 (vgl. Fn 12); hierzu: Dageförde, NZBau 2002, 597.

bestimmtes Umweltmanagement- und Umweltbetriebsprüfungssystem entsprechend eingestuft werden kann, hängt von dessen Inhalt ab.
Es muss jedoch betont werden, dass allen Umweltmanagement- und Umweltbetriebsprüfungssystemen gemeinsam ist, dass das Unternehmen oder die Organisation eine Reihe von Mindestanforderungen erfüllt, und dass all diese Systeme für eine hohe Umweltleistung und ein leistungsfähiges Umweltmanagement stehen.
Wenn das System als Nachweis für die technische Leistungsfähigkeit herangezogen werden soll, sollte es die Qualität der Lieferung oder die Fähigkeit eines Unternehmens (zum Beispiel verfügbare Anlagen und Techniker) zur Ausführung eines Auftrages mit Umweltschutzanforderungen (zum Beispiel Bauauftrag, der die Entsorgung von Abfall auf den Baustellen durch den Bauunternehmer beinhaltet) beeinflussen.
Die EMAS-Eintragung könnte daher immer dann als Beleg für die technische Leistungsfähigkeit dienen, wenn Elemente des Umweltprogramms und Umweltmanagementsystems eines Unternehmens oder einer Organisation als Nachweis für die Erfüllung technischer Anforderungen betrachtet werden können.
(...)
Die Auftraggeber könnten in den Verdingungsunterlagen oder der Bekanntmachung der Ausschreibung angeben, dass Umweltmanagement- und Umweltbetriebsprüfungssysteme eines Unternehmens, welche die Anforderungen an die technische Leistungsfähigkeit erfüllen, als hinreichender Nachweis anerkannt werden. Gleichzeitig dürfen die Auftraggeber andere Nachweise nicht ausschließen, indem sie lediglich eine EMAS-Eintragung akzeptieren; es sollte auch jede andere Bescheinigung (zum Beispiel ISO 14001) oder jeder andere Nachweis akzeptiert werden."[1325]

IV. Berücksichtigung bei der Angebotswertung / bei Erteilung des Zuschlags

In der der Eignungsprüfung nachfolgenden Phase der Angebotswertung ist es ebenfalls möglich, Umweltmanagementsysteme einzubeziehen. Dies kann beispielsweise im Rahmen eines Punktesystems erfolgen, wie in einer Ausschreibung der Stadt Helsinki, die kürzlich Gegenstand einer Entscheidung des EuGH[1326] war, geschehen:

1325 Interpret. Mitteilung der Komm. v. 4.7.2001 (vgl. Fn 12), S. 19, 20.

1326 EuGH, (vgl. Fn 12).

Die Berücksichtigung von Umweltmanagementsystemen bei der Erteilung des Zuschlags ist sehr umstritten. Unter anderem wird dagegen eingewandt, dass der Einfluss auf die Qualität der zu liefernden Produkte und Dienstleistungen und damit der erforderliche Bezug zum Auftragsgegenstand fehle[1327]. Diese Argumentation wurde soeben unter 4. widerlegt. Leider hatte der EuGH im Rahmen der genannten Entscheidung keine Gelegenheit, zu dieser Frage Stellung zu nehmen, da die Vorlagefrage des finnischen Gerichts sich lediglich auf die zweite Kriteriengruppe, genauer auf die Stickstoff- und Lärmemissionswerte bezog[1328]. Da das gegen die Erteilung des Zuschlags an den Konkurrenten klagende Busunternehmen für sein Qualitäts- und Umweltkonzept die Höchstzahl von vier Punkten erhalten hatte, gab es für ihn keine Veranlassung, diese Anforderung der Stadt Helsinki anzugreifen und der Rechtsstreit konzentrierte sich auf die Erteilung von Zusatzpunkten für den Fuhrpark. Gleichwohl kann im weiteren Verlauf auf die Entscheidung des EuGH zurückgegriffen werden, um die rechtliche Zulässigkeit der Berücksichtigung von Umweltmanagementsystemen bei der Angebotswertung zu klären.

Nach den Bestimmungen der EG-Vergaberichtlinien und der deutschen Verdingungsordnungen ist der Zuschlag auf das Angebot zu erteilen, das unter Berücksichtigung aller Gesichtspunkte als das wirtschaftlichste erscheint[1329]. Als zu berücksichtigende Faktoren werden unter anderem Preis, Qualität, Betriebs- und Folgekosten, Gestaltung, technischer Wert oder auch Ästhetik genannt (sog. Hilfs- oder Wirtschaftlichkeitskriterien). Die Aufzählung ist beispielhaft und nicht abschließend. Umweltaspekte sind daher grundsätzlich auch im Rahmen der Wirtschaftlichkeitsbetrachtung berücksichtigungsfähig[1330]. Sie müssen nicht in der Weise wirtschaftlich relevant sein, dass sie dem Auftraggeber einen wirtschaftlichen Vorteil bringen[1331].

Im übrigen kann die Existenz eines Umweltmanagementsystems bei dem Auftragnehmer dem öffentlichen Auftraggeber im Einzelfall durchaus einen wirtschaftlichen Vorteil bringen. Wenn es nämlich gewährleistet, dass die von dem Auftraggeber oder der Rechtsordnung vorgegebenen Umweltanforderungen eingehalten werden, spart der Auftraggeber u. U. zusätzliche Kosten, die entstehen würden, wenn die Anforderungen nicht erfüllt werden. Kann der Auftragnehmer

1327 So bspw. Kling, S. 645.

1328 So auch GA Mischo in seinen Schlussanträgen v. 13.12.2001 zur Rs. C-513/99: „Meines Erachtens bewegt sich diese Frage außerhalb des vorliegenden Vorabentscheidungsverfahrens" (Rn 119).

1329 § 25 Nr. 3 Abs. 3 S. 2 VOB/A, § 25 Nr. 3 VOL/A. Zu den Zuschlagskriterien vgl. Kap. 1. D. V., Kap. 2. A. II. 1. b. cc. u. III. 1. b. ee.

1330 Dies ist mittlerweile allg. Auffassung. Der EuGH stellt es in seinem Urt. v. 17.09.2002 (Rs. C-513/99) (vgl. Fn 12) in Rn 57 noch einmal klar.

1331 Vgl. in diesem Zusammenhang die Ausführung in Kap. 2. A. II. 1. b. cc. bbb.

den Umweltanforderungen nicht gerecht werden, hat der Auftraggeber möglicherweise (hohe) Folgekosten, z. B. weil er von dem Auftragnehmer angerichtete Umweltschäden beseitigen muss (und ein Regress daran scheitert, dass der Auftragnehmer zwischenzeitlich insolvent geworden ist), weil er zusätzlich ein weiteres Unternehmen beauftragen muss oder auch weil er höhere Entsorgungskosten hat als geplant.

Nachdem der EuGH in seinem Urteil vom 17.9.2002 den Auftraggebern zunächst einen gewissen Spielraum bei der Berücksichtigung von Umweltschutzaspekten im Rahmen der Angebotswertung eröffnet hat, hat er für diesen Spielraum anschließend Grenzen herausgearbeitet, um die Bieter nicht der Willkür des Auftraggebers preiszugeben[1332]. In Fortsetzung seiner Beentjes-Rechtsprechung hat der EuGH ausgeführt, in jedem Fall sei das EG-Primärrecht, d. h. der EG-Vertrag, zu berücksichtigen und insbesondere das Diskriminierungsverbot. Zudem seien die Verfahrensregeln der Vergaberichtlinien, insb. die Publizitätsanforderungen, zu beachten. Des Weiteren dürften die gewählten Zuschlagskriterien dem Auftraggeber keinen unbeschränkten Entscheidungsspielraum belassen, sondern müssten im Interesse eines diskriminierungsfreien Wettbewerbs willkürliche Entscheidungen unterbinden. In diesem Zusammenhang wertete der EuGH das von der Stadt Helsinki verwendete Punktesystem als eine zulässige Methode der transparenten Festlegung von „spezifischen und objektiv quantifizierbaren Umweltanforderungen"[1333].

Bei Anwendung dieser Grundsätze des EuGH auf die vorliegend zu untersuchende Frage der Zulässigkeit der Berücksichtigung eines Umweltmanagementsystems im Rahmen der Angebotswertung bleibt an dieser Stelle lediglich die Frage des Primärrechts offen. Die Vereinbarkeit mit dem EG-Vertrag, insbesondere der Warenverkehrs- und Dienstleistungsfreiheit, wird im nachfolgenden Abschnitt geprüft. Zu den Anforderungen hinsichtlich der Publizität und der Verhinderung willkürlicher Entscheidungen ist anzumerken, dass es in jedem Fall erforderlich sein dürfte, das Bewertungsschema mit den darin definierten Anforderungen und ihrer jeweiligen Gewichtung bereits in der Bekanntmachung der Ausschreibung offenzulegen[1334].

Im Ergebnis ist festzuhalten, dass die Existenz eines Umweltmanagementsystems bei der Angebotswertung grundsätzlich als Hilfskriterium zur Ermittlung des wirtschaftlich günstigsten Angebots in Betracht kommt. Da für die Angebotswertung die Berücksichtigung aller Umstände vorgeschrieben ist, kann ein Bieter jedoch nicht allein deshalb ausgeschlossen werden, weil er nicht über ein Umwelt-

1332 J.-P. Schneider, DVBl. 2003, 1186, 1190.

1333 EuGH, (vgl. Fn 12), Rn 66.

1334 So auch J.-P. Schneider, DVBl. 2003, 1186, 1191.

managementsystem verfügt. Vielmehr bietet sich das eingangs geschilderte Punktesystem an. Das Bewertungsschema mit der Anforderung „Umweltmanagementsystem“ und ihrer Gewichtung durch den Auftraggeber wäre aber in jedem Fall bereits in der Bekanntmachung zu veröffentlichen, um den Anforderungen des EuGH gerecht zu werden.

V. Ergebnis

Umweltmanagementsysteme können berücksichtigt werden
- bei der Wahl des Vergabeverfahrens: Der Auftraggeber ist berechtigt, eine beschränkte an Stelle einer öffentlichen Ausschreibung durchzuführen, wenn gerade das Umweltmanagementsystem bzw. ein Element hiervon die für den konkreten Auftrag erforderliche Eignung belegt (§ 3 Nr. 3 Abs. 2 lit. a VOB/A, § 3 Nr. 3 lit. a) VOL/A), wobei dieser Fall äußerst selten vorkommen wird;
- bei der Eignungsprüfung als Eignungsnachweis;
- bei der Angebotswertung als Wirtschaftlichkeitskriterium.

D. Rechtliche Beurteilung der Berücksichtigung eines Umweltmanagementsystems im Vergabeverfahren anhand des übrigen in Kapitel 2 dargestellten Rechtsrahmens

Nachdem die Möglichkeiten der Berücksichtigung eines Umweltmanagementsystems in den einzelnen Phasen des Vergabeverfahrens anhand der für diese jeweils geltenden Normen des Vergaberechts im engeren Sinne herausgearbeitet wurden, müssen diese noch an dem übrigen, in Kapitel 2 dargestellten Rechtsrahmen gemessen werden. Es ist beispielsweise die Vereinbarkeit des Eignungsnachweises Umweltmanagementzertifikat mit der Warenverkehrsfreiheit, Art. 28 EG, oder dem Allgemeinen Gleichheitssatz, Art. 3 Abs. 1 GG, zu prüfen.

I. Umweltmanagementsysteme im Vergabeverfahren und EG-Primärrecht

1. Art. 28 ff. EG – Warenverkehrsfreiheit

a. Maßnahme gleicher Wirkung

Die Forderung öffentlicher Auftraggeber nach einem Umweltmanagementsystem als Eignungsnachweis ist eine Maßnahme mit gleicher Wirkung wie eine mengenmäßige Einfuhrbeschränkung, da diese Anforderung geeignet ist, den innergemeinschaftlichen Handel zu behindern, insbesondere, wenn Unternehmen ohne Umweltmanagementsystem von dem Auftraggeber als ungeeignet vom Vergabeverfahren ausgeschlossen werden. Sie dürfen das von ihnen angebotene Produkt bzw. die (Dienst-) Leistung dem ausschreibenden öffentlichen Auftraggeber nicht liefern bzw. ausführen. Als Maßnahme gleicher Wirkung ist die Verwendung des Umweltmanagementsystems als Eignungskriterium und der damit verbundene Ausschluss von Bietern ohne Umweltmanagementsystem gemäß Art. 28 EG verboten, es sei denn, die Cassis-de-Dijon-Rechtsprechung des EuGH greift zugunsten des Auftraggebers ein[1335]. Hierzu ist zu prüfen, ob die Maßnahme gleicher Wirkung, d. h. die Verwendung des Umweltmanagements als Eignungskriterium durch öffentliche Auftraggeber, notwendig ist, um zwingenden Erfordernissen des Umweltschutzes – ein allgemeines Interesse i.S.d. Cassis-de-Dijon-Rechtsprechung, das Einschränkungen des freien Warenverkehrs erlaubt[1336] – gerecht zu werden. Insbesondere muss sie verhältnismäßig sein. Dass die durch Cassis-de-Dijon eröffnete Möglichkeit des Tatbestandsausschlusses oder der Rechtfertigung[1337] nur bei nichtdiskriminierenden Maßnahmen in Betracht kommt, ist vorliegend ohne Belang, solange die Forderung öffentlicher Auftraggeber nach einem Umweltmanagementsystem als Eignungsnachweis in- und ausländische Unternehmen gleichermaßen betrifft – wovon hier ausgegangen wird.

b. Verhältnismäßigkeit

Die Verwendung des Umweltmanagementsystems als Eignungsnachweis bei Lieferaufträgen muss zunächst dazu geeignet sein, die Umwelt zu schützen. Eine Maßnahme i. S. v. Art. 28 EG ist nur dann nicht geeignet, wenn sie gänzlich untauglich ist, um das angestrebte Ziel zu erreichen. Sie ist nicht schon deshalb ungeeignet, weil sie das Ziel nicht in vollem Umfang zu erreichen bzw. nur einen kleinen Teil hierzu zu leisten vermag. Im Rahmen der Prüfung der Geeignetheit ist zu prüfen, ob die Maßnahme tatsächlich aus Gründen des Umweltschutzes ergriffen wurde oder ob sie letztlich eine verschleierte Handelsbeschränkung ist.[1338]

1335 Vgl. hierzu o. Kap. 2. C. II. 1. a.

1336 EuGH, Rs. 302/86, Slg. 1988, 4607 (Komm./DK – Pfandflaschen), Rn 8 f.; Rs. C-2/90, Slg. 1992, I-4431 (Komm./Belgien – Abfalltransport), Rn 22 ff.

1337 Ob die unter die Cassis-de-Dijon-Rspr. fallende Maßnahme bereits keine Maßnahme gleicher Wirkung i. S. v. Art. 28 EG ist oder ob sie den Tatbestand des Art. 28 EG zwar erfüllt, jedoch gerechtfertigt ist, ist umstritten. Dieser Meinungsstreit ist theoretischer Natur u. – zumindest in dem vorliegenden Zusammenhang – ohne praktische Auswirkungen. Ihm soll daher hier nicht weiter nachgegangen werden.

1338 Epiney/Möllers, S. 81.

Ein Umweltmanagementsystem ist ein (neuartiges) Instrument zum Schutz der Umwelt. Es führt zu einer Verbesserung der Umweltleistung von Unternehmen, indem es die Umweltauswirkungen verringern hilft, bei produzierenden Unternehmen im Hinblick auf Produktion und Produkte, bei Bau- und Dienstleistungen im Hinblick auf die erbrachte Leistung[1339]. Zu nennen sind beispielsweise die Reduzierung des Ressourcenverbrauchs, der erzeugten Emissionen und des Abfallaufkommens. Wenn öffentliche Auftraggeber vermehrt solche Auftragnehmer als zur Auftragserfüllung geeignet einstufen, die über ein Umweltmanagementsystem verfügen bzw. die Unternehmen ohne Umweltmanagementsystem als ungeeignet ausschließen, bevorzugen und fördern sie die erstgenannten Unternehmen. Für Unternehmen, die kein Umweltmanagement durchführen, stellt dies einen Anreiz dar, ein solches zu implementieren. Zumindest in den Märkten, in denen öffentliche Auftraggeber eine gewisse Nachfragemacht haben, ist es wahrscheinlich, dass sukzessive mehr Unternehmen ein Umweltmanagementsystem einführen und auf diese Weise ihre Umweltleistung verbessern. Dadurch werden die Auswirkungen der Produktion bzw. der Leistungen dieser Unternehmen auf die Umwelt verringert. Die Forderung öffentlicher Auftraggeber nach Umweltmanagementsystemen bei ihren Lieferanten und Auftragnehmern ist daher grundsätzlich geeignet, die Umwelt zu schützen.

Ob diese Maßnahme der öffentlichen Auftraggeber für den Umweltschutz auch notwendig im Sinne der Verhältnismäßigkeit ist, ist schwieriger zu beantworten. Eine Maßnahme ist im Rahmen der Verhältnismäßigkeitsprüfung immer dann als nicht notwendig bzw. erforderlich einzustufen, wenn das angestrebte Schutzziel durch andere Maßnahmen, die den freien Warenverkehr weniger einschränken, ebenso erreicht werden kann. Hier ist von einem weiten Beurteilungsspielraum der Mitgliedstaaten auszugehen[1340], da für die Einschätzung der Wirksamkeit einer Maßnahme auch politische Prioritäten eine Rolle spielen können. Nur bei deutlichem Fehlgebrauch ist die Maßnahme nicht erforderlich[1341].

Das angestrebte Nahziel der Bevorzugung von Unternehmen mit Umweltmanagementsystem soll dem Fernziel dienen, die von Unternehmen ausgehenden Umweltauswirkungen (Ressourcenverbrauch, Emissionen, Abfallerzeugung usw.) zu reduzieren. Dies dient der Verringerung der aus verschiedensten Quellen stammenden („diffusen") Umweltbeeinträchtigungen wie beispielsweise dem Treibhauseffekt, dem Klimawandel, der Versauerung der Wälder, Gewässer und Böden, der Eutrophierung von Gewässern oder dem Waldsterben.

1339 Zur Funktionsweise v. UMS s. o. A. u. B. I. in diesem Kap.

1340 Epiney/Möllers, S. 85. Auf diesen weiten Spielraum weist auch Krohn, S. 103, hin.

1341 Epiney/Möllers, S. 85.

Um diese Umweltbeeinträchtigungen zu reduzieren, kommen eine Vielzahl anderer Maßnahmen in Betracht, zum einen solche außerhalb des Beschaffungswesens, zum anderen alternative Vorgehensweisen innerhalb des Vergabeverfahrens. Diese sind daraufhin zu überprüfen, ob sie den freien Warenverkehr weniger einschränken und dabei gleich geeignet sind, das verfolgte Ziel zu erreichen.

Als Instrumente direkter Steuerung außerhalb des Beschaffungswesens sind u. a. denkbar:

- ein an Unternehmen ohne Umweltmanagementsystem gerichtetes Verbot, Produkte auf den Markt zu bringen;
- als milderes Mittel ein entsprechendes Verbot mit Übergangsfrist, d.h. die Hersteller bekommen einen angemessenen Zeitraum zur Verfügung, um ein Umweltmanagementsystem zu implementieren;
- ein Genehmigungs-/Anzeigeerfordernis für das Inverkehrbringen von Waren, wobei die Erteilung der behördlichen Genehmigung von der Vorlage eines Umweltmanagementsystems abhängig ist.

Diese Instrumente direkter Steuerung schränken den Freien Warenverkehr nicht weniger ein als die hier untersuchte Bevorzugung von Unternehmen mit Umweltmanagementsystem durch die öffentlichen Auftraggeber, da bei ihnen das Produkt unter Umständen völlig vom Markt verschwindet. Bei der Bevorzugung von Unternehmen mit Umweltmanagementsystem durch öffentliche Auftraggeber handelt es sich hingegen um ein Instrument indirekter Steuerung. Die nicht beauftragten Unternehmen können ihre Produkte weiterhin ohne Einschränkungen an Privatkunden oder andere öffentliche Auftraggeber verkaufen, die ihre Kaufentscheidung nicht von der Existenz eines Umweltmanagementsystems abhängig machen. Das Produkt verschwindet nicht vom Markt; es kann eben nur nicht an den konkreten öffentlichen Auftraggeber verkauft werden. Ebenfalls erleichternd wirkt der Umstand, dass es allen Unternehmen möglich ist, an EMAS teilzunehmen oder ISO 14001 einzuführen, da es sich um ein gemeinschaftsweites (EMAS) bzw. weltweites (ISO 14001) System handelt. Es werden folglich keine nicht erfüllbaren Forderungen gestellt.

Als Alternative innerhalb des Beschaffungswesens kommt insbesondere die Berücksichtigung des Umweltmanagements bei der Prüfung der Wirtschaftlichkeit der Angebote in Betracht, wie in der vom EuGH beurteilten Ausschreibung der Stadt Helsinki geschehen. Das Umweltmanagementsystem dient hier als Hilfs- bzw. Wirtschaftlichkeitskriterium. Diese Vorgehensweise könnte ein milderes Mittel im Hinblick auf den freien Warenverkehr sein, weil das Fehlen des Umweltmanagementsystems hier nicht zum Ausschluss führt, sondern durch andere Gesichtspunkte ausgeglichen werden kann (z. B. durch bessere Qualität, niedrigeren Preis, kürzere Lieferfrist usw.). Fraglich ist jedoch, ob diese Maßnahme (Berücksichtigung bei der Angebotswertung, etwa im Rahmen eines Punktesystems) ebenso zum Schutz der Umwelt geeignet ist, wie die Verwendung des Umweltmanagements als Eignungsnachweis. Die Anreizwirkung für Unternehmen, ein Umweltmanagementsystem zu implementieren, dürfte bei der Verwendung als Wirtschaftlichkeitskriterium wohl geringer sein, denn das Fehlen des Umweltmanagements kann mit anderen Faktoren, beispielsweise einem niedrigeren Preis, ausgeglichen werden. Es könnte daher zur Erreichung des angestrebten Ziels (Reduzierung der von Unternehmen ausgehenden Umweltauswirkungen und dadurch Verringerung der Umweltverschmutzung) weniger geeignet sein. Bei der Frage der Eignung bzw. der Bewertung der Notwendigkeit im Sinne der Verhältnismäßigkeit besteht ein weiter Beurteilungsspielraum der Mitgliedstaaten. Die Notwendigkeit dürfte daher zu bejahen sein, da ein deutlicher Fehlgebrauch nicht zu erkennen ist.

Auf der letzten Stufe der Verhältnismäßigkeitsprüfung, bei der Frage nach der Angemessenheit der Maßnahme, ist die Beeinträchtigung des freien Warenverkehrs mit dem Interesse des Mitgliedstaats an der Verfolgung des Umweltschutzziels abzuwägen[1342]. Letzteres muss höherrangig sein, um die Angemessenheit zu bejahen[1343].

Auf der einen Seite ist festzuhalten, dass der freie Warenverkehr durch das indirekte Steuerungsinstrument der Bevorzugung bei der Vergabe öffentlicher Aufträge nicht so gravierend eingeschränkt wird, wie bei den aufgezählten direkten Steuerungsinstrumenten (Verbot, Verbot nach Übergangsfrist, Genehmigungserfordernis). Durch die Bevorzugung seitens der öffentlichen Hand verschwinden Produkte nicht völlig vom Markt, wie dies bei einem Verbot der Fall wäre, sondern können von den Unternehmen weiterhin angeboten werden. „Nur" der öffentliche Auftraggeber kauft nicht mehr. Diese haben zwar in bestimmten Bereichen eine erhebliche Nachfragemacht, was aber dadurch relativiert wird, dass sie dezentralisiert ist[1344]. Hinzu kommt, dass es sich bei den beiden gängigen Umweltmanagementsystemen EMAS und ISO 14001 um Systeme handelt, die jedem Unternehmen zugänglich sind. Zwar ist die Implementierung eines Umweltmanagementsystems mit hohen Kosten verbunden[1345]. Sie führt jedoch

1342 Epiney/Möllers, S. 87 f.

1343 Epiney/Möllers, S. 87 f.

1344 Vgl. o. Einl., Fn 8.

1345 Eine genaue Angabe über die Höhe der zu erwartenden Kosten ist kaum möglich, da jedes Unternehmen sein eigenes Teilnahmeniveau festlegen kann. Die Kosten der Einf. eines UMS sind gegenüber den anderen Kosten, die durch die Teilnahme an EMAS verursacht werden, mit Abstand am größten. Eine Befragung v. 111 Unternehmen durch ASU im Jahre 1996 ergab, dass v. den Gesamtkosten der Teilnahme an EMAS i. H. v. 160.680 DM ca. 60%, also 93.657 DM, auf die Einrichtung des Systems entfielen (Müller, S. 196).

auch zu erheblichen Einsparungen bei den Unternehmen[1346] und ist deshalb nicht in dem Maße belastend, wie auf den ersten Blick zu befürchten.

Auf der anderen Seite sind in die Abwägung die Interessen des Mitgliedstaates an der den Warenverkehr einschränkenden Maßnahme einzustellen. Hier ist zum einen das Interesse am Schutz der Umwelt zu nennen, zum anderen aber auch das Interesse an der Erfüllung der staatlichen Verpflichtungen. Politisch hat sich Deutschland – wie die anderen Mitgliedstaaten der EU auch – in den Konferenzen von Rio und Johannesburg oder auch im Kyoto-Protokoll verpflichtet, nachhaltigen Konsum zu fördern, das Verursacherprinzip stärker zu berücksichtigen und die Treibhausgase zu verringern. Rechtlich obliegen ihm Verpflichtungen aus Art. 6 EG und Art. 20 a GG, den Umweltschutz in sämtliche anderen Politikbereiche und Maßnahmen einzubeziehen.

Während auf der einen Seite die Einführung eines Umweltmanagementsystems für ein Unternehmen nicht zwingend erforderlich ist, um seine Waren weiterhin auf den Markt zu bringen, sie darüber hinaus aber auch mit wirtschaftlichen Vorteilen für das Unternehmen verbunden ist, bestehen auf der anderen Seite unausweichliche Verpflichtungen für den Staat. Vor diesem Hintergrund wird das Interesse des Staates und seiner öffentlichen Auftraggeber an der Erfüllung dieser Verbindlichkeiten als höherrangig eingestuft.

Die Forderung öffentlicher Auftraggeber nach Umweltmanagementsystemen bei ihren Auftragnehmern wird daher als verhältnismäßig qualifiziert. Diese dem Umweltschutz dienende Maßnahme ist nicht nach Art. 28 EG verboten.

2. Art. 49 ff. EG – Dienstleistungsfreiheit

Die Forderung öffentlicher Auftraggeber nach einem Umweltmanagementsystem als Eignungskriterium und der damit verbundene Ausschluss von Unternehmen ohne ein solches beschränkt diese Unternehmen in der Erbringung von Dienstleistungen. Neben Art. 28 EG ist folglich auch Art. 49 EG berührt. Wie bei Art. 28 ist aber auch bei Art. 49 EG eine Rechtfertigung möglich. Wenn die Beschränkung des freien Dienstleistungsverkehrs einem gemeinschaftskonformen Belang wie etwa dem Umweltschutz dient und sie diskriminierungsfrei ist, d.h. gegenüber In- und Ausländern gleichermaßen zur Anwendung kommt, greift das Verbot des Art. 49 EG nicht, wenn die Beschränkung verhältnismäßig ist. Im Rahmen des Art. 49 EG sind mithin im Wesentlichen die gleichen Überlegungen anzustellen wie bei Art. 28 EG, so dass auf das dort Gesagte verwiesen werden kann. Die Forderung

1346 Die Befragung v. 111 Unternehmen durch ASU hat ergeben, dass knapp die Hälfte der befragten Unternehmen jährliche Einsparungen v. über 100.000 DM erreicht haben (Müller, S. 172).

öffentlicher Auftraggeber nach Umweltmanagementsystemen bei der Vergabe von Bau- und Dienstleistungsaufträgen ist als verhältnismäßig einzustufen und nicht nach Art. 49 EG verboten.

3. Art. 12 EG – Allgemeines Diskriminierungsverbot

Wenn öffentliche Auftraggeber das Umweltmanagementsystem als Nachweis der Eignung von allen an dem Vergabeverfahren teilnehmenden Unternehmen, d.h. von In- und Ausländern gleichermaßen verlangen, kommt ein Verbot nach Art. 12 EG nicht in Betracht. Die teilweise anzutreffende Argumentation, deutsche Unternehmen könnten die Forderung nach einem Umweltmanagementsystem leichter erfüllen als ausländische Unternehmen, was auf eine versteckte Diskriminierung schließen lasse, überzeugt nicht. Sämtliche Unternehmen können ein Umweltmanagementsystem implementieren, da die Systeme allen offenstehen. Selbst wenn faktisch mehr deutsche Unternehmen ein Umweltmanagementsystem haben als in anderen europäischen Ländern, ist dies unerheblich im Rahmen von Art. 12 EG, weil es allein auf die Möglichkeit der Teilnahme an einem Umweltmanagementsystem ankommen kann.

4. Art. 87 EG – Verbot staatlicher Beihilfen

Wenn die Verwendung von Umweltmanagementsystemen als Eignungsnachweis durch öffentliche Auftraggeber im Rahmen des nach Vergaberecht zulässigen Bereichs liegt, handelt es sich nicht um eine Beihilfe i. S. v. Art. 87 EG, selbst wenn das Angebot des Unternehmens mit Umweltmanagementsystem preislich höher liegt als das des Unternehmens ohne Umweltmanagementsystem. Eine Beihilfe kommt nur dann in Betracht, wenn die Vorschriften über das Vergabeverfahren (Vergaberecht im engeren Sinne) nicht eingehalten werden.

5. Art. 82 EG – Wettbewerbsregeln

Im Hinblick auf Art. 82 EG ist die Forderung öffentlicher Auftraggeber nach Umweltmanagementsystemen einer genaueren Betrachtung zu unterziehen.

a. Marktbeherrschende Stellung

Die Wettbewerbsregeln des Art. 82 EG setzen zunächst voraus, dass der ausschreibende öffentliche Auftraggeber eine marktbeherrschende Stellung innehat. Dafür muss er in der Lage sein, sich seinen Anbietern gegenüber relativ unabhängig verhalten zu können. Die Beurteilung der marktbeherrschenden Stellung ist abhängig von den konkreten Gegebenheiten des relevanten Marktes. Sie kann daher nicht abstrakt erfolgen. Für die nachfolgenden Überlegungen soll daher hier unterstellt werden, dass es sich um einen Markt handelt, bei dem eine geringe Zahl von Nachfragern einer größeren Zahl von Anbietern gegenübersteht oder eine sonstige Situation besteht, die es dem öffentlichen Auftraggeber als Nachfrager erlaubt, sich relativ unabhängig gegenüber seinen Anbietern zu verhalten.

b. Missbräuchliche Ausnutzung

Diese Position müsste der ausschreibende öffentliche Auftraggeber in missbräuchlicher Weise ausnutzen. Art. 82 S. 2 EG enthält hierfür einige Regelbeispiele, die jedoch vorliegend nicht einschlägig sind. Daher ist auf die allgemeinen Voraussetzungen einer missbräuchlichen Ausnutzung abzustellen.

Der Begriff des Missbrauchs erfasst die Verhaltensweisen eines Unternehmens in marktbeherrschender Stellung, die die Struktur eines Marktes beeinflussen können, auf dem der Wettbewerb gerade wegen der Anwesenheit des fraglichen Unternehmens bereits geschwächt ist. Dies ist eine Frage des Einzelfalles und soll deshalb hier ebenfalls unterstellt werden. Hinzukommen muss, dass das marktbeherrschende Unternehmen den Wettbewerb auf dem Markt durch den Einsatz von Mitteln behindert, die von den Mitteln eines normalen Produkt- oder Dienstleistungswettbewerbs abweichen. Im Gegensatz zu den zuvor genannten Erfordernissen ist dies eine Frage, die sich abstrakt beantworten lässt.

Als „normal" wäre die Forderung öffentlicher Auftraggeber nach Umweltmanagementsystemen anzusehen, wenn sie üblich wäre, ist, d. h. wenn auch privatwirtschaftliche Auftraggeber von ihren Lieferanten und Auftragnehmern Umweltmanagementsysteme verlangen. Ob dies der Fall ist, soll anhand der von privatwirtschaftlichen Unternehmen veröffentlichten Umwelterklärungen beurteilt werden.

- In der Umwelterklärung von Volkswagen für 2001 heißt es auf S. 17: „Auch Lieferanten und Zulieferer werden in den Umweltschutz einbezogen. Um externe Dienstleister und Produzenten mit den umweltbezogenen Anforderungen von

VW vertraut zu machen und beim Aufbau eigener Umweltmanagementsysteme zu unterstützen, werden ... Seminare bzw. Workshops durchgeführt."[1347]

- Continental Teves AG und Co. oHG, ein Zulieferer der Automobilindustrie, will an verschiedenen Standorten ein Umweltmanagementsystem auf Grundlage der ISO 14001 aufbauen, um damit „den Anforderungen unserer Kunden [Anm. d. Verf.: der Automobilhersteller] ... gerecht zu werden"[1348]. Die Zertifizierung nach ISO 14001 wird als ein wesentlicher Beitrag zur Wettbewerbsfähigkeit des Unternehmens gesehen, „da mittlerweile viele Kunden [Anm. d. Verf.: die Automobilhersteller] ein Umweltmanagementsystem aufgebaut haben"[1349]. Auch die Lieferanten von Continental Teves sollen ihrerseits ein Umweltmanagementsystem nach ISO 14001 aufbauen[1350]. Um einen Einblick in die Umweltaktivitäten ihrer Lieferanten zu gewinnen, hat Continental Teves eine Fragebogenaktion durchgeführt[1351].
- Auch bei der Deutsche Telekom AG erfolgt die Einführung von Umweltmanagementsystemen unter anderem mit dem Ziel der Kundenzufriedenheit. So stehen im Blickpunkt der Telekom neben ihren direkten Umweltauswirkungen wie Energieverbrauch, Abfallerzeugung und Flächenverbrauch auch die indirekten Umweltauswirkungen ihrer Produkte, die „vor allem aus Kundensicht nicht zu vernachlässigen" seien. Als Beispiel wird der Vertrieb von Endgeräten mit einem niedrigen Stand-by-Verbrauch genannt.[1352]
- Die in Österreich ansässige Firma Neuhold GmbH, die unter anderem Abwasserreinigungs- und Wasseraufbereitungsanlagen sowie Abfallkompostierungsanlagen herstellt (und damit insbesondere potentieller Auftragnehmer von Kommunen ist), verfügt selbst über eine Zertifizierung nach ISO 14001 und eine Validierung nach EMAS. Die Firma Neuhold erwartet wiederum von ihren Lieferanten, dass diese die Qualitäts- und Umweltvorgaben der Firma Neuhold einhalten. Die Lieferanten werden jährlich bewertet und auch im Hinblick auf ihr ökologisches Bewusstsein ausgewählt.[1353]

1347 Gemeinsame Umwelterklärung v. Volkswagen u. Volkswagen Nutzfahrzeuge für die Standorte Kassel u. Emden für das Jahr 2001, Stand: April 2002, S. 17; im Internet verfügbar unter: http://www.volkswagen-umwelt.de/_download/ ue_emden_2001.pdf.

1348 Umwelterklärung Continental Teves AG u. Co. oHG für die Standorte Frankfurt für 1999, S. 2; im Internet verfügbar unter: http://www.umweltallianz.de/documents/contitev.pdf.

1349 Umwelterklärung Continental Teves AG u. Co. oHG für die Standorte Frankfurt für 1999, S. 10; vgl. Fn 1348.

1350 Umwelterklärung Continental Teves AG u. Co. oHG für die Standorte Frankfurt für 1999, S. 13; vgl. Fn 1348.

1351 Vgl. Fn 1348.

1352 Nachhaltigkeitsbericht Deutsche Telekom AG, Stand: 31.12.2001, S. 39; im Internet verfügbar unter: http://download-dtag.t-online.de/deutsch/konzern/9-nachhaltigkeit-umwelt/nachhalt_020226.pdf.

1353 Umwelterklärung der Firma Neuhold GmbH; im Internet verfügbar unter: http://www.neuhold-envirotec.at/ deutsch/umweltaspekte.htm.

Diese Beispiele machen deutlich, dass insbesondere im produzierenden Gewerbe privatwirtschaftliche Auftraggeber ihre Lieferanten in das bei ihnen bestehende Umweltmanagement-Konzept einbeziehen und erwarten, dass diese selbst ein Umweltmanagementsystem aufbauen. Auch bei den Lieferanten wird das Umweltmanagementsystem als ein wesentlicher Faktor zur Erhaltung der Wettbewerbsfähigkeit angesehen. Verlangt ein öffentlicher Auftraggeber von seinen Lieferanten nunmehr ebenfalls ein Umweltmanagementsystem, weicht er damit nicht von den Mitteln des normalen Wettbewerbs ab. Dies gilt umso mehr, wenn der öffentliche Auftraggeber seinerseits über ein Umweltmanagementsystem verfügt. Im Ergebnis steht damit fest, dass der marktbeherrschende öffentliche Auftraggeber, der ein Umweltmanagementsystem als Eignungsnachweis verlangt, seine Stellung im Markt nicht missbräuchlich ausnutzt. Ein Verstoß gegen Art. 82 EG scheidet daher ebenfalls aus.

6.Ergebnis zu I.

Die Forderung öffentlicher Auftraggeber an die an der Ausschreibung teilnehmenden Unternehmen, zum Nachweis ihrer Eignung ein Umweltmanagementsystem vorzuweisen, verstößt grundsätzlich nicht gegen die einschlägigen Bestimmungen des EG-Vertrages. Warenverkehrs- und Dienstleistungsfreiheit sind nicht verletzt, da es sich um eine verhältnismäßige Maßnahme handelt, die notwendig ist, um zwingenden Erfordernissen des Umweltschutzes gerecht zu werden. Das allgemeine Diskriminierungsverbot greift nicht, wenn die Anforderungen gegenüber In- und Ausländern gleichermaßen zur Anwendung gelangen. Ein Verstoß gegen das Beihilfeverbot liegt so lange nicht vor, wie die Anforderung sich im Rahmen des vergaberechtlich Zulässigen bewegt. Auch gegen die Wettbewerbsregeln wird nicht verstoßen, da ein Vergleich mit der Privatwirtschaft ergibt, dass es sich bei der Forderung des Kunden gegenüber seinem Lieferanten nach einem Umweltmanagementsystem um ein Mittel des normalen Wettbewerbs handelt.

II. Umweltmanagementsysteme im Vergabeverfahren und Grundgesetz

1. Art. 3 Abs. 1 GG

a. Beeinträchtigung des Schutzbereichs

Der Schutzbereich des Allgemeinen Gleichheitssatzes, Art. 3 Abs. 1 GG, schützt Unternehmer und Unternehmen, gleich welcher Rechtsform[1354]. Er ist beeinträchtigt, wenn zwei im Wesentlichen gleiche Unternehmen vom Staat ungleich behandelt werden und dadurch eines benachteiligt wird. Schließt der öffentliche Auftraggeber Bieter A als ungeeignet vom Vergabeverfahren aus, während er Bieter B mit Umweltmanagementsystem weiterhin am Vergabeverfahren teilnehmen lässt, so dass sein Angebot in die nächste Wertungsstufe gelangt und er weiterhin eine Chance darauf hat, den Zuschlag zu erhalten, behandelt er diese beiden Bieter ungleich. Bieter A wäre dadurch auch benachteiligt, denn er hat keine Chance mehr auf den Zuschlag. Diese zur Benachteiligung des A führende Ungleichbehandlung wäre jedoch nur dann eine Beeinträchtigung des Schutzbereichs von Art. 3 Abs. 1 GG, wenn Bieter A und Bieter B im Wesentlichen gleich wären. Es soll unterstellt werden, dass beide Unternehmen die gleiche Bau-/Dienstleistung oder die gleiche Ware anbieten. Der einzige (dies soll hier ebenfalls unterstellt werden) Unterschied zwischen ihnen ist, dass Bieter A nach ISO 14001 zertifiziert ist und Bieter B nicht. Man wird vor diesem Hintergrund annehmen können, dass Bieter A und Bieter B im wesentlichen die gleichen Merkmale aufweisen. Der Schutzbereich von Art. 3 Abs. 1 GG ist folglich beeinträchtigt.

b. Rechtfertigung

Diese Beeinträchtigung bedarf der Rechtfertigung, soll es nicht zu einer Grundrechtsverletzung von Bieter A kommen, die im Nachprüfungsverfahren zur Aufhebung der Ausschreibung oder im Schadensersatzprozess zur Schadensersatzpflicht führen würde. Die Ungleichbehandlung des öffentlichen Auftraggebers, der Bieter A ausgeschlossen hat, bedarf dazu eines sachlichen Grundes im Sinne einer vernünftigen Erwägung. Sie muss ferner verhältnismäßig sein, wenn es sich bei Bieter A und/oder Bieter B um Personengesellschaften oder Einzelunternehmer handelt, da dann nicht nur Sachverhalte, sondern Personengruppen unterschiedlich behandelt werden[1355].

1354 Zum Schutzbereich v. Art. 3 Abs. 1 GG s. o. Kap. 2. D. I. 2. b. aa.

1355 Vgl. hierzu o. Kap. 2 D. I. 2. b. aa. I. d. R. wird eine reine Willkürprüfung ausreichen. Jedoch soll hier auch eine Verhältnismäßigkeitsprüfung durchgeführt werden, um deren Ergebnis aufzuzeigen.

aa. Differenzierungsgrund

Angenommen, der öffentliche Auftraggeber hat Bieter A ohne Umweltmanagementsystem deshalb als ungeeignet von dem Vergabeverfahren ausgeschlossen, weil er davon ausgeht, dass dieser seinen Anforderungen nach umweltgerechter Ausführung des Bauauftrages nicht gerecht wird. Als weitere Motivation kommt in Betracht, dass er Unternehmen, die sich bereits nach ISO 14001 zertifiziert haben/an EMAS teilnehmen, bevorzugen und so einen Anreiz für andere Unternehmen schaffen will, ebenfalls ISO 14001 einzuführen bzw. an EMAS teilzunehmen. Bei beidem handelt es sich um vernünftige Erwägungen und somit um taugliche Rechtfertigungsgründe. Selbstverständlich kein die Ungleichbehandlung rechtfertigender sachlicher Grund wäre hingegen der Wille, die heimische Wirtschaft zu fördern oder Umweltauditoren Aufträge zu verschaffen.

bb. Verhältnismäßigkeit

Bei der Prüfung der Verhältnismäßigkeit ist zunächst danach zu fragen, ob die Ungleichbehandlung geeignet ist, das/die vom Auftraggeber verfolgte(n) Ziel(e) zu fördern. Unternehmen mit Umweltmanagementsystem erfüllen nachweislich einen Mindeststandard in ihrer Umweltleistung und verpflichten sich zu deren kontinuierlicher Verbesserung. Sie sind unter Umständen über den Mindeststandard schon weit hinaus. Sie reduzieren dadurch die von ihrem Unternehmen, ihren Leistungen oder ihren Produkten ausgehenden Umweltbelastungen. Die Unternehmen sind darüber hinaus in der Lage, bestimmte Umweltanforderungen des Auftraggebers umzusetzen, weil sie über entsprechende kontrollierte Verfahren verfügen[1356]. Die Beauftragung von Unternehmen mit Umweltmanagementsystem und – damit korrespondierend – der Ausschluss von Unternehmen ohne ein solches ist geeignet, die Ziele Umweltschutz und nachhaltige Entwicklung bzw. Einhaltung der vom Auftraggeber definierten Umweltanforderungen und umweltgerechte Ausführung des Auftrages zu fördern.

Es würde Bieter A zwar weniger belasten, wenn die Vergabestelle von ihm statt eines Umweltmanagementsystems die Abgabe einer Erklärung, dass er Umweltrechtsnormen einhält, verlangen würde. Jedoch wäre diese Maßnahme weniger geeignet, da sie keine Verpflichtung zur kontinuierlichen Verbesserung der Umweltleistung enthält und zudem auf einer subjektiven – nicht von einer neutralen Instanz überprüften – Einschätzung beruht. Als weitere weniger belastende Maßnahme kommt die Berücksichtigung des Umweltmanagementsystems im Rahmen der Angebotswertung, beispielsweise im Rahmen eines Punktesystems, in

1356 Vgl. o. C. III. 2. bis 4. in diesem Kap.

Betracht. Dies würde Bieter A weniger belasten, weil er das Fehlen des Umweltmanagementsystems mit anderen Vorteilen seines Angebots (günstigerer Preis, längere Haltbarkeit des Produkts, geringere Folgekosten etc.) ausgleichen könnte. Jedoch ist hier zweifelhaft, ob diese alternativ zur Verfügung stehende Vorgehensweise in gleichem Maße zur Förderung der Ziele Umweltschutz und nachhaltige Entwicklung geeignet ist. Hier gilt das zu Art. 28 EG Gesagte entsprechend.

Das dem Staat zur Verfügung stehende ordnungsrechtliche Instrumentarium ist weniger geeignet im Sinne der Verhältnismäßigkeit, da es mit erheblichen Eingriffen in betriebliche Abläufe, d.h. mit Grundrechtseingriffen verbunden ist[1357]. Es belastet die Unternehmen daher nicht weniger als das Instrument der indirekten Steuerung durch Bevorzugung bei der Auftragsvergabe.

Nicht erforderlich könnte die Forderung der Vergabestelle nach einem Umweltmanagementsystem und der damit verbundene Ausschluss sein, wenn es sich um einen Auftrag ohne jeglichen oder mit nur geringem Umweltbezug handelt. Als Beispiele seien genannt

- der Kauf eines Büroschreibtisches (oder geringer Mengen solcher Tische);
- Bauaufträge kleinen oder mittleren Volumens, die zudem nicht in einem umweltsensiblen Bereich (plakativ: nicht in einem Naturschutzgebiet) stattfinden;
- die Reinigung eines kleinen Verwaltungsgebäudes;
- die Erstellung eines Gutachtens, eines Planes oder einer Zeichnung.

Zwar erscheint es undenkbar, in der heutigen Zeit jeglichen Umweltbezug zu verneinen, da eben auch bei Aufträgen kleineren Volumens Ressourcen verbraucht und Emissionen oder Abfall erzeugt werden (selbst der Architekt, der eine Zeichnung erstellt, verwendet hierbei Computer, Elektrizität und Papier). Jedoch stehen dem öffentlichen Auftraggeber bei Aufträgen mit kleinerem Volumen und entsprechender Überschaubarkeit andere, den Auftragnehmer weniger belastende Mittel zur Verfügung. Bei der Auswahl des benötigten Schreibtisches kann er auf die verwendeten Materialien oder ein Umweltzeichen abstellen. Bei der Reinigung des Verwaltungsgebäudes kann er in der Leistungsbeschreibung die Verwendung bestimmter Reinigungsmittel oder -methoden, die als umweltfreundlicher einzustufen sind, vorsehen. Ebenso kann er bei Bauaufträgen die Verwendung bestimmter Baumaterialien vorschreiben.

Bei der Prüfung der Verhältnismäßigkeit kommt es weitgehend auf die Angemessenheit der Differenzierung an. Dies ist der Fall, wenn die Ungleichbehandlung dem Bieter A noch zugemutet werden kann. Der Rechtfertigungsgrund (umweltgerechte Ausführung des Auftrages; Umsetzung der Umweltanforderungen des Auftraggebers; Umweltschutz, nachhaltige Entwicklung im allgemeinen als Fernziel; Schaffung eines Anreizes für Unternehmen, an EMAS teilzuneh-

1357 Müller, S. 71.

men/ISO 14001 einzurichten als Nahziel) müsste dazu in angemessenem Verhältnis zu dem Grad der Ungleichbehandlung stehen.

Auf der einen Seite ist die Bedeutung des Rechtfertigungsgrundes zu erwägen. Der Rechtfertigungsgrund Umweltschutz hat ein besonderes Gewicht erfahren durch die Schaffung der Staatszielbestimmung in Art. 20 a GG. Staatliche Auftraggeber sind bei ihrer Beschaffungstätigkeit einer nachhaltigen Entwicklung verpflichtet. Sie müssen daher auf umweltfreundliche Beschaffung achten. Bei der Bewältigung der heutigen Umweltprobleme, die wesentlich komplexerer Natur sind als vor zwei, drei Jahrzehnten, stößt das Ordnungsrecht an seine Grenzen. Die auf unzähligen Quellen beruhenden Umweltschäden wie beispielsweise der Treibhauseffekt lassen sich nicht – zumindest nicht allein – durch die Schaffung von Grenzwerten und die Kontrolle ihrer Einhaltung bewältigen. Die traditionellen umweltpolitischen Instrumente des „command-and-control" scheinen nicht dazu geeignet zu sein, diese Umweltbelastungen in dem Maße zu reduzieren, wie es erforderlich ist[1358]. Es bedarf vielmehr eigenständiger, modernerer Instrumentarien wie Umweltabgaben, freiwillige Selbstverpflichtungen, Emissionshandel, Umweltzeichen (Labels) u. ä. Umweltmanagementsysteme sind eines dieser modernen Instrumentarien, die auf dem Verursacherprinzip basieren. Ihre Verbreitung ist erforderlich, um die Umweltauswirkungen der Industrienationen langfristig zu verringern.

Auf der anderen Seite ist der Grad der Belastung für Bieter A zu ermitteln. Er wird für ein konkretes Vergabeverfahren von der Teilnahme ausgeschlossen. Für andere öffentliche und private Auftraggeber, die ihre Kaufentscheidung nicht von der Existenz eines Umweltmanagements abhängig machen, kann er weiterhin tätig werden. Die Teilnahme an EMAS oder die Zertifizierung nach ISO 14001 steht ihm jederzeit offen, da es sich um ein gemeinschafts- bzw. weltweites System handelt und nicht auf eine bestimmte Unternehmensart bzw. -form beschränkt ist. Zwar ist die Implementierung eines Umweltmanagementsystems mit nicht unerheblichen Kosten verbunden[1359]. Auf der anderen Seite bringt sie für den Unternehmer auch Vorteile wie finanzielle Einsparungen durch Senkung des Abfall-, Rohstoff- und Energieverbrauchs[1360], ein besseres Rating bei der Fremdkapitalbeschaffung durch Verringerung des Kreditrisikos[1361] sowie geringere Versicherungsprämien infolge der Verringerung von Umweltrisiken[1362]. In

1358 Erdmenger, S. 2 u. Barth/Fischer, in: Erdmenger, Kap. 4.

1359 Vgl. Fn 1345.

1360 Vgl. Fn 1346.

1361 Der Bundesverband Öffentlicher Banken Deutschland – VÖB – schätzt, dass allein bei Sparkassen etwa 10% der Kreditausfälle auf ökologische Faktoren zurückzuführen sind (Müller, S. 186).

1362 Müller, S. 175.

einer Umwelterklärung der Firma Continental Teves AG und Co. oHG heißt es in diesem Zusammenhang unter anderem: „Wirtschaftlichkeit und Umweltschutz sind keine Gegensätze, sondern zwei Seiten einer Medaille. Das Modellprojekt Flusskostenrechnung im Gifhorner Werk liefert den besten Beweis: Durch umweltentlastende Maßnahmen lassen sich jährlich 270.000 DM sparen.“[1363]

Wägt man dieses überschaubare Maß an Belastung mit der Bedeutung von Umweltmanagementsystemen für einen langfristigen Umweltschutz und eine nachhaltige Entwicklung ab, erscheint der Ausschluss des Bieters A vom Vergabeverfahren wegen Fehlens eines Umweltmanagementsystems diesem noch zumutbar. Dies setzt selbstverständlich voraus, dass der Grund der Ungleichbehandlung tatsächlich die genannten Umweltschutzgründe sind und diese nicht vorgeschoben werden, um beispielsweise die heimische Wirtschaft zu bevorzugen. Um die Motive der Vergabestelle einer gerichtlichen Kontrolle unterziehen zu können, wird man auch in diesem Bereich eine lückenlose Dokumentation der Vergabestelle im Rahmen des von ihr zu fertigenden Vergabevermerks verlangen müssen. Des Weiteren ist die Zumutbarkeit nur zu bejahen bei Aufträgen, die ein die Anforderung rechtfertigendes Volumen bzw. ein entsprechendes Maß an Umweltbezug aufweisen.

2. Art. 2 Abs. 1 GG

Wie in A. II. 1. b., dd. festgestellt, kann die durch Art. 2 Abs. 1 GG gewährte Wettbewerbsfreiheit im Vergabewesen (nur) dann beeinträchtigt sein, wenn der Staat dem Konkurrenten des benachteiligten Unternehmens einen Wettbewerbsvorteil durch eine Beihilfe verschafft. Da eine solche nur dann in Betracht kommt, wenn der Zuschlag rechtswidrig erteilt wird, stellt die Bevorzugung von Unternehmen mit Umweltmanagementsystem durch öffentliche Auftraggeber dann keine Beihilfe dar, wenn sie mit den vergaberechtlich zulässigen Mitteln erfolgt. Dies ist beispielsweise der Fall, wenn öffentliche Auftraggeber von den Unternehmen Umweltmanagementsysteme verlangen und sich hierbei in dem unter A. aufgezeigten Rahmen bewegen. Als Konsequenz scheidet auch ein Verstoß gegen Art. 2 Abs. 1 GG aus.

1363 Umwelterklärung Continental Teves AG u. Co. oHG für die Standorte Frankfurt für 1999, S.22; im Internet verfügbar unter: http://www.umweltallianz.de/documents/contitev.pdf.

3. Ergebnis zu II.

Auch im Hinblick auf das Grundgesetz begegnet die Anforderung öffentlicher Auftraggeber im Rahmen der Ausschreibung, die Eignung durch ein Umweltmanagementsystem nachzuweisen, keinen durchgreifenden Bedenken. Die daraus resultierende Ungleichbehandlung der Bieter wird so lange in verhältnismäßiger Weise durch den sachlichen Grund der Erfüllung von Umweltanforderungen oder der Senkung der betrieblichen Umweltauswirkungen zum Schutz der Umwelt gerechtfertigt, wie sie für Aufträge geschieht, die ein die Anforderung rechtfertigendes Volumen bzw. ein entsprechendes Maß an Umweltbezug aufweisen. Ein Verstoß gegen die Wettbewerbsfreiheit des Art. 2 Abs. 1 GG liegt nicht vor, weil die vergaberechtlich zulässige Anforderung keine unzulässige Beihilfe darstellt.

III. Umweltmanagementsysteme im Vergabeverfahren und Wettbewerbsrecht

Das Behinderungs- und Diskriminierungsverbot des § 20 Abs. 1, 2 GWB, das mit dem Verbot des § 19 Abs. 1, 4 Nr. 1 GWB deckungsgleich ist, ist eine besondere Ausprägung von Art. 3 Abs. 1 GG. In die zur Ermittlung des sachlichen Grundes bzw. der Billigkeit vorzunehmende Interessenabwägung sind zum einen die legitimen Interessen der Betroffenen, zum anderen die der Verbraucher – dies dürften in diesem Fall zugleich die betroffenen öffentlichen Auftraggeber sein – sowie die Zielsetzung des GWB, die Freiheit des Wettbewerbs, einzustellen.

Während die Vergabestelle daran interessiert ist, den ihr obliegenden Verpflichtungen aus Art. 6 EG und Art. 20 a GG nachzukommen und sie darüber hinaus unter Umständen sicherstellen möchte, dass ihre Umweltanforderungen bei der Auftragserfüllung umgesetzt werden, hat das benachteiligte Unternehmen ein Interesse daran, nicht vom Vergabeverfahren ausgeschlossen zu werden, um dann unter Umständen den Auftrag zu bekommen. Soweit kann die Abwägung nicht anders ausfallen als bei Art. 3 Abs. 1 GG. Hinzukommen muss die Zielsetzung des GWB, die Freiheit des Wettbewerbs. Ausschlaggebend bei dieser Interessenabwägung ist, dass der öffentliche Auftraggeber durch Art. 20 a GG besonders verpflichtet wird. Der Umweltschutz hat damit eine Bedeutung erlangt, die Einschränkungen des Wettbewerbs erlaubt. Insoweit ist ein Vergleich mit der europäischen Rechtslage angebracht: Auch dort sind Beschränkungen der Warenverkehrs- und der Dienstleistungsfreiheit zu Zwecken des Umweltschutzes erlaubt.

Die im Rahmen von § 20 Abs. 1, 2 GWB vorzunehmende Interessenabwägung beinhaltet im wesentlichen die gleichen Erwägungen wie die Verhältnismäßigkeitsprüfung bei Art. 28 und Art. 49 EG sowie bei Art. 3 Abs. 1 GG. Der öffentliche

Auftraggeber hat ein legitimes Interesse daran, Unternehmen mit Umweltmanagementsystem zu bevorzugen, um Umweltschutzziele zu verfolgen oder auch nur sicherzustellen, dass seine umweltspezifischen Anforderungen eingehalten werden. Der benachteiligte Unternehmer wird nicht völlig vom Markt verdrängt, sondern kann für andere – private oder öffentliche – Auftraggeber weiterhin tätig werden. Ihm steht es jederzeit frei, ein Umweltmanagementsystem einzuführen, was zwar mit Kosten, aber auch mit erheblichen wirtschaftlichen Vorteilen verbunden ist. Solange es sich um einen Auftrag handelt, der Umweltanforderungen beinhaltet und/oder ein entsprechendes Volumen aufweist, ist die Ungleichbehandlung nicht unbillig behindernd oder diskriminierend.

Ein Verstoß gegen § 20 Abs. 1, 2 GWB oder § 19 Abs. 1, 4 S. 1 GWB scheidet mithin aus. Bei der hier in Rede stehenden Anforderung der öffentlichen Auftraggeber kommt auch ein Verstoß gegen § 1 UWG nicht in Betracht, weil es sich weder um die von einer entsprechenden Wettbewerbsförderungsabsicht getragene Förderung fremden Wettbewerbs handelt noch um einen Boykott oder einen Rechtsverstoß.

IV. Ergebnis

Die Berücksichtigung von Umweltmanagementsystemen im Vergabeverfahren als Eignungs- und Zuschlagskriterium in der aufgezeigten Weise ist rechtlich zulässig. Von den zahlreichen Vorschriften, die für das Vergabeverfahren, das Umweltaspekte berücksichtigt, generell relevant sind (Kapitel 2), findet ein großer Teil auf die Frage der Umweltmanagementsysteme keine Anwendung.

E. Umweltmanagementsysteme in der neuen Vergaberichtlinie

In der jüngst von Europäischem Parlament und Rat im Vermittlungsverfahren verabschiedeten Vergaberichtlinie[1364] ist vorgesehen, dass öffentliche Auftraggeber ein Umweltmanagementsystem nur in den Vergabeverfahren für Bau- und Dienstleistungsaufträge und nur zum Nachweis der technischen Leistungsfähigkeit sollen verlangen dürfen. Als weitere Einschränkung ist vorgesehen, dass die Art des Auftrags die Anwendung von UMS rechtfertigen muss.

Der Ansatz, zwischen EMAS und ISO 14001 ff. nicht zu differenzieren, erscheint richtig. Indem die Richtlinie formuliert, ein UMS dürfe dann gefordert werden, wenn die Art des Auftrages ihre Anwendung rechtfertige, löst sie leider

1364 Vgl. Fn 577.

nicht die Frage, wann dies der Fall sein soll. Nicht einsichtig ist, warum ein UMS bei der Wertung der Gebote nur als Eignungsnachweis verlangt werden darf und nicht auch als Zuschlagskriterium, wie in dem finnischen Fall „Concordia-Bus", der Gegenstand der EuGH-Entscheidung vom 17.9.2002 war[1365] und warum sie nur bei Bau- und Dienstleistungs- und nicht auch bei Lieferaufträgen gefordert werden dürfen.

F. Zusammenfassung

Umweltmanagementsysteme können u. a. bei der Eignungsprüfung als Eignungsnachweis und bei der Angebotswertung als Wirtschaftlichkeitskriterium berücksichtigt werden. Sie weisen den erforderlichen Bezug zum Auftragsgegenstand auf und sind von dem Informationsbedürfnis der öffentlichen Auftraggeber gedeckt. Daneben kommt die Durchführung einer beschränkten Ausschreibung anstelle einer öffentliche Ausschreibung in Betracht, wenn das Umweltmanagementsystem bzw. ein Element des Systems eine bestimmte, für den konkreten Auftrag erforderliche Eignung belegt.

Das Verlangen öffentlicher Auftraggeber nach einem Umweltmanagementsystem als Eignungsnachweis verstößt nicht gegen die Warenverkehrs- und die Dienstleistungsfreiheit des EG-Vertrages. Es stellt zwar eine Beschränkung des Freien Warenverkehrs bzw. der Dienstleistungsfreiheit dar, ist jedoch i. d. R. durch die zwingenden Erfordernisse des Umweltschutzes gerechtfertigt. Wenn sich die Verwendung von Umweltmanagementzertifikaten als Eignungsnachweis im Rahmen des nach Vergaberecht Zulässigen bewegt, kommt eine unzulässige staatliche Beihilfe i. S. v. Art. 87 EG nicht in Betracht, selbst wenn das Angebot des Unternehmens mit Umweltmanagementsystem, das den Zuschlag erhält, preislich höher liegt als das des Unternehmens ohne Umweltmanagementsystem. Da die Forderung nach einem Umweltmanagementsystem in der Privatwirtschaft üblich ist, wie verschiedene Umwelterklärungen privatwirtschaftlicher Unternehmen gezeigt haben, handelt es sich auch um ein Mittel des normalen Wettbewerbs und ein Verstoß gegen europäisches Wettbewerbsrecht scheidet aus. Die Bevorzugung eines Unternehmens mit Umweltmanagementzertifikat stellt zwar eine Ungleichbehandlung i. S. v. Art. 3 Abs. 1 GG dar, die jedoch sowohl den Anforderungen der großzügigeren Willkürprüfung als auch der strengeren Verhältnismäßigkeitsprüfung nach der neuen Formel des BVerfG standhält und somit gerechtfertigt ist. Zwar würde es Unternehmen ohne Umweltmanagementsystem weniger belasten, wenn die Berücksichtigung des Zertifikats im Rahmen der Ange-

1365 EuGH (vgl. Fn 12), Rn 57.

botswertung mittels eines Punktesystems erfolgen würde, da dort das fehlende Zertifikat mit anderen Vorteilen des abgegebenen Angebots kompensiert werden könnte. Jedoch ist diese alternativ zur Verfügung stehende Vorgehensweise nicht in gleichem Maße zur Förderung von Umweltschutz und nachhaltiger Entwicklung geeignet, da die Anreizwirkung geringer sein könnte. Die im Rahmen von nationalem Wettbewerbsrecht (§ 20 Abs. 1, 2 GWB) durchzuführende Interessenabwägung kann nicht zu anderen Ergebnissen führen als die Verhältnismäßigkeitsprüfung im Rahmen von Art. 3 Abs. 1 GG. Insgesamt ist die Forderung nach einem Umweltmanagementzertifikat als Eignungsnachweis daher zulässig. Die Berücksichtigung im Rahmen der Angebotswertung, z. B. in einem Punktesystem, ist als Minus hierzu ebenfalls zulässig.

Kapitel 4. Die Berücksichtigung von Umweltaspekten bei der öffentlichen Auftragsvergabe in der Schweiz

Das deutsche Vergaberecht ist – jedenfalls in dem Bereich oberhalb der Schwellenwerte – maßgeblich geprägt durch die EG-Vergaberichtlinien, die die Vergabebestimmungen in den einzelnen Mitgliedstaaten koordinieren, um so den Gemeinsamen Markt auch im Bereich der öffentlichen Aufträge zu verwirklichen.

Der nachfolgende Abschnitt (A.) soll eine Übersicht über den Stand des Vergaberechts in einem Nachbarstaat, der nicht der Europäischen Gemeinschaft angehört und in dem – jenseits des GATT/WTO-Übereinkommens über das öffentliche Beschaffungswesen (GPA) – entsprechend abweichende Rechtsvorgaben bestehen[1366]. Die dortige Rechtslage soll mit der in Deutschland vorherrschenden, gemeinschaftsrechtlich geprägten Rechtslage einer vergleichenden Betrachtung unterzogen werden.

Anschließend soll in Abschnitt B. der Frage nachgegangen werden, ob und auf welche Weise Umweltaspekte in das Vergabeverfahren, das den schweizerischen Vergabebestimmungen unterliegt, einbezogen werden können und wie die Praxis der umweltfreundlichen Beschaffung in dem Nachbarstaat aussieht.

A. Vergaberecht der Schweiz

I. Rechtsquellen des schweizerischen Vergaberechts

Das Vergaberecht ist in der Schweiz eine noch junge Rechtsdisziplin, die sich überhaupt erst zu einem eigenständigen Rechtsgebiet entwickelt hat, nachdem am 1.1.1996 für die Schweiz das GATT/WTO-Übereinkommen über das öffentliche Beschaffungswesen (GPA)[1367] in Kraft getreten ist. Soweit das schweizerische Vergaberecht internationales Recht umzusetzen hat, basiert es auf diesem Übereinkommen. Am 1.6.2002 ist zudem das bilaterale Abkommen zwischen der Europäischen Gemeinschaft und der Schweizerischen Eidgenossenschaft über bestimmte Aspekte des öffentlichen Beschaffungswesens vom 21.6.1999 in Kraft getreten, so dass die Schweiz zusätzlich zu dem GPA dieses Abkommen zu be-

1366 Einen Überblick geben auch Lang, ZBl. 2000, 225 ff. u. Stöckli, NZBau 2002, 7 ff.

1367 Vgl. hierzu Kap. 2. A. I.

achten hat. Die EG-Vergaberichtlinien haben hingegen keine Geltung für die Schweiz[1368].

Die Umsetzung der Vorgaben des GPA und der Bilateralen Vereinbarung geschieht infolge des föderalen Staatsaufbaus zum einen durch den Bund, zum anderen durch die Kantone und Gemeinden. Dies führt zu einer übermäßigen Zersplitterung des Vergaberechts[1369]. Auf Bundesebene finden sich das Bundesgesetz über das öffentliche Beschaffungswesen (BoeB)[1370] und die Verordnung über das öffentliche Beschaffungswesen (VoeB)[1371]. Während das Bundesgesetz die allgemeinen Grundsätze des Vergaberechts nennt, werden diese durch die Verordnung konkretisiert. Das Bundesgesetz (und damit auch die Verordnung) haben das Ziel, das Verfahren zur Auftragsvergabe zu regeln und transparent zu gestalten, um als weitere Ziele den Wettbewerb unter den Anbietern zu stärken, den wirtschaftlichen Einsatz öffentlicher Mittel zu fördern und die Gleichbehandlung von Bietern zu gewährleisten[1372]. Sowohl das Bundesgesetz als auch die Verordnung über das öffentliche Beschaffungswesen befinden sich derzeit in der Überarbeitung; das Inkrafttreten der novellierten Vorschriften ist für das Jahr 2007 geplant.

Die Kantone der Schweiz wiederum haben eine sogenannte Interkantonale Vereinbarung[1373] geschlossen, die die gegenseitige Öffnung der Kantone bei der Vergabe ihrer öffentlichen Aufträge regelt[1374] und die kantonalen Vergaberegeln harmonisieren will. Mit der Vereinbarung wird die international stattfindende Entwicklung der Marktöffnung innerhalb der Schweiz nachvollzogen[1375]. Bei der Interkantonalen Vereinbarung handelt es sich um eine klassische Grundsatzvereinbarung. Der Beitritt der Kantone zur Vereinbarung ist freiwillig; von der Möglichkeit des Beitritts haben mittlerweile alle 26 Kantone Gebrauch gemacht, so dass die Vereinbarung am 28.1.2003 in Kraft getreten ist. Die Bestimmungen der

---

1368 Stöckli, NZBau 2002, 7, 9, weist jedoch darauf hin, dass sich die EG-Vergabe-RL, die das GPA in das Recht der EU transformieren, als Auslegungshilfe heranziehen lassen (er bezieht sich dabei auf eine Entsch. des Bundesgerichts zum Telekommunikationsbereich, BGE 125 II 307 E. 4e).

1369 Stöckli, NZBau 2002, 7.

1370 Vom 16.12.1994.

1371 Vom 11.12.1995.

1372 Art. 1 BoeB.

1373 Interkantonale Vereinbarung über das öffentliche Beschaffungswesen (IVÖB) v. 25.11.1994/15.3.2001, in Kraft seit 28.01.2003 (in Internet verfügbar mit Stand 5.8.2003 unter: http://www.admin.ch/ch/d/sr/c172_056_5.html, 28.10.2003, 16.10 Uhr).

1374 Art. 1 Abs. 1 Interkantonale Vereinbarung.

1375 Das GPA regelt ausschließlich die Gleichstellung v. inländischen u. ausländischen Anbietern. Der Status der inländischen Anbieter untereinander wird v. GPA nicht tangiert. Eine protektionistische Vergabepolitik unter den Kantonen wäre somit nach wie vor möglich. Die Interkantonale Vereinbarung will einen nationalen Binnenmarkt realisieren u. so die Lücke schließen, die das GPA bzgl. der Inländerbehandlung offenlässt.

Interkantonalen Vereinbarung bedürfen der Umsetzung innerhalb der Kantone. Zu den bundesgesetzlichen Vergabebestimmungen[1376] treten folglich solche der 26 Kantone hinzu[1377]. Für diese Vergabebestimmungen dienen die vom sogenannten Interkantonalen Organ[1378] erlassenen Vergaberichtlinien[1379] als unverbindliches Muster; die Kantone können in ihren Bestimmungen über die der Vergaberichtlinien hinausgehen oder sie unterschreiten.

Die Marktöffnung zwischen den Kantonen wird des Weiteren maßgeblich geprägt durch das Binnenmarktgesetz des Bundes[1380], das gewährleisten will, dass Personen mit Niederlassung oder Sitz in der Schweiz für die Ausübung ihrer Erwerbstätigkeit auf dem gesamten Gebiet der Schweiz freien und gleichberechtigten Zugang zum Markt haben[1381]. Zu diesem Zweck enthält es Grundsätze für den freien Marktzutritt. Im Hinblick auf das öffentliche Beschaffungswesen bestimmt das Binnenmarktgesetz, dass die Vorschriften der Kantone, Gemeinden und anderer Träger kantonaler oder kommunaler Aufgaben sowie deren Einzelverfügungen in der Schweiz niedergelassene Unternehmen nicht benachteiligen dürfen[1382]. Des Weiteren schreibt es die Veröffentlichung der zu vergebenden öffentlichen Aufträge sowie der Teilnahme- und Zuschlagskriterien vor[1383].

Die Tatsache, dass sich Bund und Kantone die Umsetzung der staatsvertraglichen Vorgaben teilen, führt im Ergebnis dazu, dass ein landesweit tätiger Anbieter 27 Vergabegesetze berücksichtigen muss. Erschwerend kommt hinzu, dass bei kantonalen Vergaben teils auch Bundesgesetze zu beachten sind und zum Teil die

---

1376 Bundesgesetz über das öffentliche Beschaffungswesen (BoeB) v. 16.12.1994 (im Internet verfügbar unter: http://www.admin.ch/ch/d/sr/c172_056_1.html, 28.10.2003, 16.40 Uhr), VO über das öffentliche Beschaffungswesen (VoeB) v. 11.12.1995 (http://www.admin.ch/ch/d/sr/c172_056_11.html, 28.10.2003, 16.41 Uhr)

1377 Als Bsp.: Im Kanton Zürich, der im September 1996 der Interkantonalen Vereinbarung beigetreten ist (Gesetz über den Beitritt des Kantons Zürich zur Interkantonalen Vereinbarung über das öffentliche Beschaffungswesen v. 22.9.1996) hat der Regierungsrat eine SubmissionsVO beschlossen, die ebenfalls detaillierte Vorgaben für die Auftragsvergabe enthält (SubmissionsVO v. 18.6.1997 – SVO ZH).

1378 Bei dem Interkantonalen Organ handelt es sich um einen in der Interkantonalen Vereinbarung vorgesehenen Rat, der sich aus den Mitgliedern der an der Vereinbarung beteiligten Kantone in der Schweizerischen Bau-, Planungs- u. Umweltschutzdirektoren-Konferenz zusammensetzt (Art. 4 IVöB). Neben dem Erlass der Vergabe-RL obliegt ihm u. a. die Kontrolle über die Durchführung der Vereinbarung durch die Kantone (Art. 4 Abs. 2 lit. e. IVöB).

1379 Vergabe-RL zur Interkantonalen Vereinbarung über das öffentliche Beschaffungswesen (VRöB) v. 25.11.1994/ 15.03.2003 (im Internet verfügbar mit Stand 15.3.2003 unter: http://rechtsbuch.sh.ch/f/f172.512.htm, 28.10.2003, 16.46 Uhr).

1380 Bundesgesetz über den Binnenmarkt (Binnenmarktgesetz – BGBM) v. 6.10.1995, in Kraft seit 1.7.1996 (im Internet mit Stand: 1.7.1996 verfügbar unter: http://www.admin.ch/ch/d/sr/c943_02.html, 28.10.2003, 16.22 Uhr).

1381 Art. 1 Abs. 1 BGBM.

1382 Art. 5 Abs. 1 BGBM.

1383 Art. 5 Abs. 2 BGBM.

Gemeinden eigenen Regeln folgen[1384]. Dies und die Tatsache, dass der Bund und die 26 Kantone für den Beschwerdefall je eigene Verwaltungsverfahrensgesetze[1385] bereithalten, führt zu einer erheblichen Rechtszersplitterung und damit einhergehenden Rechtsunsicherheit.

II. Verlauf eines Vergabeverfahrens in der Schweiz (Bund)

Nachfolgend soll der typische Verlauf eines Vergabeverfahrens des Bundes beschrieben werden. Die Vergabe von Aufträgen in den Kantonen folgen zum Teil anderen, sehr unterschiedlichen Regeln.

Auch im Schweizer Bundesvergaberecht gibt es drei verschiedene Verfahrensarten. Neben dem offenen Verfahren[1386], das im wesentlichen der öffentlichen Ausschreibung in Deutschland bzw. dem offenen Verfahren der EU-Vergaberichtlinien entspricht, haben öffentliche Auftraggeber die Möglichkeit, Aufträge im selektiven Verfahren[1387] und freihändig[1388] zu vergeben. Die beiden letztgenannten Verfahren entsprechen der beschränkten Ausschreibung bzw. dem nichtoffenen Verfahren sowie der freihändigen Vergabe bzw. dem Verhandlungsverfahren.

1. Bekanntgabe

Die öffentliche und die selektive Ausschreibung ist stets zu veröffentlichen[1389]. Auf Bundesebene hat die Publikation im Schweizerischen Handelsamtsblatt[1390], auf kantonaler Ebene im jeweiligen kantonalen Amtsblatt[1391] zu erfolgen.

1384 Stöckli, NZBau 2002, 7, 8.

1385 Z. B. § 41 Verwaltungsrechtspflegegesetz des Kantons Zürich.

1386 Art. 14 BoeB.

1387 Art. 15 BoeB.

1388 Art. 16 BoeB.

1389 Art. 24 Abs. 1, 2 BoeB: „Ausschreibung u. Zuschlag sind immer zu veröffentlichen." Art. 5 Abs. 2 BGMB: „Kantone, Gemeinden u. andere Träger kantonaler/kommunaler Aufgaben sorgen dafür, dass Vorhaben u. Kriterien amtlich publiziert werden." Art. 13 lit. a Interkantonale Vereinbarung: „Die Ausführungsbestimmungen der Kantone gewährleisten die notwendigen Veröffentlichungen, mindestens im zuständigen kantonalen ABl. des Auftraggebers." Vgl. auch § 13 VRöB u. § 16 SVO ZH.

1390 Art. IX Abs. 1 i.V.m. Anh. II GPA; Art. 24 Abs. 1 BoeB i. V. m. Art. 8 VoeB.

1391 Art. 13 lit. a Interkantonale Vereinbarung, § 13 VRöB, § 16 SVO ZH.

2. Angebotsphase

Nach Anforderung der Ausschreibungsunterlagen und Zusendung durch die Vergabestelle haben die interessierten Unternehmen innerhalb einer Frist von grundsätzlich 40 Tagen ab Veröffentlichung ihr Angebot abzugeben[1392]. Auf kantonaler Ebene müssen die Angebote innerhalb der Frist bei der Vergabestelle eintreffen[1393]; die Nichteinhaltung der Frist stellt einen Ausschlussgrund dar[1394]. Bei Ausschreibungen auf Bundesebene gelten die allgemeinen Regeln des Verwaltungsverfahrens: Das Angebot muss innerhalb der Angebotsfrist bei der Vergabestelle, bei der Schweizer Post oder bei einer Schweizer Vertretung im Ausland eingereicht werden[1395].

Die Angebote sind schriftlich und vollständig in der Sprache des Vergabeverfahrens einzureichen[1396]. Anderenfalls ist das Angebot vom Verfahren auszuschließen[1397].

3. Wertungsphase

Nach Ablauf der Angebotsfrist sind die Bieter an ihre bei der Vergabestelle eingereichten Angebote gebunden[1398]. Die Angebote werden in einem nichtöffentlichen[1399] Termin durch i. d. R. zwei Vertreter des Auftraggebers geöffnet[1400]. Über die Eröffnung ist ein Protokoll zu erstellen, das einen bestimmten Mindestinhalt haben muss[1401]. Im Rahmen der nachfolgenden Eignungsprüfung steht der Ausschluss von Bietern z. B. wegen Nichteinhaltung der von der Vergabestelle geforderten Eignungskriterien sowohl auf Bundes- als auch auf Kantonsebene i. d. R. im Ermessen der Vergabestelle[1402]. Im Kanton Zürich ist der Ausschluss hin-

1392 Art. 19 VoeB, §§ 17, 18 VRöB, § 20 SVO ZH.

1393 § 24 Abs. 1 SVO ZH: „Das Angebot muss ... innerhalb der Frist ... eintreffen".

1394 Art. 19 Abs. 3 BoeB; § 26 Abs. 1 lit. d SVO ZH.

1395 Lang, ZBl 2000, 225, 227.

1396 § 21 Abs. 2 VRöB, § 24 Abs. 2 SVO ZH.

1397 Art. 19 Abs. 1 BoeB, § 26 Abs. 1 lit. d SVO ZH.

1398 Z. B. § 24 Abs. 1 SVO ZH.

1399 Im Gegensatz zu früher sieht die VRöB nunmehr einen nichtöffentlichen Öffnungstermin vor. Einige Kantone haben in ihren Vergaberegelungen an der traditionell bestehenden Öffentlichkeit des Termins festgehalten.

1400 § 22 VRöB, § 25 Abs. 1 SVO ZH.

1401 § 22 Abs. 2 VRöB, § 25 Abs. 2 SVO ZH.

1402 Art. 11 BoeB: „kann ... ausgeschlossen werden", Art. 23 Abs. 1 VRöB: „kann ... ausgeschlossen werden".

gegen zwingend vorgeschrieben[1403], wobei jedoch der Verhältnismäßigkeitsgrundsatz zu beachten ist[1404].

Die Vergabestelle prüft die verbleibenden Gebote anschließend fachlich und rechnerisch[1405]. Sie ist hierbei berechtigt, offensichtliche Fehler zu berichtigen[1406] und Auskünfte von den Bietern einzuholen[1407]. Ziel der Prüfung ist es, eine „objektive Vergleichstabelle" zu erarbeiten[1408]. Während Nachverhandlungen auf Bundesebene grundsätzlich zulässig sind[1409], verbieten die Kantone ihren Vergabestellen, in sogenannten „Abgebotsrunden" über Preise, Preisnachlässe und Änderungen des Leistungsinhalts mit den Bietern zu verhandeln[1410]. Der Zuschlag wird von der Vergabestelle auf das wirtschaftlich günstigste Angebot erteilt[1411]. Zur Ermittlung des wirtschaftlich günstigsten Angebots berücksichtigt die Vergabestelle verschiedene Kriterien wie etwa Termine, Qualität, Preis, Wirtschaftlichkeit, Betriebskosten, Kundendienst, Zweckmäßigkeit der Leistung, Umweltverträglichkeit oder Ökologie sowie den technischen Wert der angebotenen Leistung[1412]. Die gesetzlichen Kriterienkataloge setzen weder einen Mindeststandard, noch sind sie abschließend[1413]. Bei der Auswahl der Zuschlagskriterien für ein konkretes Vergabeverfahren wird den Vergabestellen ein „erheblicher Beurteilungsspielraum" zugestanden[1414], sie müssen jedoch spezifisch, also auf den konkreten Bedarf zugeschnitten sein[1415]. Die Zuschlagskriterien sind von der Vergabestelle schon in der Bekanntmachung der Ausschreibung in der Reihen-

1403 § 26 SVO ZH: „wird ... ausgeschlossen".

1404 Lang, ZBl 2000, 225, 234 unter Verweis auf VGr ZH VB. 99.00008 v. 16.6.1999.

1405 Art. 25 VoeB: „Die Auftraggeberin bereinigt die Angebote in technischer u. rechnerischer Hinsicht so, dass sie objektiv vergleichbar sind, u. prüft sie aufgrund der Zuschlagskriterien." Vgl. auch § 24 Abs. 1 VRöB, § 27 Abs. 1 SVO ZH.

1406 § 24 Abs. 2 VRöB, § 27 Abs. 2 SVO ZH.

1407 § 25 VRöB, § 28 SVO ZH.

1408 § 24 Abs. 3 VRöB, § 27 Abs. 3 SVO ZH.

1409 Art. 20 BoeB, Art. 26 VoeB.

1410 Art. 11 lit. c IVöB, § 26 VRöB, § 29 SVO ZH.

1411 Art. 21 BoeB, Art. 37 VoeB, Art. 13 lit. f IVÖB, § 28 VRöB, § 31 SVO ZH. Bei der Beschaffung v. weitgehend standardisierten Gütern kann der Zuschlag auch ausschließlich nach dem Kriterium des niedrigsten Preises erfolgen (Art. 21 Abs. 3 BoeB, § 29 Abs. 3 VRöB, § 31 Abs. 2 SVO ZH).

1412 Art. 21 BoeB, § 29 VRöB, § 31 SVO ZH. Die VRöB nennt zusätzlich die Kriterien Qualitätssicherung, Kreativität u. Infrastruktur, die SVO ZH nennt zusätzlich Kreativität, Lehrlingsausbildung, Infrastruktur.

1413 Stöckli, NZBau 7, 10.

1414 Lang, ZBl. 2000, 225, 241.

1415 Art. XIII Nr. 4 lit. b GPA. Für den Bund vgl. hierzu Eidgenössische Rekurskommission, Entsch. v. 3.9.1999 (BRK 006/1999).

folge ihrer Bedeutung verbindlich anzugeben[1416]. Der Begriff der Wirtschaftlichkeit ist ein unbestimmter Rechtsbegriff, was den Beschaffungsstellen ein weites Ermessen verschafft[1417]. Entsprechend können die Nachprüfungsinstanzen (die sogenannten „Rekurs- oder Beschwerdeinstanzen") nur dort eingreifen, wo eine Ermessensüberschreitung oder ein Ermessensmissbrauch geltend gemacht wird, während die „Unangemessenheit nicht gerügt werden" kann[1418]. Die Nachprüfungsinstanzen überprüfen die Vergabeentscheidung in materieller Hinsicht nur zurückhaltend[1419].

Entgegen der Schweizer Tradition ist der Zuschlag nach dem neuen Vergaberecht als hoheitliche Verfügung auszugestalten und zu begründen[1420]. Der Zuschlag kann unter Umständen widerrufen werden. Für den Widerruf gelten dieselben Grundsätze wie für den Ausschluss von Angeboten[1421].

4. Vertragsschluss/Veröffentlichung des Zuschlags

Nach Erteilung des Zuschlags nimmt die Vergabestelle die Offerte des erfolgreichen Anbieters durch eine empfangsbedürftige Willenserklärung an, wodurch der Vertrag zustande kommt[1422]. Die Vergabestelle ist nur dann an einem Vertrags-

---

1416 Art. 21 Abs. 2 BoeB, § 14 Abs. 1 lit. i VRöB, § 17 lit. i SVO ZH. Ob über die Angabe der Reihenfolge hinaus die Gewichtung der Zuschlagskriterien verbindlich bekanntzugeben ist, wird in der Schweiz kontrovers diskutiert. Das Schweizerische Bundesgericht, zu dem Vergabeentscheide nur der Kantone u. nicht auch des Bundes gelangen, entschied, dass die Vergabestelle mit der Bekanntgabe der Kriterien in der Reihenfolge ihrer Bedeutung dem Transparenzgebot Genüge getan habe. Die Festlegung der genauen Gewichtung sei nicht erforderlich. (Entsch. des Schweizerischen Bundesgerichts v. 2.3.2000 (2P.274/1999). Die Rekurskommission des Bundes hingegen fordert in ständiger Praxis die Bekanntgabe der Gewichtung der einzelnen Kriterien (etwa Entsch. v. 3.9.1999, RL 93/37/EWG 006/1999). Stöckli spricht sich in NZBau 2000, 7, 10 für die Bekanntgabe der Gewichtung aus. Eine Bekanntgabe allein der Reihenfolge sei nicht zweckmäßig u. nicht transparent. Darüber hinaus zwinge die vorherige verbindliche Angabe der Gewichtung die Beschaffungsstellen dazu, sich noch vor Beginn des Verfahrens über die Bedeutung der einzelnen Entscheidungskriterien u. damit über ihren Beschaffungsbedarf klarzuwerden, was die Qualität der Vergabeprozesse nur steigern könne.

1417 Stöckli, NZBau 2002, 7, 10.

1418 Art. 31 BoeB.

1419 Schweizerisches Bundesgericht, Entsch. v. 2.3.2000 (2P.274/1999/hzg): „Bei der materiellen Überprüfung eines Vergebungsentscheids auferlegt sich das Bundesgericht grosse Zurückhaltung. Das versteht sich v. selbst, wo lediglich der Beschwerdegrund der Willkür in Frage steht; das Bundesgericht muss jedoch den Spielraum, welcher den zuständigen kantonalen Instanzen bei solchen Bewertungen zusteht, ... respektieren, ... Der blosse Umstand, dass der bestehende Spielraum auch eine andere Bewertung erlaubt hätte, vermag den Vorwurf einer Diskriminierung oder Ungleichbehandlung des unterlegenen Konkurrenten noch nicht zu begründen."

1420 Art. 29 lit. a BoeB, Art. 9 Abs. 1 BGBM, Art. 13 lit. g IVöB, Art. 13 lit. h IVÖB. Vgl. hierzu Stöckli in NZBau, 2002, 7, 12 (Fn 44): „Die abgelöste Praxis hatte den Zuschlag noch als 'eine auf den Abschluss eines privatrechtlichen Vertrags ausgerichtete Erklärung u. nicht ... (als) eine auf staatlicher Befehlsgewalt beruhende autoritative Anordnung' gewertet."

1421 § 31 VRöB.

1422 Stöckli, NZBau 2002, 7, 12.

schluss gehindert, wenn in einem anhängigen Nachprüfungsverfahren der Beschwerde eines Konkurrenten die aufschiebende Wirkung erteilt wurde[1423]. Der Zuschlag ist von dem öffentlichen Auftraggeber spätestens 72 Tage nach dessen Erteilung zu veröffentlichen[1424].

5. Vergleich mit deutschem Vergaberecht

In seinen wesentlichen Grundzügen stimmen der Ablauf des Vergabeverfahrens in Deutschland und in der Schweiz überein. Auffälligster Unterschied ist die rechtliche Einordnung des Zuschlags und die in der Schweiz vorzunehmende Trennung zwischen Zuschlag und Vertragsschluss. Während in Deutschland der Zuschlag als eine rein privatrechtliche Willenserklärung angesehen wird, mit deren Zugang bei dem Bieter der Vertrag zustandekommt, ist der Zuschlag in der Schweiz seit dem Bestehen der neuen vergaberechtlichen Regelungen eine Verfügung und damit ein Hoheitsakt. Der zivilrechtliche Vertragsschluss ist ein gesonderter Akt im Anschluss an die Zuschlagsentscheidung[1425]. Bedeutsame Konsequenz dieser Unterteilung in einen öffentlich-rechtlichen Verwaltungsakt (eine Verfügung) und eine privatrechtliche Willenserklärung ist, dass der Zuschlag von der Vergabestelle vor Vertragsschluss widerrufen oder von der Nachprüfungsinstanz aufgehoben werden kann[1426].

III. Rechtsschutz

1. Rechtsschutz im schweizerischen Vergaberecht

Der Rechtsschutz nach schweizerischem Vergaberecht ist zweigeteilt: Der primäre Rechtsschutz besteht in der Möglichkeit, vergaberechtliche Entscheidungen bei einem unabhängigen Verwaltungsgericht anzufechten, während der sekundäre

---

1423 Art. 22 Abs. 1 BoeB, Art. 14 Abs. 1 IVöB. Die Beschwerde hat nicht automatisch aufschiebende Wirkung. Letztere wird vielmehr nur auf Antrag des Beschwerdeführers erteilt, wenn die Beschwerde als ausreichend begründet erscheint u. keine überwiegenden öffentlichen oder privaten Interessen entgegenstehen (Art. 28 BoeB, Art. 17 Abs. 2 IVöB).

1424 Art. 28 BoeB. Hierbei sind Angaben zu der Art des Vergabeverfahrens sowie zu Art u. Umfang der bestellten Leistung zu machen. Ferner sind Name u. Adresse des Auftraggebers, Datum des Zuschlags, Name u. Adresse des berücksichtigten Bieters u. der Preis des berücksichtigten Angebots zu nennen.

1425 Brinker, NZBau 2000, 174, bezeichnet diese Konzeption als „dualistisches/romanisches System", das er v. „monistischen/deutschen System" abgrenzt.

1426 Dieses ist in Deutschland eben nicht möglich, da mit Zuschlag zwingend der Vertrag mit dem Anbieter zustande gekommen ist, der wegen des Grundsatzes pacta sund servanda nicht wieder aufgehoben werden kann.

Rechtsschutz sich darin erschöpft, dem verletzten Anbieter in eingeschränktem Maße Schadensersatz zu verschaffen. Die Einführung eines förmlichen Rechtsschutzes war die bedeutsamste Neuerung, die das revidierte Vergaberecht mit sich brachte[1427].

Für die Nachprüfung von Vergabeentscheidungen der Bundesbehörden wurde die als „gerichtliche Behörde" zu qualifizierende[1428] „Eidgenössische Rekurskommission" eingerichtet. Eine Beschwerde ist nur zulässig, wenn der Wert des in Rede stehenden öffentlichen Auftrags oberhalb der Schwellenwerte des GPA liegt. Unterhalb der Schwellenwerte wird mit der Fiktion gearbeitet, dass die Vergabeentscheidungen keine Verfügungen darstellen (und in der Konsequenz auch nicht der gerichtlichen Überprüfung unterliegen)[1429]. Gegen die Urteile der Rekurskommission gibt es kein Rechtsmittel. Gegen Vergabeentscheidungen der Kantone kann die Beschwerde zu den jeweiligen kantonalen Verwaltungsgerichten erhoben werden, gegen deren Entscheidung das Rechtsmittel der „staatsrechtlichen Beschwerde" zum Schweizerischen Bundesgericht (als Verfassungsgericht bzw. Gericht, bei dem die Verletzung von Staatsverträgen geltend gemacht werden kann) zur Verfügung steht[1430]. Für inländische Bieter besteht die Beschwerdemöglichkeit aufgrund des die Marktöffnung innerhalb der Schweiz bezweckenden Bundesgesetzes über den Binnenmarkt unabhängig von dem Volumen des in Rede stehenden öffentlichen Auftrags[1431]. Ausländische Bieter erhalten Rechtsschutz nur oberhalb der Schwellenwerte des GPA bzw. des bilateralen Abkommens zwischen den Europäischen Gemeinschaften und der Schweizerischen Eidgenossenschaft (EUICH-Beschaffungsabkommen).

Zwischen Bund und Kantonen sind daher nicht nur die Zuständigkeiten aufgeteilt; Unterschiede bestehen auch hinsichtlich des Umfangs des Rechtsschutzes: Während der Bund den Kantonen in seinem Binnenmarktgesetz vorschreibt, in jedem Fall ein Rechtsmittel an eine kantonale Beschwerdinstanz vorzusehen, gewährt er selbst nur bei solchen Vergaben Rechtsschutz, die die GPA-Schwellen-

1427 Die geänderte Rechtslage schlug sich auch in der Legitimationspraxis des Schweizerischen Bundesgerichts nieder, die kantonale Vergabeentsch. nunmehr als mit staatsrechtlicher Beschwerde anfechtbare Hoheitsakte betrachtet (grundlegend: Entsch. des Bundesgerichts v. 20.11.1998, BGE 125 II 93 E.3-4). Die abgelöste Praxis hatte den Zuschlag noch als „eine auf den Abschluss eines privatrechtlichen Vertrags ausgerichtete Erklärung u. nicht ... (als) eine auf staatlicher Befehlsgewalt beruhende autoritative Anordnung" gewertet (Entsch. des Bundesgerichts v. 17.12.1993 (BGE 119 I a, 427 E.3a). Vgl. Stöckli, NZBau 2002, 7, 12, Fn 44.

1428 Stöckli, NZBau 2002, 7, 8.

1429 Art. 39 VoeB. Diese Vorgehensweise wird im schweizerischen Schrifttum krit. diskutiert.

1430 Art. 9 Abs. 2 BGBM schreibt den Kantonen vor, in jedem Fall „wenigstens ein Rechtsmittel an eine verwaltungsunabhängige kantonale Beschwerdeinstanz" vorzusehen. Art. 15 Abs. 1 IVöB gewährt das Recht der Beschwerde gegen Verfügungen des Auftraggebers „an eine unabhängige kantonale Instanz".

1431 Art. 9 Abs. 2 BGBM differenziert nicht hinsichtlich bestimmter Auftragswerte, sondern bestimmt, dass die Kantone „in jedem Fall" eine Beschwerdeinstanz vorsehen müssen.

werte erreichen. Zudem gibt es gegen die Urteile der Rekurskommission des Bundes kein Rechtsmittel[1432], während sämtliche Kantone ihre (kantonalen) Verwaltungsgerichte mit Vergabesachen befassen, deren Entscheidungen beim Schweizerischen Bundesgericht angefochten werden können.

Beschwerdegegenstand ist sowohl auf Bundes- als auch auf kantonaler Ebene nicht nur der das Vergabeverfahren abschließende Zuschlag, sondern auch weitere Verfügungen im laufenden Vergabeverfahren. So sind u. a. die Ausschreibung des Auftrags, die Entscheidung über die Auswahl der Teilnehmer im selektiven Verfahren, der Ausschluss von Bietern vom Vergabeverfahren (etwa wegen fehlender Eignung) oder auch der Abbruch des Vergabeverfahrens selbständig anfechtbar[1433]. Gerügt werden können jedoch lediglich Rechtsverletzungen, insbesondere Ermessensüberschreitung oder -missbrauch sowie die unrichtige oder unvollständige Feststellung des rechtserheblichen Sachverhalts[1434]; die Unangemessenheit der Entscheidung ist hingegen kein Beschwerdegrund[1435].

Die Beschwerde hat keine aufschiebende Wirkung[1436]; diese wird von der Nachprüfungsinstanz nur auf Antrag erteilt. Maßstab für die Erteilung der aufschiebenden Wirkung sind die Erfolgsaussichten der Beschwerde und eine Abwägung der Interessen des Beschwerdeführers mit entgegenstehenden öffentlichen oder privaten Interessen[1437]. Nur wenn die Beschwerde mit aufschiebender Wirkung versehen wurde, ist der öffentliche Auftraggeber daran gehindert, den Vertrag mit dem Anbieter, dem er den Zuschlag erteilt hat, abzuschließen[1438].

Die Eidgenössische Rekurskommission, Beschwerdeinstanz für Vergabeentscheidungen des Bundes, und die kantonalen Verwaltungsgerichte, Beschwerdeinstanz für Vergabeentscheidungen der Kantone, sind ermächtigt, in der Sache selbst zu entscheiden oder die Angelegenheit mit verbindlichen Weisungen an den Auftraggeber zurückzuverweisen[1439]. Sie können insbesondere den Zuschlag aufheben[1440]. Wurde der Vertrag zwischen dem Auftraggeber und dem erfolgrei-

---

1432 Art. 27 Abs. 1 BoeB: „Gegen Verfügungen der Auftraggeberin ist die Beschwerde an die Rekurskommission zulässig. Diese entscheidet endgültig."

1433 Art. 29 BoeB, § 34 VRöB.

1434 Art. 16 Abs. 1 IVöB.

1435 Art. 31 BoeB, Art. 16 Abs. 2 IVöB. Dies entspricht der schweizerischen Gepflogenheit, im justizmäßigen Verfahren die Beschwerdegründe enger zu fassen als im Rahmen der verwaltungsinternen Rechtspflege, u. führt i. E. dazu, dass sich die Gerichte bei der Beurteilung der Angebote auf Grund der Zuschlagskriterien eine „besondere Zurückhaltung" auferlegen (vgl. Stöckli, NZBau 2002, 7, 12 (Fn 44).

1436 Art. 28 Abs. 1 BoeB, Art. 17 Abs. 1 IVöB.

1437 Art. 17 Abs. 2 IVöB.

1438 Art. 22 Abs. 1 BoeB, Art. 14 Abs. 1 IVöB.

1439 Art. 32 Abs. 1 BoeB, Art. 18 Abs. 1 IVöB.

1440 Stöckli, NZBau 2002, 7, 12.

chen Bieter jedoch schon abgeschlossen, stellt die Rekurskommission bei begründeter Beschwerde lediglich fest, inwiefern die angefochtene Verfügung Bundesrecht verletzt[1441]. Der erfolgreiche Beschwerdeführer kann in einem separaten Verfahren Schadensersatz geltend machen[1442]. Dieser beschränkt sich jedoch auf die Aufwendungen für das Vergabe- und Beschwerdeverfahren[1443].

2. Vergleich mit dem Rechtsschutz im deutschen Vergaberecht

a. Primärrechtsschutz

Nach deutscher Konzeption stellt der Zuschlag durch den öffentlichen Auftraggeber zwingend zugleich die Annahme des Angebots des erfolgreichen Bieters dar. Im schweizerischen Recht hingegen erfolgt der Vertragsschluss durch eine separate privatrechtliche Willenserklärung nach dem öffentlich-rechtlichen Zuschlag. Diese wesentliche Unterscheidung hat im Rahmen des Rechtsschutzes die (nicht minder wesentliche) Konsequenz, dass es im deutschen Recht keinen Primärrechtsschutz mehr für den unterlegenen Bieter gibt, sobald der Zuschlag erteilt ist, während in der Schweiz der Zuschlag durch die Nachprüfungsinstanzen aufgehoben werden kann. Sofern der Vertrag zwischen Auftraggeber und Anbieter noch nicht geschlossen wurde, ist weiterhin ein auf die Verhinderung dieses Vertrages gerichteter (Primär-) Rechtsschutz zugunsten des konkurrierenden Bieters möglich.

Ist der Zuschlag noch nicht erteilt und Primärrechtsschutz noch möglich, ergeben sich Unterschiede auch in der Wirkung der jeweiligen Rechtsschutzanträge. Der Nachprüfungsantrag an eine deutsche Vergabekammer bzw. die Beschwerde an die Eidgenössische Rekurskommission oder ein kantonales Verwaltungsgericht entfalten im Hinblick auf die Erteilung des Zuschlags unterschiedliche Wirkung. Hat ein unterlegener Bieter, nachdem er von der Absicht der Vergabestelle erfahren hat, dem Konkurrenten den Zuschlag zu erteilen, bei der Vergabekammer einen Nachprüfungsantrag gestellt, darf der Zuschlag grundsätzlich nicht er-

1441 Art. 32 Abs. 2 BoeB, Art. 18 Abs. 2 IVöB.

1442 Gem. Art. 18 Abs. 2 IVöB stellt die Beschwerdeinstanz, wenn sich die Beschwerde gegen einen Vergabeentscheid als begründet erweist u. der Vertrag bereits abgeschlossen ist, lediglich fest, dass der angefochtene Entscheid rechtswidrig ist. Gestützt auf das Feststellungsurteil kann ein obsiegender Beschwerdeführer anschliessend v. der Vergabebehörde Schadenersatz nach Massgabe v. § 6 IVöB-BeitrittsG, d. h. Aufwendungen im Zusammenhang mit dem Vergabe- u. Rechtsmittelverfahren verlangen. Dieses Begehren ist nicht im Rahmen der Beschwerde gegen den Vergabeentscheid, sondern in einem separaten Verfahren zu stellen (VG Zürich, VB.2001.00215 E2).

1443 Art. 34 Abs. 1, 2 BoeB, § 35 As. 1, 2 VRöB.

teilt werden[1444], es sei denn, die Vergabekammer gestattet dies auf Antrag des öffentlichen Auftraggebers ausdrücklich[1445]. Wurde in der Schweiz hingegen das Rechtsmittel der Beschwerde erhoben, darf die Vergabestelle den Zuschlag gleichwohl erteilen, es sei denn, die Eidgenössische Rekurskommission bzw. das kantonale Verwaltungsgericht erteilt der Beschwerde auf Antrag des Beschwerdeführers aufschiebende Wirkung[1446].

Während die im schweizerischen Recht vorgesehenen Nachprüfungsinstanzen (Eidgenössische Rekurskommisson, kantonale Verwaltungsgerichte) ermächtigt sind, auch in der Sache selbst zu entscheiden[1447], ist bzw. sind hierzu nach deutschem Recht nur die zweite Instanz, d.h. die Vergabesenate bei den Oberlandesgerichten, berechtigt[1448]. Die erste Instanz, die Vergabekammer, entscheidet nicht in der Sache selbst, sondern verpflichtet den Auftraggeber zu einem bestimmten Verhalten (etwa, den Zuschlag nicht zu erteilen, das Vergabeverfahren aufzuheben oder es unter Beachtung der Rechtsauffassung der Vergabekammer neu durchzuführen bzw. ordnungsgemäß zu Ende zu führen)[1449].

b. Sekundärrechtsschutz

Auch im Bereich des auf Schadensersatz gerichteten Rechtsschutzes bestehen Unterschiede. Der im Vergabeverfahren erfolglose, im Nachprüfungsverfahren dann jedoch obsiegende Bieter bekommt nach schweizerischem Vergaberecht in jedem Fall lediglich die Aufwendungen ersetzt, die ihm im Zusammenhang mit dem Vergabe- und Rechtsmittelverfahren entstanden sind[1450]. Der Schadensersatzanspruch beschränkt sich folglich auf das negative Interesse. Im deutschen Recht gibt es hingegen zahlreiche Rechtsnormen des allgemeinen Zivilrechts und

1444 § 115 Abs. 1 GWB.

1445 § 115 Abs. 2 GWB. Voraussetzung hierfür ist, dass unter Berücksichtigung aller möglichen geschädigten Interessen sowie des Interesses der Allgemeinheit an einem raschen Abschluss des Vergabeverfahrens die nachteiligen Folgen einer Verzögerung der Vergabe bis zum Abschluss der Nachprüfung die damit verb. Vorteile überwiegen.

1446 Art. 22 Abs. 1 BoeB, Art. 14 Abs. 1 IVöB.

1447 Art. 32 Abs. 1 BoeB, Art. 18 As. 1 IVöB. Daneben haben sie die Möglichkeit, die Angelegenheit mit verbindlichen Weisungen an den Auftraggeber zurückzuverweisen.

1448 § 123 S. 2 GWB.

1449 § 114 Abs. 1 S. 1 GWB: „Die Vergabekammer entscheidet, ob der Antragsteller in seinen Rechten verletzt ist u. trifft die geeigneten Maßnahmen, um eine Rechtsverletzung zu beseitigen u. eine Schädigung der betroffenen Interessen zu verhindern." Vgl. hierzu auch Bechtold, § 114 Rn 2: „Das Gesetz geht dadurch, dass die Entsch. der VK nicht als Gerichtsentsch. gewertet wird (dazu auch Begr. z. Reg.Entw. z. VgRÄG, BT-Drucks. 13/9340, S. 19) u. für die Vollstreckung in § 114 Abs. 3 GWB ausdrücklich auf die Verwaltungsvollstreckungsgesetze verweist, davon aus, dass die Entsch. der VK nicht gestaltend i. d. S. ist, dass die Entscheidung des Auftraggebers ersetzt wird, sondern nur, dass er zu einem bestimmten Verhalten verpflichtet wird."

1450 Art. 34 Abs. 1, 2 BoeB, § 35 Abs. 1, 2 VRöB.

des Wettbewerbsrechts, die einem Bieter in derselben Lage unter Umständen auch das positive Interesse zugestehen[1451]. Dies setzt jedoch grundsätzlich voraus, dass der ausgeschriebene Auftrag tatsächlich erteilt worden ist[1452] und dass der Auftrag darüber hinaus bei richtiger, d.h. rechtmäßiger Handhabung des Verfahrens, allein dem Gläubiger des Ersatzanspruchs hätte erteilt werden können und dürfen[1453].

B. Berücksichtigung von Umweltaspekten im Vergabeverfahren nach schweizerischem Vergaberecht

Das schweizerische Vergaberecht normiert an einigen Stellen ausdrücklich die Berücksichtigung von Umweltaspekten. Die Konkretisierung ist bisher in erster Linie durch die Rechtsprechung erfolgt, da eine Kommentierung des schweizerischen Vergaberechts noch nicht vorliegt.

I. Umweltaspekte bei der Eignungsprüfung

1. Organisatorische Leistungsfähigkeit

§ 19 der Vergaberichtlinien zur Interkantonalen Vereinbarung nennt als Eignungskriterium neben der finanziellen, wirtschaftlichen und technischen Leistungsfähigkeit die „organisatorische Leistungsfähigkeit". Dies wird allgemein als ein Anknüpfungspunkt für das Verlangen der Vergabestelle nach einem Qualitäts- oder auch Umweltmanagementsystem angesehen. Ein solches soll allerdings nur dann verlangt werden dürfen, wenn dieses Verlangen in einem angemessenen Verhältnis zum Auftrag steht. Insbesondere bei langfristigen umweltsensiblen

1451 Der seit dem 1.1.2002 in § 311 Abs. 2 BGB geregelte Anspruch aus culpa in contrahendo, der Schadensersatzanspruch aus § 826 BGB u. aus §§ 20 Abs. 2, 33 GWB sowie der – nur oberhalb der Schwellenwerte Anwendung findende – § 823 Abs. 2 BGB i. V. m. den Verdingungsordnungen (nur oberhalb der Schwellenwerte haben diese den Charakter v. Rechtsnormen u. können daher Schutzgesetze i. S. v. § 823 Abs. 2 BGB darstellen) beschränken sich nicht auf das negative Interesse.

1452 BGHZ 139, 259, 268.

1453 BGH, NJW 1998, 3640; BGH, DB 1999, 1055. Zwar trägt der Bieter die Beweislast dafür, dass ihm ohne die Pflichtverletzung des Auftraggebers der Zuschlag erteilt worden wäre. Dieser Beweis ist ihm jedoch z. B. schon dann gelungen, wenn er nachweist, dass der Vertrag bei Aufrechterhaltung der Ausschreibung u. ordnungsgemäßer Erteilung des Zuschlags nach § 25 Nr. 3 VOL/A mit ihm zustande gekommen wäre. Davon ist dann zu seinen Gunsten auszugehen, wenn die beiden einzigen anderen Bieter bei der Fortsetzung des Verfahrens nicht hätten berücksichtigt werden dürfen, bspw. die zweite Firma nicht wegen eines nach § 25 Nr. 1 Abs. 1 g VOL/A ausgeschlossenen Nebenangebots u. die dritte Firma nicht gem. § 25 Abs. 1 Nr. 1 a VOL/A wegen Fehlens wesentlicher Preisangaben. Vgl. hierzu Ax/Schneider/Nette, Kap. 22 Rn 29.

Aufträgen (wie z.B. die Müllverbrennung) soll der öffentliche Auftraggeber dieses Eignungskriterium verwenden dürfen[1454]. Rechtsprechung gibt es zu dieser Frage (noch) nicht.

2. Umweltschutzvorschriften

Einige Submissionsverordnungen der Kantone bestimmen, dass ein Bieter vom Vergabeverfahren ausgeschlossen werden kann, wenn er die am Ort der Leistung maßgeblichen Vorschriften über den Umweltschutz bzw. bei der Produktion die mit den am Ausführungsort vergleichbaren Vorschriften über den Umweltschutz nicht einhält[1455]. Trotz des irreführenden Wortlauts der Vorschrift („kann ausgeschlossen werden") handelt es sich nicht um einen Ausschlussgrund, sondern um ein Eignungskriterium[1456]. Es reichen bezüglich der Voraussetzungen die Feststellungen der Beschaffungsstelle.

Die Bestimmung, dass der Bieter am Ort der Produktion die Schweizer Umweltschutzvorschriften einzuhalten hat, ist im Hinblick auf das Diskriminierungsverbot bedenklich. Das Verwaltungsgericht Zürich hält es generell für fraglich, ob die ökologische Beurteilung des Herstellungsprozesses am auswärtigen Standort des Anbieters zulässig und möglich ist[1457].

II. Umweltaspekte als Zuschlagskriterium bei der Angebotswertung

Art. 21 Abs. 1 BoeB nennt die „Umweltverträglichkeit", § 32 der Vergaberichtlinien zur Interkantonalen Vereinbarung die „Nachhaltigkeit" als Kriterium zur Ermittlung des wirtschaftlich günstigsten Angebots, das den Zuschlag erhalten soll[1458].

Dass bei der Festlegung der Zuschlagskriterien Umweltaspekte berücksichtigt werden dürfen, die sich unmittelbar auf die nachgefragte Leistung auswirken

1454 Aussage v. Frau lic. iur. Lutz, M.B.L.-HSG, Rechtsanwältin in Kreuzlingen u. ehemalige Submissionsbeauftragte der Stadt Winterthur.

1455 Diese Bestimmung findet sich z. B. in § 33 Abs. 1 Ziff. 6 VO TG, § 26 Abs. 1 lit. f SVO SH, § 26 Abs. 1 lit. f SVO ZH. Sie war bis vor kurzem auch in § 23 Abs. 1 lit. f) der Vergabe-RL zur Interkantonalen Vereinbarung über das öffentliche Beschaffungswesen (VRöB) enthalten, wurde in der revidierten Fassung jedoch gestrichen.

1456 So ebenfalls Frau lic. iur. Lutz, M.B.L.-HSG.

1457 VGR ZH VB 98.00369 v. 15.12.1998.

1458 Im Rahmen der Revision der Vergabe-RL ist der Begriff „Ökologie" (§ 29 Abs. 1 VRöB a. F.) durch den weitergehenden Begriff „Nachhaltigkeit" ersetzt worden, was bei Gegnern der umweltfreundlichen Auftragsvergabe zu dem Missverständnis führte, das Kriterium der Ökologie sei wegen der dagegen geäußerten Bedenken nunmehr ersatzlos gestrichen worden (Aussage v. Frau Eveline Venanzoni, Fachstelle Umweltorientierte öffentliche Beschaffung des BUWAL).

oder diese betreffen, ist in Rechtsprechung und Literatur unbestritten[1459]. Umstritten ist hingegen die Zulässigkeit von solchen Kriterien, die die Produktionsbedingungen des Beschaffungsgegenstandes bewerten. Das Verwaltungsgericht Zürich ist der Auffassung, die Überprüfung des Herstellungszyklus' eines Produkts sei im Submissionsverfahren bereits rein praktisch nicht möglich und stünde überdies im Widerspruch zu der Rechtspraxis der GATT/WTO-Instanzen, die Einschränkungen mit Bezug auf Produktionsmethoden im Herkunftsstaat regelmäßig für unzulässig erklärten. Anders sei es nur dann, wenn für eine bestimmte Kategorie von Produkten oder Dienstleistungen einheitliche und anerkannte Zertifikate bestünden[1460]. Galli/Moser/Lang hingegen meinen, gegen die die Produktionsbedingungen betreffenden Zuschlagskriterien sei insofern nichts einzuwenden, wenn sie diskriminierungsfrei bzw. wettbewerbsneutral ausgestaltet sind und zudem geeignet seien, dem Umweltschutzziel zu dienen. Da auch im Rahmen der Eignungsprüfung die Einhaltung der am Ort der Leistung maßgeblichen Umweltschutzvorschriften berücksichtigt werden dürften, sei gegen die Ausgestaltung dieses Aspekts als Zuschlagskriterium nichts einzuwenden.[1461]

Eine weitere Streitfrage im Zusammenhang mit dem Zuschlagskriterium der Umweltverträglichkeit bzw. Ökologie stellt die Berücksichtigung von Transportwegen dar. Diese war Gegenstand einer Entscheidung des Schweizer Bundesgerichts, die nachfolgend geschildert werden soll.

1. Urteil des Schweizerischen Bundesgerichts vom 31.5.2000 (2P.342/1999/mks) („Kommunale Kehrichtabfuhr")

Die Gemeinde S. im Kanton Aargau hatte im August 1999 im kantonalen Amtsblatt die kommunale Müllabfuhr öffentlich ausgeschrieben. Zu vergeben war die wöchentliche Einsammlung von Hausmüll und Grünabfällen sowie der Transport zur Deponie. Den Zuschlag sollte das wirtschaftlich günstigste Angebot erhalten, das nach den Kriterien des Preises, der Umweltverträglichkeit (Ökologie), der Qualität und der Referenzen des Anbieters ermittelt werden sollte. Die Gemeinde erstellte ein Bewertungsschema, nach dem es die eingegangenen Angebote verglich. Den verschiedenen Kriterien wurde dabei je eine Anzahl Punkte zugeordnet, welche die Angebote maximal erreichen konnten. Das Bewertungsschema sah wie folgt aus:

1459 Galli/Moser/Lang, Rn 431.

1460 VG Zürich: VB.1998.00369 E. 3c.

1461 Galli/Moser/Lang, Rn 434.

Wirtschaftlichkeitskriterum	**Maximalpunktzahl**
Preis	max. 40 Punkte
Umwelt – Anfahrtsweg – Fahrzeug Total	 max. 20 Punkte max. 5 Punkte max. 25 Punkte
Qualität – Kenntnis Gemeinde – Erfahrung Total	 max. 15 Punkte max. 10 Punkte max. 25 Punkte
Referenzen	max. 10 Punkte
Gesamtpunktzahl	**max. 100 Punkte**

Gestützt auf dieses Schema erhielten die beiden konkurrierenden Anbieter, die F. AG und die O. AG folgende Punktzahlen:

Kehrrichtabfuhr	F. AG	O. AG
Preis	40	31
Umwelt (Ökologie) – Anfahrtsweg – Fahrzeuge	 6 5	 20 5
Qualität – Kenntnis Gemeinde – Erfahrung	 10 10	 15 10
Referenzen	10	10
Total	**81**	**91**

Grünabfuhr	F. AG	O. AG
Preis	40	34
Umwelt (Ökologie) – Anfahrtsweg – Fahrzeuge	 6 5	 20 5
Qualität – Kenntnis Gemeinde – Erfahrung	 10 10	 15 10
Referenzen	10	10
Total	**81**	**94**

Auf der Grundlage dieser Bewertung erhielt die O. AG den Zuschlag. Bei einem Vergleich der von der Gemeinde an die F. AG und die O. AG vergebenen Punkte stellt sich das Kriterium „Umwelt: Anfahrtsweg" als das entscheidende Kriterium heraus, das dazu führt, dass die O. AG, deren Angebot teurer ist als das der F. AG, den Zuschlag bekommt. Die O. AG hatte für dieses Kriterium von der Gemeinde die maximale Punktzahl erhalten, weil sie ortsansässig war und daher keinen Anfahrtweg zurückzulegen hatte. Die F. AG hingegen muss einen Anfahrtweg von 14,5 km zur Gemeinde S zurückzulegen.

Die F. AG erhob Beschwerde vor dem Verwaltungsgericht Aargau. Sie beanstandete hierbei primär das der Zuschlagsentscheidung an die Konkurrentin, die O. AG, zugrundegelegte Bewertungsschema. Das Zuschlagskriterium „Anfahrtsweg" würde – ebenso wie das der „Kenntnis der Gemeinde" – auswärtige Anbieter massiv benachteiligen. Das Verwaltungsgericht Aargau hielt das Kriterium der Umweltverträglichkeit für ein grundsätzlich zulässiges, im Vergleich zu anderen Kriterien jedoch nachrangiges Kriterium. In dem konkret zu entscheidenden Fall habe die Gemeinde S. aber durch das Kriterium des Anfahrtsweges der Umweltbelastung durch Verkehr und Schadstoffausstoß in zulässiger Weise Rechnung getragen. Aufgrund des Anfahrtweges von 14,5 km müsse die F. AG pro Jahr eine zusätzliche Fahrleistung von 2.400 km erbringen, die im Verhältnis zu der Fahrleistung bei Einsammlung und Abtransport der Abfälle von 6.500 bis 7.000 km jährlich durchaus ins Gewicht falle.

Das Schweizerische Bundesgericht ist dieser Argumentation nicht gefolgt. Es hat zwar ebenfalls hervorgehoben, dass für die Zulässigkeit der Berücksichtigung des Anfahrtweges maßgeblich sei, ob die Länge des Anfahrtweges im Verhältnis zur Fahrleistung bei der Ausführung des Auftrages nur von nebensächlicher Bedeutung sei oder erhebliche Auswirkungen habe. Jedoch sei in dem zu entscheidenden Fall dem Anfahrtweg entgegen der Auffassung des Verwaltungsgerichts nur eine nebensächliche Bedeutung beizumessen. Bei der Anfahrt eines (unbeladenen) Müllfahrzeuges würden viel weniger Schadstoffemissionen erzeugt als beim Einsammeln und Transport zur Deponie durch ein (beladenes) Fahrzeug. Deshalb könne man sich nicht darauf beschränken, Anfahrtweg und Fahrweg bei Einsammlung und Transport undifferenziert miteinander zu vergleichen. Hinzu komme, dass die Gemeinde S die Umweltverträglichkeit der Fahrzeuge (der andere Unterpunkt des Kriteriums der Umweltverträglichkeit) nicht wirklich geprüft, sondern beiden Anbietern kurzerhand für die verwendeten Müllfahrzeuge die maximale Punktzahl zugestanden habe. Eine nähere Betrachtung habe aber nahegelegen, weil es aufgrund von Alter und Typ eines Transportfahrzeugs erhebliche qualitative und quantitative Unterschiede bei dem Schadstoffausstoß geben könne. Gerade weil das Einsammeln von Müll eine äußerst emissionsreiche Fahrweise bedinge, komme der Fahrzeugauswahl für die

Beurteilung der Umweltverträglichkeit des Angebots eine große Bedeutung zu. Die Gemeinde S. habe dem Kriterium „Fahrzeuge“ im Vergleich zum „Anfahrtsweg“ zu wenig Gewicht beigemessen.

Die Art und Weise, wie die Gemeinde S. die Angebote der F. AG und der O. AG bewertet hat, wurde daher vom Bundesgericht als offensichtlich unsachgemäß befunden. Sie führte zu einer Bevorzugung ortsansässiger Bieter, was gegen das Diskriminierungsverbot des Binnenmarktgesetzes verstoße. Die vorinstanzliche Entscheidung des Verwaltungsgerichts Aargau wurde daher aufgehoben[1462].

Entgegen der Rechtsprechung des Verwaltungsgerichts Zürich, das den Transportweg grundsätzlich als unzulässiges Zuschlagskriterium erachtet[1463], hält das Bundesgericht die Berücksichtigung von Zufahrtswegen als Zuschlagskriterium dann für geboten, wenn der Anfahrtweg nicht nur eine nebensächliche bzw. einmalige Rolle spielt, sondern sich über eine Zeitspanne auswirkt. Eine ungerechtfertigte Benachteiligung der weiter entfernt liegenden Anbieter soll überdies nur dann gegeben sein, wenn – wie in dem vorstehend dargestellten Fall – nur der Transportweg und nicht auch das Emissionsverhalten der tatsächlich zum Einsatz gelangten Fahrzeuge berücksichtigt werde[1464].

In zwei weiteren Entscheidungen hat das Schweizerische Bundesgericht dem Zuschlagskriterium „Umweltverträglichkeit/Ökologie“ Konturen gegeben, indem es sein Verhältnis zum Kriterium des Preises sowie zu den vergaberechtlichen Grundsätzen geklärt hat. Beide Urteile werden nachfolgend dargestellt.

2. Urteil des Schweizerischen Bundesgerichts vom 2.3.2000 (2P.274/1999/hzg) („Girsbergtunnel“)

Diese Entscheidung des Schweizerischen Bundesgerichts klärt die Frage des Verhältnisses des Wirtschaftslichkeitskriteriums „Preis“ zu anderen Wirtschaftlichkeitskriterien (mithin auch zum Kriterium der Umweltverträglichkeit). Der Ent-

1462 Dies hatte jedoch nicht zur Folge, dass die F. AG nunmehr den Zuschlag bekam anstelle der O. AG. Die F. AG bekam lediglich die Kosten des Gerichtsverfahrens v. der Gemeinde S. erstattet. Mit der staatsrechtlichen Beschwerde zum Schweizerischen Bundesgericht kann regelmäßig nur die Aufhebung des angefochtenen Entscheids des Verwaltungsgerichts verlangt werden (vgl. Entsch. des Schweizerischen Bundesgerichts BGE 124 I 231 E. 1d S. 234 f.). Allerdings weicht das Binnenmarktgesetz in Art. 9 Abs. 3 v. Grds. der kassatorischen Natur der staatsrechtlichen Beschwerde ab: Wenn die Submissionsbehörde bereits mit einem anderen Anbieter einen Vertrag geschlossen hat, ist wenigstens die Bundesrechtswidrigkeit des angefochtenen Entscheids festzustellen (vgl. BGE 125 II 86 E. 5b S. 97 f.). Die Aufhebung des Vergabeentscheids des öffentlichen Auftraggebers kann hingegen nicht verlangt werden: Anfechtungsobjekt der staatsrechtlichen Beschwerde kann nur der letztinstanzliche kantonale Entscheid sein (BGE 118 Ia 165 E. 2b S. 169).

1463 VG Zürich VB.1998.00369 E. 5a.

1464 Hierauf weisen Galli/Moser/Lang, Rn 472, zust. hin.

scheidung lag folgender Sachverhalt zugrunde: Das Tiefbauamt des Kantons Thurgau schrieb im Dezember 1997 die Bauarbeiten für den Girsbergtunnel im offenen Verfahren aus. In den Ausschreibungsunterlagen hielt das Tiefbauamt fest, den Zuschlag werde das wirtschaftlich günstigste Angebot erhalten. Ermittelt werde dieses nach verschiedenen (in den Unterlagen wiedergegebenen) Kriterien, die in der aufgezählten Reihenfolge berücksichtigt würden. Den publizierten Zuschlagskriterien ordnete das Tiefbauamt in der Folge bei der Evaluation je eine Anzahl Punkte zu, welche die eingegangenen Angebote maximal erreichen konnten. Daraus ergab sich folgendes Bewertungsschema:

Wirtschaftlichkeitskriterium	**Maximalpunktzahl**
Qualität	max. 500 Punkte
Termineinhaltung, Wirtschaftlichkeit	max. 450 Punkte
Installationen, Baumethode, Bauvorgang	max. 430 Punkte
Unterhalts- und Betriebsaspekte	max. 420 Punkte
Ökologie	max. 410 Punkte
Preis	max. 400 Punkte
Technischer Wert	max. 390 Punkte
Gesamtpunktzahl	**max. 3.000 Punkte**

Nach einer auf diesem Schema aufbauenden Bewertungstabelle wurde das Angebot der ARGE Y als das wirtschaftlich günstigste Angebot ermittelt. Sie erhielt 2.381 Punkte bei einem Preis von 69,7 Mio Franken. Die konkurrierende ARGE X, die zu einem Preis von 61,7 Mio Franken angeboten hatte, erhielt zwar beim Preis die maximale Punktzahl von 400, insgesamt jedoch nur 2.335 Punkte. Die ARGE Y erhielt daraufhin den Zuschlag.

Die ARGE X rügte vor dem Verwaltungsgericht Thurgau und in zweiter Instanz vor dem Schweizerischen Bundesgericht, das von dem Auftraggeber, dem Tiefbauamt des Kantons Thurgau verwendete Bewertungssystem trage dem angebotenen Preis nur völlig ungenügend Rechnung, indem dieser mit nur 13% (maximal 400 von 3.000 Punkten) gewichtet würde. Die Preisdifferenz von 8 Mio Franken zwischen ihrem Angebot und dem der ARGE Y habe sich lediglich in einem Unterschied von 94 Punkten niedergeschlagen. Damit sei der Preisunterschied nur mit 3,1% gewichtet worden, obwohl ihr Preis 13% unter dem der ARGE Y gelegen habe. Aufgrund dessen rügte die ARGE X einen Verstoß gegen den Grundsatz, wonach der Zuschlag dem wirtschaftlich günstigsten Angebot zu erteilen sei[1465].

Das Schweizerische Bundesgericht gab der Beschwerde der ARGE X nicht statt. Es hob zwar hervor, dass der Preis eines Angebots naturgemäß zu dessen primären Elementen zu zählen sei. Er könne jedoch für die Ermittlung des wirtschaftlich günstigsten Angebots nicht allein ausschlaggebend sein. Neben dem Preis spielten bei einem Bauwerk z. B. auch Qualität, Termin, Umweltverträglichkeit und spätere Betriebs- und Unterhaltungskosten eine wichtige Rolle. Letztlich ginge es darum, jene Offerte auszuwählen, welche – im Rahmen der gemachten Vorgaben – unter Abwägung von Preis und Leistung am vorteilhaftesten sei, was naturgemäß mit einem erheblichen Spielraum verbunden sei. Dem Kriterium des Preises sei seitens des Tiefbauamtes des Kantons Thurgau insofern ein wichtiger Stellenwert eingeräumt worden, als nur die drei billigsten Angebote einer vertieften Evaluation unterzogen worden seien. Wenn die kantonale Vergabestelle in dieser Beurteilungsphase dem Kriterium des Preises aufgrund der mit Tunnelbauten verbundenen besonderen Probleme und Risiken nur einen beschränkten Raum zugestanden hätte, könne deswegen noch nicht von einer Verletzung des Grundsatzes der Berücksichtigung des wirtschaftlich günstigsten Angebots gesprochen werden.

3. Urteil des Schweizerischen Bundesgerichts vom 6.11.2000 (2P.122/2000/bol) („Rhätische Bahn")

Die nachfolgend dargestellte Entscheidung des Schweizerischen Bundesgerichts handelt in anschaulicher Weise wesentliche Grundsätze des Vergabeverfahrens wie Transparenzgebot, Willkürverbot und Diskriminierungsverbot/Gleichbehandlungsgebot im Hinblick auf das Kriterium der Ökologie ab. Ihr liegt folgender Fall zugrunde:

Der Gemeindeverband Surselva, der den Zweck hat, die Abfallbewirtschaftung der ihm angeschlossenen Gemeinden zu organisieren, schrieb im September 1999 im Amtsblatt des Kantons Graubünden den Abfalltransport vom Gemeindeverbandsgebiet zur Müllverbrennungsanlage Niederurnen aus (cirka 10.000 t/Jahr). Den Zuschlag sollte das wirtschaftlich günstigste Angebot erhalten. Die Kriterien zur Beurteilung der Wirtschaftlichkeit sollten sein: „Transportpreis, Dienstleistungsqualität, Zweckmäßigkeit der Auftragsausführung, regionalwirtschaftliche Effektivität bezüglich Arbeitsplätze und Multiplikatoreffekt" sowie „ökologische

1465 Dieser Grds. ist u. a. in Art. 13 lit. f IVoeB sowie in Art. XIII Ziff. 4 lit. b GPA verankert (s. o. Kap. 2. A. I.).

Aspekte". Die Angebote sollten auch durchzuführende Schlacketransporte von Niederurnen zur Deponie Plaun Grond umfassen. Es waren des Weiteren drei Varianten anzubieten (Rückweg als Leerfahrt, Abfalltransport unter Ausnützung einer Leerfahrt, Transport von Schlacke auf dem Rückweg). Auf die Ausschreibung gingen Angebote unter anderem der ARGE C., der ARGE B. und der Bietergemeinschaft „Rhätische Bahn AG" ein. Nach Prüfung bzw. Wertung der Angebote erteilte der Gemeindeverband Surselva der ARGE C zwei Teilaufträge (Transport von Sperrgut sowie Transport von recyclierbaren Abfällen), der ARGE B einen Teilauftrag (Transport von 5.000 t Abfällen/Jahr unter Ausnutzung von Leerfahrten) und der Bietergemeinschaft „Rhätische Bahn AG" einen weiteren Teilauftrag (Transport von 5.000 t Abfällen/Jahr mit anschließendem Rücktransport von ca. 5.000 t Schlacke/Jahr zur Deponie).

Die ARGE C erhob Beschwerde vor dem Verwaltungsgericht und – nachdem diese abgewiesen worden war – staatsrechtliche Beschwerde vor dem Schweizerischen Bundesgericht. Sie rügte die Verletzung des Transparenzgebotes, weil der Auftraggeber in seiner Ausschreibung nicht deutlich gemacht habe, was mit „ökologischen Aspekten" gemeint gewesen sei und welches Gewicht dieses Kriterium im Verhältnis zu dem des Preises haben sollte. Des Weiteren machte sie die Verletzung des Willkürverbots durch die Handhabung des Kriteriums der „Ökologie" geltend. Schließlich rügte sie die Verletzung des Diskriminierungsverbotes bzw. des Gleichbehandlungsgebotes, weil verkannt worden sei, dass Fuhrunternehmen (wie die ARGE C) gegenüber der Bahn per se benachteiligt seien, insbesondere, weil der Auftraggeber in der Ausschreibung zwingend die Abgasnorm Euro 1 vorgesehen hatte (und eine weitere Differenzierung im Hinblick auf strengere Abgasnormen nicht zugelassen hatte).

Die Rüge der Verletzung des Transparenzgebotes hielt das Bundesgericht für unbegründet. Aus den Unterlagen sei hinreichend deutlich geworden, wie der Auftraggeber das Kriterium der Ökologie „in etwa" handhaben würde. Es sei nicht erforderlich, dass die Ausschreibungsunterlagen Einzelheiten betreffend der Anwendung und Gewichtung des Kriteriums der Ökologie enthalten müssten. Umso weniger sei erforderlich, dass der Auftraggeber in der Ausschreibung eine „frankenmässige" Bewertung von ökologischen Vor- oder Nachteilen eines Angebots vornehmen müsse. Auch eine willkürliche Handhabung des Kriteriums der Ökologie vermochte das Bundesgericht nicht zu bejahen. Wenn der Auftraggeber einen Preisunterschied (im der Entscheidung zugrunde liegenden Fall 4 bzw. 12%) durch ökologische Vorteile kompensiert sehe, könne von einer Verletzung des Willkürverbotes keine Rede sein. Die evidente Minderbelastung der Umwelt bei einem Abfalltransport durch die Bahn dürfe ohne weiteres entsprechend gewichtet werden (insbesondere weil es sich im zugrundeliegenden Fall um eine stark befahrene Talstraße gehandelt habe, die hierdurch entlastet würde).

Zweifel äußerte das Bundesgericht hingegen bei der Frage der Verletzung des Diskriminierungsverbots durch die zwingende Vorgabe der Abgasnorm Euro 1 seitens des Auftraggebers. Letzterer habe gewusst, dass der Transport über die Straße die Umwelt mehr belaste als der Bahntransport. Er hätte daher eine Differenzierung bei den Abgasemissionen nicht untersagen dürfen, sondern vielmehr nach Abgaswerten (Euro 1 oder Euro 2/3) fragen müssen, um die Angebote der Fuhrunternehmen im Hinblick auf die Ökologie besser mit dem der Bahn vergleichen zu können. In dem konkreten Fall verneinte das Bundesgericht jedoch letztlich die Verletzung des Diskriminierungsverbots, da die vorhandene relativ geringe Preisdifferenz in jedem Fall („so oder so") durch die Vorteile der Bahn kompensiert würden, nicht zuletzt, weil der Unterschied von Euro 1 zu Euro 2 nicht so markant sei.

III. Zusammenfassung und Vergleich mit der Berücksichtigung von Umweltaspekten im Vergabeverfahren in Deutschland

Wie in Deutschland wird in der Schweiz die Rechtslage als ein wesentlicher Faktor für die Zurückhaltung bei der Beschaffung umweltfreundlicher Produkte angesehen. Die Stadt Zürich nimmt gemeinsam mit fünf anderen Städten und sieben wissenschaftlichen Partnern am europäischen Forschungsprojekt RELIEF[1466] teil. Eine Befragung der für die Beschaffung zuständigen Mitarbeiter ergab, dass diese die unübersichtliche Rechtslage als ein ganz bedeutendes Hemmnis für umweltfreundliche Beschaffung ansehen[1467].

Wie in Deutschland und der Europäischen Union hat das öffentliche Auftragswesen eine erhebliche wirtschaftliche Bedeutung. Die Summe aller öffentlichen Beschaffungen betrug 1994 rund 25 Mrd. Schweizer Franken, wovon 8 Mrd. Franken auf den Bund, 6 Mrd. Franken auf die Kantone und der größte Teil von 11 Mrd. Franken auf die Gemeinden entfielen[1468].

Auch die Streitfragen, die sich um die Berücksichtigung von Umweltaspekten in der öffentlichen Auftragsvergabe ranken, ähneln sich. Wie in Deutschland wird in der Schweiz diskutiert, ob öffentliche Auftraggeber Anforderungen an die Pro-

1466 Der vollständige Titel dieses Projekts lautet: „Environmental relief potential of urban action on avoidance and detoxification of waste streams through green procurement". Vgl. o. Fn 42.

1467 EU-Forschungsprojekt RELIEF (s. o. Fn 42), Statusbericht „Umweltfreundliche Beschaffung in Zürich" (Endbericht), November 2001, S. 30 ff. Neben der unübersichtlichen Rechtslage wurden als Hemmnisse insb. eine größere Nutzer-Nachfrage als Voraussetzung für verstärkte Beschaffung umweltfreundlicher Produkte, unterschiedliche Sichtweisen auf unterschiedlichen Ebenen innerhalb der Kommune, die Nichtverfügbarkeit umweltfreundlicher Alt. auf dem Beschaffungsmarkt sowie zusätzlicher Arbeitsaufwand für die Beschaffer bei Berücksichtigung v. Umweltkriterien genannt.

1468 Angaben v. Frau Eveline Venanzoni, Fachstelle Umweltfreundliche öffentliche Beschaffung des BUWAL.

duktion der nachgefragten Ware stellen dürfen, wobei sich in der Schweiz bei dieser Frage aufgrund der konkreten Ausgestaltung der Eignungskriterien darauf konzentriert wird, ob einem Anbieter die Produktionsbedingungen am Heimatstandort entgegengehalten werden können.

Im Gegensatz zu deutschem Recht ist in dem schweizerischen Vergaberecht die Berücksichtigung von Umweltaspekten zum Teil bereits normiert. Überdies liegt in der Schweiz bereits umfangreiche Rechtsprechung vor, die sich größtenteils mit dem Zuschlagskriterium der „Umweltverträglichkeit" bzw. dem der „Ökologie" auseinandersetzen und in diesem Punkt für Rechtssicherheit sorgt. Diese Rechtsprechung existiert nicht zuletzt deshalb, weil bei Ausschreibungen in der Schweiz offensichtlich eine größere Bereitschaft besteht, Umweltkriterien in das Vergabeverfahren einzubeziehen, gegen die sich unterlegene Bieter sodann im Wege des Rechtsschutzes wehren. Hintergrund der im Vergleich zu deutschen Auftraggebern erhöhten Bereitschaft, Umweltkriterien zu berücksichtigen und sich damit dem Risiko einer Beschwerde eines unterlegenen Bieters auszusetzen, könnte sein, dass die im schweizerischen Vergaberecht für einen Verstoß gegen Vergabevorschriften vorgesehene Rechtsfolge bzw. die Konsequenzen eines Beschwerdeverfahrens für die öffentlichen Auftraggeber nicht so weitreichende Bedeutung haben wie im deutschen Recht. Zum einen kommt es nicht zwangsläufig zu einem Aufschub der Investition der öffentlichen Hand, da das Beschwerdeverfahren in der Schweiz nur auf Antrag aufschiebende Wirkung entfaltet, die zudem von den Gerichten nur restriktiv ausgesprochen wird. Zum anderen hat der öffentliche Auftraggeber dem unterlegenen Bieter lediglich die Kosten der Teilnahme am Vergabeverfahren zu ersetzen. Er muss diesem nicht – wie im deutschen Recht unter Umständen der Fall – positiven Schadensersatz in Höhe des entgangenen Gewinns leisten.

Trotz der existierenden zahlreichen Entscheidung gibt es noch keine Rechtsprechung zu der Frage, ob und wie öffentliche Auftraggeber Unternehmen mit zertifiziertem Umweltmanagementsystem bevorzugen dürfen.

Zusammenfassung der Ergebnisse in Thesen

1. Die für die Auswahlentscheidung des öffentlichen Auftraggebers bei der Vergabe eines öffentlichen Auftrages maßgeblichen Gesichtspunkte sind zum Teil gesetzlich und untergesetzlich vorgegeben. Hierbei handelt es sich einerseits um die sogenannten Eignungskriterien der Fachkunde, Leistungsfähigkeit und Zuverlässigkeit des Bieters, andererseits um das Zuschlagskriterium der Wirtschaftlichkeit, zu deren Ermittlung wiederum verschiedene Unterkriterien heranzuziehen sind.
2. Darüber hinausgehende Kriterien, mit denen Ziele politischer Natur wie etwa das des Umweltschutzes verfolgt werden, haben zu einem Großteil keine gesetzliche Regelung erfahren. Sie werden üblicherweise als vergabefremd bezeichnet. Diese Terminologie hat sich bereits im Sprachgebrauch der mit diesem Thema Befassten verfestigt bzw. als üblich verankert. Der Begriff vergabefremde Zwecke bzw. Kriterien wird unterschiedlich definiert. Er ist überdies ungenau und irreführend. Es sollte daher von Umwelt(schutz)aspekten und Umweltkriterien die Rede sein.
3. Umweltschutzaspekte sind nicht per se vergabefremde Aspekte und ihre Verfolgung geschieht nicht zwingend mittels „vergabefremder Kriterien". Wenn sie in die Wahl des Beschaffungsgegenstandes bzw. die Definition des Auftrgasgegenstandes einfließen, unterliegt dies noch nicht den Anforderungen des Vergaberechts. Umweltschutzaspekte können in allen Phasen des Vergabeverfahrens berücksichtigt werden. Ihre Zulässigkeit bemisst sich nach den in der jeweiligen Phase geltenden Rechtsvorschriften.
4. Für die Überprüfung eines konkreten Vergabeverfahrens, das Umweltaspekte berücksichtigt, kommt die Anwendung einer Reihe von Rechtsvorschriften der verschiedensten Rechtsgebiete und Normkategorien in Betracht. Sie sind jedoch nicht kumulativ anzuwenden, sondern es sind die für den jeweils zu beurteilenden Einzelfall relevanten Normen auszuwählen.
5. In der Regel kommen die Anforderungen des nationalen Vergaberechts, die das Vergaberecht der Europäischen Gemeinschaft, die sog. EG-Vergaberichtlinien, umsetzen, zum Tragen. Diese sprechen Umweltanforderungen bisher zwar nicht ausdrücklich an, halten aber gleichwohl Mittel und Wege für öffentliche Auftraggeber bereit, Umweltaspekte in das Vergabeverfahren einfließen zu lassen. Zum Teil sind die für den Bereich oberhalb der Schwellenwerte maßgeblichen EG-Vergaberichtlinien diesbezüglich abschließend, zum Teil lassen sie den Mitgliedstaaten und ihren öffentlichen Auftraggebern Freiraum für die Aufstellung weiterer Anforderungen.
6. Die neben dem Vergaberecht bestehenden, für die Einbeziehung von Umweltaspekten in das öffentliche Auftragswesen relevanten Bestimmungen des

europäischen und nationalen Wettbewerbsrechts und der einfachgesetzlichen Ebene kommen in aller Regel nur in speziellen Fallkonstellationen in Betracht.

7. Von den Marktfreiheiten des EG-Vertrages gelangen insbesondere die Warenverkehrsfreiheit, Art. 28 ff. EG, und die Dienstleistungsfreiheit, Art. 49 ff. EG, zur Anwendung. Umweltanforderungen öffentlicher Auftraggeber werden häufig Maßnahmen gleicher Wirkung im Sinne von Art. 28 ff. EG, mithin Handelshemmnisse für den freien Warenverkehr und Beschränkungen der Dienstleistungsfreiheit darstellen. Es kommt jedoch eine Rechtfertigung nach der Cassis-de-Dijon-Rechtsprechung des EuGH aus zwingenden Gründen des Umweltschutzes in Betracht.
8. Unter den Anforderungen des Grundgesetzes ist insbesondere Art. 3 Abs. 1 GG von Bedeutung. Die Berücksichtigung von Umweltaspekten im Vergabeverfahren und die darauf beruhende Ungleichbehandlung kann jedoch gerechtfertigt werden. In der Regel wird eine reine Willkürprüfung ausreichend sein, da lediglich Sachverhalte und nicht Personengruppen miteinander verglichen werden und die Ungleichbehandlung mit Art 20 a GG in der Verfassung bereits angelegt ist. Aber auch in der strengeren Verhältnismäßigkeitsprüfung nach der neuen Formel des BVerfG hat der öffentliche Auftraggeber mit dem Ziel des Umweltschutzes einen Rechtfertigungsgrund zur Seite.
9. Neben den Anforderungen des sehr weit gespannten Rechtsrahmens, die in der Regel der Handlungsfreiheit des öffentlichen Auftraggebers bei der Berücksichtigung von Umweltaspekten im Vergabeverfahren Grenzen setzen, enthält sowohl der EG-Vertrag mit der Querschnittsklausel des Art. 6 EG als auch das deutsche Verfassungsrecht mit der Staatszielbestimmung des Art. 20 a GG eine rechtlich verbindliche Verpflichtung für öffentliche Auftraggeber, den Erfordernissen des Umweltschutzes und einer nachhaltigen Entwicklung bei der Vergabe von öffentlichen Aufträgen gerecht zu werden. Eine speziellere, auf einen sehr begrenzten Anwendungsbereich bezogene ähnliche Vorgabe enthält § 37 Abs. 1 KrW-/AbfG.
10. Die Tatsache, dass Art 6 EG und Art 20 a GG sowie § 37 Abs. 1 KrW-/AbfG nicht justiziabel sind, bedeutet nicht, dass sie für den Rechtsschutz unterlegener oder chancenloser „umweltfreundlicher" Unternehmen nicht fruchtbar gemacht werden können. Wenn öffentliche Auftraggeber die Erfordernisse des Umweltschutzes von vornherein bei der Vergabe eines Auftrages außer acht lassen, können Unternehmen dies über einzelne Vorschriften des Vergaberechts beanstanden. Als Beispiel sei die Vorschrift über die Angebotswertung genannt, die bestimmt, dass der Zuschlag auf das unter allen in Betracht kommenden Gesichtspunkten wirtschaftlichste Angebot zu erteilen ist.
11. Umweltmanagementsysteme wie DIN EN ISO 14001 oder EMAS können öffentliche Auftraggeber im Vergabeverfahren in dreierlei Weise berücksichti-

gen. Zum einen sind sie berechtigt, eine beschränkte Ausschreibung an Stelle einer öffentlichen Ausschreibung durchzuführen, wenn gerade das Umweltmanagementsystem bzw. ein Element hiervon die für den konkreten Auftrag erforderliche besondere Eignung des Unternehmens belegt. Des Weiteren können öffentliche Auftraggeber ein Umweltmanagementzertifikat als Eignungsnachweis verlangen oder im Rahmen der Wertung der Angebote positiv berücksichtigen, etwa mittels eines Punktesystems. Umweltmanagementsysteme weisen den erforderlichen Bezug zum Auftragsgegenstand auf, da sie dazu dienen, die Einhaltung von Umweltanforderungen des öffentlichen Auftraggebers zu gewährleisten. Sie sind auch von dem Informationsbedürfnis des öffentlichen Auftraggebers gedeckt und damit objektiv geboten, da sie aussagekräftiger sind als eigene umweltbezogene Auskünfte des Bieters. Die Verwendung des Umweltmanagementzertifikats als Eignungsnachweis muss jedoch verhältnismäßig sein. Hierfür ist erforderlich, dass der Auftrag einen hinreichenden Umweltbezug aufweist.

12. Das Verlangen öffentlicher Auftraggeber nach einem Umweltmanagementsystem verstößt nicht gegen die Warenverkehrs- und Dienstleistungsfreiheit des EG-Vertrages, da es durch die zwingenden Erfordernisse des Umweltschutzes gerechtfertigt ist. Es handelt sich zudem um ein Mittel des normalen Wettbewerbs, so dass auch ein Verstoß gegen europäisches Wettbewerbsrecht ausscheidet. Die Bevorzugung eines Unternehmens mit Umweltmanagementsystem stellt zwar eine Ungleichbehandlung im Sinne von Art. 3 Abs. 1 GG dar, die jedoch insbesondere wegen der Vorgabe in Art. 20 a GG gerechtfertigt ist.
13. Der Vergleich des deutschen Vergaberechts mit dem schweizerischen Vergaberecht, das nicht durch die EG-Vergaberichtlinien, sondern durch WTO-Vergaberecht geprägt ist, zeigt, dass der Ablauf des Vergabeverfahrens in Deutschland und der Schweiz in seinen wesentlichen Grundzügen identisch ist. Auffälligster Unterschied ist die rechtliche Einordnung des Zuschlags. Während in Deutschland der Zuschlag als eine rein privatrechtliche Willenserklärung angesehen wird, mit deren Zugang bei dem Bieter der Vertrag zustandekommt, der nach dem Grundsatz pacta sunt servanda grundsätzlich nicht wieder aufgehoben werden kann, ist der Zuschlag in der Schweiz ein Hoheitsakt. Der zivilrechtliche Vertragsschluss stellt einen gesonderten Akt im Anschluss an die Zuschlagserteilung dar. Bedeutsame Konsequenz ist, dass der Zuschlag von der Vergabestelle vor Vertragsschluss wiederrufen oder von der Nachprüfungsbehörde aufgehoben werden kann. Während es im deutschen Vergaberecht nach Zuschlagserteilung keinen Primärrechtsschutz mehr für den unterlegenen Bieter gibt, ist in der Schweiz ein auf die Verhinderung des Vertrages gerichteter Primärrechtsschutz des konkurrierenden Bieters noch möglich.

14. Das schweizerische Vergaberecht normiert bereits an einigen Stellen ausdrücklich die Berücksichtigung von Umweltaspekten. Die Konkretisierung ist bislang insbesondere durch die Rechtsprechung erfolgt. Diese setzt sich größtenteils mit dem Zuschlagskriterium der „Umweltverträglichkeit" bzw. der „Ökologie" auseinander. Bei Ausschreibungen in der Schweiz existiert offenbar eine größere Bereitschaft, Umweltaspekte zu berücksichtigen. Hintergrund könnte neben der gesetzlichen Normierung von Umweltaspekten im Vergaberecht auch die Tatsache sein, dass die im schweizerischen Vergaberecht vorgesehene Rechtsfolge eines Nachprüfungsverfahrens weniger weitreichend ist als im deutschen Vergaberecht.

Literaturverzeichnis

Arnim, von, Hans Herbert Wirtschaftlichkeit als Rechtsprinzip, Berlin 1988 (zit.: v. Arnim)

Arrowsmith, Sue Public Procurement as an Instrument of Policy and the Impact of Market Liberalisation, Law Quarterly Review 1995, S. 235 ff. (zit.: Arrowsmith)

Ax, Thomas/Ohler, Frank Peter Zur Zulässigkeit von produkt- und herstellerbezogenen Ausschreibungstexten, in: Zeitschrift für Vergaberecht 1999, S. 39 ff. (zit.: Ax/Ohler, ZVgR 1999)

Ax, Thomas/Schneider, Matthias/Nette, Alexander Handbuch Vergaberecht, München 2002 (zit.: Ax/Schneider/Nette)

Bartosch, Andreas Vergabefremde Kriterien und Art. 87 I EG: Sitzt das öffentliche Beschaffungswesen in Europa auf einem beihilferechtlichen Pulverfass?, in: EuZW 2001, S. 229 ff. (zit.: Bartosch, EuZW 2001)

ders. Schnittstellen zwischen öffentlicher Auftragsvergabe und europäischem Beihilferecht, in: Wirtschaft und Wettbewerb 2001, S. 673 ff. (zit.: Bartosch, WuW 2001)

Baumbach, Adolf/Hefermehl, Wolfgang Wettbewerbsrecht, 22. Aufl. München 2001 (zit.: Baumbach/Hefermehl)

Baumeister, Hubertus (Hrsg.) Wege zum ökologischen Rechtsstaat, Taunusstein 1994 (zit.: Bearbeiter, in: Baumeister)

Bayer, Wolfgang/Franke, Horst/Opitz, Marc EU-Vergaberecht, 1. Aufl. Berlin, Wien, Zürich, 2001 (zit.: Bayer/Franke/Opitz)

Bechtold, Rainer Kartellgesetz, Gesetz gegen Wettbewerbsbeschränkungen, Kommentar, 3. Aufl. München 2002 (zit.: Bechtold, GWB)

Benedict, Christoph Sekundärzwecke im Vergaberecht, Berlin, Heidelberg u. a. 2000 (zit.: Benedict, Sekundärzwecke)

ders. „Vergabefremde" Aspekte nach Beentjes und Nord-Pas-de-Calais, in: NJW 2001, S. 947 ff. (zit.: Benedict, NJW 2001)

Berrisch, Georg M./Nehl, Hanns Peter Novellierung der Vergabeverordnung, in: Der Betrieb 2001, S. 184 ff. (zit.: Berrisch/Nehl, DB 2001)

Bleckmann, Albert Europarecht. Das Recht der Europäischen Union und der Europäischen Gemeinschaften, 6. Aufl. Köln, Berlin, Bonn, München 1997 (zit.: Bleckmann)

Bock, Christian Das europäische Vergaberecht für Bauaufträge unter besonderer Berücksichtigung der Auswirkungen auf das schweizerische Submissionsrecht, Basel, Frankfurt am Main 1993 (zit.: Bock, Europäisches Vergaberecht)

Boesen, Arnold Vergaberecht, Kommentar zum 4. Teil des GWB, 1. Aufl. Köln 2000 (zit.: Boesen)

Brenner, Michael Die Umsetzung der Richtlinien über öffentliche Aufträge in Deutschland, Beiheft 1 zu EuR 1996 (zit.: Brenner)

ders. Umweltschutz als Zuschlagskriterium im Verfahren der öffentlichen Auftragsvergabe, in: Marburger/Reinhard/Schröder (Hrsg.), Jahrbuch des Umwelt- und Technikrechts 1997, S. 141 ff. (zit.: Brenner, in: Jahrbuch 1997)

Brinker, Ingo Vorabinformation der Bieter über den Zuschlag oder Zwei-Stufen-Theorie im Vergaberecht? in: NZBau 2000, S. 174 ff. (zit.: Brinker, NZBau 2000)

Bultmann, Stephan J. Wettbewerbsfremde Vergabekriterien im neuen Vergaberecht, in: Betrieb und Wirtschaft 2001, S. 244 ff. (zit.: Bultmann, BuW 2001)

Bundesminister des Innern/Bundesminister der Justiz (Hrsg.) Staatszielbestimmungen, Gesetzgebungsaufträge, Bericht der Sachverständigenkommission, 1983 (zit.: BMI/BMJ, Staatszielbestimmungen)

Bundesministerium für Verkehr, Bau- und Wohnungswesen (Hrsg.) VHB – Vergabehandbuch für die Durchführung von Bauaufgaben des Bundes im Zuständigkeitsbereich der Finanzbauverwaltungen, Ausgabe 2002 (zit.: Vergabehandbuch des Bundes)

Bundesumweltministerium/Umweltbundesamt (Hrsg.) Umweltmanagementsysteme – Fortschritt oder heiße Luft? Ergebnisse von Forschungsprojekten unter der Leitung von Prof. Dr. Ulrich Steger, Frankfurt am Main, 2000 (zit.: Autor in: BMU/UBA, Umweltmanagementsysteme)

Bundesumweltministerium/Umweltbundesamt (Hrsg.) ISO 14001 in Deutschland – Erfahrungsbericht, 1. Aufl. Berlin 2001 (zit.: ISO 14001 in Deutschland)

Bungenberg, Marc Die Berücksichtigung des Umweltschutzes bei der Vergabe öffentlicher Aufträge, in: NVwZ 2003, S. 314 ff. (zit.: Bungenberg, NVwZ 2003)

Bunte, Hermann-Josef Die kartellrechtliche Beurteilung von Einkaufsgemeinschaften der öffentlichen Hand, in: Wirtschaft und Wettbewerb 1998, S. 1037 ff. (zit.: Bunte, WuW 1998)

Burgi, Martin Vergabefremde Zwecke und Verfassungsrecht, in: NZBau 2001, S. 64 ff. (zit.: Burgi, NZBau 2001)

ders. Verwalten durch öffentliche Unternehmen im europäischen Institutionenwettbewerb, in: Verwaltungsarchiv 2002, S. 255 ff. (zit.: Burgi, VerwA 2002)

Byok, Jan Das neue Vergaberecht, in: NJW 1998, S. 2774 ff. (zit. Byok, NJW 1998)

Byok, Jan/Jaeger, Wolfgang (Hrsg.) Kommentar zum Vergaberecht, Heidelberg 2000 (zit.: Bearbeiter, in: Byok/Jäger)

Calliess, Christian Die neue Querschnittsklausel des Art. 6 ex 3 c EG als Instrument zur Umsetzung des Grundsatzes der nachhaltigen Entwicklung, in: DVBl. 1998, S. 559 ff. (zit.: Calliess, DVBl. 1998)

ders. Rechtsstaat und Umweltstaat, Tübingen 2001 (zit.: Calliess, Rechtsstaat und Umweltstaat)

Calliess, Christian/Ruffert, Matthias Kommentar des Vertrages über die Europäische Union und des Vertrages zur Gründung der Europäischen Gemeinschaft – EUV/EG -, Neuwied, Kriftel 1999 (zit.: Bearbeiter, in: Calliess/Ruffert)

Calliess, Gralf-Peter Reflexive Transnational Law. The Privatisation of Civil Law and the Civilisation of Private Law, in: Zeitschrift für Rechtssoziologie, 23 (2002) Heft 2, S. 185 ff. (zit.: Calliess, ZfRSoz 2002)

Cronauge, Ulrich Kommunale Unternehmen – Eigenbetriebe – Kapitalgesellschaften – Zweckverbände, 3. Aufl. Berlin 1997 (zit.: Cronauge)

Corte, Christiane/Hesselmann, Stephan/Kayser, Gunter Öffentliches Auftragswesen in der EG. Eine empirische Untersuchung über Zugangsbedingungen und -erfordernisse für mittelständische Unternehmen, Stuttgart 1990 (zit.: Corte/Hesselmann/Kayser)

Dageförde, Angela Möglichkeiten der Berücksichtigung von Umweltbelangen bei der Vergabe öffentlicher Aufträge – Die interpretierende Mitteilung der Kommission vom 4.7.2001, in: NZBau 2002, S. 597 ff. (zit.: Dageförde, NZBau 2002)

dies. Öffentliche Ausschreibung ist zwingend – EuGH stellt fest, dass die Bundesrepublik gegen europäisches Vergaberecht verstoßen hat, in: Zeitung für kommunale Wirtschaft (ZfK), Ausgabe Juli 2003, S. 10 (zit.: Dageförde, ZfK Juli 2003)

dies. Die Ausschreibung von Strom aus erneuerbaren Energiequellen – Umweltanforderungen als Zuschlagskriterium ohne Überprüfungsmöglichkeit (Anmerkung zu EuGH, Urteil vom 4.12.2003 – C-448/01), in: AbfallR 2004, S. 36 f. (zit.: Dageförde, AbfallR 2004)

Däubler-Gmelin, Herta Kann das neue Vergaberecht noch bis zum Ende der Legislaturperiode beschlossen werden?, in: EuZW 1997, S. 709 ff. (zit.: Däubler-Gmelin, EuZW 1997)

Daub, Walter/Eberstein, Hans Hermann (Hrsg.) Kommentar zur VOL/A Vergaberecht – Rechtsschutz 5. Aufl. Düsseldorf 2000 (zit.: Bearbeiter, in: Daub/Eberstein, VOL/A)

Degenhart, Christoph Staatsrecht I. Staatszielbestimmungen, Staatsorgane, Staatsfunktionen, 13. Aufl. Heidelberg 1997 (zit.: Degenhart)

Dippel, Norbert/Zeiss, Christopher Vergabefremde Aspekte – Rechtsschutz im Vergabenachprüfungsverfahren wegen Verstoßes gegen das EG-Beihilfenrecht, in: NZBau 2002, S. 376 ff. (zit.: Dippel/Zeiss, NZBau 2002)

Dohmen, Arnold Der Auslandseinkauf der Deutschen Bundespost, in: Archiv für das Post- und Fernmeldewesen 1982, S. 365 ff. (zit.: Dohmen, ArchivPF 1982)

Dolzer, Rudolf/Vogel, Klaus (Hrsg.) Kommentar zum Bonner Grundgesetz (Bonner Kommentar), Stand: Dezember 2001 (98. Lieferung), Heidelberg (zit.: Bearbeiter, in: Bonner Kommentar)

Dörr, Oliver Das deutsche Vergaberecht unter dem Einfluss von Art. 19 Abs. 4 GG, in: Die öffentliche Verwaltung 2001, S. 1014 ff. (zit.: Dörr, DÖV 2001)

Dreher, Meinrad Die Neugestaltung des Vergaberechtsschutzes, in: NVwZ 1997, S. 343 ff. (zit.: Dreher, NVwZ 1997)

ders. Der Anwendungsbereich des Kartellvergaberechts, in: Der Betrieb 1998, S. 2579 ff. (zit.: Dreher, DB 1998)

ders. Public Private Partnerships und Kartellvergaberecht, in: NZBau 2002, S. 245 ff. (zit.: Dreher)

ders. Vergaberechtsschutz unterhalb der Schwellenwerte, in: NZBau 2002, S. 419 ff. (zit.: Dreher, NZBau 2002)

Dreher, Meinrad/Haas, Gabriele/von Rintelen, Gregor Vergabefremde Regelungen und Beihilferecht, Heft 16 der Schriftenreihe des forum vergabe e. V., Berlin Februar 2002 (zit.: Dreher/Haas/v. Rintelen)

Dreier, Horst (Hrsg.) Grundgesetz Kommentar Band II (Art. 20 – 82), Tübingen 1998 (zit.: Bearbeiter, in: Dreier, GG)

Eggers, Carsten R./Malmendier, Bertrand Strukturierte Bieterverfahren der öffentlichen Hand, in: NJW 2003, S. 780 ff. (zit.: Eggers/Malmendier, NJW 2003)

Ehlermann, Claus-Dieter/Bieber, Roland (Hrsg.) Handbuch des Europäischen Rechts. Loseblatt, Baden-Baden, Stand: November 1998 (zit.: Bearbeiter, in: Ehlermann/Bieber)

Ehlers, Dirk Verwaltung in Privatrechtsform, Berlin 1984 (zit.: Ehlers)

Elbel, Thomas Das Recht der öffentlichen Aufträge auf dem Prüfstand des europäischen Rechts, in: Die öffentliche Verwaltung 1999, S. 235 ff. (zit.: Elbel, DÖV 1999)

Elverfeld, Dirk Europäisches Recht und kommunales Auftragswesen, Köln 1992 (zit.: Elverfeld)

Emmerich, Volker Das Recht des unlauteren Wettbewerbs, 6. Aufl. München 2002 (zit.: Emmerich)

ders. Kartellrecht, 9. Aufl. München 2001 (zit.: Emmerich, Kartellrecht)

ders. Das Wirtschaftsrecht der öffentlichen Unternehmen, Bad Homburg, Berlin, Zürich 1969 (zit.: Emmerich, Wirtschaftsrecht)

Epiney, Astrid Umweltrechtliche Querschnittsklausel und freier Warenverkehr: die Einbeziehung umweltpolitischer Belange über die Beschränkung der Grundfreiheit, in: Natur und Recht 1995, S. 497 ff. (zit.: Epiney, NuR 1995)

dies. Umweltrecht in der Europäischen Union, Köln, Berlin, Bonn, München 1997 (zit.: Epiney)

Epiney, Astrid/Möllers, Thomas M. J. Freier Warenverkehr und nationaler Umweltschutz, Köln, Berlin, Bonn, München 1992 (zit.: Epiney/Möllers)

Erdmenger, Christoph (Hrsg.) Buying into the Environment: Experiences, opportunities and potential for eco-procurement, Sheffield (UK), 2003 (zit.: Bearbeiter, in: Erdmenger)

Flach, Stefan Rechtsbindung einer industriepolitischen Instrumentalisierung öffentlicher Aufträge, Frankfurt am Main 1996 (zit.: Flach)

Fluck, Jürgen (Hrsg.) Kreislaufwirtschafts-, Abfall- und Bodenschutzrecht, Kommentar, Band 1, Loseblatt, Heidelberg, Stand: April 2002 (zit.: Bearbeiter in: Fluck)

Frank, Kirsten Michaela Die Koordinierung der Vergabe öffentlicher Aufträge in der Europäischen Union, Berlin, 2000 (zit.: Frank)

Freitag, Martin Vergaberechtsschutz unterhalb der europäischen „Schwellenwerte", in: NZBau 2002, S. 204 ff. (zit.: Freitag, NZBau 2002)

Frenz, Walter Europäisches Umweltrecht, München 1997 (zit.: Frenz, Europäisches Umweltrecht)

ders. Auftragsvergabe nach Umweltschutzkriterien und Gemeinschaftsrecht, in: Wirtschaft und Wettbewerb 2002, S. 352 ff. (zit.: Frenz, WuW 2002)

Frenz, Walter/Unnerstall, Herwig Nachhaltige Entwicklung im Europarecht, Baden-Baden 1999 (zit.: Frenz/Unnerstall)

Gaentzsch, Günter Gesetzmäßigkeit und Wirtschaftlichkeit der Verwaltung: Beißt oder verträgt sich das?, in: Die Öffentliche Verwaltung 1998, S. 952 ff. (zit.: Gaentzsch, DÖV 1998)

Galli, Peter/Moser, André/Lang, Elisabeth Praxis des öffentlichen Beschaffungsrechts, Eine systematische Darstellung der Rechtsprechung des Bundes und der Kantone, Zürich 2003 (zit.: Galli/Moser/Lang)

Gandenberg, Otto Die Ausschreibung, Heidelberg 1961 (zit.: Gandenberg)

ders. Öffentliche Auftragsvergabe, in: Handwörterbuch der Wirtschaftswissenschaften, Band 5, Stuttgart 1980, S. 405 ff. (zit.: Gandenberg, HdWW 1980)

Geiger, Rudolf EUV/EG, Kommentar, 3. Aufl. München 2000 (zit.: Geiger)

Gern, Alfons Wirtschaftliche Betätigung der Gemeinden außerhalb des Gemeindegebiets, in: NJW 2002, S. 2593 ff. (zit.: Gern, NJW 2002, 2593)

Gleiss, Alfred/Hirsch, Martin (Hrsg.) Kommentar zum EWG-Kartellrecht, Band 1 (Art. 85) 4. Aufl. Heidelberg 1993 (zit.: Gleiss/Hirsch)

Götz, Volkmar Das Recht der Wirtschaftssubventionen, München, Berlin 1966 (zit.: Götz)

Götz, Walter Öffentliche Beschaffungsmärkte und Europarecht: die Transparenz- und Teilnahmebestimmungen der Vergaberichtlinien im Lichte der Rechtsprechung des Europäischen Gerichtshofs, Frankfurt a. M. 1999 (zit.: Götz, Öffentliche Beschaffungsmärkte) *ders.* Die Zulässigkeit beschaffungsfremder Vergabekriterien nach Europarecht, in: Europarecht 1999, S. 621 ff. (zit.: Götz, EuR 1999)

Götzke, Norbert Die Berücksichtigung des Umweltschutzes bei der Vergabe öffentlicher Bauaufträge, Tübingen 2000 (zit.: Götzke)

Gornig, Gilbert/Silagi, Michael Vom Ökodumping zum Ökoprotektionismus, Umweltzeichen im Lichte von EWG-Vertrag und GATT, in: EuZW 1992, S. 753 ff. (zit.: Gornig/Silagi, EuZW 1992)

Grabitz, Eberhard/Hilf, Meinhard (Hrsg.) Kommentar zur Europäischen Union, München, Loseblattsammlung, Stand: August 2003 (zit.: Bearbeiter, in: Grabitz/Hilf)

Griem, Niels Umsetzung des § 37 KrW-/AbfG durch die Bundesbehörden, Forschungsbericht Umweltbundesamt 29731380, Berlin 2002 (zit.: Griem)

Groeben, Hans von der/Thiesing, Jochen/Ehlermann, Claus-Dieter (Hrsg.) Kommentar zum EU-/EG-Vertrag, Art. 85 ff. EG, 4. Aufl. Baden-Baden 1991 (zit.: Bearbeiter, in: Groeben/Thiesing/Ehlermann)

Gröning, Jochem Die Grundlagen des neuen Vergaberechtsschutzes, in: Zeitschrift für Wirtschaftsrecht 1999, S. 52 ff. (zit.: Gröning, ZIP 1999)

ders. Die Gestattung des Zuschlags im Eilverfahren nach Interessenabwägung, in: Vergaberecht 2003, S. 290 ff. (zit.: Gröning, VergabeR 2003)

Haase, Cordula Internationale Harmonisierung des öffentlichen Auftragswesens, Frankfurt/Main 1997 (zit.: Haase)

Hager, Günter Der Vorschlag einer europäischen Richtlinie zur Umwelthaftung, in: Juristenzeitung 2002, S. 901 ff. (zit.: Hager, in: JZ 2002)

Hamann, Andreas/Lenz, Helmut Das Grundgesetz für die Bundesrepublik Deutschland vom 23. Mai 1949, 3. Aufl., Neuwied, Berlin 1970 (zit.: Hamann/Lenz)

Hansmann, Klaus (Hrsg.) Landmann/Rohmer, Kommentar zum Umweltrecht, Band III: Sonstiges Umweltrecht (Bundesrecht), Loseblatt, München, Stand: 1. März 2002 (zit.: Bearbeiter, in: Landmann/Rohmer)

Heiermann, Wolfgang/Riedl, Richard/Rusam, Martin (Hrsg.) Handkommentar zur VOB: Teile A und B 9. Aufl. Wiesbaden 2000 (zit.: Bearbeiter, in: Heiermann/Riedl/Rusam)

Heller, Robert F. Haushaltsgrundsätze für Bund, Länder und Gemeinden, Heidelberg, 1998 (zit.: Heller)

Hertwig, Stefan Praxis der öffentlichen Auftragsvergabe (VOB/VOL/VOF), 2. Aufl. München 2001 (zit.: Hertwig)

Hesse, Konrad Grundzüge des Verfassungsrechts der Bundesrepublik Deutschland, 20. Aufl. Heidelberg 1995 (zit.: Hesse)

Höfler, Heiko/Bert, Birgit Die neue Vergabeverordnung, in: NJW 2000, S. 3310 ff. (zit.: Höfler/Bert, NJW 2000)

Hopp, Torsten Das Verhältnis des Vergaberechts zum Wettbewerbs- und Kartellrecht am Beispiel des Berliner Vergabegesetzes, in: Der Betrieb 2000, S. 29 ff. (zit.: Hopp, DB 2000)

Horn, Lutz Neuere Tendenzen im Vergaberecht – Die Kommune als Auftragnehmerin, in: NVwZ 2001, S. 647 ff. (zit.: Horn, NVwZ 2001)

Huber, Peter Michael Konkurrenzschutz im Verwaltungsrecht. Schutzanspruch und Rechtsschutz bei Lenkungs- und Verteilungsentscheidungen der öffentlichen Verwaltung, Tübingen 1991 (zit.: Huber)

Huelmann, Sonja Öffentliche Beschaffungen nach EG-Recht, WTO und dem Deutsch-Amerikanischen Freundschaftsvertrag, Münster 2000 (zit.: Huelmann)

Immenga, Ulrich/ Mestmäcker, Ernst-Joachim (Hrsg.) Gesetz gegen Wettbewerbsbeschränkungen GWB 3. Aufl., München 2001 (zit.: Bearbeiter, in: Immenga/Mestmäcker)

dies. EG-Wettbewerbsrecht, München 1997 (zit.: Immenga/Mestmäcker, EG-Wettbewerbsrecht)

Ingenstau, Heinz/Korbion, Hermann VOB Verdingungsordnung für Bauleistungen Teile A und B, Kommentar, 13. Aufl. Düsseldorf 1996 (zit.: Ingenstau/Korbion)

Ipsen, Jörn (Hrsg.) Öffentliches Auftragswesen im Umbruch, 7. Bad Iburger Gespräche zum Kommunalrecht, Osnabrück 1997 (zit.: Ipsen, Öffentliches Auftragswesen)

Ipsen, Knut Völkerrecht, 4. Aufl. München 1999 (zit.: Ipsen, Völkerrecht)

Isensee, Josef/ Kirchhof, Paul (Hrsg.) Handbuch des Staatsrechts der Bundesrepublik Deutschland, Band III, Heidelberg 1988 (zit.: Bearbeiter, in: Isensee/Kirchhof, HStR Band III)

Jans-Böhm, Jutta/Breier, Siegfried Die umweltrechtliche Querschnittsklausel des Art. 130 r II 2 EWGV, in: EuZW 1992, S. 49 ff. (zit.: Jahns-Böhm/Breier, EuZW 1992)

Jans, Jan H. European Environmental Law, 1995 (zit.: Jans)

Jarass, Hans D. EMAS-Privilegierungen im Abfallrecht, in: DVBL. 2003, S. 298 ff. (zit. Jarass, DVBl. 2003)

Jarass, Hans D./Pieroth, Bodo Grundgesetz für die Bundesrepublik Deutschland: Kommentar, 6. Aufl. München 2002 (zit.: Bearbeiter, in: Jarass/Pieroth)

Jasper, Ute/Marx, Friedhelm Einführung, in: Vergaberecht dtv-Textausgabe, 7. Aufl. München 2004 (zit.: Jasper/Marx)

Jennert, Carsten Vergabefremde Kriterien – keine Beihilfen, sondern gemeinwirtschaftliche Pflichten, in: NJW 2003, S. 417 ff. (zit.: Jennert, NJW 2003)

Jestaedt, Thomas/Kemper, Klaus/Marx, Friedhelm/Prieß, Hans-Joachim (Hrsg.) Das Recht der Auftragsvergabe, Neuwied, Kiftel/Ts. 1999 (zit.: Bearbeiter, in: Jestaedt/Kemper/Marx/Prieß)

Kahl, Wolfgang Das öffentliche Unternehmen im Gegenwind des europäischen Beihilferegimes, in: NVwZ 1996, S. 1082 ff. (zit.: Kahl, NVwZ 1996)

Kalinowsky, Marc Der Anspruch der Bieter auf Einhaltung des Vergaberechts nach § 97 Abs. 7 GWB, Berlin 2000 (zit.: Kalinowsky)

Karenfort, Jörg/von Koppenfels, Ulrich/Siebert, Stefan „Tariftreueregelungen" bei der Vergabe öffentlicher Aufträge – vereinbar mit deutschem Kartellrecht und Europarecht? in: Betriebsberater 1999, S. 1825 ff. (zit.: Karenfort/Koppenfels/Siebert, BB 1999)

Kayser, Elke Nationale Regelungsspielräume im öffentlichen Auftragswesen und gemeinschaftsrechtliche Grenzen, Marburg 1999 (zit.: Kayser)

Kilian, Wolfgang Europäisches Wirtschaftsrecht, 2. Aufl. München, 2003 (zit.: Kilian)

Kling, Michael Die Zulässigkeit vergabefremder Regelungen – Möglichkeiten und Grenzen einer politischen Instrumentalisierung der Vergabe öffentlicher Aufträge -, Schriftenreihe des forum vergabe e.V. Heft 12, Berlin 2000 (zit.: Kling)

Kloepfer, Michael Umweltschutz als Verfassungsrecht: Zum neuen Art. 20 a GG, in: DVBl. 1996, S. 73 ff. (zit.: Kloepfer, DVBl. 1996)

Knipper, Michael Tariftreueerklärungen im öffentlichen Auftragswesen – Verfassungs-, vergabe- und allgemein wettbewerbsrechtliche Aspekte, in: WuW 1999, S. 677 ff. (zit.: Knipper, WuW 1999)

Koch, Rüdiger Beihilfen nach dem EWG-Vertrag, insbesondere Unterstützung des Staates für eigene Unternehmen, Göttingen 1967 (zit.: Koch)

Koenig, Christian/Haratsch, Andreas Grundzüge des deutschen und des europäischen Vergaberechts, in: NJW 2003, S. 2637 ff. (zit.: Koenig/Haratsch)

Koenig, Christian/Kühling, Jürgen Infrastrukturförderung im Ausschreibungsverfahren – EG-beihilfenrechtlicher Königsweg der Kompensation von gemeinwirtschaftlichen Pflichten, in: DVBl. 2003, S. 289 ff. (zit.: Koenig/Kühling, DVBl. 2003)

Koenig, Christian/Kühling, Jürgen/Ritter, Nicolai EG-Beihilfenrecht, Heidelberg 2002 (zit.: Koenig/Kühling/Ritter)

Krämer, Ludwig E.C. treaty and environmental law, London 1995 (zit.: Krämer)

Krohn, Wolfram Öffentliche Auftragsvergabe und Umweltschutz, Köln, Berlin, Bonn, München 2003 (zit.: Krohn)

Kunert, Franz-Josef Staatliche Bedarfsdeckungsgeschäfte und Öffentliches Recht, Berlin 1977 (zit.: Kunert)

Kunig, Peter/Paetow, Stefan/Versteyl, Ludger-Anselm Kreislaufwirtschafts- und Abfallgesetz, Kommentar, 2. Aufl. München 2003 (zit.: Bearbeiter, in: Kunig/Paetow/Versteyl)

Kunzlik, Peter Environmental Issues in International Procurement, in: S. Arrowsmith and A. Davies (eds.), Public Procurement: Global Revolution, The International Economic Development Law Series, Vol. 8, London 1998 (zit.: Kunzlik, in: Public Procurement: Global Revolution)

ders. International Procurement Regimes and the Scope for the Inclusion of Environmental Factors in Public Procurement, in: OECD: The Environmental Performance of Public Procurement, Issues of Policy Coherence, Kopenhagen 2003 (zit.: Kunzlik, OECD 2003)

Kuß, Horst Verdingungsordnung für Bauleistungen (VOB) Teile A und B, Kommentar, 3. Aufl. München 2002 (zit.: Kuß, VOB)

Lang, Herbert Offertenbehandlung und Zuschlag im öffentlichen Beschaffungswesen, in: Schweizerisches Zentralblatt für Staats- und Verwaltungsrecht 2000, S. 225 ff. (zit. Lang, ZBl. 2000)

Langen, Eugen/Bunte, Hermann-Josef (Hrsg.) Kommentar zum deutschen und europäischen Kartellrecht, 9. Aufl. Neuwied 2001 (zit.: Bearbeiter, in: Langen/Bunte)

Larenz, Karl Methodenlehre der Rechtswissenschaft, 2. Aufl. Berlin, Heidelberg u. a. 1992 (zit.: Larenz)

Lehne,Klaus-Heiner/Haak, Andreas Max Tariftreuegesetz aus europarechtlicher Perspektive, in: Zeitschrift für deutsches und internationales Baurecht 2002, S. 656 ff. (zit.: Lehne/Haak, ZfBR 2002)

Lenz, Carl Otto (Hrsg.) EG Vertrag Kommentar zu dem Vertrag zu der Gründung der Europäischen Gemeinschaften, 1. Aufl. 1994 (zit.: Bearbeiter, in: Lenz)

Lübbig, Thomas Unzulässige Einstellung eines Beihilfenprüfverfahrens, Anmerkung zu EuG, Urteil vom 28.1.1999, Rs. T-14/96 (Bretagne Angleterre Irlande [BAI] / Kommission), in: EuZW 1999, S. 671 ff. (zit.: Lübbig, EuZW 1999)

Malmendier, Bertrand Vergaberecht, quo vadis? – Ausblicke nach der „Alcatel-Entscheidung“ des EuGH und der „Flughafen-Entscheidung“ des OLG Brandenburg, in: DVBl. 2000, S. 963 ff. (zit.: Malmendier, DVBl. 2000)

Mangoldt, Hermann von/Klein, Friedrich/Starck, Christian (Hrsg.) Das Bonner Grundgesetz, Kommentar, 4. Aufl., Bd. 1, München 1999, Bd. 2, München 2000 (zit.: Bearbeiter, in: v. Mangoldt/Klein/Starck)

Maurer, Hartmut Allgemeines Verwaltungsrecht, 11. Aufl. München 1997 (zit.: Maurer)

Martin-Ehlers, Andrés Die Unzulässigkeit vergabefremder Kriterien, in: Wirtschaft und Wettbewerb 1999, S. 685 ff. (zit.: Martin-Ehlers, WuW 1999)
Maunz, Theodor/Dürig, Günter Kommentar zum Grundgesetz Band I Art. 1 – 11, Stand: Juli 2001, München (zit.: Bearbeiter, in: Maunz/Dürig)
Medicus, Dieter Bürgerliches Recht, 17. Aufl. Köln, Berlin, Bonn, München 1996 (zit.: Medicus)
Mestmäcker, Ernst-Joachim/Bremer, Eckhard Die koordinierte Sperre im deutschen und europäischen Recht der öffentlichen Aufträge, Betriebsberater 1995, S. 1 ff. (zit.: Mestmäcker/Bremer, BB 1995)
Meyer, Nina Die Einbeziehung politischer Zielsetzungen bei der öffentlichen Beschaffung, Berlin 2002 (zit.: Meyer)
Middeke, Andreas Nationaler Umweltschutz im Binnenmarkt, Köln, Berlin, Bonn, München 1994 (zit.: Middeke)
Motzke, Gerd/Pietzcker, Jost/Prieß, Hans-Joachim (Hrsg.) Verdingungsordnung für Bauleistungen Teil A, München 2001 (zit.: Bearbeiter, in: Motzke/Pietzcker/Prieß)
Müller, Martin Normierte Umweltmanagementsysteme und deren Weiterentwicklung im Rahmen einer nachhaltigen Entwicklung, Berlin 2001 (zit.: Müller)
Müller-Henneberg, Hans/Schwartz, Gustav Gesetz gegen Wettbewerbsbeschränkungen Gemeinschaftskommentar, 4. Aufl. Köln, Berlin, Bonn, München 1985 (zit.: Bearbeiter, in: Müller-Henneberg/ Schwartz)
Müller-Wrede, Malte (Hrsg.) Verdingungsordnung für freiberufliche Leistungen (VOF), Düsseldorf 1999 (zit.: Bearbeiter, in: Müller-Wrede)
Münch, von, Ingo/Kunig, Philip Grundgesetz-Kommentar, Band 2 (Art. 20 bis Art. 69), 4./5. Aufl. München 2001 (zit.: Bearbeiter, in: v. Münch/Kunig)
Murswiek, Dietrich Staatsziel Umweltschutz (Art. 20 a GG), in: NVwZ 1996, S. 222 ff. (zit.: Murswiek, NVwZ 1996)

Neßler, Volker Politische Auftragsvergabe durch den Staat? – Zur europarechtlichen Zulässigkeit politischer Kriterien bei der öffentlichen Auftragsvergabe –, DÖV 2000, S. 145 ff. (zit.: Neßler, DÖV 2000)
Niebuhr, Frank/Kulartz, Hans-Peter/Kus, Alexander/Portz, Norbert (Hrsg.) Kommentar zum Vergaberecht, 4. Teil des GWB – Vergabeverfahren, Nachprüfungsverfahren und Schadensersatz, Neuwied, Kiftel/Ts. 2000 (zit.: Bearbeiter, in: Niebuhr/Kulartz u. a.)

Opitz, Marc Der Wirtschaftlichkeitsbegriff des Kartellvergaberechts, in: NZBau 2001, S. 12 ff. (zit.: Opitz, NZBau 2001)
Oppermann, Thomas Europarecht, 2. Aufl. München 1999 (zit.: Oppermann)

Organisation für wirtschaftliche Zusammenarbeit und Entwicklung (OECD) Umweltorientierte öffentliche Beschaffung – Probleme und praktische Lösungen, 2001 (zit.: OECD)

Orts, Eric W. Reflexive Environmental Law, in: Northwestern University Law Review, 1995, S. 1227 ff. (zit.: Orts, NULR 1995)

Ose, Ludwig Beihilfen und Maßnahmen gleicher Wirkung wie mengenmäßige Beschränkungen im Recht der EWG, Saarbrücken 1976 (zit.: Ose)

Peters, Anne Die Ausfüllung von Spielräumen der Verwaltung durch Wirtschaftlichkeitserwägungen, in: Die Öffentliche Verwaltung 2001, S. 749 ff. (zit.: Peters, DÖV 2001)

Peters, Heinz-Joachim Praktische Auswirkungen eines im Grundgesetz verankerten Staatsziels Umweltschutz, in: Natur und Recht 1987, S. 293 ff. (zit.: Peters, NuR 1987)

Pietzcker, Jost Der Staatsauftrag als Instrument des Verwaltungshandelns, 1978 (zit.: Pietzcker, Staatsauftrag)

ders. Rechtsschutz bei der Vergabe öffentlicher Aufträge, in: NVwZ 1983, S. 121 ff. (zit. Pietzcker, NVwZ 1983)

ders. Die neue Gestalt des Vergaberechts, in: Zeitschrift für das gesamte Handelsrecht und Wirtschaftsrecht 162 (1998), S. 427 ff. (zit.: Pietzcker, ZHR 162 (1998)

ders. Der persönliche und sachliche Anwendungsbereich des neuen Vergaberechts, in: Zeitschrift für Vergaberecht 1999, S. 24 ff. (zit.: Pietzcker, ZVgR 1999)

ders. Rechtsbindungen der Vergabe öffentlicher Aufträge, in: Archiv des öffentlichen Rechts 107, S. 61 ff. (zit.: Pietzcker, AöR 107)

Pietzner, Rainer/Ronellenfitsch, Michael Das Assessorexamen im Öffentlichen Recht, Widerspruchsverfahren und Verwaltungsprozess, 10. Aufl. 2000 (zit.: Pietzner/Ronellenfitsch)

Prieß, Hans-Joachim Das öffentliche Auftragswesen in der Europäischen Union, Köln/Berlin/Bonn/München 1994 (zit.: Prieß)

ders. Das öffentliche Auftragswesen im Jahre 1996, in: EuZW 1997, S. 391 ff. (zit.: Prieß, EuZW 1997)

Prieß, Hans-Joachim/ Pitschas, Christian Secondary Policy Criteria and Their Compatibility with E. C. and WTO Procurement Law – The Case of the German Scientology Declaration, in: Public Procurement Law Review 2000, S. 171 ff. (zit.: Prieß/Pitschas, PPLR 2000)

Puhl, Thomas Der Staat als Wirtschaftssubjekt und Auftraggeber, in: Veröffentlichungen der Vereinigung der Deutschen Staatsrechtslehrer, Heft 60, S. 456 ff., Berlin, New York 2001 (zit.: Puhl, VVDStRL 60 (2001)

Püttner, Günter Das Wirtschaftlichkeitsprinzip bei der öffentlichen Auftragsvergabe, in: Festschrift für Eichhorn, 1999, S. 380 ff. (zit.: Püttner)

Reidt, Olaf Behördlicher Beurteilungsspielraum und Grundrechtsschutz, in: Die Öffentliche Verwaltung 1992, S. 916 ff. (zit.: Reidt, DÖV 1992)
Reidt, Olaf/Stickler, Thomas/Glahs, Heike (Hrsg.) Vergaberecht Kommentar Köln 2000 (zit.: Bearbeiter, in: Reidt/Stickler/Glahs)
Rengeling, Hans-Werner (Hrsg.) Handbuch zum europäischen und deutschen Umweltrecht (EUDUR), Band 1 Allgemeines Umweltrecht, Köln, Berlin, Bonn, München 1998 (zit.: Bearbeiter, in: Rengeling, EUDUR)
Rhein, Cornelius Das Gemeinschaftssystem für das Umweltmanagement und die Umweltbetriebsprüfung, Baden-Baden 1996 (zit.: Rhein)
Riese, Christoph Vergaberecht, Grundlagen – Verfahren – Rechtsschutz, Berlin, Heidelberg 1998 (zit.: Riese)
Rittner, Fritz Die sozialen Belange i. S. d. EG-Kommission und das inländische Vergaberecht, EuZW 1999, S. 677 ff. (zit.: Rittner, EuZW 1999)
ders. Das öffentliche Auftragswesen im Spannungsfeld zwischen Gemeinschaftsrecht und nationalem Recht, in: Schwarze/Müller-Graff (Hrsg.), Das öffentliche Auftragswesen in der EG, Baden-Baden 1996 (zit.: Rittner, Öffentliches Auftragswesen)
ders. Rechtsgrundlagen und Rechtsgrundsätze des öffentlichen Auftragswesens, Tangstedt 1988 (zit.: Rittner, Rechtsgrundsätze)
Roesner, Peter Die Meistbegünstigungsklausel in den bilateralen Handelsverträgen der Bundesrepublik Deutschland, Heidelberg 1964 (zit.: Roesner)
Ruffert, Matthias Das Umweltvölkerrecht im Spiegel der Erklärung von Rio und der Agenda 21, in: Zeitschrift für Umweltrecht 1993, S. 208 ff. (zit.: Ruffert, ZUR 1993)
Rust, Ursula GWB-Vergaberecht und soziale Standards, in: EuZW 1999, S. 453 ff. (zit.: Rust, EuZW 1999)
dies. Die sozialen Kriterien im Vergaberecht, in: EuZW 2000, S. 205 ff. (zit.: Rust, EuZW 2000)

Sachs, Michael (Hrsg.) Grundgesetz, Kommentar, München 1996 (zit.: Bearbeiter, in: Sachs, GG)
Schäfer, Mathias J. Mehr Wettbewerb im Bereich des öffentlichen Auftragswesens nach Erlass der europäischen Vergaberichtlinien, Schriften zum öffentlichen Auftragswesen, Heft 9, 1994 (zit.: Schäfer, Mehr Wettbewerb)
Schardt, Ramona Öffentliche Aufträge und das Beihilferegime des Gemeinschaftsrechts, Jena 2002 (zit.: Schardt)

Schauenburg, Christoph Ausschreibungspflicht und Privilegien für In-house-Geschäfte, in: NZBau 2002, S. 259 ff. (zit.: Schauenburg, NZBau 2002)

Schenk, Michael Das neue Vergaberecht, Baden-Baden 2001 (zit.: Schenk)

Schenke, Wolf-Rüdiger Verwaltungsprozeßrecht, 7. Aufl. Heidelberg 2000 (zit: Schenke)

Schink, Alexander Wirtschaftliche Betätigung kommunaler Unternehmen, in: NVwZ 2002, S. 129 ff. (zit.: Schink, NVwZ 2002)

Schmidt-Räntsch, Annette Das neue EU-Umweltmanagementsystem, in: Natur und Recht 2002, S. 197 ff. (zit.: Schmidt-Räntsch, NuR 2002)

Schmitges-Thees, Karin Die öffentliche Auftragsvergabe als Instrument des Umweltschutzes, Aachen 2001 (zit.: Schmitges-Thees)

Schmittmann, Michael Die EG-Rechtsmittelrichtlinie zur Vergabe öffentlicher Liefer- und Bauaufträge, EuZW 1990, S. 536 ff. (zit.: Schmittmann, EuZW 1990)

Schneider, Jens-Peter EG-Vergaberecht zwischen Ökonomisierung und umweltpolitischer Instrumentalisierung, in: DVBl. 2003, S. 1186 ff. (zit.: Schneider, DVBl. 2003)

Schneider, Tatjana Vergaberecht und Umweltschutz, Baden-Baden 2001 (zit.: Schneider)

Schumacher, Kai Vergabefremde Umweltkriterien im Abfallrecht und Gemeinschaftsrecht, DVBl. 2000, S. 467 ff. (zit.: Schumacher, DVBl. 2000)

Schwarz, Theo H. Die Anwendbarkeit des kartellrechtlichen Unternehmensbegriffs auf die Beschaffungstätigkeit der Öffentlichen Hand, in: Der Betriebs-Berater 1973, S. 1283 ff. (zit.: Schwarz, BB 1973)

Schweitzer, Michael/Hummer, Waldemar Europarecht, 5. Aufl. Neuwied, Kriftel 1996 (zit.: Schweitzer/Hummer)

Schwenk, Edmund H. Der neue Freundschafts-, Handels- und Schiffahrtsvertrag zwischen der Bundesrepublik Deutschland und den Vereinigten Staaten von Amerika, in: JZ 1957, S. 197 ff. (zit.: Schwenk, JZ 1957)

Seidel, Ingelore Öffentliches Auftragswesen in: Dauses, Handbuch des EU-Wirtschaftsrechts, Band 2, H. IV, Stand: Mai 2001, München 2001 (zit.: Seidel, in: Dauses)

Sellner, Dieter/Schnutenhaus, Jörn Umweltmanagement und Umweltbetriebsprüfung („Umwelt-Audit") – ein wirksames, nicht ordnungsrechtliches System des betrieblichen Umweltschutzes, in: NVwZ 1993, S. 928 ff. (zit.: Sellner/Schnutenhaus, NVwZ 1993)

Sieben, Peter Was bedeutet Nachhaltigkeit als Rechtsbegriff?, in: NVwZ 2003, 1173 (zit.: Sieben, NVwZ 2003)

Starck, Christian (Hrsg.) von Mangold/Klein/Starck, Bonner Grundgesetz, Band 2 (Art. 20 – 78), 4. Aufl. München 2000 (zit.: Bearbeiter, in: v. Mangold/Klein/Starck)

Steger, Ulrich Umweltmanagementsysteme – Erfahrungen und Perspektiven, in: Zeitschrift für Umweltpolitik und Umweltrecht, Band 23 (2000), S. 467 ff. (zit.: Steger, ZfU 2000)

Steinberg, Rudolf Verfassungsrechtlicher Umweltschutz durch Grundrechte und Staatszielbestimmung, in: NJW 1996, S. 1985 ff. (zit.: Steinberg, NJW 1996)

ders. Der ökologische Verfassungsstaat, Frankfurt am Main 1998 (zit.: Steinberg)

Steinberg, Philipp EuGH: Umweltschützende vergabefremde Kriterien zulässig, Anmerkung zum Urteil des EuGH vom 17.9.2002 – Rs. C-513/99 –, in: EuZW 2002, 634 f. (zit.: Steinberg, EuZW 2002)

Sterner, Frank Rechtsbindungen und Rechtsschutz bei der Vergabe öffentlicher Aufträge, Stuttgart, München, Hannover, Berlin, Weimar, Dresden 1996 (zit.: Sterner)

Stober, Rolf Einführung, in: NWB Textausgabe. Wichtige Vorschriften zur öffentlichen Auftragsvergabe. Eine Sammlung nationaler und EG-Vorschriften. Herne, Berlin 1992, S. 9 ff. (zit.: Stober)

ders. Neuregelung des Rechts der öffentlichen Unternehmen?, in: NJW 2002, S. 2357 ff. (zit.: Stober, NJW 2002)

Stöckli, Hubert Das Vergaberecht der Schweiz, in: NZBau 2002, S. 7 ff. (zit.: Stöckli, NZBau 2002)

Stolz, Katrin Das öffentliche Auftragswesen in der EG: Möglichkeiten und Grenzen einer Liberalisierung, Baden-Baden 1991 (zit.: Stolz)

Streinz, Rudolf Europarecht, 4. Aufl. Heidelberg 1999 (zit.: Streinz)

Stroetmann, Clemens Einführung, in: Rengeling, Hans-Werner (Hrsg.), Umweltschutz und andere Politiken der Gemeinschaft, Köln, Berlin, Bonn, München 1993 (zit.: Stroetmann, in: Rengeling)

Strohs, Matthias Die Berücksichtigung vergabefremder Kriterien bei der Vergabe von Bauaufträgen durch die öffentliche Hand, in: Baurecht 1988, S. 144 ff. (zit.: Strohs, Baurecht 1988)

Terhechte, Jörg Philipp Der Umweltschutz und die Wettbewerbspolitik in der Europäischen Gemeinschaft, in: Zeitschrift für Umweltrecht 2002, S. 274 ff. (zit.: Terhechte, ZUR 2002)

Teubner, Gunther Reflexives Recht, in: Archiv für Rechts- und Sozialphilosophie, 1982, S. 13 ff. (zit.: Teubner, ARSP 1982)

Thieme, Hinrich/Correll, Cathrin Deutsches Vergaberecht zwischen nationaler Tradition und europäischer Integration – Zur Neuregelung des Vergabewesens 1999 -, in: DVBl. 1999, S. 884 ff. (zit.: Thieme/Correll, DVBl. 1999)

Umweltbundesamt (Hrsg.) Umweltschutz in der öffentlichen Vergabepolitik, Berlin 1981 (zit.: Umweltbundesamt)
Umweltbundesamt (Hrsg.) Umweltfreundliche Beschaffung, 4. Aufl. München 1999 (zit.: Umweltbundesamt, Umweltfreundliche Beschaffung)
Umweltbundesamt/Statistisches Bundesamt (Hrsg.) Umweltdaten Deutschland 2002, Berlin 2002

Vetter, Andrea Das Recht der Vergabe öffentlicher Aufträge 1999 und 2000, in: NVwZ 2001, S. 745 ff. (zit.: Vetter, NVwZ 2001)

Waechter, Kay Umweltschutz als Staatsziel, in: Natur und Recht 1996, S. 321 ff. (zit.: Waechter, NuR 1996)
Waller, Eva Das internationale Recht des geregelten Vergabewesens: Rang und Anwendbarkeit des GPA 1994 im europäischen und deutschen Recht, Berlin 1998 (zit.: Waller)
Wallerath, Maximilian Öffentliche Bedarfsdeckung und Verfassungsrecht, Baden-Baden 1988 (zit.: Wallerath)
Weiss, Friedl Public Procurement in European Community Law, London 1993 (zit.: Weiss)
Westphal, Thomas Greening Procurement: An Attempt to Reduce Uncertainty, in: Public Procurement Law Review, 1999, S. 1 ff. (zit.: Westphal, PPLR 1999)
Wiegand, Bodo Bestmöglicher Umweltschutz als Aufgabe der Europäischen Gemeinschaften, in: DVBl. 1993, S. 533 ff. (zit.: Wiegand, DVBl. 1993)
Willenbruch, Klaus Vorbeugender und vorläufiger Rechtsschutz nach dem Vergaberechtsänderungsgesetz (§§ 97 – 129 GWB), in: NVwZ 1999, S. 1062 ff. (zit.: Willenbruch, NVwZ 1999)
Wilmowsky, von, Peter Grenzüberschreitende Abfallentsorgung: Ressourcenkonflikt im gemeinsamen Markt, in: NVwZ 1991, S. 1 ff. (zit.: v. Wilmowsky, NVwZ 1991)
Wittig, Oliver Wettbewerbs- und verfassungsrechtliche Probleme des Vergaberechts, Düsseldorf 1999 (zit.: Wittig)
Wittig, Klaus-Jürgen Prozessmanagement – Qualitätsmanagement nach ISO 9001:2000, Umweltmanagement nach ISO 14001:1996, EFQM-Modell für Excellence, Weil der Stadt 2002 (zit.: Wittig, Prozessmanagement)
Wolff, Nina Die Ergebnisse des Weltgipfels über nachhaltige Entwicklung in Johannesburg: Zusammenfassung und Wertung mit Blick auf die Entwicklung des Umweltvölkerrechts, in: Natur und Recht 2003, S. 137 ff. (zit.: Wolff, NuR 2003)

Würth, Stephan Umwelt-Auditing – Die Revision im ökologischen Bereich als wirksames Überwachungsinstrument für die ökologiebewußte Unternehmung, St. Gallen 1993 (zit.: Würth)

Ziekow, Jan Vergabefremde Zwecke und Europarecht, in: NZBau 2001, S. 72 ff. (zit.: Ziekow, NZBau 2001)

Zils, Hans-Peter Die Wertigkeit des Umweltschutzes in Beziehung zu anderen Aufgaben der Europäischen Gemeinschaft. Untersuchungen zur Anwendung der Querschnittsklausel Art. 130 r Abs. 2 Satz 2 EWGV im Gemeinschaftsrecht, Heidelberg 1994 (zit.: Zils)

Zuleeg, Manfred Vorbehaltene Kompetenzen der Mitgliedstaaten der Europäischen Gemeinschaft auf dem Gebiete des Umweltschutzes, NVwZ 1987, S. 280 ff. (zit.: Zuleeg, NVwZ 1987)